Friedrich Schleiermacher

Predigten für den christlichen Hausstand

Friedrich Schleiermacher

Predigten für den christlichen Hausstand

ISBN/EAN: 9783742808851

Hergestellt in Europa, USA, Kanada, Australien, Japan

Cover: Foto ©Lupo / pixelio.de

Manufactured and distributed by brebook publishing software (www.brebook.com)

Friedrich Schleiermacher

Predigten für den christlichen Hausstand

Predigten

für den christlichen Hausstand

von

Friedrich Schleiermacher.

Zweiter Theil.

Festpredigten.

Neue

vollständige und revidirte Ausgabe

mit einer bisher noch ungedruckten Predigt „Ueber die Unsterblichkeit der Seele."

Berlin.
Verlag von Eugen Grosser.
1873.

Vorreden zu diesem Bande.*)

I. Indem ich diese erste Sammlung von Festpredigten, auf welche, beliebt es Gott, nach nicht gar langer Zeit eine zweite folgen soll, dem Druck übergebe, glaube ich eine kurze Erklärung darüber schuldig zu sein, in welchem Sinne ich hier das Wort Fest gebraucht habe.

Die heiligen Zeiten, über welche sich hier Predigten vorfinden, die Adventszeit und die Passionszeit, haben auch in unsrer Kirche noch überall den bestimmten Sinn, Vorbereitungen zu sein auf die beiden ersten hohen Feste, und mir würden Weihnachtspredigten und Charfreitagspredigten ohne diese Vorläufer dürftig und unberathen erschienen sein, so wie mir einzelne Advents- und Passions-Predigten dieser Art in einem Bande gewöhnlicher Sonntagspredigten und ohne von Vorträgen auf die Feste, denen sie angehören, gefolgt zu sein, wie verloren vorkommen. Dagegen scheint es mir ebenso natürlich, daß die vierzig Tage nach Ostern, früher auch eine besonders festliche Zeit, in unserer Kirche nicht mehr auf ähnliche Weise ausgezeichnet werden; und ungeachtet ich manches Jahr hindurch in dieser Zeit nur über Geschichten aus den Tagen der Auferstehung gepredigt habe, schien es mir doch nicht sachgemäß, solchen Predigten hier einen Platz anzuweisen. Der Neujahrstag ist streng genommen kein kirchliches Fest, da unser Kirchenjahr mit der Adventszeit beginnt. Allein, da unter den hier gelieferten Adventspredigten keine ist, worin die Beziehung auf den Anfang des Jahres vorherrscht, so glaubte ich, viele würden doch eine Lücke finden,

---

*) Dieser Band war ursprünglich in 2 Hälften getheilt, deren die erste bis zu No. XVII incl. ging.

VI.

und füllte diese durch eine Neujahrspredigt aus. Nun sind freilich Buß=
tag und Erndtefest — nur immer mit dem Unterschiede, daß sie nicht
wie jener überall in der abendländischen, oder auch nur in der evan=
gelischen Kirche dieselben sind — eben so bürgerliche, von der Obrigkeit
geordnete Festtage, und so erscheint hier eine Ungleichmäßigkeit, die ich
bei dem folgenden Bande auszugleichen gedenke. Eine ähnliche Be=
wandniß hat es mit dem Todtenfest, von welchem ich — besonders bei
seinem denkwürdigen Ursprunge, indem es aus der Gedächtnißfeier für
die in den letzten Kriegen Gebliebenen entstanden ist — beklage, daß es
sich meines Wissens nicht über den preußischen Staat hinaus ver=
breitet hat.

Außerdem, was mir öfter über meine Weise im Predigen aus=
gestellt worden ist, fürchte ich für diese Sammlungen noch zwei einander
fast entgegengesetzte Vorwürfe, und kann nicht anders, als denen im
Voraus beistimmen, welche sie aufstellen werden, daß nemlich die ein=
zelnen Vorträge einander sehr ungleich sind und daß sie sich in einem
sehr engen Kreise bewegen. Das Erste hat seinen Grund vorzüglich da=
rin, daß sie aus sehr verschiedenen Jahrgängen herrühren. Hiervon
wollte ich die Spuren nicht mühsam verwischen; aber es besonders be=
merklich zu machen, schien mir auch überflüssig. Das Andere betreffend,
ist auch nicht die Meinung, daß diese Predigten hinter einander weg
sollen gelesen werden: sondern nur an den Zeiten, für welche sie gehören.
Hat aber der Prediger den Grundsatz, in diesen Zeiten das eigenthümlich
Christliche, worauf sie sich beziehen, auch besonders hervorzuheben: so wird
eine so große Mannichfaltigkeit des Inhalts wie bei andern Predigten
schwerlich zu erreichen sein. Wie ich mir nun immer vorzüglich solche
Zuhörer wünsche, welchen das eigenthümlich Christliche überall will=
kommen, an den kirchlichen Festen aber unentbehrlich ist: so denke ich
mir auch vorzüglich eben solche Leser und kann auch nur diesen, nicht
ohne alle Hoffnung, wünschen, daß ihnen diese Vorträge unter Gottes
Segen zur Förderung in der Gottseligkeit gereichen mögen.

Berlin, im September 1826.

F. Schleiermacher.

VII.

II. Daß aus der kurzen Zeit, binnen welcher ich hoffte, diese zweite Sammlung Festpredigten auf die erste folgen lassen zu können, sogar noch etwas mehr als sieben Jahre geworden sind, gereicht mir jetzt selbst zur Verwunderung und ist um so mehr ein warnendes Beispiel von der Mißlichkeit solcher Versprechen, als weder dem Publikum ein hinreichender Grund zu dieser Verspätung vor Augen liegt, noch auch ich selbst mir bestimmte Rechenschaft davon zu geben weiß.

Aber nicht nur später erscheint diese Sammlung, als ich gerechnet hatte, sondern sie ist auch stärker geworden; vorzüglich freilich deshalb, weil ich die in der ersten übergangenen Feste zweiter Ordnung nachholen wollte, aber nicht so, daß die eigentlich kirchlichen Festtage und Zeiten darunter litten. Das gemeinschaftliche, nach den Festen geordnete Inhaltsverzeichniß über beide Sammlungen wird den Lesern hoffentlich angenehm sein.

Manche von den Predigten dieses Bandes haben schon in dem Magdeburgischen Magazin gestanden, dessen Herr Verleger sich aber mit der Aufnahme derselben einverstanden erklärt. Ein paar andere sind früher gelegentlich einzeln gedruckt worden, werden aber in dieser Gestalt wol schwerlich weit über unsere Stadt hinausgekommen sein; und so wird sich hoffentlich Niemand darüber beschweren, wenn er sie hier wieder findet.

Was ich übrigens bei dem ersten Bande befürwortet, gelte auch für diesen; und es bleibt mir nur zu wünschen, daß auch dieser noch Leser finde, welche, an den in vorgerücterem Alter nicht mehr zu verbessernden Mängeln meiner Art und Weise weniger Anstoß nehmend, sich doch durch den Inhalt erbaut und auch mit Rücksicht auf das, was die jetzt in der Kirche obwaltenden Umstände vorzüglich erheischen, in wahrer christlicher Gottseligkeit gefördert finden.

Berlin, im November 1833.

F. Schleiermacher.

Vorwort zu dieser neuen Ausgabe.

Ein Jahr ist verflossen, seitdem wir den ersten Band dieser Predigten in dieser neuen Gestalt der Oeffentlichkeit übergeben haben!

Damals waren wir noch ungewiß, ob diese neue Ausgabe — ein halbes Jahrhundert nach der ersten Veröffentlichung ihres Inhaltes — wirklich ein Bedürfniß sei; jetzt aber, nachdem dieselbe allgemeine Anerkennung gefunden hat, freuen wir uns, dem Andenken Schleiermachers dieses Denkmal gestiftet zu haben.

Einem der Herausgeber haben wir es zu verdanken, daß wir diesem Bande eine bisher noch ungedruckte Predigt beifügen konnten, welche Schleiermacher kurz nach dem Tode seines Sohnes gehalten hat und welche dadurch von nicht zu unterschätzendem Werthe ist, daß sie die Frage nach der Unsterblichkeit der Seele behandelt, worüber sich Schleiermacher sonst nur selten und beiläufig ausgesprochen hat!

Wir können uns nicht versagen, auch an dieser Stelle den Förderern unseres Unternehmens bestens zu danken und sie zu bitten, demselben auch ferner ihr Interesse angedeihen zu lassen.

Berlin, im Dezember 1872.

Herausgeber und Verleger.

Inhalt des zweiten Bandes.

		Seite
I.	Christus, der da kommt in dem Namen des Herrn. Adventspredigt	1
II.	Christus, der Befreier von der Sünde und dem Gesetz. Adventspredigt	14
III.	Was in der Seele dem Einzug des Herrn vorangehen muß. Adventspredigt	26
IV.	Daß der Erlöser als der Sohn Gottes geboren ist. Weihnachtspredigt.	41
V.	Die Freude an der Erscheinung Christi, erhöht durch die Betrachtung, daß er gekommen ist, das Schwert zu bringen. Weihnachtspredigt	52
VI.	Gott, der allen Dingen ihr Maß bestimmt. Am Neujahrstage	65
VII.	Der Anfang des Leidens Christi, sein steigender Sieg über die Sünde. Passionspredigt	81
VIII.	Die tröstliche Verheißung Christi an seinen Mitgekreuzigten. Passionspredigt	96
IX.	Der letzte Blick auf das Leben. Passionspredigt	108
X.	Christi letztes Wort an seinen himmlischen Vater. Am Charfreitage	119
XI.	Der Tod des Erlösers, das Ende aller Opfer. Am Charfreitage	126
XII.	Christi Auferstehung, ein Bild unseres neuen Lebens. Am Osterfest	138
XIII.	Der Zusammenhang zwischen den Wirkungen der Schrift und den unmittelbaren Wirkungen des Erlösers. Am zweiten Ostertage	147
XIV.	Das Ende der Erscheinung Christi mit dem Anfang derselben zusammengestellt. Am Himmelfahrtstage	161
XV.	Daß die Erhaltung der christlichen Kirche auf dieselbe Weise erfolgt, wie ihre erste Begründung. Am Pfingstfeste	170
XVI.	Der Ursprung des Geistes aus Gott ist die Gewährleistung für die Vollständigkeit seiner Wirkungen. Am Pfingstfeste	182

VI.

		Seite
XVII.	Wer und was gehört in das Reich Gottes? Am Trinitatisfeste	196
XVIII.	Unser Blick in die Zukunft, verglichen mit dem des Abraham. Adventspredigt	210
XIX.	Johannis Zeugniß von Christo, ein Vorbild des Unsrigen. Adventspredigt	221
XX.	Der Unterschied zwischen dem Wesen des neuen und des alten Bundes an ihren Stiftern dargestellt. Adventspredigt	233
XXI.	Die Veränderung, welche seit der Erscheinung des Erlösers auf der Erde begonnen hat. Weihnachtspredigt	245
XXII.	Die verschiedene Art, wie die Kunde von dem Erlöser aufgenommen wird. Weihnachtspredigt	257
XXIII.	Der Erscheinung des Erlösers als der Grund zur Wiederherstellung der wahren Gleichheit unter den Menschen. Weihnachtspredigt	268
XXIV.	Eine Anweisung, das Gute unter uns immer vollkommner zu gestalten. Neujahrspredigt	279
XXV.	Der Lohn des Herrn. Neujahrspredigt	290
XXVI.	Welchen Werth es für uns habe, daß das Leiden des Erlösers vorhergesagt ist. Passionspredigt	302
XXVII.	Ueber den Gemüthszustand des Erlösers in seinen letzten Stunden. Passionspredigt	312
XXVIII.	Die Gesinnung, in welcher Christus seinen Leiden entgegenging. Passionspredigt	327
XXIX.	Ueber das Geheimniß der Erlösung in ihrem Verhältniß zur Sünde und zur Unwissenheit. Am Charfreitag	337
XXX.	Betrachtung der Umstände, welche die letzten Augenblicke des Erlösers begleiteten. Am Charfreitag	346
XXXI.	Wie das Bewußtsein des Unvergänglichen den Schmerz über das Ende des Vergänglichen besiegt. Am Osterfest	354
XXXII.	Weshalb die Apostel sich so besonders Zeugen der Auferstehung Christi nennen. Am Osterfest	365
XXXIII.	Die Trennung der Gemüther, ein Vorzeichen des göttlichen Gerichts. Am jährlichen Bußtage	375
XXXIV.	Zwei Beispiele davon, wie, wenn die Gerechtigkeit ein Volk nicht erhöht, die Sünde das Verderben desselben wird. Am Bußtage	384
XXXV.	Was Christus nach seiner Erhöhung für uns ist. Am Himmelfahrtstage	395
XXXVI.	Die Verheißungen des Erlösers bei seinem Scheiden. Am Himmelfahrtstage	406
XXXVII.	Das Ende der wunderbaren Aeußerungen des göttlichen Geistes in der christlichen Kirche. Am Pfingstfest	417
XXXVIII.	Wie der Geist der Wahrheit den Erlöser verklärt. Am Pfingstfest	436

VII.

IXL. Wie wir in der Ordnung des Heils die göttliche Weisheit bewundern müssen. Am Trinitatisfest 440
XL. Warnung vor Selbstsucht und Eigennutz bei der Erntefreude. Am Erntefest 450
XLI. Unser Verhältniß zu denen, welche aus dieser irdischen Gemeinde hinweggenommen worden sind. Am Todtenfest 459
XLII. Vorschriften für den Schmerz bei dem Verlust unserer Brüder. Am Todtenfest 468
XLIII. Ueber die Unsterblichkei der Seele. Am Todtenfest 478

I.
Christus, der da kommt in dem Namen des Herrn.

Adventspredigt.

Text: Matth. 21, 9.

Das Volk aber, das vorging und nachfolgte, schrie und sprach, Hosianna dem Sohne Davids; gelobet sei der da kommt in dem Namen des Herrn.

Meine andächtigen Freunde! Die festliche Zeit, mit welcher wir allemal ein neues kirchliches Jahr beginnen zunächst zu dem Zweck, die Herzen der Christen zu einer würdigen Feier der Geburt des Erlösers vorzubereiten, hat zwei große Gegenstände, unerschöpflich jeder, unzertrennlich beide von einander: die Betrachtung der Wohlthaten, die uns der Erlöser erwiesen, und die Betrachtung der ausgezeichneten und hohen Würde dessen, der sie uns erwiesen. Von keinem von beiden können wir reden ohne den andern; keiner von beiden kann unser Gemüth lebendig durchdringen ohne den andern; denn ohne zu sein, der er war, konnte Christus das Verlorene nicht wiederbringen; aber der Sohn Gottes konnte auch nicht auf Erden erscheinen ohne alle, die ihn erkannten, zu sich zu ziehen. Dessen ungeachtet aber mögen wir wol bald mehr auf das eine, bald mehr auf das andere, jetzt mehr auf ihn, dann mehr auf seine Wohlthaten unser geistiges Auge richten. Was wir nun eben mit einander gesungen haben, das kam aus einem von der Größe der Wohlthaten, die uns der Erlöser erwiesen, durchdrungenen, sein eigenes Bedürfniß aussprechenden und dessen Erfüllung feiernden Herzen; die Worte der Schrift hingegen, die wir jetzt vernommen, sind ein Zeugniß von der hohen und ausgezeichneten Würde des Erlösers, freilich aus dem Munde jenes Volkes, dessen Sinn sonst hart und verstockt genug war und welches sich höchst wandelbar zeigte in allen seinen Erregungen, welches aber doch in Augenblicken wie dieser, wo es recht ergriffen war von der Erscheinung des Erlösers, auch die große Wahrheit verkündigen mußte, an welche wir uns in diesen Tagen besonders erinnern. Ja wir mögen wol sagen, wenn auch die Rufenden selbst unmittelbar nur etwas Geringeres gemeint haben: so lag eben so prophetisch ein tieferer Sinn in ihren Worten, wie jener hohe Priester weissagte, ohne zu wissen was er that, als der Tod des Herrn beschlossen wurde.

So wollen denn auch wir jetzt mit einander des Erlösers gedenken als dessen, der da gekommen ist in dem Namen des Herrn; und laßt uns sehen, was in diesem hier von ihm gerühmten Großes und Herrliches liegt.

Der Ausdruck „Im Namen Gottes oder des Herrn" ist uns freilich gar sehr gewöhnlich geworden und wird gar vielfältig gebraucht nicht nur, sondern auch mißbraucht; weswegen es denn scheinen könnte, als habe er viel von seiner Würde und Bedeutsamkeit verloren. Aber er ergreift uns doch auf eine ungewöhnliche Weise und thut uns eine große Fülle von Gedanken und Betrachtungen auf, wenn wir bedenken, wie er hier gesprochen ward, als das Volk den Erlöser mit dem Zuruf empfing: Gelobt sei der da kommt in dem Namen des Herrn.

I. Zuerst meine geliebten Freunde laßt uns mit demjenigen beginnen, was uns das geringere zu sein scheinen könnte. Diese Worte eines alten Psalmes*) waren nämlich zunächst eine sehr schickliche Begrüßung eines jeden, welcher an den Tagen hoher Feste in die Hauptstadt jenes Volkes kam. Wenn eine solche Schaar einzog, denn in größeren Gesellschaften geschah es immer, so sammelten sich die Bewohner Jerusalems um sie her, gingen ihnen entgegen und riefen: „Gelobet jeder, der da kommt in dem Namen des Herrn"; und die Ankommenden erwiderten ihren Gruß und sprachen mit den Worten desselben Psalmes: „Wir segnen euch, die ihr seid von dem Hause des Herrn." So wurde also wahrscheinlich dasselbe dem Erlöser schon damals zugerufen, als er zuerst mit einer solchen Schaar noch als junger Knabe in die Hauptstadt seines Volkes kam, um mit seinen Eltern das Fest zu begehen. Und später, seitdem er aufgetreten war als Lehrer, war schon immer die Frage unter denen, die sich versammelt hatten zum Fest, und unter den Bewohnern Jerusalems selbst: Wird er wol kommen auf das Fest, oder wird er daheim bleiben? und nie gewiß ist er da erschienen, ohne daß ihm und denen, die ihm nachfolgten, wäre zugerufen worden: Gelobt ist der da kommt in dem Namen des Herrn. Aber mit besonderer Auszeichnung, mit einem begeisterteren Eifer geschah es jetzt, als er zum letztenmal zu dem Feste seines Volkes erschien, um, wie ihn verlangt hatte, vor seinem Leiden das Osterlamm mit seinen Jüngern zu essen und dann erst seine Bestimmung auf Erden zu erfüllen.

Meine guten Freunde, so ist es. Jeder, der da kommt, um Feste des Herrn zu begehen, kommt auch uns in dem Namen des Herrn; und besonders an einem Tage wie der heutige, wo ein neues Jahr unsrer kirchlichen Versammlungen beginnt und mit demselben auch der

---

*) Psalm 118, 26.

Kreislauf unserer schönen christlichen Feste sich erneuert. Mögen wir gegenseitig uns immer sowol alle auf diese Weise begrüßen: Gelobet sei der da kommt in dem Namen des Herrn! als auch uns unter einander segnen als solche, die da sind von dem Hause des Herrn. Denn schon, wenn die Seele der Glieder jenes Volkes erfüllt war von einer solchen Andacht und durchdrungen von solchen Empfindungen, wie dergleichen hochfeierliche Tage sie mit sich brachten; auch einer beschwerlichen Gegenwart entrückt und nur lebend im Gedächtniß der mannigfaltigen, viele Geschlechter der Menschen hindurch fortgesetzten, unter allen Gestalten der Prüfung und Demüthigung sowol, als auch der Erledigung und Verherrlichung oft wiedergekehrten Wohlthaten Gottes; im Bewußtsein alles ausgezeichneten dieser besonderen Erwählung, daß das Volk bestimmt war, den Namen Gottes, sein Gesetz und seinen Dienst unter den Menschen zu erhalten und zu verbreiten: ja auch da gewiß regte sich in dem Innern das Göttliche; die Seele strebte sich loszumachen von dem gewöhnlichen irdischen Treiben, um in festlicher Ruhe und Muße aus der Fülle göttlicher Verheißungen und durch bedeutungsvolle Gebräuche der Erinnerung sich zu jener höheren Bestimmung aufs neue zu kräftigen und zu nähren: wieviel mehr denn wir, die wir, in einem weit höheren Sinne denn jene berufen, das Salz der Erde zu sein, hier andächtig erscheinen, nicht um eine leibliche und zeitliche, sondern um eine ewige und geistige Erlösung zu feiern, indem wir nicht wieder dem Herrn dienen nach einem Gesetz des Buchstaben, sondern im Geist und in der Wahrheit ihn anbeten; wieviel mehr, sage ich, muß auch jeder unter uns, den Segen christlicher Andacht und Frömmigkeit um sich her verbreitend, wie er ihn in sich fühlt, wenn er mit dem wahrhaft geistigen Schmucke angethan erscheint, um die Feste des Herrn durch seine Theilnahme zu verschönern, billig von allen andern mit demselben Zuruf begrüßt werden: Gelobt und gesegnet sei der da kommt in dem Namen des Herrn.

Allein, meine guten Freunde, auch in dieser Hinsicht ist kein anderer mit dem Erlöser zu vergleichen, ja auch der Frömmste und Gesegnetste so wenig, daß wir mit Recht sagen mögen, Christus allein sei es, der da gekommen ist in dem Namen des Herrn. Denn fragen wir uns nur, wie es denn steht ohne Ausnahme bei einem jeden von uns mit dem festlichen Schmucke, in welchem allein auch damals schon einer wohnen sollte in der Hütte des Herrn und bleiben auf seinem heiligen Berge; ich meine das rechtthuende Einhergehen ohne Wandel und die Zunge, die nur Wahrheit redet, und die unschuldigen Hände, die allein aufgehoben werden sollen zu dem Vater im Himmel, und das reine Herz, welches allein Gott schauen kann*), ob wir diesen unentbehrlichen Schmuck als unser Eigenthum besitzen und ihn anlegen können wo es gilt: so müssen wir wol sagen, wenn wir hier erschienen, wie wir für uns selbst sind und durch uns selbst geworden wären, so hätten wir alle

---

*) Psalm 15, 1. 2. und 24, 3. 4.

nichts anderes zu erwarten, als die vernichtende Frage: Freund, wie bist du hereingekommen und hast doch kein hochzeitlich Kleid an*). Er allein war ursprünglich und eigenthümlich so angethan; er allein, der einzig Reine und Gerechte, hob immer unschuldige Hände auf zu seinem und unserm Vater, um seine Brüder zu vertreten; er schaute immer reines Herzens empor zu Gott und den Werken Gottes, die sich ihm immer herrlicher offenbaren sollten; er allein konnte ursprünglich von seinem Vater zeugen und ihn verklären, nicht nur durch das feste prophetische Wort seiner Lehre, nicht nur durch das theure Gebet seines Mundes, sondern schon dadurch, daß wer ihn sieht auch den Vater sieht, in der Herrlichkeit des eingebornen Sohnes die Herrlichkeit des Vaters, in dem Abglanz des göttlichen Wesens das göttliche Wesen selbst. In diesem Glanz und dieser Herrlichkeit kann er allein würdig erscheinen auf dem heiligen Berge; das ist das festliche Gewand, welches seine Seele immer so umfloß, wie seine Jünger ihn auch leiblich glänzend, auf dem Berge der Verklärung erblickten. Wir besitzen ein solches nicht; aber wenn der Glaube durch die Erscheinung des Erlösers geweckt auch nur den Saum seines Gewandes faßt, so merken wir bald, daß eine reinigende Kraft von ihm auf uns ausströmt. Und wenn wir gleichsam, aber freilich unter ganz entgegengesetzten Verhältnissen wie David dem Saul, ihm einen Zipfel seines Gewandes abschneiden zum Zeichen, wie nahe er uns gewesen ist: so entfaltet sich dieser zu dem hochzeitlichen Kleide, in welchem wir uns denn auch können begrüßen lassen als solche, die da kommen im Namen des Herrn, weil der Sohn denen, die ihn aufnehmen, Macht giebt, Gottes Kinder zu heißen, und weil der Geist, den er ausgegossen hat und der bald uns bei Gott vertritt durch unausgesprochene Seufzer, bald laut und vernehmlich aus unsern Herzen Lieber Vater emporruft, uns immer schon, vorzüglich aber wenn wir uns versammeln um mit einander den Herrn zu preisen, das Zeugniß giebt, daß wir Gott angenehm geworden sind in seinem Sohne, so daß wir die Tugenden dessen verkündigen können, der uns berufen hat.

Darum, meine guten Freunde, weil auch schon in diesem festlichen Sinne alle anderen nur durch den Erlöser kommen können in dem Namen des Herrn, wollen wir auch an diesem Jahresanfang in Bezug auf alle uns noch bevorstehenden Segnungen ihn, nicht vorzüglich nur, sondern allein begrüßen als den Gelobten und Gesegneten, der uns kommt im Namen des Herrn. Wie er verheißen hat, auf geistige Weise überall zu sein, wo auch nur zwei oder drei in seinem Namen versammelt sind: so zieht er auch in jedem kirchlichen Jahr aufs neue wieder ein in unsre christlichen Versammlungen. Da wird das erneuerte Bewußtsein unserer Gemeinschaft mit ihm uns zur festlichen Freude; der Friede mit Gott, der sich durch ihn in unsere Herzen ergießt, giebt auch uns eine feste Zuversicht und eine sichere Stätte auf dem heiligen Berge, seinem geistigen Zion; und wenn wir uns durch sein Wort getröstet

---

*) Matth. 22, 12.

fühlen in unsern Herzen über alle Noth der Erde und der Sünde in dem Genuß seiner geistigen Gegenwart; wenn wir die Segnungen christlicher Andacht erfahren, indem unser Herz von dem Irdischen gelöst und zu Gott erhoben wird; wenn wir uns aller Schätze der Kindschaft Gottes bewußt werden, die weder geraubt noch verzehrt werden können: o dann laßt uns voll Dankes ausrufen: Gelobet sei der da gekommen ist in dem Namen des Herrn.

II. Dann aber meine guten Freunde waren zweitens auch alle Propheten des alten Bundes in dem Namen des Herrn gekommen. Alle jene Männer, die sich Gott besonders ausrüstete zu seinen Werkzeugen, theils um als heilige Sänger den Stammelnden die Zunge zu lösen und ihnen Worte der Weihe zu geben für ihren Dank gegen den Höchsten und für ihre Anbetung seines Namens, theils um die Unwissenden zu lehren und die Strauchelnden zu leiten und um mit ernster Stimme das Volk, wenn es sich von dem rechten Wege verirren wollte, zu warnen und zu züchtigen, — sie alle kamen in dem Namen des Herrn. Das Wort des Herrn geschah zu ihnen und wenn sie dem Volke kund machten was ihnen aufgegeben war, so begannen sie: So spricht der Herr, und in seinem Namen traten sie auf, einzelnes Gute verheißend, einzelne Uebel drohend. Mochten sie nun nach Beschaffenheit der Zeiten und Umstände bisweilen willige Ohren finden und sich der Frucht ihrer Predigt erfreuen, dann aber auch überhört und verworfen zu dem traurigen Ausspruch genöthigt werden: Wer glaubt wol unserer Predigt? dieses Volk hat Ohren, aber es hört nicht, und Augen, aber es sieht nicht! immer doch redeten und thaten sie alles im Namen des Herrn; dies ist das einstimmige, durch die Verehrung einer langen Reihe von Geschlechtern beglaubigte Zeugniß, welches jene ganze Folge gottbegeisterter Männer sich selbst giebt, deren Schriften noch jetzt den schönsten Schmuck unserer alttestamentischen Urkunden ausmachen. — Als der Erlöser an dem Tage, an welchen die Worte unsers Textes uns erinnern, sich der Stadt näherte und das Volk ihm entgegenströmte: so fragten viele, die ihn nicht kannten: Wer ist denn dieser? und die andern antworteten: Das ist der Prophet, der Jesus von Nazareth in Galiläa, und so begrüßten sie ihn also auch als einen Propheten des Herrn, indem sie ihn anredeten: Gelobt sei der da kommt in dem Namen des Herrn; denn für einen großen Propheten, mächtig an Worten und Thaten, galt er unter dem ganzen Volk. Er selbst aber sagt: Die Propheten reichen bis auf Johannes; der kleinste aber im Reiche Gottes ist größer als der, welcher der größte ist unter allen Propheten. So scheint er also zwar diesen Namen eines Propheten für zu gering zu halten schon für uns wie vielmehr also noch für sich selbst, aber dennoch hat er es auf der andern Seite niemals von sich gewiesen, wenn das Volk ihn pries als einen Propheten des Höchsten und sich freute, daß die so lange verstummt gewesene Stimme Gottes sich wieder vernehmen ließ unter dem Volke. Ja er redet von sich selbst öfter auf eine solche Weise, wodurch er jene Bezeichnung vollkommen rechtfertigt. Denn wenn er sagt: Das Wort, welches ich rede, ist nicht mein, sondern dessen, der mich gesandt hat; oder: Was ich von dem Vater gehört habe, das rede ich: so räumt er ein, daß er nicht von sich selbst und in seinem eigenen Namen auftrete; sondern Worte von Gott an die Menschen ergangen seien es, die er rede. Und so war er denn freilich auch ein Prophet, wie jene, nur, wie er auch ein anderer Hohepriester war, auf seine ganz eigene Weise und mit der ihrigen nicht zu vergleichen.

Denn zuerst schon deshalb, weil jene Propheten alle auf das Gesetz zurückgingen, welches Moses einst dem Volke gegeben hatte, indem sie dieses zu erläutern suchten in lehrreichen und ergreifenden Reden — wie denn nur der ein ächter Prophet war in dem Sinne des alten Bundes, der von dem Gott des Gesetzes in seinen Drohungen und Verheißungen begeistert war, — deshalb konnten jene Knechte des Herrn immer nur einzelnes lehren, je nachdem das Bedürfniß des Volkes bald dieses, bald jenes besonders erforderte; und diesen auf einzelnes, was eben verhandelt ward oder bevorstand, gerichteten Ermahnungen und Warnungen waren auch die Weissagungen angeknüpft, welche sie aussprachen im Namen des Herrn. Daher verhallte auch bald eines jeden Propheten Stimme und immer andere mußte der Herr erwecken, wenn sein Volk nicht sollte rathlos dastehen, oder dem Troh und der Verzagtheit des eigenen Herzens ohne höhere Leitung preisgegeben sein. Nicht zu vergleichen ist also mit ihnen Christus der Herr, dem sein Gotteswort nicht erst auf diese oder jene Veranlassung kam von außen oder von innen, in Bildern und Erscheinungen, oder in dem Ruf einer geheimnißvollen Stimme, auch nicht erst an ihn selbst erging dann, wann er es zu diesem, oder jenem einzelnen und bestimmten Zwecke mittheilen sollte, sondern dem es ursprünglich und beständig einwohnte als eine Fülle göttlicher Kraft und Weisheit und, ohne daß er in einem ihm selbst ungewohnten und außerordentlichen Zustande gewesen wäre, überall auch ohne besondere Veranlassung in Reden heraustrat als der natürliche Ausdruck seines Wesens; dessen Gotteswort auch nicht war hier eine Lehre und da eine Lehre, hier eine Vorschrift und da eine Vorschrift auf einzelne Fälle und Verhältnisse des Lebens und für wechselnde Gemüthsstimmungen berechnet, — denn solche einzelne Aussprüche, wenn er gleich auch nicht ganz verschmähte, sie zu geben, dürfen wir doch kaum in Anschlag bringen, wenn von seinem prophetischen Worte die Rede ist. O welch ein anderer Prophet, der nicht an diesen und jenen gesendet war, nicht ein und das andere Mal erschien im Namen des Herrn, sondern der nie und nirgend anders reden konnte, als im Namen des Herrn, und dessen Gotteswort Eine große zusammenhängende Rede an das ganze Menschengeschlecht gerichtet war und noch ist, und eine solche, worin jeder für alle Bedürfnisse seines Herzens und unter allen Verhältnissen seines Lebens finden kann, was ihn befriedigt, so daß nie jemand, welcher jemals gefragt hat oder noch fragen wird, Was soll ich thun, daß ich selig werde, eines andern Propheten bedürfen kann, als dieses einen! welch' ein anderer Prophet, dem man nur Unrecht thun würde, wenn man von ihm einzelne Worte voll Kraft und Wahrheit, wenngleich als die schönsten Edelsteine, mit hineintragen wollte in den gemeinsamen Schatz der übrigen menschlichen Weisheit, weil auch alles einzelne von ihm nur im rechten Lichte erscheinen kann, wenn es im Zusammenhange mit allem übrigen in der untheilbaren Einheit seines göttlichen Lebens betrachtet wird! welch ein anderer Prophet, der es verschmäht, der Zeit und Stunde zu dienen mit Lehre und Gebot, oder zu weissagen, was seiner Zeit und Stunde harrt, sondern der, wie er nur von sich selbst zeugte, so auch nur von sich selbst weissagte, von seinem Reiche, dem Kampfe darum und dem Siege desselben, und der, wie sein Reich kein zeitliches war, so auch nur das ewige lehrte, immer nur darauf ausgehend, den Vater selbst und den ewigen Friedensrath desselben zu offenbaren, welcher während der Zeit des alten Bundes hinter der besonderen Erwählung eines einzelnen Volkes, so wie der Vater selbst hinter dem Gott der Heerschaaren, immer war verborgen gewesen. Nun aber ist es die kurze Rede: Das ist Gottes Werk, daß ihr an den glaubt, den er gesandt hat*), welche mit dem herrlich einladenden Vorwort: Kommt her zu mir, die ihr mühselig seid und beladen, ich will euch erquicken und ihr sollt Ruhe finden für eure Seele**), durch sein ganzes Leben erläutert und bewährt, so wie durch seinen Tod verklärt und besiegelt, alle andere Lehre und Ermahnung, so wie Warnung oder Trost überflüssig macht, so daß Gott keine Propheten mehr zu erwecken braucht seinem geistigen Volk, und schon deswegen Er der letzte bleibt, welcher so gekommen ist im Namen des Herrn.

Aber zweitens auch dadurch ist er ein ganz anderer Prophet, als die des alten Bundes, daß er nicht wie sie verkündigte, was noch ferne war und auch blieb, so daß oft die Hörer nicht wußten, ob sie selbst oder welche späten Nachkommen die Tage der Verheißung sehen würden; sondern was er im allgemeinen ankündigte, das reichte er im einzelnen auch sogleich dar, als es nur begehrt wurde, so daß Verheißung und Erfüllung einander unmittelbar aufnahmen. Denn was noch kommen soll, ist nur dasselbe, was schon da ist. Darum als er, wie es scheint, bald am Anfang seines Lehramtes, in die Synagoge der Stadt eintrat, wo er war erzogen worden, und er aus den dargebotenen Büchern der Propheten ohne bestimmte Absicht die Stelle aufschlug: Der Geist des Herrn ist bei mir, derhalben er mich gesalbt hat und gesandt zu verkündigen das Evangelium den Armen, zu heilen die zerstoßenen Herzen, zu predigen den Gefangenen, daß sie los sein sollen, und den Blinden das Gesicht und den Zerschlagenen, daß sie frei und ledig sein sollen, kurz zu predigen aller Welt das angenehme Jahr des Herrn: da konnte er das Buch der Schrift zuthun und, ohne Weissagung auf Weissagung häufend, noch in die Zukunft hinzudeuten, mit vollem Vertrauen sagen, was kein Prophet des alten Bundes zu sagen pflegte: Heute ist diese

---

*) Joh. 6, 29. — **) Matth. 11, 28.

Schrift erfüllt vor eueren Ohren. Denn so predigte er das angenehme Jahr des Herrn, verkündigend ein bis dahin freilich noch unbekanntes Heil, das aber nahe lag und von jedem konnte ergriffen werden, ja das, wiewol gegen die gemeine Deutung der prophetischen Worte, einem jeden irgend Empfänglichen gleich entgegentrat in der seligen und Seligkeit verbreitenden Person dessen, der da redete. Und als Johannes schon aus seinem Kerker heraus ihn fragen ließ, Bist du es, der da kommen soll, oder sollen wir eines andern warten? konnte er ebenfalls seinen Abgesandten die Antwort geben: Verkündiget eurem Meister was ihr sehet, die Blinden sehen, die Tauben hören, die Stummen reden, die Lahmen gehen, die Todten stehen auf und den Armen wird das Evangelium geprediget. So wiederholte er gleichsam des Johannes weissagende Verkündigung und ließ zugleich ihre unmittelbare Erfüllung sehen. Ja die schöne milde Verheißung, daß er, fern von dem herben Eifer strenger Knechte des eifrigen Gottes, das geknickte Rohr nicht zerbrechen und das glimmende Tocht nicht auslöschen werde, erfüllte sich in jedem Augenblick seines fruchtbaren Lebens an jeder heilsbegierigen Seele. O welch ein anderer Prophet, als alle Propheten des alten Bundes! Wie Recht hatte er deswegen auch in Bezug auf sich zu sagen, die Propheten nach ihrer Weise reichten bis auf Johannes, alle Hörer aber damit zu trösten, von dem an beginne nun das Reich Gottes und jeder könne es an sich reißen, der mit allen Kräften seines Geistes darnach ringe.

Ist nun eben dieses Reich Gottes der Inbegriff alles dessen, wozu der menschliche Geist auf dieser Stufe seines Daseins gelangen kann; ist also eben deswegen der Blick derer, welche ihr Erbtheil in diesem Reiche gefunden haben, nicht mehr weder in banger Furcht, noch in unbefriedigter Sehnsucht, also tröstender Weissagung bedürftig, nach der Zukunft hingewendet; sind die Worte des Lebens, welche der Vater in den letzten Tagen zu uns geredet hat durch seinen Sohn, das gebietende Wort, aus welchem die unvergängliche geistige Schöpfung hervorgeht, so daß, wie alles Frühere auf diesen Sohn hinwies, so alles Spätere nun nur auf ihn zurückweisen kann: so müssen ja vor ihm alle tief in den Schatten zurücktreten, die vorher als Propheten des Herrn gekommen waren, und er ist der einzige, der auch in diesem Sinne allen und auf immer gekommen ist in dem Namen des Herrn.

III. Drittens aber, wie alle Propheten in ihren Reden zurückgingen auf das Gesetz, welches Moses ihrem Volke gegeben hatte: so war nun vorzüglich dieser Gesetzgeber desselben gekommen in dem Namen des Herrn. In dem Namen des Herrn hatte er das Volk ausgeführt aus dem Lande der Knechtschaft, in dem Namen des Herrn brachte er ihm von dem Berge der göttlichen Majestät die Tafeln des Gesetzes, hielt ihm vor Segen und Fluch, und in dem Namen des Herrn fragte er das Volk, ob es annehmen wolle seine Rechte und Gesetze und sich ihm verpflichte als das Volk seines Bundes. Und gewiß, meine guten Freunde, nicht Moses allein, wenngleich er auf eine vorzügliche

Weise ist als Gesetzgeber gekommen in dem Namen des Herrn: sondern wir ehren in jeder menschlichen Gesetzgebung etwas, was uns in dem Namen des Herrn gegeben ist; wir wissen, es ist seine Stimme, welche die Menschen aus den zerstreuenden Irrsalen und der wilden Zügellosigkeit der Selbstsucht zur Ordnung und zum Rechte beruft, so wie von der Kümmerlichkeit eines vereinzelten, eben so thatenleeren, als genußlosen Lebens zu einer heilsamen Verbindung ihrer Kräfte und zu gemeinsamer veredelnder Thätigkeit. Daher redet auch jedes menschliche Recht und jede menschliche Ordnung zu uns in dem Namen des Herrn. Darum sagt auch der Apostel: Es ist keine Obrigkeit, außer sie ist von Gott verordnet, denn in dem Namen Gottes trägt sie das Schwert als Rächerin der Gesetze an dem Bösen. Aber so wie der Apostel von dem Gesetze sagt, es habe den Menschen keine Kraft mittheilen können es zu erfüllen, sondern sie hätten in demselben immer nur gefunden die Erkenntniß ihrer Sünde, und das Gesetz hätte nur die Menschen zusammengehalten unter der Sünde bis auf die Zeit, da der Glaube kommen würde, welcher sie losmachen würde von dem Zuchtmeister, dem Gesetz: so erkennen wir auch, daß jedes menschliche Gesetz, in sofern es nur als ein äußerer Buchstabe, wiewol im Namen des Herrn, zu den Menschen redet, ihnen die Kraft nicht mittheilen kann es zu erfüllen, sondern Furcht und Hoffnung, Lohn und Strafe, Fluch und Segen, so weit menschliche Kräfte und menschliche Ordnungen beide bewirken können, zu Hülfe nehmen muß, um die Gemüther der Menschen erst durch etwas Fremdes zu bewegen. — Und auch das dürfen wir wol nicht vergessen, daß jedes äußere Gesetz auch auf diese Weise immer nur einen gewissen Umfang auszufüllen vermag. Ein Volk bindet es wol zusammen oder eine Masse nahe verwandter Stämme; soll es auch andern aufgedrungen werden mit Gewalt, oder wollen sie Fremdes nachahmend aus eigener Rathlosigkeit annehmen, so bereitet ihnen dieses mancherlei Elend, und ohne großen Nutzen wird nur mit Mühe die widerstrebende Natur überwunden.

Bedarf es wol noch des langen Bedenkens, wenn wir nun sagen sollen, wie sich Christus als Gesetzgeber und Anordner eines gemeinsamen Lebens in diesen verschiedenen Beziehungen zu denen verhält, welche vor ihm in demselben Sinne gekommen waren im Namen des Herrn? Denn zuerst war nicht mehr die Rede davon, daß auch durch ihn wieder nur ein einzelnes Volk sollte zusammengehalten und durch eine von oben stammende Gesetzgebung vor andern begnadigt werden; und noch weniger sollte etwa nur jene alte Gesetzgebung seines eigenen Volkes durch ihn gereinigt werden oder verbessert: sondern von nun an sollte vielmehr aus allen Völkern wer Gott fürchtet und Recht thut, wenn auch nur nach einem solchen äußerlichen Gesetz, Gott dazu angenehm sein[*]), daß ihm die Botschaft verkündiget werde, welche ihn zugleich und ohne Störung jenes Verhältnisses zu einer andern Gemein-

---

[*]) Apostelgesch. 10, 35.

schaft beruft, welche auf der einen Seite so enge Grenzen verschmäht, vielmehr das ganze menschliche Geschlecht zu umfassen sucht, auf der andern aber auch mit einem so geringen Zwecke sich nicht begnügt. Denn nicht wieder sollten wir nur ein solches Gesetz durch ihn erhalten, in welchem, wäre sie auch weit reiner und vollkommner, nur Erkenntniß der Sünde wäre, oder welches wieder bedürfte, daß Segen und Fluch vorgehalten und mit der Erfüllung oder Uebertretung desselben verbunden würden. Vielmehr soll alle irdische Furcht ausgetrieben werden durch die Liebe und deren feste Zuversicht, daß denen, die Gott lieben, alle Dinge zum Besten dienen müssen, und alle irdische Hoffnung soll zerstieben vor der edlen Selbstverleugnung, daß wir in dieser Zeit keine Ruhe begehren für das Fleisch, weil es dem Jünger nicht besser zu gehen braucht, als dem Meister, und wir gern alles für Schaden achten, so wir nur immer mehr Christo Gewinn schaffen. Denn er ist gekommen, uns sowol aus dem Zustande dieser Erniedrigung des Trachtens nach dem was drunten ist herauszureißen, als auch uns von den unwürdigen Banden irdischer Furcht zu lösen; denn nur wer hiervon frei ist, der ist wahrhaft frei, und nur wenn uns der Sohn frei macht, sind wir recht frei. — Weil nun sein Gesetz solcher Hülfsmittel weder bedürfen sollte, noch auch Gebrauch davon machen könnte, indem es das Gesetz der Freiheit sein sollte, zu welcher die Kinder Gottes hindurch bringen: wie wird er deshalb schon im voraus eingeführt in die Welt als der rechte und einzige Gesetzgeber, der da kommen sollte im Namen des Herrn? Das soll der Bund sein, den ich machen will nach dieser Zeit, spricht der Herr; Ich will mein Gesetz in ihr Herz geben und in ihren Sinn schreiben*). Denn auch ein äußerliches Gesetz kann in dem Maße Drohungen und Verheißungen entbehren, als es ein eigner lebendiger Trieb geworden ist in den Herzen der Menschen. Allein hier ist nicht die Rede von jenem Gesetz, das, auf steinernen Tafeln ausgestellt, ein Zuchtmeister sein sollte bis auf die vom Vater bestimmte Zeit**) und so nur einen Schatten darbieten von den wesentlichen Gütern, welcher, wenn diese selbst erschienen, verschwinden müßte; und nicht von jenem abrahamitischen Hause Israel ist die Rede, sondern von dem Israel im Geist, dem neuerworbenen Volke des Eigenthums. Das Gesetz aber, welches unter diesem gelten soll, ist das wahre Gesetz des Herrn, das Gesetz seines eigenen Wesens; sein Wesen aber ist die Liebe. Darum ist der Sohn erschienen, der Abglanz des göttlichen Wesens, und hat, daß ich so sage, mit dem Griffel seiner eigenen erlösenden und befreienden Liebe dieses Gesetz in das Herz derer geschrieben, die ihn aufnahmen, auf daß sie das Leben von ihm empfingen. Denn so spricht er, nachdem er sich gezeigt hatte als den, der nicht in seinem eigenen Namen gekommen war, sondern im Namen des Vaters: Ein neu Gebot gebe ich euch, daß ihr euch unter einander liebet, wie ich euch liebe***). Aber eben diese Rede beginnt er mit der Versicherung,

---
*) Jerem. 31, 33. — **) Gal. 3, 24, und 4, 1—5. — ***) Joh. 16, 21.

daß wer in seiner Liebe bleiben und also jenes Gesetz beharrlich befolgen wolle, der müsse auch an ihm bleiben wie die Rebe am Weinstock und also die Kraft dieser göttlichen Liebe immer aufs neue empfangen; und indem er sich selbst als den Weinstock darstellt, so bezeugt er, daß es seine Natur sei, wie dieser seinen Reben die Säfte zuführt, so denen, die in ihn eingesenkt worden sind, die Kraft und die Milde seines eigenen Lebens, eine wahrhaft göttliche also, mitzutheilen. — O welch ein anderer Gesetzgeber, weit verschieden von allen andern, indem er sich weder auf Belohnungen und Strafen verläßt, oder, wenn nur erst einige Geschlechter durch diese geleitet wären, hernach auf die mehr oder weniger immer auch unbewußte Kraft der Gewöhnung und der Sitten rechnen will — und menschliche Gesetzgeber sind froh, wenn sie es so weit bringen, — noch auch sein Gesetz selbst nur auf eine äußerliche Weise bekannt macht; die es aber befolgen sollen, haben schon ein ganz anderes Gesetz in ihrer Neigung und ihrem Willen: sondern mit der schöpferischen Macht, welche in ihm liegt, eine geistige Welt hervorzurufen und zu gestalten, pflanzt er der menschlichen Seele selbst sein Gesetz ein, nicht als ein inneres zwar, aber doch ohnmächtiges Streben, sondern als einen Absenker gleichsam seines eigenen alles überwindenden Lebens, welches nun in allen, die ihn in sich aufnehmen, fortwirkt und sich durch alle Früchte des Geistes bewährt als eine bildende, erhaltende, seligmachende Gotteskraft. O welch ein Gesetzgeber, der nur denen das Gesetz giebt, welchen er auch mit demselben den Willen sowol, als auch das Vollbringen gewährt und so aus Menschen, welche alles Ruhmes bei Gott ermangelten, ein Gottesreich gründet, in welchem der Vater selbst kommt Wohnung zu machen, und von welchem aus durch den es beseelenden Geist die erlösende und durch die Wahrheit freimachende Liebe des Sohnes immer weiter fortwirkt.

Darum gelobt und ewig gesegnet sei der so gekommen ist in dem Namen des Herrn, daß er sich selbst das Zeugniß geben konnte, Vater ich habe deinen Namen offenbart denen, die du mir von der Welt gegeben hast, und der, wie er Macht hatte das ewige Leben zu geben, nun auch durch dieses mitgetheilte Leben immer mehr verklärt wird in allen, denen er nicht nur zur Erlösung, sondern auch zur Weisheit und zur Heiligung geworden ist, so daß sie, nun geheiligt in seiner Wahrheit und mit aufgenommen in seine ursprüngliche Herrlichkeit, nun auch allewege da sein sollen, wo er ist, nemlich in der Liebe des Vaters und der Einheit mit ihm.

Wenn wir aber billig, indem wir einen neuen Abschnitt unsers gemeinsamen kirchlichen Lebens beginnen, sowol zurücksehen auf die Vergangenheit, als auch die Zukunft ins Auge fassen: so müssen wir ja wol, was das erste betrifft, wie sehr auch eingedenk unserer Schwachheit und Unvollkommenheit und uns nicht schämend, mit seinem Apostel zu bekennen: Nicht daß ich es schon ergriffen hätte oder schon vollkommen wäre, ich jage ihm aber nach, dem vorgesteckten Ziele; aber doch müssen wir, nicht also zu unserer, sondern zu seiner Ehre bekennen, daß auch in dem vergangenen Jahre sein Wort wahr geworden ist und er mit seinem das Herz erwärmenden, den Geist belebenden, die Gemeinschaft der Gläubigen zusammenhaltenden Wort und mit der ganzen geistigen Kraft seiner Nähe reichlich in unserer Mitte gewesen ist. — Damit wir aber auch, was das andere betrifft, bei dem Beginn eines neuen kirchlichen Jahres uns nicht nur obenhin, sondern mit einer freudigen Erwartung und einer festen Zuversicht einander das Wort geben, nur ihm zu leben, nur aus der Quelle des ewigen Lebens, die er uns aufgethan hat, zu schöpfen und also nicht zu weichen von der Gemeinschaft, welche er unter denen, die an ihn glauben, gestiftet und auf welche allein er den Segen seiner geistigen Gegenwart gelegt hat: o so laßt uns dieses noch recht bedenken, daß wir unseres Wortes nur dann recht sicher sein können, wenn das wesentlich mit zu unserm Glauben an Christum gehört, daß auch alle nach uns an ihm volle Genüge haben werden und Gott dem menschlichen Geschlechte nicht noch etwas anderes aufgehoben hat, als nur die immer reichere Entfaltung und Verbreitung dessen, was schon in demjenigen war, in welchem die ganze Fülle der Gottheit einwohnen sollte.

Wenn wir zu ihm sagen: Gelobt sei, der da kommt in dem Namen des Herrn: so geschehe es nicht nur mit dem Bewußtsein, daß mit ihm keiner verglichen werden kann von allen, die vor ihm gekommen sind in dem Namen des Herrn, sondern auch mit dem, daß Er der letzte ist, der gekommen ist in dem Namen des Herrn. Nachdem Christus erschienen und noch da ist, dürfen wir keines andern warten. Keiner wird jemals kommen, der mit solcher begeisternden Kraft die menschlichen Herzen rühre und sie wiederum empfänglich mache, das ewige Leben in sich aufzunehmen; denn die an ihn glauben, sind schon aus dem Tode ins Leben durchgedrungen. Keiner wird kommen, der uns ein vollkommneres Wort Gottes brächte, und keines Menschen Weisheit je etwas herrlicheres reden, als Gott zu uns geredet hat durch seinen Sohn; denn die Stimme hat ein für allemal gerufen, welche den Armen das Evangelium verkündigt und die Todten aus den Gräbern hervorgehen läßt. In keiner gottgeweihten Brust wird je der Geist Gottes in einem höheren Maße wohnen; denn mit allen Gaben und Kräften vermag dieser Geist nichts mehr, als verklärend an den zu erinnern, welcher den Geist hatte ohne Maß, weil in ihm die Fülle der Gottheit wohnte. Keine neue Offenbarung von oben dürfen wir mehr erwarten; denn das Werk der göttlichen Gnade und Barmherzigkeit ist vollbracht, und alle Gottes-Verheißungen sind Ja und Amen in demjenigen, in welchem, wer ihn sieht, auch den Vater sieht. Wie alles, worin sich früher die Kraft des Herrn mächtig erwies, nur eine Vorbereitung war auf den, der da kommen sollte: so ist nun alles, worin sich die Gnade und Barmherzigkeit Gottes kräftig erweiset, nur ein Ausfluß von ihm und eine Folge seiner alles erneuernden Erscheinung. Alles, was irgend einen Werth hat und die Menschen fördern kann zur Seligkeit, muß fortan sein Bild tragen und seine Ueberschrift; und wer zu den Menschen kommen will im Namen des Herrn, der komme fortan nur in dem Namen Jesu von Nazareth. In ihm allein können wir unsern Brüdern Heil bringen, auf ihn allein müssen wir zurückweisen; und alle die noch unter künftigen Geschlechtern der Herr sich ausersehen wird zu seinem Dienst, alle die er auszeichnen wird durch seine Gaben und Kräfte von oben — sie werden kommen in dem Namen Jesu von Nazareth, mit uns ihre Knie beugen vor ihm, mit uns bekennen, daß von ihm allein das Heil der Menschen ausgegangen ist und immer ausgehen wird. Ein Reich Gottes ist da und steht fest, und in dieses müssen sich sammeln alle diejenigen, welche der Seligkeit theilhaftig werden wollen, die Gott den Menschen gegeben hat; es steht fest, und weder die Pforten der Hölle werden es je überwältigen, daß es unterginge, noch wird es je von einem schönern verdrängt werden. Sondern, was sich der Herr noch vorbehalten hat, was noch nicht erschienen ist, aber erscheinen wird, wie unaussprechlich auch menschlichen Zungen, wie unerreichbar auch menschlichen Gedanken es sei: es wird seine Herrlichkeit und Größe nur daher nehmen, daß wir Ihn sehen werden wie er ist. Der neue Himmel und die neue Erde, sie dürfen nicht erst kommen, sie sind schon da, seitdem der Eine gekommen ist in dem Namen des Herrn. Sie sind da in der lebendigen Herzens-Gemeinschaft der Erlösten mit ihrem Erlöser; denn wer in Christo ist, der ist eine neue Kreatur. Sie sind da; denn wer sich in dem Herrn freuen kann allewege, für den giebt es keinen Schmerz mehr und keine Thränen, welche eben ihren Ort haben auf der alten Erde und unter dem alten Himmel. Sie sind da, weil in dem Sohne der Vater sich uns offenbart und alle, die reines Herzens geworden sind durch ihn, so auf ihn schauen können, daß sie das Angesicht des Vaters sehen, eben wie dies gerühmt wird von den Engeln des Himmels, welche um seinen Thron stehn. Das Reich Gottes ist mitten unter uns getreten, nicht mit äußerlichen Geberden, aber mit jenen köstlichen himmlischen Gütern, mit Friede, Freude und Gerechtigkeit. Und so dürfen wir nur zu ihm fliehen und uns an ihm halten. Wer von ihm nicht annehmen wollte die seligmachende Himmelslehre, wer von ihm sich nicht wollte das Herz erweichen und öffnen lassen und die Kraft der ewigen Liebe und Barmherzigkeit nicht von ihm aufnehmen, o der würde vergeblich eines anderen warten. Zu ihm möge jeder sich wenden, vor ihm jeder sich beugen, daß der Vater nicht zürne. Denn wie wollten wir dem Zorn entfliehen, wenn wir eine solche Verheißung, ja was sage ich, wenn wir eine solche gnädige und selige Erfüllung nicht achteten. Amen.

II.
Christus, der Befreier von der Sünde und dem Gesetz.

Adventspredigt.

Meine andächtigen Freunde. Wir haben in unserm heutigen Gesange, wie es dieser Zeit der Vorbereitung auf die würdige Feier der Geburt unsers Erlösers angemessen ist, diesen gleichsam aufs Neue bewillkommt und uns über das Heil gefreut, welches dem menschlichen Geschlechte durch ihn zu Theil worden ist; hernach aber haben wir uns zu dem traurigen Gedanken an das Uebel gewendet, welches in der menschlichen Welt durch die Sünde entsteht. Der Zusammenhang zwischen beiden ist wol deutlich und fühlbar; denn um recht von Herzen den Erlöser zu bewillkommnen, müssen wir gleichsam aufs neue fühlen, was der Druck der Sünde sagen will, der auf dem menschlichen Geschlechte lastet, damit wir uns dessen freuen können, daß wir durch Christum sind davon erlöst worden. Denn wäre die Sünde nicht, so bedürfte es auch keiner Erlösung. Es könnte dessenungeachtet und würde gewiß auch dann ein großer Unterschied unter den einzelnen einer und derselben menschlichen Natur Theilhaftigen fortbestehen, und immerhin könnte, ja der Natur der Sache nach müßte auch dann einer, und dieser wäre immer Christus, der vollkommenste sein unter allen und über allen; allein so wir andern die Sünde nicht hätten und fühlten, so wäre er zwar das eine, was er jetzt auch ist und wonach er uns zu nennen würdiget, unser Bruder, und wir könnten und würden uns auch dann seiner außerordentlichen Begabung von oben mit dem erhebenden Gefühl der Gemeinschaft erfreuen, aber das andere wäre er nicht, der Einige, in dessen Namen allein uns allen Heil verheißen ist, sondern wir hätten unser Heil in unserer eigenen Gerechtigkeit; und der wäre er nicht, dem alle Gewalt gegeben ist im Himmel und auf Erden; denn über seinesgleichen kommt keinem eine solche zu. Ja, so erscheint es gewiß uns allen; sowol die Herrlichkeit des Erlösers, als der eigenthümliche Zusammenhang, in welchem wir mit ihm stehen, gründet sich auf die Sünde des menschlichen Geschlechts. In die Natur aber dieses Zusammenhanges, den wir gewiß alle so annehmen, wie er auch schon in dem Worte Erlösung ausgedrückt ist, tiefer hineinzugehen und dann in dieser festlichen Zeit Gott desto inniger und kräftiger zu preisen für die Sendung dieses heilbringenden Erlösers, das sei der Gegenstand unserer heutigen Betrachtung.

Text: Galater 3, 21—23.

Wenn aber ein Gesetz gegeben wäre, das da könnte lebendig machen, so käme die Gerechtigkeit wahrhaftig aus dem Gesetz.

Aber die Schrift hat es alles beschlossen unter die Sünde, auf daß die Verheißung käme durch den Glauben an Jesum Christum, gegeben denen, die da glauben. Ehe denn aber der Glaube kam, wurden wir unter dem Gesetz verwahret und verschlossen auf den Glauben, der da sollte geoffenbaret werden.

Hier meine guten Freunde beschreibt der Apostel den Zusammenhang zwischen der Sünde und der Erlösung deutlicher, dessen wir vorher schon gedacht haben. Die Schrift, sagt er, hat es alles beschlossen unter die Sünde, auf daß die göttliche Verheißung, alle Völker der Erde zu segnen und zu beglücken, käme durch den Glauben an Jesum Christum. Aber weshalb nun so alles unter die Sünde sei beschlossen gewesen bis auf den Glauben, das enthüllt uns der Apostel deutlicher durch die genauere Auseinandersetzung des Zusammenhanges zwischen dem Gesetz und der Sünde, indem er nämlich zuerst sagt, wenn ein Gesetz gegeben wäre, das da könnte lebendig machen, so käme die Gerechtigkeit wahrhaftig aus diesem Gesetz, d. h. so wäre keine Erlösung nöthig, und indem er auf der andern Seite deutlich genug zu verstehen giebt, jenes, daß die Schrift alles beschlossen habe unter die Sünde, und dieses, daß wir verwahrt gewesen sind, wie er vorzüglich freilich von seinem Volke sagt, unter dem Gesetz, bis der Glaube kam, der da sollte geoffenbaret werden; dies beides sei eins und dasselbe. Diesen Worten des Apostels wollen wir nun mit einander genauer nachgehen und ihn darüber zu verstehen suchen, weshalb vorzüglich der Zusammenhang zwischen dem Gesetz und der Sünde, den er uns zu erkennen giebt, die Ursache ist, warum die göttliche Verheißung nur in Erfüllung gehen konnte durch den Glauben an Jesum Christum, so daß, um uns zu erlösen, Christus unser Befreier werden mußte vom Gesetz sowol, als von der Sünde. Zu dieser Betrachtung schenkt mir jetzt eure christliche Aufmerksamkeit, und möge Gott sie gesegnet sein lassen durch den Geist der Wahrheit.

I. Der Apostel, meine guten Freunde, indem er zuerst sagt: „Wenn ein Gesetz gegeben wäre, das da könnte lebendig machen, so käme die Gerechtigkeit wahrhaftig aus dem Gesetz," hat freilich zunächst an jenes Gesetz gedacht, welches Gott dem jüdischen Volke durch die Hand Moses, seines Dieners, gegeben und von welchem Paulus auch vorher schon ausführlicher geredet hatte, eben um den Christen, an die er schreibt, recht ins Gemüth zu führen, wie nicht durch das Gesetz, sondern durch den Glauben allein die göttliche Gabe und die Freiheit des Geistes, in deren Genuß sie sich schon befänden, gekommen sei. Von diesem Gesetze steht geschrieben in dem Buche des Gesetzes selbst das Wort, worauf er sich auch für diese Auseinandersetzung deutlich und anderwärts öfter beruft: Wer da thut alle Worte, die da geschrieben sind in diesem Buche, der wird leben; wer aber weichet von Einem Wort des Gesetzes, der sei verflucht. Das Gesetz nun kennen wir aus den heiligen Schriften als ein solches, welches dem Volk auflegte eine große Menge schwer zu haltender und beschwerlich auszuführender äußerer Gebräuche, gemischt unter die mehr inneren und ihrem Inhalt nach höheren Vorschriften, die das Verhältniß des Menschen zu Gott und seinen Brüdern betreffen, aber so gemischt, das sowol was das Ansehen des Gesetzes betrifft, als die allgemeine Meinung, die darüber verbreitet war unter dem Volke, das eine ebenso wichtig war, die Befolgung desselben eben so von Verheißungen begleitet, die Uebertretung durch Drohungen bestraft, wie jenes andre. Darum war es eine schwere Last, von der das Volk sich gedrückt fühlte. Jeder war sich dessen bewußt, daß er nicht alle Worte des Gesetzes genau zu erfüllen vermochte, so daß er auch nicht in dem kleinsten fehlte, und niemand konnte sich also auch die Verheißung recht aneignen: Wer da thut alle Worte, die geschrieben sind in diesem Buche, der wird leben. Darum wenn das Volk sich jenen schönen Hoffnungen überließ, die in den prophetischen Reden der alten Diener Gottes niedergelegt waren, den schönen Hoffnungen auf eine glückliche Zeit unter der Herrschaft eines von Gott zum Wohl des Volkes und der ganzen Welt Gesendeten, so dachte es sich als einen bedeutenden Theil dieser freudigen Hoffnungen immer auch dieses, daß alsdann die Last dieses Gesetzes von seinen Schultern würde genommen werden. So war denn freilich ein Gesetz, welches sich denen, die demselben unterthan waren, so fühlbar machte, kein solches, welches Glück und Freude verbreiten, aus welchem Kraft und Leben hervorgehen konnte; und in Beziehung auf dieses konnte der Apostel also freilich mit Recht sagen: Wenn ein Gesetz gegeben wäre, das da könnte lebendig machen, so käme die Gerechtigkeit freilich aus dem Gesetz; aber ein solches ist eben nicht gegeben. Allein dies beträfe immer nur das jüdische Volk, welchem allein dieses Gesetz gegeben war. Unser Erlöser aber ist, wie wir wissen, von seinem Vater zum Heil der ganzen Welt gesandt; nicht also nur dem Volk, welches unter dieses Gesetz gethan war, sondern dem ganzen Geschlecht der Menschen muß eine solche Erlösung, wie die, welche Jesus Christus vollbracht hat, nothwendig gewesen sein. Darum wenn hier etwas allgemein geltendes über die Erlösung gesagt sein soll, muß wol, was der Apostel in unserm Texte von dem Gesetz Moses aussagt, auch von jedem andern Gesetz gelten, und seine Meinung muß sein nicht nur, daß jenes Gesetz nicht als ein solches gegeben sei, das da könne lebendig machen, sondern daß überhaupt nirgends und niemals ein solches gegeben sei, noch könne gegeben werden. Denn sonst müßte man ja auch wol glauben, wie wir alle Führungen Gottes mit dem menschlichen Geschlechte und besonders diejenigen, die wir mit dem Namen göttlicher Offenbarungen zu bezeichnen pflegen, als eine fortschreitende Entwickelung seiner Weisheit und Liebe betrachten; wenn auf dem Wege des Gesetzes Heil für die Menschen möglich gewesen wäre: so würde die göttliche Weisheit es so geordnet haben, daß auf ein unvollkommenes Gesetz immer ein vollkommneres gefolgt wäre, bis dasjenige endlich hätte erscheinen und sich Gehorsam verschaffen können, welches wirklich im Stande gewesen wäre, lebendig zu machen und den Menschen das Gefühl der Gerechtigkeit zu geben.

Wollen wir also das Werk der Erlösung nicht als eine willkürliche Einrichtung unsers himmlischen Vaters ansehen, an dessen Stelle er auch eine andere hätte setzen können: so muß das, was der Apostel von dem Gesetz Moses sagt, von jedem Gesetz überhaupt wahr sein, daß nämlich keines vermag die Menschen lebendig zu machen. Und davon müssen wir uns noch näher überzeugen, wenn wir, so wie es der Sinn des Apostels ist, den Zusammenhang zwischen Sünde und Erlösung auffassen und uns von dieser Seite des Heils, welches uns in Christo geworden ist, recht und ganz erfreuen wollen.

Jedes Gesetz ohne alle Ausnahme, ist etwas in dem Verstande des Menschen. Entweder haben Menschen selbst es aufgestellt, wie es ihnen aus ihrer Ueberzeugung von dem, was dem Menschen noth thut, hervorgegangen ist: dann ist es geradehin und ganz ein Werk des menschlichen Verstandes, welches die Absicht hat, alles Verderbliche als solches zu bezeichnen und das Gute vorzubilden. Ja auch wenn das Gesetz noch etwas zu diesen Aussprüchen hinzufügt, um das Verderbliche zu verhindern und das Gute zu befördern: so ist es der menschliche Verstand, der dieses wählt und bestimmt. Ist aber ein Gesetz dem Menschen von oben her gegeben durch göttliche Offenbarung: so kann er es dennoch, weil es durch die Rede gegeben ist, auch nur mit seinem Verstande vernehmen, und daß es auf diese Weise in seine Seele wirklich eingeht, dies ist ebenfalls das Geschäft seines Verstandes. Und dies gilt also von allen, welchen das Gesetz gegeben ist, daß sie es mit ihrem Verstande vernehmen. Die Erfüllung desselben aber, also der Gehorsam gegen das Gesetz, ist eine Sache des menschlichen Willens. Und diese beiden, Verstand und Wille — das ist die allgemeine Erfahrung aller Menschen, und ich kann mich dafür getrost auf das Bewußtsein eines jeden berufen — diese beiden stimmen und gehen nicht immer zusammen; und daß sie nicht zusammengehen, das ist auf der einen Seite der eigenthümliche Vorzug des Menschen, aber auf der andern Seite ist es auch eben die Ursache, warum überall, wo das Gesetz ist, auch die Sünde sich zeigt, so daß in jeder Hinsicht, in welcher die Menschen unter einem Gesetz verwahrt sind, sie auch unter die Sünde beschlossen sind. Der menschliche Verstand ist unbeschadet dessen, das es sich in anderer Hinsicht umgekehrt verhalten mag, in dieser doch unstreitig schneller und geht weiter, als der menschliche Wille. Wir sehen das Gute früher nicht nur, sondern auch in einer vollkommneren Gestalt, als wir es vollbringen können, und eben in wiefern wir streben dasjenige allmälig auch mit unserm Willen zu erreichen, was unserm Verstande schon lange annehmlich geworden ist, nennen wir dasjenige, was in solcher Beziehung in unserm Verstande niedergelegt ist, ein Gesetz. Ist aber nicht eben dieses Voranschreiten unseres Verstandes vor unserem Willen die Bedingung alles menschlichen Fortschreitens, -ich möchte sagen in allem, was zu unserem geselligen Leben und zu unserm gemeinsamen Beruf auf Erden gehört? und ist es nicht von dieser Seite angesehen unser eigenthümlicher Vorzug? Denn auch allen andern beseelten Geschöpfen schreiben wir auf der einen Seite einen gewissen Grad von Thätigkeit zu, ähnlich dem menschlichen Willen, auf der andern ein gewisses Vermögen, was außer ihnen ist wahrzunehmen und was ihnen davon dienen kann in sich aufzunehmen, also einen Sinn, oder vielmehr eine Mannigfaltigkeit des Sinnes, ähnlich dem menschlichen Verstande; aber beides ist in allen andern Geschöpfen nicht wie bei uns von einander getrennt und eines gewissermaßen von dem andern gelöset und befreiet, sondern wozu sie keine bestimmte Hinneigung haben, oder wogegen keine Warnung in ihnen ist, das geht auch unerkannt an ihrem Sinn vorüber. Eben deswegen aber merken wir auch an ihnen, so lange sie sich in diesem Zustande selbst überlassen sind, keine Art der Fortschreitung, eine Erweiterung ihrer Bestrebungen eben so wenig, als eine Vermehrung ihrer Erkenntniß, sondern sie verharren immer in der gleichen Beschränkung der einen und der andern.

Wie aber nun dieses Voreilen des menschlichen Sinnes und Verstandes, vermöge dessen wir uns das Gute und Treffliche, was wir in der Gegenwart noch nicht hervorzubringen vermögen, wenigstens als ein künftiges hinstellen, das zur Wirklichkeit gebracht werden soll, wie auf der einen Seite dieses den Menschen spornt und ihm ein weiteres Fortschreiten möglich macht, so daß wir uns sogar dessen rühmen können, daß das Geschlecht der Söhne in dieser und jener Hinsicht immer besser sein kann und soll, als die Väter waren: ebenso gehört auch jene größere Langsamkeit des menschlichen Willens, wiewol auf den ersten Anblick Langsamkeit nicht als etwas schönes erscheint, doch ebenfalls zu den eigenthümlichen Vorzügen des Menschen. Denn zuerst bedenkt nur, wie es um uns stehen würde, wenn nicht eine solche Langsamkeit in unserm Triebe wäre und in unserer Thätigkeit, daß wir auch anhalten könnten; wenn wir nicht umkehren könnten, wo wir falsches und verkehrtes begonnen haben: sondern, in unserm Innern begonnen, wäre es auch gleich äußerlich fertig. O wie oft sind wir alle noch in dem Fall, diese Langsamkeit unseres Wesens segnen zu müssen! Aber betrachtet auch die genauer, über die ihr gewiß oft genug Klage führt. Denn eben indem wir auch nur nach und nach aus dem Schlechten das Gute und aus dem Guten das Bessere in unser eigenes Leben hineinzuführen vermögen, wie lieb uns auch übrigens eine größere Beschleunigung wäre, gewinnen wir nicht doch an Lebendigkeit der Ueberzeugung, an Unmittelbarkeit des Gefühls davon, daß, was sich so langsam in uns gestaltet, daß wir es mit dem begleitenden Gedanken, mit der zusammenfassenden Erinnerung uns genau vergegenwärtigen können, auch unser eignes Werk sei und also unser wahres Eigenthum? Wäre die Ausführung immer eben so schnell, wie der Gedanke; könnte sich unsere Thatkraft eben so beflügeln, wie die innerlich belebende Kraft oft urplötzlich den Gedanken schafft und in seiner Vollendung hinstellt: gewiß dann würden wir uns selbst mit dem, was wir thun, nicht mehr ein naturgemäßes Wesen sein, sondern ein unbegreifliches Wunder, und auch der göttlichen Gnade, welcher wir freilich alles wahrhaft Gute in uns immer zuschreiben, würden wir uns, wenn sie auf diese Art wirkte, nicht als einheimisch bei uns und in uns wohnend erfreuen können, sondern sie würde uns immer etwas Frembes und Aeußeres bleiben. Darum hängt alle Sicherheit des menschlichen Selbstgefühls, ja das ganze Bewußtsein unserer Freiheit und Selbstthätigkeit eben an diesem langsamen Fortschreiten des Willens, an diesem Bewußtsein der Mühe und Anstrengung, mit der wir das eine nach dem Andern vollbringen und auf diesem Wege unser Werk fördern, unsere Kräfte erhöhen und unsern Sinn reinigen. Wenn wir aber nun auf die Kehrseite sehen, so müssen wir freilich sagen, wo der langsame Wille dem nicht nachkommt, was der Verstand vorlängst als gut erkannt hat, da ist das Gefühl der Sünde. Beides also, sehen wir, ist von einander unzertrennlich; wo das Gesetz ist, da ist auch die Sünde. Das Gesetz ist uns überall, wo wir etwas gutes und schönes sehen und darnach trachten, was wir noch nicht vollbringen können; die Sünde ist uns überall, wo wir fühlen, daß wir etwas, wonach wir trachten, noch nicht vollbringen können, weil wir erst etwas widerstrebendes zu überwinden haben; und eben so wenn das Gesetz verbietet und wir nicht unterlassen können. Das ist der Widerstreit, den uns eben der Apostel, von dem die Worte unsers heutigen Textes herrühren, in seinem Briefe an die Römer beschreibt, wo er nicht auf eine so bestimmte Weise, als hier, von dem Gesetz seines Volkes redet, sondern, wie auch wir es so eben gethan, von dem Gesetz im Allgemeinen, und dabei unterscheidet ein Gesetz, welches wir haben in unserm Geiste — das ist jedes voraneilende Erkennen dessen, was gut und gottgefällig ist, mag es hervorgegangen sein aus unserm eigenen Sinn, oder aus den Einrichtungen unseres gemeinsamen Lebens, oder mag es mehr als eine alte, von Gott dem menschlichen Geschlecht erwiesene Wohlthat erscheinen, jedes solches voraneilende Erkennen des Guten und Schönen ist das Gesetz in unserm Geiste —; aber außerdem, sagt er, finden wir ein Gesetz in unsern Gliedern, das ist die Macht der Gewöhnung an das früher geübte, das aber dem neuerkannten widerstreitet. Am deutlichsten finden wir dies freilich ausgesprochen in der Gewalt der sinnlichen Lust, welche sich an die Befriedigung der Bedürfnisse des leiblichen Lebens anknüpft, und in der Stärke der leidenschaftlichen Bewegungen, welche aus der Selbstliebe hervorgehen; aber es ist auch überall dasselbe, wo etwas Unvollkommnes, das uns lieb geworden ist und leicht, einer höheren Forderung weichen soll. Das ist das Gesetz in den Gliedern, welches uns hindert zu vollbringen, was das Gesetz im Geiste uns vorhält, — und diese beiden, sagt er, sind mit einander im Streit. Ja auch wenn wir schon durch angestrengte Treue in fortschreitender Uebung bedeutend zugenommen haben in der Kraft das auszurichten, was wir als gut und recht und schön anerkannt haben, werden wir doch dieses Streites niemals ganz erledigt. Und wenn es scheint, als ob der Widerstand ganz überwunden wäre, so beginnt sogleich derselbe Zwiespalt aufs neue. Denn obschon das ewige göttliche Gesetz, worauf doch alle menschlichen zurückgehen, unveränderlich ist: so können wir es doch nicht auf einzelne Gebiete unseres Lebens anwenden, ohne es uns näher zu bringen und uns zu vermenschlichen. In dieser Gestalt aber ist es dann auch veränderlich, wir schauen es erst dunkler und unvollkommner, dann schärfer und heller. Hat nun das Gesetz jenen Streit erregt, und die ihm zugewendete Kraft des Willens hat allmälig das Gesetz in den Gliedern überwunden, so ist unterdeß das Auge des Geistes auch nicht müßig gewesen. Der Verstand am Guten hat inzwischen einen neuen Flug genommen; das durch die Uebung geschärfte Auge entdeckt nun an eben dem vorher als ein fernes Ziel aufgestellten Gesetz, das aber nun näher gerückt ist, doch wieder Fehler und Unvollkommenheiten und setzt an die Stelle dieses Gesetzes ein neues und höheres. Und wie oft sich dieses auch fortsetze, nicht nur in dem beschränkten Leben des einzelnen Menschen, sondern mehr noch und in größerem Maaßstabe in dem gemeinsamen Leben ganzer Reihen von Geschlechtern, ja wenn wir uns in die fernsten Zeiten hinaus denken: es bleibt immer das nämliche, und nie wird eine menschliche That so ganz dem Gesetze, welches derselben zum Grunde gelegen hat, gleichen, daß einer von uns, wenn er sich anders recht versteht, zur Zufriedenheit mit sich selbst jemals gelangen sollte, sondern wir werden immer mit dem Apostel ausrufen müssen: O wer wird mich erlösen von diesem Leibe des Todes!

So ist denn wol gewiß, daß kein Gesetz erdacht werden kann, soll es anders diesen Namen verdienen, aus welchem nicht, wie auch Paulus sagt, Erkenntniß der Sünde käme für denjenigen, der unter dem Gesetz steht. Das andere aber ist schon jedem von selbst klar, daß der Mensch ohne Gesetz zwar auch sehr verderbt sein kann und elend, daß ihm aber doch etwas erst Sünde werden kann, wenn ihm ein Gesetz geworden ist. Was folgt aber aus beiden zusammen? Offenbar dieses, daß so lange wir unter dem Gesetz stehn, wir freilich einen Sporn haben, uns von der Verderbtheit und Unvollkommenheit loszumachen, welche durch das Gesetz bezeichnet wird, daß wir also zu einer Gerechtigkeit auf diesem Wege niemals gelangen können und also auch zu keinem Frieden. Denn wie wäre es möglich, daß ein Mensch Frieden haben könnte mit sich selbst, der sich selbst verdammen muß nach dem Gesetz, welches er selbst anerkennt? Wenn sich aber irgend Gott zu dem Menschen herabläßt, wenn wir etwas als eine besondere und bleibende Veranstaltung für unser Geschlecht anzusehen berechtigt sein sollen: dürfen wir davon wol weniger erwarten, als eben die Beruhigung unseres ganzen Wesens, den inneren Frieden, ohne den alles andere nur ein zweideutiges Gut ist? Was ohne diesen besessen werden kann, das haben wir alles reichlich, denn es wäre undankbar, dies nicht erkennen zu wollen in der ursprünglichen Ausstattung unserer Natur; aus dieser aber stammt auch das Gesetz her, und wenn das Gesetz Mosis sich von andern menschlichen Gesetzgebungen unterschied und ihm ein näherer göttlicher Ursprung beigelegt werden konnte: so war es doch gewiß nur eine vorübergehende göttliche Veranstaltung eben deshalb, weil es nicht lebendig machen konnte, sondern auch nur Erkenntniß der Sünde hervorbringen, nicht aber die Sünde hinwegnehmen. Hängen nun Sünde und Gesetz so zusammen, daß eins nicht ohne das andere gedacht werden kann: so kann auch jenes nicht anders hinweggenommen werden, als indem dieses zugleich aufgehoben wird; und eine göttliche Veranstaltung, welche uns wirklich selig machen will, kann, da der Friede mit dem Bewußtsein der Sünde nicht bestehen kann, auch nicht wieder ein Gesetz sein. — Und so laßt uns denn

II. zu dem anderen Theil unserer Betrachtung übergehen und die Behauptung des Apostels erwägen, daß eben deswegen die göttliche Verheißung nur konnte erfüllt werden durch den Glauben und durch die Sendung dessen, der allein der Gegenstand eines solchen Glaubens sein kann und sein darf.

Wenn wir nun mit dem Apostel fragen*): Wer will mich denn erlösen von dem Leibe dieses Todes, von dieser Zusammenfügung der menschlichen Natur, kraft deren wir, eben weil wir uns nicht enthalten können, alle Thätigkeit, die unserm geistigen Leben angehört, auf ein uns vor Augen schwebendes Gesetz zu beziehen, niemals zur rechten Freude des Lebens gelangen, sondern immer nur Tod im Gefühl der Sünde das Loos des Menschen bleibt; wenn wir mit ihm auch in die Antwort einstimmen: Ich danke Gott durch unsern Herrn Jesum Christum, so müssen wir wol offenbar voraussetzen zunächst, daß Christus selbst eben diesem Zwiespalt zwischen dem Verstande und dem Willen, zwischen der Erkenntniß und der Ausübung nicht unterworfen gewesen ist; denn wie konnte er uns von dem befreien, dem er selbst unterläge? Der einzige Mensch ohne Sünde war eben deswegen auch ohne Gesetz. Aber aus demselben Grunde, weshalb die Erlösung aus diesem Zustande nur von einem solchen ausgehen konnte, folgt ja auch, daß eben diese Erlösung nicht wieder auf einer ebenso getrennten Einwirkung auf unsern Verstand und auf unsern Willen beruhen kann; denn auch die Ungleichheit beider würde dann wieder hinzutreten, und wir würden ganz in demselben Zustande bleiben, wie vorher.

Darum scheinen diejenigen die eigentliche Kraft der Erlösung nicht recht zu treffen, gesetzt auch sie haben sie in ihrem Gemüth, denn das wollen wir ihnen keinesweges streitig machen, aber sie treffen sie doch in ihrem Ausdruck nicht richtig, welche entweder meinen, die Erlösung, die Christus gestiftet, bestehe in der Lehre, die er vorgetragen und die den späteren Geschlechtern in den heiligen Schriften unseres neuen Bundes kund gemacht ist, oder welche meinen, sie beruhe auf dem Beispiel Christi, welches wir eben dort deutlich genug aufgestellt finden, oder auf beiden zusammengenommen. Denn was, m. g. Fr., was ist die Lehre und zumal die sittliche Lehre vom Thun und Lassen, die hier immer vorzüglich gemeint ist, was ist sie anders, als wieder ein Gesetz? wie es ihr denn auch, so wie Christus sie vorgetragen hat, an Ver-

---
*) Römer 7, 24.

heißungen und Drohungen nicht fehlt, die wir doch wol deshalb nicht für unwirksamer halten werden, weil sie geistig sind und nicht fleisch=
lich. — Stellt nun die Lehre Christi den göttlichen Willen in unserm Verstande fest, also als das höchste Gesetz, das durch kein späteres mehr ergänzt werden soll oder übertroffen, so kommt sein Beispiel auf der einen Seite der Lehre zu Hülfe, indem der Gedanke belebt wird durch das anschauliche Bild; auf der andern Seite aber regt dieses allerdings auf eine eigenthümliche Weise den Willen auf zur Nachahmung. Aber wird diese Aufregung die Natur des menschlichen Willens ändern? wird nicht im Streit gegen das Gesetz in den Gliedern die Ausübung doch immer zurückbleiben hinter der klaren Einsicht des Verstandes? wird nicht doch das innerste Bewußtsein immer wieder den alten Zwiespalt darstellen zwischen dem Gesetz in dem Gemüth und dem Gesetz in den Gliedern? Ja, es ist offenbar nicht anders; wenn Christus nur durch Lehre und Beispiel wirkt: so sind wir noch auf dem alten Wege des Gesetzes, und es ist noch keine Erlösung erfunden. Aber kann das wol Christi eigene Meinung sein? Die schöne Einladung, daß er die unter der Last des Gesetzes seufzenden erquicken wolle und der Seele Ruhe geben, soll keinen andern Gehalt haben, als die Vertauschung eines Gesetzes mit einem andern; und der Apostel soll sich eine Erlösung ein= gebildet haben, die gar nicht stattgefunden hat, wenn er doch auf der einen Seite für die Erlösung dankt und auf der andern behauptet, ein Gesetz könne nicht gegeben werden, das lebendig mache? und die viel= versprechende Bitte des Herrn, daß wir möchten eins werden mit ihm, wie er eins sei mit dem Vater, er in uns, wie der Vater in ihm, soll uns nicht mehr eingetragen haben als dieses? und unrecht soll Christus gehabt haben, daß er sich mehr an die Unmündigen und Geringen ge= wendet hat, als an die Hochgestellten in der geistigen Welt? denn die Unvollkommneren in einer jeden Zeit finden immer noch Lehre und Beispiel bei den Vollkommneren, und wenn auch nur eines von beiden, so sind sie schon nicht ohne Hülfe; aber die Vollkommneren, die hätten neuer Lehre bedurft und eines höheren Beispiels, um sie weiter zu führen! — Dieses alles außer Stande zu bejahen, kann ich als meine Ueberzeugung nur sagen, daß, wenn wir uns die vollkommene Befriedi= gung der christlichen Welt, die nun keines andern mehr wartet, nur so erklären, wir sie nicht richtig verstehen; sondern ist Christus uns wirk= lich zur Gerechtigkeit geworden, so kann er uns nicht wieder zum Gesetz gegeben sein.

Fragt aber jemand: Wie mag denn solches zugehen, daß uns Christus zur Gerechtigkeit worden ist: sollen wir nicht dabei bleiben, daß der Apostel in den Worten unsers Textes unser aller Erfahrung ausspricht, wenn er sagt, die Verheißung würde durch den Glauben an Jesum Christum gegeben denen die da glauben? Nur freilich daß dann dieser Glaube etwas anderes sein muß, als nur das Fürwahrhalten der Lehre und das Anerkennen des Beispiels! Und sollte wol der Apostel die Worte unseres Textes hingeschrieben haben, ohne daß er den Ge=

meinden, an die er seinen Brief richtete, auch hierüber in demselben hinreichenden Aufschluß gegeben hätte? So höret denn, was in seinem Briefe den Worten unseres Textes vorangeht, wo er nämlich von seinem Streite mit Petrus erzählt und wie er diesen erinnert habe, daß auch sie, die von Natur nicht Sünder wären aus den Heiden, sondern Juden, weil sie wüßten, daß durch des Gesetzes Werke kein Fleisch gerecht werden könne vor Gott, gläubig geworden wären an den Herrn Jesum Christum und nun hofften, gerecht und selig zu werden durch den Glauben an ihn, — da beschreibt er uns diesen Glauben recht wie es sich zu allem schickt, was ich bisher nach Anleitung unseres Textes gesagt habe, mit diesen Worten*), so daß er sagt: So bin ich nun dem Gesetz abgestorben um Gott zu leben, weil nämlich nicht ich lebe, sondern Christus in mir lebt.

Sehet da, wie nahe sich das jenen Worten des Erlösers anschließt, die ich vorher angeführt, und wie es ganz anders lautet als nur Lehre und Gesetz von dem Erlöser annehmen! Ja dies ist der lebendige Glaube, durch welchen allein die göttliche Verheißung an dem Geschlecht der Menschen in Erfüllung gehen konnte! Dem Gesetz müssen wir absterben. Immer in die Ferne und nach außen sehen, ohne in sich etwas zu haben, was dem eigenen Urtheil und Gefühl genügt; immer dem Gesetz nachlaufen, wie die Knaben einem Vogel, der vor ihnen herhüpft, ohne sich jemals haschen zu lassen, das wäre nur vergebliches Abmühen und ungestilltes Verlangen, aber nicht Erfüllung der göttlichen Verheißung! Vielmehr wenn wir des Gesetzes Werke wieder aufbauen: so kann auch nur beides, Gesetz und Sünde, in uns leben; und so leben denn auch nur wir, der alte Mensch des alten Zwiespaltes. Als der also sollen wir nicht mehr selbst leben, sondern so sind wir gekreuziget, so daß nur Christus in uns lebt. War nun in Christo keine Trennung zwischen Verstand und Willen, sondern die vollste Uebereinstimmung; war für ihn der Wille seines Vaters nicht ein Gesetz außer ihm, sondern zugleich sein eigner Wille, der ausschließlich alles bewirkte, was er that, ohne daß jemals ein anderes Gesetz in seinen Gliedern gelebt hätte, und erkennen wir ihn als einen solchen, so können wir auch nicht anders, als ihn lieben und glauben, daß er von Gott ausgegangen ist**).

Und indem wir uns in diesem Glauben an ihn halten, ist es das erste, daß, wie er sich für uns dahingegeben hat und der unsrige geworden, wir nun auch alles seinige als das unsrige ansehn, und nicht nur unmittelbar das seinige, sondern auch alles, was er bewirkt in denen, die ihn aufnehmen, und so, indem er in uns ist, wir alle mit ihm eins werden***) und seine Gerechtigkeit als die unsrige ansehen und also gerecht werden durch den Glauben an ihn, daß der Gerechte nun auch seines Glaubens lebe†), der alte Mensch des Zwiespaltes

---

*) Gal. 2, 19 und 20. — **) Joh. 16, 27. — ***) Joh. 17, 23. — †) Gal. 2, 20 und 3, 11.

aber, aus Gesetz und Sünde zusammengehalten, nun nicht mehr lebe, sondern für todt erklärt werde, und wenn er sich auch noch regt, dieses doch nicht mehr für das unsrige gehalten werde, sondern wir uns herzhaft davon wegwenden. — Wer aber das nicht verstehen wollte, wie wir uns auf diese Weise Christi Gerechtigkeit zueignen und dabei unsere eigene Unvollkommenheit, sofern wir sie nur nicht mehr wollen, auch ganz in Vergessenheit stellen können, der muß auch darauf verzichten, das Edelste in menschlichen Dingen zu verstehen. Denn begegnet uns nicht ganz dasselbe, wenn unser persönliches Bewußtsein sich verliert in dem eines großen Gemeinwesens, dem wir angehören, wenn wir uns an den Tugenden und Thaten seiner Helden und Weisen als an unserm eignen Besitz und Ruhm erfreuen und uns dabei gar nicht mehr einfällt, alles Kleinlichen oder Widerstrebenden zu gedenken, was von uns ausgegangen sein mag, ehe wir von diesem Bewußtsein durchdrungen waren, ja auch was jetzt noch unbedacht und wider Willen ähnliches geschieht? Doch freilich kann darin nur Wahrheit sein, wenn der Geist dieses Ganzen wirklich in uns lebt und unser eigener Geist und Wille geworden ist.

Darum nun ist auch für das Leben Christi in uns die eigentliche Hauptsache das zweite, daß nun auch wirklich Christus als die Kraft unseres Lebens in uns sei, er die Einheit und der Mittelpunkt unseres gemeinsamen Lebens und wir nur jeder ein Glied an ihm, von ihm beseelt und so wie durch ihn, so auch für ihn wirksam, so daß unser Dichten und Trachten nur darauf steht, das zu fördern, was zu bewirken er von Gott gesendet in die Welt gekommen ist, alles andere aber nur hierauf zu beziehen. Will aber jemand nicht begreifen, wie es möglich sei, ein fremdes Leben so in sich aufzunehmen und sein eigenes in jenes zu verwandeln, der muß wol niemals erfahren haben oder auch nur beobachtet, welch eine fast zauberische Gewalt ein edler und hoher Geist ausübt, wenn er sich den schwächeren Gefäßen zuwendet und sich ihnen hingiebt, um sie sich anzueignen. So die Sonne, die in das tiefe Herz der Pflanzen hineinscheint, treibt aus ihnen wieder heraus in Blättern und Blüthen; die Mutterliebe lächelt in die Augen des Säuglings hinein und weckt in ihm die Liebe, die sich der Mutter wieder entgegenstreckt; der Feldherr haucht seinen Muth in tausende, und derselbe Muth glänzt ihm wieder entgegen aus ihren feurigen Blicken. Christus aber, der uns mit göttlicher Liebe geliebt hat, entzündet eben diese göttliche Liebe in unsern Herzen. Denn der Wille des Vaters, den zu erfüllen seine Stärkung war und seine Freude, ist nichts anders als die Liebe, weil Gott die Liebe ist. Darum ist auch allen, die wahrhaft von ihm ergriffen sind, die Liebe alles. Was sie auch arbeiten mögen und leiden, sie machen sich kein Verdienst daraus, sondern, die Liebe Christi bringet uns also*); was ihnen auch Rühmliches und Erfreuliches begegne, wofür sie Lob und Dank sagen, ist

---

*) 2. Kor. 5, 14.

immer nur dieses, daß die Liebe Gottes ausgegossen ist in ihre Herzen*). Wo aber die Liebe waltet, da gilt kein Gesetz. Denn aus dem Gesetz kommt Erkenntniß der Sünde, die Liebe aber bedeckt auch der Sünden Menge; das Gesetz bringt Furcht hervor, der Belohnung verlustig zu gehen, oder in die Strafen zu verfallen; die Liebe aber treibt alle Furcht aus; das Gesetz, wiewol geistig, besteht doch seiner Natur nach nur durch den Buchstaben, die Liebe reicht weiter als alle Sprachen und alle Erkenntniß**). In dieser Liebe Christi leben, das heißt, von seinem Geiste auf das Beseligendste regiert werden, und: Regieret euch nun der Geist: so seid ihr nicht unter dem Gesetz***).

So befreit uns Christus sowol vom Gesetz, als von der Sünde; von der Sünde, indem die Gemeinschaft mit seiner Gerechtigkeit uns das Bewußtsein derselben entfremdet; vom Gesetz, indem die Liebe Christi so sehr des Gesetzes Erfüllung ist, daß desselben nun nicht weiter gedacht zu werden braucht. Und rufen wir uns alles hierher gehörige zurück: so werden wir auch in der Ueberzeugung fest werden, daß anders, als es geworden ist mit dem menschlichen Geschlecht, Gott auch nicht über uns verfügen konnte und daß der Rathschluß einer solchen Erlösung nicht etwa eine göttliche Willkür ist, sondern eins und dasselbe mit dem Rathschluß, die Menschen, als solche Wesen wie sie sind zu schaffen. Denn sollten sie solche nicht sein, in denen Zwiespalt gesetzt wäre zwischen der Einsicht und zwischen der That: so konnten sie unmöglich, was doch unsere innerste und ursprünglichste Bestimmung ist, ein fortschreitendes geistiges Leben auf Erden entwickeln. Aber sollten sie auch immer solche und nur solche bleiben: so konnten sie nie zu einem wahren und vollen Frieden gelangen. Und so hat der Apostel Recht, daß die göttliche Verheißung, das menschliche Geschlecht zu segnen, auf keinem andern Wege in Erfüllung gehen konnte, als auf dem einer solchen Erlösung vermittelst der Einheit und der lebendigen Gemeinschaft des Glaubens mit dem, in welchem weder Sünde noch Gesetz ist und überhaupt kein Streit noch Zwiespalt, sondern lauter Uebereinstimmung, Friede und Seligkeit. — So erlöst sein von dem Gesetz und der Sünde und hineingezogen durch Glauben und Liebe in die Lebenseinheit mit dem, der uns vorher so hoch geliebt und sich gern für uns dahin gegeben hat von dem ersten Augenblick seiner Wirksamkeit an bis an seinen Tod, das ist die Freiheit, das die Gerechtigkeit und die Seligkeit der Kinder Gottes. Möchten nur alle Christen während dieser festlichen Tage in solchem Sinne hinauf sehen zu dem, der uns erschienen ist, und möchten sie alle aus eigner Erfahrung mit der innigsten Dankbarkeit sagen können: Wen der Sohn frei macht, der ist recht frei. Amen.

---
*) Röm. 5, 5. — **) 1. Kor. 13, 8. — ***) Gal. 5, 18.

III.
Was in der Seele dem Einzug des Herrn vorangehen muß.

Adventspredigt.

Text: Matth. 11, 7. 8.

Da die hingingen, fing Jesus an zu reden zu dem Volke von Johannes: Was seid ihr hinausgegangen in die Wüste zu sehen? wolltet ihr ein Rohr sehen, das der Wind hin und her wehet? Oder was seid ihr hinausgegangen zu sehen? wolltet ihr einen Menschen in weichen Kleidern sehen? Siehe, die da weiche Kleider tragen sind in der Könige Häusern.

Diese Worte sind aus der in einem großen Theil unserer Kirche für den heutigen Sonntag üblichen evangelischen Lection. Johannes hatte zwei von seinen Jüngern zu Jesu gesandt, ihn zu fragen, ob er in der That der sei, der da kommen sollte, oder ob sie noch eines anderen warten müßten; und Jesus hatte ihnen geantwortet, sie möchten als Antwort nur ihrem Meister berichten, was sie selbst gesehen hätten von seinem Thun und Wirken. Wie nun dieses unserm Text vorhergehende gar sehr in die Zeit hineingehört, in welcher wir jetzt leben, das ist wol einem jeden von selbst einleuchtend, und ich darf mich deshalb nur auf unsere neuliche Versammlung berufen, in welcher wir uns ganz besonders wieder seiner als dessen, der da kommen sollte und der da gekommen ist, mit einander gefreut haben und uns sowol mit dankbarem Herzen gegen Gott dazu bekannt, daß wir nicht mehr nöthig haben, eines andern zu warten, als auch uns unter einander bezeugt, wie es nur an uns liegen könne, wenn wir nicht täglich mehr unsern geistigen Hunger und Durst an ihm und an allen himmlischen Erquickungen stillen, die er gebracht hat. Wie aber auch die verlesenen Worte selbst — auf die ich für heute eure Aufmerksamkeit hingewiesen habe, was nämlich Christus, als jene Jünger Johannis sich wieder entfernt hatten, anfing von Johannes selbst zum Volke zu reden — wie auch diese sehr geschickt sind, ein Gegenstand unsrer Betrachtung in dieser unsrer fröhlichen Adventszeit zu werden, das ist vielleicht nicht so von sich selbst einleuchtend; die Sache ist aber diese. Von jeher handelt alle christliche Dichtkunst und alle christliche Rede in dieser festlichen, der Feier der Geburt des Herrn vorangehenden Zeit zunächst immer von seiner Zukunft in das Fleisch oder auch von jenem feierlichen Einzug in die Hauptstadt seines Volkes, als er nun den letzten Theil seines großen Werkes auf Erden beginnen wollte. Mit beidem aber läßt sich auch auf das lieblichste verbinden — und das wird euch meine guten Freunde schon häufig vorgekommen sein, so daß ich mich nicht fürchten darf unverständlich zu reden, wenn ich den Anfang der lebendigen Gemeinschaft mit dem Erlöser so nenne — der Einzug des Herrn, der ja nicht nur für uns gelebt und gelitten hat, sondern auch in uns sein und leben will, in das Herz der Gläubigen selbst. Johannes der Täufer nun war nicht ein Mann des neuen Bundes, sondern des alten, das zeigt seine ganze Geschichte, und der Herr selbst bestätigt es in den Worten, die unmittelbar auf unsern Text folgen, in dem er sagt: Seid ihr hinausgegangen einen Propheten zu sehen? Ja, ich sage euch, der auch mehr ist als ein Prophet; aber der kleinste im Reiche Gottes ist größer, denn er. Also ein Mann des neuen Bundes war Johannes nicht, aber er war derjenige im alten Bunde, dessen ganzes Leben und Sein sich am unmittelbarsten auf den bezog, der da kommen sollte. Eben deswegen war er vor ihm her gesandt; aber um diesen Beruf zu erfüllen, mußte er gerade so sein und nicht anders, wie Gott der Herr ihn ausgerüstet hatte. —

Hiervon nun meine guten Freunde können wir leicht die Anwendung machen auf das Leben des Erlösers in unsern Herzen. Es giebt Zustände des menschlichen Gemüths, welche zu dem eigentlichen Leben aus Gott, zu der heiligen Freiheit der Kinder Gottes, die der Erlöser gebracht und erworben hat, noch nicht gehören; sie gehören eigentlich noch wie Johannes einem früheren Entwicklungszustand der menschlichen Seele an; aber sie sind dasjenige, was der Natur der Sache nach vorhergehen muß vor dem Einzug des Erlösers in die Seele, dasjenige, wodurch sie eben so für ihn bereitet und auf ihn ihre Aufmerksamkeit gespannt wird, wie das Volk es werden sollte und zum Theil auch wurde durch Johannes den Täufer.

Diese Zustände nun verdienen eben daher als solche, wol gar sehr, daß wir in dieser Zeit unsre Aufmerksamkeit auf sie richten, theils um ihrer selbst willen, — denn wie sollten uns nicht überall in dem menschlichen Gemüthe die Zeichen willkommen sein, welche verkündigen, daß eine Seele nicht fern ist vom Reiche Gottes, sondern bereit es in sich aufzunehmen? — theils auch um uns durch Vergleichung desto mehr in unsrer eigenen Erkenntniß von der rechten Art und Weise des Reiches Gottes in uns selbst zu befestigen.

Dies meine guten Freunde sei also die Beziehung, in welcher wir über die verlesenen Worte jetzt mit einander nachdenken wollen. Unmittelbar sagt uns der Erlöser zwar hier nur zweierlei: was Johannes nicht sei, nicht ein vom Winde bewegtes Rohr, nicht einer in weichen Kleidern. Aber wie sich seine Zuhörer aus eigner Bekanntschaft bei diesen Andeutungen das leicht hinzudenken konnten, was Johannes statt dessen wirklich war: so finden auch wir dazu Anleitung genug in den Erzählungen der Evangelisten. Und so wird uns deutlich werden, wie Johannes in beiderlei Hinsicht ein Vorbild ist dessen, was in der menschlichen Seele vorgehen muß, ehe der Erlöser in sie einziehen kann, und werden uns denn auch recht überzeugen können, wie doch auch in beiber Hinsicht der kleinste im Reiche Gottes etwas herrlicheres und größeres darstellt, als er.

I. Zuerst also fragt der Erlöser, was seid ihr hinausgegangen zu sehen? ein Rohr, welches der Wind hin und her weht? Das ist ein Zustand, meine geliebten Freunde, in welchem sich der Mensch, der in dem Reiche des Erlösers lebt, unmöglich befinden kann. Ein Rohr, das vom Winde bald auf diese, bald auf jene Seite hingetrieben wird, erhält seine Bewegung von außen und hat nicht Kraft und Festigkeit genug, um irgend einer Bewegung, die ihm von außen mitgetheilt wird, einen Widerstand zu leisten, durch den es seine Selbstständigkeit bewährte. Dies also ist der Gegensatz zu der Freiheit, welche der Erlöser uns anbietet und mittheilt und von welcher er sagt: Wen der Sohn frei macht, der sei recht frei, indem er gekommen sei, die Menschen frei zu machen durch die Wahrheit. Der Freie bekommt von außen zwar die Veranlassung zu seinen Handlungen und die Gegenstände für seine Gedanken und Empfindungen; aber wie er sich dann bewegt, dazu hat er die Regel in sich selbst. So lange der Mensch noch, wie der Apostel es ausdrückt, von jedem Winde der Lehre hin und her bewegt wird, so lange bald diese, bald jene einander widersprechenden Vorstellungen und Ansichten einander in seiner Seele drängen und verdrängen: so ist er im Suchen und Trachten, aber ohne das rechte finden zu können. Und wenn der Erlöser gegen das Volk grade dieses heraushebt, daß Johannes kein solches Rohr gewesen, so will er seine Zuhörer gewiß zugleich auf sich selbst zurückführen, wie denn unter ihnen gar viele solche mögen gewesen sein, welche bald dem Johannes nachgingen, bald Christo selbst, bald wieder sich unter das Joch der pharisäischen Schriftgelehrten begaben. Und glücklich noch, wenn sie nicht am Ende, hoffnungslos, zu einer eigenen Ueberzeugung zu gelangen, auch ohne Ueberzeugung fast bei diesen letzteren stehen blieben, zufrieden damit, das Loos derer zu theilen, welche sich des größten öffentlichen Ansehns erfreuten; denn dies ist noch weit schlimmer, als das Hin- und Hergewiegtwerden von jedem Winde der Lehre, weil, wenn der Mensch auf das köstliche Besitzthum einer eigenen Ueberzeugung verzichtet, er zugleich seiner Freiheit entsagt und sich zum blinden Werkzeug derer erniedrigt, von denen er die Regel des Glaubens und des Lebens annimmt.

So war Johannes nicht, der vielmehr jedes geistliche und weltliche Ansehn seiner Predigt der Buße unterwerfen wollte und sich von dem ihm vorgezeichneten Wege durch keinen Windstoß hinwegtreiben ließ. Aber wie war er denn? In der Wüste lebte er entfernt von dem Gedränge der Menschen. Statt sich den entgegengesetzten Windstößen menschlicher Meinungen preiszugeben, sicherte er sich unter dem dichten Schutz der Einsamkeit, weder denen erreichbar, welche, um desto allgemeiner geehrt zu werden, ihre Meinungen möglichst zu verbreiten suchen, noch auch denen, welche nur, um sich selbst immer mehr zu befestigen, den Wunsch hegen, daß recht viele dasselbe glauben möchten wie sie. Hier lebte er ungestört wenigstens in der Ueberzeugung, die aber freilich noch keinen Frieden und keine Seligkeit in sich schloß, daß, um den Menschen zu helfen und die göttlichen Verheißungen wahr zu machen, ein anderer kommen müsse; hier lebte er in froher Ahnung, daß die Erfüllung nahe sei, in ernstem Umgang mit Gott und, wie wir wol glauben müssen, in heißem Flehen, daß ihm werden möge, den selbst zu schauen, der das Heil Gottes in sich trage; für welches Flehen ihm denn auch Gewährung ward, indem der Herr ihm ein Zeichen gab, woran er seinen Gesandten erkennen sollte. — Und wenn die Menschen zu ihm hinauskamen in die Wüste: so hatte er für die meisten unter ihnen immer nur das eine; zur Buße nämlich ermahnte er sie und forderte sie auf, rechtschaffene Früchte der Buße zu tragen, wobei er ihnen aber auch nicht verhehlte, daß sie von ihm nichts weiter zu erwarten hätten und daß er nichts anders sei, als die Stimme eines Rufenden. Nur wenige, wie es scheint, die es ihm würdiger zu sein schienen, suchte er bestimmter aufmerksam zu machen auf den, der schon unter sie getreten war, den sie aber nicht kannten.

Wie häufig, meine geliebten Freunde, finden wir nun nicht auch unter uns einen Seelenzustand, der diesem gar sehr gleicht, eben so zwischen dem Zustande stehend, worin das Volk sich damals befand, und dem der wahren Jünger Christi, wie Johannes in der Mitte stand zwischen beiden! Die, welche lange genug entweder eitlerweise menschlichem Ansehn gefröhnt haben, weil sie die wahre Freiheit für unerreichbar und sich selbst nicht gut genug für sie hielten, oder welche lange Zeit das Rohr gewesen sind, das der Wind hin und her weht, so daß sie eine Menge von Meinungen und Ansichten mit wechselnder Anhänglichkeit jetzt gehegt und dann verworfen haben, von jeder hoffend, sie werde Ruhe und Sicherheit gewähren, und von jeder immer wieder getäuscht: die werden dann früher oder später den geistigen Verkehr mit den Menschen anfangen für gefährlich zu halten; und, wie Johannes sich in die Wüste zurückzog, ziehen sie sich in sich selbst zurück. Warum? weil sie merken, daß die Menschen ihnen nicht helfen können; sondern, wie Johannes das auch predigte, ein anderer kommen muß. Sie selbst freilich, das wissen sie wol, können sich auch nicht helfen; aber doch wissen sie nichts Besseres, als sich immer aufs Neue mit dem Bewußtsein zu erfüllen, daß sie nun wenigstens wissen, wie nichtig das ist, was ihnen lange als groß und gut erschienen ist, wie eitel alles, womit sie sich bisher beschäftigt, was sie in sich erfahren, und wonach sie gestrebt haben. — Giebt es nun aber andere, welche entweder, weil ihnen alles bedeutender scheint, was von dem Gewöhnlichen abweicht, oder auch, weil sie besonders bei solchen Stillen und Zurückgezogenen das Wahre und Rechte zu finden meinen, sich in ihre Zurückgezogenheit eindrängen — wie auch zu Johannes, und gewiß nicht wider seinen Willen, die Menschen hinausströmten in die Wüste: so hören wir auch von ihnen die nämlichen strengen Töne. Zur Buße ermahnen sie und erscheinen selbst auf alle Weise als solche, welche der Buße sich be=

fleißigen; aber es weht ein Geist wie der des alten Gesetzes in ihren herben Reden. Sie sprechen am liebsten mit den Worten des alten Bundes, als ob sie noch kein Recht hätten an die freudigeren Aussprüche des neuen. Sie haben eine Menge äußerlicher Werke zu verdammen und Uebungen und Entsagungen zu fordern, und, wieviel auch dem Christen erlaubt sei, sie ziehen sich immer dahinter zurück, daß doch nur gar weniges fromme; als ob sie doch noch nicht im Stande wären, dieses als ihre größte und reinste Erfahrung auszusprechen, daß die Liebe des ganzen Gesetzes Erfüllung ist. Sie hängen am Buchstaben und richten nach dem Buchstaben, ängstlich für sich selbst und scharf für andere, als ob ihnen noch das eine fehlte zu wissen, daß eben der Buchstabe tödtet und nur der Geist lebendig macht.

Wie sollen wir diese Stufe des geistigen Lebens beurtheilen, auf der wir so viele achtungswerthe Menschen minder freudig und selig finden, als wir wünschten? Laßt mich ehrlich sein und es gerade heraus sagen: indem uns diese Weise beengt, zieht sie uns nicht an sich, indem sie uns den Glanz des Evangeliums verbirgt hinter einem Schirm, der der Decke Mosis nur zu ähnlich sieht, ergreift uns das Verlangen nach einem freieren Licht, und wir wenden uns von ihr ab. Ihre einsame Betrachtung hat zuviel beigemischt von einem unfruchtbaren Brüten über den geheimsten Tiefen des menschlichen Verderbens, als daß wir einen freudigen Genuß der göttlichen Gnade davon ahnen könnten; ihr Ringen im Gebete mit Gott, wie sehr auch die Standhaftigkeit zu loben sei, mit der sie ihn nicht lassen wollen, er segne sie denn, hat zuviel gewaltsame Anstrengung, als daß wir nicht fürchten müßten, sie aus diesem Kampfe doch nicht anders, als mit einer Verrenkung der Seele scheiden zu sehen, welche ihnen nicht leicht ein frisches und fröhliches Wandeln vor Gott gestatten wird. Ihre Strafreden an diejenigen, die sich aus dem Geräusch eines vielbewegten Lebens zu ihnen wagen, sind zu wenig versetzt mit evangelischer Milde, um auf heilsame Art eindringlich zu sein; ihre Ermahnungen zur Buße zeigen zu wenig das Bild des Reiches Gottes, in welchem wir doch unser Erbe haben, als daß wir sie uns aneignen könnten. Darum geht es ihnen wie dem Johannes, zu dem auch Neugierige in Menge hinausströmten und viele sich von ihm untertauchen ließen in das Bad der Buße, aber das Bad der Wiedergeburt hatte Niemand von ihm empfangen, und nur wenige scheint er im Stande gewesen zu sein, sich auf das ganze Leben zu verbinden. So erscheinen uns auch diese Christen: und wenn ich den Eindruck in einem Worte zusammen fassen soll, der Erlöser hat seinen freudigen Einzug noch nicht gehalten in ihre Seele.

Aber doch müssen wir mit dem Erlöser über sie ausrufen: Sie sind nicht ferne vom Reiche Gottes; es geht das in ihnen vor, was doch immer, sei es nun in derselben, oder in einer andern Gestalt, denn darin wollen wir den göttlichen Führungen nichts vorschreiben, dem Einzuge des Erlösers in die Seele vorangehen muß. Denn wenn sie sich dem öffnen soll, welcher vor sie hintritt mit dem Zuruf, daß eines noth thut, und daß er gekommen sei, ihr durch sich selbst dies eine zu gewähren: so muß sie doch erst den Geschmack verloren haben an dem bunten Vielerlei des gewöhnlichen Lebens; sie muß es erfahren haben, daß mancherlei Trank aus vielen Quellen geschöpft weder den Durst löschend, das Bedürfniß befriedigt, noch den Muth erfrischend das Leben erhöht. Wenn sie sich dem hinneigen soll, der ihr verheißt, sie frei zu machen durch die Wahrheit: so muß sie doch schon mit Betrübniß zurücksehen auf die Zeit, wo sie, hin und her bewegt von jedem Winde der Lehre, im redlichen Suchen nach Wahrheit sich doch immer nur in einem Zustande wechselnder Knechtschaft befand, bald von diesem, bald von jenem Traum eines Sterblichen angezogen, ohne eine andere Freiheit, als die, wenn die begeisterte Hoffnung sich in erkältende Enttäuschung aufgelöst hat, sich in einen andern ähnlichen Zauber verstricken zu lassen; sie muß nicht nur diesem eitlen Umhertreiben auf dem weiten, aber unerfreulichen Gebiet menschlicher Meinung den Abschied gegeben haben, sondern es muß ihr auch die Ahnung aufgegangen sein, daß, ehe nicht der Mensch fest geworden ist in einem durch nichts mehr zu erschütternden Glauben, er auch die Wahrheit, die ihn frei machen kann, noch gar nicht gefunden habe; sie muß aus allen ihren Erfahrungen die Ueberzeugung gewonnen haben, daß überhaupt nicht von dieser, oder jener Seite her, sondern allein von oben herab die Einwirkung kommen könne, welche den Menschen zu einem neuen Geschöpf umbildet und, indem sie in ihm der Keim eines seligen und in Gott fröhlichen Lebens wird, ihn zu der herrlichen Freiheit der Kinder Gottes erhebt. Ist aber einer hierhin gelangt: wie wäre es wol möglich, daß er jemals in der Wahrheit und in der Liebe sein Heil finden könnte, wenn ihm nicht auch dann schon der Mund überginge von dem, dessen das Herz voll ist, so daß er Warnung und Strafe nicht zurückhält, wenn ihn nur Jemand hören will, und mit der Stimme des eignen, ihn selbst strafenden Gewissens zur Umkehr und Buße vermahnt, obgleich er mehr nicht geben kann, weil er selbst nicht mehr hat. Sofern also jenes Zurückgehen der Seele in sich selbst, um bekenntnißvolle und sehnsüchtige Gespräche mit Gott in der Stille der Einsamkeit zu versuchen, jene freilich rauhen und herben Ermahnungen zur Buße diesen Ursprung haben und von diesem Zustande zeugen: so mögen wir gern gestehen, es sei dies eine Vorbereitung und Wegebesserung für den freudigen Einzug des Erlösers und auf irgend eine Weise jeder einzelnen Seele eben so nothwendig, wie Johannes mit seinem Leben in der Wüste, mit seiner erschütternden Bußpredigt dem jüdischen Volke war; nothwendig, aber doch schneller vorübergehend bei dem einen, länger ausgesponnen bei dem andern, deutlicher und bestimmter ausgeprägt in dem einen Fall, minder anschaulich und erkennbar in dem andern.

Aber mehr als eine solche Vorbereitung, mehr als ein Durchgang ist auch alles dieses nicht; sondern, wie der Erlöser sagt, der Kleinste im Reiche Gottes ist größer, als Johannes, und hat größeres, als dieses. Daher so nothwendig ein solcher Zustand auch sein mag, so müssen wir uns doch um so mehr freuen, je schneller jeder Christ darüber hinweg kommt. Denn diese in sich abgeschlossene büßende Selbstbetrachtung, dieses ängstliche Flehen zu Gott, mit dem Bewußtsein, daß er eigentlich doch der Seele noch fern sei, verbunden: es ist freilich der natürlichste, der wahrste Ausdruck der gereiften Erkenntniß des eignen Unvermögens, so wie des gespannten Verlangens, welches den Himmel zerreißen möchte, um die Hülfe herabzuholen: aber wie lange der Mensch es fortsetze, es bleibt immer nur dieses; das, was ihn wahrhaft fördern und beseligen kann, ist doch nicht selbst darin enthalten, und zur Gemeinschaft mit Gott bringt er doch durch diese Anstrengungen nicht durch, in denen, wenn nichts Besseres in ihre Stelle tritt, die Seele sich nur verzehrt, weil es doch dabei bleibt, Niemand kennt den Vater und hat den Vater, als der Sohn und wem dieser ihn will offenbaren, zu wem dieser mit dem Vater kommen will Wohnung bei ihm machen. Daher ist nichts besser, als wenn eine heilsbegierige Seele recht bald dahin gelangt, auf Christum zu sehen, anstatt auf sich selbst; und nicht ernstlich genug kann man diejenigen warnen, welche meinen, daß sie in jenem Zustande schon ihr Erbe in dem Reiche Gottes und das Heil, welches der Erlöser dem menschlichen Geschlecht erworben hat, wirklich besitzen. Möchten sie sich doch lieber recht genau an den Johannes, ihr Vorbild, halten, der nicht glaubte, daß er für sich selbst irgend etwas wäre, sondern seine Bestimmung darin fand, die Menschen von ihm und also auch von der Aehnlichkeit mit ihm hinweg zu weisen und ihnen einen andern Zustand zu preisen, der noch bevorstehe, wenn die Taufe mit dem Feuer des Geistes käme.

Christus nun meine guten Freunde war nicht wie Johannes; und auch der Kleinste im Reiche Gottes, weil er Christo ähnlicher ist, als Johannes ihm war, muß ihm auch an Seligkeit näher stehen, als Johannes ihm stand. Der Erlöser zog sich nicht in die Wüste zurück und wartete nicht, ob und bis etwa Menschen kommen würden ihn dort aufzusuchen; auch suchte er gar nicht durch etwas Sonderbares in seiner äußeren Erscheinung, wie doch das ganze Leben des Johannes in der Wüste damals etwas ungewöhnliches war, die Aufmerksamkeit auf sich zu ziehen; sondern er begab sich mitten unter die Menschen und suchte sie selbst auf, ohnerachtet sie ihm nichts geben konnten, eben weil es sein Beruf war ihnen mitzutheilen. Das mannigfaltige verkehrte Treiben derselben flößte ihm weder seiner selbst wegen irgend eine Besorgniß ein, noch kam es ihm in den Sinn, um nicht in Verdacht der Theilnahme an dem Schlechten zu gerathen, sich auch der Theilnahme an dem Schuldlosen zu entschlagen. Zwar predigte er auch Buße, aber er blieb dabei nicht stehen, weil den Menschen dadurch allein auch nur eine Bewegung würde mitgetheilt haben, die wieder vergänglich gewesen wäre; sondern vielmehr zeigte er ihnen die Seligkeit des Reiches Gottes, in welches er sie aufnehmen wollte, nicht nur in der freundlich einladenden Rede, in welche immer sehr bald seine Verkündigung der Buße überging, sondern noch mehr in der gottseligen Heiterkeit seines Lebens, um sie dadurch wo möglich für beständig an ihn selbst, als die unerschöpfliche Quelle eines solchen Lebens, zu binden und der Sicherheit und Freiheit theilhaft zu machen, die er allein einflößen konnte. So ist es nun auch noch jetzt, und jeder soll so sein, der wirklich schon seine Stelle im Reiche Gottes gefunden hat. Wer sich noch nicht jener absondernden Lebensweise entschlagen hat, durch welche der schöne Beruf, auf die Gemüther unserer Brüder zu wirken, entweder immer mehr eingeengt wird, oder wenigstens ganz auf dem guten Willen des anderen Theiles beruht; wer noch das Vertrauen nicht gewonnen hat, ohne welches ja die christliche Kirche sich gar nicht über ihre ersten Bekenner hinaus hätte verbreiten können; daß diejenigen nicht dem Heil unserer eignen Seele gefährlich werden können, deren Seelen vielmehr wir, so viel an uns ist, in unsere Obhut nehmen und an ihrer Befreiung mit arbeiten sollen: der kann wol auch noch nicht mit vollem Rechte sagen, daß Christus in ihm lebt; weil Christus selbst keine absondernde Lebensweise geführt hat und weil die Gewißheit, daß er in die Seele eingezogen ist, auch jenes Vertrauen nothwendig herbeiführen müßte, ohne dasselbe aber nicht zu denken ist. Wer noch die Zurückgezogenheit in sich selbst oder die Gemeinschaft mit einem kleinen Kreise, der auch wieder diese Zurückgezogenheit zur Hauptsache macht, dem fröhlichen Wirken mit dem anvertrauten Pfunde auch nach außen und auf andere vorzieht; sei es nun, daß er jenes überhaupt für das höhere und vortrefflichere halte, oder daß er nur glaube, noch sei er nicht zu dem letzten berufen, der zeigt im ersten Falle hierin wenigstens nicht den Geist Christi, welcher das immer für seinen wesentlichen Beruf erklärte und sich selbst dadurch darstellt, daß er sagt: Mein Vater wirket bisher und ich wirke auch*): so daß die stille betrachtende Einsamkeit nur die kleineren Zwischenräume seines Lebens ausfüllte, welche wir ihr alle widmen; und wenn er mit seinen Vertrauteren ausschließlich zusammen war, so wirkte er immer lebendig auf sie, und zwar recht eigentlich in Beziehung auf ihr weiteres Fortwirken. Aber wer sich noch nicht zu solchem Wirken berufen glaubt, der gehört auch noch nicht zu denen, von welchen Christus sagt: Gleichwie mich der Vater gesendet hat, so sende ich euch**); und doch machen wir als evangelische Christen Anspruch darauf, daß diese und andere ähnliche Worte unseres Herrn und Meisters nicht etwa nur den Aposteln gelten oder einer bestimmten Klasse von Christen, welche in besonderem Sinne ihre Nachfolger wären, sondern alle seine Verheißungen und Aufträge gelten allen, die durch ihr Wort an ihn gläubig geworden sind, nur daß die Unvollkommensten sie sich auch am wenigsten aneignen können. Wer nur Buße zu predigen weiß, ohne zugleich von seinem Herzen gedrängt auch die freudige Seligkeit in der Gemeinschaft mit Christo zu verkündigen, nun der mag wol selbst schon gleichsam von Johannes mit Wasser getauft sein zur Buße und auch andere so taufen können; aber zu den

---

*) Joh. 5, 17. — **) Joh. 20, 21.

Jüngern Johannis, welche schon sagen konnten: Wir haben den Messias funden*), gehört er doch im eigentlichsten Sinne noch nicht, und die rechte Feuertaufe mit dem göttlichen Geiste scheint er eben deswegen, weil er noch gar nicht von sich geben und mittheilen kann, was dazu gehört, auch noch gar nicht selbst empfangen zu haben. Denn wo der Geist des Herrn ist, da ist Freiheit, also auch ungehinderter und unverkümmerter Genuß des natürlichen Verhältnisses der Brüderlichkeit, in welchem wir zu allen Menschen stehen; wo der Geist des Herrn ist, da ist der Glaube thätig in kräftiger und ergreifender Liebe, und die Seele, aller Fesseln der Aengstlichkeit entledigt, bedarf nicht länger, eben als ob sie noch schwach wäre und noch eines anderen warten müßte, vor allerlei Berührungen der Luft gehütet und gleichsam in weichlichem Schatten gepflegt zu werden. Vielmehr verkündet sich dieser Geist durch ein frisches Zugreifen an des Erlösers Werk, welches, seitdem er selbst von der Erde verschwunden ist, alle seine Gläubigen als ihr gemeinsames Werk ansehn. Und niemals gewiß ist es dieser Geist gewesen, der die Christen zu einem beharrlichen Aufenthalt in die Wüste getrieben hat, um zu warten, ob sich die Menschen zu ihnen hinaus bemühen wollten, wie Johannes that; sondern wie Christus nicht nur überall hinging, wohin er geladen ward, auch dahin, wo ihm leicht konnte eine Abweichung von der rechten Linie der Schönheit und der Würde vor Augen kommen, sondern auch selbst die Menschen aufsuchte einzeln und in großen Massen: eben so werden auch diejenigen, in denen er lebt, von seiner Liebe gedrungen, sich überall den Menschen hinzugeben, ja anzubieten, und rechnen es mit zu der Knechtsgestalt, in welcher sie zu wandeln haben, daß sie sich auch in dem gewöhnlichen Leben ihnen auf alle Weise annähern. Wo der Geist Gottes ist, da ist endlich auch keine Art von Herrschaft und Gewalt des Buchstaben, sondern auch unter der verschiedensten Hülle erkennt derselbige Geist sich selbst wieder und hat nicht minder Freude, als an der Mannigfaltigkeit der übrigen Werke Gottes, auch an den mannigfaltigen Strahlen, in welche sich das eine Wort Gottes in verschiedenen menschlichen Seelen bricht; und wer aus diesem Geiste ist, wird immer weit entfernt sein, irgend eine von diesen verschiedenen Gestaltungen andern aufbringen zu wollen, um sie statt dessen, was ihnen natürlich und angemessen ist, mit Fremdartigem zu beladen, eingedenk, daß es einer der ersten Aussprüche des Geistes war, daß man den Brüdern kein Joch auflegen solle ohne Noth. Sondern des festen Vertrauens ist jedes Kind dieses Geistes, daß wenn andere irgend etwas anders halten, sie nicht nur ihrem Herrn stehen und fallen, sondern daß auch Gott es ihnen weiter offenbaren wird. Wer nun noch nicht zu dieser Freiheit hindurchgedrungen ist, daß er auch mit anders Denkenden, die Wahrheit in Liebe suchend, den Weg zu dem gemeinschaftlichen Ziele ohne Spaltung und Sonderung wandeln kann, in dem hat auch das Leben des

---

*) Joh. 1, 41.

Erlösers noch nicht begonnen, sondern er steht noch in der Vorbereitung dazu.

II. Zweitens sagt der Erlöser: Was seid ihr hinausgegangen zu sehen? einen Menschen in weichen Kleidern? Warlich ich sage euch, solche sind in der Könige Häusern. Was der Erlöser hiermit sagen will, meine geliebten Freunde, das ist wol deutlich: daß nämlich Johannes nicht zu denen gehört habe, welche sich mehr, als Pflicht und Beruf nothwendig erheischen, in die Nähe der Großen dieser Erde drängen, weil ihr ganzer Sinn auf den Beifall derer, welchen irdische Hoheit zu Theil worden ist, und auf den Ruhm einer, wäre es auch nur vorübergehenden, näheren Verbindung mit ihnen und also auch einer Theilnahme an ihrem vergänglichen Glanze gerichtet ist. Und freilich ist dies ein trauriger Zustand der menschlichen Seele! Wer so in Eitelkeit versenkt ist, daß er nicht wahrnimmt, oder sich muthwillig zu verbergen sucht, welchen nachtheiligen Tausch er trifft, wenn er die Ruhe und Freiheit eines beschränkteren Kreises diesem glänzenden Zwange aufopfert, vielmehr glaubt, diesen Abglanz äußerer Würde nie zu theuer erkaufen zu können: nun der hat wol freilich noch keine Sehnsucht nach dem Geistigen und Ewigen und ist gewiß so unfähig es zu genießen, daß ihm nicht geholfen wäre, wenn es ihm auch in der größten Fülle unter die Augen gestellt, ja mit der größten Milde dargeboten würde. Niemand kann zween Herren dienen, sondern die sich so emsig um Menschengunst abmühen, die haben gewiß dem Hause des Herrn keinen reinen und freien Dienst anzubieten; sie sind in der That noch sehr fern vom Reiche Gottes. So war nun Johannes nicht, und indem ihm der Erlöser vor allem Volk dies vortheilhafte Zeugniß gab, wollte er ihn anderen vorziehen, die auch Führer des Volkes in geistlichen Dingen sein wollten, zugleich aber nichts vernachlässigten, um als bei den römischen Statthaltern sowol, als den jüdischen Königen sehr geachtete Männer jedem ins Auge zu fallen. Aber Johannes entfernte sich hiervon vielleicht wieder zu weit, denn die Evangelisten erzählen von ihm, er habe ein Gewand von Kameelshaaren getragen und seine Speise seien Heuschrecken gewesen und wilder Honig, wol stimmend zu seinem ernsten und strengen Aufenthalt in der Wüste. Er habe also die strengste Verschmähung alles dessen in dem äußerlichen Leben, was auch nur die entfernteste Aehnlichkeit hatte mit dem den Angeseheneren und Wohlhabenderen der Gesellschaft gewöhnlichen Wohlleben, recht absichtlich zur Schau getragen und in allen solchen Dingen auf eine Strenge der Entbehrung gehalten, welche sich allen Menschen bemerklich machte. Wenn es nun rein eine natürliche Folge gewesen wäre von seinem Aufenthalt in der Wüste, daß er sich auf eine so dürftige Weise kleiden und so wenig ansprechende Nahrungsmittel genießen mußte: so wäre wenigstens nichts besonderes dabei zu erinnern; aber wie er ein Mann war, geehrt und geachtet von allem Volk, bald weit umher berühmt in der ganzen Gegend, wo er sich aufhielt; ein Mann, zu welchem um seine Predigt zu hören ein großer Theil des Volkes hinausströmte, und nicht etwa nur die Armen und Dürftigen, sondern auch die Reichen und Angesehenen, nur daß er diese immer mit der größten Strenge empfing: so konnte es ihm an den Mitteln nicht fehlen, sich auf eine der herrschenden Sitte aller Menschen seiner Zeit und seines Volks angemessene Weise zu kleiden und zu nähren. Es kann also wol nicht anders sein, als daß er einen Werth gelegt hat auf diese Strenge einer entbehrungsreichen Lebensart. Darin bestärken uns auch Worte des Erlösers in derselben Rede, aus der unser Text genommen ist, wo er nämlich seine Zeitgenossen mit launischen, übelgestimmten Knaben vergleicht, die auf der Gasse spielen. Wie diese bald dies, bald jenes an ihren Spielgenossen auszusetzen hätten und es ihnen niemals recht gemacht werden könne: so sei Johannes gekommen, der hätte nicht gegessen und getrunken, da hätten sie gesagt: Der Mensch hat den Teufel; dann sei des Menschen Sohn gekommen, der äße und tränke, da sagten sie: Wie ist doch der Mensch ein Fresser und Säufer, der Zöllner und Sünder Geselle! Wie es also zu der Lebensweise, die der Herr unter seinem Volke führte, gar wol stimmte, daß er sich in solchen Dingen von den Menschen seiner Zeit nicht unterschied: so giebt er uns in diesen Worten zu erkennen, daß es des Johannes Absicht allerdings gewesen, sich durch eine solche große Strenge des äußern Lebens auszusondern.

Auch dies nun ist ein Zustand, meine geliebten Freunde, in dem wir die menschliche Seele nicht selten finden. Ist der Mensch eine Zeitlang dem flüchtigen Scheine des Irdischen nachgegangen; hat er sich selbst über manches, woran er Theil genommen, zu täuschen gesucht, als sei es nicht sündlich, noch von Gott verboten, sondern nur ein unschuldiger Genuß der Freuden des Lebens, dem die Stimme des Gewissens nicht widerspräche; und kommt er hernach hinter die Täuschung und erkennt aus dem abnehmenden Geschmack an dem, was ihn sonst am meisten an sich zog, und aus der zurückbleibenden Leere in seiner Seele, wie wenig Wahrheit diese Beschäftigungen und diese Vergnügungen in sich schließen; erwacht dann das Gewissen aus seinem langen, künstlich hervorgebrachten Schlummer und sagt ihm, daß alles dieses nicht nur unnütz sei, indem es ihm ja nicht gegeben was er suchte, sondern auch sündlich, indem es ihn abgehalten habe, nach den ewigen Gütern des Heils zu streben, so daß mancher Keim des Guten, der sich schon aufgeschlossen hatte in seiner Seele, von jenem Unkraut überwachsen wieder verkommen müßte; kommt einer nun zu dieser Erkenntniß: so ist es um so natürlicher, daß er umschlägt auf die entgegengesetzte Seite, je mehr er sich dafür kennt, daß er in Gefahr kommen könne, doch irgend einer neuen ähnlichen Versuchung wieder zu erliegen, und daß in schwachen Augenblicken eben das, was er bereits glücklich überwunden haben sollte, sich unter einer andern Gestalt doch in seine Seele wieder einschleichen könne; so geschieht dieser Uebergang zu der entgegengesetzten Strenge; so versagt der übersättigte Bußfertige sich alles, was auch nur von fern mit seinen früheren Befriedigungen verwandt ist, und sucht seine Lust und Freude nun am meisten in seiner Unlust und in den unbehaglichen Eindrücken und Zuständen, die er selbst hervorruft, um sich gleichsam an demselben zu strafen, woran er gesündigt hat, und weniger schuldig zu erscheinen, wenn nun einestheils jene dicht zusammengebrängte Masse sinnlicher Bestrebungen sich gleichsam über einen größeren Zeitraum vertheilt und dann noch der üppige Glanz jener frühern Zeit verdeckt wird durch die trübe Färbung des späteren Lebens. Doch nicht nur als die Folge solcher früheren Verschuldungen und Entwürdigungen finden wir eine solche Lebensweise; sondern auch fleckenlosere Seelen haben von jeher denselben Weg eingeschlagen, wenn sie gesehen, welche Verwüstungen der Reiz der Lust und der üppigen Weichlichkeit, des Glanzes und der äußern Hoheit weit umher in den Gemüthern anrichten. Sie wollen ihren Widerwillen dagegen durch die zur Schau getragene Entsagung aussprechen und verstärken; vielleicht aber wissen sie sich auch zugleich durch das edlere Bewußtsein der Selbstbeherrschung für die Opfer, die sie bringen, in der Stille zu entschädigen.

Dieses, wie es uns schon in den früheren Zeiten der christlichen Kirche häufig entgegengetreten und auch jetzt noch selbst in unserer Kirche, welche doch keine Verdienstlichkeit irgend einer Art von äußerlichen Werken anerkennt, gar häufig angetroffen wird, dieses ist nun der Zustand der menschlichen Seele, dessen Vorbild, wenn man ihn an und für sich betrachtet, Johannes war; nur daß er nicht zu jenen ersten gehört, die nach überreichem und tadelnswerthem Genuß sinnlicher Lebensfreuden diese rauhe Bahn wählen; sondern, mag er nun von Natur zu ernst und kalt gewesen sein, um sich die Lust der Welt locken zu lassen, oder mag das Beispiel früherer Gottgesendeten ihn bestimmt haben: er blieb schon ursprünglich fern von allem frohen Genuß des Lebens und brachte seine Tage unter Entbehrungen und Entsagungen hin. Wenn aber auch Christen eben dieses thun, gleichviel, ob es geschehe eben so wie bei Johannes, oder nachdem sie sich den sinnlichen Reizen des Lebens hingegeben hatten: immer ist eine solche Enthaltung von allem, was diesen irdischen Aufenthalt verschönert und dem Nothwendigen auch das Anmuthige und Erfreuliche verbindet, nicht die Weise des Erlösers. Es kann für manchen heilsam sein, auf eine kurze Zeit so zu handeln, damit er sich bewußt werde, das ganz entbehren zu können, was sonst so leicht im Stande wäre ihn zu verlocken; es kann für manchen das sicherste Mittel sein, seine Ueberzeugung von der Unwürdigkeit und Eitelkeit alles irdischen Treibens recht fest zu halten; und wenn wir eine Seele sehen, welche bei ihren selbst gebotenen Entsagungen standhaft beharrt, nicht nur mitten unter verführerischen Dienern der Lust und Lobrednern des äußeren Glanzes, sondern, was noch mehr sagen will, auch mitten unter achtungswerthen und frommen, aber dabei doch lebensfrohen Menschen, die sich so enge Schranken nicht gesteckt haben, so mögen wir immer sagen, sie sei nicht fern vom Reiche Gottes. Denn auf der einen Seite hat sie vieles schon hinter sich ge=

worfen, wodurch leider nicht wenige gehindert werden, der göttlichen Weisheit des Evangeliums ihr Ohr zu leihen und der neuen Schöpfung still zu halten; und auf der andern Seite, weil die Schrift doch sagt, daß wir anders nicht als durch Trübsal in das Reich Gottes eingehen können, und der Herr selbst gesagt hat, daß es dem Jünger nicht besser gehen werde, als dem Meister, ist sie schon vorgeübt auf allen Schmerz, welchen der Christ in seinem himmlischen Beruf erfahren mag, — seien es zufällige Widerwärtigkeiten, wie die Umstände sie oftmals mit sich bringen, seien es Feindseligkeiten, wie auch der Herr sie erfuhr, wenn sie sagten: er triebe die Teufel aus durch den obersten der Teufel, seien es Entbehrungen, wie sie den Herrn selbst getroffen haben, wenn er doch sagt: Des Menschen Sohn hat nicht wohin er sein Haupt lege.

Auf alle Weise ist daher eine solche Seele wohl bereitet, wenn der Herr sie brauchen wird in seinem Weinberge und sie herbeifordern zu seinem Werke; sie ist im Stande, ihm freudig zu folgen zu allem, wozu er sie beruft, ohne daß sie, indem sie die Hand an den Pflug legt, um das Feld des Herrn zu bearbeiten, wieder sehnsüchtig zurückblickt auf die nur neuerlich verlassene Lust der Welt. Das mögen wir ihr gern gestehen und uns dessen freuen; aber doch werden wir zugleich den Wunsch nicht zurückhalten können, daß sie bald möge diesen Zustand der bloßen Vorübung hinter sich haben und nun wirklich hindurchgedrungen sein zur Freiheit der Kinder Gottes. Denn der Erlöser war auch hierin nicht wie Johannes. Er aß bald mit den Vornehmen, bald mit den Geringen, wie die Umstände es fügten; er verschmähte keine frohe und keine festliche Gelegenheit, wozu die Menschen ihn herangezogen: aber überall war er das heilige Vorbild derer, die, durch ihn dem Reiche Gottes gewonnen, den Keim des ewigen Lebens in sich aufgenommen hatten; immer war er unter den geselligen Freuden der Menschen sich selbst gleich, niemals von den Dingen dieser Welt beherrscht, sondern immer sie beherrschend, niemals von irgend etwas so hingenommen und ergriffen, daß er in dem einen Augenblick seines Lebens weniger fähig und bereit gewesen wäre, mit der ihm einwohnenden göttlichen Kraft zum Segen der Menschen zu wirken, oder irgend eine Gelegenheit hätte vorübergehen lassen, die sich ihm darbot, um diesen schönen Beruf zu erfüllen. Nur waren ihm eben hierzu auch die geselligen Kreise der Menschen und die froheren Stunden ihres Lebens, ohne daß er ihnen eine andere Gestalt hätte geben wollen, als sie von selbst hatten, nicht minder willkommen, als jene ernsteren Versammlungen, in denen sie ganz vorzüglich wollten Lehre von ihm annehmen und sich erbauen.

Und so soll auch jeder von uns, meine geliebten Freunde, in dem Reiche Gottes dem Erlöser ähnlich sein und eben dadurch, um sein Wort zu rechtfertigen, größer als der, welcher selbst größer war, als alle Propheten. Diejenigen aber, welche glauben, in mannigfaltigen Entbehrungen, durch welche sie doch keiner Versuchung entgehen, der sie nicht schon sollten Widerstand leisten können, oder in allerlei selbstgewählten Uebungen, durch die an und für sich nichts bewirkt und gefördert wird in dem Reiche Gottes, schon ihre volle Beruhigung zu finden, oder durch dieselben zu beweisen, daß sie Kinder Gottes sind, indem sie sich ja dieser Welt nicht gleich stellen: die mögen eben dieses Wort des Erlösers beherzigen und die Art recht bedenken, wie er sich selbst dem Johannes entgegenstellt. Einem Jünger Christi geziemt nicht mehr sich abzusondern; denn er hat schon Gaben empfangen, mit denen er wirken soll und mit denen er nun, wie Christus allen angehörte, auch allen angehört, die irgend etwas an ihn begehren. Ihm geziemt nicht, irgend etwas deshalb für Sünde zu halten und sich davon loszusagen, weil es etwa durch Uebermaaß oder Mißbrauch zur Sünde verleiten kann. Vielmehr soll ihm an sich alles, was Gottes Werk und Gabe ist, auch immer mehr rein und heilig werden, indem er es gebraucht im Sinn und Geist seines Berufs und für den Auftrag, den er empfangen hat. Wer sich aber von den Menschen absondert durch eine die gemeinschaftliche Sitte störende Lebensweise, der entzieht sich selbst zugleich manche Gelegenheiten, seinem Herrn zu dienen, und manche Veranlassung, zum Heil seiner Brüder etwas beizutragen. Wer fortwährend sich selbst allzu furchtsam jeder Versuchung entziehen will, der beweist ja, daß er sich bisher immer nur vergeblich geübt hat, und bringt sich zugleich um die Uebung, deren er noch immer bedarf, wenn einmal eine Zeit kommt, wo er der Versuchung nicht mehr wird entgehen können. Wer nicht nur für sich selbst eine ängstliche Lebensführung verewigt, zu der doch die Gründe je länger je mehr verschwinden sollten, sondern auch die Meinung hegt, wo diese fehle, da werde nicht nach der Regel des Erlösers gelebt: dem fehlt es wol gewiß noch an der rechten Einsicht, welches der Reichthum der Mannigfaltigkeit in den Gaben des Geistes sei und worin die Freiheit der Kinder Gottes bestehe, vermöge deren jeder sich selbst anvertraut ist, seinem Herrn zu stehen oder zu fallen. Und wo dieses alles fehlt, da sollte der Christus in uns schon zur vollen Erscheinung gekommen sein? Nein, wo der Erlöser Wohnung gemacht hat, da herrscht auch die festliche Freude, die alles verscheucht, was nur ein Zeichen der Sorge und der Trauer sein kann; da gestaltet sich das ganze Leben zu jenem festlichen Freudenmahl, wo jeder willkommen ist, der nur das hochzeitliche Kleid nicht verschmäht, welches der Herr selbst austheilt. Der nimmt aber keinen Preis von Werken oder Uebungen dafür, sondern er giebt es aus seiner Fülle; und es ist kein hären Gewand der Buße, sondern es glänzt von Friede und Freude. Darum wo der Herr seinen Einzug in die Seele gehalten hat, da ist Bewußtsein und Genuß der Freiheit, deren Wahlspruch ist: Alles ist euer und nun prüfet alles und das Gute behaltet; und aus diesem Genuß entspringt auch das Bestreben, unsern Brüdern diese Freiheit lieb und werth zu machen und sie zu derselben zu erheben. Dem können wir aber nicht genügen in der Wüste, wo sie doch nicht alle leben, noch in dem härenen Gewand, das sie doch nicht alle tragen können; sondern mit und unter den Menschen müssen wir leben, jedoch nur so, daß, indem wir ihnen zeigen, wie der Christ die Dinge dieser Welt gebrauchen muß, wir sie von dem unrichtigen Gebrauch derselben zurückführen, und indem wir ihnen zeigen, wie auch in allen diesen Gebieten des Lebens der Sinn der Kinder Gottes waltet, wir ihnen dadurch ein anschauliches Bild einprägen davon, daß auch in den verschiedenst gestalteten Augenblicken des Lebens, ja mitten unter dem betäubenden Geräusch der Welt der Geist Gottes das Herz regiert und ein reines und göttliches Leben wirkt.

Aber wenn wir auch so aus unserer Erfahrung wissen, daß der Erlöser seinen Einzug in unser Herz gehalten hat, und wir uns dessen in dieser festlichen Zeit mit der innigsten Dankbarkeit erfreuen: so sei uns das doch noch nicht genug, sondern billig fragen wir uns auch noch, hat er auch schon vollständig Besitz genommen von unserer Seele? wohnt er — daß ich mich so ausdrücke — in jeder Gegend derselben mit gleicher Lebendigkeit? regiert er überall in derselben gleich unumschränkt? fühlen wir in jedem Augenblick unsers Lebens sein Leben in uns mit gleicher Kraft? Müssen wir alle nun gewiß diese Fragen verneinen und mit dem Apostel sprechen: Nicht daß ich es schon ergriffen hätte oder schon vollkommen wäre, ich jage aber nach dem vorgesteckten Ziele, ob ich es wol ergreifen möchte: so folgt daraus schon von selbst, daß eben da noch etwas anderes herrscht und wir also alle, jeder auf seine eigene Weise vielleicht, in irgend einer Beziehung noch zu denen gehören, die in weichen Kleidern einhergehen und die Paläste der Könige suchen, oder zu denen, welche vom Winde menschlicher Meinung hin und her bewegt werden. Zwischen einem so unvollkommenen Zustande nun und dem gänzlichen Siege und Triumphe des Erlösers in unsrer Seele liegen also auch immer noch ähnliche Zustände, wie die, welche ich beschrieben habe als solche, die seiner Ankunft vorangehen. Und dies ist denn die Beziehung, in welcher wir denen nicht Unrecht geben können, die sich immer noch, wiewol der festen und frohen Ueberzeugung lebend, daß sie das Heil in Christo schon gefunden haben, an eine strenge Zucht und eine ängstliche Zurückgezogenheit halten, wie sie den Johannes zum Vorbild hat. So es nur geschieht in dem rechten Maße und auf eine solche Weise, daß die Kraft Gottes und die Freiheit der Kinder Gottes sich darin wahrnehmen läßt! so es nur geschieht mit dem Vorbehalt, daß eine Richtung der Seele und ein Gebiet des Lebens nach dem andern von dieser ängstlichen Obhut losgebunden und wahrhaft frei werden soll! so wir nur alles, was dem Johannes gleicht, nicht ansehn als das vollkommne christliche Leben selbst und dessen Tugend, sondern als eine Sache der Noth, bis jenes recht aufgehe! so nur keiner diejenigen gering hält, die in der Beziehung, worin er selbst noch schwach ist, schon hindurchgedrungen sind zur Freiheit der Kinder Gottes und ihr Leben dem freien und fröhlichen Leben des Erlösers ähnlich geworden! So oft wir uns also noch schwach und also Zucht als ein Bedürfniß fühlen, sei es uns auch heilige Pflicht, uns ihr zu unterwerfen. Merken wir, daß uns noch der Wind hin und her bewegt: wol, so wollen wir auf eine Weile die Einsamkeit suchen und Gebete zu Gott emporschicken, damit das Herz auch darin fest werde, worin es noch wankelmüthig ist. Fühlen wir in einzelnen Fällen noch die Macht irdischer Lust und irdischer Sorge: nun so wollen wir uns Entbehrungen auflegen, wenn das Leben sie nicht von selbst darbietet, und wollen keine Strenge der Uebung scheuen, bis wir sicher sind, jede fremde Gewalt gebrochen zu haben. Aber in der Zucht und Zurückgezogenheit bleiben wollen, das hieße, sich selbst ausschließen vom Reiche Gottes, und, die Herrlichkeit desselben von fern erblickend, die günstige Zeit vorübergehen lassen, um in dasselbe einzudringen, eben wie Moses zwar das gelobte Land sah und seinem Volke den Besitz desselben vorhielt, aber selbst nicht einging zu dessen Freude und Ruhm. Nein, nur vorübergehend darf in dem Leben des Christen alles sein, was irgend zu strenger Zucht und Zurückgezogenheit gehört, nicht der Maßstab unserer Vollkommenheit, sondern das Zeichen unserer Unvollkommenheit. Unser gemeinschaftliches Ziel aber sei, daß wir immer mehr lernen, eben so fest und froh durch das Leben zu gehen, wie der Erlöser, und immer mehr in dem Geist froher Zuversicht unter den Menschen zu leben und auf sie zu wirken. Dazu möge der Erlöser immer vollkommner in alle Seelen einziehen, die ihn schon im Glauben ergriffen und angenommen haben, damit sie alle in immer reicherem Maße erfahren mögen den Frieden und die Seligkeit der Kinder Gottes und alle je länger je mehr im Geiste reifen zur Vollkommenheit des männlichen Alters Christi. Amen.

IV.
Daß der Erlöser als der Sohn Gottes geboren ist.
Weihnachtspredigt.

Ehre sei Gott in der Höhe und Friede auf Erden und den Menschen ein Wohlgefallen. Amen.

Text: Lukas 1, 31. 32.

Siehe, du wirst einen Sohn gebären, deß Namen sollst du Jesus heißen; der wird groß und ein Sohn des Höchsten genannt werden.

Dies waren die verheißenden Worte des Engels an die Maria, Ein Sohn des Höchsten werde der, den sie gebären solle, genannt werden; und wie diese Verheißung hernach in unmittelbare Verbindung gebracht wird mit jenen andern Worten, daß die Kraft des Höchsten sie überschatten werde, hatte Maria keine Veranlassung zu denken, ihr Sohn solle etwa erst in Zukunft der Sohn Gottes werden durch irgend ausgezeichnete Thaten, oder durch später über ihn sich ergießende göttliche Gnade; sondern er werde es sein, sobald sie ihn geboren habe, mußte sie denken, wie sie von da an seinen Namen Jesus heißen sollte. Und eben dies meine christlichen Freunde ist auch erst der volle Sinn unsrer heutigen und jedesmal unserer festlichen Weihnachtsfreude. Denn wäre der Erlöser der Welt bei seiner Geburt noch gar nicht von andern Menschenkindern unterschieden gewesen; sondern erst später wäre das Göttliche, was wir an ihm verehren, über ihn gekommen von oben herab: dann ginge unser eigenthümliches Verhältniß zu ihm nicht an mit seiner Geburt, und wir hätten uns mit unserer Freude über seine Erscheinung weniger an seine Geburt zu halten, die ihn dann noch nicht zum Erlöser gemacht, als an jenen Augenblick, welcher in seinem Leben es nun gewesen sein möge, wo er auf eine besondere Weise erfüllt worden wäre mit der Kraft des Höchsten. Dies also ist der Mittelpunkt für alles, was unser Herz in diesen festlichen Tagen bewegt, daß **der Erlöser schon geboren ist als der Sohn Gottes, daß die göttliche Kraft, die ihn in den Stand setzte die Welt zu erlösen, ihm vom Anfang seines Lebens an einwohnte**, und dieses sei für heute der besondere Gegenstand unserer andächtigen Betrachtung. Laßt uns also sehen, wie nothwendig dies zusammenhängt auf der einen Seite mit unserm gemeinschaftlichen christlichen Glauben, auf der andern aber auch mit der Liebe, durch welche der Glaube thätig ist.

I. Wenn wir zuerst behaupten, es hänge mit dem Innersten unsers christlichen Glaubens, wie er durch dieses Fest selbst bezeugt wird, zusammen, daß wir uns den Erlöser nicht anders denken können und dürfen, als schon von dem Augenblick seiner Erscheinung in dieser Welt an mit allem ausgerüstet, was er haben mußte, um der Erlöser der Welt zu sein, schon in sich tragend das ewige göttliche Wort, wenn gleich noch schweigend, das Licht, welches in die Finsterniß scheinen sollte, wenn gleich noch verborgen, und durch diese ihm einwohnende erlösende Kraft ausgezeichnet vor allen Sündern und von der Gemeinschaft der Sünde getrennt, — wenn wir dies behaupten: so ist es freilich eine harte Rede, weil es uns in geistlichen Dingen — denn in leiblichen und natürlichen begegnet es uns beständig — eine schwierige Zumuthung ist, daß wir unser Vertrauen auf etwas setzen sollen, was wir uns nicht seiner ganzen Art und Weise nach lebhaft und deutlich vorstellen und es in uns zu einem bestimmten Bilde ausmalen können, und doch wird uns dies hier zugemuthet. Denn wenn wir auch nicht in Abrede stellen können, von einer innigen Vereinigung einer göttlichen Kraft mit der menschlichen Seele nach ihrer ursprünglichen göttlichen Ausstattung etwas zu wissen, weil es nämlich unsere eigene Erfahrung ist, sofern ja alle, die Christo anzugehören sich rühmen können, auch wissen sollen, daß sie des heiligen Geistes theilhaft geworden sind, und dieser doch göttlichen Wesens ist, weil wir durch ihn eins werden sollen mit Gott: so wissen wir doch auch, daß wir insgesammt diese göttliche Gabe nicht eher wirklich empfangen konnten, bis uns schon das volle menschliche Bewußtsein aufgegangen war und alle die geistigen Kräfte erwacht, welche der Geist Gottes unmittelbar und vorzüglich regieren soll, so daß er nun auch diese Regierung und also seine heiligende Thätigkeit sogleich antreten konnte; und anders als durch diese sind wir uns seiner auch nie bewußt geworden. Aber wenn wir uns nun die göttliche Kraft des Erlösers in ihm denken sollen, während er noch in dem unvollkommensten Zustande war, in welchem uns der Mensch erscheint, dem der neugebornen Kinder, in denen noch alle jene Kräfte schlummern, an welchen sich die höhere göttliche Kraft in Christo offenbaren und beweisen konnte: so sollen wir denken, daß sie da sei, aber ohne daß wir uns irgend eine Wirksamkeit vorzustellen wüßten, welche sie ausübe, und dies eben ist uns schwer vorzustellen und fällt uns deshalb auch hart zu glauben.

Daher eben hat es von jeher in der christlichen Kirche auch eine solche Vorstellung gegeben, wie ich sie vorher andeutete, als ob der Erlöser nicht nur in den Jahren seiner Kindheit, sondern so lange, bis alles Menschliche in ihm zur Reife gediehen gewesen, nichts anders gewesen sei und nichts anders in sich getragen habe, als alle anderen Menschenkinder, und nur als den großen Beruf, zu dem er bestimmt war, antreten sollte, da erst sei die Kraft Gottes über ihn gekommen und habe sein ganzes Wesen durchdrungen. Eben daher auch kommt es, daß viele andere Christen, wiewol dieser letzten Meinung nicht zugethan, doch nicht recht von Herzen in die kindliche Andacht einstimmen können, die mit der vollen Verehrung, welche die dankbare Seele dem Erlöser weiht, bis auf den ersten Anfang seines Lebens zurückgeht und schon in dem neugebornen Kinde, ohnerachtet seiner Bewußtlosigkeit, den Sohn Gottes erkennt, so daß ihm nun nichts neues mehr von oben zu Theil werden durfte, sondern er durch die regelmäßige Entwicklung der menschlichen Seele derjenige werden mußte, welcher durch Wort und That, durch Leben und Tod den Glauben verdiente und hervorbrachte, den doch eben diese bedenklicheren Christen auch hegen, er sei nämlich der Sohn des lebendiges Gottes, derjenige, durch den Gott in den letzten Tagen also zum letzten Male zu den Menschen geredet habe und nach welchem wir keines anderen mehr warten dürfen. Aber wenn diese Mitchristen sich nur recht verstehen wollen, wenn es ihnen nur Ernst ist mit diesem Glauben und dem gemäß auch mit dem Verein, welcher uns hier zusammenführt: werden sie uns nicht doch bestimmen müssen, daß es für uns mindestens eben so hart wäre, diesen Glauben, auf dem auch das heutige Fest begründet ist, aufgeben zu sollen, blos weil wir den Anfang der zweiten Schöpfung nicht besser begreifen können, als den Anfang der ersten und jeden Anfang überhaupt? Denn wenn in Christo nicht schon, als er zuerst sein menschliches Auge aufschlug, das göttliche Wort Fleisch geworden war, was folgt daraus weiter? So viel ist uns gewiß, es ist nicht nur unsere eigene Er=

fahrung, sondern kühn und fest stellen wir es dar als die allgemeine aller Menschen, von der niemals eine Ausnahme gefunden worden ist, noch auch gefunden werden kann; daß in allen, welche von Geburt nur so ausgerüstet sind, wie jedes Menschenkind auf der Erde erscheint, auch früher oder später die Sünde sich entwickelt, und aller Unterschied, wie groß er uns auch erscheine — im Grunde aber ist sie doch immer nur geringfügig, diese Verschiedenheit, in dem Maße der Kraft des Verstandes und Stärke des Willens, — wie man sie aber auch ansehe, sie bewirkt immer nur ein Mehr und Weniger in der Entwicklung der Sünde; daß aber diese in einer Seele, die nur so ausgerüstet in das Leben eintritt, jemals fehlen könne, dem widerspricht das Zeugniß unseres Bewußtseins gänzlich. So können wir demnach auch nicht anders denken, als daß auch dem Erlöser dasselbe würde begegnet sein, wäre er von Geburt gewesen wie ein anderes Menschenkind. Was für Verheißungen auch der Engel in die demüthige Seele der Maria hinein gesenkt habe, wie besonnen sie sich in kindlicher und inniger Gottesfurcht mochte gesammelt und bereitet haben zu dem großen Geschäft, Mutter und Pflegerin dessen zu sein, der ein Sohn des Höchsten sollte genannt werden: dennoch, wenn eben dieses letzte ihm erst in Zukunft kommen sollte, — wie treu und weise sie auch über das zarte Gemüth möchte gewacht haben, wie fern von ihm gehalten alles, was ihn hätte anstecken können mit dem weit verbreiteten Gift, welches einmal ach alle Menschenkinder aushauchen und einathmen, — eben deswegen hätte sie es auch von ihm nicht abzuhalten vermocht; denn hier erkennen wir die Grenze aller, auch der vollkommensten menschlichen Liebe und Treue und Weisheit. Wolan also, wenn Christus auch nur im geringsten Grade ein Sünder geblieben wäre: könnte er dann unser Erlöser sein? Gott hätte durch ihn reden können, wie durch die Propheten des alten Bundes, welche auch sündige Menschen waren. Aber wollen wir uns nennen nach dem Namen eines Propheten? wollen wir uns versammeln in eines Propheten Namen, dessen Thun und Werk doch nur eine Fortsetzung des alten gewesen wäre und nichts neues? Ja wie nirgendwo wenig Sünde sein kann, oder es kann auch noch weniger gedacht werden: so könnten wir auch nie sicher sein, daß diese Fortsetzung der alten Weise die letzte wäre. Und was Gott durch ihn geredet hätte, es hätte können eine vollkommnere Lehre und Anweisung sein; was er hätte thun können, das wäre ein reineres Vorbild gewesen: beides aber ist immer nur Gesetz. Und ob ein von außen gegebenes Gesetz auf steinerne oder eherne Tafeln gegraben unmittelbar vom Himmel herab kommt, oder ob es durch einen Menschen und von einem Menschen gegeben wird, niemals kann durch ein solches das menschliche Geschlecht erlöset werden; sondern auch durch den heiligsten Mund geredet oder mit dem Finger Gottes geschrieben, kann es nur Erkenntniß der Sünde bewirken, und diese gewährt für sich keine Erlösung, sondern je genauer wir die Sünde erkennen, desto mehr nur drängt es uns auszurufen: Wer wird mich erlösen von dem Leibe dieses Todes. Die Erlösung muß vielmehr gerade darin bestehen, daß die Sünde aus unserm Bewußtsein getilgt wird. Die Sündlosigkeit muß uns also vor Augen treten, und diese lebendige Sündlosigkeit ist der Erlöser, und nur indem wir uns diese in der innigsten Befreundung und Gemeinschaft mit ihm aneignen, wie Befreundeten alles gemein ist, können wir des Friedens und der Seligkeit theilhaftig werden, welche die Früchte der Erlösung sind.

Hätte uns nun diese Sündlosigkeit in ihm erscheinen und uns zu einer solchen Hingabe auffordern können, wenn der Erlöser späterhin auf irgend eine geheimnißvolle Weise mit göttlichem Geiste und mit göttlicher Kraft, auch ohne Maß und gar nicht zu vergleichen mit jenen Propheten, wäre erfüllt worden? Sollte er nach dieser Veränderung doch ein Mensch, und zwar derselbe Mensch sein und bleiben und sich uns nicht in eine unheimlich gespenstische Erscheinung verwandeln, die uns, wie ehrwürdig auch ihrer Beschaffenheit nach, doch durch ihre Geschichte auf immer von sich abstieße: so durfte doch das Gedächtniß seines früheren Lebens und Zustandes nicht ausgelöscht werden, gesetzt auch, er hätte nach dieser wunderbaren Heiligung keine Sünde mehr begehen können. Wäre aber das Gedächtniß des früheren sündlichen Zustandes in ihm geblieben, wol, laßt uns wieder auf unsere eigene und die allgemeinste menschliche Erfahrung sehen, was daraus weiter hervorgeht. Wir fühlen es, es ist eine traurige Erfahrung, die wir in mancher Hinsicht lieber verschweigen und verbergen, als mittheilen, daß auch das fernste Gedächtniß früherer Sünde, welches in unserer Seele zurückbleibt, niemals darin zurückbleibt nur als ein todter Buchstabe, als eine bloße Kenntniß, wie von Dingen, die außer uns sind und vorgehen; sondern sie bleibt etwas Lebendiges und verunreinigt nicht selten auch die heiligsten Gedanken und Thaten, in deren erstem Ursprung wir uns der Kraft des göttlichen Geistes auf das Bestimmteste bewußt waren; sie lebt in uns, um uns zu zeigen, daß, so lange der Mensch als sündiger Mensch auf Erden wandelt, wie reich auch die Gnade Gottes über ihn sich ergieße, niemals seine Seele ein so vollkommen reiner Spiegel wird, als sie sein könnte, wenn nie etwas von diesem Gift in ihr Inneres eingedrungen wäre. Hätte also der Erlöser dieses mit uns getheilt, er hätte auch jene Erfahrung machen müssen, wie wir. Und wissen wir das nicht, daß jede Sünde, von der so auch nur noch eine leise Regung in unserer Seele zurückgeblieben ist, auch, eben wie es jene herrschende Sünde im Großen thut, irgendwie und irgendwann im Einzelnen verfinsternd auf unsern Verstand wirkt, unser Urtheil verblendet und verfälscht, unsern Blick in den göttlichen Willen trübt und verunreinigt? Hätte nun auch der Erlöser irgend einen solchen flüchtigen Schatten der Sünde in seiner Seele behalten, wie könnten wir von ihm hoffen, daß die Worte, in welchen er uns den Willen seines und unseres Vaters im Himmel verkündigt und unser ganzes Verhältniß zu ihm darstellt, so vollkommne Wahrheit wären, auf einer so reinen und vollständigen Auffassung beruhten, daß das menschliche Geschlecht auf immer daran könnte gewiesen bleiben? wie könnten wir voraussetzen, daß eine vollkommne Uebereinstimmung in ihm gewesen, alles, was in ihm Fleisch ist, von dem Geist vollkommen durchdrungen und mit ihm eins geworden, so daß er das Vorbild ist, dem sich alle nachbilden, der Führer, in dessen Fußstapfen alle treten sollten, ohne daß wir hoffen dürften, auch durch die besonnenste Anneigung je seine Wahrheit zu erschöpfen, auch durch den treuesten Gehorsam sein Vorbild zu erreichen? Und solch einen Erlöser brauchten wir doch, wenn wir uns vollkommen befriedigt finden sollten und keinen Wunsch zurückbehalten, daß doch noch ein anderer nach ihm kommen möge!

Nehmen wir nun noch dazu meine theure Freunde, mit was für großen und gewichtigen Worten der Erlöser selbst, was ihn so wesentlich von allen Söhnen der Erde unterscheidet, in seinen Reden beschrieben hat, wenn er sagt: Ich und der Vater sind eins: Wer mich siehet, der siehet den Vater; bedenken wir, daß diese Worte zugleich das Maß enthalten für unsere Vereinigung mit ihm selbst, wie sie uns im Glauben gegeben ist, in der Wirklichkeit aber nur immer vollkommner erreicht werden soll, wie er für uns gebeten hat, daß auch wir eins mit ihm sein sollen, woraus schon von selbst folgt, daß, wer uns sieht, auch ihn sehe: wie könnten wir wol anders, als sie in ihrem ganzen vollen Sinne nehmen, wie sie uns vorliegen, und wie hätte der Erlöser solche Worte reden können, ohne daß er uns ihretwegen erschiene als einer, der entweder sich selbst täuscht in eitlem Wahn, oder, wenn auch wohlmeinend, damit nicht zu wenig angenommen werde, stärkere Ausdrücke wählt, als der Wahrheit gemäß ist, und so diejenigen, die es genau nehmen wollen, täuscht mit eitlen Hoffnungen. Ja so müßte er uns erscheinen, hätte er so geredet und dabei auch von ferne nur die Sünde geschmeckt. Denn wie könnte der, in welchem auch nur die leiseste Spur von ihr übrig gewesen ist, sagen, daß er eins ist mit dem Vater, dem Vater des Lichtes, dem, der allein gut und rein ist und dem alles auch nur nahet in dem Maß, als jeder am Guten und Reinen theilnimmt. Hat er also wahr geredet und giebt es eine solche Gemeinschaft zwischen ihm und uns, welche ein Ausfluß ist von seiner und des Vaters Einheit: so muß er auch schon vom Anfang seines Lebens an das Wort Gottes in sich getragen und dieses ihn behütet haben vor allem, was auch nur von ferne der Sünde gleicht; dann muß dieses bewacht haben jede Entwickelung seiner natürlichen menschlichen Kräfte, so bewacht haben, daß auch das Sinnliche rein blieb und gleichsam harrte auf das allmälige Eintreten der merklichen Wirksamkeit dieser einwohnenden göttlichen Kraft und von Anfang an nichts anderes zu sein strebte, als ein Werkzeug für dieselbe. Nur wenn es so um ihn stand vom Anfang seines Lebens an, konnte er mit Recht dies von sich sagen.

Und endlich meine geliebten Freunde denken wir noch an die Heiligkeit desjenigen, vor dem wir eben durch die Sünde alles Ruhmes ermangelten, den wir bei ihm haben sollten, und daß wir also eines solchen Helfers bedurften, um deswillen dieser heilige Gott das ganze menschliche Geschlecht konnte für rein achten und erklären, und der durch seine vollkommne Reinheit uns alle verträte bei seinem Vater: o vor dem heiligen Auge Gottes bleibt auch der leiseste Hauch des Verderbens und der Sünde nicht verborgen; und wenn vor ihm etwas, auch nur dem kleinsten Theile nach, der jedem andern Auge entginge, unrein erscheint, so ist das Ganze unrein. Also unser Glaube an die Vertretung unsers Erlösers beim Vater, unser Glaube daran, daß wir in ihm das Bild des himmlischen Vaters und den Abglanz seiner Herrlichkeit schauen, unser Glaube an die Unübertrefflichkeit und die beständige Fortdauer seiner Lehre, so wie an die Zulänglichkeit und Unumstößlichkeit seiner Gebote, — das alles hängt davon ab, daß er schon auf dieser Welt erschienen ist als das ewige Wort, das Fleisch ward, als das Licht von oben, das in die Finsterniß hineinschien.

II. Aber nun laßt uns zweitens sehen, daß, wenn wir uns den Erlöser nicht auf diese Weise denken, auch die reine und ungefärbte Liebe, deren Quelle der Erlöser ist, ihres rechten Grundes ermangeln würde, indem einestheils die ungefärbte Reinheit der wahren christlichen Liebe, anderntheils aber auch die Ausdehnung derselben über das ganze menschliche Geschlecht darauf beruht, daß er, um dessentwillen wir also lieben und ohne Beziehung auf welchen nach einer solchen Liebe gar nicht würde gestrebt werden, ein solcher ist, wie er uns hier beschrieben wird.

Meine guten Freunde. Ohnstreitig ist eine von den auffallendsten Erscheinungen in der menschlichen Seele der Kampf zwischen der Liebe, die wir alle zu unseres gleichen tragen, und zwischen dem reinen Gefühl für das Recht und Unrecht, für das Gute und Böse; beides, gleich sehr in dem Edelsten unserer Natur gegründet, wirkt doch beständig gegen einander. Mögen wir noch so fest sein im Unwillen und im Widerstand gegen ein Unrecht: finden wir dasselbe bei einem, der unser Herz schon in Liebe gefangen genommen hat, wie geneigt sind wir alsdann zu entschuldigen und auch das Verhaßteste in einem milderen Lichte zu sehen. Zieht uns menschliche Gestalt und menschliches Wesen mit Liebe an sich: so wird, wo wir die Regungen der Sünde merken, wo wir die Ausbrüche sinnlicher Verderbtheit und thörichten Wahnes sehen, die Seele, je mehr sie der Wahrheit und dem Guten ergeben ist, um desto mehr von einem Unwillen ergriffen, der nur zu leicht in Leidenschaft übergeht und die Liebe zurückdrängt. Wären wir wol einer andern, als einer solchen getrübten und auch immer wieder das edelste Gefühl trübenden Liebe fähig, wenn wir immer nur unter uns wandelten, ohne einen andern Gegenstand der Liebe zu haben, als die Genossen desselben Verderbens? könnten wir dann auch nur wollen, unser sittliches Gefühl möge solcher Aufwallungen unfähig sein, in denen wir geliebten Personen, wenn auch nur vorübergehend, auf eine herbe und schneidende Weise im Urtheil, oder mit einem leisen Tone von Feindlichkeit im thätigen Wiederstande entgegengetreten? Nein den edlen und kräftigen Zorn gegen alles, was dem göttlichen Willen zuwider ist, könnten wir nicht aufgeben! also könnten wir auch nicht anders, als so lieben, eben so wenig uns selbst, als unsre Brüder. Denn auch die nothwendige und unverwerfliche Liebe eines jeden zu sich selbst färbt sich auf gleiche Weise; und je strenger einer ist, je lauter die Stimme des göttlichen Willens in ihm redet, desto öfter finden wir ihn in dem Uebergang und Wechsel zwischen dem ungestörten Genuß des Wohlgefallens an glücklichen Fortschritten, deren er sich bewußt ist, und zwischen der edelsten Verachtung seiner selbst. Und stärker, oder gar in einem andern Sinne und auf eine andere Weise kann doch nicht verlangt werden, daß wir unsern Nächsten lieben sollen, als uns selbst. Ja wer nur so sich selbst liebt und zugleich nur so streng ist gegen sich selbst: für den kann es wol wenige nur geben — auch unter denen, die am höchsten gepriesen werden, die allgemein als die Edelsten und Besten erscheinen, — in Beziehung auf welche — ist er nur genau genug mit ihnen verbunden, damit ihr Innerstes ihm klar vor Augen liegen kann — Urtheil und Empfindung nicht eben so wechseln sollte, als über sich selbst. Allgemein also ist dann dieses Leid! denn so müssen wir es wol empfinden, daß ein düsterer Schatten sich über jede menschliche Liebe lagert, durch den das reine Licht getrübt und in unvollkommne Erscheinungen gespalten wird, so daß uns die Seligkeit der Liebe verkümmert ist. Aber müssen wir nicht als Christen diesen Zustand verwerfen? ist es nicht die ungefärbte Liebe, zu welcher uns die Schrift auffordert? könnten wol die Jünger des Herrn an der Liebe, die sie unter einander haben, erkannt werden, wenn diese sich nur auf eine unbestimmte Art durch etwas mehr und etwas minder unterschiede von dieser natürlichen, leider aber so unbefriedigenden Liebe, die sich bei allen unverdorbenen Menschen findet? Wolan! wie vermögen wir nun zu einer andern Liebe zu Andern und also auch zu uns selbst zu gelangen? Ja, wenn Christus ein solcher war, wenn wir in ihm das göttliche Wesen so ursprünglich vereinigt mit der menschlichen Natur anerkennen, daß in der Liebe zu ihm jenes beides auf das Vollkommenste eins ist, die Liebe zu unseres gleichen und die Liebe zu dem Willen des himmlischen Vaters: dann haben wir wenigstens einen, dem wir mit ganz reiner und ungefärbter Liebe können zugethan sein, wie dann auch seine Liebe zu uns eine ganz reine und ungefärbte sein kann. Denn in seiner Liebe zu uns kann das keine Störung machen, sondern ihr nur das eigenthümliche Gepräge der hülfreichen Theilnahme aufdrücken, daß er dieses Leben, diese Herrschaft des göttlichen Willens in uns nicht findet. Und wie wir, eingedenk der himmlischen Stimme: Das ist mein lieber Sohn, an dem ich Wohlgefallen habe, des festen Vertrauens leben, daß, wenn wir nur mit guter Wahrheit im Glauben sprechen können: Nicht ich lebe, sondern Christus lebet in mir, dann auch Gott uns nicht für uns allein, sondern nur in dieser Gemeinschaft mit Christo sieht, und also wir auch an dem Wohlgefallen theilnehmen, welches er an seinem Sohne findet: so erweitert sich eben vermöge dieses Glaubens nothwendig auch der Kreis unserer reinen und ungefärbten Liebe und verbreitet sich über alle, die wir in der Gemeinschaft mit Christo sehen, so daß, was wir an unsern Brüdern noch finden von menschlichem Verderben, uns auch schon durch die wirksame Theilnahme Christi an ihnen weggenommen und getilgt erscheint und uns nur aufregen kann mit derselben Liebe, womit er uns geliebt hat, das Leben Christi in ihnen zu fördern, damit es noch völliger werde und die Sünde ganz überwinde, welche uns als eine gewiß vorübergehende Erscheinung nur mahnen soll daran, daß die Seligkeit, die wir in der ungefärbten Liebe finden, eine Gabe ist, die wir empfangen haben von oben und die uns nur werden konnte durch den Einen. Sehet da, das ist eine andere Liebe, als jene natürliche! Wir können sagen, das Alte ist vorüber, siehe es ist alles neu geworden. Aber so können wir nur lieben durch ihn und um seinetwillen. Jene getrübte unvollkommne Liebe kann sich nicht etwa bis zur Reinheit läutern aus sich selbst: Einer mußte uns gegeben werden, der reine Liebe unmittelbar fordert und erweckt; nur so konnte das Unvollkommene anziehen die Vollkommenheit; nur so konnte unsre Liebe zu Andern recht geheilt werden, wenn sie nun nichts anderes ist, als ein Ausfluß unserer Liebe zu ihm und ein Widerschein seiner Liebe zu uns.

War er aber nicht ein solcher, daß nur reine Liebe, ohne die leiseste Ahnung einer Unvollkommenheit in dem geliebten Gegenstande, dem Eindrucke gemäß ist, den er auf uns macht: nun dann müßten wir immer in dem alten Stückwerk bleiben und nichts Besseres wäre uns beschieden. Denn wenn das wahr ist, wie wir es vorhin erklärt, daß auch Christus, wenn sich nur irgend jemals während seines menschlichen Lebens Sündliches in ihm geregt hat, nicht im Stande wäre, die Erinnerung daran und die lebendigen Spuren davon in sich zu verwischen: wie wollten wir uns denn zähmen und hindern — wie herrlich er uns auch in der Folge in seinem öffentlichen Leben, in seiner heiligen Verkündigung des Reiches Gottes, in dem Muth und in der Sicherheit, mit welcher er die Menschen zu sich einladet und ihnen Erquickung und Ruhe verheißt, als der Ausgezeichnetste unter allen Menschenkindern, als das auserwählteste und größte Werkzeug Gottes erschiene, — wie wollten wir uns dennoch zähmen und hindern, daß nicht unser Auge sich bemühte, die Spuren der Sünde, von denen wir wüßten, daß sie da sein müßten, auszuforschen? Ja je weniger es uns gelänge, in seinem Leben irgendwo einzelne bestimmte Unvollkommenheiten und Mängel aufzufinden: um desto sicherer würden wir voraussetzen, daß verborgene Mängel doch in all dem Herrlichen enthalten wären, was wir vorzüglich an ihm zu loben und preisen pflegen. Ob wir sie immer nur voraussetzen müßten, oder ob wir sie im Einzelnen wirklich entdeckt hätten, das gälte für die Liebe gleichviel. Wir könnten ihn lieben unendlich viel mehr, als alle andere; wir könnten an ihm hangen mit einer Verehrung, der sich keine andere vergleichen könnte: aber es wäre doch auch eine unreine, eine gefärbte Liebe; sie wäre nicht von einer andern Art, als die gegen andre Menschenkinder, und könnte also auch diese Liebe selbst nicht heiligen und umwandeln.

Zweitens aber hängt die wahre christliche Liebe auch in sofern nothwendig mit dieser Vorstellung mit dem Erlöser zusammen, als sie eine ganz allgemeine sein und eben wie seine Erlösung das ganze menschliche Geschlecht umfassen soll. Wir sehen dies zwar gewöhnlich als einen ganz unabhängig von der Erscheinung Christi in der menschlichen Natur liegenden Trieb an und halten es für ein aus der menschlichen Vernunft hervorgehendes Gebot, daß, wo wir irgend Menschen sehen, wir auch gleich das Verhältniß anknüpfen sollen Liebe zu geben und zu nehmen. Aber wir denken nur nicht immer daran, daß auch dies uns erst durch Christum gekommen ist und daß es eine der traurigen und verwüstenden Folgen der Sünde ist, daß sie die Liebe in dem menschlichen Herzen einengt und beschränkt. Oder wo waren denn, ehe der Sohn Gottes erschien, die Menschen, wo weiset sie uns die Geschichte nach, welche in der That eine allgemeine und unbegränzte Liebe, ich will nicht sagen wahrhaft gefühlt und ausgeübt, sondern auch nur von sich und andern gefordert hätten? Kaum in einzelnen der stillen Betrachtung geweihten Seelen konnte sich eine solche Ahnung ausbilden, die aber verhallte, ohne irgendwo zum lebendigen Triebe geworden zu sein, und sich auch in ihnen selbst nicht kräftiger würde bewahrt haben, wenn sie sich dem thätigen Leben wieder zugewendet hätten. Denn war nicht überall die Liebe auf die Genossen der Sprache und des Stammes beschränkt, so daß jedem alles Menschliche außer diesen Grenzen, wenn nicht feindselig erschien, doch gleichgültig? Und wahrlich, das war auch ganz natürlich. Denn eben diese Vernunft, welche einen allgemeinen Zusammenhang der Liebe fordern konnte, sie verkündigte selbst auch dieses, daß sie überall einheimisch sei in dem menschlichen Geschlecht und daß in jedem größeren Theile desselben auch die Ungleichheiten aller Art einheimisch wären, vermöge deren einige mehr geben konnten und andere mehr empfangen müßten. Jeder aber konnte leichter von seinen Sprachgenossen empfangen, als von andern, und jeder auch leichter den Seinigen mittheilen als andern. So schien es also angemessen, daß jeder bei den Seinigen blieb, und aus dieser Sonderung entwickelte sich dann auch der Streit und der Haß, so oft die gesonderten Gebiete sich verwirrten durch die Schuld einzelner oder durch den Drang der menschlichen Bedürfnisse. Und von dieser Beschränkung der Liebe würden wir — die Erfahrung lehrt es, weil es ja noch eben so ist überall in dem Maß, als die Herzen dem Einen Hirten Einer Heerde noch nicht vollkommen gehuldigt haben, — von dieser Beschränkung würden wir durch alle menschliche Weisheit, die irgendwo hätte zum Vorschein kommen können, durch alle Milderung der Sitten, welche der Lauf der Zeiten herbeigeführt hätte, nicht frei geworden sein. Wenn aber die Meinung aufhörte, daß jeder bei sich finden könne, was Noth thue und Heil bringe, weil doch überall alles unvollkommen sei, überall aber zugleich irgend ein Keim des Guten und Wahren; wenn ein Gerücht entstand, an Einem Ort sei erschienen der Aufgang aus der Höhe, ein reines Licht, das alle Finsterniß vertreiben könne und werde, — und von der einen Seite die Herzen der Menschen sich dem zuwendeten aus Ueberdruß an dem Unvollkommnen, — von der andern Seite aber der Erlöser, eins mit dem Vater in der gleichen Liebe für das ganze Geschlecht, mit dem Glauben, daß er der Sohn des lebendigen Gottes sei, denen, die an ihn glaubten, das Vertrauen einflößte, daß sie, wenn sie den Menschen ihn und seinen Frieden brächten, ihnen etwas gäben, was nirgend anders zu bekommen sei, — und die Liebe Christi sie drängte, weiter und immer weiter ihre Verkündigung zu tragen: so konnten die Scheidewände fallen und eine Allgemeinheit der Liebe in die Herzen ausgegossen werden, welche selbst durch den leider noch fortdauernden irdischen Streit hindurch schimmert und ihn von innen heraus immer mehr überwindet. — Wo aber war wol jener beschränkende und absondernde Volksgeist schärfer und strenger, als wo der Herr geboren ward? Das Volk, von welchem alle anderen Völker für unrein gehalten wurden und ihre Gemeinschaft gemieden, bei dem als Auslegung eines göttlichen Wortes die Lehre hingestellt war: Du sollst deinen Bruder lieben und deinen Feind hassen; ein Volk, welches — die Bestimmung gar nicht erkennend, daß es unter einem solchen beengenden Gesetz nur zusammengehalten werden sollte, bis das Licht der Welt erschien — aus Mißverstand dieses Gesetzes wähnte, daß Gott ihm eigne: ein solches Volk konnte nicht aus sich selbst den erzeugen, pflegen unterweisen, von welchem diese allgemeine Liebe ausgegangen ist. Hätte nicht das göttliche Wort ursprünglich bewahrend und beschützend in ihm gewohnt: wie hätte er dieser uralten, in das ganze Leben eingewurzelten und durch die ganze geschichtliche Ueberlieferung des Volkes geheiligten Beschränkung entgehen können? Oder sollen wir glauben, er wäre ihr auch nicht entgangen, und erst seine Jünger wären darüber hinausgekommen? sie, die alles nur von ihm hatten, aber so oft auch das, was er ihnen mittheilen wollte, nicht verstanden; sie, die auch hernach nur aus dem Geiste redeten und handelten, der nichts konnte und sollte, als nur von Christo nehmen und ihnen verklären! Das können wir wol nicht glauben; denn der Jünger war nicht über den Meister, und fast nur widerstrebend wurden sie von dem Befehl des Herrn, das Evangelium unter allen Völkern zu verkündigen, zur Gemeinschaft mit Samaritern und mit Heiden fortgerissen. Er aber war durch das göttliche Wort, das er ursprünglich in sich trug, sicher gestellt gegen alle Einflüsse dieser beschränkenden Denkungsart; Er war vermöge seiner Einheit mit dem Vater der Urheber einer allgemeinen Liebe; und die von ihm gestiftete allgemeine, auf das Ewige gerichtete Verbindung aller Menschen deutet auf die Vermenschlichung der alles zusammenhaltenden göttlichen Kraft in seiner Person.

Und nun, meine geliebten Freunde, ohne den Glauben, den wir uns jetzt in kurzen Zügen dargestellt haben, ohne die Liebe, deren Bild wir uns flüchtig vorgezeichnet haben: was wäre für uns der Werth der Erlösung? wo wäre die Heiligung, wo die Gerechtigkeit, zu der uns Christus werden sollte und geworden ist? Soll also durch ihn Ehre sein Gott im Himmel und sich durch ihn verherrlichen die geistig schaffende Macht des allgemeinen Schöpfers, welcher das menschliche Geschlecht nicht nur zu seinem ursprünglichen unvollkommnen Zustande berufen hat; soll durch ihn der Friede auf Erden gegründet werden, vor welchem immer mehr alle Zwietracht und aller Haß verschwindet, damit alles in Liebe eins werde; soll uns ein ungetrübtes Wohlgefallen möglich sein, ohne welches doch an keine Seligkeit zu denken ist: so muß es eine wahrhaft göttliche Gestalt eines Erlösers geben, auf welchem unser Auge ruhen kann; so muß von Anfang seines Lebens an das wahr gewesen sein, daß das göttliche Wort ihm Fleisch geworden: und wir haben ein heiliges Recht, ihn, wie er auf der Erde erschien, schon in der ersten kindlichen Gestalt des menschlichen Lebens mit heiliger Ehrfurcht zu begrüßen als denjenigen, der der Erlöser der Menschen nicht nur werden sollte, sondern schon war; als denjenigen, in welchem sich der Vater nicht nur verklären sollte, sondern in welchem er unsichtbarer Weise schon verklärt war, und als den, der schon eins mit ihm war von Anfang an.

Ja, meine geliebten Freunde, wie dieses Fest der Kindheit des Erlösers für uns alle zugleich das schöne und erfreuliche Fest der Kinder ist, auf denen eben in Beziehung auf ihn, der auch um ihretwillen Fleisch und Blut angenommen hat, wie sie selbst es haben, unser zärtliches Auge mit Wohlgefallen ruht und ihnen liebend die Seligkeit verheißt, die sie im Glauben an den Erlöser und in der Treue gegen ihn finden werden: so laßt uns fest daran halten, daß nur durch diesen Glauben, daß er zwar sonst ein Kind gewesen ist wie andere, aber, weil er uns in allem gleich sein sollte, ausgenommen die Sünde, die göttliche Kraft, durch die er der Erlöser der Welt werden konnte, schon von Anfang in ihm, wenngleich verborgen, doch wirksam und lebendig gewesen sein muß, — daß nur mit diesem Glauben das Wort in seine volle Erfüllung gehen kann, welches er mit liebendem Herzen dem jungen Geschlecht zugewendet, ausgesprochen hat: Solcher ist das Reich Gottes. Amen.

V.
Die Freude an der Erscheinung Christi, erhöht durch die Betrachtung, daß er gekommen ist das Schwert zu bringen.

Weihnachtspredigt.

Ehre sei Gott in der Höhe, Friede auf Erden, und den Menschen ein Wohlgefallen. Amen.

Text: Matth. 10, 34.

Ihr sollt nicht wähnen, daß ich gekommen sei, Frieden zu senden auf Erden; ich bin nicht gekommen Frieden zu senden, sondern das Schwert.

Meine andächtigen Freunde. Wie wunderbar mißhällig tönen diese Worte des Herrn in den englischen Gruß hinein, den wir unmittelbar vorher vernommen haben, so daß sie uns die ganze Freude und Seligkeit dieses Festes aufzuheben drohn. Denn ist das Schwert vorzüglich die Ehre Gottes? und wenn es von neuem wüthet, ist das den Menschen ein besonderes Wohlgefallen? Wenn nun vom Himmel herab gesagt wird, Friede sei nun auf Erden: wie kann der Herr selbst sagen: Wähnet nicht, daß ich gekommen sei, Frieden zu bringen, sondern das Schwert? und wenn es denn wahr ist, was er sagt: sollten wir uns die traurige Wahrheit nicht am meisten zu verbergen suchen und sie von unserer Seele zu entfernen gerade in diesen Tagen der Freude über seine Erscheinung? Aber nein, es ist schon von langer Zeit her die Gewohnheit in einem großen Theil der christlichen Kirche gewesen, an diesem zweiten Tage des Weihnachtsfestes zugleich zu feiern das Gedächtniß jenes ersten Märtyrers, der für den Namen des Herrn starb. Das war es ja, wo dieses Wort des Herrn anfing in Erfüllung zu gehen. Und warum denn meine geliebten Freunde hat man dies beides so zusammengerückt? scheint darin nicht eben dieses ausgesprochen zu sein, daß die Geburt des Märtyrerthums gleichsam die nächste und unmittelbarste Verherrlichung der Geburt Christi selbst sei? Ja wir sollten es wissen und gerade in diesen Tagen besonders bedenken, so wie sonst was es ihn gekostet, so jetzt besonders was es uns, ich meine, was es dem ganzen Geschlecht der Gläubigen vom Anfang der Erscheinung Christi an für Siegeskronen eingetragen hat, daß wir so theuer durch ihn erlöst sind. Alles Leiden, was Menschen erduldet haben um seines Namens willen, alles Elend, was über seine Gläubigen und seine Jünger gekommen ist, aller Unfriede, der auf Erden ist ausgesäet worden im Streit über seinen Namen: das alles sollen wir uns vor Augen halten, wenn wir seine Erscheinung feiern; daran sollen wir ihn erkennen, den Aufgang aus der Höhe, der uns besucht hat, und den Fürsten des Friedens, der auch unsere Füße auf den Weg des Friedens leitet. Wolan, so wollen wir uns denn nicht scheuen, das ernste und gewichtige Wort des Herrn in unsere weihnachtliche Freude zu verknüpfen; wir wollen vielmehr versuchen durch diese Betrachtung, daß der Herr gekommen ist das Schwert zu bringen, unsere Freude an seiner Erscheinung zu erhöhen und zu reinigen. Das ist es, wozu ich mir für diese festliche Stunde eure christliche Andacht und Aufmerksamkeit erbitte. Worauf es aber dabei ankommt, das ist dies: Erstlich, daß der Herr gekommen ist das Schwert zu bringen auf Erden, dies leistet uns die sicherste Gewähr dafür, er sei auch in sofern wahrhaft unser Bruder geworden, daß sein ganzes Leben und Wirken allen

Bedingungen eines wahrhaft menschlichen Wirkens unterworfen gewesen ist; zweitens finden wir darin, daß er gekommen ist das Schwert zu bringen auf Erden, die beste Bürgschaft dafür, daß in der That die Fülle der Gottheit in ihm gewohnt hat; und endlich, daß er gekommen ist das Schwert zu bringen, das giebt uns die tröstlichste Sicherheit über die unerschütterliche Festigkeit des Bundes zwischen ihm und uns. Dies laßt uns nun nach einander näher erwägen.

I. Ich sage zuerst meine geliebten Freunde, die sicherste Gewähr dafür, daß das Leben und Wirken des Herrn von Anbeginn ein wahrhaft menschliches gewesen ist, leistet uns eben dieses, daß er nicht umhin konnte das Schwert zu bringen auf Erden.

Denn wie verhalten sich die Menschen zu allem, was menschlich auf sie gewirkt wird? Mitgegeben ist ihnen als das unauslöschliche Zeichen ihrer Gebrechlichkeit der Irrthum, dem sie, wie wohlmeinend sie auch seien und wie sehr dem Guten nachstrebend, doch leider immer so unterworfen bleiben, daß er sie unerwartet beschleichen kann. Daher meine geliebten Freunde kann der Mensch sich gegen alles und über alles verblenden, was ihm von anderen dargeboten wird; das wohlthätigste kann ihm gefährlich, das heilbringendste kann ihm verderblich, das göttliche selbst kann ihm unannehmlich und verkehrt erscheinen. Sollte nun das Wirken des Herrn selbst ein wahrhaft menschliches sein, ohne daß etwa irgend eine geheime Gewalt die gewöhnliche Weise alles menschlichen Geistesverkehrs umlenkte: so mußte eben auch der Erlöser diesen Bedingungen alles menschlichen Wirkens unterworfen sein. Als die bösen Geister vor ihm wichen: es konnte nicht anders kommen, welche unter den Zeugen seiner Thaten mußten so verblendet sein über ihn und sein Dasein, daß sie wähnten, er treibe die bösen Geister nur aus durch den Obersten der bösen Geister. Als das Gerücht von ihm anfing sich zu verbreiten und die Menschen einander leise und gleichsam verstohlen die Vermuthung in das Ohr raunten, ob nicht dieser Jesus von Nazareth derjenige sein möchte, der da kommen sollte, der Helfer, der Retter, der Messias: es konnte nicht anders kommen, selbst unter seinem Volke mußten welche, wiewol bekannt mit den göttlichen Verheißungen, die dem Volk mitgegeben waren seit einer großen Reihe von Geschlechtern, so verblendet sein über ihn, daß selbst die Zeichen und Andeutungen der Schrift sie in ihrer Verblendung nur bestätigten. So kam es denn, daß die einen sagten, wenn Christus kommen wird, so werden wir nicht wissen, von wannen er ist; von diesem aber wissen wir, von wannen er ist, und kennen seinen Vater und seine Mutter und seine Brüder und seine Schwestern. So hielten sich andere an ein anderes Vorurtheil und sagten: Ist er nicht aus Nazareth? und habt ihr je gehört, daß ein Prophet aufgestanden ist oder aufstehen soll aus Galiläa? Das meine geliebten Freunde, das mußte das Loos des Erlösers sein, sobald sein Wirken ein echt und rein menschliches sein sollte; und eben aus dieser Verblendung solcher Menschen, die das Heil auf einem andern Wege finden wollten, als da, wo es allein sicher und bleibend zu finden ist, daher zunächst entstand es, daß er das Schwert brachte auf Erden, daß sich Eltern gegen Kinder und Kinder gegen Eltern, daß sich Geschwister und Freunde gegen einander bewaffneten um seinetwillen.

Wie verhalten sich die Menschen zu allem, was menschlich auf sie gewirkt wird? Gleich sind wir einander, das wissen wir, sobald von dem innersten Wesen der menschlichen Natur die Rede ist; aber dasselbe, was mehreren begegnet, was zugleich viele anregt, wirkt doch auf eine gar ungleiche Weise, je nachdem der eine so und der andere anders entweder im allgemeinen gestellt, oder in einzelnen Augenblicken gestimmt ist. So konnte es denn auch nicht anders sein, als daß sowol der Herr selbst, so lange er auf Erden lebte, als auch seitdem er nicht mehr da ist, das Wort der Predigt, welches er in seiner Kirche gestiftet hat, immer ungleich auf die Menschen wirkte. Einigen, wenn ihnen verkündigt ward, daß der Jesus, den sie überantwortet hätten und getödtet, von Gott sei zu einem Herrn und Christ gemacht worden und daß nur in seinem Namen Heil und Vergebung der Sünden zu finden sei: so ging es ihnen durchs Herz und sie fragten: Was sollen wir also thun, daß wir selig werden? Aber wie viele andere blieben gleichgültig dabei, schüttelten das Haupt und gingen von dannen, wie sie gekommen waren. Wenn nun die Menschen so ungleich angeregt sind, meine geliebten Freunde, ach ist es denn nicht auch etwas ganz menschliches, daß derjenige, welcher gleichgültig geblieben ist, den andern in dem Innern seines Gemüthes bewegteren, der nun gern alles mit in dieselbe Bewegung fortreißen möchte, für nichts anders hält, als für den Feind seiner Ruhe? So ist es denn auch eben deswegen ergangen von Anbeginn her. Seitdem das Wort der Versöhnung ist verkündigt worden, hat es Menschen gegeben, die sich nicht wollten aufstören lassen aus der Ruhe, in welcher sie freilich nur in Finsterniß und Schatten des Todes saßen, sich aber doch sicher und wohl berathen finden mußten, bis endlich die göttliche Bewegung auch in ihr vielleicht schon verstocktes Herz drang.

Daher konnte es nicht anders kommen, als daß, wer eine solche Bewegung veranlaßte wie der Erlöser, auch mußte das Schwert bringen auf Erden. Denn entzweien sich die Menschen einmal, aber sie mäßigen sich dann in der Entzweiung und bleiben in gewissen Schranken, so daß es bis zu solchen heftigen Auftritten, Befehdungen und Zerstörungen nicht kommt, die durch den Ausdruck Schwert bezeichnet werden; was ist der Grund davon anders, als nur daß sie den Gegenstand nicht für wichtig genug halten? Aber wenn auch noch so sehr das Leben und Wirken des Herrn allen diesen Beschränkungen des menschlichen Wirkens unterworfen war: so gehörte doch wenigstens auch das nothwendig mit hinein, daß die Bewegung, die er auf Erden erregte, je länger je mehr allen mußte größer erscheinen, als irgend eine, zu der sie jemals waren veranlaßt worden, oder das Reich Gottes hätte auch nicht können daraus hervorgehen. Daher auch die Entzweiung ver=

schieden gestimmter Menschen, welche seine Erscheinung und hernach die Botschaft von ihm hervorbrachte, überall heftig genug war, um den Ausdruck zu verdienen, daß er gekommen sei das Schwert zu bringen auf Erden und daß wir dieses Schwert ohne Ausnahme überall bald mehr, bald minder blutig und zerstörend wüthen sehen, wo das Wort des Friedens verkündigt wird. Also, meine geliebten Freunde, wenn es anders gewesen wäre als so, wie hätte dann die Sache gestanden? Dann hätte auch das Wort des Apostels nicht wahr sein können: Als die Zeit erfüllet war, sandte Gott seinen Sohn vom Weibe geboren und unter das Gesetz gethan*), weil noch nicht Empfänglichkeit genug geweckt gewesen wäre für den Gegenstand seiner Sendung, um die Menschen kräftig aufzuregen und zu Billigung und Mißbilligung heftig zu bewegen. Als es aber so weit gekommen war mit dem menschlichen Geschlecht, daß der Erlöser überall hin, wo er erschien, auch das verzehrende Schwert brachte, da war die Zeit wirklich erfüllt, da konnte er als Erlöser erscheinen. Und wohl uns, daß er um diese Zeit erschienen ist! Oder hätte etwa seine Erscheinung anstehen sollen, bis nicht mehr nöthig gewesen wäre, daß er mit der Verheißung des Friedens das Schwert brächte? bis alle Segnungen seiner Erscheinung mild und freundlich ohne zerstörende Rückbewegungen hätten eintreten können? Nein wahrlich, hätten die Menschen ohne ihn durch sich selbst so weit kommen können, daß sie gleich ungetheilt und ohne Entzweiung dem göttlichen Leben und dem himmlischen Lichte zugefallen wären, so wie es sich ihnen gezeigt hätte: so hätten sie es auch wol selbst finden können, und des Erlösers Erscheinung wäre nicht mehr nöthig gewesen. Ist nun eben dieses nicht und kann es nicht sein: so würden wir immer noch sitzen in Finsterniß und Schatten des Todes, und alle Tausende von Geschlechtern könnten noch vergehen, immer würde das Heil nicht kommen. Entweder also gar nicht konnte eine rechte Erlösung erfunden werden, oder so, daß der Retter der Welt zuerst das Schwert bringen mußte, ehe der Friede, den er den seinigen gelassen hat, seine Segnungen über sie verbreiten konnte. So trifft das strenge und schneidende Wort des Erlösers, daß er gekommen sei das Schwert zu bringen, in dieser Beziehung genau zusammen mit dem schon angeführten milder klingenden des Apostels, daß er sollte vom Weibe geboren und unter das Gesetz gethan sein. Denn in dem Gesetz seines Volkes war alles, was der Zauberei ähnelte, alle Anwendung irgend einer geheimnißvollen Gewalt auf das strengste untersagt. Also war auch der Erlöser auf die naturgemäße Wirkungsart des Geistes beschränkt, eben weil er unter das Gesetz gethan war. Hätte es anders sein sollen; hätte er die Gemüther auf andere Weise, als durch echt menschliche Einwirkung an sich gezogen: nun dann hätte er auch nicht können unser Bruder sein, weil die göttliche Kraft in ihm sich noch anderer Werkzeuge und Hülfsmittel als seiner menschlichen Natur bedient, diese aber

---

*) Gal. 4, 4.

als unbrauchbar bei Seite geschoben hätte. Wir könnten uns dann auch nicht in dem Sinne, wie wir es so gern thun, dessen rühmen, daß uns in Christo auch der Aufgang aus der Höhe besucht habe oder heimgesucht. Denn dieses schöne und liebliche Wort bedeutet doch nichts geringeres, als dieses, daß der Aufgang aus der Höhe, wie er in unserer Heimath erschien, auch ganz in die Ordnung unseres Lebens hineingetreten sei und nicht auf andere Weise als unser einer in dieser irdischen Welt gewirkt habe, wo alles, was wir bis jetzt auseinandergesetzt haben, das natürliche ist und erst aufhören kann natürlich und in der Ordnung zu sein, wenn sein Werk vollendet ist am Ende der Tage.

Darum, meine geliebten Freunde, wollen wir uns, indem wir uns seiner freuen und seiner Erscheinung, auch dessen freuen, daß er so gekommen ist vom Weibe geboren und unter das Gesetz gethan, daß sein erlösendes, sein heilbringendes Wirken nicht anders konnte als das Schwert bringen auf Erden.

II. Eben so aber ist uns dieses auch zweitens eine sichere Gewährleistung dafür, daß in ihm die Fülle der Gottheit gewohnt hat, und daß der, welcher uns besucht hat, wirklich gewesen ist der Aufgang aus der Höhe.

Denn meine geliebten Freunde wie wir es aus den Worten unseres Textes und aus so vielen andern Aeußerungen des Herrn wissen, ihm ist das nicht verborgen gewesen, er hat es wol gewußt und aufs genaueste vorausgesehen. Er, der so tief in das Wesen der menschlichen Natur sowol und des menschlichen Herzens, als auch in die besonderen Verhältnisse seiner Zeit eingedrungen war, er wußte es, daß er das Schwert brächte auf Erden; und doch ist er gekommen, und doch hat er nicht unterlassen können, auf diesem Wege, weil es nicht anders möglich war, das menschliche Geschlecht zu erlösen und diejenigen zu befreien, die da saßen in Finsterniß und Schatten des Todes!

Meine guten Freunde erinnert euch einmal jener Erzählung, die der Herr seinen Jüngern mitgetheilt hat davon, wie er ist versucht worden in der Wüste; bedenkt, wie wir alle eben darin, daß er so rein und schlicht jede verführerische Anmuthung von sich wies, den deutlichsten Beweis finden von der Reinheit der göttlichen Kraft, die in ihm lebte: und dann sprecht, was sind doch jene Versuchungen wie sie uns dort erzählt werden dagegen, wenn wir uns denken, der Versucher sei zu ihm getreten und, statt ihm auf der Höhe des Berges die Reiche der Welt und ihre Herrlichkeit zu zeigen, hätte er ihm die Ströme von Blut gezeigt, welche um seines Namens willen auf Erden fließen würden; hätte ihm nicht etwa sein eigenes Kreuz gezeigt, aber wie sich dieses in's Unendliche hin vervielfältigen würde für die ganze Schaar seiner gläubigen Bekenner und Jünger; hätte ihm gezeigt, wie das verzehrende Schwert tausende nach tausenden hinwegraffen würde, und die Bande der Knechtschaft, in der seine Zeugen würden seufzen müssen, und alle Schmach und Hohn der Welt, alle Schmerzen und Entbehrungen der Liebe; wenn er ihm die ganze Wuth der Verfolgung, welche über sie kommen würde, viel ärger als die Dienstbarkeit, aus welcher Moses mit starker Hand das Volk des alten Bundes befreit hat, endlich die herzzerreißende Zerstörung der heiligsten menschlichen Verhältnisse um seines Namens willen, wenn ihm der Versucher als dieses in Einem düstern, Jahrhunderte und Jahrtausende umfassenden Bilde gezeigt und ihm dann beweglich zugesprochen hätte, ob er auch dieses wol überlegt habe und dennoch fest entschlossen sei, über die armen Menschen auch noch diese unübersehbare Masse von Jammer und Elend hinzuzubringen zu allen Leiden, welche sie ohnedies schon verschuldet und unverschuldet zu erdulden haben? ob er denn auch sicher sei, das Heil, welches er unter ihnen zu begründen denke, werde alle diese Noth aufwiegen, und zwar auch so noch, wie sie es wieder verunstalten würden durch die ihnen von Alters her eingewurzelte Neigung zum Wahn und Irrthum — und was für ein schaudervolles Gemälde hätte er ihm hier wieder zeigen können, welche Menge von trostlosen Gestalten in härenen Gewanden, durch schwärmerische Kasteiungen zu kraftlosen Schatten entstellt, verdüstert durch Kniebeugungen und Gebete, wovon Herz und Gedanken nichts wissen, vergeblich abgemüht in einem engen Kreise von todten Werken, ohne daß doch in ihnen der alte Mensch ertödtet und ein freudiges Leben aufgezogen wäre! — wenn er ihm nun auch dieses noch gezeigt und ihn mit der Frage gedrängt hätte, ob er es denn auch um diesen Preis wagen wolle, und ob er es nicht gerathener fände, in das verborgene Leben, aus dem er eben hervorzutreten im Begriff sei, wieder zurückzukehren und in stillen Gebeten sein Ansehn bei seinem Vater geltend zu machen, ob dieser das Loos seiner Brüder auf einem andern Wege lindern wolle, selbst aber das menschliche Geschlecht sich selbst zu überlassen, ob es ohne ihn einen wohlfeileren Ausgang finden möchte aus der Finsterniß, die es umfangen hielt: denkt euch dem gegenüber einen Menschen, auch den muthigsten, der für sich allein gewiß den Weg des Glaubens geht, und wenn auf allen Dächern die bösen Geister ihm drohten; denkt euch den Freudigsten, der es nicht scheut, nicht nur sich selbst, sondern auch andern alle Aufopferungen abzufordern für die gute Sache: ob nicht doch beide bei solchen Aussichten in die Zukunft würden ermattet sein und die Hand zurückgezogen haben vom Pfluge? Aber, fragt ihr vielleicht, hat denn der Herr diese Versuchung wirklich bestanden? oder sind ihm nicht vielmehr diese damals noch weit entfernten Ereignisse verborgen gewesen, wie er ja selbst sagt, daß der Vater manches sich allein vorbehalten habe? Allein es erhellt ja deutlich genug aus seinen eigenen Worten, nicht nur aus denen unseres Textes, sondern noch mehr aus dem, was darauf folgt, wie er würde den Sohn erregen wider den Vater und die Tochter wider die Mutter, und aus andern vorbauenden und ermuthigenden Reden, wie bestimmt ihm diese Bilder vorgeschwebt haben. Und mit welcher unerschütterlichen Gelassenheit, mit welcher heldenmüthigen Ruhe sagt er dies alles! ja schien kaum erwarten zu können, daß das Feuer auflobere, welches er anzuzünden gekommen war. Ja gewiß, er mußte gar nicht nach der Weise anderer Wohlthäter, sondern mehr als was bisher menschliches Gut war, mitzutheilen haben; und da er außer sich gar nichts hatte, vielmehr an äußerlichen Dingen ärmer war als jemand, mußte er Uebermenschliches in sich tragen, mußte sich einer unerschöpflichen Quelle geistiger Segnungen bewußt sein, ja er mußte auch wissen, er sei der einzige Inhaber dieser Güter, und anders nicht als durch ihn könnten die Menschen zu diesem Besitz gelangen; und das heißt doch wol, er mußte sich einer göttlichen Kraft und Reichthums bewußt sein, um dies alles gar nicht auf die Wagschale zu legen, sondern auch diese Versuchung, die er seinen Jüngern verschwieg, weil sie sie noch nicht tragen konnten, von sich abgleiten zu lassen und auch so die Bahn seines Berufs würdig zu betreten. — Wenn ein Mensch auch nur den kleinsten Theil solcher Verwirrungen und Zerstörungen mit dem Auge des Geistes voraussehen könnte als den Erfolg seiner Bestrebungen, und diese wären eigennützig und selbstsüchtig, nur eigene Sicherheit und Ruhe, nur persönlichen Ruhm und Herrschaft bezweckend: würden wir nicht sagen, — doch was frage ich so, haben wir es nicht tausendmal gesagt, das sei übermenschlich, sondern der müsse von einer stärkeren dunklen Gewalt getrieben sein, der dies vermöchte mit kaltem Blut, mit ruhiger Seele, mit ungestörtem Bewußtsein? Aber eben so, wenn es nur belebende und beseligende Bestrebungen sind, das Werk allgemeiner Erlösung und allgemeinen Heils; wenn der, welcher so das Schwert bringt, sich selbst zuerst und zwar nicht aufs Ungewisse hingiebt in die Gewalt des Schwertes und nichts anderes will, als das höhere Leben, welches er selbst in sich trägt, unter den Menschen hervorbringen und bleibend begründen: so mögen wir wol sagen, wie ein solcher Vorsatz und Entwurf nur leerer Wahn wäre ohne eine höhere Kraft; so würde auch keiner das Bild ertragen können von dem Elend, welches seiner Ausführung voranginge und sie begleitete, wenn nicht eine göttliche Kraft in ihm wohnte. Ja dessen mußte der Herr auf eine göttliche Weise gewiß sein, ihm könne es nicht fehlen, nach allen Verwirrungen des Schwertes und unter denselben doch die Füße der Menschenkinder auf den Weg des Friedens zu leiten, der ein höherer ist, als der Friede der bisherigen Welt; das mußte er gewiß wissen, nach allen diesen Zerstörungen und unter denselben würde er sie doch herausreißen aus der Finsterniß und dem Schatten des Todes und sie versetzen in das schöne Reich des Lichtes und der Liebe; das mußte er gewiß wissen, alle diese feindseligen Bewegungen wären nichts anderes, als die letzten Krämpfe des alten Todes, von welchem er die Menschen nun eben erlösete, die entscheidenden Geburtsschmerzen des neuen und ewigen Lebens, welches nun eben empfangen wurde in der menschlichen Natur. Eine solche Zuversicht aber und das Bewußtsein, daß die Fülle der Gottheit in ihm wohne, daß es des Vaters Worte und Werke seien, die er rede und thue, und daß es der ewige, nur durch ihn auszuführende Rathschluß und Wille des Vaters sei, den er zu vollbringen gehe; die Zuversicht, daß dieser göttliche Rathschluß durch alle jene Schreckniſſe hindurchführend ſein Ziel unmöglich verfehlen könne, und die Gewißheit, daß er ſelbſt hierzu göttlich bewegt ſei und dieſer Wille Gottes ſo ganz ſein eigner, daß beide niemals, auch nicht in dem zweifelhafteſten Augenblicke des Lebens, auseinander gehen könnten: dieſes erſcheint uns gewiß allen als ganz eins und daſſelbige; und wir können keinen Erlöſer haben, der auf eine ſolche Weiſe das Schwert bringt, außer nur wenn er der eingeborne Sohn vom Vater iſt und wie dieſer auch in dem allen voller Gnade und Wahrheit.

Aber meine geliebten Freunde noch ſind wir nicht am Ende und haben das Wort: Ich bin gekommen das Schwert zu bringen, auch in dieſer Beziehung noch nicht ganz durchſchaut. Oder ſollte es genug ſein daran zu denken, was die Zeugen und Jünger des Herrn von den Feinden ſeines Wortes gelitten haben? O in dieſen Tagen, wo wir uns ſo beſonders ſeiner Erſcheinung auf Erden und alſo auch ſeines ganzen Werkes erfreuen wollen, dürfen wir auch das Auge nicht verſchließen gegen die innere Geſchichte der chriſtlichen Kirche! Ach auch da wüthete das Schwert! auch da ſehen wir Väter und Kinder, Brüder und Schweſtern gegen einander aufſtehen im heftigſten Streite, was eigentlich der wahre Sinn des Heils in Chriſto ſei und welches die nothwendigen Mittel, welches die weſentlichen und unerläßlichen Bedingungen, um deſſen theilhaftig zu werden. Hat er auch das gewußt und voraus geſehen? Wir dürfen es wol nicht bezweifeln! Denn wenn gleich ſeine Milde es nicht ſo deutlich ausgeſprochen hat, als jenes; doch, wenn wir daran denken, wie inbrünſtig er in ſeinem letzten feierlichen Gebet eben dieſes von ſeinem und unſerm himmliſchen Vater erfleht, daß die, welche er ihm während ſeines irdiſchen Lebens gegeben hatte, ſo wie die, welche durch ihr Wort an ihn glauben würden, doch recht vollkommen eins unter einander ſein möchten, eben ſo wie er und der Vater eins ſind: ſo gemahnt uns dieſes inbrünſtige Flehen recht wie die Wirkung einer trüben, aber nur zu ſichern Ahnung ſeines göttlichen Gemüths, daß es eben nicht immer ſo ſein werde. Und ſo wie ſie nicht ganz eins ſind im Geiſt — und das ſind ſie nicht mehr und können es nicht ſein; ſobald ſie nach noch einer andern Einigkeit ſtreben, als der Einigkeit im Geiſte durch das Band des Friedens*): ach ſo ſind ſie auch allen jenen Zerrüttungen wieder ausgeſetzt, welche aus Parteiungen aller Art, aus den mannigfaltigen Verblendungen, welche die zauberiſche Gewalt des Buchſtabens und der Satzungen hervorbringt, immer wieder entſtehen. Dieſe traurige Seite der chriſtlichen Geſchichte, die ſich ſo oft ſchon unter verſchiedenen Geſtalten wiederholt hat, auch ſie alſo hat er gekannt! Daß er auch dieſes Schwert bringen mußte, ſtatt des Friedens, was wäre wol mehr geeignet, den reinen Eindruck, den ſonſt ſein Werk auf die Menſchen machen könnte, zu ſchwächen und zu verdunkeln? Kann es wol ein

---
*) Epheſ. 4, 3.

größeres Hinderniß des Glaubens für die geben, welche jedesmal noch nicht glauben, als wenn sie sehen, daß eben da, wo die Liebe als das Gesetz aufgestellt wird, welches alle regieren soll, wo der innere Friede noch die einzige sichere Entschädigung sein könnte für alle äußeren Widerwärtigkeiten, daß auch da die Zwietracht herrscht, daß auch da die Feindschaft hervorbricht, daß auch da das Schwert wüthet? Und doch ist es so. Aber als der Herr am Kreuze zu seinem Vater betete für seine Feinde und Verfolger und ihm diese sogar nur darstellte als solche, die nicht wüßten was sie thun, ach da betrachtete er auf dieselbe Weise auch die große Schaar der seit seiner Erscheinung und Vollendung über sein Wort, über seine Lehre und über das Gebäude seiner Kirche in bedauernswürdigen Zwiespalt zerfallenen Seelen. Und so hatte er immer die Verirrungen der Liebe und das Abgleiten derer auf die Bahn des Unfriedens, die doch auf dem Wege des Friedens wandeln wollten, als ein solches Nichtwissen was sie thun, hatte er dieses immer im voraus erkannt. Und eben daß auch dies ihn nicht hinderte und seine Schritte nicht aufhielt; daß er auch hierüber mit derselben Gelassenheit und Ruhe hinwegsehn konnte — wol wissend, die Seinigen wären auch so und indem sie unter einander zerfallen wären und äußerlich in solcher Feindschaft gegen einander erbittert, die ein gewöhnliches Auge von der Empörung selbstsüchtiger Leidenschaften nicht unterscheiden könnte, doch schon aus der Finsterniß und den Schatten des Todes errettet, mit denen diese schon vom Licht durchbrungenen Wolken nichts mehr zu theilen hätten, — auch so wären ihre Füße doch schon auf den Weg des Friedens hingelenkt, weil sie doch suchten eins zu werden unter einem und demselben Hirten, wenn auch aus menschlicher Verblendung diesen edlen geistigen Kampf um die Wahrheit mit unschicklichen und verbotenen Waffen durchfechtend; daß er auch dieses so und nicht anders beurtheilte: das ist auf der einen Seite der klarste Beweis, daß er die menschlichen Dinge gerade so sah, wie der Vater im Himmel sie sieht, dem er die Seinigen empfahl; auf der andern Seite aber müssen wir wol zugeben, daß, um auch noch mit einer solchen Voraussicht dennoch auf diesem Wege das Werk der Erlösung zu beginnen und auszuführen, ein göttliches Selbstbewußtsein erfordert wurde, menschliche Kraft aber dieses weder auszudenken, noch auszuführen vermocht hätte. Nur derjenige konnte, nachdem er dies alles wußte, so handeln, der auch so erschienen war, als der von oben herabkam und sich eines ewigen Regiments und einer sichergestellten Herrschaft bewußt war, durch welche das alles wieder würde geebnet und ausgeglichen, ja in Friede und Heil verwandelt werden.

III. Eben deshalb aber meine geliebten Freunde ist uns dieses, daß der Herr nicht umhin konnte das Schwert zu bringen, der sicherste Maßstab für die unerschütterliche Festigkeit des Vereines zwischen dem Erlöser und den Seinen.

Wie wenig sein Werk schon fortgeschritten war, als er so schnell den Schauplatz der Erde wieder verlassen mußte, so daß er auch selbst menschlicher Weise wünschte, der Kelch, den er trinken sollte, möge, wenn auch nur noch einmal, vor ihm vorübergehen, das wissen wir. Aber auch ihm erschien das damals nicht unerwartet, sondern schon als er das Werk, welches ihm sein Vater aufgetragen hatte, beginnen wollte, mußte er, welcher wußte was in dem Menschen war, darin ergeben sein, mit schwachen Werkzeugen das größte auszuführen. Und — um daran nicht zu erinnern, daß nicht nur unter den Zwölfen auch derjenige war, der ihn verrieth, sondern daß auch die übrigen fragten: Herr bin ich's? — schwach waren, auch als er sie verlassen mußte, diese insgesammt noch immer geblieben, die er als seine liebsten und vertrautesten um sich versammelt hatte, — man sehe nun auf die reine Ausübung seiner Vorschriften, denn sie hatten noch vor kurzem darüber unter einander geredet, wer der nächste nach dem Meister sein sollte im Himmelreich, oder man sehe auf die richtige Auffassung seines Zweckes und die reife Einsicht in seine Lehre. Denn sie dachten immer noch zugleich an eine äußere Herrlichkeit, in der er sich früher oder später offenbaren würde; und bei manchem unter ihnen fanden auch noch späterhin diejenigen Christen Vorschub, welche den äußerlichen Gebräuchen des Judenthums anhingen. In jeder Hinsicht also waren sie noch Kinder dem Glauben nach, gleich den Christen, von welchen der Apostel sagt, sie könnten die starke Speise noch nicht vertragen, sondern mit der ersten Milch des Evangeliums müßten sie noch genährt werden. Und doch sollten sie nun gleich anfangen, selbst andre zu nähren; ja auf ihrem Zeugniß und ihrer Verkündigung beruhte von da an der ganze Erfolg seiner Sendung. Denn freilich das Werk der Versöhnung und der Rechtfertigung des menschlichen Geschlechtes vor Gott hat Christus allein vollbracht; dazu bedurfte er nicht nur keines, der ihm Hülfe leistete, sondern er konnte auch keinen dazu gebrauchen. Aber sollten nun auch die Menschen sich dieses Werkes erfreuen: so mußte nicht nur er selbst wirklich erscheinen, sondern auch nach ihm mußte das Evangelium wirklich gepredigt und der Bund der Christen gestiftet werden. Wie denn auch der Apostel Paulus beides unmittelbar neben einander stellt, indem er Gott dafür preiset, daß er in Christo war und die Welt mit ihm selber versöhnte, und daß er das Amt stiftete, welches die Botschaft von der Versöhnung unter den Menschen verkündigt*). Aber welche Apostel für solche Botschaft, welche Werkzeuge für solchen Zweck, wenn sie geblieben wären, wie sie damals waren! wie wäre es wol möglich gewesen, daß alles, was wenn gleich unter tausendfältigen Mängeln die folgenden Zeiten an Kraft des Glaubens, an Reinheit der Einsicht, an Zuversicht unter Gefahren, an Festigkeit unter Versuchungen, an Gewalt der Liebe, an Fröhlichkeit der Hoffnung in der christlichen Kirche entwickelt haben, von ihnen hätte ausgehen können! und doch war, sobald der Erlöser selbst aus diesem irdischen Leben hinweggerückt wurde, kein anderes Mittel auf die Menschen zu wirken, als durch diese Jünger,

---

*) 2. Kor. 6, 19. 20.

die aber doch in andern nichts hervorbringen konnten, als was sie selbst hatten.

Aber hört auch, wie sie geworden sind, hört es aus dem Munde eines der Apostel selbst. Wir leiden Verfolgung, aber wir werden nicht verlassen; wir haben Trübsal, aber wir ängsten uns nicht; wir werden unterdrückt, aber wir kommen nicht um; wir tragen um allezeit das Sterben Christi an unserem Leibe, auf daß auch das Leben des Herrn an uns offenbar werde*). Darum was kann uns scheiden von der Liebe Gottes? Trübsal, oder Angst, oder Verfolgung, oder Hunger, oder Blöße, oder Fährlichkeit, oder Schwert? In dem allen überwinden wir weit, denn das wissen wir, daß keine Gewalt, weder irdische, noch überirdische, daß kein Unterschied zwischen Leben und Tod uns jemals scheiden kann von der Liebe Gottes, die da ist in Christo Jesu**). Aber was sagt er auch hier? Wir überwinden weit um des willen, der uns geliebet hat. Und was stellt er dort voran? Diese überschwengliche Kraft sei Gottes und nicht von uns***). Von Christo kam sie, der Gottes war; und Christi Leben war es, das auf diese Weise offenbar ward. Das mußte der Herr wissen, als er kam das Schwert zu bringen und selbst zuerst irdischer Weise unter demselben zu erliegen! Er mußte wissen, daß, nachdem die göttliche Kraft, die in ihm wohnte, nur einmal ihre Wirksamkeit angeknüpft hatte durch seine Erscheinung auf Erden, sie auch immer fort wirken müsse und immer größere Werke thun. Er mußte wissen, daß er in den seinigen bleiben werde immerdar, daß ihr Verständniß von ihm sich immer mehr verklären, ihre Liebe zu ihm sich immer mehr läutern werde, und sie auf diese Weise ohne seine leibliche Gegenwart, aber doch nur vermöge seiner geistigen tüchtig werden zu jener Botschaft. Er mußte durch die vorübergehende Verläugnung, durch den wiederkehrenden Wankelmuth doch das hindurchsehen, daß er im Stande sei, in allen gläubigen Gemüthern eine Liebe und Treue zu entzünden wie die jenes ersten Märtyrers, dessen Gedächtniß heute begangen wird, welcher, als er davon, daß in Jesu von Nazareth alle Verheißungen erfüllt seien, die den Vätern gegeben waren, und in ihm allein das Heil für alle zu finden, im Angesichte des Todes sein Zeugniß ablegte, nicht die Wuth der aufgeregten Menge, nicht die Steine, die schon aufgehoben wurden um das erleuchtete und begeisterte Haupt zu zerschellen, nichts von allen diesen feindseligen Bewegungen sah, sondern nur den Himmel, in dem schon hier sein Wandel gewesen war, geöffnet und des Menschen Sohn zur Rechten Gottes stehen†) und so zur lichten Anschauung versinnlicht die feste innere Ueberzeugung, die er eben ausgesprochen hatte, und um derentwillen er jetzt sein Leben so wenig lieb hatte, sondern es verlor als ein fruchtbares Samenkorn, das nicht allein bleibt, wenn es stirbt, sondern

---

*) 2. Kor. 4, 8. 9. — **) Röm. 8, 35—39. — ***) 2. Kor. 4, 7. —
†) Apostelgesch. 7, 55.

selbst behalten bleibt zum ewigen Leben und auch noch viele Früchte bringt*).

Ja meine geliebten Freunde diese Zuversicht mußte in dem Herrn sein, daß er auf diese Weise und immer herrlicher fortleben werde in den seinigen, und auch auf uns erstreckt sich diese Zuversicht so gewiß, als er auch jetzt noch fortwirkt und auch nur uns, die Gesammtheit der jedesmal lebenden Christen hat, durch die er wirkt. So knüpft sich unser erstes christliches Hauptfest an das letzte. Wie könnten wir uns auch wahrhaft der Erscheinung des Erlösers freuen, wenn wir uns nicht auch darüber freuen könnten, daß dieselbe Kraft der Liebe und der Treue und alles, was der Apostel als die Frucht des Geistes bezeichnet, auch über uns ausgegossen ist durch denselben Geist? Bewillkommen wir Christum in diesen festlichen Tagen als unsern Herrn: so kann auch das nur geschehen durch den heiligen Geist**), der die Quelle aller dieser Gaben ist. Bewillkommen wir ihn als den, welcher uns befreit von allen andern Banden: so kann das nur Wahrheit sein und bleiben, wenn er uns zugleich durch die unauflöslichen Bande der Liebe fest mit sich verbunden hält zu Einem Leben; wie er auch verheißen hat, daß, wenn er werde erhöht sein von der Erde, er alle zu sich ziehen wolle. Sind auch wir nun Gegenstände dieser Zuversicht Christi, daß alles menschliche Leben eins werden soll mit dem seinigen: so muß diese Zuversicht, so gewiß sie zu der Göttlichkeit seines Wesens gehört, auch unser Antheil werden und auch wir in derselben wirken. Wenn also auch wir, wiewol weder in die Anfänge der christlichen Kirche gesetzt, noch an den Grenzen derselben wohnend, doch auch in manchem Sinne Erfahrung davon machen, daß auch wir das Schwert bringen müssen — nur ja so wie er, daß wir es nur bringen, nicht etwa selbst nehmen und ziehen, damit wir nicht dadurch umkommen, — aber müssen wir es bringen: so laßt uns gutes Muthes sein, wie er immer festhaltend an der befreienden Liebe, welche auch diejenigen, die seiner Wahrheit noch entgegen treten, immer nur als solche ansehen kann, welche nicht wissen was sie thun. Um so mehr aber laßt uns von seiner Liebe gedrungen alle unsere Kräfte gern vereinigen zu dem heilsamen Dienst, ihn denen bekannt zu machen, die aus Unwissenheit noch auf irgend eine Weise wider den Herrn sind: so zwar, daß wir unsererseits uns des Friedens befleißigen mit Jedermann, aber auch so, daß wir das Wort Gottes nicht im Stiche lassen, welches uns anvertraut ist, damit auch nicht auf diese Weise das Amt, das die Versöhnung prediget und welches unser aller gemeinschaftlicher Beruf ist, durch uns der Feigherzigkeit geziehen werde und in Geringschätzung verfalle. Und wenn wir hierbei dem Streite nicht entgehen können, sei es mit denen, welche aus Mißverstand das Reich Gottes bekämpfen, oder mit denen, welche aus Trotz eines thörichten Herzens sich durch die heilsame Lehre, wiewol sie dieselbe anerkennen, doch nicht wollen züchtigen lassen zur Gott-

---

*) Joh. 12, 24. 25. — **) 1. Kor. 12, 3.

seligkeit: nun wol, so laßt uns bedenken, daß wir den Erlöser schon bei dem Feste seiner Geburt, also vom Anbeginn seines Lebens als den Fürsten des Friedens begrüßen, und daß er das auch immer geblieben ist unter allem Streit, den er selbst führte, damit auch in diesem Sinne sein Leben sich in uns fortsetze, und wir eben so inmitten der innern Zwietracht sowol, die leider nicht selten unter den Bekennern seines Namens obwaltet, als auch des äußeren Streites mit der Welt uns immer die heitere Ruhe bewahren, die ihm nie getrübt ward, und immer auf den Wegen des Friedens wandeln, so daß unerachtet des Schwertes dieser dennoch auf Erden herrscht, weil er in dem innersten Gemüth der Gläubigen seinen Sitz aufgeschlagen hat, und unerachtet alles scheinbaren Wechsels ein herzliches Wohlgefallen unter allen Menschen gefunden wird, welchen die Gnade Gottes in Christo erschienen ist, und welche einen Blick gethan haben in die Tiefe des Reichthums, der Weisheit und Erkenntniß Gottes, weil sie wissen, daß, wie oft es auch wieder dunkel zu werden droht um uns her, doch das Reich des Lichtes fest gegründet ist, und der Gemeinschaft derer, welche Gott liebt in seinem Sohne, alle Dinge zum besten dienen müssen. Und so ist in Wahrheit, unerachtet des Schwertes, das er gebracht hat, durch den, dessen Geburt wir feiern, Friede und Wohlgefallen bei uns eingekehrt, wofür Gott denn Ehre sei in der Höhe jetzt und immerdar. Amen.

VI.

Gott, der allen Dingen ihr Maß bestimmt.

Am Neujahrstage.

Text: Hiob, 38, 11.

Und sprach: Bis hieher sollst du kommen und nicht weiter; hier sollen sich legen deine stolzen Wellen.

Meine andächtigen Freunde! Diese Worte sind genommen aus einer erhabenen Rede, welche dem höchsten Wesen, dem Schöpfer und Erhalter der Welt selbst in den Mund gelegt wird. Er antwortet darin aus einem Wetter dem Hiob, als dieser sich wiewol in ehrerbietiger Bescheidenheit darüber beklagt hatte, daß der Herr sich nicht finden lasse von den Menschen, daß er von seiner guten Sache ihnen dennoch keine Rechenschaft ablege und daß ihnen deshalb nichts übrig bleibe, als ihn in der Stille zu fürchten. Da trat der Herr, heißt es, aus dem Wetter hervor und redete mit Hiob über seinen Unverstand; und aus dieser Rede sind die Worte unseres Textes genommen. Auch wir, wenn wir an einem Tage wie der heutige zurücksehen in die vergangene

Zeit, in solche Menge von unerwarteten Unfällen, von unerfüllt gebliebenen Hoffnungen, von vereitelten Wünschen, von Verwicklungen, durch deren Erfolg der Herr etwas ganz anderes herbeigeführt, als was nicht etwa immer nur menschlicher Eigennutz und menschliche Selbstsucht, sondern auch die aufrichtige Liebe zum Guten und verständige Wünsche für das allgemeine Wohl der Menschen geahnt und gehofft hatten: wie sind auch wir, wenn uns dies alles vor Augen tritt und sich gleichzeitig vergegenwärtigt, immer in demselben Gange der Gedanken wie Hiob! Der Herr läßt sich nicht finden von den Menschen, wir treffen seinen Rath nicht, weder mit den hochfliegendsten Hoffnungen, noch mit den mäßigsten Wünschen! er will uns keine Rechenschaft ablegen, denn wie oft wieder ein Jahr verstreiche, keines löst die Räthsel der früheren; unerforschlich sind und bleiben seine Wege und unbegreiflich für uns arme Menschen seine Gedanken. Wollte aber der Herr, daß wir uns in dieser scheinbaren Ergebung beruhigen sollten: dann würde er nicht aus dem Wetter hervor geantwortet haben dem Hiob, ja was noch mehr sagen will, dann würde sein Sohn nicht zu uns haben sprechen können: Ihr seid nun nicht mehr Knechte, sondern ihr seid Freunde, denn ihr wisset, was euer Herr thut.*)

Zu diesem Wissen um das Thun des Herrn will uns nun auch jene erhabene Rede verhelfen, von deren ganzem Inhalt unser Text in wenigen Worten einen kernigen Auszug enthält. Der Herr stellt sich überall in seiner Rede dar als denjenigen, der so wie er alles hervorgerufen hat, daß es sei, so wie er alles trägt durch sein allmächtiges Wort: so auch allem in der Welt sein Maß gegeben hat und seine Ordnung; nichts bleibt hinter seinem kräftigen Worte zurück, aber auch nichts darf sich weiter ausbreiten, nichts sich weiter erstrecken, als er es gebietet. Bis hierher und nicht weiter; hier sollen sich legen deine stolzen Wellen!

So laßt uns denn dies, meine andächtigen Freunde, jetzt mit einander näher erwägen, wie das den Geist und Sinn aller göttlichen Rathschlüsse ausspricht, dies das große Geheimniß der göttlichen Weltregierung ist, daß **Gott der Herr allem sein festes und bestimmtes Maß gesetzt hat**. Und laßt uns in Beziehung auf den heutigen Tag **zuerst sehen, wie wir hierin unsern besten Trost finden**, wenn wir aus der Vergangenheit in die Zukunft hinaussehen; dann aber auch **zweitens, wie diese Worte auch für uns die heiligste und theuerste Vorschrift enthalten**, das große Gebot, nach welchem auch wir unser ganzes Leben im Dienste Gottes einzurichten haben.

I. Ein großer Theil von der Rede, die Gott dem Herrn in jenem alten heiligen Buche in den Mund gelegt wird, beschäftigt sich mit den Werken der Natur und stellt dar, wie eben in der natürlichen Schöpfung Gott der Herr allem sein Maß gesetzt habe. Wie er, als die Welt auf seinen Ruf wurde und sich gestaltete, die unendliche Menge

---

*) Joh. 15, 15.

von Kräften, aus deren lebendiger Bewegung alles besteht, frei ließ, so hat er sie auch gebunden. Jede für sich ist ein eben so stolzes und unbändiges Wesen wie jenes Element, auf welches sich die Worte unseres Textes zunächst beziehen, und möchte sich immer mehr nach allen Seiten hin ausbreiten und weit umher über alles andere herrschen. Da ruft der Herr das Entgegengesetzte hervor und bindet das eine durch das andere. So hat er bei der Schöpfung aller Dinge gesondert und vereint; so schied er das Licht von der Finsterniß, aber er ließ stehen in festem und bestimmtem Maß den wohlthätigen Wechsel von Tag und Nacht; so sonderte er das Feste von dem Flüssigen, aber vermöge des bestimmten Maßes zwischen beiden trägt, hält und befruchtet beides einander.

Sehen wir nun aber auf die natürliche Welt, wie sie gegenwärtig vor uns liegt, so finden sich schon nach dem Augenschein, noch mehr aber nach den wohlbegründeten und übereinstimmenden Zeugnissen derer, die sich mit diesen natürlichen Dingen ernsthaft und zusammenhängend beschäftigen, auf der Oberfläche sowol, als in den Tiefen der Erde die mannigfaltigsten Spuren wiederholter großer Zerrüttungen. Das verborgene unterirdische Feuer hat umbildend und zerstörend ungeheure Massen aus der Tiefe hervorgehoben; das Meer, das der Herr verschlossen zu haben schien und es zusammengefaßt zwischen unübersteiglichen Dämmen, hat sich dennoch öfter wieder ergossen: aber nur so konnte durch wiederholte Mischung und Trennung des Festen und des Flüssigen die Erde dieses vollkommne Maß gewinnen, wodurch sie fähig wird, die ganze Masse des unendlich abgestuften Lebens zu tragen und zu nähren, welche sich auf derselben bewegt. — Und auch jetzt noch), obschon alle diese natürlichen Kräfte theils durch den oft wiederholten Wechsel von Aufregungen und Beruhigungen ins Gleichgewicht gebracht worden zu sein scheinen, theils auch in andern Richtungen abgelenkt und auf mannigfaltige Weise gebunden durch den Geist des Menschen, läßt der Herr sie sich von Zeit zu Zeit wieder nur mehr im kleinen und einzelnen über ihr gewöhnliches Maß hinaus ergießen, daß doch den Menschen wieder bange wird, es möchte sich diese oder jene wieder zu einer zügellosen Herrschaft emporarbeiten und alle übrige aufreiben. Oft noch wirbelt das losgelassene Feuer der Tiefe zu den Wolken empor und bedeckt den Boden mit glühendem Tode, oft noch stürzen die Wasser zusammen von oben herab, ergießen sich weit über ihre gewöhnlichen Ufer, zerstören die Werke der Menschen und verschlingen streckenweise das mühsam angebaute Land; aber der Herr läßt das Feuer wieder verlöschen zu seiner Zeit und die Wasser wieder ablaufen, und der Mensch nimmt ihren Raub wieder zurück, und überall ist es Gott, der das rechte Maß ordnet und allmälig immer schöner und genauer entwickelt, und immer und überall sehen wir aus der scheinbaren Zerstörung eine neue und bessere Ordnung hervorgehen. Aber wo eins sich zügellos zu empören scheint, nachdem es schon gebunden gewesen war, und mit der ungemessenen Kraft das Ruhige und Stille bedroht:

5*

da verbirgt sich uns mehr der Ewige, wie auch jener Prophet ihn im Sturm und im Feuer nicht fand; wir bekommen überwiegend den Eindruck von einer gleichsam frei gewordenen Gewalt der Natur, und es bemächtigt sich unser das Gefühl unserer Ohnmacht und wie unbedeutend der Mensch sei gegen jene allgemeinen Kräfte. Wenn aber die Schleusen des Himmels oder die Pforten der unteren Welt sich wieder schließen, wenn die zerstörenden Ausbrüche wieder still werden und was sich zügellos ergossen hatte wieder in dasjenige Maß zurücktritt, worin es mit allem andern zusammen bestehen kann: da erblicken wir den Herrn; er verkündigt sich uns da, wo Ordnung entsteht und gehandhabt wird, wo ein freundliches und mildes Maß vorwaltet. Und haben wir so den Gedanken ausgedacht, es war der Herr, der gesprochen hat: Bis hierher und nicht weiter, hier sollen sich legen deine stolzen Wellen! dann beginnen wir auch zu bedenken, daß beides zusammen gehört, und sehen dann auch in jenen scheinbaren Zerstörungen nicht mehr eine empörte Gewalt der bloßen Natur, sondern auch da den gebietenden Willen dessen, der auch wollte, daß die Wellen so weit gehen und so weit sich ergießen sollten, damit das rechte Maß für jede neue Stufe in der Ordnung der Dinge entstehe.

Aber alles natürliche ist für uns doch nur entweder ein schwacher Schatten des geistigen, oder ein vorzüglich bedeutendes Sinnbild desselben; und so laßt uns denn ganz besonders auf die Schöpfung sehen, welcher der Herr den lebendigen Odem eingehaucht hat, auf den Menschen, den er gebildet hat zu einer vernünftigen Seele. O hier ist es ja eben ganz eigentlich, meine geliebten Freunde, wo wir so oft ausrufen, daß die Wege des Herrn uns unerforschlich erscheinen und unbegreiflich seine Gedanken. Was durch die Verwandschaft der Natur in Liebe gebunden sein soll, das zertheilt sich in stolzem und selbstsüchtigen Eifer; die einander von Herzen zugethan sein sollten, verschmähen oft auch die äußerlichste Gemeinschaft; die einander als gleiche und zusammengehörige gegenseitig dienen sollten, von denen will jeder nur herrschen über die andern. Wilde Leidenschaften brausen auf und zerrütten die Gemüther, so daß überall Maß und Einheit nicht nur jedes einzelnen, sondern auch des gemeinsamen Lebens verloren geht. So sehen wir auch auf diesem Gebiete die kaum einigermaßen geordnete Natur im Begriff sich selbst wieder zu zerstören und in Verwirrung unterzugehen! Und nicht immer ist es nur der Eigennutz, der dieses Feuer entflammt, und das Feuer selbst nur ein Streit über den Besitz irdischer Dinge; sondern ganz vorzüglich, wenn entgegengesetzte Ansichten über die beste Berathung und Anordnung der menschlichen Dinge, über die tiefste Quelle des öffentlichen und gemeinsamen Wohls und Wehes, über die wirksamsten Mittel, unter gegebenen schwierigen Umständen jenes zu fördern und dieses zu dämpfen, sich nicht mehr in den Grenzen der wechselnden Rede bewegen, sondern, weil jeder glaubt dem Verderben vorbauen zu müssen, das vom Gegentheil aus entstehen könnte, nun schon beide mit Gewalt einander gegenübertreten: welche Zerrüttungen erfahren bann die menschlichen Dinge! wie emsig wüthen dann die Menschen, glaubend daß sie nur zerstören um desto schöner zu bauen, aber doch immer nur bauend was gleich wieder zerstört werden muß! welch ein grausames Spiel wird dann getrieben unter dem Wahl= spruch: es sei besser, daß einige umkommen und so das Ganze erhalten werde, als daß das Ganze verderbe aus weichlichem Mitleid mit einigen angesteckten Gliedern! und welchem Abgrunde des Verderbens stürzen auf diese Weise ganze bedeutende Theile des menschlichen Geschlechts entgegen! Aber sei es die stolze Selbstsucht und die frevelnde Herrsch= begierde, seien es wilde Leidenschaften und der entbrannte Zorn, sei es die sinnliche Begierde und die niedere Lust, oder sei es nur der ver= leitete und dadurch zu einer Aehnlichkeit mit jenen Erscheinungen ent= brannte bessere, auf das Gute gerichtete Wille des Menschen: immer kommt früher oder später ein Punkt, wo der Herr spricht: Bis hierher und weiter nicht, hier sollen sich legen deine stolzen Wellen. Wollen die Menschen nicht mehr aus dem Gesetz Erkenntniß der Sünde schöpfen: so läßt Gott alle Gräuel der Gesetzlosigkeit hereinbrechen, damit sie sehen, was in ihren Herzen verborgen ist. Aber zerstören läßt der Herr doch nicht mehr das Reich der Vernunft und der Sitte, welchen beiden er eine nie ganz zu überwindende Macht gegründet hat in der menschlichen Natur; sondern hat sich der wilde Strom über diese Ufer ergossen, so führt der Herr die Besonnenheit zurück, gereifter durch traurige Erfahrungen; hat der Haß ausgewüthet, so gestaltet sich nach dem Rathschluß des Herrn eine innigere Liebe, gestärkt durch die ge= meinsam erduldeten Leiden.

Doch laßt uns von diesem bunten und geräuschvollen Schauplatz äußerer Thaten und Verhältnisse hinweg und in die stilleren Tiefen der menschlichen Seele hineinschauen. Betrachtet den sinnenden Menschen, der die Verborgenheiten der Seele belauscht, der das innere Wesen der Welt, in welcher er lebt, zu verstehen und die Gesetze, nach denen sich alles in derselben begiebt, zu erforschen sucht. Wenn er so in sein eignes und in das innerste Wesen der Dinge immer tiefer eindringt und sich bald bewußt wird, wie viel edler diese forschenden Beschäfti= gungen seien, als dasjenige, womit der größte Theil unserer Brüder von den Sorgen des täglichen Lebens gedrängt sich abmüht, dann aber anfängt zu wähnen, sie seien zu edel, um etwas mit dem gewöhnlichen Leben zu theilen, und sich also immer mehr von diesem sondert: dann schwebt das Gleichgewicht der Seele und des Lebens in Gefahr. Die Wirklichkeit erscheint ihm gering, ja verächtlich gegen die Bilder, die er in seiner Seele trägt; dann wähnt er, ganz anders wie jene, die in dem Buche Hiob mit einander streitend ihre Gedanken austauschen und demüthigen Sinnes Gott den Herrn in seiner Verborgenheit zu recht= fertigen suchen, er habe das Geheimniß der Welt und ihrer Ordnung ergründet, ja das höchste Wesen selbst sei ihm nicht mehr verborgen, sondern er stehe in dem Lichte, zu dem sonst niemand kommen kann. Dann baut er einen stolzen Tempel und stellt sich selbst darin auf zur

Verehrung. Und aus diesem Tempel quillt ein eisiger Strom liebloser und ungläubiger Vernünftelei und ertödtet weit umher das zarte Leben des Gemüthes; ja selbst die wunderbaren Heilquellen des göttlichen Wortes werden oft auf lange Zeit unzugänglich und vielen unbrauchbar gemacht durch das wilde Gewässer. Aber auch dieses darf nur toben seine angewiesene Zeit; dann ruft der Herr auch solchen losgelassenen Elementen des Geistes zu: Bis hierher und nicht weiter, hier sollen sich legen deine stolzen Wellen! Neue Räthsel steigen hervor aus den Tiefen der Natur sowol, als der menschlichen Seele und schlagen den voreiligen Uebermuth der Weisen dieser Welt nieder, welche meinten, alles ergriffen und ergründet zu haben; aber vergeblich suchen sie das Wort des Räthsels und müssen bekennen, daß sie unweislich geredet haben was sie nicht verstehen, ja auch, was ihnen am nächsten liegt, wird ihnen ein Zeugniß ihrer Unwissenheit. Und ist dieser Zauber des Eigendünkels gelöset: so weicht auch der töbtende Frost wieder, und ein milder Dunstkreis verbreitet sich über das geistige Leben. Es saugt wieder alle Erquickungen des kindlichen Vertrauens nur um so begieriger ein, und die verschüchterten Gemüther befreunden sich um so inniger, je länger sie entbehren mußten, wieder mit den wohlthätigen Geheimnissen des Glaubens. So legen sich auch diese stolzen Wellen des menschlichen Geistes nicht nur, sondern sie lassen auch bleibenden Segen zurück, und allem scheinbar empörten, auch was zum Himmel bringen zu wollen schien um ihn zu erstürmen, allem setzt der Herr Maß und Ziel.

Doch, meine geliebten Freunde, wie tröstliche Aussichten in die Zukunft uns auch diese Erfahrungen eröffnen: eines ist uns noch übrig, nämlich in dieser Hinsicht auch der neuen Schöpfung Gottes zu gedenken, die sich erst gebildet, seitdem das Wort Fleisch geworden und uns in der Herrlichkeit des eingebornen Sohnes vom Vater voller Gnade und Wahrheit erschienen ist. In dieser neuen Schöpfung, welche der Geist Gottes in den Herzen der Menschen gründet, und von der wir je länger je mehr einen neuen Himmel und eine neue Erde erwarten, sollte sich wol alles nur innerhalb des richtigen Maßes bewegen, und die neue Erde sollte sich wol dadurch hauptsächlich unterscheiden, daß sie nicht wieder ein solcher Schauplatz wenn auch nur scheinbarer Verwüstungen und Zerstörungen wäre, sondern alles regelmäßig gedeihend in guter Ordnung fortschritte. Aber so zeigt es sich leider nirgends; sondern aus dem schönsten und vollkommensten Maße nie zu weichen und die reinste Zusammenstimmung sich immer zu erhalten, das war das ausschließliche Vorrecht des Einen, nach dessen Maße wir freilich, aber nur wir zusammengenommen sollen ein vollkommener Mann werden, von dem wir aber nach dem ihm beliebigen Maße jeder Theil des Ganzen für sich nur mannigfaltige, aber zertheilte Gaben des Geistes empfangen haben, die sich nach der Verschiedenheit des Ortes und der Zeit, so wie der Naturen verschiedentlich offenbaren. Und hat sich nicht schon in den ersten Zeiten, wo das Ganze der Christenheit noch leichter zusammenzuhalten war, ja unter den Augen der Apostel selbst, wie wir aus Paulus Briefen an die korinthische Gemeinde sehen, ein Wettstreit zwischen diesen einzelnen Gaben erhoben, der uns auch schon ein Bild von Verwirrung giebt, indem das einzelne Glied sich aus dem Zusammenhange mit dem Ganzen losreißen und etwas für sich sein wollte, als ob es der übrigen entbehren könne. Das war nicht das Walten des Geistes, sondern das Treiben der in diesem höheren Zusammenhange sich noch nicht verstehenden menschlichen Natur, die sich mit der neu überkommenen Gabe des Geistes von dem Gehorsam gegen denselben losreißen wollte. Das ließ Gott der Herr gewähren, damit erkannt würde, wie sehr dies geheimnißvolle Band noch der Befestigung bedurfte; aber dann trat wieder vereinigend und ordnend die kräftige Stimme des Apostels dazwischen. Und als der Geist Gottes nicht in den Grenzen des jüdischen Volkes stehen blieb, sondern auch Heiden zur Erkenntniß der Wahrheit in Christo brachte: wie bald ward die erste Freude darüber, daß aus allem Volk, wer Gott fürchte und recht thue, ihm angenehm dazu sei, um zum Gehorsam des Evangeliums gebracht zu werden, durch heftige Reibungen gestört, welche drohten die Gemeinde des Herrn schon in ihrer ersten Kindheit zu zerreißen. Aber durch die Weisheit der Apostel und den Ernst und die Liebe der ernsten Gemeinde sprach Gott ein beschwichtigendes Wort des Friedens, und die Wellen hatten nur gedroht und durften nicht überschlagen. Und als der rasche Lauf des göttlichen Wortes die verschiedensten Völker ergriff und die Mannigfaltigkeit der Sprachen nicht wollte überein tönen; als die Verschiedenheit der Naturen in der Gemeinde des Herrn immer größer ward und jeder etwas anderes zu fürchten hatte, wodurch die Kraft des neuen Lebens in ihm konnte gestört werden, so wie auch jeder etwas eigenes besonders festzuhalten in der heilsamen Lehre, und auf diese Weise, dem Reichthum der göttlichen Weisheit gemäß, daß das Evangelium allen alles werden sollte, damit überall einige gewonnen würden, verschiedene Darstellungen der Lehre und verschiedene Gestalten des christlichen Lebens sich bildeten: wie weit entfernt waren die Gemüther davon, in diesen Reichthum einzudringen und ihn anzuerkennen! welcher Streit erhob sich und welche Mißverständnisse, und wie verpflanzte sich auf dieses heilige Gebiet der christlichen Kirche und des göttlichen Wortes aller drückende Uebermuth eines ausschließenden eingebildeten Wissens, alle leidenschaftliche Verfolgungs- und Zerstörungssucht, durch welche man fälschlich wähnt die geselligen Verhältnisse am besten zu schützen und die menschliche Weisheit am sichersten zu erhalten und zu verbreiten; so daß man kaum mehr glauben konnte, es liege ein wahrer Eifer für das Reich Gottes doch im Innersten der empörten Gemüther zum Grunde. Wol sind diese traurigen Verwüstungen in dem Weinberge des Herrn immer die schaudervollsten Erscheinungen der losgerissenen menschlichen Natur gewesen. Warnend wollte der Höchste, indem er sie gestattete, ein Zeichen hinstellen, daß die Christen erkennen sollten, wie wenig noch das Wort des Herrn Geist und Leben in ihnen geworden sei: Mein Reich ist nicht von dieser Welt. Oft wiederholte sich das blutige Zeichen: aber immer wieder gebot der Herr: Weiter nicht auch diese Wellen, aus dem Streit wurde der Friede wiedergebracht, das Getrennte wieder zusammengebunden, und immer war neues Licht und neues Leben gewonnen. — Aber jetzt? ist nicht doch eine bleibende Trennung entstanden, seitdem ein Theil der Christenheit sich besonnen hat, daß doch alles nur eine Verunreinigung unseres geistigen Tempels sei, was den ängstlichen Geist alttestamentarischer äußerer Gesetzlichkeit an sich trägt, was dem schimmernden Gepräge des sinnlichen Heidenthums entlehnt ist, was die Gleichheit aller unter dem einen Meister gefährdet? und welch empörter Zustand der christlichen Welt, so lange dieser Kampf gekämpft ward, der doch nur durch eine Spaltung beendigt worden ist, die sich immer noch erhält, von Zeit zu Zeit sich heftiger regt und deren Ende nicht abzusehen ist! Doch hat auch hier der Herr dasselbige Wort gesprochen: Ein Herr, Ein Geist, Eine Taufe, Ein Gott und Vater über uns alle, bei diesem Wahlspruch des Apostels für die Einigkeit im Geiste durch das Band des Friedens hat es doch bleiben müssen! dieser Damm durfte nicht durchbrochen werden; vor ihm mußten sich niederlegen diese Wellen!

O welchen Trost gewährt uns für die Zukunft ein solcher Rückblick in die Vergangenheit! welchen Trost für das, was zunächst vor uns liegt und für eine weitere Ferne! Alle Kräfte, die jemals gegen einander empört gewesen sind zu Streit und Hader, sind nicht nur immer noch vorhanden in der menschlichen Welt, sondern auch immer noch nicht gebunden zu einer unauflöslichen Einheit; vielmehr so lange noch in keiner Beziehung der Gipfel der Vollendung erreicht ist, erneuern sich von Zeit zu Zeit wieder dieselben Veranlassungen, bald für diese, bald für jene sich loszureißen und zerstörend ihre Grenzen zu überschreiten, daß der Herr hernach wieder zusammenfassen muß und aufs neue Maß und Ziel setzen. Und auch in der Christenheit, ja in dem Bezirk unserer eigenen Kirche ist noch dasselbe, was gewesen ist. Die Eitelkeit erregt noch immer einen störenden Wetteifer zwischen den verschiedenen Gaben; die mannigfaltigen Meinungen und Ansichten, statt sich immer mehr in Liebe gegenseitig zur Wahrheit zu läutern, werden immer noch zu leidenschaftlichem Streit angespornt durch einseitige Anhänglichkeit an eigene Forschungen, oder an Ueberlieferung des Alterthums. Es sei! laßt uns auch mit dieser Voraussicht heiter in die Zukunft hineinschauen, die vor uns liegt. Maß hat der Herr bisher gesetzt in der natürlichen Welt, und seiner Ordnung, nach welcher die vorübergehenden Störungen immer geringer werden, wird sie sich auch in Zukunft nicht entziehen; Maß hat er bis jetzt gesetzt jeder Empörung menschlicher Leidenschaften, jeder Verwirrung, welche aus dem Streite der verschiedenen Richtungen des menschlichen Geistes hervorgegangen ist; mit dem Schutz, den er dem verheißen hat, den er zu seiner Rechten setzte, hat er bisher über dem Reiche der Gnade gewaltet: und so wird es auch in Zukunft sein. Aber nicht nur dieses; sondern ist die

Natur aus jeder scheinbaren Empörung immer fester in sich geordnet und immer zugänglicher für die bildenden Einwirkungen des Menschen hervorgegangen; haben sich durch alle wiederholten Entzweiungen und Kämpfe doch die Verhältnisse der Völker zu einander und die inneren Verhältnisse eines jeden Volkes immer mehr so gestaltet, daß die brüder= liche Zusammengehörigkeit bestimmter hervortritt und Friede und Ein= tracht mehr sichern Grund und dauernde Macht gewinnen; ist nach allen übermüthigen Ausschweifungen des menschlichen Verstandes doch die Kluft immer mehr ausgefüllt worden zwischen dem, was aus den eignen Tiefen desselben hervorgeht, und dem, was sich in frommen be= wegten Gemüthern durch die Kraft des göttlichen Wortes gestaltet; ist doch durch alle Leiden der christlichen Kirche eine selige Befreiung von der Knechtschaft menschlichen Ansehns und ein hellerer Schein der Wahrheit erkämpft worden: so wird auch allen Störungen, welche uns in der Zukunft noch bevorstehen mögen, Gott der Herr mit demselben Erfolg und nicht ohne gleichen Segen Maß und Ziel setzen, und wir dürfen besonders hoffen, daß die Gemeinde des Herrn als das Salz der Erde immer mehr, wenn auch durch mancherlei Streit und Zwietracht hin= durchgehend, der Vollkommenheit dessen werde ähnlich werden, in wel= chem als dem Ebenbilde Gottes nichts mit einander streiten kann, son= dern alles heilige Eintracht ist und seliger Friede.

II. Aber, meine geliebten Freunde, nicht nur unsern Trost für die Zukunft sollen wir in dieser Betrachtung finden, sondern zweitens auch unsere Vorschrift und das Gesetz unseres Lebens für dieses und jedes Jahr, welches uns der Herr nach seiner Gnade noch auf dieser Erde schenken will.

Wir haben uns aber in dieser Hinsicht vor zweierlei zu hüten. Die meisten Menschen nämlich, wenn sie sich von jener oft nur zu gleich= gültigen Ergebung in die Unerforschlichkeit des Höchsten, aus welcher der Herr den Hiob herausdonnerte durch die Kraft seiner erhabenen Rede, einigermaßen erholt haben und sich zusprechen lassen, daß sie, wenn auch nicht im Einzelnen und gleich auf der Stelle — denn so bleibt uns freilich das Meiste unerforschlich — doch wenigstens im großen Gang der menschlichen Dinge etwas wenn auch nur wie durch einen dunklen Spiegel schauen von der heilsamen Ordnung und der hohen Weisheit des Höchsten in Beziehung auf alles, was Kampf und Zerrüttung ist in dieser Welt: so gestaltet sich das bei einigen zu einer sträflichen Nachgiebigkeit gegen sich selbst, bei andern zu einer ganz leidentlichen Erwartung der Dinge, die da kommen sollen. Die letzteren, wenn sie nicht ohne Sorge und Kummer darüber, wie weit das Uebel wol gehen könne und was alles dadurch zerstört und gehemmt worden, irgendwo in dem Umkreis ihrer Wirksamkeit die Unmäßigkeit und den Uebermuth walten sehen, die gehässigen und leidenschaftlichen Bewegun= gen hervorbrechen: so beruhigen sie sich bei dem Gedanken, daß der Herr alles in seinen Zügeln hält und leitet auf eine solche Weise, daß sie sich selbst ganz aus dem Spiel setzen und sich gar nicht dafür an=

sehen, daß auch sie mitwirken sollen bei dieser göttlichen Leitung; sondern ohne diesen Trost würden sie wol etwas gethan haben, nun aber wollen sie bloße Zuschauer dessen sein, was der Herr herbeiführen wird: als ob er in menschlichen Dingen anders, als durch menschliche Werkzeuge seinen Rath ausführte! Die ersten sind solche, die, wenn sie glaubten, es sei nur Menschliches im Spiel, vielleicht oft erschrecken würden vor der Art, wie sie sich in verderblichen Bestrebungen gehen lassen; geben sie aber dem Gedanken Raum, daß der Herr selbst Maß und Ziel bestimmt und wieder Ordnung herbeiführt nach der Verwirrung, so denken sie, ihnen selbst liege nun keine Sorge weiter ob wegen der Folgen ihrer Handlungen und sie für ihr Theil dürften nun um so eher auch ohne Maß und Ordnung dem nachjagen, worauf ihr Sinn gestellt ist. Denn wenn sie nun auch nicht anders könnten als gehen, wie der innere Trieb und die äußere Nothwendigkeit sie fortreißen: so werde schon der Höchste sorgen, daß nicht mehr und nicht weniger erfolge, als er bestimmt habe. Was ist aber dieses letzte anders, als die sträflichste Gleichgültigkeit dagegen, ob der Wille Gottes durch uns geschieht mit unserm Willen, oder wider denselben? und dadurch unterscheiden sich doch wesentlich die Diener und Freunde Gottes von denen, die nur seine Knechte und willenlose unbewußte Werkzeuge sind; was anders, als die sträflichste Gleichgültigkeit dagegen, ob das, was wir wollen, zu dem gehört, was Gott feststellen will und bewahren, oder zu dem, was er doch nur kann dämpfen und zerstören wollen? und doch gehören wir nur im ersten Falle mit unserm Willen in das Reich Gottes, im andern aber in die Welt! Jene ersten aber, die in Gott zwar den erkennen, der alles trägt und bewegt und aus allem das Gute hervorzubringen weiß, selbst aber sich in träger Ruhe des Abwartens wohlgefallen und sich mit ihrer Wirksamkeit nicht an die seinige anschließen wollen, müssen sie sich nicht selbst dessen zeihen, daß sie doch Gott nur außer sich haben und sehen? wenn er ihnen doch der ist, der Maß und Ziel setzt, sie selbst aber damit nicht beschäftigt sind und einen solchen Trieb nicht in sich tragen, sondern nur unthätig zuschauen, was geschieht.

Nicht also wir! die wir nicht fern sein sollen von Gott, sondern in ihm leben, weben und sein; nicht also wir! die wir nicht nur einen außer uns waltenden Gott haben, sondern denen Christus verheißen hat, daß er mit dem Vater kommen wolle, Wohnung zu machen in unserm Herzen. Ist es also eben dieser Vater im Himmel, der allem das rechte Maß und die gehörige Ordnung setzt, und hat er uns gegeben von seinem Geiste, so kann ja offenbar dieser nicht anders in uns wirken als dazu, daß auch wir streben, überall Maß und Ordnung aufrecht zu halten und wiederherzustellen. Zuerst also in dem Reiche der Natur; denn dazu hat der Höchste auf dieser Erde den menschlichen Geist bestimmt, als er am Anfange der Dinge den Stammältern unseres Geschlechtes die Erde und alles, was sich auf ihr regt und bewegt, übergab, daß sie sich dieselbe sollen unterwerfen und über sie gebieten.

Wir selbst also sollen das Maß der irdischen Dinge sein; ihre Beziehung zu uns soll sich überall aussprechen und soll die rechte Ordnung ihres Daseins werden: das ist es, worauf wir unsere Thätigkeit richten sollen. Läßt nun der Höchste für den Augenblick die natürlichen Kräfte wieder los aus dieser schon waltenden Ordnung, daß sie das ihnen gesetzte Maß überschreiten und mehr oder weniger von den Werken der Menschen wieder zertrümmern: so gilt da weder ruhiges Abwarten, wie wol der Ausgang sein werde, noch weniger aber sich thörichterweise auch zur Unordnung und Entzweiung verleiten lassen und dem Höchsten anheimstellen, wie er zu der alten noch die neue Verwirrung schlichten wolle: sondern alle solche Ereignisse sollen uns immer eine neue Aufforderung sein, unser Maß und unsere Ordnung noch strenger geltend zu machen an den natürlichen Dingen, die Herrschaft des Geistes über sie immer mehr zu befestigen und ihnen das Gepräge derselben immer tiefer aufzudrücken, kurz sie auf alle Weise immer mehr zu beugen unter die geistige Gewalt der Menschen, die der Höchste ihnen selbst zum Herrscher gesetzt hat. Je mehr wir nun dazu bei jeder solchen Veranlassung unsere Kräfte auch in diesem neuen Jahre vereinigen werden; je treuer wir uns darin unterstützen, jeder mit der Gabe, die er empfangen hat, sei es die Einsicht in die Sache, sei es die Gewalt über die Gemüther, sei es der Einfluß äußerer Hülfsmittel: um desto mehr werden wir den Namen des Höchsten verherrlichen, indem wir dem großen Beruf, den er uns übertragen hat, fortschreitend genügen.

Aber freilich ist dieses nur die äußerliche Seite desselben, nur dasjenige, wozu auch schon der wohlverstandene eigene Vortheil und die genauere Berechnung über die beste Art das herbeizuschaffen, was der Mensch zu seinem immer mehr zusammengesetzten und immer künstlicher verwickelten Leben bedarf, den unterrichteteren Theil der Gesellschaft, durch den die übrigen bestimmt werden, von selbst antreibt. Noch mehr aber sollen wir es uns angelegen sein lassen, Maß und Ordnung zu setzen in der geistigen Welt, ja überall wo Menschen es mit Menschen zu thun haben. Nirgend sollen wir ruhig zusehen, wo die Menschen in Verkehrtheit hingehn; nicht nur da nicht, wo unruhige Bewegungen der menschlichen Seele schon ausgebrochen sind, wo entbrannte Leidenschaften schon müthen; nicht nur wo Eigennutz und Herrschsucht schon im Streit gegen das Rechte und Gute begriffen sind und in Bedrückung ausarten, sollen wir ins Mittel treten; nicht nur wo in dem verderblichsten Bündniß, das gegen Recht und Wahrheit geschlossen werden kann, Gewaltthätigkeit und Uebermuth mit Feigherzigkeit und knechtischem Sinne zusammen wirken, nicht nur da sollen wir offen und kühn hervortreten, wie sich aber von selbst versteht nicht etwa so, daß wir wieder ein anderes in sich ungemessenes und ungeordnetes, nur von entgegengesetzter Art geltend machen, um so auf einem Umwege Maß und Ordnung herbeizuführen, sondern so, daß wir durch unser ganzes Dasein, durch unsere Ansichten und unsere Handlungsweise das wahrhaft Gute und Richtige vertreten, welches in sich selbst Maß und Ordnung trägt. Aber nicht nur dies, sondern der Geist der Ordnung, der in uns lebt, soll auch schon ein scharfes Vorgefühl in uns bilden, wo sich solche Zustände vorbereiten, welche auf Vernichtung heilsamer Schranken ausgehen und was das Leben der Menschen fördert und zusammenhält zu zerstören und zu gefährden drohen. Ja auch ohne ein solches Vorgefühl und ohne eine bestimmte Absicht von unserer Seite soll durch jeden von uns in dem Kreise seines Berufs und seiner geselligen Verhältnisse Maß und Ordnung so fest gehalten werden und so gestärkt, daß die entgegengesetzten Bestrebungen schon im voraus gebunden werden. Wohl dem geselligen Verein und auch nur dem, in welchem auf allen Stufen die Zahl derer recht groß ist, welche durch ihre Handlungsweise und durch den ganzen Ton ihres Lebens als eine kräftige, nach allen Seiten hin erschallende Gottesstimme erscheinen, welche ruft: Bis hieher und weiter nicht! hier sollen sich brechen die stolzen Wellen.

Aber, meine geliebten Freunde, ist das unser Ernst — und was könnte uns wol an einem Tage wie der heutige mehr am Herzen liegen — begehren wir ernstlich, daß dieses in jedem neuen Jahre unseres Lebens immer kräftiger in Wirksamkeit trete: so müssen wir uns vornehmlich mit großer Sorgfalt davor hüten, daß nicht etwa die wohlgemeintesten Bewegungen unserer eigenen Seele auch in ein ähnliches Uebermaß ausströmen, welches der Herr erst zügeln muß, wenn wir uns, wie es nur zu leicht geschieht, mit fortreißen lassen, sei es von dem gewaltsamen, sei es von dem schleichenden verkehrten Treiben der Menschen. Denn übler kann doch wol nichts gerathen, als wenn wir das Böse überwinden wollen nicht mit Gutem, sondern wieder durch Böses, und, indem wir Maß und Ordnung verfechten wollen, selbst die Gesetzmäßigkeit verletzen. Aber wie leicht werden nicht auch von den Besseren viele hierzu verleitet! Ja laßt es uns nur grade heraussagen, nur in dem Maß werden wir vor solchen Verirrungen sicher sein, als wir immer vollständiger und inniger in der neuen Schöpfung leben, der Gott sei Dank wir alle angehören, und als wir dem in ihr waltenden Geist folgen. Denn nur durch diesen Geist hat der Herr seine ewigen und heiligen Ordnungen völlig einheimisch gemacht in der menschlichen Seele. Der Geist, welcher in uns ruft: Lieber Vater über alles was Kinder heißt, der Geist, welcher zugleich der Geist der Kindschaft ist und der Geist der Freiheit, dieser erst befreundet uns vollständig jenem inneren Wesen der göttlichen Regierung in menschlichen Dingen, kraft dessen alles Leidenschaftliche und Ungeregelte zu dem gehört, dem Widerstand geleistet werden muß, damit es auf Maß und Ordnung überall zurückgeführt werde. Wo aber dieser Geist des Christenthums noch nicht waltet, da ist auch die vernünftige Neigung Erkenntniß zu verbreiten nicht reine Wahrheitsliebe, sondern erlaubt sich leicht mancherlei Winkelzüge; da ist auch der aufopferndste und eifrigste Gemeingeist immer noch selbstsüchtig, weil er das ganze menschliche Geschlecht nicht umfaßt und also leidenschaftlichen, ja feindseligen Aufregungen unterworfen bleibt. Nur die allgemeine Liebe, nur die reine Wahrheit des göttlichen Geistes machen ganz frei.

Wie können wir aber irgend darauf rechnen, mittelst eines reinen und kräftigen Lebens in dieser neuen Schöpfung auch Maß und Ordnung in der gesammten menschlichen Welt selbst unter denen zu erhalten, die leider noch dem Geiste Gottes, der in allen leben möchte, verschlossen sind; wie, sage ich, können wir das, wenn nicht dieser Geist zunächst in der Gemeinde der Christen selbst die segensreiche Kraft alle untergeordneten Antriebe zu überwinden, um göttliches Maß und heilbringende Ordnung des Herrn aufrecht zu halten, immer mehr durch die That bewährt; wenn da nicht der Wahn immer mehr verschwindet, als ob Vortheil und Ehre des einen könne Scham und Nachtheil des anderen sein, so daß alles immer in Einem Geiste gebunden ist zu Einem Zweck; wenn da nicht jeder das des andern sucht, ohne zu fürchten, daß er das seinige verlieren könne; wenn da nicht die Wahrheit mit der größten Freudigkeit und Zuversicht gesucht wird in Liebe, und eben so die Liebe den herrlichen Muth hat überall wahr und nur wahr zu sein! Denn so nur, das wissen wir, wird die Seligkeit gefördert, um derentwillen der Herr gekommen ist, und nur so werden die Menschen immer mehr erlöst von dem Einfluß jeder unwürdigen Gewalt, welche sie zu solchen macht, die in Wahrheit mühselig und beladen sind.

Hierzu, meine geliebten Freunde, eröffnet der Herr uns allen ein neues Jahr der Langmuth und der Gnade. Wird während desselben der Trost, den wir uns zuerst vorgehalten haben, uns immer stärken in dem Vorsatz, der uns hernach beschäftigt hat: so werden wir auch dieses Jahr benutzen nach dem heiligen Willen Gottes. Laßt uns zu dem Ende trachten nach allen geistigen Gaben, so viel wir davon in uns erwecken und ausbilden können; denn alle haben recht gebraucht eine Kraft in sich Maß und Ordnung zu unterstützen und herzustellen. Was aber diejenigen betrifft, die uns selbst versagt zu sein scheinen: wir wollen uns nicht nur herzlich freuen, wo immer wir sie in unserer Nähe finden, sondern sie auch in Ehren halten und in ihrer Wirksamkeit schützen und fördern, wie wir nur können; denn es ist ein vollständiges Zusammenwirken aller Kräfte und Gaben des Geistes nothwendig, wenn überall der gehörige Widerstand soll geleistet werden, wo es darauf ankommt hochmüthige Wellen zu brechen. Aber nur in dem Maß, als wir den einen Geist ungestört walten lassen, aus welchem mit den Gaben zugleich ihr richtiger Gebrauch hervorgeht, werden wir jeder für sich selbst und unsere Gemeinschaft ein reiner Spiegel göttlichen Maßes und ewiger Ordnung sein. Wie der göttliche Geist, der über den Wassern schwebte, Maß und Ordnung in der natürlichen Welt gründete, so daß beide sich durch alle Verwirrung und unter allem Streit immer mehr entwickeln: so wurde, als Christus erschien und sein Geist ausgegossen wurde über alles Fleisch, der ewige Grund gelegt zu Maß und Ordnung für die verworrene geistige Welt. Beides soll sich nun auch in dieser immer mehr entwickeln und jeder Zeitabschnitt, wenn er vorüber ist, ein Zeugniß ablegen von ihrer vermehrten Gewalt, und so oft ein neuer beginnt, ist dies das Ziel für alle, in welchen dieser Geist lebt und wirkt. Dieser Geist aber ist kein anderer, als der Geist der Liebe. Darum sagt auch in Beziehung auf sie der Apostel mit Recht, nachdem er, wie auch ich eben gethan, die Christen ermahnt hat nach allen geistigen Gaben zu trachten und nach den besten am meisten, er wolle ihnen doch noch einen köstlicheren Weg zeigen, denn ohne die Liebe sei das alles nichts nütz. So wie jene Gaben allerdings Vollkommenheiten sind, und je reicher eine menschliche Gesellschaft damit ausgestattet ist, um desto besseren Zeiten sie entgegensehen kann: so ist doch die Liebe auch in dem Sinne erst das Band der Vollkommenheit, weil nur durch sie diese Vollkommenheiten so gebunden und zusammengehalten werden, daß sie ihr gehöriges Maß erfüllen, aber auch nicht über dasselbe hinausgehen. Denkt euch welche geistige Gabe ihr wollt ohne die Liebe: so wird sie entweder als ein todtes Vermögen in der Seele schlummern, oder einmal erwacht auch nur eines Anstoßes bedürfen, um sich über das Maß der freundlichen Zusammenstimmung mit den übrigen hinaus zu steigern. Die Liebe aber ist dieses Band, weil sie selbst die göttliche Maß und Ordnung hervorrufende Kraft ist. Denn durch Maß und Ordnung wollte sich Gott aus Liebe in der Schöpfung der Welt offenbaren, und der Liebe verdanken wir Maß und Ordnung der neuen Schöpfung. Alles andere muß Maß und Grenze bekommen; die Liebe aber, wie sie beides hervorbringt, so trägt sie auch beides in sich und bedarf nicht, daß es ihr gegeben werde. Die Liebe bedarf keines Maßes, denn sie ist nicht ungemessen; sie hat keine stolzen Wellen, welche müßten gebrochen werden, denn sie eifert nicht, sie bläht sich auch nicht, sondern ist langmüthig und dehmüthig; sie suchet nicht das ihre und läßt sich nicht erbittern — und was gäbe wol schäumendere und ungeberdigere Wellen, als dieses? — sondern sie duldet alles, weil sie alles hofft. Wohnt sie also nur immer reichlicher unter uns in dem neuen Lebensjahr, das wir heute beginnen: so wird uns auch die Liebe zu Christo, von welcher allein alle christliche Bruderliebe ausgeht, also bringen, daß wir auf der einen Seite die reine Zusammenstimmung und das fröhliche Zusammenwirken alles Guten auf alle Weise fördern, damit immer mehr, ohne lautes Getümmel und ohne Geschrei — wie denn das von Christo nicht gehört werden soll — durch eine milde, aber unwiderstehliche Gewalt, die nur die Gewalt des schaffenden und erhaltenden göttlichen Wortes ist, alle Wellen, die sich aufthürmen wollen, gebrochen und immer mehr alle Gemüther so gebunden werden durch diese geheimnißvolle und doch offenkundige Kraft, daß, wo sich noch etwas empört in der geistigen Welt, es nirgend bedeutenden Vorschub finde, und das Ueberfluten einzelner Theile nie wieder zu einer allgemein verderblichen Ueberschwemmung anwachse, auf der andern Seite aber wir selbst, jeder für sich und unsere ganze Gemeinschaft, immer weniger Unterbrechungen des inneren

Friedens erfahren, den der Herr den Seinigen hinterlassen hat, und immer seltener unter uns solche bedauernswerthe Aufregungen entstehen, daß auch an das Heiligthum des Herrn die zwar heilsame, aber doch immer drohende und richtende Stimme ergehen muß: Bis hierher und nicht weiter, hier sollen sich legen deine stolzen Wellen.

So laßt uns denn, meine geliebten Freunde, mit solchem Trost und solchem Vorsatz wahrhaft getrost in das neue Jahr unseres Lebens hineingehen. Auch dieses, wir wollen uns nicht darüber täuschen, wird uns während seines kurzen Laufes gar mancherlei darbieten, wobei wir genöthigt sein werden, voll Hoffnung und Vertrauen an das Wort unseres Textes gedenkend zu sagen: Auch diese stolzen Wellen werden ihr Ziel finden und das Maß, welches ihnen der Herr gesetzt hat. Sehen wir auch lange nicht wie, — wenn wir nur in der Kraft der Liebe, welche sich der Wahrheit freut, Gott unsern Dienst nicht versagen, Zeugniß ablegen von dem Willen des Herrn, wo uns eine freundliche Thür eröffnet wird, das Böse zu überwinden suchen durch Gutes und die Unwetter beschwichtigen durch Worte des Friedens: so werden wir auch, sei es gleich wenig, doch immer mit dem und ihm ähnlich wirken, der den Stürmen und dem Meere gebot, — auf daß es dahin komme, daß alle Stürme nur außer uns seien; in dem geistigen Hause aber, in welchem wir versammelt sind, auch nur das Brausen des Geistes vernommen werde, welcher unserem Geiste das Zeugniß giebt, daß wir Gottes Kinder sind, welche treu sind nach der Regel und Ordnung, wie der Sohn treu ist in seines Vaters Hause, dieses Haus selbst aber sich als dasjenige bewähre, welches, wenn auch die Gewässer kommen und die Winde wehen und daran stoßen, doch auf den rechten Felsen gegründet unverrücklich fest steht. Amen.

Gebet. Ja, allmächtiger Gott und Vater, wir bemüthigen uns vor deinem Throne bei dem Beginn eines neuen Jahres unseres Lebens, welches du uns wieder dazu giebst, damit wir während desselben uns in deinem Dienste üben und dein Reich fördern. Du, der du alles zähmst und mäßigest, und unter dessen Regierung nichts anders geschehen kann, als du gebietest, wirst auch in diesem Jahre deine Macht und deine Weisheit durch alle deine Führungen denen enthüllen, welche Lust haben an deinen Wegen, so wie klare Augen, um deine Werke zu schauen, und aufgethane Ohren, um deine heilige Stimme zu vernehmen. O spräche sie nur immer deutlicher zu uns aus deinem geschriebenen Worte und aus den Tiefen unseres Herzens, in welche du geschenkt hast deinen Geist. O vernähmen wir sie nur immer bestimmter und folgten ihr in treuem Gehorsam mehr als bisher, damit wir das Maß fänden ohne Streit und in dem Reiche, welches dein Sohn gegründet hat, lebten ohne störende Verwirrung. Ja dazu empfehlen wir dir für dieses neue Jahr die ganze Christenheit und besonders unsere evangelische Kirche. Erbaue du sie dir immer wohlgefälliger durch die Wirksamkeit deines Geistes! Laß das Licht des Evangeliums auch durch ihren Dienst immer heller und weiter leuchten und auch die=

jenigen dadurch erweckt und zu dem neuen Leben wiedergeboren werden, die noch in der Finsterniß und in dem Schatten des Todes sitzen! Verkläre du deinen Sohn immer mehr in allen denen, die seinen Namen bekennen, und laß überall den Geist der Ordnung und des Friedens herrschen in der Gemeinde der Christen! Dazu laß gesegnet sein das Band der Liebe und Gemeinschaft, welches sie vereint, die Verkündigung deines Wortes und die Austheilung der Vermächtnisse deines Sohnes.

Wir empfehlen dir auch für dieses Jahr besonders unser theures Vaterland. Segne den König, den Kronprinzen und seine Gemahlin und das ganze königliche Haus! Sei es auch in diesem beginnenden Jahre ein eben so gesegnetes als erfreuliches Vorbild christlicher Gottseligkeit, auf daß alle getreue Unterthanen ihre Lust sehen an dessen ungestörtem und sich immer mehrendem Wohlergehen! Erhalte du dem Könige die Erleuchtung und den Beistand deines Geistes zur Erfüllung des großen Berufes, den du ihm aufgelegt hast. Umgieb ihn mit treuen und eifrigen Dienern, die ihm helfen erkennen und ausführen was recht und wohlgefällig ist vor dir. Erhalte alle seine Unterthanen treu und gehorsam in dem Umfange des Reiches, welches du ihm gegeben hast, damit unter seinem Schutz und Schirm überall die christlichen Gemeinden sich bauen und wir unserm gemeinschaftlichen Ziele, der Aehnlichkeit mit unserm Erlöser, immer näher kommen! Darum, gütiger Gott und Vater, empfehlen wir dir besonders die Erziehung der Jugend und den christlichen Hausstand überall in unserm Vaterlande und in dieser Stadt, daß jedes Hauswesen, welches nach deinem Willen geführt wird, auch dein Wohlgefallen erfahre in seinem Innern und außer sich leuchte als ein wohlthätiges Beispiel. Ja segne du einen jeden in dem Berufe, den du ihm angewiesen hast, also daß wir alle die erfreuliche Erfahrung machen, auch wir können etwas beitragen dein Reich zu fördern durch gewissenhaften Gebrauch des Pfundes, das du uns anvertraut, damit von einem Jahre zum andern jeder könne als ein getreuer Knecht von dir über mehr gesetzt werden. Derjenigen aber, über welche du Trübsal und Widerwärtigkeiten verhängt hast in dem Laufe dieses Jahres, nimm dich gnädig an, wenn sie ihre Zuflucht bei dir suchen, und laß uns alle immer mehr erfahren, daß bei dem Maße, welches du allen Dingen setzest, das Ziel deiner väterlichen Liebe dieses ist, daß auch unsere Seelen, deren du dich so gnädig angenommen hast, immer mehr zu dem rechten Maße gelangen, und daß denen, die auf dich vertrauen und dich lieben, eben deswegen alles zum Besten gereichen muß. Amen.

VII.

Der Anfang des Leidens Christi, sein steigender Sieg über die Sünde.

Passionspredigt.

Text: Matth. 26, 55. 56.

Zu der Stunde sprach Jesus zu den Schaaren: Ihr seid ausgegangen als zu einem Mörder, mit Schwertern und mit Stangen mich zu fangen; bin ich doch täglich gesessen bei euch, und habe gelehrt im Tempel, und ihr habt mich nicht ergriffen. Aber das ist alles geschehen, daß erfüllet würden die Schriften der Propheten.

Meine andächtigen Freunde! Das Leiden unseres Erlösers war, wiewol es seiner menschlichen Natur widerfuhr, die ganz dieselbe war wie in uns allen, doch etwas einziges, weil er einzig ist unter allen; wie denn auch der Einfluß alles dessen, was ihm begegnete, auf das menschliche Geschlecht ein solcher ist, womit nichts anderes kann verglichen werden. Aber er hat auch uns und alle die Seinigen aufgenommen in die Gemeinschaft seiner Leiden, indem er sagt: es könne dem Jünger nicht besser ergehen, als dem Meister, und dem Diener nicht, als dem Herrn, und auch sie, wie er, könnten nur durch Trübsal in die Herrlichkeit eingehen. Diese Gemeinschaft mit dem Leiden Christi ist allerdings, wie alles in der Welt, unter den Seinigen sehr ungleich vertheilt. Sie strahlt uns in dem vollen Glanze des Märtyrerthums entgegen vorzüglich in den ersten Zeiten der christlichen Kirche; milder gestaltet, im Wesentlichen aber eben so, finden wir dasselbe zu allen Zeiten, im Einzelnen wenigstens allemal, so oft Jünger des Herrn das Evangelium in solche Gegenden brachten, in denen es vorher nicht gehört worden war. Aber auch innerhalb der christlichen Kirche selbst giebt es ja immer noch einen Streit des Lichtes gegen die Finsterniß, einen Kampf für alles in Lehre und Leben, was aus den Worten des Herrn selbst mittelbar oder unmittelbar hervorgeht, einen Kampf gegen mancherlei Leeres und Verkehrtes, was die Menschen zu dem Worte des Herrn hinzugesetzt und es damit verunreinigt haben. In diesen Kämpfen nun müssen auch Leiden wiederkehren, welche denen des Erlösers ähnlich sind. Freilich wir für uns sehen vielleicht gar keine Wahrscheinlichkeit, daß uns etwas begegnen könne, was diesen Namen verdient; aber wir sollen ja auch nicht an uns allein denken und an das, was unser unmittelbares Bedürfniß ist, als ob die christliche Erbauung nur eine Sache der augenblicklichen Noth wäre; sondern wie allgemein dem Menschen nichts menschliches, so noch weniger soll dem Christen etwas christliches fremd bleiben. Erhöhen wir die Freudigkeit und die Sicherheit unseres Lebens durch die Verherrlichung Christi und durch das volle Bewußtsein der Segnungen, welche aus seiner Gemeinschaft entspringen: so müssen wir auch in demjenigen, was uns selbst jetzt gar nicht betrifft und uns vielleicht nie begegnet, doch nicht nur den Werth der Gemeinschaft mit dem Erlöser anerkennen, sondern auch uns selbst in unserm Innersten darauf prüfen und darnach schätzen, ob auch wir wol dieses und jenes und wie würden zu leisten im Stande sein, wenn es uns träfe. Darum laßt uns nun in dieser Passionszeit das Leiden des Erlösers eben als ein solches betrachten, welches sich in den Seinigen, wenn gleich in einem verringerten Maßstabe, noch immer von Zeit zu Zeit erneuert, und dabei für heute bei dem Anfang des Leidens Christi stehen bleiben, welchen uns die verlesene Stelle aus dem Evangelisten in Erinnerung bringt. Alles Leiden des Erlösers aber ging aus von der Sünde, und auch dann nur können wir uns einer Leidensgemeinschaft mit ihm rühmen, wenn uns Leiden treffen, mit denen es dieselbe Bewandniß hat. Wie er aber nun das Werk, welches ihm Gott befohlen hatte, durch seinen Tod zwar vollendet, aber nicht erst begonnen hat, sondern sein ganzes öffentliches Leben hindurch hatte er schon daran gearbeitet: so war auch die Zeit seines Leidens eine Fortführung dieses Werkes; denn was er bei demselben gethan, wie er sich unter dem Leiden bewiesen, das konnte nichts anderes sein, als die Erfüllung desselben Berufs unter diesen besonderen Umständen, es war der immer vollständigere Sieg über die Sünde, aus welcher auch sein Leiden seinen Ursprung nahm.

So werden also das natürlicher Weise die beiden Punkte sein, auf die wir unsere Betrachtung zu richten haben, zuerst die Sünde, aus der das Leiden des Erlösers seinen Ursprung nahm, und dann seine Gegenwirkung gegen dieselbe und sein Sieg über dieselbe. Das sei es also, worauf wir mit einander unsere christliche Aufmerksamkeit richten.

I. Wenn wir nun fragen: wie denn das Leiden des Erlösers in der Sünde seinen Ursprung genommen hat? so müssen wir nicht bei dem Allgemeinen stehen bleiben; sondern wenn wir auch das Betragen und die Handlungsweise des Erlösers, worin eben sein Sieg über die Sünde gegründet war, recht verstehen wollen, so müssen wir auch auf die besondere Gestaltung der Sünde sehen, aus der sein Leiden hervorging. Unser Text führt uns zu der Gefangennehmung des Erlösers in dem Garten, wo er die Nacht mit den Seinigen zubrachte. Dahin kam unter der Anführung des Judas eine große Schaar, bestehend zum Theil aus denen, welche von den Hohenpriestern beauftragt waren, unter der Leitung des Judas den Herrn zu suchen und zu binden, zum größeren Theil gewiß aber aus einer vermischten Menge, die sich aus Neugierde und was sonst den großen Haufen bei solchen Gelegenheiten in Bewegung bringt, jenen zugesellt hatte; veranstaltet war aber das Ganze durch die Hohenpriester und Obersten des Volks. Wie nun bei allen solchen Gelegenheiten die Absichten und der Gemüthszustand derer, die an der Spitze stehen, von der Menge des Volkes kaum geahnet werden, und eben so der gemeine Haufen von jenen zwar benutzt wird, aber ohne daß sie seine Gemüthsbewegungen theilten: so unterscheiden auch wir billig, indem wir nach der Sünde fragen, aus welcher das Leiden des Erlösers seinen Ursprung genommen habe, die große Menge von denen, durch welche dieselbe in Bewegung gesetzt und auf deren Befehl das Ganze vollzogen wurde.

Was war nun, meine geliebten Freunde, zuerst bei der großen Menge, bei diesen Schaaren, welche hinauszogen, die Sünde, wodurch sie sich ihrerseits der Schuld an dem Blute des Herrn theilhaftig machten? — Wir dürfen wol keine andere Antwort geben, als ihre Schuld bestehe in einer verstockten Unempfänglichkeit und Gleichgültigkeit gegen das Gute und Göttliche. Erinnert euch nur mit mir einiger früheren Augenblicke in dem Leben des Erlösers und vergleicht sie mit diesen, so werdet ihr euch leicht davon überzeugen. Schon früher einmal, wie uns der Evangelist Johannes*) erzählt, hatten die Hohenpriester einen nur damals noch minder bekannten Rath gefaßt, auch während einer festlichen Zeit Christum zu tödten, und hatten ihre Diener ausgeschickt, um ihn gefangen zu nehmen, während er in den Hallen und Gängen des Tempels lehrte. Diese kamen aber unverrichteter Sache zurück, und als ihre Vorgesetzten sie deswegen zur Rede stellten, so antworteten sie, sie hätten es nicht vermocht, denn so gewaltig wie dieser habe noch nie ein Mensch geredet. Wir lesen nun nicht, daß sie sie, wie es in einem strengeren Regiment wol geschehen wäre, über ihren Ungehorsam gestraft hätten, sondern die Verhältnisse scheinen hierin mild gewesen zu sein; wol aber machten sie ihnen damals Vorwürfe über dieses Ergriffensein von der Gewalt der Rede des Erlösers, als ob es sich für die Diener der Hohenpriester nicht zieme, sich hierin dem ungesegneten Volke gleichzustellen, und fragten sie in hartem und stolzem Tone, ob wol irgend einer von ihnen, den Angesehenen und Obersten des Volks, an diesen Jesus glaube. Von einem solchen gewaltigen Eindruck der Reden des Erlösers auf die Menschen aus dem Volke lesen wir nun viele Zeugnisse in der Schrift, und daß die Diener der Hohenpriester auch Muße und Gelegenheit hatten ihn zu hören, so wie daß sie sich diesem Eindruck ohne sträfliche Pflichtverletzung auch in ihren Handlungen ganz hingeben konnten, lehrt uns jenes Beispiel. Wenn also dieser Eindruck allgemein geworden, wenn er nicht nur etwas Augenblickliches geblieben wäre, sondern fortgewirkt hätte, und alle demselben eben so treu geblieben wären, als jene: so hätten die Hohenpriester und Obersten keine Diener gefunden, die ihnen diesen Auftrag vollzogen hätten, einen solchen Mann, wie Christus war, einem Verbrecher gleich zu binden und gefangen fortzuführen, um über göttliche Dinge von solchen gerichtet zu werden, von denen sie wol einsahen, daß sie hierin

---

*) Joh. 7, 44—49.

viel weniger werth wären, als er, und eigentlich gar nichts bedeuteten gegen ihn. Wäre also diese Empfänglichkeit nicht zurückgedrängt gewesen und erstorben in dieser ganzen Schaar: so hätten die Ereignisse jener Nacht nicht stattfinden können, und es wäre dem Erlöser geworden, daß der Kelch noch einmal vor ihm vorüberging. Und Spuren von jenem Eindruck zeigten sich allerdings auch hier noch. Denn nach dem, was uns Johannes erzählt*), ging der Erlöser, als er die Schaaren kommen hörte, ihnen entgegen und fragte sie: Wen suchet ihr? Und auf die Antwort: Jesum von Nazareth, erwiderte er selbst: Ich bin es. Da wichen sie zurück, sagt Johannes, und stürzten zur Erde nieder, so wurden sie verwirrt und ergriffen, indem Vielen unter ihnen wol auch Erinnerungen an die Gewalt seiner Rede und an die Ehrfurcht, welche er ihnen abgenöthiget, in diesem Augenblick zurückkehrten und den Eindruck verstärkten, den seine einfache Freimüthigkeit in diesen Worten: Ich bin es, und überhaupt die Unbefangenheit und Ruhe, womit er sich ihnen darbot, auf jeden machen mußte. Denn ein solches Betragen, wie dieses, wenn auch nicht mit der vollen innern Reinheit und Sicherheit, sondern mit etwas menschlicherem vermischt, aber doch im ganzen ein solches, konnte man von jedem erwarten, der, mit dem Bewußtsein der Unschuld und dem dadurch erweckten Muthe ausgerüstet, auf eine solche Weise im Namen derer gesucht wird, welche von Gottes und menschlicher Ordnung wegen ein, wenn auch nur beschränktes Recht hatten über ihn zu gebieten. Insofern also das Betragen des Erlösers in diesem Augenblick seiner Gefangennehmung weder etwas übermenschliches war, noch auch nur etwas ganz ungewöhnliches, indem das Gegentheil unwürdig gewesen sein würde und feigherzig: so dürfen wir freilich wol sagen, wenn in ähnlichem Falle auch ein anderer auf dieselbe Weise geredet und gehandelt hätte, so würden diese Diener wol nicht zurückgewichen sein und bestürzt zur Erde niedergefallen. Also war es doch vorzüglich wieder die Person des Erlösers, welche so auf sie wirkte, aber gewiß nicht etwa durch eine besondere Absicht Christi und auf eine von ihm eigens veranstaltete wunderbare Weise: sondern es war der Gesammteindruck seines Wesens und Thuns, der lebendig hervorgerufen eine solche Wirkung hervorbrachte. Also Spuren jener Empfänglichkeit für das Reine und Göttliche in der Person des Erlösers finden wir auch hier noch; aber doch kehrten diese Ausgesendeten nicht wie jene, in denen die geistige Gewalt des Herrn keine so sinnliche Wirkungen hervorgebracht hatte, unverrichteter Dinge zurück, sondern sie ermannten sich wieder und vollbrachten ihr aufgetragenes Werk, nicht mit Widerstreben und unter Entschuldigungen, wie man eine unwillkommene Pflicht vollzieht, sondern mit der Gleichgültigkeit des alltäglichen. Und doch gab der Erlöser — der freilich nicht, wie mancher andere nicht unedle Mann wol gethan haben würde, an jenen unwillkürlichen Schrecken anknüpfen und ihn durch den Donner der Rede erhöhen und dann durch

---

*) Joh. 18, 6.

sie hindurchschreiten konnte — dennoch gab er ihnen durch seine ferneren Reden Gelegenheit genug, in sich zu gehen und sich zu sagen, daß auch diesmal ihre Oberen es ihnen nicht als Pflichtverletzung hätten auslegen können, wenn sie den weit über sie alle erhabenen Mann gehen ließen, weil dieses Verfahren weder seiner noch ihrer Würde gemäß war; allein seine Rede ging an ihnen verloren, und jenen unwillkürlichen ersten Eindruck abgerechnet erscheinen sie als ganz würdige Werkzeuge einer Gewalt, welche den vorwurfsfreien und in der öffentlichen Meinung so hochgestellten Lehrer wie einen andern wirklichen Verbrecher gegen göttliche Ordnung und menschliche behandeln konnte. Ja wo eine Gewalt, die das Gute hemmen will, solche Diener genug mit leichter Mühe finden konnte, nun da war auch Sünde genug, um das Leiden des Erlösers hervorzubringen. Denn Sünde, ja schwere Sünde ist gewiß eine solche durch entgegengesetzte, wenn auch nur vorübergehende, geistige Aufregungen, durch unwillkürliche, wenn auch nur sinnliche Eindrücke, welche das Gute und Göttliche hervorbringt, sich selbst strafende Gleichgültigkeit!

Und nicht besser stellt sich uns die ganze Masse des Volkes dar, die auch hier bei der Gefangennehmung des Erlösers ihre Vertreter hatte. Denn unter der Schaar, welche sich den abgeschickten Dienern zugesellt hatte, mögen wol so manche gewesen sein, die öfter jene flüchtige Begeisterung für Christum getheilt hatten, die uns in den Evangelien so häufig entgegentritt! Wenn er auszubleiben schien und nicht nach seiner Gewohnheit unter den ersten auf dem Feste erschienen war, so entstand ein großes Fragen unter dem Volke, wie uns Johannes erzählt: Wird er kommen oder ausbleiben? warum verzieht er so lange? Aber wenn auch nicht dieselben Personen, ganz ähnliche wenigstens und aus derselben Klasse sind hier diejenigen, welche jetzt, wie es scheint, eben so wenig eifrig für die Sache des Rathes, als Christo zugethan, die Gefangennehmung des Erlösers nur als einen Gegenstand der Neugierde behandeln, ohne alle bestimmte Theilnahme, nur schaulustig, was sich dabei zutragen und wie es gelingen werde. Und wenn die Apostel Recht haben zu sagen, wie es auch der ganze Zusammenhang der Geschichte lehrt, daß unser Herr hochgeachtet und bewundert gewesen ist vor allem Volk; so sind auch die wieder dieselben und von derselben Klasse gewesen, welche am folgenden Tage weiter gingen und sich ganz gegen Christum auf die Seite der Hohenpriester schlugen, um ihnen alle blinde Kraft zu leihen, welche ein aufgeregter Volkshaufen ausüben kann, indem sie, frisch und bereitwillig, alle Folgen auf sich zu nehmen und alle etwaige göttliche Strafe mit ihren Nachkommen zu tragen, über den sonst so Bewunderten das Kreuzige, kreuzige ausriefen und so dem römischen Landpfleger das Todesurtheil des Erlösers abbringen halfen. — Und laßt es euch nicht wundern, daß ich auch diesen nur dieselbe Unempfänglichkeit und denselben Stumpfsinn zuschreibe. Denn gehaßt haben sie den Erlöser nicht; und was so erscheint, das war auch nur augenblicklich in ihrem Gemüth aufgeregt durch diejenigen, von denen sie bearbeitet und angetrieben wurden: wie denn überhaupt eine bestimmte Widrigkeit gegen das Gute und Wahre ursprünglich in den Gemüthern der großen Menge nicht wohnt. Aber ist dem Menschen einmal nicht darum zu thun, die Eindrücke, welche göttliche Wahrheit und göttliches Leben in ihm hervorbringen, festzuhalten; macht er daraus nicht das ernste Geschäft seines Lebens: dann ist er eine leichte Beute derer, welche wirklich gegen das Gute und Wahre arbeiten, beweglich durch sinnliche Vorspiegelungen, beweglich durch menschliches Ansehn; kurz alles, auch das Schlimmste kann für den Augenblick aus solchen Menschen gemacht werden, und, ohne sich auf diese künstlich erregte Stimmung eines im ganzen für das Höhere unempfänglichen Volkes zu stützen, hätten die Hohenpriester den Tod des Erlösers auf diesem Wege schwerlich herbeiführen können.

Wenn nun aber, meine geliebten Freunde, auch für uns von einer Gemeinschaft der Leiden Christi die Rede ist, zu welcher wir berufen sind: müssen nicht wir, die wir mitten in die durch das freie Licht des Evangeliums heller erleuchtete christliche Kirche gestellt sind, davor wenigstens sicher sein, daß uns auf diesem Wege eine solche Leidensgemeinschaft nicht entstehen kann? wird nicht schon von Kindheit an der geistige Acker vorbereitet, um den Samen des göttlichen Wortes aufzunehmen? wird nicht dieser Same in die Seele gestreut, ehe der Boden wieder erhärtet oder von erstickendem Unkraut besetzt sein kann? stimmt nicht auch hernach die ganze Gestaltung und Anordnung des Lebens dazu, die Empfänglichkeit für das Göttliche immer wieder zu erneuern und aufzurichten? sollte man es für möglich halten bei allen diesen beschützenden und belebenden Hülfsmitteln, daß irgend etwas anderes die Gemüther der Christen abziehen könne von der Theilnahme an Christo und an seiner Sache? daß späterhin irgend etwas so viel Gewalt über sie gewinnen könne, um hierüber nicht nur hervorzuragen, sondern auch die von Kindheit an genährte Anhänglichkeit so in den Hintergrund zu stellen, daß Liebe und Bewunderung sich in eine Gleichgültigkeit und einen Stumpfsinn verwandeln, welche hernach, eben wie es bei diesen aus dem Volke Juda geschah, von den Feinden des Erlösers in Dienst genommen werden können? Das wollen wir nun freilich nicht so leicht behaupten. Zunächst schon deshalb nicht, weil gar nicht zu denken ist, daß in der Gemeinschaft der Christen eine Feindschaft gegen Christum entstehen könne, wenn auch nur in wenigen, die sich dann eben so, wie es die Hohenpriester machten, jenes gleichgültigen Haufens bedienten. Vielmehr wollen wir glauben, daß bei allem Streit über das Christenthum selbst — und wenn auch noch so sehr diejenigen, die ihn erregen und dabei an der Spitze stehn, ein Theil dem andern Schuld geben, daß sie Feinde Christi und seines Reiches wären, — dem doch nicht also sei, sondern vielmehr beide Theile für Christum eifern, nur daß beide oder der eine wenigstens von beiden im Irrthum sind über seine Absicht oder seine Meinung; und daß, wenn nun die Anführer sich auch an die Menge wenden und diese in eine leidenschaftliche Bewegung ſetzen, es damit nicht die Bewandniß habe, daß, weil ſie für das Höhere unempfänglich ſind, ſie um ſo eher können aufgeregt werden für und gegen Menſchenſatzung und menſchliches Anſehn. Sondern wie viel Mißverſtand, ja Unverſtand auch dabei obwalten und mit wie unrechten Waffen auch möge gefochten werden: alle Theilnahme an ſolchem Streit rührt doch von dem geweckten Sinn für das Höhere her! und wem Leiden daraus entſtehen, der achte das nicht für die Gemeinſchaft der Leiden Chriſti, außer nur in ſofern etwa, als wir auch das zu den Leiden Chriſti rechnen, was er empfand bei dem Unverſtand und dem vorübergehenden Hader unter ſeinen Jüngern.

Aber daß es auch unter denen, die den Namen Chriſti bekennen, eine ſolche Unempfänglichkeit für das Höhere giebt, wer wollte das läugnen, der nur um ſich ſieht und dabei an das Gleichniß des Erlöſers von dem Samen des göttlichen Wortes denkt? Harte Seelen, für welche alle unſere bearbeitenden Einrichtungen noch nicht erweichend genug ſind, ach es giebt deren! und die mancherlei Anfechtungen, ſie wirken noch eben ſo austrocknend auf weniger geſegnete Gemüther! und die Sorgen des Lebens und die Reichthümer der Welt ſind noch immer überwachſendes Unkraut! und ſo lange es neben den treuen und zuverläſſigen Jüngern Chriſti noch ſolche zurückgebliebene oder zurückgekommene Seelen giebt, ſo können ſie auch eben ſo, wie dort das Volk von ſeinen Oberen, gemißbraucht werden von ſolchen, die kalt und ſelbſtſüchtig genug ſind, daß ſie, um Weltliches zu erhalten oder zu gewinnen, ſich wirklich als Feinde des Guten betragen, das auf dem Gebiete des weltlichen gemeinſamen Lebens gefördert werden ſoll. Die Leiden nun, die den treuen Dienern des Herrn auf irgend einem Gebiete aus dieſem Zuſtande entſtehen, die ſind wirklich in der Aehnlichkeit der Leiden Chriſti. Und wie viele giebt es deren! ja wie allgemein iſt die Klage, daß es deren beſtändig giebt! Denn die treuen Diener Chriſti ſtehen immer und in jeder Beziehung auf der Seite des Guten, mögen ſie es nun ſelbſt an die Hand geben, oder nur denen hülfreich und willfährig ſein, von denen es ausgeht. Wenn es alſo hintertrieben wird, indem die Eigennützigen und Gewaltthätigen durch Vorſpiegelungen aller Art die Meinung und den Beiſtand der an und für ſich für das Gute wenig erregten Menge gewinnen: ſo leiden jene, und wenn auch kein Kreuzige, kreuzige über ſie ausgerufen wird. Wiewol auch das ſelten ausbleibt; denn Eigennutz und Herrſchſucht ſind, der reinen Liebe zum Guten gegenüber, immer entweder leidenſchaftlich und gewaltthätig, oder argliſtig und heimtückiſch. Weil nun aber dieſe doch immer nur wenig ausrichten können ohne jene Menge, ſo wendet ſich nun auch billig die echte wohlthätige Liebe der Jünger Jeſu am meiſten denen unter unſern Brüdern zu, welche am meiſten in Gefahr ſind, in eine ſolche Unempfänglichkeit zu verſinken, damit ſie offen erhalten werden für das Gute und immer mehr gewaffnet gegen jene Umtriebe, die von verderbten Mächtigen oder ſonſt Angeſehenen ausgehn. So oft wir an dieſes Kreuzige denken, das ſo bedeutend daſteht in dieſer letzten Entwicklung der Führung des Erlösers, und es uns schwer aufs Herz fällt, wie leichtsinnig die Verführten für die That ihrer Verführer die Verantwortung übernehmen wollten vor Gott und Menschen, so daß die Hohenpriester sich mit demselben Recht rein waschen konnten wie Pilatus: wieviel Aehnliches fällt uns nicht ein aus den Geschichten der Menschen im Großen und im Kleinen! Und wenn wir nun bedenken, daß auch unter denen, welchen es hernach durchs Herz ging, daß sie zu Petrus und den andern Aposteln sagten: Ihr Männer, lieben Brüder, was sollen wir thun, daß wir selig werden, oder unter denen, die bei andern Gelegenheiten von der Wahrheit des Evangeliums ergriffen wurden, manche von diesen Kreuzigern mögen gewesen sein: wie sehnlich müssen wir nicht wünschen, solcher Sünde auf alle Weise vorzubeugen und unsere Brüder vor dem Zustande zu bewahren, in welchem sie so verderblichen Einwirkungen Raum zu geben fähig sind.

Was war aber zweitens die Sünde in den Hohenpriestern und Aeltesten des Volkes, durch welche diese große Menge in Bewegung gesetzt war? Laßt uns dabei ja nicht vergessen, daß gerade von ihnen der Erlöser selbst sagt: Sie wissen nicht was sie thun, und daß auch Paulus diese Leiter des Volkes vorzüglich im Sinne hat, wenn er Israel das Zeugniß giebt: Sie eiferten wol um Gott, aber mit Unverstand.*) Halten wir uns an diese Vorgänger, so werden wir so gehässigen Ansichten nicht Raum geben, daß bei diesen Gegnern des Erlösers eine Feindschaft gegen das Gute überhaupt zum Grunde gelegen habe; denn widersprechen wollen wir doch diesen beiden nicht. Schwerlich also werden wir etwas anderes sagen können, als auch dieses schon sei aus jenem unverständigen Eifer hergekommen, der aber, weil er nicht ganz rein war — denn etwas Unreines ist immer im Spiel, wenn der Eifer so ins Unverständige ausweicht, — auch nicht wagte offen hervorzutreten, sondern lieber ein hinterlistiges Verfahren einschlug. Denn offenen Streit mit dem Erlöser und offnes Auftreten gegen ihn im Angesichte des Volkes hatten diese Gegner, wie wir aus dem Stillschweigen der Evangelisten schließen können, immer vermieden. Einzelne zwar hatten sie bisweilen abgeschickt, um Fragen an ihn zu stellen, wodurch sie eine Sache gegen ihn bekämen; das war aber durch die klare und einfache Weisheit des Erlösers immer vereitelt worden. Nur einmal hatten sie es gewagt, ihn geradezu zu fragen, er möge ihre Seele nicht länger aufhalten, sondern es gerade heraus sagen, ob er Christus sei; als er aber, um sich mit ihnen darüber näher zu verständigen, auch selbst eine vorläufige Frage an sie richtete, so wichen sie ihm gleich aus und hatten nicht Lust, sich mit ihm in einen Gedankenwechsel über diesen Gegenstand einzulassen. Heimlich aber waren sie unter einander eins darüber geworden, es sei besser, daß Einer umkomme, denn daß das ganze Volk zu Grunde gehe. Sie wollten also auch in diesem Rathe das Beste ihres Volkes auf eine thätige Weise, und das war der Eifer; daß sie

---

*) Römer 10, 2.

aber glaubten, ihrem Volke — welchem der Erlöser seine persönliche Wirksamkeit ausschließend widmete und durch die Uneigennützigkeit und Bescheidenheit seines Wirkens deutlich genug zeigte, daß er nichts anders wollte, als das Volk zu dem leiten, was zu seinem Frieden diente, — diesem Volke könne durch eine solche Wirksamkeit in Thun und Lehre ein wesentlicher Nachtheil entstehen, und das Joch der äußeren Knechtschaft, von dem sie es am liebsten befreit hätten, könne durch das, was er lehrte und forderte, statt erleichtert, vielmehr so erschwert werden, daß das Volk ganz zu Boden gedrückt würde: das war der Unverstand in ihrem Eifer. Hätten sie aber dabei reines Herzens sein können, hätte sich hinter diesem Eifer für das Wohl des Volkes in seinem Verhältniß zu Gott und dessen von Wenigen recht verstandene Erwählung nicht ein anderer Eifer versteckt für ihre eigene Ehre und für ihre bisherige Weise zu lehren und das Volk durch ihr Ansehn zu beherrschen: so würde doch ihr Eifer den natürlichen Gang genommen haben, daß, wenn sie Christi Lehre und Gebote für schädlich hielten, sie ihn hätten öffentlich zu widerlegen und öffentlich gegen ihn zu warnen gesucht; denn so pflegt reiner Eifer aufzutreten. Aber jene verborgene Schuld, jene geheime Rücksicht auf sich selbst hinderte sie daran und nöthigte sie fast, statt es auf den Erfolg einer Widerlegung ankommen zu lassen, lieber Gewalt mit einem leeren Schein des Rechtes anzuwenden. Wenn sie diesen Weg nicht eingeschlagen hätten, so wäre auch das Leiden des Erlösers nicht herbeigeführt worden; denn in dem offenen Streit der Rede würde er sie immer besiegt haben, und sie hätten dann, ohne sich selbst zu widersprechen und also sich vor aller Welt zu vernichten, den Weg der Gewalt nicht mehr einschlagen können und keinen Vorwand gehabt, ihn zum Tode in die Hände der Römer zu überliefern. Es gilt also von ihnen, was der Erlöser sagt: Wer aber Böses thut, der kommt nicht an das Licht, auf daß seine Werke nicht gestraft werden*), und das war ihre Sünde. Die Anhänglichkeit an das väterliche Gesetz und die alte Sitte kann übertrieben gewesen sein; der Wunsch einen längst vergangenen Zustand zurückzuführen war thöricht; das Nichtverstehen der Zeichen der Zeit für solche, die das Volk leiten wollten, vielleicht unverantwortlich: die eigentliche Sünde aber war die, daß sie unter einem leeren Vorwand und gegen besseres Wissen Geistiges, mochten sie es nun auch für verderblich halten, nicht mit geistigen Waffen bekämpften, sondern mit fleischlichen, nur weil sie nicht wollten ans Licht kommen, damit nicht ihre blos äußerlichen Werke ohne Herz, damit nicht ihre unreinen Absichten gestraft würden.

Wir aber, meine geliebten Freunde, wir — und das gilt doch im weiteren Sinne von allen, unter denen wir leben — waren, wie der Apostel Paulus sagt, ehedem zwar auch Finsterniß, nun aber sind wir ein Licht in dem Herrn**). Wie geht es also doch zu, daß auch unter uns Christen eben diese Sünde — denn es bedarf wol keiner Beispiele

---

*) Joh. 3, 20. — **) Ephes. 5, 8.

aus der Vergangenheit oder Gegenwart — auch noch immer verkannt und dann natürlich für alle diejenigen, die nur auf dem einfachen Wege offener Mittheilung und Zusprache das Gute und Wahre zu fördern wissen, eine Quelle wird von Leiden, die wahrhaft in der Aehnlichkeit sind mit den Leiden des Herrn? Was sollen wir anders sagen, als daß leider daraus am besten zu sehen ist, es sei noch nicht alles unter uns, wie es sein soll. Aber nicht ist dieses etwa wie andere menschliche Schwächen und Unvollkommenheiten, von denen ja, wie wir wol wissen, auch die Kirche Christi hier nicht frei sein kann: sondern dieses ist mehr; es ist ein Zeichen, daß auch das innerste Gemüth noch ein Kampfplatz ist, wo Licht und Finsterniß sich streiten. Denn wo die innerste Gesinnung schon rein ist und Licht, da ist für diese Sünde kein Raum mehr. Denn wer nur schon seine Lust hat an dem Licht — mag dann auch immer noch viel Finsterniß in ihm sein, die durchleuchtet werden muß: doch kann einem solchen nichts lieber sein und er kann nichts Besseres begehren, als daß alle seine Werke an das Licht kommen. Denn wer nur das Reich des Lichtes auch in sich selbst fördern will, der weiß auch, daß, so wie man auf den innersten Bewegungsgrund seiner Werke sieht, sie alle in Gott gethan sind; was aber zwischen diesem innern Bewegungsgrunde, zwischen der reinen Absicht eines wohlwollenden Gemüthes und der äußeren Handlung liegt: darüber läßt sich ein solcher gern prüfen von jedem. Denn was es auch Mangelhaftes und Tadelnswerthes sei, Irrthum und Uebereilung, Leidenschaftlichkeit und Versäumniß: daß das alles ans Licht hervorgezogen wird, kann einem solchen nur zum größten Vortheil gereichen, weil er dadurch gefördert wird in der Selbsterkenntniß und in der Erkenntniß dessen, was zu einem gottgefälligen Wandel gehört. Ja, wenn nur alle, welche sich Christen nennen, auf dieser Stufe ständen, wie unvollkommen sie übrigens sein möchten: so gäbe es dann nichts anderes unter uns, als die Gemeinschaft des Lichtes, brüderliches Bekenntniß und brüderlichen Zuspruch, welches alles nichts ist als Friede und Freude in dem heiligen Geist. Denn wer des anderen Werke straft, wenn sie ans Licht kommen, der thut Freudiges, weil er ein wohlgefälliges Werk verrichtet im Dienste seines Herrn; und wessen Werke so gestraft werden, dem widerfährt Freudiges, weil er zugerichtet wird zu diesem Dienst. Wo aber die Absicht nicht rein ist, da ist auch die Freude am Licht noch nicht vollkommen; es entsteht vielmehr ein Bedürfniß für solche Fälle das Dunkel der Heimlichkeit zu suchen und eine, wenn auch nur vorübergehende Freude, an der Verborgenheit und an der Finsterniß. Je weniger nun jeder, der sich dahin stellt, seine eigenen Kräfte in volle Thätigkeit setzen kann, theils weil er in dem Augenblick von der Wahrheit abgewendet ist, die allein vollen Muth giebt und erhält, theils weil er neben dem Werk, welches er verrichten will, noch eine andere Sorge hat, nämlich, daß seine Absicht nicht ans Licht komme; und je mehr es zugleich jedem, dessen Absicht nicht rein ist, gerade auf den glücklichen Erfolg ankommt: um desto mehr ist er genöthigt, andere durch allerlei Mittel in Thätigkeit zu setzen, und so entsteht die Sünde der Hohenpriester und Aeltesten immer wieder aufs Neue.

Muß uns nun das Leiden des Erlösers die tiefste Empfindung davon geben, daß jede solche Handlungsweise, der Gegenstand sei welcher er wolle, doch immer wieder gegen ihn und sein Reich gerichtet ist: o so laßt uns auf alle Weise darnach trachten, daß wir uns ganz losmachen von den Umstrickungen der Finsterniß, um endlich ganz im Lichte zu wandeln. Müssen wir aber gestehen, es liege in der Unvollkommenheit derer, welche die Gemeinde der Christen bilden, daß noch immer aus dieser zwiefachen Gestaltung der Sünde Leiden ihren Ursprung nehmen für diejenigen, die eben von einem reineren Eifer das Reich Gottes zu fördern beseelt sind: so laßt uns, damit wir auch, wenn diese bessere Reihe uns trifft, das Unsrige thun können, zweitens fragen, wie denn nun der Erlöser dieser Sünde entgegengetreten ist, so daß er in dem Kampfe gegen dieselbe seinen Beruf vollkommen erfüllt hat.

II. Bei diesem zweiten Theil unserer Betrachtung können uns nur die eigenen Worte des Erlösers leiten. Sie enthalten freilich nichts, als daß er in diesem Augenblick auf die Vergangenheit zurücksieht, indem er nämlich zu den Schaaren sagt: Ihr seid jetzt bei nächtlicher Weile bewaffnet herausgegangen um mich zu fangen, wie man einen Räuber zu fangen sucht in seinem verborgenen Schlupfwinkel; habe ich doch täglich mitten unter euch gesessen im Tempel und gelehrt, und ihr habt mich nicht gegriffen. Hierin aber liegt zweierlei, woran wir auch für uns vollkommen genug haben, nämlich der Erlöser legt ein Zeugniß ab für sich selbst, aber auch ein Zeugniß gegen die, mit denen er es zu thun hatte.

Das Zeugniß von sich selbst ist hier nicht so deutlich ausgesprochen, als mehrere dergleichen lauten, die wir in den Reden des Erlösers finden; aber es liegt doch in dem Zusammenhange. Denn sehet nur zuerst, mit welcher Zufriedenheit er auf sein öffentliches Wirken und Lehren im Tempel zurücksieht; wie er sich und denen, mit welchen er redet, die Kräftigkeit und Wahrheit seiner Rede, wie sie sie auch oft konnten empfunden haben, vergegenwärtigt, indem er sie erinnert, daß sie dem, was er öffentlich gelehrt, nicht mit Erfolg widersprochen hätten, sie würden es also auch jetzt nicht können; daß sie, was er gethan, keines Unrechtes hätten zeihen können, und sie würden es auch jetzt müssen stehen lassen, möchten sie ihn nun binden und was sie sonst wollten mit ihm anfangen oder nicht. Indem er dieses Zeugniß ablegte für die innere und reine Wahrheit seines Wirkens und Lehrens, welches sich ohne Besorgniß eines Tadels vor aller Welt offen hinstellen konnte, ruhte er nun mit Wohlgefallen auf dem Werke, welches er bis dahin geführt und unter dieser Gestalt nicht weiter führen sollte. Indem er aber dies Zeugniß ablegte, erfüllte er zugleich seinen Beruf. Denn was auch der Erlöser thun konnte, um die Gemüther der Menschen zu ergreifen, das größte, das, was allein im Stande war, sie unauflöslich an ihn zu binden und bei ihm festzuhalten: es war immer nichts anderes, als ein Zeugniß von sich selbst, welches er ablegte. Alle die schönen Worte, wodurch er die Menschen zu sich einlud und also ein erstes Verhältniß mit ihnen anknüpfte, indem er ihnen Verheißungen gab von dem, was sie durch ihn erlangen würden; alle die tiefsinnigen Worte, welche seine näheren Jünger jedesmal mit besonderer Freude vernahmen, weil es ihren Glauben befestigte, wenn er ihnen Aufschluß gab über sein Verhältniß zu seinem Vater: was waren sie anders, als eine Reihe herrlicher Zeugnisse, welche er ablegte von sich selbst? Wenn wir uns nun erinnern, wie häufig solche Zeugnisse in den Reden des Erlösers vorkommen, und, wie nicht zu läugnen ist, gerade durch solche Zeugnisse habe er große Wirkungen auf die Gemüther hervorgebracht; ja wie er das auch als eine von seinen ersten Forderungen aufstellt, wenn er von sich selbst zeuge, so sei sein Zeugniß wahr, und es solle angenommen werden, — da es doch die Regel ist überall unter uns, daß dem Zeugniß eines Menschen von sich selbst nicht nur nicht viel geglaubt wird, sondern daß man auch nicht viel von solchen hält, welche es in der Art haben, viel von sich selbst zu zeugen, und welche meinen dadurch etwas zu gewinnen: so fragen wir uns wol zuerst mit Recht, worin denn dieses letztere seinen Grund habe. Warum wird keinem so leicht in seiner eigenen Sache geglaubt? warum ist es ein so allgemeiner Grundsatz, daß keiner vermöge zu zeugen von sich selbst? Nur deswegen, weil wir überall die Sünde voraussetzen und in Verbindung mit der Sünde auch den Irrthum, und beide am kräftigsten und gewöhnlichsten sich darin offenbarend, daß der Mensch sich täuscht über sich selbst, und daß er auch nicht selten andere täuschen will. Wer aber fragen konnte: Welcher unter euch kann mich einer Sünde zeihen, der durfte auch selbst für sich zeugen und konnte Glauben verlangen für sein Zeugniß. Darum so oft der Erlöser auf diese Weise von sich selbst zeugt, redet und handelt er aus dem Bewußtsein seiner eigenthümlichen Kraft, aus dem, daß er die Wahrheit sei und das Licht der Welt, und spricht durch die strenge Forderung des Glaubens seinen Unterschied von allen andern Menschen auf das Kräftigste aus. Darum trat er auch jetzt der vereinten Gewalt der Sünde, die auf ihn eindrang, mit nichts anderem entgegen, als mit einem solchen Zeugniß. In diesem Augenblick, wo seine äußere Wirksamkeit zu Ende ging, konnte er nichts mehr als auf seine bisherige Wirksamkeit das Siegel drücken durch dieses Zeugniß. Auch wir unter einander glauben doch dem Zeugniß eines Menschen von sich selbst am meisten, wenn er es im Angesichte des Todes ablegt. Da, meinen wir, könne er nicht mehr täuschen wollen, da gehe ihm ein richtiges Bewußtsein auf, die Wahrheit scheine dies eine Mal in sein Innerstes, und er täusche auch sich selbst nicht; was einer dann gesteht oder auch rühmend und dankbar aussagt, das halten wir für seine innerste Wahrheit. Wieviel mehr also konnte der Erlöser darauf rechnen, daß es zu seinem Beruf gehöre und nicht ohne Segen für sein Werk bleiben könne, wenn er sich in diesem bedeutenden Augenblicke noch beifällig zu allem bekenne, was er bisher gethan und gelehrt, so daß jedermann inne werden könne, er nehme nichts zurück und nichts thue ihm leid. Wenngleich nach dem ewigen Rathschluß Gottes das Weizenkorn keine Frucht bringen konnte bis es erstorben war, und also erst der Tod des Herrn sein voller Sieg war über die Sünde: so stellt doch das gute Bekenntniß, welches er während seines Leidens bekannt, wovon diese Worte der Anfang sind, seinen Tod erst in dem rechten Lichte dar; und mit Recht hat die christliche Kirche von Anfang an einen hohen Werth auf dasselbe gelegt. Mit dieser Freudigkeit, mit diesem muthigen Zeugniß war Christus Sieger in dem Augenblick, als er in die Gewalt seiner Feinde gerieth; und in den Herzen seiner Jünger befruchtete dieses Zeugniß, wenn auch dies im Augenblick nicht merklich wurde, den Muth, mit welchem sie hernach auf gleiche Weise öffentlich im Tempel in seinem Namen lehrten und wirkten, und alle Gläubigen haben sich immer daran erquickt und gestärkt.

Immer jedoch können und wollen wir uns darin den Erlöser nicht zum Vorbild setzen, daß wir glauben könnten, zum Sieg über die Sünde, sowol über die Unempfänglichkeit, als über die Falschheit der Menschen, etwas Großes und Segensreiches zu wirken durch ein Zeugniß, welches wir von uns selbst ablegten. Denn wenn wir auch Glauben fänden, wäre es auch nicht früher, doch vielleicht unter solchen Umständen, wie der Erlöser hier zeugte: was hätten wir denn von uns selbst zu zeugen? Wir bekennen ja immer gemeinsam und jeder für sich, daß wir nichts sind für uns selbst, sondern nur etwas in der Gemeinschaft mit ihm, wir die Reben, er der Weinstock, so daß, wollen wir Frucht bringen, wir an ihm bleiben müssen; wir bekennen, daß, wollen wir leben, nicht wir leben müssen, sondern er in uns. Nur dadurch also können wir ihm ähnlich sein und bleiben, scheint es, wenn wir von demselben zeugen, von dem er auch zeugte, nämlich von ihm. Dazu hat er ja von Anfang an seine Apostel und mit ihnen auch uns berufen, daß wir seine Zeugen sein sollen, und gewiß erwartet auch keiner von uns irgend einen wirklichen Beitrag, großen oder kleinen, zu dem Siege über die Sünde von etwas anderem. Und die Leiden der Christen um ihres Glaubens willen haben den gefeierten Namen des Märtyrerthums nur davon, daß sie mit dem Zeugniß von ihm zusammenhingen. Aber doch, wenn unser Zeugniß von ihm kräftig sein soll und lebendig: so muß es zugleich ein Zeugniß sein, welches wir von uns ablegen. Denn jetzt, da auch das Wort der Schrift von ihm zeugt, kann unser Zeugniß nur etwas sein, wenn wir von ihm zeugen durch unsere Geschichte. So wie er eigentlich gekommen war, daß er von dem Vater zeuge und ihn offenbare; aber er mußte, um dies zu thun, von sich selbst zeugen: so auch wir, deren Beruf ist, von ihm zu zeugen, müssen von uns selbst zeugen und dürfen auch Anspruch darauf machen, daß unserm Zeugniß geglaubt werde, weil wir uns nicht unse=

rer selbst rühmen, sondern seiner. Treten wir mit diesem Zeugniß der Gewalt der Sünde entgegen: so kann es freilich geschehen, daß verstockte Sünder ihre Freude daran haben, wie auch bei dem Tode des Erlösers, daß wir nicht einmal uns selbst helfen können nach ihrer Weise; wir werden aber dennoch dadurch allein andern hülfreich sein und, wenn auch äußerlich besiegt, doch in der That Sieger sein über die Sünde.

Und dies, meine geliebten Freunde, ist auch die allgemeine Geschichte des Zeugnisses von Christo und aller Leiden, welche die wahren Jünger des Herrn wegen desselben und also in Gemeinschaft der Leiden Christi selbst jemals erduldet haben. Daß sie ihre eigene Geschichte vortrugen als die allgemeine Geschichte aller Menschen, von der aber diejenigen, welche noch nicht an den Erlöser glauben, nur den ersten niederschlagenden Theil erlebt haben: das war ihr Zeugniß, und damit griffen sie den Menschen ans Herz und besiegten in ihnen die Herrschaft der Sünde, während sie selbst von der äußeren Gewalt der Sünde ergriffen wurden. Und immer sind es auch dieselben beiden Gestalten der Sünde, welche uns dabei entgegentreten. Die Sünde des verblendeten Volkes, wie ungeschlachtet es sich auch geberde, erregt mehr mitleidige Thränen, wie auch bei dem Erlöser, als er sagte: Jerusalem, Jerusalem, wie oft habe ich deine Kinder versammeln wollen, wie eine Henne ihre Küchlein versammelt unter ihre Flügel, aber du hast nicht gewollt; wie oft habe ich dir gesagt, was zu deinem Frieden dient, aber du hast es nicht vernommen! Die Sünde der unreinen Führer erregt mehr unsern Eifer, wie auch bei dem Erlöser, als er sein Wehe ausrief über die Schriftgelehrten und Pharisäer, welche, sagt er, die Schlüssel des Himmelreichs hätten, aber weder selbst hineinkämen, noch andere hineinließen. Aber wie hier im Augenblick seiner Gefangennehmung, wo beide vereinigt waren, der Erlöser, ohne der einen, oder der andern jener Empfindungen freien Lauf zu lassen, seine Kraft zusammendrängt in dieses Zeugniß: so ist auch für uns und wird immer für alle Christen dieses Zeugniß das einzige richtige sein, worin alle unsere Empfindungen bei der noch in der Christenheit herrschenden Sünde endigen. Denn es giebt nichts Kräftigeres, um die Finsterniß, die sich wieder in die Seele eingeschlichen hat, zu durchbrechen, als das Zeugniß von dem Licht, bei welchem jeder selbst seine Werke strafen muß, und das Zeugniß von dem Frieden, nach welchem das Verlangen erwachen muß, wenn er sich in einem entscheidenden Augenblick als der Gemüthszustand eines andern zu erkennen giebt. Und so ist es eben diese Standhaftigkeit des Zeugnisses, welche allein jedes Leiden um des Erlösers willen zu einem solchen adelt, welches in der Aehnlichkeit mit dem seinigen ist.

Aber in denselben Worten legt der Erlöser auch zweitens ein Zeugniß ab gegen diejenigen, mit denen er es zu thun hatte. Es liegt darin unverholen gegen die einen der Vorwurf der Feigherzigkeit, mit welcher sie immer dem offnen Kampf ausgewichen waren, und diese hing mit dem Bewußtsein ihrer unreinen Absichten auf das Genauste zusammen. Gegen die andern lag darin eben so deutlich der Vorwurf des Wankelmuthes und der Veränderlichkeit, weil ja offenbar die Eindrücke verpflogen sein mußten, die sie sonst von ihm aufgenommen hatten. Und beides, das Zeugniß für den Erlöser und das Zeugniß gegen die Sünde, hängt auch nothwendig zusammen. Wie er in diesem Augenblick, wo ihm nur wenige Worte zu Gebote standen und er die Wirkung, welche diese thun mochten, gar nicht weiter verfolgen konnte, doch von keiner falschen Schonung wissen wollte: so müssen wir es auch uns empfohlen sein lassen, wenn wir für die Sache des Herrn und gegen die Sünde zu wirken gedenken, das Zeugniß gegen die Sünde eben so wenig zu unterlassen, als das für den Erlöser, unter den Trübsalen des Reiches Gottes eben so wenig, als in solchen Zeiten, wo uns leichtes Spiel gegeben ist in der Förderung des Guten. Immer sei uns das ernste Wort und die strenge Rede gegen die Sünde eine heilige Pflicht, und nie müssen wir, ich will nicht sagen vermeiden, sondern auch nur versäumen, die Menschen, wo wir nur irgend hoffen dürfen, daß sie es fassen werden, aufmerksam darauf zu machen, was sie eigentlich hindert an der Seligkeit theilzunehmen; am sichersten aber werden wir es thun können, wenn sie sich gegen das Gute auflehnen in unserm Gebiet. Denn da können sie an unserm Rechte zu reden nicht zweifeln, und wir haben ihr innerstes Gewissen auf unserer Seite. Können wir dann noch, und das wird in solchem Falle selten fehlen, eben so aus der unmittelbaren Erinnerung ihres und unseres gemeinsamen Lebens reden, wie der Erlöser hier that: o so ist ein solches Wort gewiß das kräftigste, wenn auch die Wirkung nicht im Augenblick bemerkt wird. Denn ein solches ruft den Menschen Augenblicke in das Gedächtniß zurück, besser als die, in denen sie sich eben befinden, so daß sie sich gestehen müssen, es könnte besser um sie stehen, wenn sie jene festgehalten hätten und den Geist derselben in ihrem Leben walten ließen, und daß sie sich auch nicht verbergen können, welches dieser Geist sei und worauf es also ankomme. Wenn so in dem Herzen derer, welche sich eben empören gegen das Reich Gottes, eine geheime Stimme geweckt wird, welche für dasselbe redet: gewiß es giebt keinen schöneren Sieg, den wir erringen könnten in dem Augenblick der äußern Niederlage. So der Erlöser, und wir nach ihm.

Halten wir nun die Zuversicht fest, daß ein solcher Same nicht vergeblich gestreut werde: dann werden wir uns auch über das, was uns selbst äußerlich begegnen kann, eben damit zu trösten wissen, womit der Erlöser sich beruhigte. Das mußte alles geschehen, damit erfüllet würden die Schriften der Propheten. In diesen nämlich mußte er die göttlichen Rathschlüsse niedergelegt; wenn er also sagt: Das alles mußte geschehen, damit erfüllet würde, was die Propheten geschrieben haben von des Menschen Sohn: so verband er damit den Glauben, der ihn immer beseelt hatte, daß alle Rathschlüsse Gottes und alle Verheißungen Gottes in ihm selbst Ja und Amen wären; den Glau=

ben also, wie bis jetzt diese Schriften an ihm und durch ihn in Erfüllung gegangen wären, so werde auch dem übrigen die Vollendung nicht fehlen. Das Ende aller jener Weissagungen ist das köstliche Wort, daß eine Zeit kommen werde, wo der Geist Gottes über alles Fleisch soll ausgegossen werden*) und wo keiner mehr den Andern lehren wird, weil alle von Gott gelehrt sein würden**). Auf diese göttlichen Verheißungen, deren sich der Herr auch sonst getröstete***), sah seine Seele auch in diesem verhängnißvollen Augenblick, und von dieser Zuversicht begeistert gab er sich denen hin, die ihn banden, um ihn zum Tode zu führen. Solcher Hoffnungen erfüllt und in ihrem Herzen gewiß sind von jeher auch alle die gewesen, welche gewürdigt worden sind theilzunehmen an den Leiden des Erlösers. Mitten unter ihren Leiden konnten sie sich erquicken an frohen Aussichten für das Reich Gottes, welches nicht nur bestehen, sondern sich auch weiter fortpflanzen sollte bis an das Ende der Tage, und theilten also auch den Sieg über die Sünde, daß die äußere Gewalt derselben ihnen die Freudigkeit des Herzens in Bezug auf das, wofür sie litten, nicht zu rauben vermochte. Dessen können sich immer alle versehen, welche im Einklang stehen mit dem, welchem ganz anzugehören und uns ganz hinzugeben für uns alle die einzige und höchste Seligkeit ist. Ja, wie das Wort Gottes an ihm in Erfüllung gegangen ist, daß er durch Trübsal und Tod eingehen mußte in seine Herrlichkeit: so wird auch das Letzte erfüllt werden, was von ihm geschrieben steht, daß alle seine Feinde werden gelegt werden zum Schemel seiner Füße†). Amen.

VIII.
Die tröstliche Verheißung Christi an seinen Mitgekreuzigten.

Passionspredigt.

Text: Lukas 23, 43.

Und Jesus sprach zu ihm: Wahrlich ich sage dir, heute wirst du mit mir im Paradiese sein.

Dieses zweite unter den Worten unsers Erlösers am Kreuze, meine geliebten Freunde, steht in der genautesten Verbindung mit dem ersten, welches wir neulich zum Gegenstande unserer Betrachtung gemacht

---

*) Joel 3, 1. — **) Jerem. 31, 34. — ***) Joh. 6, 45. — †) 1. Kor. 15, 25.

haben. Dort flehte der Menschensohn für die, welche spottend sein Kreuz umgaben, Vergebung von seinem Vater, weil sie nicht wüßten, was sie thäten; hier verkündigt der Gottessohn aus sich selbst einer bußfertigen Seele nicht nur Vergebung, sondern Seligkeit mit ihm und durch ihn. Erhöht war der Herr schon von der Erde, wenn gleich jetzt nur erst am Kreuz; und wie er selbst von sich sagt, wenn er einst kommen werde, von oben zu richten die Völker der Erde, würden sie gestellt werden die einen zu seiner Rechten, die andern zu seiner Linken: so war auch hier einer gestellt ihm zur Rechten und einer zur Linken, Uebelthäter beide, wie ja alle Geschlechter der Menschen vor Gott und ihm nur dieses sein können; denn wer müßte nicht zu ihm sagen: Herr, ich habe gesündigt gegen den Himmel und vor dir! Aber eben wie er auch selbst von seinem Leben auf Erden sagt: des Menschen Sohn sei nicht gekommen, daß er richte: so richtete er auch hier nicht. Sondern schweigend nur übergeht er den, der selbst in der Stunde des Todes sich in das sinnlose Hohngelächter seiner Feinde mischte; den aber, der zu ihm sagte: Herr, gedenke an mich, wenn du in dein Reich kommst, den wußte er, als derjenige, welcher bestimmt war, wenn er selbst von der Erde erhöht sein würde, sie alle zu sich zu ziehen, durch das Wort, das wir soeben gehört haben, auf das Kräftigste zu trösten.

Von jeher nun hat sich das sehnsüchtige Verlangen der Christen in dieses tröstende Wort des Erlösers vertieft; aber wol nicht immer so, daß alles echt und dem Sinne des Erlösers gemäß gewesen wäre, was daraus ist geschlossen worden. Daher, wenn auch wir in der gegenwärtigen Stunde näher mit einander erwägen wollen: Was diese tröstliche Verheißung besagt, so wird es wol nöthig sein, daß wir zuerst mancherlei beseitigen, was aus diesem Worte gefolgert und worauf gar oft der meiste Werth gelegt wird, was mir aber nicht richtig zu sein scheint, damit wir uns nicht täuschen, indem wir etwas darin zu finden meinen, was der Erlöser selbst nicht hineingelegt hat; und wenn wir das zuvörderst gethan, dann werden wir uns mit desto innigerer Freude dessen getrösten können, was für uns, so wie für alle, die wie jener als Sünder vor ihm erscheinen müssen, erfreuliches in diesem Worte liegt.

I. Von dem also, was ich unserer Betrachtung gern aus dem Wege räumen möchte, als in den Worten unseres Textes nicht liegend, ist das erste dieses.

Die gläubige Verehrung gegen den Erlöser glaubt hier an dem, zu welchem Christus dieses sagte, ein Beispiel zu finden von der seligen Wirksamkeit auch einer sehr verspäteten Buße. Wie könnte es auch wol eine herrlichere Vorstellung geben von der allmächtigen Kraft der Erlösung, als wenn wir unser inniges Mitleiden mit denen, welche ihr Leben in der Entfernung von dem Erlöser verträumen oder vergeuden, in dem starken Glauben stillen, es bedürfe nur eines Augenblicks, wenn auch erst im letzten Verlöschen des Lebens, um jeden solchen unglücklich Verirrten mitten aus der tiefsten Unseligkeit plötzlich in die vollkommenste Seligkeit zu versetzen. Aber wenn einige sich an diesem Glauben von Herzen erfreuen und die unendliche Größe der göttlichen Barmherzigkeit darin preisen, daß sie auch nach einem ganz gottvergessenen Leben und in einem Augenblick selbst die verderbteste Seele umzuschaffen weiß: so tragen andere Bedenken wenigstens dieses auszusprechen, aus Furcht dem Leichtsinn und Wankelmuth vieler Menschen Vorschub zu thun, indem rohe Gemüther wähnen würden, daß sie ohne bedeutenden Schaden für ihr ewiges Heil das ganze irdische Leben ihrem sündlichen Dichten und Trachten weihen könnten und daß dennoch in dem Augenblick des Todes die göttliche Gnade in Christo sich auch ihrer erbarmen werde.

Wenn ich nun bevorworten will, daß das in diesem Wort des Herrn nicht liege, so geschieht das nicht etwa, weil ich diese Besorgniß theile. Denn wie könnte wol irgend eine wahre und richtige Darstellung der unendlichen Liebe Gottes in Christo jemals ein menschliches Herz ins Verderben führen? Vielmehr müssen wir ja wol gestehen, so lange jemand im Stande ist, von dieser tröstlichen Vorstellung, daß der göttlichen Gnade nichts unmöglich ist und daß sie jeden Widerstand überwinden kann, einen so schnöden Mißbrauch zu machen, so lange ist er in sich selbst noch eben so fern von dem Reiche Gottes, als er sein würde, wenn ein solches tröstliches Gnadenwort nirgends geschrieben stände. Also nicht dieses Wort stürzt ihn ins Verderben, sondern er eilt demselben entgegen durch die Verstocktheit und den Trotz seines sündigen Herzens. Nicht also aus Furcht vor diesen Folgen eines Mißverständnisses, sondern nur, damit wir auch ein einzelnes Wort des Erlösers in seinem Zusammenhange nicht mißverstehen, vielmehr jedem Worte des Herrn sein volles Recht widerfahre, laßt uns sehen, in wiefern dasselbe die Hoffnung auf solche plötzliche Wunderwerke der göttlichen Gnade begünstigt. Zwei Uebelthäter, todeswürdiger Verbrechen angeklagt und schuldig befunden, wurden mit dem Erlöser hinausgeführt, um dieselbe Strafe wie er zu erleiden. Je mehr nun der eine von ihnen unser Gefühl empört durch den Antheil, den er noch im Angesichte des Todes an der Verhöhnung des Erlösers nimmt, der andere hingegen uns rührt durch die Art, wie er den Erlöser vertheidigt und sich an ihn wendet: um desto weniger können wir uns ja wol für berechtigt halten, sie beide einander gleich zu stellen. Denn daß sie beide hier in gleiches Schicksal verwickelt gefunden werden und vielleicht gar als Genossen ein und desselben Verbrechens, das nöthiget uns keinesweges hierzu. Wie oft sehen wir nicht bald in der Verwirrung der Leidenschaft, bald in der Verwirrung der Gedanken einen sonst wohlgearteten und bis dahin rechtschaffenen Menschen zu einer That getrieben, welche der weltliche Richter nicht anders bestrafen kann, als er die äußerlich gleiche That des gemeinsten und rohesten Verbrechers bestraft. Und besonders in solchen unglücklichen Zeiten, wenn die menschlichen Verhältnisse im Großen verworren sind, so daß von Recht und Unrecht die entgegengesetztesten Ansichten neben einander stehen, wie leicht entstehen da Thaten, welche die herrschende Gewalt für Verbrechen erklärt, während andere sie rühmen und bewundern! wie leicht wird da mancher zu Verbrechen fortgezogen, ohne daß er glaubt, in einem Widerspruch mit dem göttlichen Gesetz befangen zu sein, sondern vielmehr dasselbe zu schützen und ihm zu dienen! ja wie oft finden wir in solchen Zeiten der Verwirrung edle Seelen in einer ihnen selbst drückenden genauen Verbindung mit solchen, die nur von roher Selbstsucht und frevelnder Lust getrieben werden! wie leicht kann also damals, wo ja die Angesehenen im Volke dem Erlöser die Frage stellen konnten, ob es recht sei, dem Kaiser Zins zu geben, derselbe Fall stattgefunden haben! Warum also sollten wir glauben, daß derjenige, welcher seines Gefährten frevelhaften Hohn zurückweiset, bis diesen Augenblick ein eben so ruchloser Sünder gewesen sei, als der, welcher diesen Hohn gegen den Erlöser aussprach? wodurch sollten wir berechtigt sein zu denken, derjenige, der einer solchen Bitte an den Erlöser in Bezug auf die Ewigkeit fähig war, sei sein ganzes Leben hindurch eben so verstockt gewesen gegen alle Mahnungen seines Gewissens und eben so entfremdet allen höheren Empfindungen, wie wir es freilich von dem glauben müssen, der sich auch noch im Angesichte des Todes an rohem und menschenfeindlichem Scherz vergnügen konnte?

Also dürfen wir wol behaupten, daß die Erzählung unseres Textes keiner solchen Meinung irgend Vorschub thut, welche damit im Widerspruch steht, daß uns überall die Führung Gottes zum Heil der Menschen dargestellt wird als eine göttliche Ordnung. Denn in einer solchen augenblicklichen Umkehrung des Innersten, wie manche Christen sie sich auch in diesem Falle gern vorstellen mögen, kann eine Ordnung Gottes nicht hervorleuchten; sondern vielmehr, wenn wir uns eine solche denken wollen, sollten wir billig uns an jenes ernste Wort der Schrift erinnern: Kann auch der Mohr seine Haut wandeln und der Panther seine Flecken? Daher wenn uns auch oft scheint, als ob die göttliche Gnade sich ganz plötzlich einer menschlichen Seele bemächtige, würden wir doch, wenn wir nur in das Innere derselben eindringen und uns ihre ganze Geschichte vor Augen stellen könnten, gewiß in jedem ähnlichen Falle manchen früheren Augenblick auffinden, der diesen entscheidenden vorbereitet und möglich gemacht hat; manche freilich dem Augenschein nach verschmähte und erfolglose Regung des göttlichen Geistes, die aber doch das Herz in seinen innersten Tiefen aufgeschüttelt und erweicht hat; und an einer solchen fortschreitenden Bearbeitung der göttlichen Gnade erkennen wir dann die göttliche Ordnung. Und so werden wir besonders in Beziehung auf diesen Uebelthäter, zu welchem der Erlöser die Worte unseres Textes geredet hat, bei näherer Betrachtung geneigt sein, an eine schon weit vorgeschrittene Bearbeitung des göttlichen Geistes zu glauben. Denn weder in der Art, wie er den Hohn seines Todesgefährten abweiset, noch in den Worten, womit er sich flehend an den Erlöser wendet, finden wir die Spuren eines heftig bewegten und erschütterten Gemüthes, wie es doch bei einer plötzlichen

Zerknirschung und einer mitten unter den Schrecken des Todes erst beginnenden Buße nicht anders möglich wäre. Vielmehr zeigt er sich, ehe er noch die tröstliche Gewährung seiner Bitte von dem Erlöser erhalten hatte, schon ruhig und besonnen, sowol in dieser Bitte selbst, als in dem Zeugniß, welches er von dem Erlöser ablegt; ja auch die Art, wie er von seinen und seines Gefährten strafbaren Thaten redet, zeugt von einer Selbsterkenntniß, welche nicht in Verzweiflung enden will, sondern sich schon in die Sehnsucht nach göttlicher Vergebung ergossen hat und sich nun in die Freude verliert, den gefunden zu haben, welcher allein das Flehen des Sünders unterstützen und das Verlangen nach Vergebung stillen kann. Und um so lieber können wir dieses annehmen, als auch schon früher des Erlösers Verheißungen und Bestrebungen diesem Unglücklichen nicht müssen fremd gewesen sein. Nicht also diejenigen, welche Lust haben, die Aenderung ihres Sinnes bis auf die letzten Stunden des Lebens zu verschieben, finden ihr Bild in diesem Sünder, welchem der Herr die demüthige Bitte so huldreich gewährte, sondern alle die, an welche der Ruf des göttlichen Wortes schon ergangen ist, und die ihn auch erkannt haben, aber ihm noch nicht wirklich oder wenigstens nicht unausgesetzt gefolgt sind, alle welche irgendwie wieder auf den Abweg der Sünde gerathen sind und erst am Ende ihres Lebens gewahr werden, wie weit er sie verleitet hat.

Je mehr aber diese Ansicht des vorliegenden Falles uns anspricht, und wir also mit Sicherheit behaupten können, was der Erlöser diesem Uebelthäter gesagt, das sage er auch allen denen, die schon lange mit gläubigem Herzen gewünscht haben und auch dessen gewiß geworden sind in sich selbst, daß er an sie gedenke, auch nun er in sein Reich eingegangen ist: um desto leichter gerathen wir nun darauf, aus den Worten unseres Textes das zweite zu schließen, was ich für unsicher halte und dagegen warnen möchte. Nämlich wie der göttliche Rathschluß über alles, was zwischen dem Augenblicke liegt, wo jeder von uns das Zeitliche gesegnet, und dem großen Tage unserer allgemeinen Wiedervereinigung mit dem Erlöser für uns ein versiegeltes Buch ist, in welchem wir nicht vermögen zu lesen, auch nicht wissen, wann die Zeit kommt, wo es uns wird erschlossen werden, und welche Stimmen der Engel dann posaunen, oder welcherlei Wohl und Wehe ausgesprochen werden wird über die Seelen der Menschen; wir aber, in die irdische Zukunft zu blicken gewöhnt und genöthiget, niemals ruhen können in der bloßen Gegenwart, sondern immer wieder aufs Neue versuchen müssen, ob wir nicht irgendwie vermögen, auch jenes Siegel zu lösen: so hat sich auch dieses Verlangen vorzüglich immer an das Wort des Erlösers in unserm Texte geheftet, und die Gläubigen sagen zu sich selbst! Wohl also nicht nach einer langen Nacht des Todes, nicht nach einem Schlaf der Seele, von dem wir ohnehin uns keine Vorstellung machen können, auch nicht nachdem wir auf mancherlei Weise vielfach durch andere vorbereitende Anstalten Gottes hindurchgeführt sein werden, sondern heute, das heißt gleich auf der Stelle, in dem Augenblick selbst wo wir verscheiden, sollen wir mit dem Herrn im Paradiese sein. Diese Ueberzeugung schöpfen wol viele Gläubige aus dem Worte unseres Textes. Aber, meine geliebten Freunde, ist das auch wol das rechte Forschen in der Schrift? sollen wir in ihr auch wol finden wollen, was der heilige Wille des Höchsten dem Menschen verborgen hat, indem der Herr selbst sagt: Zeit und Stunde gebühre uns nicht zu wissen? Vieles freilich und Herrliches hat er uns zuerst offenbart durch den, welcher auch Leben und Unsterblichkeit zuerst ans Licht gebracht hat; aber wenn er uns auch dieses durch ihn hätte offenbaren wollen, und also des Erlösers Beruf gewesen wäre, uns davon zu unterrichten: würde er es wol verspart haben bis auf diese Zeit, wo er eigentlich nicht mehr lehrte, sondern seine Jünger schon im hohenpriesterlichen Gebet seinem Vater übergeben hatte? Wie, der Erlöser sollte dieses seinen nächsten Jüngern und Freunden nicht enthüllt haben, weder früher im eigentlichen Unterricht, noch auch damals, als ihm so sehr daran lag, sie in jenen besorgnißvollen Tagen, die der endlichen Entwicklung seines Schicksals vorangingen, auf das Kräftigste und Liebevollste zu trösten; sondern gegen sie hätte er zurückgehalten und ihnen immer nur gesagt, die Stätte gehe er ihnen zu bereiten, er wolle wiederkommen und sie zu sich nehmen, daß sie wären, wo er ist, doch auf Zeit und Stunde hätte er sich gar nicht eingelassen, sondern darauf beharrt, die habe der Vater seiner Macht und seiner Allwissenheit vorbehalten: aber, was er ihnen versagt, das habe er diesem Uebelthäter, der ihm jetzt zuerst nahe trat, auch sogleich entdeckt, so daß seine Geliebten und Vertrauten nicht aus seinem eigenen Munde und an sie gerichtet, sondern nur weil glücklicherweise einer gehört, was er dem Uebelthäter zugesprochen, die Entsiegelung der göttlichen Geheimnisse vernehmen sollten? Darum müssen wir billig zweifelhaft werden, ob der Erlöser hier wirklich das Siegel habe lösen wollen, welches alle übrigen menschlichen Forschungen hemmt, so daß seine frühere Verweigerung nur für eine Zeitlang gegolten hätte und nicht für immer. Zweifelhaft müssen wir werden, ob wirklich eine bis dahin verborgen gewesene Kenntniß von dem, was auf den Augenblick des Todes für die begnadigte Seele folgt, in diesen Worten des Erlösers enthalten sei. Darum laßt uns doch näher betrachten, was er wol eigentlich sagt, und wieviel Recht wir haben es so buchstäblich zu nehmen. Heute, sagt er, wirst du mit mir im Paradiese sein. Das Wort Paradies erinnert uns an jenen ersten Zustand der Menschen, den uns die heiligen Urkunden des alten Bundes schildern, wie sie in der anmuthigsten Gegend der Erde, fern von allen Unvollkommenheiten des jetzigen irdischen Lebens, ohne Streit und Zwietracht weder unter sich, noch mit anderen Geschöpfen und ohne Mühe und Arbeit alle Bedürfnisse ihrer Natur befriedigt fanden, wie die Nähe Gottes zugleich aus seinen Werken her sie umsäuselte und in der innern Stimme ihres Herzens sich kund that. Aber dieser Zustand, welcher der ursprünglichen Einfalt der menschlichen Natur genügte, war er etwa und konnte er derselbe sein mit jenem Zustande der Herrlichkeit, die der Erlöser bei seinem Vater gehabt hatte, ehe denn der Welt Grund gelegt war, und zu welchem er die Seinigen mit sich zu erhöhen so tröstlich und erhebend verheißen hat? Wenn wir also den Ausdruck Paradies nicht buchstäblich verstehen können: so müssen wir auch gestehen, daß der Herr über die Art und Weise unseres künftigen mit ihm Seins uns hier keine neue Kenntniß hat mittheilen wollen; sondern daß er zu dem, welchem er eine tröstliche Verheißung geben wollte, nur nach der gewohnten Weise seiner Zeit über einen Gegenstand reden konnte und wollte, der seiner nähern Beschaffenheit nach dem Menschen auf Erden verborgen sein und bleiben soll. Und wie steht es nun mit jenem Heute, welches so tröstlich in das verlangende Ohr klingt? können wir nun dieses buchstäblich nehmen, wenn jenes nicht? und wie sollten wir ein Wort, welches sich ganz auf den irdischen Gegensatz von Tag und Nacht bezieht, auf jenes Leben anwenden? Vielmehr wenn schon der Ausdruck Paradies uns auf jene Urkunde des alten Bundes zurückführt, in welcher uns gleichsam das Entstehen der Zeit selbst mit dem aller zeitlichen Dinge vor Augen gemalt wird: so dürfen wir nicht übersehen, daß auch dort das Heute vorkommt, indem, wie es lautet, aus Abend und Morgen der erste Tag und jeder folgende der Schöpfung nach ihm entstand, wie denn dem gemäß das Volk des alten Bundes den Tag von dem Abend anfing zu zählen auch noch zu des Herrn Zeit. Das Heute also, von dem er hier redet, beginnt natürlich eben so auch mit dem Abend, wenn die Sonne des irdischen Lebens untergeht; und nur aus diesem Abend und jenem Morgen des Erwachens, von welchem der Erlöser nichts Näheres sagt, ist sein bedeutungsvolles Heute zusammengesetzt. Wenn er sich nun so ganz nach der gewohnten Weise seines Volkes erklärt: haben wir wol Ursache zu glauben, er habe uns das Geheimniß der Zeit und der Ewigkeit in dem einen Worte aufschließen wollen? O laßt uns ja bedenken, eben hierdurch wurden die ersten Menschen versucht, daß ihnen die Schlange vorspiegelte, sie würden sein und erkennen wie Gott; laßt uns in der Schrift mit allem Eifer nach demjenigen forschen, was von Christo zeugt, was uns geschrieben ist zur Lehre, zur Strafe, zur Besserung und zur Züchtigung in der Gerechtigkeit, nicht aber nach dem, was, wie der Herr ausdrücklich sagt, sein Vater eben so sehr seiner Weisheit, als seiner Macht vorbehalten hat; und laßt uns willig und gern in den Schranken der menschlichen Unvollkommenheit bleiben, damit wir nicht zu Thoren werden, indem wir überweise werden wollen. Je williger wir uns zu dieser Entsagung entschließen, je weniger wir klügelnd aus den Worten des Erlösers nehmen wollen, was seine versöhnende und beseeligende Liebe nicht hineingelegt hat: um desto ruhiger und reiner werden wir uns dessen erfreuen können, was wirklich darin liegt; und darauf nun laßt uns zweitens mit einander unsre andächtige Aufmerksamkeit richten.

II. Was wollen wir aber nun sagen, meine geliebten Freunde, wenn wir doch das Heute in diesem Sinn auf sich beruhen lassen und auch das Bild des irdischen Paradieses uns nicht ausmalen wollen, um die Herrlichkeit, die an uns soll offenbart werden, zu erschöpfen? An den Mittelpunkt der Rede des Erlösers wollen wir uns halten, an das Herrliche: Mit mir wirst du sein. Dabei muß uns zuerst auffallen, wie durch diese Verheißung der Herr denjenigen, dem er sie giebt, allen seinen ältesten liebsten und verdientesten Jüngern gleichsetzt. Denn eben dies ist es ja, was er auch seinen Jüngern verhieß in den Tagen seines zärtlichen Abschieds von ihnen, daß die innige Gemeinschaft des Geistes zwischen ihm und ihnen nie solle unterbrochen werden, auch wenn er hingegangen sein werde von der Erde und zurückgekehrt zu seinem Vater, sondern, daß zuerst er unter ihnen sein wolle alle Tage bis an der Welt Ende, und dann auch sie da sein sollten, wo er ist. Denn alles, was er sonst noch sagt, sowol in den herrlichen Gesprächen, die uns Johannes der Evangelist aufbehalten hat, von dem Geist der Wahrheit, den sie empfangen sollten, als auch, was wir im Matthäus lesen, daß sie richten sollten die zwölf Stämme Israels: das ist nichts Neues und Größeres, sondern es ist schon enthalten in diesem: Mit dem sein, dem alle Gewalt gegeben ist im Himmel und auf Erden. Wie kommt also doch der Herr dazu, dasselbe, womit sich auch diejenigen begnügen sollten, die um seinetwillen verlassen hatten Vater und Mutter und Bruder und Schwester und immer bereit sein mußten für ihn in den Tod zu gehen, eben dieses auch dem zuzutheilen, der sich jetzt eben zuerst an ihn gewendet und nur um das Geringere demüthig gefleht hatte, daß er seiner nur irgendwie gedenken möge, wenn er in sein Reich kommen und alle, die ihm treu ergeben gewesen wären, dort um sich versammeln würde? wie ist er doch noch viel gütiger gegen ihn, als gegen jene andre demüthige Seele, die nur etwas begehrte von den Brosamen, die von des Reichen Tische fielen, und welcher der Herr nur gerade das gewährte, warum sie gebeten hatte? Vernommen hatte der Erlöser von diesem Manne nichts, als nur zuerst, daß er einsah, es geschehe ihm kein Unrecht, weil er Todeswürdiges gethan habe, und dann noch zweitens daß er von dem Erlöser selbst zu seinem Unglücks- und Todesgefährten sagte: Dieser hat nichts Ungeschicktes gethan? Wie genügte aber doch dies dem Erlöser sogleich zu einer so überschwänglichen Gewährung seiner Bitte? Löblich freilich ist auch schon das erste. Denn gar Mancher hätte an der Stelle dieses Mannes auch hier noch, wie jener sich selbst rechtfertigende Pharisäer sagen können: Ich danke dir Gott, daß ich nicht bin wie jener andere, ohnerachtet ich wie er am Kreuz hänge. Indeß im Angesicht des Todes geschieht es freilich wol oft, daß auch solche, die sonst eher geneigt sind sich gerecht zu sprechen, doch dann die richtige Einsicht davon bekommen, was ihre Thaten und ihr Leben werth sind. Was aber das zweite anlangt, nämlich des Uebelthäters Aussage von dem Erlöser, so klingt es freilich sehr gering, daß er nur nichts Ungeschicktes gethan; aber doch dürfen wir wol sagen, wenn der Erlöser in jenem Augenblick noch ruhiges Gespräch hätte pflegen können mit den Seinigen, so würde er sich auch hierüber ebenso geäußert haben, wie er zu einer andern Zeit bei einer andern Gelegenheit sagte: Solchen Glauben wahrlich habe ich in ganz Israel nicht gefunden. Denn jetzt, da der Erlöser in die Gewalt seiner Feinde gegeben, dem Tod am Kreuz nun nicht mehr entgehen konnte, weil es sich ja zeigte, daß er keine außerordentliche und wunderbare Hülfe Gottes, wie sehr auch dazu gereizt, erflehen wolle, in diesem Augenblick noch zu glauben, er habe nichts Ungeschicktes gethan, indem er Jahre lang herumgezogen, ein neues Reich Gottes in allen Theilen des Landes verkündiget und auf sich hingewiesen deutlich und immer deutlicher als auf den, welcher berufen sei es zu begründen; er habe nichts Ungeschicktes gethan, indem er das nach dieser Zeit der Erlösung schmachtende und sehnsüchtige Volk von allen menschlichen und irdischen Hoffnungen abgelenkt und es darauf ankommen lassen, wie viele oder wenige fähig sein würden, indem er ihre Gemüther ganz auf das Ewige hinwies, in ihm den zu erkennen, den der Vater geheiliget und in die Welt gesandt hatte; zu bezeugen, er habe nichts Ungeschicktes gethan, indem er dieses göttliche Werk auf eine solche Weise betrieben, daß er sich dabei den Haß derer zuziehen mußte, welchen List und Gewalt gegen ihn zu Gebote stand; dies zu bezeugen, nicht etwa früher, als der Ausgang des Kampfes noch ungewiß war, sondern in diesem Augenblick, wo der Herold und Gegenstand der Verkündigung selbst schon als ein Opfer seiner Feinde fiel: das war ein Glaube, wie er dem Herrn noch nicht vorgekommen war, und wie ihn auch das so leicht eingeschüchterte und zerstreute Häuflein seiner Jünger nicht äußerte; ein Glaube, der also um so mehr dem wohlgefallen mußte, welcher nur solche, die von dieser Voraussetzung ausgingen, und keine andere im Dienste seines Reiches gebrauchen konnte. Wie tröstlich muß es uns nun nicht sein, daß indem der Herr zu dem Uebelthäter sagt: Heute wirst du mit mir im Paradiese sein, er ihn um dieses Glaubens willen allen seinen Jüngern gleich stellt und ihn mit derselben Verheißung beglückt; denn dies giebt uns Grund, diese Verheißung auch uns zuzueignen. — Denn wie wenig wir auch Verdienste haben können um sein Reich, so daß wir sehr zu kurz kommen müßten, wenn er danach die Beweise seiner Gnade abmessen wollte: so muß doch der Glaube in uns allen derselbe sein. Der Herr hat freilich seitdem Zeugniß von oben empfangen durch seine Auferstehung; aber wie das Zeugniß der Wunder nicht hinreichte lebendigen Glauben zu begründen unter seinen Zeitgenossen, so auch nicht das Zeugniß der Auferstehung unter den Nachgeborenen. Und wenn wir bedenken, wie doch das Reich Gottes noch immer nicht in seiner Herrlichkeit erschienen ist und noch immer darum gekämpft werden muß mit allen nicht himmlischen Gewalten; wie nicht nur äußerlich es dem Christen nicht besser ergeht in der Welt, als dem Ungläubigen, sondern auch der Unglaube sich zu schmücken weiß mit innerer Seelenruhe und mit glänzenden Werken der Rechtschaffenheit und der Hingebung: so müssen wir gestehen, daß der wahre Glaube an den Erlöser noch immer denselben Werth hat und noch immer nur daraus entstehen kann, daß seine Herrlichkeit als des eingebornen Sohnes vom Vater die Seele erfüllt. Und eben davon, daß schon dieser Glaube und nur er den Menschen rechtfertiget vor Gott, giebt es kein tröstlicheres Beispiel, als das in unserm Text.

Das zweite aber, was wir uns daraus aneignen können, ist dieses, daß der Erlöser mit diesem, wie mit allen seinen zarten Abschiedsworten, ganz vorzüglich beabsichtigte, daß in dem Gefühl des ewigen geistigen Zusammenseins mit ihm selbst nicht nur, sondern auch durch ihn mit seinem Vater alles Zeitliche und vorzüglich aller Unterschied zwischen dem Erfreulichen und dem Schmerzlichen in dem zeitlichen Dasein des Menschen dem verschwinden soll, den er aus seiner Fülle trösten will. Denn indem der Erlöser Heute sagt, hat er gewiß seine Verheißung nicht auf irgend einen Zeitraum beschränken wollen, wie das Wort in seinem gewöhnlichen Gebrauch einen solchen bedeutet, und er hat eben so wenig ein Ende als einen Anfang zu bezeichnen beabsichtigt, sondern nur die unmittelbare Gegenwart, die immer auch durch diesen Ausdruck angedeutet wird. Und dies Heute ist eben, indem es uns an keine Vergangenheit und an keine Zukunft denken läßt, sondern uns ganz in den unmittelbaren Genuß versenkt, für uns die einzig richtige Bezeichnung der Ewigkeit, weil die einzige, die der Mensch in sich aufnehmen kann. Das ist das tröstliche Heute, welches der Erlöser dem Missethäter und uns allen zuruft. Jetzt und immerdar währt das Heute, zu welchem er sich denen verpflichtet, die ihn bekennen und an dem Reiche Gottes bauen, welches sich immer herrlicher entfalten wird, und mit welchem in unbegreiflichem Zusammenhange auch die Herrlichkeit steht, die an uns soll offenbart werden. Und eben so wie in diesem Worte des Erlösers die Zukunft nicht von der Gegenwart geschieden, sondern unter derselben mit begriffen wird: eben so verschwindet in dieser unmittelbaren Gegenwart auch die Vergangenheit. Dem Uebelthäter, der eben jetzt die Strafe erleidet, für welche er dem menschlichen Gesetz mit Recht verhaftet war, dem sagt er: Heute wirst du mit mir im Paradiese sein; und durch dieses Wort Paradies frischt er ihm die Erinnerung auf an jene ursprüngliche Sündlosigkeit und Schuldlosigkeit der menschlichen Natur, an welcher er von diesem Augenblick an durch den Erlöser theilhaben sollte, so daß die Vergangenheit mit allen ihren Irrthümern und Fehltritten, mit allem, was den Unglücklichen an das Holz des Kreuzes anders als den Erlöser erhöht hatte, für ihn nicht mehr sein sollte. Heute und immerdar sollte er mit dem Herrn theilen die Herrlichkeit der Gegenwart Gottes in der Seele, die eben die Unsterblichkeit und das Leben ist, welches Christus an das Licht gebracht hat. Ja dies ist das Geheimniß der göttlichen Gnade in der Sündenvergebung, welche sich in diesem Beispiele auf eine so ausgezeichnete Weise kund giebt, daß auch wir alle an demselben prüfen können, wie innig unsre Gemeinschaft mit dem Erlöser ist und ob auch uns in dem seligen Heute mit ihm eben so die ganze sündige Vergangenheit verschwindet und das Paradies der Unschuld und der Reinheit uns immer heller aufgeht.

Aber wie der Herr hier die Zeiten nicht mehr scheidet, sondern in dem immer gleichen und alle Zeiten vertilgenden Gefühl des ewigen Lebens zu dem redet, dem er das ewige Leben mittheilt: so verschwindet nicht nur die Vergangenheit vor der seligen Verheißung, die, wenngleich ihrem ganzen Umfange nach noch zukünftig, doch schon als wäre sie vollkommene Gegenwart die Seele erfüllt, sondern eben so verschwindet auch die unmittelbare Zukunft. Und merkt wol darauf, was lag noch vor diesem Gefährten des Todes Jesu, ehe er den Schauplatz der Welt ganz verließ? O die schauerliche Stunde des Todes, von welcher niemand seiner eigenen Kraft vertrauend wissen kann, wie er sie zu bestehen vermögen wird, jene Stunde, die an sich selbst überall sich gleich in tausend verschiedenen Gestalten den Menschen erscheint, bald in der lieblichsten und freundlichsten eines ruhigen Hinscheidens im vollen Bewußtsein geistiger Kräfte und im vollen Genuß christlicher Liebe, wie in dem heitern Ausdruck eines innigen liebevollen Vertrauens auf die göttliche Gnade, aber nicht selten auch unter Bangigkeit und Schmerz, der ja auch in der Seele des Frommen in dem Augenblick des Todes sich regen kann, wenn er an alles denkt, was er hier zurücklassen muß; ja es giebt einen Zustand der Seele beim Scheiden, in welchem sie in einem Grade, den wir nicht berechnen können, die Zerstörung des Leibes, den sie bewohnte, theilt, so daß oft alle geistige Schöne und Herrlichkeit des früheren Lebens schon verschwunden ist und nichts der Erinnerung Würdiges aufbehalten werden kann aus den letzten Stunden auch eines reich begabten und weit umher belebenden und befruchtenden Geistes. Und für diese bedenkliche und zweifelhafte Stunde, die noch vor dem lag, den der Erlöser erquicken und erfreuen wollte, ohne sonderliche Wahrscheinlichkeit, daß der Tod an und für sich ihm in einer besonders heiteren Gestalt erscheinen werde, für diese giebt ihm der Erlöser keinen besondern Trost und nimmt gar keine besondere Rücksicht darauf. Warum das? Weil er ihm auch dafür in dem Heute mit mir schon allen Trost zugleich gegeben hatte, weil in diesem Augenblicke schon die Herrlichkeit, welche an dem sollte offenbart werden, der demüthig zu Christo gefleht hatte, diese nun ihm angehörende Seele zu erfüllen anfing, und weil dieses selige Bewußtsein nun mit dem Erlöser der Welt verbunden zu sein alle leiblichen Schmerzen, zusammt dem sonst bittern Gefühl der Gleichgültigkeit, ja der Verachtung oder des Abscheues der Menschen überschwenglich aufhob. — Eine ungünstigere Todesstunde kann es wol kaum geben, als die eines solchen Opfers der strafenden menschlichen Gerechtigkeit, welches im Bewußtsein seiner Schuld auch der Strafe Beifall geben muß, aber nicht mehr im Stande ist, auch nur durch ein lautes Anerkenntniß noch die Welt mit sich zu versöhnen und die Menschen fühlen zu machen, wie auch ein solcher mit Gott versöhnt sein kann. Ueber alles dieses aber erhob den Sterbenden weit das tröstende Wort des Erlösers, auch ohne daß er sich in dasjenige zu vertiefen und es mit allen glänzenden Farben, welche eine entzückte Einbildungskraft darbietet, auszuschmücken brauchte, was in diesem Worte Verheißung für die Zukunft war. Denn auch diese Verheißung konnte er sich doch nicht aneignen, wenn er nicht auch jetzt schon seine Seligkeit darin fand mit dem Erlöser zu sein. Und wie sollte nicht seine Seele, wenn er auch nur wenig davon ahnete, wie der Erlöser in seinem innersten Bewußtsein auch in der Stunde des Todes sicher war des Reiches, welches der Vater ihm beschieden hatte, doch erfüllt und erhoben genug gewesen sein, wenn er nur das mitempfand, wie der Erlöser, immer seinen Vater gegenwärtig habend in seiner Seele und dessen Werke anschauend, sich auch jetzt des ewig herrlichen und heiligen Werkes der Erlösung freute. Betrachtete er so den Erlöser und nahm an dessen Empfindungen Antheil: so mußte er auch selbst zu etwas Aehnlichem erhoben werden von der kindlichen Ergebung an, mit der des Menschen Sohn sich fügte in das, was sein Vater verordnet hatte, bis zu der seligen Freude des Sohnes Gottes an dem glücklich errungenen Heil der Sünder. So muß dieser eben Begnadigte schon damals mit dem Erlöser gewesen sein in seinem Reich, und das Hier und Dort war ihm eben so eins, wie das Jetzt und Ehedem und Künftig in jenem herrlichen Heute.

Solch reicher und herrlicher Trost, meine geliebten Freunde, geht auch uns für die Stunde des Todes aus den Worten des Erlösers hervor. Erinnern wir uns nun, wie in dem Augenblick, wo der Herr selbst verschied, von den wunderbaren Zeichen erschreckt, der römische Hauptmann zu den Seinigen sagte: Wahrlich, dieser ist Gottes Sohn gewesen: mit wieviel herrlicherer Schrift mag wol dies Zeugniß in der Seele jenes Gekreuzigten geschrieben gewesen sein, nicht äußerer Zeichen wegen, sondern wegen des Zeichens, welches der Herr an ihm selbst gethan hatte! und mit wieviel größerer Freudigkeit würde er dieses Zeugniß ausgesprochen haben, wenn er es noch vermocht hätte! so daß wir wol absehend von allen abschreckenden äußeren Umständen an unsere Brust schlagen mögen und sagen: Wäre doch mein Ende wie das Ende dessen, der so von dem Erlöser getröstet und zu ihm gezogen ward.

Aber, meine geliebten Freunde, laßt uns nur auch das nicht vergessen, daß das Ende dieses Getrösteten nicht augenblicklich auf das tröstende Wort des Erlösers folgte. Wie spät auch ein Mensch sich zu ihm wende, so spät wol kann es nicht geschehen, daß es nicht noch einige, wenn auch nur wenige Stunden des irdischen Lebens in der seligen Gemeinschaft mit ihm für jeden geben sollte. Und was unser Glaube mit Gewißheit ergreifen kann, ist auch nur, daß an ein solches, wenn auch kurzes, schon hier in dem Sinne des Erlösers Mit ihm sein auch ein eben so herrliches Hinübergehen zu ihm sich anschließen kann. So laßt uns denn, wie es uns allen so gnädig dargeboten wird, auch heute schon mit ihm sein, und immerdar sei für uns das selige Heute, an welchem uns mit ihm und durch ihn das Paradies aufgeht, wo seine Nähe die Seele, welche voll ist des lebendigen Glaubens an ihn, erfüllt und beseligt, wo das heilige Streben nur ihm und seinem Reiche zu leben das Bewußtsein der Sünde immer mehr in unsrer Brust austilgt; und indem wir nur auf ihn schauen und aus ihm die Kraft des Lebens nehmen, die er uns in seinem Wort und Sakrament, als der lebendigen und kräftigen Einwirkung seines Lebens, immer aufs Neue darreicht, laßt dadurch auch unser Leben immer mehr in sein Bild gestalten! So möge denn auch unser Leben, wie lange es auch währe, immer eben so selig sein, wie wir wissen, daß die letzten Stunden dieses erhörten Bittenden müssen gewesen sein, dessen früheres Leben wir wissen nicht wie voll von Irrthümern und unheiligen Thaten gewesen war. Und neigt sich der Herr nicht zu uns eben so freundlich wie zu ihm, o so laßt uns demüthig erkennen, daß gewiß auch unser Herz nicht eben so voll gewesen ist des wahren Glaubens an seine erlösende Liebe. Wenn wir aber mit derselben Aufrichtigkeit wie jener Todesgefährte des Herrn erkennen, daß er nichts Ungeschicktes gehandelt, sondern recht gethan, so wie er that, den heiligen Willen seines Vaters zu erfüllen beides lebend und sterbend; wenn es eben so eifrig unser Wunsch ist, daß er unsrer gedenken möge, nachdem er in sein Reich eingegangen ist, und daß er uns denen zugeselle, bei denen er sein will mit seinem Geiste immerdar: o dann werden auch wir lebend und sterbend mit jenem die Seligkeit des Wortes erfahren: Heute wirst du mit mir im Paradiese sein. Amen.

IX.
Der letzte Blick auf das Leben.
Passionspredigt.

Text: Joh. 19, 30.

Da nun Jesus den Essig genommen hatte, sprach er: Es ist vollbracht.

Das größte und herrlichste, meine andächtigen Freunde, unter den letzten Worten unsers Erlösers am Kreuz schließt sich unmittelbar an das scheinbar unbedeutendste und geringfügigste. Der Herr rief: Mich dürstet; da wurde ihm dargereicht der befeuchtete Schwamm; und als er den nicht angenehmen, aber doch lindernden Trunk genommen hatte, rief er: Es ist vollbracht. Und wir dürfen den Zusammenhang dieser Worte nicht stören, weil der Apostel sie eben dadurch auf das Innigste verbunden hat, daß, ehe er uns jenes berichtet, er schon sagt: Als nun Jesus merkte, daß alles vollbracht sei, auf daß die Schrift erfüllet würde. Wie nun jenes das unscheinbarste ist unter den letzten Worten Christi, da es für sich betrachtet nur die Befriedigung eines leiblichen

Bedürfnisses zum Gegenstande hat: so ist unstreitig dieses das größte unter den letzten Worten des Erlösers; es ist dasjenige, welches von jeher gleichsam der Anker für den Glauben der Christen gewesen ist, das Wort, in welchem sich ihnen dieses vollkommen bewährt und verherrlicht hat, daß den Menschen nach dem göttlichen Rath auf keinem andern Wege Heil erworben werden konnte, als daß der, welcher zu ihrem Heil in die Welt gesandt war, gehorsam sein mußte bis zum Tode am Kreuz. Richtet sich aber unsere Aufmerksamkeit auf dieses große Wort allein: so überwältigt uns die Unendlichkeit des Gegenstandes, und wir müssen uns freuen, daß eben der Apostel, der uns dieses Wort aufbewahrt hat, uns auch einen Schlüssel dazu hinterlassen hat, der unsrer Betrachtung eine bestimmtere Richtung giebt. Einen solchen nämlich finden wir in jenen vorhergehenden Worten: Als Jesus merkte, daß alles vollbracht war, auf daß die Schrift erfüllet würde, spricht er: Mich dürstet. In dieser Vergleichung alles dessen, was ihm bis jetzt begegnet war mit den göttlichen Verheißungen, wie sie sich in der ganzen Reihe der Offenbarungen in dem geschriebenen Worte Gottes ausgesprochen haben, mit dieser Vergleichung mußte Johannes die Seele des Erlösers beschäftigt; und indem er Verheißung und Erfüllung gegen einander hielt und die Vollendung des göttlichen Rathschlusses auf diese Weise auch menschlich inne ward, rief er: Es ist vollbracht!

Alles war freilich noch nicht vollbracht in jenem Augenblick. Wie unsere Erlösung von der Sünde und unsere Rechtfertigung vor Gott zusammenhängen: so auch dieses, daß der da sterben mußte um unsrer Sünde willen, auch mußte auferweckt werden um unsrer Gerechtigkeit willen. Wie das zusammenhing, daß seine Jünger nur in ihm den Vater sahen, und daß er, als er die Welt wieder verließ, auch wieder hinging zum Vater: so auch dieses, daß er die Seinigen liebte, und daß er sie nicht konnte als Waisen lassen, sondern ihnen einen andern Tröster senden mußte, der bei ihnen und nach ihnen auch bei uns bliebe, den Geist der Wahrheit. Aber das geistige Auge des Erlösers sah alles vollbracht in dem heiligen Augenblicke seines Todes; und eben darum ist dieser auch für uns der Mittelpunkt unsers Glaubens. Denn damit, daß er gehorsam war bis zum Tode, hat er uns erworben den lebendig machenden Geist; darin, daß er gelitten hat, ist er gekrönt worden mit Preis und Ehre. Konnte er also in dem Augenblick seines Todes in diesem Sinne sagen: Es ist vollbracht: so mußte er seinen Tod in diesem unendlichen Zusammenhang betrachten, welcher beginnt mit der ersten Verheißung, die dem gefallenen Menschen gegeben wurde über den Samen des Weibes und sich erstreckt bis hinaus in jene Unendlichkeit, wo er alle diejenigen, die der Vater ihm gegeben, diesem auch zuführen wird, damit sie Theil haben an dem Preis und an der Herrlichkeit, womit er gekrönt worden ist. Auch dieses nun ist freilich vollkommen wahr: wir aber wollen zurückkehren in die bestimmtere Richtung, die uns der Apostel anweiset, und uns darauf beschränken, dieses Wort überhaupt als den letzten Blick auf das zurückgelegte Leben zu betrachten, und zwar zuerst so wie der Erlöser darin die Erfüllung seiner Bestimmung während dieses irdischen Lebens anerkannt; dann aber auch zweitens so, daß wir, wie unser Herz uns dazu drängt, das große Wort des Herrn auf uns selbst anwenden.

1. Wie der Erlöser, meine geliebten Freunde, so oft in seinem Leben gesagt hat, des Menschen Sohn thue nichts von ihm selber, sondern nur, was er den Vater thun sehe, das thue er, und was er von ihm höre, das rede er: so müssen wir es natürlich finden, daß er beständig und bei seiner Erhabenheit über alle menschliche Schwäche des Geistes auch jetzt noch in diesen letzten schmerzvollen Lebensstunden in der tiefsinnigsten Betrachtung der Wege Gottes begriffen war; und so waren ihm auch alle auf ihn bezüglichen Worte der göttlichen Offenbarungen im alten Bunde gegenwärtig in seiner Seele. Davon haben wir auch schon in seinen früheren Worten am Kreuze ein Beispiel gesehen, wie auch die Schmerzen und Kränkungen, die er zu erdulden hatte, ihm Worte der heiligen Schrift ins Gedächtniß zurückriefen, und er dies und jenes aus derselben auf seinen Zustand anwendete. Aber gewiß, wir würden ihn schlecht verstehen, wenn wir glaubten, diese Einzelheiten wären es gewesen, in denen er alles vollbracht fand, auf daß die Schrift erfüllet würde. Daß er dort am Kreuze hing, umgeben von den mächtigen Feinden, die seinen Tod herbeigeführt hatten; daß seine Gebeine verschmachteten und seine Zunge an seinem Gaumen klebte; daß er sah, wie seine Kleider von den Kriegsknechten getheilt wurden und das Loos geworfen über sein Gewand: die Betrachtung solcher einzelnen Umstände und die Vergleichung derselben mit den Worten des Psalmes konnte zwar die Aufmerksamkeit des leidenden Erlösers einigermaßen und wol mehr als bei einem anderen der Fall gewesen sein würde von dem quälenden Gefühl des körperlichen Schmerzes ablenken; aber ausfüllen seine immer auf größere Dinge gerichtete Seele konnten diese äußeren Umstände nicht, und sie waren es nicht, um derentwillen er mit solcher Befriedigung ausrief: Es ist vollbracht!

Müssen wir also Größeres suchen, so wollen wir doch nicht unsern eigenen Gedanken den Zügel schießen lassen, die Christum doch gewiß nicht erreichen würden; sondern an solche Worte der Schrift wollen wir denken, welche seine Jünger, wenn sie von dem Wesentlichen in seinem Leben reden, mit begeisterter Zustimmung auf ihn anwenden, und welche ihm zugleich am natürlichsten hier mußten vor die Seele treten. Wo fänden wir nun seinen ganzen Beruf in Bezug auf das verfallene und erkrankte Menschengeschlecht vollkommner ausgesprochen, und zuerst in jenen Worten des Propheten, in denen uns einer der Evangelisten die ganze Handlungsweise des Erlösers darstellt, ich meine die eben so milden als kräftigen Worte: Er wird das zerknickte Rohr nicht zerbrechen und das glimmende Docht nicht auslöschen: Worte, die nun durch das, was er während seines bisherigen Berufslebens gethan hatte und was er nun that, indem er starb, an dem ganzen menschlichen Geschlecht in Erfüllung gingen, welches wol nur angesehen werden konnte als ein geknicktes Rohr und eine verglimmende Kerze: so daß er nun auch mitten im Tode, ja einsam dahinsterbend sich doch aufgefordert fühlen konnte, mit demjenigen, dem er die Worte abgeliehen hatte: Mein Gott, mein Gott, warum hast du mich verlassen, den Namen seines Vaters in einer großen Gemeinde zu preisen und zu verherrlichen. Und so fand er auch jenes andere Wort vollkommen erfüllt, welche überall seine Jünger auf ihn anwenden, daß er auf sich geladen unsre Krankheit, auf daß wir durch seine Schmerzen heil würden, — das war es, was er jetzt bei dem letzten Blick auf sein Leben vollbracht sah, auf daß die Schrift erfüllet würde.

Allein, meine geliebten Freunde, den ganzen Werth dieses letzten Wortes Christi können wir erst recht fühlen, wenn wir uns in die damalige Zeit und in die Gemüthsstimmung aller derer hineinzuversetzen wissen, die mit einem noch schwachen und unvollkommenen Glauben dem Herrn anhingen. Als er zu dem Feste, welches das Fest wurde seines Todes und seiner Auferstehung, in die Hauptstadt seines Volkes einzog und dabei von Tausenden als derjenige begrüßt wurde, der da komme in dem Namen des Herrn als der verheißene Sohn Davids; als die Palmen, das Zeichen des siegreichen und mit dem Siege den Frieden bringenden Herrschers, zu seinen Füßen hingestreut wurden: was für Erwartungen lebten wol damals in den Gemüthern dieser freudetrunkenen Menge, welche von allen Seiten herbeiströmte, um an diesem herrlichen Einzuge theilzunehmen? Leider vorzüglich Erwartungen einer äußern Herrlichkeit und Macht, Erwartungen, die der Erlöser nie genährt hat und die zu erfüllen er nicht gekommen war. Aber auch seine Jünger, wiewol viele Worte in ihrem Gedächtniß leben mußten, durch welche der Erlöser öfters, ja bei allen Gelegenheiten ihre Hoffnungen und ihre Liebe von der Herrlichkeit dieser Erde abgelenkt und sie auf die geistige Welt, die ihm als ihrem Herrn und Meister unterthan sein würde, hingewiesen hatte: auch sie waren immer noch nicht sicher, ob nicht doch auf irgend eine Weise, wenngleich in einer spätern Zukunft, auch eine äußere Macht und Gewalt das Mittel sein werde, um dieses Reich des Geistes in seinem vollen Glanze aufzurichten; und auch sie wurden vielleicht durch diese Stimmen des Volkes mit trunken gemacht von solchen irdischen Erwartungen in jenen herrlichen Tagen. Aber die Palmen, die damals zu den Füßen des Erlösers ausgestreut wurden, schlangen sich jetzt erst zu dem wahren herrlichen Siegerkranz um sein sterbendes Haupt, da alles, was damals gesagt war in menschlichem Unverstand, nun in seinem wahren geistigen Sinne in Erfüllung ging nach dem geheimen göttlichen Rathschluß. So am Kreuze sterbend war Christus ganz, der da kommt im Namen des Herrn, und so und nicht anders sollte er hochgelobt werden von jenem Augenblick an in Ewigkeit. So fühlte es auch der Jünger, der uns dieses Wort verzeichnet hat, und darum sagt er: Als Jesus nun merkte, daß alles vollbracht war, auf daß die Schrift erfüllet würde, so daß sie nun gänzlich an ihm in Erfüllung gegangen war, und daß, wie falsch auch die große Menge von jeher alle diese herrlichen Worte der prophetischen Männer gedeutet hatte, der wahre Gehalt derselben nun besser würde begriffen werden von allen und also auch in diesem Sinne alles vollbracht war, daß die Schrift erfüllet würde: da rief er aus das große Wort seines eigenen Zeugnisses, welches nun so und hier ausgesprochen auf immer seine Jünger gänzlich zurückbringen mußte von allen falschen irdischen Erwartungen, da rief er aus: Es ist vollbracht! Und nun wußten sie es, daß auch sie wie ihr Herr und Meister, denn besser sollte es ihnen nicht ergehen als ihm, nicht anders als durch Leiden und Trübsal ihren Beruf erfüllen und dadurch eingehen könnten in das Reich seiner Herrlichkeit; nun wußten sie es, daß Fleisch und Blut das Reich Gottes nicht ererben kann, weil Christi Fleisch und Blut ihn ans Kreuz geheftet hatte, und daß also auch sie nun niemanden kennen sollten nach dem Fleisch; nun wußten sie es, daß sein ganzes Werk ein rein geistiges wäre, und seine Macht, für welche sie kämpfen und welche sie ausbreiten sollten, keine andere, als die er sich als der Gekreuzigte aufbaut in den Herzen der Menschenkinder.

Eines aber giebt es, meine geliebten Freunde, was wir nicht übersehen dürfen. Indem der Erlöser in dieser Verbindung mit der Erfüllung der Schrift in die Worte ausbricht: Es ist vollbracht: so müssen wir es wol fühlen, daß nicht allein, ja nicht einmal vorzüglich von dem, was er **gethan hat**, die Rede sein soll; daß er nicht nur auf das zurücksieht, was er als sein eigenes Werk ansehen konnte: sondern ganz vorzüglich auf das weiset er hin, was **an ihm und durch ihn geschehen ist**. Daß er schon so zeitig angekommen war an dem Ziel seiner großen Bestimmung, das war nicht und er konnte es auch in diesen Worten nicht darstellen wollen als sein eigenes Werk, sondern es war die Erfüllung des göttlichen Rathschlusses durch die göttliche Führung und Vorsehung. Sein Tod war der große Augenblick, zu welchem alle menschlichen Dinge hatten zusammenwirken müssen von dem ersten Anfang unseres Geschlechtes an; er war angedeutet lange zuvor durch mannigfaltige Bilder von den Leiden der Diener Gottes in einer verkehrten Welt; und wer wollte es läugnen, daß diese Bilder, wo sie sich auch finden, schon Ausdrücke waren eines von oben herab, wenn auch nur durch schwachen Schimmer erleuchteten Bewußtseins. Immer deutlicher aber waren diese Bilder hervorgetreten in den heiligen Reden der Männer, die erfüllt waren von dem göttlichen Geist; und jetzt gingen sie in Erfüllung, weil die Erscheinung des Erlösers ein Aergerniß war und eine Thorheit für die Verkehrtheit des menschlichen Herzens, und weil diese zu Bosheit und Tücke gesteigert wurde eben durch den Glauben an den Erlöser und die Liebe zu ihm, welche sich anfingen zu entwickeln. Das war, was an ihm geschah, und darauf sah er jetzt vorzüglich. Sein thätiges Leben hatte er schon beschlossen mit jenem herrlichen Gebete, welches uns derselbe Evangelist*) aufbewahrt hat,

---
*) Joh. 17.

worin er seinem Vater Rechenschaft davon ablegte, wie er ihn den Vater verklärt habe durch sein ganzes Leben, und worin er zugleich die Hoffnung aussprach, daß auch nun der Vater den Sohn verklären werde. So zuversichtlich aber und so im vollen Bewußtsein der ganz und rein erfüllten Pflicht er auch damals vor Gott erschienen war mit denen, die der Vater ihm gegeben hatte und auserwählt von der Welt: so sprach er doch damals das große Wort nicht aus: Es ist vollbracht. Wenn er aber doch seitdem nichts mehr im eigentlichen Sinne gethan hat: worauf deutet uns dieses, daß er damals noch nicht, sondern erst jetzt sagen konnte: Es ist vollbracht? Darauf ganz offenbar: vollbracht wird der göttliche Rathschluß mit dem Menschen immer nicht durch das allein, was der Mensch thut; und das galt auch von ihm dem einigen Menschen in Gnaden, von ihm dem einigen gerechten. Vollbracht wird der göttliche Rathschluß immer erst durch das Zusammenwirken aller Kräfte, welche der Höchste in Thätigkeit setzt, nicht nur derer, von denen wir in einem engeren Sinne sagen können, daß er das Wollen giebt und das Vollbringen, sondern auch derer, von denen wir am liebsten denken, daß er nur zu ihnen spricht: Bis hierher und nicht weiter. Vollbracht wird der göttliche Rathschluß nur durch das uns tief verborgene Ineinandergreifen aller Zeiten und aller Räume — ein Tag muß es dem andern erzählen, die Erde dem Himmel, und der Himmel wieder der Erde; aus allem dem insgesammt, niemals aber aus dem allein, was der einzelne Mensch vermag und ausrichtet, geht das hervor, wovon man sagen kann: Es ist vollbracht. Dieses Wort des Herrn beweiset uns also, daß er in seinen letzten großen Augenblicken selbst sein eigenes Wirken auf der Erde, was er eben deswegen schon vorher abgeschlossen hatte, vergaß oder in den Hintergrund stellte, um seine letzte Betrachtung auch wieder nur auf die Werke seines Vaters zu richten; was den letzten Augenblick seines menschlichen Daseins erfüllte war dies, daß er sich in das Geheimniß der göttlichen Rathschlüsse vertiefte, so daß er sogar diesen großen Augenblick seines Hinscheidens, so sehr er in einer andern Hinsicht seine eigene That war und sein heiligstes Verdienst, am liebsten ansah als das nicht nur vorbedeutete, sondern auch vorbereitete, als das, was unmittelbar nur durch die göttliche Weisheit und ihre in einander wirkenden Führungen jetzt vollbracht ward.

II. Ist nun aber dieses die richtige Vorstellung von der Gemüthsfassung, in welcher der Erlöser das Wort unseres Textes geredet hat; erkennen wir auch in diesem größten und gewichtigsten seiner letzten Worte die tiefste Demuth dessen, der ob er wol in göttlicher Gestalt war, es doch nicht für einen Raub hielt Gott gleich sein, sondern seine eigne That und sein Verdienst in Schatten stellend, sich im letzten Augenblick seines Lebens nur daran stillt und erfreut, daß der Rathschluß seines Vaters in Erfüllung gegangen: wie wollen wir denn von diesen Worten eine Anwendung machen auf uns selbst, und wie soll ich das Wort lösen, was ich für den zweiten Theil unsrer Betrachtung gegeben habe? Ja wäre hier die Rede von dem thätigen Leben, von dem menschlichen Wirken des Erlösers: dann müßten wir freilich auch fragen: Was sind wir doch gegen ihn, und wie könnte sich einer von uns mit ihm vergleichen wollen? aber doch möchte es dann noch eher gehen mit der Anwendung auf uns. Denn als Christus in jenem hohenpriesterlichen Gebet, dessen ich schon erwähnt habe, seine Rechnung mit seinem himmlischen Vater abschloß, da ging es ihm eben wie andern Menschenkindern. Wiewol Gott in ihm war und durch ihn die Welt versöhnte mit ihm selber: so stand doch diese Welt vor seinen Augen als die noch unversöhnte, von Finsterniß und Schatten des Todes umfangen; und nur einige wenige, die sich an ihn angeschlossen hatten in Glauben und Liebe, stellte er als die Frucht seines Lebens seinem Vater dar, als solche, die nun auserwählt wären von der Welt, so daß er freudigen Herzens sagen konnte: Sie sind nicht von der Welt, wie auch ich nicht von der Welt bin; sie haben dein Wort angenommen und erkannt, daß ich von dir ausgegangen bin. Da hatte auch er noch zu beseufzen ein verlorenes Schaf, damit auch in seinem unmittelbaren Kreise erfüllt würde, was er selbst gesagt hatte, daß nicht alle auserwählt sind, welche berufen werden, und damit auch er erführe, daß es in dem unmittelbaren Wirken auf Menschen kein vollkommnes Gelingen giebt ohne Fehl. Da mußte auch er mit Bitten vor seinen himmlischen Vater treten für das Werk, von welchem er jetzt menschlicher Weise seine Hand abziehen sollte, und dadurch bekannte er, daß wenn er auch in einem anderen und höheren Sinne alles gethan hatte, doch der unmittelbare Erfolg nur erst so eben begonnen hatte, und der Vater erst vollbringen müsse, was der Sohn nur einleiten konnte. Hier fänden wir also gar vieles, was wir auf uns anwenden könnten, wenn von dem letzten Gespräch der Seele mit Gott die Rede ist, ehe wir den Schauplatz dieser Welt verlassen. Jeder von uns hat solche, die ihm der Herr gegeben hat, daß wir sie ihm darstellen sollen als Auserwählte von der Welt; und wer treu und redlich, wenngleich in dem Gefühl seiner Schwachheit, das Werk des Herrn getrieben hat auf Erden und nichts anderes gewollt als nur dieses: der wird auch gläubig sagen können: Hier bin ich Vater und die du mir gegeben hast. Und wer über fehlgeschlagene Erwartungen seufzen muß wie der Erlöser, wenn sich auch dieser oder jener gewaltsam herausgerissen hat aus der liebenden und leitenden Hand troß aller stützenden und tragenden Liebe, dem wird es dann auch gewiß an einem Troste nicht fehlen wie der, daß die Schrift erfüllet würde.

Aber davon nun eben ist hier nicht die Rede in diesem großen Worte des Herrn, sondern von dem, was an ihm geschehen ist, so daß alle Schrift von ihm erfüllt wurde, ohne daß etwas zurückgeblieben wäre. Und was für einen Vergleich können wir hier anstellen? Die Schrift, die, wie er selbst sagt, von ihm Zeugniß giebt auf allen Blättern, wenn der Geist Gottes das Auge des Lesers erleuchtet, die Schrift, deren Verheißner er ist vom ersten Anfang an, und die er sich als an ihm erfüllt vor Augen stellt in dem Worte: Es ist vollbracht, redet die auch von uns, meine geliebten Freunde? können auch wir einen solchen Blick in die Vergangenheit werfen am Ende unsers Lebens, daß wir uns freuen können, die Schrift sei an uns erfüllt? O wol redet sie von uns allen! sagt sie nicht, sie sind allzumal Sünder und ermangeln des Ruhmes, den sie bei Gott haben sollten? Seht das ist die erste Schrift, die an uns allen in Erfüllung geht, und wenn wir uns denken in den letzten Augenblicken unseres Lebens, das Auge gerichtet auf die dann vergangene Zeit und auf denjenigen, in welchem uns allen der Ruhm an Gott und der göttliche Wille an uns abgebildet ist: ach so wird denn jeder sagen: Nun ich sterbe, ist endlich diese Schrift an mir erfüllt! Aber die Schrift sagt auch: Christus ist uns geworden zur Weisheit und zur Gerechtigkeit und zur Heiligung. Wolan, wer sich denn der Gnade des Herrn zu rühmen hat; wer nicht taub gewesen ist gegen die Stimme seines Geistes; wer sich mit Christo in der lebendigen Gemeinschaft findet, in welcher beiden Theilen alles gemein ist, und in den letzten Augenblicken auf ein solches Leben zurücksehen kann, welches er im Glauben an den Sohn Gottes gelebt hat und dieser in ihm: dem ist dann diese Schrift der wahrste Ausdruck des Bewußtseins, welches den ganzen und vollständigen Gehalt seines Lebens ausdrückt. Denn was hierunter nicht zu bringen ist, das gehört auch nicht zum Gehalt seines Lebens; und in dem gläubigen Gefühl, daß diese Schrift, diese erbauende, diese beseligende Schrift auch an ihm erfüllt worden, wird er dann sagen können: Es ist vollbracht.

Aber nicht nur so laßt uns, meine geliebten Freunde, bei dem allgemeinsten unseres Glaubens, bei dem Bewußtsein der Seligkeit, welche in der Gemeinschaft mit dem Erlöser liegt, stehen bleiben; sondern freilich immer nur durch ihn und mit ihm, aber so und in seiner Gemeinschaft können wir doch auch gewiß die Aehnlichkeit noch weiter verfolgen zwischen diesem Worte aus seinem Munde und dem Augenblick unsers Scheidens, oder vielmehr dem letzten Blick auf unser vergangenes Leben, der uns mit so vollem Bewußtsein, als es der Erlöser hatte, vergönnt sein wird. Denn die ganze Erscheinung des Erlösers, ganz vorzüglich aber der große Augenblick, in welchem er sterbend das Werk der Versöhnung der Welt mit Gott vollbrachte, war in einem Umfang, in dem es von keinem andern gesagt werden kann, der große Wendepunkt, an welchem sich zwei verschiedene Zeiten von einander scheiden, die Zeit der Sehnsucht und hoffnungsreichen Ahnung und die Zeit der seligen Erfüllung und des in liebender Thätigkeit schaffenden lebendig machenden Glaubens. Aber auch wir alle insgesammt, ja jeder von uns, wie klein und unscheinbar unser Dasein in der Welt auch sein mag, sind doch auf eine ähnliche Weise in den großen Zusammenhang der göttlichen Führungen aufgenommen. Denn dasselbe kehrt doch in der Kirche des Herrn nur in geringerem Maßstabe immer wieder. Als Christus zu seinen Jüngern sagte, er habe ihnen noch Vieles zu sagen, sie könnten es aber jetzt noch nicht tragen, und sie dann auf den Geist verwies, den er ihnen senden werde: da begründete er ja auch für sie eine neue Zeit der Sehnsucht und der Ahnung, der erst später die Erfüllung folgen solle. Und alles, was wir in der Gegenwart noch als Mangel und Unvollkommenheit erkennen, das erregt in uns Sehnsucht und Ahnung, und die Erfüllung kommt nach. Währt nun dieses so lange — eher aber können wir doch nicht aufhören zu wünschen und zu hoffen — bis wir zu der Vollkommenheit des männlichen Alters Christi gelangt sind: so sind wir alle so gestellt, daß Sehnsucht und Erfüllung mit einander wechseln, und wenn eines, wiewol immer auch nur unvollkommen erfüllt worden ist, verlangt uns schon nach einem andern. Zu dieser unvollkommenen Erfüllung aber soll doch irgend etwas in den wohlgefälligen Willen Gottes Gehörendes von einem jeden lebenden Geschlecht gebracht werden, das nur sein Unerfülltes der Jugend überläßt; und zu diesem Werke seiner Zeitgenossen soll auch jeder das Seinige beitragen, der als ein lebendiges Glied an diesem Gott geheiligten Leibe gerühmt werden kann. Wie nun in der Wirklichkeit auch noch nicht alles, was geschehen soll, bereits erschienen war, als der Erlöser ausrief: Es ist vollbracht: so mögen auch wir mit demselben Glauben, den wir an dem Anfänger und Vollender unseres Glaubens schauen, was noch bevorsteht dennoch ansehn als in dem bereits Erfolgten mit enthalten, aber auch eben so bei dem letzten Blick auf das zurückgelegte Leben mit inniger Dankbarkeit gegen Gott auf demjenigen ruhen bleiben, was nun nicht durch unser eigenes Verdienst, denn das ist allein des Herrn, auch nicht als unsre ausschließende That, denn unsre äußere Lage und gar vieles, was nicht von uns abhängt, wirkt dabei immer mit, aber doch vermittelt durch unsre Erscheinung, unsre Wirksamkeit, unsern mannigfaltigen mittelbaren Einfluß zu einiger Vollendung gebracht, oder von der Ahnung in den Anfang wenigstens der Erfüllung übergegangen ist. Und dieses sollen wir zusammenfassen als das durch die Eigenthümlichkeit unseres Wesens sowol als durch die Verhältnisse, in welche uns Gott gestellt hat, vorangedeutete und sollen es wol würdigen, und bei dem letzten Blick auf das Leben eben so demüthig als dankbar Gott dafür preisen, daß doch nun das, was er uns nach seiner Weisheit zugetheilt hat, als unser Tagewerk, auch wirklich vollbracht ist. Demüthig werden wir es erkennen, wie vieles uns noch hat von außen zu Statten kommen müssen, damit auch nur das Wenige durch uns wirklich geschehe, wie manches Hinderniß nur durch günstige Umstände oder durch fremde Hülfe konnte beseitiget werden, so daß wir unser eignes ausschließendes Werk überall vergeblich suchen. Aber auch dankbar werden wir dann so Gott will alle das zu erkennen haben, wie doch auch an uns, wenn auch nach einem kleinem Maßstabe das schöne Wort der Schrift erfüllt worden ist, daß alle Gaben des Geistes in der Gemeinde sich beweisen zum gemeinen Nutz*), und daß, wenn die Schrift die Früchte des Geistes in der erquicklichen Mischung

---

*) 1. Kor. 12, 7.

von Liebe, Freude, Friede, Geduld, Freundlichkeit, Gütigkeit, Glaube, Sanftmuth und Keuschheit*) zusammen darreicht, einzelne solche, wären sie auch nicht vollkommen gereift und von der ausgesuchtesten Schöne, doch auch in dem Garten unseres Gemüthes gewachsen sind. — Christus war freilich allein derjenige, in welchem sich alles, was zum Ebenbild Gottes in dieser menschlichen Natur gehört ohne alle Störung immer wachsend im schönsten Ebenmaß entwickelte; und die Zeit, in welcher er erschien, die Umstände, unter denen er lebte, trugen nicht dazu bei, sondern nur dazu, daß diese Herrlichkeit des eingebornen Sohnes ganz auf die Weise und in dem Maße wirksam sein konnte, wie es die göttliche Weisheit von Ewigkeit her beschlossen hatte. Und eben das fand auch er vollbracht, als nun noch am Kreuz auf eine ganz wundervolle Weise diese Herrlichkeit in ihrem vollen Glanze erschien. Bei uns ist das freilich anders, und keiner wird auf sein Leben zurücksehen können ohne den wechselnden und schwankenden Gang seiner Seele zu bemerken. Fallen und Wiederaufstehen, die Hand beherzt an den Pflug legen und dann wieder bedenklich zurücksehen, das Werk Gottes rasch angreifen und dann wieder muthlos die Hände sinken lassen: dies und keine andere Weise ist die unseres geistigen Lebens, nur anders gestaltet in seiner jugendlichen Blüthe und anders in seinem allmäligen Reifwerden und anders bei jedem nach Maßgabe seiner besonderen Natur und seiner äußern Verhältnisse. Wie betrübend das aber auch in anderer Hinsicht sein mag, wenn wir nur wie Christus am Ende unseres Lebens es weniger darauf ansehn, was wir selbst gethan haben, als vielmehr darauf, was an uns und durch uns nach Gottes gnädigem Rathschluß und Vorhersehung geschehen ist: so werden wir ihm auch darin ähnlich sein, daß doch alles am Ende unseres Lebens zusammenstimmen wird zu einem freudigen: Es ist vollbracht. Denn ist uns einmal das göttliche Wort als der reine Spiegel der Wahrheit vorgehalten worden, in welchem jeder sich selbst erkennen kann, und wir haben wirksam hineingeschaut: so werden wir doch bezeugen müssen — wenn wir auch einmal und öfter wieder vergessen hatten, wie wir gestaltet waren, — wir sind doch immer wieder darauf zurückgeführt worden aufs Neue hineinzuschauen, und auch unser Wanken und Fallen, unsere Fahrlässigkeit und unsere böse Lust haben uns zu einer größeren Tiefe und Klarheit der Selbsterkenntniß gedeihen müssen, mit welcher von hinnen zu scheiden zu den größten Gütern gehört, die uns gewährt werden können. Sind wir einmal aus der großen allgemeinen Verwirrung des menschlichen Geschlechtes umgekehrt zu dem rechten Hirten und Aufseher unserer Seele und haben es erfahren, daß wir bei ihm Ruhe und Erquickung finden; haben wir dann auch einmal nach der Verzagtheit des menschlichen Herzens, wenn uns etwas Hartes bedrohte, einen andern Schutz gesucht, der uns näher zu liegen schien, oder nach dem Trotz desselben uns allein auf verführerische Auen gewagt: so ist

---

*) Gal. 5, 22.

er doch auch uns auf mancherlei Weise nachgegangen, und durch die unterbrochenen Erfahrungen sind wir nur um so fester in der Ueberzeugung geworden, daß Schutz und Sicherheit sowol als Wohlbefinden und Erquickung allein in der Verbindung mit ihm zu finden sind. Haben wir wol öfter unter dem Druck der Welt und bei dem hartnäckigen Widerstand derselben den Gedanken gefaßt, daß der Herr, mit dessen anvertrautem Pfunde wir wuchern sollen, ein harter Mann sei, welcher ernten wolle, wo er nicht gesäet habe: so werden wir doch bald so, bald anders verhindert worden sein, es nicht gänzlich zu vergraben, und werden wie wenig es auch sei aufzuweisen haben, was mit demselben ist geschafft worden. Wenn nun so durch die gnädigen Führungen Gottes, welcher diejenigen auch verherrlicht, welche er gerecht gemacht hat*), auch unsere Schwachheiten und Verirrungen nicht nur zu unserer Befestigung ausgeschlagen sind, sondern auch — wie wir ja an uns häufig diese Wirkung erfahren von den Schwachheiten anderer — unsern Brüdern zur Lehre und Warnung und zur Züchtigung in der Gottseligkeit gedient haben: so werden wir dann bekennen müssen, daß, wie wahr es auch bleibe mit jedem andern Worte der Schrift, welches wir alle werden jeder für sich betrachtet auf uns anwenden wegen des Ruhmes, den wir bei Gott haben sollten, doch sowol an jedem einzelnen Gliede der Gemeinde Christi, als an diesem Ganzen, dem wir einverleibt sind in Beziehung auf unser gesammtes Leben, Leiden und Wirken, auch das Wort der Schrift in Erfüllung gegangen ist und sich immer aufs Neue erfüllen wird, daß denen, die Gott lieben, alle Dinge zum Besten dienen müssen**). Blicken wir einst so auf das zurückgelegte Leben am Ziele desselben zurück: so werden wir es dankbar und froh erkennen, daß es die ewig weise Güte und die barmherzige Liebe des himmlischen Vaters über alles, was Kind heißt gewesen ist, die durch Irrthümer und Schwächen, durch Freuden und Leiden uns immer fester und zuletzt unauflöslich mit dem verbunden hat, den wir freilich nicht loslassen durften, wenn die Schrift an uns sollte erfüllt werden, in Gemeinschaft, mit welchem wir dann aber auch wie er selbst getrost werden ausrufen können: Es ist vollbracht. Amen.

---

*) Röm. 8, 30. — **) Röm. 8, 28.

X.
Christi letztes Wort an seinen himmlischen Vater.

Am Charfreitage.

Preis und Ehre sei unserm Herrn, der gehorsam gewesen ist bis zum Tode und darum, daß er sein Leben in den Tod gegeben hat und vieler Sünden getragen eine große Menge zur Beute bekommen soll, und die starken zum Raube. Amen.

Text: Lukas 23, 46.

Und Jesus rief laut und sprach: Vater ich befehle meinen Geist in deine Hände. Und als er das gesagt, verschied er.

Die beiden ersten Evangelisten, meine geliebten Freunde, berichten uns nur, Jesus habe laut geschrieen, und so sei er verschieden, aber die letzten Worte seines Mundes melden sie uns nicht. Johannes, der nahe an seinem Kreuze stand, war so voll von dem Wort, welches wir neulich zum Gegenstand unsrer Betrachtung gemacht haben; dieses große Wort: Es ist vollbracht, hatte ihm die Ohren des Geistes so angefüllt, daß er dieses vielleicht noch später gesprochene, noch leiser verhallende Wort des Erlösers nicht vernommen und uns nicht berichtet hat. So ist es denn dankbar zu erkennen, daß der Evangelist Lukas, aus dessen Erzählung wir es eben vernommen haben, es uns aufbehalten hat; und gewiß werden wir alle auch nach jenem großen Worte: Es ist vollbracht, noch dieses nicht geringer achten, sondern es gerade für diese der Feier des Todes unsres Herrn besonders geweihte Stunde als einen würdigen Gegenstand unsrer gemeinsamen andächtigen Betrachtung erkennen. Es ist das letzte stille Gespräch seiner Seele mit seinem himmlischen Vater; in diesem Sinne wollen wir unsere Aufmerksamkeit darauf richten und uns zuerst den Eindruck festhalten, den dieses Wort an und für sich auf jeden machen muß, der es in seinem Herzen bewegt; aber dann auch zweitens, damit wir es als das letzte Wort unsers Erlösers desto besser und vollkommner verstehen, von demselben auf seine früheren Worte am Kreuze zurücksehen und es mit denselben in Verbindung bringen.

I. Der Herr sprach: Vater in deine Hände befehle ich meinen Geist. Und das ist gewiß ein ganz menschliches Wort unsers Herrn, das wir uns alle deswegen auch ganz und vollkommen aneignen können. Denn wenn wir uns auf einen Augenblick vorstellen wollen, es hätte jemals in dem Leben des Erlösers das Menschliche und das Göttliche in seiner Person abgesondert von einander dieses oder jenes thun können; so würde wol jeder sagen, diese Worte wenigstens könnten gewiß nicht von dem was Gott in ihm war allein herrühren. Nicht das ewige

Wort für sich allein, welches ja, wiewol es Fleisch geworden war, um unter uns zu wohnen, doch nie aufhören konnte bei Gott zu sein, wie es von Anfang bei ihm gewesen war, nicht dieses für sich allein konnte sich selbst so dem Vater des Erlösers empfehlen, sondern eher noch allein die menschliche Seele Jesu, in der das Fleisch gewordene Wort lebte und wohnte. So verräth sich auch in diesen Worten unsers Herrn keine besondere uns etwa entzogene und in dem Göttlichen, das ihm einwohnte, begründete Kunde von demjenigen, was des Menschen wartet, wenn Leib und Seele sich von einander lösen; sondern das göttliche Wort redet hier aus ihm ganz seiner uns gleichen menschlichen Natur gemäß. Eben so wenig klingen die Worte als die eines solchen, welcher Herr ist über den Tod und durch sich selbst hierüber eine Gewißheit und Zuversicht hat, die kein anderer haben könnte; sondern wir hören hier das ergebungsvolle Vertrauen eines Sterblichen sich kund geben, womit auch jeder andere Fromme sich in dem letzten Augenblick dieses Lebens der göttlichen Allmacht hingiebt und empfiehlt. Freilich, meine geliebten Freunde, ist es nur diese selbige Allmacht, die auch während des irdischen Lebens den Menschen hält und trägt, und es ist nur von einer gewissen Seite angesehen wahr, wenn man es aber allgemein und ohne nähere Beschränkung behaupten will, falsch und irrig, daß der Mensch, so lange er lebt, durch sich selbst besteht, daß er hier auf der Erde seiner eigenen Sorge vertraut ist, und wenn auch nicht der einzelne für sich allein, doch die Menschen in Gemeinschaft sich selbst helfen können. Dessenungeachtet aber fühlen wir freilich ganz anders den Uebergang von einem Augenblick des irdischen Lebens zum andern, indem wir von einem zum andern in dem Besitz aller der Kräfte und Mittel sind und bleiben, durch welche unser eigenes Dasein mit dem Dasein der übrigen Welt zusammengehalten wird, durch welche sie auf uns wirkt, und wir wieder auf sie zurückwirken, — anders freilich fühlen wir uns während dieses Lebens in das geheimnißvolle Getriebe der göttlichen Allmacht hineinversetzt, als bei dem Uebergang von dem letzten Augenblick des irdischen Lebens zu dem, was darauf folgt: wenn nun alle die Bande sich lösen, die den Geist durch den menschlichen Leib mit der übrigen Welt verbinden, und mit jenem letzten Augenblick selbst zugleich jedes Mittel verschwindet, den nächsten festzuhalten, nicht nur und auf ihn einzuwirken, sondern auch schon in ihn hinüberzuschauen, dem Menschen aus eignen Kräften, wenigstens mit einiger Sicherheit, nicht gestattet ist, vielmehr wir fühlen, daß wir uns selbst verlieren müßten und ganz verloren gehen aus dem Zusammenhange des Daseins, wenn nicht die göttliche Allmacht uns unbekannte Veranstaltungen getroffen hätte, um uns zu halten und über das Thal des Todes hinüberzuführen. Der Erlöser aber war mit einem solchen Vertrauen ausgerüstet, wie schon die Wahl seiner letzten Worte: Vater in deine Hände befehle ich meinen Geist! zu erkennen giebt, als ob was nun vor ihm lag nichts anderes oder bedeutenderes gewesen wäre, als eben was der Uebergang aus einem Augenblick des menschlichen Lebens in einen andern immer auch ist. Denn diese Worte sind nicht rein aus seinem Innern und für diesen Augenblick hervorgegangen, sondern es sind ebenfalls Worte aus den Psalmen, wie auch schon jenes frühere Wort am Kreuz: Mein Gott, mein Gott, warum hast du mich verlassen! aus diesem Buch hergenommen war; es sind dort*) die Worte eines Frommen, welcher keineswegs mit seinem Abschied aus dieser Welt beschäftigt ist, sondern noch vieles von dem Herrn des Lebens zu erwarten und zu bitten hat für den fernern Verlauf eben dieses irdischen Lebens; Worte eines solchen, der, indem er schon Ursache hat inbrünstig zu danken für die Hülfe, die Gott ihm hat angedeihen lassen, doch zugleich in eine noch gefahrvolle Zukunft hineinsieht und so in die Worte ausbricht: In deine Hände befehle ich meinen Geist; du hast mich erlöset, du treuer Gott. Und eben dieser Worte eines, der noch mitten in dem menschlichen Leben begriffen ist, der aber weiß, daß jede Erhaltung desselben unter den mancherlei Gefahren, von denen es bedroht ist, ihm nur von der Hand desselben Herrn kommen kann, der auch in Beziehung auf jeden Augenblick seines Daseins alles geordnet hat nach seinem Wohlgefallen, der Worte eines solchen bedient sich unser Erlöser bei dem gänzlichen Abschied von dieser Welt. Liegt darin nicht ganz bestimmt dieses, daß der Erlöser keinen bedeutenden Unterschied gefunden hat zwischen dem einen und dem andern? Hier im irdischen Leben steht von jedem Augenblick zum andern der Lebenshauch, die Seele des Menschen in der Hand des Herrn; was sich aus jedem entwickeln soll und wie, das ist in seiner Ordnung gegründet, und dem Menschen kann nur wohl sein, wenn er diesem ordnenden Herrn befohlen ist und sich ihm in jedem Augenblick aufs neue befiehlt. Aber eben so — das ist der Gedanke des Erlösers — steht auch am Ende des Lebens, was sich aus diesem Ende entwickeln soll, in derselben Hand und ist nach denselben Gesetzen geordnet, so daß auch hier aus derselben Hingebung und Empfehlung ihm dieselbe Freudigkeit entstand, und dieselbe Stimmung ihn hinübergeleitete, die uns hier gleichmäßig durch alles hindurchführt. Scheint euch dieses zu viel, nun so bedenkt, daß freilich nicht diese ganze tröstliche Weisheit des Herrn schon in jenen Worten aus der früheren unvollkommenen Zeit des alten Bundes liegt, welche der Erlöser hier anführt; sondern eines, eines setzt er hinzu, was nicht einheimisch ist im alten Bunde, nämlich das große vielumfassende Wort: Vater! Vater, dieses setzt der Erlöser von seinem eigenen hinzu: Vater in deine Hände befehle ich meinen Geist. Darin also liegt, so müssen wir wol glauben, der tiefste Grund dieser heitern Zuversicht, in dem bestimmten Bewußtsein des Erlösers von seiner innigen Gemeinschaft mit dem himmlischen Vater. Auch in dem Augenblick seines Todes fühlt er sich als der einiggeliebte und erstgeborne vom Vater. Daher kam ihm unter allen Umständen seines Lebens jene ungetrübte Gleichmäßigkeit der Gemüthsstimmung, die das unverkennbare Zeichen der Göttlichkeit seines

---

*) Psalm 31, 6.

Wesens ist; daher war er in keinem Augenblick aus Furcht der Dinge, die da kommen konnten auf eine knechtische Weise befangen, noch durch eine lockende und glänzende Aussicht je auf eine eitle Weise angeregt, weil es immer in ihm rief: Vater! und er sich dabei immer eins wußte mit dem Vater. Und fragen wir nun nach dem Grunde der gleichmäßigen Stimmung und der festen Zuversicht, mit welcher der Erlöser nun aus dem menschlichen Leben scheidet, nicht anders angeregt als wie andere fromme Verehrer des Herrn von einem wohlverbrachten Abschnitt desselben scheiden und einem bedeutenden neuen Augenblick entgegengehen: so dürfen wir auch nicht weiter nach etwas Besonderem suchen, sondern die einzig richtige Antwort liegt allein in diesem Worte, welches er zu jenen Worten aus den Psalmen hinzufügt. Er war der Sohn des Vaters; seine Gemeinschaft mit diesem war es, was ihm den Uebergang aus dem irdischen Leben in den Zustand seiner Erhöhung nicht eben anders erscheinen ließ als jeden Wechsel, wie er ihm schon oft im Leben vorgekommen war. Dieser Unterschied, der uns allen so groß erscheint, verschwand ihm nämlich so gänzlich, weil das eine nicht mehr und nicht weniger ist als das andere für den, in welchem und mit welchem er allein lebte, und der mit gleicher Weisheit den Zusammenhang des Irdischen unter sich und den Zusammenhang alles Irdischen mit seinem ganzen unendlichen Reiche geordnet hat.

Wie nun diese feste Zuversicht des Erlösers bei dem Abschiede aus dieser Welt damit unmittelbar zusammenhing, daß er so ganz eingetaucht war in die Gemeinschaft mit seinem Vater, daß ihn der Anblick des Todes eben so wenig davon scheiden konnte als irgend etwas in der Mitte dieser irdischen Dinge: so laßt uns zu unserm Troste nicht vergessen, daß der Erlöser uns in dieselbe Gemeinschaft mit seinem Vater einweiht, und daß er nur deswegen auch hierin unser Vorbild sein kann, so daß wir derselben festen Zuversicht fähig sind, wie sich denn durch diese der Christ besonders unterscheiden soll. Welche Abstufung von der knechtischen Todesfurcht derer, welche nur in ein Dunkel hineinsehen, worin ihnen nichts von dem erscheint, was allein ihre Augen auf sich gezogen hat, von der stumpfen Gleichgültigkeit, die eben so sehr in der Uebersättigung des sinnlichen Bewußtseins als in der Aufreibung der sinnlichen Kräfte gegründet ist, zu der gefaßten Ergebung eines ernsten Gemüthes in ein unbekanntes zwar, aber eben so allgemeines als unvermeidliches Loos, aber dann noch mehr zu dieser Zuversicht, welche auf der Gemeinschaft mit Gott ruht, vermöge deren der allgemeine Ordner und Herrscher über alles uns nicht nur ein Wesen außer uns ist dem wir vertrauen, sondern er in uns ist und wir in ihm, und wir also auch unsern Willen von dem seinigen und seinen von dem unsrigen nicht zu trennen vermögen, indem nach der großen Verheißung für den neuen Bund sein Gesetz und also auch das Gesetz seines Waltens und Ordnens in der Schöpfung so in unser Herz geschrieben ist, daß mit Wahrheit gesagt werden kann, wie es der Erlöser denn sagt, daß der Vater Wohnung mache in unsere Herzen.

Hierhin aber, meine geliebten Freunde, giebt es keinen andern Weg, sondern Christus allein ist der Weg, wie er denn auch sagt, der Vater komme mit dem Sohne, und niemand kenne den Vater als nur der Sohn und wem er ihn offenbaren will. Aber wie er verheißen hat, daß er diejenigen, die an ihn glauben, nach sich ziehen wolle, wenn er werde erhöht sein von der Erde: so zieht er auch die Seinigen nach sich zu diesem festen und innigen Vertrauen, ja was mehr sagen will zu dieser gänzlichen Willenseinheit mit dem Vater, in welcher er aus diesem irdischen Leben scheiden konnte, daß wir alle in demselben Maß als wir ihm dem Sohne verbunden sind auch mit derselben einfältigen und kindlichen Zuversicht unsern Geist in die Hände dessen befehlen, dem das geistig Lebendige nicht verloren gehen kann, und der wie der alleinige und ewige Herr und Erhalter aller Dinge, so auch der rechte zuverlässige Vater ist über alles was Kind heißt.

II. Dieses, meine geliebten Freunde, ist also der eben so sanfte als erhebende Eindruck, den das letzte Wort des Erlösers für sich allein betrachtet auf uns alle machen muß. Aber daß wir es recht verstehen, so laßt uns nun auch von demselben auf die früheren Worte des Herrn am Kreuze zurücksehen. Denn nichts in seinen Reden steht für sich allein. Wie alles aus demselben Grunde seines göttlichen Wesens herkam, so ist auch alles eins und gehört wesentlich zusammen; und nie können wir irgend etwas von ihm weder recht auffassen und verstehen, noch auch selbst nur recht genießen, als nur in Verbindung mit allem übrigen. Wenn wir nun doch nach unsrer bisherigen Betrachtung nothwendig fragen müssen, wie es wol bei uns selbst stehe um jene kindliche Zuversicht, mit welcher der Herr seine Seele in die Hände seines himmlischen Vaters befahl, und wir uns ohne weiteres gestehen müssen, daß, wenn gleich ihm unverwandt in herzlicher Liebe zugethan, wenn gleich durch alle Wohlthaten seines versöhnenden Todes, ja durch ihn den ganzen Christus so beseligt, daß wir ihm wol auch hierin gleich sein sollten, wir doch gewiß, wenn jetzt unsre Stunde schlüge, weit zurückstehen würden in dieser Willenseinheit: so wird es uns gar wohl thun zu fragen, was denn bei ihm selbst dieser Aeußerung unmittelbar vorherging, und wodurch seine Seele zu einem so reinen und wahrhaft himmlischen Tone gestimmt war. Wenn wir da nun an das Meiste von dem was wir früher besonders betrachtet haben zurückdenken; wenn wir uns die schönen Worte wiederholen: Vater vergieb ihnen, denn sie wissen nicht was sie thun; wenn wir uns dessen erinnern, wie er seiner Mutter seinen Jünger und dem Freund seine Mutter empfahl; wenn wir bedenken, wie er sinnend über den Zusammenhang seines ganzen bisher geführten und nun zu Ende gehenden Lebens mit der ganzen Reihe der früheren Offenbarungen Gottes ausrief: Es ist vollbracht: so werden wir wol gleich inne, wie auch dieses nothwendig mit jenem zusammengehört, und daß auch bei uns dasselbe muß vorangegangen sein, wenn wir auch eben so wie unser Erlöser sollen sagen können: Vater in deine Hände befehle ich meinen Geist. Wie wäre es auch wol möglich, daß der Mensch zu dieser Willenseinheit mit Gott sollte gelangt sein, wenn er nicht in seinem Herzen Frieden gemacht hat mit der Welt, welche Gott so wie sie ist geschaffen und geordnet hat! wie sollte der in der Uebereinstimmung mit Gott sterben können, welcher zu dieser Uebereinstimmung nicht in Beziehung auf dieses Leben gekommen ist! — Darum alle Verkehrtheiten in dieser Welt, welche ein Verehrer des Herrn wol Ursache hat zu beweinen, wie hart sie auch uns selbst mögen getroffen, wie nachtheilige Wirkungen auch auf unsern Lebenskreis ausgeübt haben, das alles darf uns nur erscheinen wie der durch die fortwährende Entwicklung der göttlichen Gnade immer mehr aus der menschlichen Seele verschwindende Wahn, wie die leider in vielen unserer Brüder noch übrige Bewußtlosigkeit, welche aber das himmlische Licht von oben bald zerstreuen wird; und so müssen wir, was uns im Leben auch begegnet sein mag, wie wenig wir auch mögen unterstützt worden sein in unsern wohlwollendsten Unternehmungen und Versuchen, wie feindselig die Welt uns mag entgegengetreten sein in unserm eifrigen Streben das Reich Gottes zu bauen, so müssen wir vorher schon gesagt haben: Vater vergieb ihnen, sie wissen nur nicht was sie thun, ehe wir unsern Geist in des Vaters Hände befehlen können. — So wie der Erlöser noch am Kreuz Jünger und Mutter einander empfahl: so müssen auch wir noch am Ende unseres Lebens in der schönen Wirksamkeit begriffen sein, einen treuen festen Bund inniger Liebe, wenn nicht erst zu stiften, doch ihn aufs Neue zu befestigen und inniger zu knüpfen unter denen, die uns die Nächsten sind. Sind das die Wünsche, die uns erfüllen, ist dieses das liebste Wort, wozu wir auch noch im letzten Augenblick unsers Lebens unsern Mund öffnen und unsre Hände ausstrecken: dann fehlt es uns auch nicht an dem Bewußtsein der wahren Willenseinheit mit unserm himmlischen Vater, kraft deren wir uns ihm eben so befehlen können, wie es der Erlöser that. Denn was ist doch das Wesen Gottes anders als Liebe? und welche herrlichere Kraft etwas Großes und Schönes zu bewirken in der Welt gäbe es als diese, wenn wir durch Liebe auch Liebe gründen und befestigen. Ist nun das noch unser Geschäft am Ende des Lebens, diesen göttlichen Samen auszustreuen in die Seelen; können wir uns dann auch noch irgend einer bestimmten Wirksamkeit erfreuen, wenn sie auch nicht größer und bedeutender ist als die, welche der Erlöser in diesem Augenblick ausübte, indem er die Mutter und den Jünger, die sich unstreitig beide in ihm und um seinetwillen schon liebten, nur näher zusammenbrachte und auch persönlich und für das äußere Leben genauer und bestimmter an einander wies: dann haben wir ein unmittelbares Bewußtsein von der kräftigen Einwohnung der ewigen Liebe in uns und also das Bewußtsein einer Willenseinheit mit Gott, welche noch mehr enthält als jener Friede, den wir durch eine allgemeine Vergebung mit der Ordnung in seiner Welt abgeschlossen haben. Denn wirklich das ist etwas weit Höheres und Herrlicheres, wenn wir uns einer bestimmten Mitwirkung bewußt sind zu dem, wodurch in der Welt alles besteht und gefördert wird, was wachsen und bleiben soll, indem wir nämlich die Kraft der Liebe denen einpflanzen, welche wir zurücklassen, so daß sie immer frischer und thätiger werden zur Erreichung des Zweckes, für welchen wir selbst nicht mehr wirken können. — Und wie der Erlöser nur um desto zuversichtlicher, je dankbarer er in jenem Worte: Es ist vollbracht, auf den ganzen Zusammenhang seines nun endenden Lebens zurückgesehen hatte, sich nun seinem himmlischen Vater befehlen konnte: so wird es auch uns am Ende des Lebens heilsam und ersprießlich sein, wenn wir in seinem Sinne in die Vergangenheit zurückschauen, dankbar uns freuend der milden göttlichen Gnade, die uns auf oft verborgenen und unerforschlichen Wegen, aber zu keinem andern als zu dem schönen Ziele des Heils hingeführt hat. Denn wenn wir so, was uns, als es sich vorbereitete und kam, oft unerklärlich war in diesem Leben, am Ende besser verstehen in dem Lichte, womit eins das andere beleuchtet: so werden wir mit einem solchem Rückblick unser Leben beschließend auch so fest werden in der Zuversicht, daß uns niemand aus der Hand dessen reißen kann, der uns so wohl bedacht hat, daß wir eben so getrost wie der Erlöser sagen können: Vater in deine Hände befehle ich meinen Geist!

Aber keinesweges, meine geliebten Freunde, möchte ich das so gesagt haben, als ob wir etwa nur in dem letzten Augenblick des Lebens das wollen und thun sollten, was uns einen solchen Abschied sichert und erleichtert. Vielmehr wird gerade dadurch auf das Fruchtbarste unser ganzes Leben ein Sterbenlernen sein, wenn es so ausgefüllt ist. Jeder Augenblick stiller Betrachtung, den uns der Herr gönnt, sei also ein solches Versenken in seine göttlichen Wege mit uns und mit dem ganzen Geschlecht der Menschen, dem wir angehören, ein solches beständiges Einstimmen in das große und herrliche Wort des Herrn: Es ist vollbracht, in dem vollen Gefühl, daß nun wirklich für uns und für unser ganzes Geschlecht alles vollbracht ist durch ihn, durch sein Leben, seinen Tod und seine Erhöhung. In jedem Augenblick sei auch das Leben jedes frommen und treuen Jüngers Jesu Liebe verkündend und Liebe stiftend; ach und nur vorübergehend wie ein Schatten vor der sonst heitern und milden Seele sei jedes, wenn uns ja ein solches anwandelt, doch immer leise Gefühl von Härte und Widerwillen gegen diejenigen unter unsern Brüdern, die, weil sie noch fern sind von ihrem Ziele und noch in dem Schatten des Todes wallen, unsern Bestrebungen für das Reich Gottes feindlich entgegengetreten; und in jedem Augenblick laßt uns bereit sein zu dem Gefühl zurückzukehren, welches der Erlöser ausdrückte in dem seligen Gebet: Vater vergieb ihnen, sie wissen nicht was sie thun. Denn so war auch das ganze Leben des Erlösers; und in jedem bedeutenden Augenblick desselben spiegeln sich auch für uns durch das Wenige, was uns davon ist offenbart worden, überall wieder diese herrlichen Worte ab, mit denen er es verließ. Darum eben konnte ihm auch das Ende des Lebens nichts anderes sein, als ihm jeder Uebergang aus einem Tage und aus einem Zustande in den andern zu sein pflegte. Und was sagt er von uns? Wer da glaubt an mich, spricht der Herr, der hat das ewige Leben; und wer so aus dem Tode hindurchgedrungen ist zum ewigen Leben, für den hat auch der Tod aufgehört nicht nur etwas Schreckendes, sondern überhaupt etwas Besonderes und weit Verschiedenes von jedem andern Uebergange zu sein. Denn jeden Augenblick flieht getrost die Seele eines solchen aus dem Irdischen und Vergänglichen in das Ewige; jeden Augenblick trennt sie sich von der Welt, um sich zu versenken in das Meer der göttlichen Liebe; jeden Augenblick übergiebt sie sich selbst und das Werk, worin sie begriffen ist oder den Theil desselben, den sie eben vollbracht hat, den Händen, in welche allein wir alles befehlen können, und so senkt sich immer der Geist in seinen ewigen Ursprung zurück. Diesen Glauben, der uns das ewige Leben giebt, o wir finden ihn in jedem Worte des Erlösers wieder, wenn sich unsre Seele einmal mit ihm vereinigt hat; aber am herrlichsten freilich da, wo wir ihn heute feiern, indem wir ihn begleiten an das Kreuz, an welchem er sein Werk vollbracht hat, und von welchem aus, als zugleich dem Gipfel seiner Erniedrigung und dem Anfang seiner Erhöhung, er angefangen hat auch uns alle zu sich zu ziehen. Möge er denn dieses immer kräftiger thun, daß die Segnungen seines Gehorsams bis zum Tode sich immer weiter verbreiten über das menschliche Geschlecht und sich an jedem Einzelnen immer mehr verherrlichen. Wir aber wollen festhalten an dem Anfänger und Vollender unseres Glaubens; und jemehr wir es erfahren, wie er uns so wie zur Erlösung und zur Gerechtigkeit, so auch zur Heiligung und zur Weisheit des Lebens und des Sterbens wird, desto gläubiger wollen wir auch immer wieder aufsehn zu dem sich selbst hingebenden und für die Sünder sterbenden, aber im Tode wie im Leben gleich seligen Erlöser, um aus seiner Fülle zu schöpfen Gnade um Gnade. Amen.

XI.
Der Tod des Erlösers das Ende aller Opfer.
Am Charfreitage.

Meine andächtigen Freunde. Wie tief auch das Gemüth bewegt sein mag an einem Tage wie der heutige, wie erschüttert das Herz von dem Bewußtsein der Sünde und wie durchdrungen zugleich von Dank für die Barmherzigkeit von oben, welche unser Heil beschlossen hat des eigenen Sohnes nicht verschonend: immer werden wir doch nur sicher sein das Rechte und Wahre darin gefunden zu haben, wenn wir auch hier unsere Gedanken und Empfindungen abmessen an der Schrift.

Wir finden aber in dieser eine zwiefache Behandlung des über alles wichtigen Gegenstandes unserer heutigen Feier. Die evangelischen Erzählungen entfalten uns die Thatsache des Lebens und des Todes Christi, entwickeln sie uns in ihren einzelnen Umständen, und dicht neben einander gestellt sehen wir in allen Zügen dieser Geschichte das hellste Licht der himmlischen Liebe und Reinheit und den schwärzesten Schatten der Sünde und der Verkehrtheit. Wer hätte nicht gern hierbei verweilt während dieser Zeit, die besonders die Leiden Christi zu betrachten bestimmt war! Und wer sollte nicht die reinigende und erhebende Kraft dieser heiligen Erzählungen auch jetzt wieder aufs Neue an sich selbst erfahren haben! Je mehr wir dabei das Geistige im Auge behielten und dieses nicht verdrängen ließen durch das Aeußere, was uns freilich mit einer großen sinnlichen Stärke bewegt, desto reiner wird der Segen gewesen sein, den wir von einer solchen Betrachtung des Leidens Christi davontrugen. Aber die Apostel des Herrn in ihren Schreiben an einzelne Brüder und an christliche Gemeinden setzen diese Bekanntschaft mit der äußeren Thatsache schon voraus, ergreifen aber jede Gelegenheit, die Christen aufmerksam zu machen, auf die tiefe geheimnißvolle Bedeutung des Todes Christi für unser Heil, auf den Zusammenhang desselben mit dem großen Zweck und Ziel der Erlösung, mit dem ganzen Schatz unserer Hoffnungen und unseres Glaubens. Je mehr sich nun jene Betrachtung des Geschichtlichen und des Thatsächlichen für die Vorfeier dieses großen Tages eignet und gewiß alle fromme Glieder unserer Gemeinden in dieser ganzen Zeit nicht nur während unserer Versammlungen, sondern auch in der Stille der einsamen Andacht beschäftigt hat: um desto mehr scheint es mir natürlich, daß wir uns in dieser heiligen Stunde zu einem von diesen apostolischen Aussprüchen hinwenden und der tiefen Bedeutung des Todes Christi für das Heil der Menschen unsere Betrachtung widmen. Dazu laßt uns denn den göttlichen Segen und Beistand erflehen durch Gesang und das Gebet des Herrn.

Text: Hebräer 10, 8—12.

Droben, als er gesagt hatte: Opfer und Gaben, Brandopfer und Sündopfer hast du nicht gewollt, sie gefallen dir auch nicht (welche nach dem Gesetz geopfert werden); da sprach er: Siehe, ich komme zu thun, Gott, deinen Willen. Da hebt er das erste auf, daß er das andere einsetze. In welchem Willen wir sind geheiliget, einmal geschehen durch das Opfer des Leibes Jesu Christi. Und ein jeglicher Priester ist eingesetzt, daß er alle Tage Gottesdienst pflege und oftmals einerlei Opfer thue, welche nimmermehr können die Sünden abnehmen. Dieser aber, da er hat ein Opfer für die Sünde geopfert, das ewig gilt, sitzt er nun zur Rechten Gottes.

Meine andächtigen Freunde. Aus dem ganzen Zusammenhang dieser Worte ergiebt sich ganz deutlich, daß der heilige Schriftsteller den

Tod des Erlösers als den eigentlichen Wendepunkt ansieht, mit welchem der alte Bund zu Ende gegangen und der neue Bund Gottes mit dem Menschen seinen Anfang genommen. Indem er den Tod des Erlösers als ein Opfer darstellt für die Sünde: so stellt er ihn zugleich, indem er sagt, daß durch Ein Opfer alle vollendet sind, als das Ende aller Opfer und alles Opferdienstes dar, wie beides in den Zeiten vor dem Erlöser, sowol in den Gottesdienstes des jüdischen Volks, als auch in den mit vielem Wahn und Irrthum vermischten heiligen Gebräuchen anderer Völker das Wesentliche ausmachte. Und beides wird hier auf das Schärfste gegen einander gestellt, das Unzureichende aller früheren Opfer und jene ewige göttliche Kraft, durch welche das Opfer des Erlösers sie alle übertrifft, aber eben deswegen auch allen Opfern ein Ende gemacht hat. So laßt uns nun in diesem Sinne gegenwärtig mit einander den Tod des Erlösers ansehen als das Ende aller Opfer.

Schon in früheren Worten dieses Kapitels, die unserem Texte vorangehen, hatte der Verfasser gesagt, die Opfer würden aufgehört haben, wenn die so am Gottesdienst sind, kein Gewissen mehr hätten von der Sünde, sondern einmal gereiniget wären; es geschehe aber durch die Opfer nur ein Gedächtniß der Sünde von einem Jahre zum andern*), die Sünde selbst aber, sagt er in unserm Texte, könnte durch die Wiederholung der Opfer nimmermehr hinweggenommen werden. Wir werden also den Sinn seiner Rede nicht nur treffen, sondern auch ihrem Wesen nach erschöpfen, wenn wir den Tod Christi in sofern als das Ende aller Opfer ansehen, einmal, weil nun kein anderes Gedächtniß der Sünde mehr nöthig ist, welches von einem Tage und von einem Jahre zum andern müßte erneuert werden; zweitens aber, weil nun die Sünde wirklich hinweggenommen ist, und es also solcher unzureichenden, stellvertretenden Hülfsmittel nicht mehr bedarf. Auf dies Beides also laßt uns jetzt mit einander unsere andächtige Aufmerksamkeit richten.

I. Also meine geliebten Freunde, Opfer waren zuerst ein **Gedächtniß der Sünde**, jetzt aber, seitdem Christus ein Opfer geworden ist für die Sünde, ist ein anderes Gedächtniß der Sünde nicht mehr nöthig.

Wie waren denn alle Opfer des alten Bundes ein Gedächtniß der Sünde? So daß, indem durch das Opfer für die einzelnen Handlungen, welche dem Gesetze des Höchsten widersprachen, eine Genugthuung sollte geleistet werden, so daß Besorgniß vor Vorwürfen und weiteren Strafen aufhörte, doch zugleich durch die Darbringung des Opfers ein Bekenntniß der strafwürdigen Handlung abgelegt wurde, und also jeder Einzelne für seine Sünden, für das, was er selbst gegen das Gesetz gefehlt hatte, ein Gedächtniß stiftete durch die öffentliche Darbringung des Opfers. Wir dürfen nur hierbei stehen bleiben, um schon zu sehen, welch ein unvollkommenes Wesen das war. Denn was sind doch die einzelnen äußeren Handlungen des Menschen, in welchen sich die Sünde offenbart, im Verhältniß zur Sünde selbst? Nichts Anderes als zufällige

---

*) V. 2.

Ausbrüche des inneren Verderbens, auf tausendfältige Weise abhängig von den äußerlichen Umständen. Wenn wir zwei neben einander stellen, von denen an einem und demselben Tage der eine eine Menge von solchen äußerlichen Vergehungen zu bereuen hätte und zu büßen, und der andere sich rühmen könnte keine einzige der Art begangen zu haben: ist deswegen der eine besser, als der andere? Mit nichten! sondern dem einen hat nur eine günstige Stunde geschlagen, dem andern hingegen eine üble; das Verderben selbst aber wohnt eben so tief und eben so fest in der Seele des einen, als in der des andern. Ja auch so betrachtet es! Wie vermag der Mensch wol die einzelnen Handlungen, die er begeht, auszusondern und sie sich zuzueignen als die seinigen? Ach wol mag derjenige immer recht haben, der in seinem innersten Gefühl eine sträfliche und verbrecherische That, die von ihm begangen ist, sich selbst zuschreibt, ohne sich auf einen andern zu berufen; aber die andern werden unrecht thun, wenn sie ihn seine Rechnung so abschließen lassen und meinen, daß sie von aller Schuld an des andern That rein gewaschen sind, weil er sie sich allein zutheilt; und also wird auch der immer nicht ganz unrecht haben, der näher und entfernter und oft wer weiß wie weit zurück, andere mit in seine Schuld hineinzieht. Nein, wenn wir nur irgend die Wahrheit suchen und mit offnen Augen in die vielfältigen Verwicklungen des Lebens hineinschauen und uns aller der offenbaren und geheimen Einflüsse bewußt werden, die der eine auf den andern ausübt: so werden wir gern gestehen, daß wir mittelbar oder unmittelbar jeder seinen Antheil haben an den Sünden, die in andern zum Vorschein kommen, und daß wir keinesweges unsere Rechnung mit denen allein abschließen können, die wir selbst begehen. O gar vielfältig nicht nur durch verführerische Beispiele und durch leichtsinnige Reden, sondern auch durch gutmüthig beschönigende Urtheile, durch versäumte Zurechtweisung und auf wie vielerlei Art nicht sonst noch helfen wir einer dem andern die Sünde hervorbringen, und keine wol ist einem allein angehörig. Darum also war alles Gedächtniß der Sünde in den Opfern ein so unvollkommenes und unzureichendes, weil es auf dieser Theilung menschlicher Verantwortlichkeit beruht, weil es die Sünde nur da ergreift, wo sie äußerlich zum Vorschein kommt, mithin das Innere derselben auf diese Weise gar nicht der Wahrheit gemäß im Gedächtniß befestiget wird. Und wenn der Apostel anderwärts sagt, aus dem Gesetz komme die Erkenntniß der Sünde: so hat er vollkommen recht, weil dieses in der That das höchste Verdienst ist, welches man einem äußeren Gesetz beilegen kann, wenn doch gewiß eine Kraft zur wahren Besserung niemals darin liegt; aber keinesweges kann er damit gemeint haben wollen, daß das Gedächtniß der Sünde, welches die in dem Gesetz gebotenen Opfer stifteten, jemals könnte ein vollkommnes Bewußtsein, eine wahre Erkenntniß der Sünde hervorgebracht haben. Nein, auch diese kommt erst vollständig aus der Anschauung des leidenden und sterbenden Erlösers: so daß es ein und derselbe Blick ist, der uns in denen, welche Urheber dieses Todes sind, die ganze Tiefe des menschlichen Verderbens, und in dem, der ihn erleidet, die ganze Herrlichkeit des eingebornen Sohnes vom Vater zeigt, und daß wir mit vollem Rechte sagen mögen, es giebt kein anderes wahrhaftes Gedächtniß der Sünde, als den Tod des Herrn. Hier hat sie ihr größtes Werk vollbracht, hier zeigt sie sich in ihrer ganzen Stärke und Vollendung. Das hat auch der Apostel Johannes wol bedacht, als er alle Sünde zusammenfaßte unter die Ausdrücke der Augenlust und der Fleischeslust und des hoffärtigen Lebens*). Die Augenlust, die verkehrte Neigung der Menschen, sich durch den äußeren Schein gefangen nehmen zu lassen, und nach dem das Innere zu beurtheilen: diese war der Grund, daß so viele unter den Zeitgenossen des Herrn sich durch solche gehaltlose Urtheile irre machen ließen: Was kann aus Nazareth Gutes kommen? was kann dieser Mensch bedeuten wollen, der die Schrift nicht gelernt hat, wie wir andere? Die Fleischeslust, das Wohlgefallen der Menschen an den vergänglichen Gütern des zeitlichen Lebens, das Trachten nach Ansehen und Ehre bei der Welt, nach Festhaltung und Vermehrung jedes äußeren Besitzes, die Freude daran, andere von sich abhängig zu sehen und von ihnen verehrt zu werden: das war die Ursache, weshalb die Hohenpriester und Aeltesten seines Volkes den Beschluß mit einander faßten: Es ist besser, daß ein Mensch umkomme, als die ganze Verfassung, an welcher wir das Volk zügeln und leiten können, untergehe. Das hoffärtige Leben, auf das übermüthige Selbstvertrauen des Menschen gegründet, wenn er das Beste und Vollkommenste in der Einsicht und in der Lebensübung schon ergriffen zu haben wähnt, und deshalb alles für unübertrefflich hält, worauf das so ergriffene ruht, so daß nichts Besseres Eingang finden kann, und in der angenehmen Dämmerung der Selbstgefälligkeit jedes reine Licht verschmäht wird und zurückgewiesen: das war der Grund, warum die Weisen und Mächtigen jener Zeit schon den Andeutungen des Johannes vom Reiche Gottes nicht glaubten, und warum ihnen auch hernach das Geheimniß der göttlichen Rathschlüsse verborgen blieb und nur den Unmündigen konnte offenbart werden. Aber eben deshalb, weil es den Weisen und Mächtigen des Volkes aus diesem Grunde verborgen blieb, konnten sie sich an dem Gegenstand aller Verheißungen so versündigen, daß sie ihn kreuzigten. So mögen wir denn mit Recht sagen, daß wir zu Allem, was die menschliche Seele verfinstert und die Menschen von dem Wege des Heils und der Wahrheit entfernt hält, den hellsten Spiegel in dem finden, was an dem Tode des Erlösers Schuld war: so daß ein unauslöschliches Gedächtniß der Sünde für alle Ewigkeit dadurch gestiftet ist, daß unter dem einzigen Volke, in welchem sich die Erkenntniß des einigen Gottes erhalten hatte, gerade diejenigen, welche die vorzüglichsten Inhaber und Erhalter derselben hätten sein sollen, sündig und verderbt genug waren, um den Fürsten des Lebens und den Herrn der Herrlichkeit ans Kreuz zu schlagen. Was bedürfen wir weiter eines

---

*) 1. Joh. 2, 16.

Gedächtnisses der Sünde? Da ist es aufgerichtet ein für allemal, so wie für alle Zeiten und für das ganze menschliche Geschlecht, eben so auch für ein jedes einzelne Gemüth. Denn was uns noch Sündliches bewege, was immer in uns dem Gehorsam gegen den Willen Gottes, von welchem er das ewige Vorbild gewesen ist, widerstrebe: wir werden es immer zurückführen können auf Etwas, von dem, was den Tod des Herrn verschuldet hat, und werden also alle Sünde ansehen müssen als einen Antheil an seiner Kreuzigung. Und so bedarf auch jedes künftige Geschlecht eben so wenig als wir ein anderes Gedächtniß der Sünde als dieses, welches aufgerichtet ist in dem Tode des Herrn; und er ist darum das Ende aller Opfer, weil das wehmüthige Bekenntniß der einzelnen Sünden durch solche heilige Gebräuche, ja überhaupt der Schmerz und die Reue über einzelne Ausbrüche des Verderbens, von welcher Art sie auch sein mögen, doch auf keine Weise kann verglichen werden mit dem Schmerz, zu welchem uns alle ohne Unterschied des Besseren und Schlechteren dieses niederbeugen muß, daß es die Unsrigen waren, Menschen wie wir und wir wie sie, und durch dasselbe Verderben, welches wir in uns auch finden, welche den Herrn der Herrlichkeit gekreuziget haben. Ein Gedächtniß, welches so alles Verkehrte in der menschlichen Seele zusammenfaßt, macht jedes andere auf immer überflüssig. Aber wenn wir nun doch wieder in Beziehung auf einzelne sündliche Handlungen, die wir begangen haben, uns — seien es nun Werke der Liebe oder Uebungen der Andacht auflegen oder auflegen lassen, welche doch auch, was einmal geschehen ist, nicht können ungeschehen machen, und auch nicht im Stande sind, die Quellen solcher Handlungen zu verstopfen, also auch nichts anderes sein können als ein Gedächtniß der Sünden: was thun wir anders, als daß wir zu jenem unvollkommenen Zustande zurückkehren, welcher nur den Schatten hatte statt des Wesens? und was beweisen wir dadurch anders, als daß wir nicht den gehörigen Werth legen auf das Gedächtniß der Sünde, welches in dem Opfer Christi aufgerichtet ist? Und so möge auch die heutige Feier des Todes Christi uns aufs Neue befestigen auf diesem Glaubensgrund unserer Kirche, daß wir auch in dieser Beziehung auf nichts Anderes sehen, als auf das vollkommene Opfer Christi einmal am Kreuze geschehen. Jeder also, den sein Herz mahnt an das Verderben in der eigenen Brust zu denken, und Jeder, dem die alte Sünde noch wiederkehrt in einzelnen Zeichen, der werfe sich nieder vor dem Kreuze Christi und flehe da und in dessen Namen, der das Opfer für die Sünde geworden ist, den Vater an, daß er ihn bewahre davor, nicht auch wieder den Herrn der Herrlichkeit und den Fürsten des Lebens zu kreuzigen mit seiner Augenlust und Fleischeslust oder seinem hoffärtigen Leben.

II. Jene Opfer des alten Bundes aber, wenn sie schon, so oft sie auch wiederholt wurden, immer nur ein so unvollkommenes Gedächtniß der Sünde waren: so vermochten sie zweitens noch viel weniger die Sünde hinwegzunehmen, sondern indem sie mit dem Be=

kenntniß nur das Gedächtniß der Sünde zu erneuern und zu bewahren vermochten, das Leben der Sünde aber in der Seele des Menschen und ihre Kraft immer dieselbe blieb, unterhielten sie nur die Sehnsucht nach einer andern Hülfe, und das Verlangen, daß ein solcher endlich erscheinen möchte, und sollte er auch vom Himmel herabkommen, welcher in der That vermöchte auch die Sünde selbst und ihre Gewalt hinwegzunehmen. Indem also der Verfasser unseres Briefes sagt, daß der Tod des Erlösers das Ende aller Opfer sei, so ist nun dieses vorzüglich seine Meinung, daß durch den Tod des Herrn, in sofern er ein Opfer war, auch die Sünde selbst hinweggenommen, und also kein Opfer weiter nöthig sei, wie er denn auch in den folgenden Worten sagt: so laßt uns nun hinzunahen mit wahrhaftigem Herzen und in völligem Glauben, los alles bösen Gewissens und rein gemacht*).

Wie aber nun, auf welche Weise und in welchem Sinne durch den Tod des Erlösers die Sünde weggenommen sei: das, meine geliebten Freunde, ist das große Geheimniß der Gemeinschaft seines Todes und seines Lebens, wie die Schrift sich ausdrückt. Denn dieses Beides, daß wir mit Christo begraben werden in seinen Tod, und daß wir mit ihm auch auferstehen zu einem neuen Leben: dieses Beides läßt sich von dem wahren Glauben an den Erlöser nicht trennen. Denn was heißt an ihn glauben, wenn es nicht wenigstens das heißt, ihn anerkennen als den verheißenen Retter der Menschen, als den, der den Verirrten den richtigen Weg zeigen und den Erstorbenen das Leben bringen konnte, weil er selbst die Wahrheit war, und weil in ihm die Sünde keine Stätte hatte. Erkennen wir ihn aber an als diesen: wie wäre es möglich, daß wir nicht eben durch seinen Tod auch alle dem sterben sollten, was ihn getödtet hat? Denn wir können ja dann nichts anderes wollen als sein Leben, die menschliche Natur aber nur, sofern sie für die Einwirkung seiner geistigen Kraft empfänglich ist, damit diese sich verbreite auf das ganze menschliche Geschlecht. Die Gläubigen hätten den Erlöser nicht können tödten wollen; also muß mit dem Glauben — oder es ist keiner — der Mensch alle dem entsagen, was den Erlöser zum Tode gebracht hat. Und so wird also der alte Mensch, alles, was die Gewalt der Sünde in uns bekundet, mit Christo gekreuziget.

Aber nicht nur dies, sondern eben so nothwendig hängt es mit dem Glauben an ihn zusammen, daß wir sein Leben in uns aufnehmen, so daß wir mit dem Apostel sagen können: Ich lebe zwar, doch nicht ich, sondern Christus lebt in mir**). Denn das gehört zum Wesen des Menschen, mit dem in Gemeinschaft bleiben zu wollen, durch dessen Hauch er eine vernünftige Seele geworden ist; und mitten in den Zeiten des tiefsten Verderbens und der dichtesten Finsterniß haben sie sich dieses Verlangens, sich des höchsten Wesens bewußt zu sein und daran ihr Dasein zu knüpfen nicht ganz begeben können, sondern, weil sie einmal die rechte Spur verloren hatten, lieber, wie der Apostel sagt:

---

*) V. 22. — **) Gal. 2, 20.

an vergängliche Bilder der Geschöpfe ihre Ehrfurcht geknüpft und also dem Geschöpfe, statt des Schöpfers gedient, als daß sie mit sich ganz hätten jenes wesentlichsten und höchsten Bedürfnisses entschlagen sollen. Wenn wir also auch in den leichtsinnigen Fabeln der Abgötterei, auch in dem düstersten Wahne des Götzendienstes, ja in allen menschenfeindlichen Gräueln, die sich aus diesem entwickelt haben, dennoch dieses Streben des Menschen nach dem göttlichen Wesen nicht verkennen dürfen — müssen wir auch freilich zugeben, daß es einen tieferen Schmerz und ein größeres Entsetzen für ein erleuchtetes Gemüth nicht geben kann, als das Heiligste auf solche Weise verunstaltet und gemißbraucht zu sehen: — war es nicht doch ganz natürlich, daß dieses theils mißleitete, theils zurückgedrängte Bestreben sich entwickeln mußte und in den richtigen Weg hineingelenkt werden, als der Vater sich offenbarte in dem Sohne, als das göttliche Wort Fleisch ward, und als der Lehrer, der den Vater zeigt, in menschlicher Gestalt erschien, als die göttliche Liebe sichtbar ward in der Herrlichkeit des eingebornen Sohnes als ihres Ebenbildes, welcher ja nichts anderes kannte und in nichts anderem lebte als in dem Bestreben, alles was er empfangen hatte, seinen Brüdern mitzutheilen, und sie alle zu sich und in sein mit dem Vater ganz einiges Leben hineinzuziehen? Denn mehr freilich als Bedürfniß und Sehnsucht konnte dem Erlöser nicht zu Hülfe kommen in der menschlichen Seele; wirkliche Einsicht in die Wahrheit, wirklicher Trieb zum Guten war nicht vorhanden. Aber weil beides zu demjenigen gehörte, was er mittheilte und unmittelbar erregte, so bedurfte auch seine kräftige göttliche Wirksamkeit nicht mehr als jenes. Und so geschah es, daß diejenigen, die ihn im Glauben erkannten, nicht nur dem alten Menschen nach mit ihm starben, sondern auch mit ihm auferstanden zu einem neuen, nämlich seinem ihm eigenthümlichen, aber von ihm gern mitgetheilten Leben, welches dann durch jedes Wort der Weisheit von seinen Lippen und durch jeden Blick göttlicher Milde und Liebe aus seinen Augen immer aufs Neue gestärkt und genährt wurde. Diese belebenden Wirkungen aber sind nun befestigt in der christlichen Kirche durch das verkündigende Wort der Schrift und durch den göttlichen Geist, der sich mittelst desselben wirksam beweist. Dagegen sind die Werke der Schöpfung an und für sich betrachtet, wiewol unsre Erkenntniß derselben bedeutend gewachsen ist, doch wie die Erfahrung hinreichend lehrt, gar nicht mächtiger geworden, uns Gott bekannt zu machen und uns zu ihm zu führen, als sie es vorher waren; und so geschieht es noch immer, daß nur in dem Sohne der Vater sich uns offenbart, und das Geheimniß der Mittheilung geht auf demselben Wege fort, daß wir auch auferstehen zu dem neuen Leben mit dem Erlöser, aber nur, nachdem wir mit ihm begraben worden sind in seinen Tod und also immer im Zusammenhange mit diesem.

Indem wir nun, meine geliebten Freunde, in diesem Sinne mit Christo gekreuzigt sind und mit ihm auferstanden zu einem neuen Leben, so ist die Sünde in Wahrheit hinweggenommen, weil nicht nur das

Bewußtsein derselben, oder wie der Verfasser unseres Textes es ausbrückt das Gewissen der Sünde zerstört ist, sondern auch die Schuld derselben ist getilgt.

Denn was das Erste betrifft, so mögen wir wol sagen, wer der Sünde und dem Gesetz — denn beides hat den Herrn gekreuziget — gestorben ist, der hat auch eben deswegen das Bewußtsein der Sünde in sofern verloren, als sich sein Wille von ihrer Gewalt und von allem Antheil an derselben losgesagt hat. Und wer mit dem Erlöser auferstanden ist zu einem neuen Leben, so daß nur Christus in ihm lebt und sich immer vollkommner gestaltet, er selbst aber der vorige nicht mehr lebt, der hat das Bewußtsein der Sünde in sofern verloren, als er ein anderes Bewußtsein bekommen hat, nämlich das von dieser Lebensgemeinschaft mit Christo, welcher nichts anderes wollte als den Willen seines himmlischen Vaters thun. Wie nun in Christo selbst hiermit gar keine Sünde bestand: so besteht auch mit dem Bewußtsein daß er in uns lebt kein Bewußtsein der Sünde. Vielmehr so wie Christi Leben ein seliges war, so ist auch unser Bewußtsein, sofern wir mit ihm vereint sind, nur Seligkeit. Denn wo die Zusammenstimmung des innersten Willens mit dem ganzen Willen Gottes ist, so weit wir ihn irgend zu erkennen und zu ahnen vermögen, da kann auch nichts Störendes und Trübendes sein; indem auch was noch von Schwachheit in uns übrig ist, weil es gar keine Unterstützung in unserm Willen findet, auch nicht mehr zu unserm eigentlichen Leben gehört, sondern zu dem Uebrigen außer uns, wogegen wir den guten Kampf des Glaubens zu kämpfen haben, bei dem wir uns wahrhaft selig fühlen, weil wir als Werkzeuge Gottes handeln und in seiner Kraft. Darum ist es wahr, daß wir frei sind von dem Gewissen der Sünde in eben dem Maße, als Christus in uns lebt. Und so ist dieses freilich etwas, wovon wir auf der einen Seite wol sagen können und müssen: Nicht daß ich es schon ergriffen hätte, aber ich jage ihm nach, ob ich es etwa ergreifen möchte; auf der andern Seite aber müssen wir doch gestehen und Gott dafür preisen, es ist die tiefste, die lauterste, die reinste Wahrheit schon jetzt in dem Leben und in dem Herzen des Christen. Mit Christo vereint ist nichts anderes in uns als Seligkeit, die reine Freude in dem Herrn, die innige Gemeinschaft mit seinem und unserm Vater im Himmel.

Aber, möchte jemand sagen, dieses alles zugegeben, wie kommt es hierher? wie ist dieses erneuerte Bewußtsein, welches das Gewissen der Sünde austreibt, gerade durch den Tod des Erlösers in uns? Denn offenbar hatten doch seine Jünger den Glauben an ihn als den Sohn des lebendigen Gottes und die innige Freude an den Worten des Lebens, die ihm allein zu Gebote standen, und somit auch jene Gemeinschaft seines Lebens noch vor seinem Tode! — Aber in ihm selbst wenigstens war doch schon von Anbeginn seines öffentlichen Lebens und Wirkens die Ahnung und das Bewußtsein seines Todes, ja gerade dieses Todes, so daß wir sagen müssen, er hat immer in der Kraft seines Todes gehandelt. Was er seinen Jüngern erst nach seiner Auferstehung begreiflich machen konnte, daß Christus dieses leiden mußte um zu seiner Herrlichkeit einzugehn, das war ihm immer gleich tief eingeprägt und redete und wirkte aus ihm sein ganzes öffentliches Leben hindurch. Und so war auch die Kraft seines Todes schon lange in seinen Jüngern, ehe sie sich dessen deutlich bewußt waren. Denn nur indem sie ihn, der allein keinen Theil an der Sünde hatte, in diesem strengen Gegensatz gegen die Sünde der Welt erblickten; nur weil er ihnen von Anfang an gezeigt wurde als das Lamm Gottes, welches der Welt Sünde trägt: konnte dieser wahre und lebendige Glaube an ihn als den Erlöser in den Seelen seiner Jünger aufgehn; und so ist auch für uns noch viel weniger die Kraft seines Todes zu trennen von der Kraft seines Lebens.

Aber es ist nicht nur das Gewissen der Sünde, welches hinweggenommen ist, indem wir mit dem Herrn gekreuzigt und mit ihm auferstanden sind zum neuen Leben: sondern auch die Schuld der Sünde ist getilgt; auch das Urtheil Gottes über uns, das Verhältniß zu dem höchsten Wesen, in welches uns die Sünde versetzt, ist ein anderes geworden. Das meint auch der Verfasser unseres Briefes, wenn er spricht: Als die Schrift sagt: Opfer und Brandopfer hast du nicht gewollt, sie gefallen dir nicht, und hinzufügt: Von mir aber steht geschrieben in deinem Buche, daß ich gekommen bin zu thun deinen Willen, da hebt der Herr, der dies redet und reden ließ, das eine auf und setzt das andere ein. Denn das Aufgehobene ist ja die Ordnung der Opfer, welche die Schuld der Sünde nicht zu tilgen vermochten. Diese Schuld aber besteht darin, daß fleischlich gesinnt sein eine Feindschaft ist wider Gott. Wer aber mit Christo der Sünde und dem Gesetz gestorben ist und erstanden zu einem neuen Leben, der lebt zwar noch immer im Fleische, und das kann er und wird er nicht verleugnen können sein ganzes irdisches Leben hindurch; aber fleischgesinnt ist er nicht mehr, die Feindschaft gegen Gott ist aufgehoben, und diejenigen, denen der Sohn, weil sie an seinen Namen glauben, die Macht gegeben hat Kinder Gottes zu werden, die liebt nun auch Gott in dem Geliebtesten. Und wenn unser Verfasser in Folgendem sagt: Das ist das Testament, welches ich mit ihnen machen will nach diesen Tagen, daß ich meinen Willen in ihr Herz gebe und in ihren Sinn schreibe*): so ist das nichts anderes, als die eben beschriebene natürliche und einfache Wirkung von unserer Lebensgemeinschaft mit dem Erlöser. Und wir wollen jeden bitten auf diese Worte zu merken, damit nicht jemand unsre Meinung so auslege, als könne die Schuld der Sünde hinweggenommen werden durch einen bloßen wenn auch noch so aufrichtigen Wunsch der Besserung. Denn ein Wunsch, wenn auch ohne Vorbehalt, ist doch etwas schlechthin Leeres und Nichtiges und läßt alles in dem Menschen beim Alten, weshalb denn auch das Urtheil Gottes das alte bleiben muß, und die Schuld die alte; es sind immer nur, daß ich so sage, die Lippen der Seele, mit denen

---
*) V. 16.

sich der Wünschende zu Gott wendet, nicht das innerste Herz. Daß aber der Wille Gottes ins Herz geschrieben ist und in die Sinne, ja das sagt viel mehr. Dann ist das Trachten und Streben des Menschen, die von seinem Innersten ausgehende Thätigkeit auf den Willen Gottes gerichtet; und auch die Sinne wollen in der Welt am liebsten nur wahrnehmen was sich auf diesen bezieht. Also ist dann auch alles, was noch von Schwachheit als Folge alter Sünde in dem Menschen übrig ist, nur wider seinen Willen in ihm, sein Wille aber ist ganz einig mit dem Willen Gottes gegen alle Sünde gerichtet; und wo auf diese Art der ganze Wille gegen die ganze Sünde gerichtet ist, da ist auch die Schuld hinweggenommen. Denn was wahrhaft wider Willen geschieht, wird niemandem zugerechnet. Dieser Wille ist eben die Gemeinschaft mit dem, welcher gekommen ist das Reich der Sünde zu zerstören. Zu diesem Willen kommen wir aber auch nur, indem wir uns an Christum schließen, und sein allein reiner Wille sich uns mittheilt. Die Liebe zu Christo und der gute Kampf des ganzen Willens gegen die Sünde ist eines und dasselbe. Jeder Versuch aber uns oder andere zu bessern auf unsere eigene Hand und anders als in der Gemeinschaft mit dem Erlöser ist nicht nur Stückwerk, sondern bleibt auch so weit zurück hinter dem, was wir wenigstens wollen sollen, daß das nicht zu unterscheiden ist von dem nichtigen Wunsch, der das Urtheil Gottes nicht bestimmen kann.

Wenn wir also mit unsern freilich bis dahin ganz unterdrückten Kräften — aber sie werden reich und groß durch den, der uns allein stark machen kann — das Reich Gottes bauen und aller Sünde entgegenarbeiten in uns und außer uns: so ist die Schuld der Sünde hinweggenommen, so sieht uns nun Gott nicht mehr wie jeder von uns in sich selbst war und geblieben sein würde, sondern nur in dem Geliebten und wie wir durch ihn geworden sind. Ja ist nach diesem neuen Testament der Wille Gottes in unser Herz gegeben und in unsern Sinn geschrieben: so kann auch er unserer Ungerechtigkeit und unserer Sünde nicht mehr gedenken; sondern er sieht nur das neue Leben als das unsrige an, welches wir führen in seinem Sohne.

Fassen wir also zusammen, meine geliebten Freunde, was der eigentliche Sinn unseres Verfassers ist in den Worten des Textes, der Tod Christi ist ein Opfer, welches er dargebracht hat für die Sünde, weil der freie Gehorsam bis zum Tode am Kreuz der Gipfel alles Gehorsams ist. Der Gehorsam des Erlösers und das Opfer, welches er dargebracht hat, beides ist nicht verschieden, sondern es ist eins und dasselbe. Aber alles Unvollkommen in der Ansicht und Darstellung unseres Verhältnisses zu Gott, alles äußerlichen Wesens, aller sonstigen Opfer und reinigenden Gebräuche, alles dessen letztes Ende ist der heilige Tod des Erlösers. Indem wir bei seinem Tode vorzüglich in ihm die Herrlichkeit des eingebornen Sohnes vom Vater, an ihm aber die Gewalt erblicken, zu der sich die Sünde erhoben hatte als Feindschaft gegen Gott: so ist eben dadurch für uns alle, die wir dem Unvollkommnen mit ihm gestorben sind, das Alte vergangen, und ein neues gemeinsames Leben hat begonnen, das in Gemeinschaft mit dem Erlöser nach wahrer Heiligkeit und Gerechtigkeit trachtet. Aber je mehr wir wollen, daß dieses Leben immer kräftiger wirke und sich immer weiter verbreite: um desto dankbarer kehren wir immer wieder zurück zu dem Tode des Herrn, als dem ewigen Gedächtniß der Sünde, welches immer aufs Neue alle auffordert ihr abzusterben zu dem Tode des Herrn, als dem einigen Opfer, wodurch alle vollendet worden sind, die da geheiligt werden. Ja die welche geheiligt werden, alle welche in dem Leben, das der Erlöser in ihnen entzündet hat, bleiben und wachsen und gedeihen und sich in der That und Wahrheit immer mehr lossagen von allem Antheil an der Sünde und allem Vertrauen auf Gesetz und Gesetzeswerk, indem sie sich unter einander immer mehr erbauen zu dem geistigen Leibe Christi: diese alle, die da geheiligt werden, sind einmal vollendet durch das Opfer, welches er dargebracht hat, indem ihr wenngleich in der Erscheinung immer unvollkommner Gehorsam doch ein Ausfluß ist aus dem vollkommnen Gehorsam Christi und mit diesem eins. Sie sind auf ewig vollendet eben dazu, daß sie nun können in einem neuen Leben geheiligt werden, seitdem das Gewissen der Sünde und die Schuld der Sünde von ihnen hinweggenommen ist, und sie der Freiheit der Kinder Gottes theilhaftig geworden sind, in welcher allein das wahrhaft Gute gedeihen kann. So ist denn nun, wie der Apostel Paulus sagt, nichts Verdammliches an denen, die in Christo Jesu sind, und wir können Gott danken, der uns von diesem Leibe des Todes gerettet hat und uns den Sieg gegeben durch unsern Herrn Jesum Christum*). Seinem Opfer, welches er einmal für die Sünde dargebracht hat, verdanken wir es, daß Schuld und Bewußtsein der Sünde von uns hinweggenommen ist, so daß wir nun nicht mehr in der Gemeinschaft mit der Sünde, die ihn gekreuzigt hat, leben dürfen, sondern in der herrlichen und seligen Gemeinschaft mit ihm selbst.

Was also, meine geliebten Freunde, könnten wir anders als tiefgerührte und dankbare Herzen darbringen bei dem Gedächtniß des Todes Jesu! wie könnten wir anders, als, indem wir das Opfer, welches ewiglich gilt, betrachten, uns selbst immer mehr begeben zu einem Opfer, das da sei lebendig und heilig und Gott wolgefällig**). Wie könnten wir anders, als durch dieses ewige und unauslöschliche Gedächtniß der Sünde uns immer fester begründen in der heiligen Feindschaft gegen alles, was Feindschaft ist wider Gott und dem Willen Gottes widerstrebt! Wie aber auch anders, als immer mehr uns kleiden in die Gerechtigkeit und die Liebe dessen, der für uns alle das Leben hingegeben hat, eben da wir noch Sünder und Feinde waren, um auch mit gleicher Liebe diejenigen zu umfassen, die noch in der Feindschaft wider Gott befangen sind, um sie zu locken und mit hineinzuziehen in das Heil der Versöhnung! Wie könnten wir anders, als alle, die sich

---

*) Röm. 8, 1. 7, 24. 25. — **) Röm. 12, 1.

noch abmühen in falschem und unfruchtbarem Dienst, als Mühselige und Beladene zu ihm herbeirufen, wo sie Erquickung und Ruhe finden werden für ihre Seelen, wenn sie sich in dem rechten Sinne hinweisen lassen zu dem einzigen und ewig gültigen Opfer, durch welches alle können vollendet werden. Und so laßt uns in der That und Wahrheit denjenigen preisen, der uns gleich sehr durch Leben und Tod eben so zur Erlösung geworden ist wie zur Heiligung und eben so zur Weisheit wie zur Gerechtigkeit. Amen.

Gebet. Ja, barmherziger Gott und Vater, der bu dich nicht weggewendet hast von der sündigen Welt, sondern nach deiner ewigen Liebe Alles beschlossen unter die Sünde, auf daß du dich Aller erbarmtest, Preis und Dank sei dir, daß du unser eingedenk gewesen bist in deinem Sohne und uns durch ihn mit dir selbst versöhntest, um uns den Weg zu öffnen zu der seligen Gemeinschaft mit dir, deren wir uns in ihm erfreuen. O walte du ferner über dem Reiche deines Sohnes auf Erden, daß er noch viele erlange zum Lohne seines Lebens und seines Todes, daß derer immer mehrere werden, die in ihm das Leben und die Seligkeit finden; und gründe alle, die schon zu der heilsamen Erkenntniß Christi gekommen sind, immer fester in dem heiligen Bunde des Glaubens und der Liebe, damit das Wort immer mehr wahr werde, daß wir mit ihm abgestorben sind der Sünde und dem äußeren Gesetz, und sich immer herrlicher in uns allen offenbare das Leben aus Gott, welches er allein bringen konnte. Diese Früchte seines Todes uns genießen zu lassen, darum flehen wir dich an in kindlicher Demuth! Du wollest sie immer reichlicher gedeihen lassen auf Erden, damit der Ruhm des Gekreuzigten immer herrlicher werde, bis alle ihre Knie beugen vor ihm, um von ihm zu nehmen, was deine väterliche Liebe und Barmherzigkeit durch ihn bewirkt hat. Amen.

XII.
Christi Auferstehung ein Bild unseres neuen Lebens.

Am Osterfest.

Preis und Ehre sei Gott, und Friede sei mit allen denen, die sich freudigen Herzens einander zurufen: Der Herr ist erstanden! Amen.

Text: Römer 6, 4—8.

So sind wir je mit ihm begraben durch die Taufe in den Tod, auf daß, gleichwie Christus ist auferwecket von den Todten durch die Herrlichkeit des Vaters, also sollen auch wir in einem neuen Leben wandeln. So wir aber sammt ihm gepflanzet werden zu gleichem Tode, so werden wir auch der Auferstehung gleich sein; dieweil wir wissen, daß unser alter Mensch sammt ihm gekreuzigt ist, auf daß der sündliche Leib aufhöre, daß wir hinfort der Sünde nicht dienen. Denn wer gestorben ist, der ist gerechtfertigt von der Sünde. Sind wir aber mit Christo gestorben, so glauben wir, daß wir auch mit ihm leben werden.

Meine andächtigen Freunde. Es ist natürlich, daß das herrliche Fest der Auferstehung unsers Erlösers die Betrachtung der Gläubigen in die weite Ferne hinauslockt, und daß sie sich bei demselben der Zeit freuen, wann sie bei dem sein werden, der nachdem er auferstanden war von den Todten, zurückgekehrt ist zu seinem und unserm Vater; wie denn auch schon unser gemeinschaftlicher Gesang sich mit dieser freudenreichen Aussicht beschäftigt hat. Aber der Apostel in den Worten unsers Textes ruft uns aus der Ferne wieder in die Nähe, in die unmittelbare Gegenwart unseres hiesigen Lebens zurück; das Unmittelbarste ergreift er, was uns jetzt gleich zu Theil werden soll und uns schon hier hineinbilden in die Aehnlichkeit mit der Auferstehung unsers Herrn. Begraben, sagt er, sind wir mit ihm in den Tod, damit wir, wie er auferweckt ist durch die Herrlichkeit des Vaters, auch mit ihm in einem neuen Leben wandeln. Und dieses neue Leben, es ist das, welches, wie der Herr selbst sagt: Alle, die an ihn glauben, als durch den Tod zum Leben hindurchgedrungen, schon jetzt besitzen. Dies vergleicht der Apostel mit jenen herrlichen Tagen der Auferstehung unsers Herrn; und wie könnten wir wohl dieses Fest — ein Fest, an welchem vorzüglich auch ein großer Theil der Christen erneute Kraft zu jenem neuen Leben in der innigsten Vereinigung mit unserm himmlischen Oberhaupte zu schöpfen pflegt, — wie könnten wir es würdiger begehen, als indem wir eben dieses unmittelbar aus den Worten des Apostels uns anzueignen trachten. Laßt uns deswegen nach Anleitung derselben das **Leben der Auferstehung unsers Herrn** betrachten, wie es uns der Apostel darstellt, als ein **Herrliches**, sei es auch unerreichbares Bild des neuen Lebens, in welchem wir Alle durch ihn wandeln sollen.

I. Es gleicht aber dieses neue Leben dem unsers auferstandenen Erlösers zuerst durch die **Art seiner Entstehung**. Um in jener Verklärung, die schon die Spuren der ewigen und unsterblichen Herrlichkeit an sich trug, seinen Jüngern zu erscheinen, mußte der Erlöser durch die Schmerzen des Todes hindurchgehen. Es war nicht eine leichte Verwandlung, sondern auch er mußte, wenngleich nicht die Verwesung sehen, doch die Schatten des Todes über sich ergehen lassen; und Freunde und Feinde wetteiferten ihn in der Gewalt des Grabes zurückzuhalten, die Freunde den Stein davor wälzend, damit der geliebte Leichnam unversehrt bleibe, die Feinde die Wache davor stellend, damit er nicht hinweggenommen werde. Aber als die Stunde kam, die der

Vater seiner Macht vorbehalten hatte, da erschien der Engel des Herrn und wälzte den Stein vom Grabe, und die Wache floh, und auf den Ruf der Allmacht kehrte das Leben aufs Neue in die erstorbene Hülle zurück.

So, meine geliebten Freunde, kennen auch wir das neue Leben, welches der Auferstehung des Herrn ähnlich sein soll. Ein früheres Leben muß ersterben; der Apostel nennt es den Leib der Sünde, die Herrschaft der Sünde in unsern Gliedern, und das bedarf wol keiner ausführlichen Erörterung. Wir wissen und fühlen alle, dieses Leben, welches die Schrift das Todtsein in Sünden nennt, wie annmuthig und herrlich es sich auch oft gestalte, es ist doch nichts anderes, als was der sterbliche Leib des Erlösers auch war, ein Ausdruck und Zeugniß von der Macht des Todes, weil auch der schönsten und kräftigsten Erscheinung dieser Art das unvergängliche fehlt. So der sterbliche Leib des Erlösers; so auch das natürliche Leben des Menschen, welches noch kein Leben aus Gott ist.

Und eines gewaltsamen Todes im Namen des Gesetzes, wie der Erlöser ihn starb, muß dieser alte Mensch ebenfalls sterben nicht ohne harte Pein und schmerzhafte Wunden. Denn wenn der Leib der Sünde in dem Menschen von selbst erstirbt aus Sättigung an den irdischen Dingen, und weil kein Reiz seine Wirkung mehr äußern will auf die erschöpften Kräfte; o das ist ein Tod, von welchem wir kein neues Leben ausgehend erblicken. Gewaltsam muß die Macht der Sünde in dem Menschen ertödtet werden; durch die Pein der Selbsterkenntniß, die ihm den Gegensatz zeigt zwischen seinem nichtigen Zustande und dem höheren Leben, wozu er berufen ist, muß der Mensch hindurchgehen; er muß die Stimme hören, als ein unwiderrufliches Urtheil muß er sie vernehmen, daß diesem Leben ein Ende soll gemacht werden; er muß unter der Last der Voranstalten dazu seufzen und fast erliegen; alle gewohnten Lebensbewegungen müssen aufhören; er muß sich des Wunsches bewußt sein, daß es überstanden sein möge und zu Ende.

Und wenn er es hingegeben hat in den willkommnen Tod, und der alte Mensch mit Christo gekreuziget ist: so wendet die Welt, die nichts Besseres kennt als jenes frühere Leben, wenn es nur leicht und wohl geführt wird, gar mancherlei Bemühungen an, um die Entstehung des neuen Lebens zu verhindern, wohlmeinend die einen, eigennützig und also feindselig die andern. Wohlmeinend, wie auch jene Freunde des Erlösers, berathen sich einige und versuchen das Mögliche, alle fremden Einwirkungen abwehrend, wenigstens das Bild des Freundes unentstellt zu erhalten und, wenn auch keine freudige Bewegung mehr erweckt werden kann, wenigstens die Gestalt des alten Lebens zu bewahren. Eigennützig und selbstgefällig aber auf eine Weise, wodurch sie fast schon sich selbst verklagen, suchen andere zu verhüten, daß nur nicht mit diesem menschlichen Zustande ein Mißbrauch getrieben werde, und das frische, fröhliche Leben, welches sie selbst führen und wozu sie so gern Andere anleiten, in Geringschätzung komme, indem nach diesem

Absterben des alten Menschen von einem neuen Leben die Rede sei, da es doch kein anderes und besseres hier auf Erden gebe, sondern es sei ein eitler Betrug, wenn einige es zu kennen vorgeben, und ein verderblicher Wahn, wenn Andere es zu erlangen streben. Darum halten sie nun überall, wo sie solche Zustände gewahr werden, ihre Späher, um jedem Betruge zuvorzukommen, der mit einem solchen neuen Leben könnte gespielt werden, oder wenigstens ihn gleich zu entdecken und kund zu machen, was für Täuschungen dabei obwalten.

Aber wenn die Stunde kommt, die der Vater seiner Macht vorbehalten hat, unter irgend einer Gestalt erscheint dann einer solchen Seele sein lebendigmachender Engel. — Wie wenig indeß wissen wir von der Wirksamkeit des Engels bei der Auferstehung des Erlösers! Wir wissen nicht, hat der Erlöser ihn gesehen oder nicht; wir können den Augenblick, wann er den Stein vom Grabe wälzte und der Erlöser neubelebt heraustrat, nicht bestimmen; Niemand war des Zeuge, und die einzigen, von denen uns erzählt wird, daß sie es hätten mit ihren leiblichen Augen sehen können, wurden mit Blindheit geschlagen. So auch wissen wir nicht, wie und unter welcher Gestalt der Engel des Herrn, die, daß ich so sage, in dem Grabe der Selbstvernichtung ruhende Seele berührt, um das Leben aus Gott in ihr hervorzurufen. Verborgen entsteht es in dieser tiefen grabesgleichen Stille, und nicht eher als bis es da ist kann es wahrgenommen werden; der eigentliche Anfang desselben aber verbirgt sich wie jeder Anfang gewöhnlich auch dem, welchem es geschenkt wird. Das aber ist gewiß, wie der Apostel sagt: der Herr sei erweckt worden durch die Herrlichkeit des Vaters, so ist es auch nach den Worten des Erlösers, daß Niemand zum Sohne kommt, es ziehe ihn denn der Vater, dieselbe Herrlichkeit des Vaters, welche damals den Erlöser aus dem Grabe hervorrief, und welche immer noch in der Seele, die der Sünde abgestorben ist, das neue Leben erweckt, welches der Auferstehung des Herrn gleicht. Ja unter allem, was uns Himmel und Erde zeigen, giebt es keine größere Herrlichkeit des Vaters, als eben die, daß er keinen Wohlgefallen hat an dem todesgleichen Zustande des Sünders, sondern daß irgend wann der allmächtige, geheimnißvoll belebende Ruf an ihn ertönt: Stehe auf und lebe.

II. Aber nicht nur in seiner Entstehung aus dem Tode, sondern auch zweitens in seiner ganzen Beschaffenheit, Art und Weise ist dieses neue Leben jenem Urbilde, dem Leben der Auferstehung unseres Herrn ähnlich.

Zunächst darin, daß wiewol ein neues Leben es doch das Leben desselben Menschen ist und in dem innigsten Zusammenhang mit dem vorigen. So unser Erlöser; er war derselbe und ward von seinen Jüngern zu ihrer großen Freude als derselbe erkannt; seine ganze Gestalt war die nänliche; die Mahle seiner Wunden als Erinnerung an seine Schmerzen und als Zeichen seines Todes trug er an sich auch in der Herrlichkeit seiner Auferstehung, und die Erinnerung seines vorigen

Zustandes wohnte ihm bei auf das Allerinnigste und Genaueste. Und eben so, meine geliebten Freunde, ist auch das neue Leben des Geistes. Wenn der alte Mensch der Sünde gestorben ist, und wir nun in Christo und mit ihm Gott leben, so sind wir doch dieselben, die wir vorher gewesen sind. Wie die Auferstehung des Herrn keine neue Schöpfung war, sondern derselbe Mensch Jesus wieder hervorging aus dem Grabe, der hineingesenkt worden war, so muß auch in der Seele schon, ehe sie den Tod starb, der zu dem Leben aus Gott führt, die Fähigkeit gelegen haben, wenn der Leib der Sünde aufhören würde und ersterben, das Leben aus Gott in sich aufzunehmen; und dieses entwickelt sich nun in derselben menschlichen Seele unter den vorigen äußeren Verhältnissen und bei derselben Beschaffenheit ihrer übrigen Kräfte und Vermögen. Ganz dieselben sind wir, nur daß das Feuer des höheren Lebens in uns entzündet ist; und auch die Zeichen des Todes tragen wir alle, und auch die Erinnerung unseres vorigen Zustandes wohnt uns bei. Ja auf mannigfaltige Weise werden wir oft gemahnt an das, was wir ehedem waren und thaten, bevor der neue Lebensruf in uns ertönte; und sie verharschen nicht so leicht die Narben der Wunden und die mannigfaltigen Spuren der Schmerzen, unter welchen der alte sündige Mensch sterben mußte, damit der neue leben könne. Aber wie der frohe Glaube der Jünger eben darauf beruhte, daß sie den Herrn in der Herrlichkeit seiner Auferstehung als denselben erkannten, der er vorher gewesen war, so beruht auch in uns die Zuversicht zu diesem neuen Leben als einen beharrlichen und uns nun natürlichen Zustand allein darauf, daß wir uns in demselben wiedererkennen als die Vorigen; daß es dieselben niederen und höheren Kräfte der menschlichen Seele sind, die vorher der Sünde dienten, nun aber umgeschaffen sind zu Werkzeugen der Gerechtigkeit; ja in allen Spuren jenes Todes sowol, als auch des ehemaligen Lebens werden wir uns am lebendigsten der großen Verwandlung, die der belebende Ruf Gottes in uns hervorgebracht hat, bewußt und zur innigsten Dankbarkeit aufgefordert.

Wie nun aber der Erlöser in den Tagen seiner Auferstehung derselbe war, so war auch sein Leben natürlich wieder ein kräftiges und wirksames Leben; ja wir möchten beinahe sagen, es trage auch darin die Spuren des menschlichen an sich, ohne welche es kein Bild unsers neuen Lebens sein könnte, daß es allmälig erstarkt ist und neue Kräfte gewonnen hat. Als der Erlöser zuerst der Maria erschien, da sagte er, gleichsam als sei sein neues Leben noch furchtsam und empfindlich: Rühre mich nicht an, noch bin ich nicht aufgefahren zu meinem Gott und zu eurem Gott. Aber nach wenigen Tagen stellte er sich dem Thomas dar und forderte ihn auf, er solle ihn herzhaft betasten, seine Hand in des Meisters Seite legen und seine Finger in die Maale, welche die Nägel des Kreuzes zurückgelassen hatten, so daß er auch der empfindlichsten Stellen Berührung nicht scheute. Aber auch schon am ersten Tage, und als ob es auch mit dadurch recht erstarken sollte, sehen wir ihn wallen von Jerusalem nach Emahus und von Emahus wieder nach

Jerusalem, so wie hernach vor seinen Jüngern hergehend nach Galiläa und sie wieder zurückgeleitend nach Jerusalem, wo er dann auffuhr vor ihren Augen gen Himmel. Und wie er so unter ihnen wandelte, menschlich, mit ihnen lebend in allen Stücken und menschlich auf sie wirkend, so war auch sein wichtigstes Geschäft mit ihnen zu reden von dem Reiche Gottes, die Trägheit ihres Herzens zu schelten und aufzurütteln und ihnen die Augen des Geistes zu öffnen. So meine geliebten Freunde ist nun auch unser neues Leben, das der Auferstehung des Herrn gleicht. O wie sehr es in uns nur allmälig Kräfte gewinnt, wächst und erstarkt, nur noch mehr als das neue Leben des Herrn die Spuren der irdischen Unvollkommenheit an sich tragend, darüber kann ich mich auf unser aller Gefühl berufen, es ist gewiß in allen dasselbe. Wie abgebrochen sind anfänglich die Erscheinungen dieses neuen Lebens, und wie beschränkt der Kreis seiner Bewegungen! Wie lange behält es nicht seine empfindlichen Stellen, die nicht ohne Schmerzen, ja ohne nachtheilige Folgen berührt werden dürfen, und es sind immer die, an welchen auch der alte Mensch in den Stunden des Todes am tiefsten ist verwundet worden! Aber in dem Maße als es nun erstarkt ist, soll dann auch dies neue Leben nicht den Eindruck machen, als ob es nur ein gespenstisches Leben wäre, wie die Jünger des Herrn in den ersten Augenblicken furchtsam glaubten, sie sähen einen Geist, so daß er erst das Zeugniß aller ihrer Sinne aufrufen mußte, damit sie wahrnahmen, er sei kein Geist, sondern habe Fleisch und Bein. So auch unser neues Leben aus Gott, wenn es etwa nur in inneren Gemüthszuständen und Bewegungen bestände, die gar nicht die Tüchtigkeit oder vielleicht nicht einmal die Richtung hätten in That überzugehen, die zu eigenthümlich und sonderbar wären, um sich andern wirklich mitzutheilen und sie furchtbar zu erregen, vielmehr sie nur kalt und schauerlich berühren könnten; was wäre es denn anders als eine gespensterartige Erscheinung, welche zwar Aufmerksamkeit erregte, aber ohne Glauben zu finden, zwar die Menschen in ihrem gewöhnlichen Gange beunruhigte, aber ohne eine Besserung darin hervorzubringen. Nein, ein wirksames Leben ist es und soll es immer mehr werden, nicht nur sich selbst nährend und immer mehr kräftigend durch das Wort des Herrn und durch die innige Gemeinschaft mit ihm, wozu er uns auffordert und sich uns selbst hingiebt als Speise und Trank des ewigen Lebens, sondern jeder strebe, auch sein neues Leben andern, die ihm nahe stehen, verständlich zu machen und mit demselben auf sie zu wirken! O, daß wir den erstandenen Erlöser immer fester ins Auge faßten, daß wir ihm immer mehr ablernten den beseligenden himmlischen Hauch, durch welchen er seinen Jüngern von seinem Geiste mittheilte! O, daß wir immer mehr lernten, wie er die thörichten und trägen Herzen aufzufrischen zum freudigen Glauben an die göttlichen Verheißungen, zum thätigen Gehorsam gegen den göttlichen Willen ihres Herrn und Meisters, zum frohen Genuß und Gebrauch aller der himmlischen Schätze, die er uns aufgethan hat; o daß wir in Wort und That immer kräftiger re=

beten zu allen den Unsrigen von dem Reiche Gottes und unserm Erbtheil darin, daß sie sähen, warum Christus leiden mußte, aber auch in welche Herrlichkeit er eingegangen ist. So wünschen wir, aber nicht mit leeren Wünschen! Der lebendigmachende Geist, den er uns erworben hat, wirkt das Alles in einem Jeden nach dem ihm gefälligen Maaße; und ist einmal das Leben aus Gott in der menschlichen Seele entzündet, sind wir einmal, wie der Apostel sagt, seiner Auferstehung gleich geworden: o dann beweisen sich auch seine Kräfte durch die Wirkung seines Geistes in uns immer reichlicher und herrlicher zum gemeinen Wohl.

Aber bei aller Wirksamkeit und Kraft war doch das Leben des erstandenen Erlösers in einem andern Sinne auch wieder ein zurückgezogenes und verborgenes. Wol mögen ihn auch außer seinen Jüngern manche gesehen haben, denen er in seinem früheren Leben bekannt gewesen, wenn er hier und dort, um sich seinen Jüngern zu zeigen, von einem Theile des Landes zu dem andern ging; wie sollte das haben anders sein können? Aber die Augen der Menschen waren gehalten, daß sie ihn nicht erkannten; und zu erkennen gab er sich nur den Seinigen, die ihm angehörten in treuer Liebe. Indeß auch zu denen sagt er: Selig sind die nicht sehen und doch glauben; und das wäre auch die kleine Zahl derer, die seines Anblicks gewürdigt waren, und wenn wir auch die fünfhundert dazu nehmen, deren Paulus*) erwähnt, gegen die große derjenigen, welche späterhin auf ihr Zeugniß von der Auferstehung des Herrn gläubig wurden. So ist auch das neue Leben, in welchem wir wandeln, wenn es auch wie es sein soll kräftig und rüstig ist und immer wirksam für das Reich Gottes, doch zugleich ein unerkanntes und verborgenes Leben, unerkannt und verborgen der Welt, deren Augen gehalten werden; und wer darauf ausgehen wollte ihr die Kenntniß davon aufzubringen, wer außerordentliche Anstalten treffen wollte, um ihre Aufmerksamkeit hinzulenken auf den Unterschied zwischen dem Leben der Sünde und dem Leben der Auferstehung, der würde nicht in der Aehnlichkeit der Auferstehung des Herrn wandeln. Wie die Zeitgenossen Christi Veranlassung genug hatten sich nach seiner Auferstehung zu erkundigen, indem sie ja das fortdauernde Zusammenhalten seiner Jünger sahen: so sehen ja auch die Unsrigen unser Zusammenhalten, welches mit den Dingen dieser Welt nichts zu thun hat; und wenn sie dann nach dem Zusammenhang fragen, soll auch ihnen die Antwort nicht fehlen. Aber unsere innere Geschichte ihnen aufbringen, das wollen wir eben so wenig, als Christus der Erstandene seine Gegenwart denen aufdrang, die ihn getödtet hatten und ihn also nicht sehen wollten. Sondern wie er nur den Seinigen erschien, wollen auch wir unser inneres Leben nur denen zu erkennen geben, die eben so die unsrigen sind, die von derselben Liebe glühend und durch denselben Glauben erhoben auch uns wieder sagen können, wie der Herr

---

*) 1. Kor. 15, 6.

sich ihnen offenbart hat. Keineswegs als ob wir ein geheimnißvolles Wesen treiben, und nur solche, die ganz ähnliche Erfahrungen gemacht haben, sich in ganz engen Kreisen abschließen sollten; denn auch die Tage der Auferstehung bieten uns ja das Beispiel dar von verschiedenartigen Erfahrungen und von einer innigen Gemeinschaft, die sich darauf bezieht. Aber nicht nur das, sondern auch die, welche noch gar nichts erfahren haben, gehen nicht leer aus. Nur müssen sie erst selbst aus dem was sie sehen, ohne daß wir uns ihnen aufdringen, inne werden, daß hier ein ihnen fremder Geist wehe, daß sich hier ein ihnen noch unbekanntes Leben offenbare. Dann wollen wir sie auch, wie es damals geschah, durch das Wort des Zeugnisses hinführen auf den Grund dieses neuen Lebens; und wie damals, wenn das Wort der Verkündigung in die Herzen drang, wenn einigen der alte Mensch als das zu erscheinen anfing was er ist, und sie die ersten Schmerzen fühlten, welche dem Tode des sündigen Menschen vorangehen, ihnen dann auch der Glaube aufging an die Auferstehung dessen, den sie selbst gekreuzigt hatten: so wird es immer auch gehen mit der Erkenntniß des von dem Erstandenen ausgehenden neuen Lebens. Darum wollen wir unbesorgt sein; immer mehr wird sich der Kreis derer erweitern, die dieses Leben erkennen, eben weil sie anfangen es zu theilen. Und sobald nur die leiseste Ahnung davon in der Seele des Menschen aufgeht, sobald ihm nur nicht mehr gefällt und genügt das vergängliche und verkehrte Wesen dieser Welt, sobald er nur den ersten Strahl des himmlischen Lichtes in seiner Seele einsaugt: so öffnet sich auch das Auge, daß er dieses Leben erkennt und inne wird, wie ein anderes es sei der Gerechtigkeit dienen, als in dem Dienst der Sünde leben.

III. Endlich aber, meine geliebten Freunde, alles dieses Trostreiche und Herrliche, wodurch unser neues Leben der Auferstehung unseres Herrn gleicht, wir können es nicht empfinden ohne zugleich von einer andern Seite dieser Aehnlichkeit wehmüthig berührt zu werden. Denn wenn wir zusammenhalten alles, was uns die Evangelisten und die Apostel des Herrn aufbehalten haben von dem Leben seiner Auferstehung, so sind wir nicht im Stande uns daraus zusammenzusetzen das Bild eines ganz in sich selbst zusammenhängenden Daseins. Es sind einzelne Augenblicke und Stunden, einzelne Gespräche und Handlungen, dann verschwindet der Erstandene wieder dem forschenden Blick, vergebens fragen wir wo er geweilt habe, wir müssen warten bis er wieder erscheint. Nicht als ob es so in ihm selbst gewesen wäre; aber für uns ist es so und kann es auch nicht anders sein, und vergeblich suchen wir einzubringen in die Zwischenräume dieser zerstreuten Augenblicke und Stunden. Wie nun? hat es nicht leider mit dem neuen Leben, welches der Auferstehung Christi gleicht, dieselbe Bewandniß? Nicht etwa als ob es beschränkt wäre auf die herrlichen zwar und wohlthätigen, aber doch nur wenigen Stunden der gemeinsamen Verehrung und Anbetung — denn dann wäre zu besorgen, daß es eine bloße Täuschung wäre; nicht als ob es beschränkt wäre auf das immer nur

Wenige und Zerstreute, was wir kräftig wirkend durch die Gaben des Geistes jeder nach seinem Maße gleichsam Sichtbares und Greifbares in der menschlichen Welt, die uns umgiebt, ausrichten für das Reich Gottes: sondern auf vielfältige Weise werden wir uns noch außerdem dieses neuen Lebens bewußt; viele stillere und verborgene Augenblicke giebt es, in denen es sich kräftig regt, wenn auch nur tief im Innern. Immer jedoch werden wir, und ich glaube alle ohne Ausnahme gestehen müssen, daß wir uns dieses neuen Lebens keinesweges als eines ganz zusammenhängenden Daseins bewußt sind; es verschwindet vielmehr jedem von uns nur zu oft nicht nur unter den Freuden, Zerstreuungen und Sorgen, sondern auch unter den löblichen Geschäften dieser Welt. Diese Erfahrung aber, so demüthigend sie auch ist, soll uns dennoch nicht ungläubig machen, als ob vielleicht das Bewußtsein, daß wir in Christo eine neue Kreatur sind, eine Täuschung wäre und was wir als Aeußerungen dieses Lebens ansehen nur krankhafte und überspannte Aufregungen. Wie der Herr seine Jünger überzeugte, daß er Fleisch und Bein habe: so können auch wir jeder sich selbst und uns unter einander überzeugen, daß dies wirklich ein thätiges Leben ist; aber dann müssen wir auch glauben, daß es, wenn auch verborgen und unbewußt, doch immer vorhanden sei, wie auch der Herr immer vorhanden war und auch in der Zeit, wo er seinen Jüngern nicht erschien, weder in das Grab zurückgekehrt, noch auch schon gen Himmel gefahren war. Nur diesen Unterschied laßt uns nicht übersehen. Bei Christo begreifen wir es nicht als etwas Natürliches und Nothwendiges, daß er während dieser vierzig Tage nur ein in der Erscheinung so abgebrochenes Leben geführt hat; daß aber muß wol jeder begreifen, daß, da die Einflüsse dieses neuen Lebens auf unser äußeres Thun nur allmälig können merklich werden, es sich uns auch oft und längere Zeit hindurch ganz verbirgt und am meisten, wenn wir ganz mit äußerem Thun beschäftigt sind, und unsere Aufmerksamkeit darauf gerichtet. Eine Unvollkommenheit aber bleibt dies, und wir sollen je länger je mehr frei davon werden. Darum immer wieder zu dem, der die einige Quelle dieses neuen geistigen Lebens ist! Finden wir es dann und wann in uns selbst nicht: o wir finden es immer bei ihm, und immer aufs Neue strömt es aus ihm, dem Haupte, uns seinen Gliedern zu. Ist jeder Augenblick, wo wir es nicht wahrnehmen, sobald wir zum Bewußtsein dieser Leerheit kommen, ein Augenblick der Sehnsucht: o so ist es auch ein Augenblick, in welchem der Erstandene unserm Geiste erscheint und uns aufs Neue mit seiner belebenden Kraft anweht. Und so sollen wir nur aus ihm schöpfend dahin kommen, daß seine himmlische Gabe in uns immer mehr werde eine nie versiegende, eine immerfort rauschende und sprudelnde Quelle des geistigen und ewigen Lebens. Dazu ist er erstanden von den Todten durch die Herrlichkeit des Vaters, daß wir seiner Auferstehung gleich werden. Sie endete in seiner Rückkehr zum Vater; unser neues Leben soll immer mehr werden seine und des Vaters Rückkehr in die Tiefen unseres Gemüths; da wollen sie beide Woh=

nung machen; und immer zusammenhängender, immer regsamer und kräftiger soll sich das Leben aus Gott in uns gestalten, auf daß unser Leben im Dienste der Gerechtigkeit nach der Verheißung des Herrn hier schon ein ewiges werde und bleibe.

O dazu, du erhöhter Erlöser, hilf uns immer mehr durch die Betrachtung deiner Herrlichkeit! Wie du erhöht bist von der Erde, so ziehe uns immer mehr nach dir! Wie du wandeltest in den Tagen deiner Auferstehung, so laß auch uns immer mehr nur in dem Bunde der Liebe und des Glaubens, den du unter den Deinigen gestiftet hast, leben und wandeln und von dir immer reichlicher empfangen Nahrung und Kräfte unseres geistigen Lebens! Und wie deinen Jüngern deine Auferstehung gesegnet war, um dein Reich auf Erden zu befestigen, um die Kleinmüthigen zu erheben, die Verzagtheit des menschlichen Herzens auszutreiben und die Schrift in ihren tiefsten Geheimnissen kundzuthun: o so sei auch durch die Kraft deines Geistes unser neues Leben immer mehr eine Verkündigung deines Wortes und aller Geheimnisse deiner Gnade, eine liebreiche Unterstützung alles dessen was schwach ist, ein kräftiger Ruf zum Leben für alles was noch erstorben ist, ein stiller ungestörter Genuß deiner Liebe und der seligen Gemeinschaft mit dir, in welcher die Deinigen stehen. Amen.

XIII.
Der Zusammenhang zwischen den Wirkungen der Schrift und den unmittelbaren Wirkungen des Erlösers.

Am zweiten Ostertage.

Text: Lukas 24, 30—32.

Und es geschahe, da er mit ihnen zu Tische saß, nahm er das Brot, dankte, brach es und gab es ihnen. Da wurden ihre Augen eröffnet und sie erkannten ihn; und er schwand vor ihnen. Und sie sprachen unter einander: Brannte nicht unser Herz in uns, da er mit uns redete auf dem Wege, als er uns die Schrift öffnete?

Meine geliebten Freunde. Die eben gelesenen Worte sind die Entwicklung jener schönen Geschichte, die dem heutigen Tage auf eine vorzügliche Weise angehört. Derselbe Evangelist erwähnt in einer folgenden Erzählung aus den Tagen der Auferstehung unseres Herrn noch einmal dasselbe, daß er seinen Jüngern in dieser Zeit vornehmlich die Schrift eröffnet habe und ihnen aus der Schrift gezeigt, daß Christus mußte leiden, um in seine Herrlichkeit*) einzugehen. Eben dies finden wir auch hier, indem die beiden Jünger, als sie den Herrn erkannt hatten, sich dessen erinnerten, was er auf dem Wege mit ihnen geredet, und wie ihnen dabei zu Muthe gewesen war. Wir sehen also hier zweierlei; auf der einen Seite den besondern Fleiß, den in jenen letzten Tagen seines schon unterbrochenen menschlichen Zusammenseins mit den Jüngern, der Erlöser gewiß sehr absichtlich darauf verwendet hat, ihnen die Schrift, die von ihm zeugte, verständlich zu machen. Auf der andern Seite aber sehen wir zugleich, so wie fast in allen diesen Erzählungen, so auch in der unsrigen, daß es doch noch etwas anderes gab, was weder die Schrift an sich, noch auch Christi Erklärung der Schrift bewirken konnte. Denn ungeachtet den Jüngern ihr Herz brannte auf dem Wege, als er ihnen die Schrift öffnete: so erkannten sie ihn doch nicht, sondern das geschah erst, da er mit ihnen zu Tische saß und gewohnter Weise mit Danksagung das Brot brach und unter sie theilte; da erst erkannten sie ihn. Aber auch schon, daß ihnen das Herz brannte, das schrieben sie nicht der Schrift zu, sondern seiner Art, sie zu gebrauchen und sie auszulegen, da sie ja meinten, schon daraus hätten sie ihn eigentlich erkennen sollen. Wir sehen hier also zweierlei, die Wirkungen der Schrift und die unmittelbaren Wirkungen des Herrn, die rein von seiner Person ausgingen im Zusammensein mit den Seinigen. Es kann uns aber an dieser Geschichte das bestimmte Verhältniß dieser beiden Wirkungen besonders klar werden, so daß wir versuchen können eben dies auch auf uns und auf die gegenwärtigen Verhältnisse der christlichen Kirche anzuwenden. Darum laßt uns nach Anleitung dieser Worte mit einander den **Zusammenhang zwischen den Wirkungen der Schrift und den unmittelbaren persönlichen Wirkungen des Erlösers** erwägen. Laßt uns zuerst aber, denn das wird nothwendig sein, uns darüber verständigen, in wiefern unter beiden auch wirklich etwas Verschiedenes gemeint ist, und dann nach Anleitung dessen, was in unserm Texte vorkommt, das Verhältniß beider gegen einander betrachten.

1. Was zuerst die Schrift sei und die Wirkungen derselben, das kann freilich scheinen wenig oder gar keiner weitern Erläuterung zu bedürfen; aber doch um das, worauf es uns ankommt, in seinem ganzen Umfang zu verstehen, ist nöthig einiges darüber zu sagen.

Zuerst, die Schrift, die der Herr den Jüngern öffnete, als er mit ihnen ging auf dem Wege, war die Schrift des alten Bundes; es waren die Weissagungen von dem der da kommen sollte, es waren die frommen Ahnungen der Diener Gottes aus älteren Zeiten über den Gang der göttlichen Führungen mit ihrem Volke und durch dasselbe mit dem ganzen menschlichen Geschlecht; das war die Schrift, von welcher hier

---

*) Lukas 24, 44—47.

allein die Rede sein konnte. Sollen wir uns etwa auch auf diese vorzüglich beschränken und nach den Wirkungen derselben fragen? Dann würden wir, meine geliebten Freunde, unsere Stellung und die eigenthümlichen Vorzüge derselben gar sehr verkennen. Der Apostel Paulus sagt unstreitig mit großem Recht: Christus ist geworden ein Diener des Volks Israel um der Verheißungen willen, die Gott dessen Vätern gegeben hat, aber die Heiden preisen Gott und loben ihn um der Barmherzigkeit willen*). Das war der göttliche Rathschluß, daß der Erlöser der Welt unter jenem dazu eigens aus einer großen Reihe von Geschlechtern ausgesonderten Volke sollte geboren werden; und eben deshalb mußte nun auch die Erfüllung den weissagenden Ahnungen entsprechen. Das also darf uns nicht Wunder nehmen, daß allerdings die Mitglieder dieses Volkes eine ganz besondere Freude hatten an dieser Erfüllung der Verheißung; sie mußten sich, wenn ihnen beides vorgehalten wurde, dabei noch ganz besonders und aufs neue als ein auserlesenes und geheiligtes Volk des Herrn erscheinen. Aber die Heiden, sagt der Apostel, und dazu gehören wir alle, die wir Christen sind aus den Heiden, loben Gott um der Barmherzigkeit willen. Denn eben jener Rathschluß Gottes war ein Rathschluß der Barmherzigkeit über das ganze menschliche Geschlecht; und für uns alle ist eben die dankbare Freude an diesem barmherzigen Rathschluß Gottes etwas weit Höheres und Größeres, als jene auf den Umfang eines einzelnen Volkes beschränkte Freude an der Erfüllung der Weissagungen, die dem Herrn vorangegangen waren. Darum mit Recht erbleicht die Weissagung, wie schön und groß, wie herrlich und den geschichtlichen Faden weiter fortführend sie auch gewesen sein mag, sie erbleicht gegen die Erfüllung. Die Schrift, die uns den Herrn in seinem Leben und Wirken auf Erden darstellt, die uns die köstlichen Worte aus seinem Munde bewahrt, die Schrift des neuen Testaments ist für uns das bei weitem Wichtigere und Herrlichere, als jene älteren heiligen Schriften; uns sind diese apostolischen Schriften das feste prophetische Wort, auf welches wir uns verlassen, und welches der Grund unseres Glaubens ist.

Aber zweitens, indem der Herr seinen Jüngern die Schrift öffnete, so theilte er ihnen gewiß nicht nur das wiederholend mit, was sie auch selbst lesen konnten, sondern er suchte sie in den Zusammenhang, der ihnen verborgen geblieben war, einzuleiten, und dies eben machte, daß das Herz in ihnen brannte, als ihnen so der tiefere Sinn der Verheißungen von Christo aufgeschlossen ward. Darum bleibe auch unter uns in der christlichen Kirche überhaupt, zumal aber auch und ganz besonders in unserer evangelischen Kirche, welche sich so vorzüglich, ja ausschließlich auf das Wort Gottes in der Schrift stützt und gründet, die Erklärung der Schrift immer vereint mit der Schrift selbst, auf daß sie uns niemals zum todten Buchstaben herabgewürdigt werde. Die Schrift ist ein gemeinsamer Schatz; aber weil, wie es dort Christus

---
*) Römer 15, 8. 9.

that, hernach und jetzt immer noch der Geist Gottes ihn den Gläubigen nach seiner Weise und seinem Maß, dem einen dieses, dem andern jenes, und diesem heller, jenem aber minder klar und durchsichtig offenbart und erläutert. So fühlen wir uns auch mit Recht verpflichtet, alles dieses gegen einander auszutauschen und auszugleichen, einer von dem andern lernend und einer den andern lehrend, wohl wissend, solche Mittheilung streite nicht mit dem köstlichen Wort der Verheißung, welches der Herr selbst uns angeeignet hat, daß den Christen gebühre von Gott gelehret zu sein. Denn es ist überall nicht Menschen Werk und Wort, was uns segensreich wird, sondern die Wirkung des göttlichen Geistes im Worte und durch das Wort ist es allein, wodurch wir uns einander wahrhaft bereichern und befestigen können. Wie nun gewiß in jenen Tagen der Herr, so oft er seinen Jüngern erschien, ihnen etwas neues mitgetheilt hat aus jenen Schätzen, so läßt er auch zu keiner Zeit seiner Kirche die guten zum Himmelreich gelehrten Schriftgelehrten fehlen, welchen der Geist Gottes giebt aus ihrem Schatze neben dem alten und bewährten auch neues, was erleuchtet und das Herz entbrennen macht, hervorzubringen. Und geliebte Freunde ihr werdet mir gewiß gern bezeugen, daß von der Zeit an, wo ihr durch den ersten Unterricht im Christenthume die Milch des Evangelii empfingt, bis auf den heutigen Tag jede solche Schrifteröffnung wie eine neue erfreuliche und stärkende Erscheinung des Herrn selbst gewesen ist, und an solchen segensreichen Erfahrungen möge es uns auch in der künftigen Zeit unseres Lebens nicht fehlen!

Aber wie steht es nun mit dem andern Hauptstück unseres Textes, mit den unmittelbaren und persönlichen Wirkungen des Erlösers?

Was hierzu damals zu rechnen war, als er auf Erden wandelte, sowol in den eigentlichen Tagen seines Fleisches, als in diesen herrlichen Tagen seiner Auferstehung, das können wir uns leicht denken. Wenn gleich die Evangelisten aus der Zeit seines öffentlichen Lebens nicht bestimmt melden, daß er sich mit seinen Jüngern über die Schrift unterhalten und sie ihnen im Zusammenhange gedeutet, so wird dennoch niemand bezweifeln, daß dies nicht oft der Gegenstand ihrer Fragen an ihn und seiner Reden an sie gewesen sei. Aber auch darin war dann etwas von jenem andern, ein von dem Gegenstand unabhängiger, in seinem ganzen Umgang mit ihnen unter den verschiedensten Formen und unter noch so sehr von einander abweichenden Umständen immer sich selbst gleicher Eindruck, den seine ganze Persönlichkeit, sein eigenthümliches Wesen, wie es sich auch äußern mochte, doch niemals verfehlte hervorzubringen. Wie durch diesen Eindruck, vermöge dessen sie in ihm die Herrlichkeit des eingebornen Sohnes vom Vater erkannten, ihr Glaube zuerst entstanden war, so wurde er auch zunächst durch diesen erhalten und befestigt. Kam ihnen nun dieser Eindruck, indem der Herr Worte der Lehre und der Ermahnung zu ihnen redete, die hernach die Quelle ihrer eignen Belehrungen an die Christen wurden; nun so gehört das dem Inhalt nach für uns ganz zu den Wirkungen der Schrift. Allein auch hierbei war dann das, weshalb ihnen das Herz brannte, eben jener unmittelbare Eindruck, die Art, wie sich die liebevollen Regungen des göttlichen Gemüthes in Jesu äußern, spiegelten die Kraft der Ueberzeugung, die aus dem himmlisch klaren Auge sprach, und was wir sonst noch anführen könnten als dazu gehörig, daß an ihm zu schauen war die Herrlichkeit des eingebornen Sohnes vom Vater voller Gnade und Wahrheit. Aber alles dieses hängt freilich zusammen mit seiner persönlichen Erscheinung und scheint also jener Zeit seines Wandels auf Erden ausschließlich anzugehören, und für uns sonach gar nichts hierher gehöriges vorhanden zu sein.

Indessen, meine geliebten Freunde, haben doch auch wir köstliche Worte der Verheißung, welche wir wol nicht werden wollen fahren lassen; dieses zuerst: Wo zwei oder drei versammelt sind in meinem Namen, da bin ich mitten unter ihnen, und jenes andere: Ich werde bei euch sein alle Tage bis an der Welt Ende. Sollte Christus hierunter nichts anderes gemeint und also auch für uns nichts anderes übrig gehabt haben als die Wirkungen, welche das ihn darstellende Wort der neutestamentischen Schriften und, ehe dieses verfaßt war, die Erzählungen derer, die mit ihm und unter ihm gelebt hatten, auf heilsbegierige Gemüther, die seiner persönlichen Bekanntschaft und Einwirkung sich nicht hatten erfreuen können, hervorbringen muß? Das können wir uns kaum denken; die Ungleichheit erscheint uns zu groß, ja unbillig! Sollen wir aber auf der andern Seite bestimmt angeben, was es, seitdem der Herr nicht mehr persönlich auf Erden wandelt, für unmittelbare Einwirkungen desselben auf die Seele geben kann, die nicht Wirkungen jenes Wortes wären; so befinden wir uns wieder in einer Verlegenheit, aus der wir keinen Ausgang sehen. Und so werden wir um so leichter begreifen, wie es zugeht, daß sich die Christen in dieser Hinsicht schon seit langer Zeit nicht grade getrennt haben in verschiedene Gemeinschaften, wie das aus andern Ursachen wol geschehen ist, aber doch getheilt, so daß es wol in allen christlichen Kirchengemeinschaften solche Christen giebt, welche viel zu rühmen wissen als Erfahrungen ihrer eigenen Seele von der geistigen Nähe, von der unmittelbaren Einwirkung des Herrn auf sie, und wiederum auch solche, denen es an dergleichen Erfahrungen gänzlich fehlt, und die im Gegentheil mancherlei Beispiele anzuführen wissen, wieviel gar menschliches oder, um es gerade herauszusagen, wie viele Täuschungen mit unterlaufen bei dem, was als solche außerordentliche und unmittelbare Wirkung des Herrn dargestellt zu werden pflegt. Und weil sie deshalb mit Recht besorgen zu müssen glauben, es könne aus solchen eingebildeten oder vorgegebenen Einwirkungen des Erlösers auch manches von seinem Geist und Sinne ganz Entferntes sich einschleichen in den Glauben und das Leben der Christen; so wollen diese Christen alle dergleichen Hoffnungen fahren lassen und sich lieber allein und ausschließlich an das Wort des Herrn und dessen heilsame Wirkungen halten, und sie behaupten daher, diese müßten jedem Christen vollkommen hinreichen.

Nun ist nicht zu leugnen, wenn wir näher betrachten, was der Erlöser, während er auf Erden lebte, so unmittelbar durch den Eindruck seiner Person auf die Gemüther gewirkt hat; so ist immer darin, sofern nicht Rede und Wort das eigentlich wirksame war, etwas ähnliches mit seinen eigentlich sogenannten Wundern; es erscheint uns als eine geheimnißvolle Macht über die Seele. Daher scheint es, wenn die Wunder doch wirklich verschwunden sind aus der christlichen Kirche, und wie wir deren nicht mehr bedürfen zur Erweckung und Stärkung des Glaubens, so auch wir sie nicht mehr erwarten; so scheint es, sei auch derselbe Grund in dem Verhältniß des Erlösers zu den Gläubigen, überhaupt auch nichts mehr zu erwarten, was seiner geheimnißvollen Natur wegen den Wundern am ähnlichsten ist. Ja, könnte man sagen, wer nur den Schatz recht erkannt hat, der uns gegeben ist in dem göttlichen Worte, wer sich nur den Wirkungen desselben eben so rein und unbefangen, als treu und gehorsam hingiebt, der werde auch das Zeugniß ablegen müssen, daß er an diesem Schatz vollkommenes Genüge habe, und daß Christus so kräftig wirke durch sein Wort, daß wir auch nichts weiter bedürfen.

Sollen wir uns nun, hierauf gestützt, entschließen, alle jene Erfahrungen zu verachten und gering zu schätzen? Das dürfen wir wol um so weniger, je häufiger sie sind und je öfter wir unleugbar finden, daß auch solche Seelen sich derselben rühmen, in welchen zugleich alle herrlichen Wirkungen des göttlichen Wortes sich zeigen, so daß in ihnen und von ihnen aus sich ein wahrhaft christliches Leben zur Erbauung und Erweckung aller, die es wahrnehmen können, gestaltet. Die Liebe also gebietet auch den Christen, welche solcher Erfahrungen sich selbst nicht bewußt sind, sie doch nicht abzuleugnen. Sie legt ihnen auf, daß sie ihren Brüdern helfen sollen, das Wahre und Sichere hierin immer mehr von dem Unsichern und Falschen zu scheiden. Und so laßt uns denn das Wort Gottes fragen, ob wir etwas darin finden, was uns leiten kann. Die Erzählungen aus den Tagen der Auferstehung, an welche wir in dieser festlichen Zeit besonders gewiesen sind, und die auch uns um so näher liegen, weil doch die persönliche Gegenwart des Erlösers nicht mehr dieselbe war wie sonst, bieten uns Zweierlei dar, woran wir uns vorläufig halten können.

Das Eine findet sich in der Erzählung unseres Textes. Der Herr selbst sitzt mit seinen beiden Jüngern zu Tische, er nimmt das Brot, dankt, bricht es und theilt es ihnen aus; da erkennen sie ihn, ehe er noch vor ihren Augen verschwindet. In wiefern dies nun das Brot des freundlichen Mahles war, und sie ihn daran erkannten, daß er sich hier eben so betrug, wie sie es oft gesehen hatten bei ähnlichen Gelegenheiten: in sofern war es freilich eine Erinnerung aus seinem früheren Leben, was so auf sie wirkte. Aber erinnert uns nicht diese Erzählung ganz besonders an das heilige Mahl, welches sich an eine eben solche Mahlzeit knüpfte? Und die eigenthümliche Wirkung, welche so viele Gläubige — um nicht alle zu sagen — dieser heiligen Handlung nachrühmen, hat sie nicht die größte Aehnlichkeit mit dem, was jene Jünger erfuhren? Ist es nicht ein wahrhaftes Wiedererkennen, nachdem oft lange genug die Augen gehalten waren? Eine lebendige Vergegenwärtigung, die zugleich eine Menge früherer Augenblicke auffrischt, in welchen unser Herz in uns brannte? Und diese Verklärung Christi in der Seele, hängt sie etwa von den Worten der Einsetzung ab, oder gar von den wohlgemeinten Worten der Ermahnung, welche die Diener des Wortes hinzufügen? Dann müßten wir diesen wenigstens etwas Wunderbares, ja Zauberhaftes zuschreiben. Aber wir sehen ja auch, wie unabhängig diese Wirkungen sind von allem, was mit dem Worte zusammenhängt, von allen Verschiedenheiten der Meinung und der Erklärungen über den Zusammenhang der Sache. Sollen wir aber etwas menschliches und einigermaßen verständliches darüber sagen: was wird uns übrig sein, als daß dieses Fortsetzungen sind und Ausflüsse von der unmittelbaren persönlichen Einwirkung Christi? Wer aber alles Eigenthümliche bei diesem heiligen Mahl leugnen wollte gegen das Zeugniß des bei weitem größern Theiles der Christen; nein, dem wollen wir nicht glauben, daß sich diese Einrichtung, wenn sie an sich selbst unfruchtbar wäre, dennoch sollte erhalten haben, ungeachtet von ihrer ursprünglichen Gestalt wenig oder nichts mehr übrig geblieben ist.

Das zweite Beispiel aus den Tagen der Auferstehung ist dieses. Der Herr trat mehrere Male zu seinen Jüngern hinein, als sie Abends versammelt waren, und rief ihnen zu: Friede sei mit euch*). Und damit sie das nicht für einen gewöhnlichen Gruß halten, sondern an die Worte denken möchten: Meinen Frieden gebe ich euch, nicht gebe ich euch, wie die Welt giebt**), so fügt er gleich das Bedeutendere hinzu, daß er sie in Kraft dieses Friedens nun sende, wie ihn der Vater gesendet habe. Das war freilich gerade ein Wort, und nur ein Wort. Aber können wir wol glauben, daß es ein unwirksames gewesen sei, oder ist vielmehr wirklich sein Friede über sie gekommen, als er dieses sprach? Und wenn wir dies wol glauben müssen, war das eine Wirkung des Wortes als solchen, so daß es das, was es anwünschte, auch selbst als Wort hervorbrachte? Niemand wird wol lieber einen solchen Zauber annehmen, als eingestehen; der Friede, der über die Jünger kam, war die unmittelbare Wirkung des Herrn selbst, indem er ihnen erschien, und nur im Bewußtsein dieser Wirkung sprach er das Wort aus. Aber soll nun diese Wirkung an die leibliche persönliche Gegenwart gebunden sein? Sollten wir nicht alle diese Erfahrung machen können in ausgezeichneten Augenblicken, eben so unabhängig von einer leiblichen Erscheinung Christi, wie auf der andern Seite auch unabhängig von jedem bestimmten Worte der Schrift, das uns vorschwebt und wovon wir einen solchen Zustand ableiten könnten? Gewiß haben alle frommen Christen solche Erfahrungen gemacht! Und wenn wir uns nun des Friedens, der in solchen seligen Augenblicken über uns

---

*) Joh. 20, 19. 21. 26. — **) Joh. 14, 27.

kommt, als seines Friedens bewußt sind, als des Friedens seiner Erlösung, als des Friedens der Kinder Gottes, die es durch den Glauben an seinen Namen geworden sind: können wir dann wol umhin auch den ganzen Zustand als seine Gabe zu erkennen, ihn seiner Kraft und ihrer Wirksamkeit auf uns zuzuschreiben? —

Beides also, und beides sind doch nicht seltene Erfahrungen, führt uns darauf, daß es außer den unmittelbaren Wirkungen des Wortes noch eigenthümliche Wirkungen des Erlösers giebt, die gleichsam von seinem ganzen ungetheilten Wesen ausgehen. Dies ist in seiner Wirksamkeit nicht an die leibliche Erscheinung gebunden. Die ursprüngliche geistige Wirksamkeit seines Daseins ist freilich nur vermittelst des Wortes, aber doch in ihrer eigenthümlichen Natur festgehalten in der Gemeinschaft der Gläubigen, und so bildet sich der ursprüngliche Eindruck immer wieder aufs Neue den einzelnen Gemüthern ein und wird in ihnen bei besondern Veranlassungen auf ausgezeichnete Weise wirksam in jenem Frieden der Seele, in jener Gewißheit des Herzens, daß nichts in der Welt uns scheiden kann von der Liebe Gottes, die da ist in Christo Jesu. — Und warum sollte auch der Gläubige das nicht glauben? Sollte uns ein Vorwurf der Schwärmerei treffen können, wenn wir dies von Christo behaupten, da wir ja Aehnliches auf dem rein menschlichen Lebensgebiet auch erfahren, wenn wir nur tief genug in unsere Gemüthszustände hineinschauen? Wenn wir doch oft von geliebten Menschen, nicht nur aus der Ferne ohne das geschriebene Wort, sondern auch von solchen, die nicht mehr hienieden sind, doch Wirkungen in unserer Seele empfinden, abmahnende und ermuthigende, berichtigende und aufhellende, so daß wir sagen müssen: das kommt mir durch meine Verbindung mit diesem Freunde, das ist sein Wort und Werk in meinem Innern; ja wenn uns das auch mit solchen begegnet, die wir nur durch ihre Wirksamkeit in der Welt kennen, aber die wir uns besonders aufgestellt haben zu führenden Helden und leuchtenden Vorbildern; ja wenn wir es mit zur menschlichen Größe rechnen, daß einer auf recht viele und in einem ausgezeichneten Grade mit seinem ungetheilten Wesen so innerlich bestimmend wirke: wie sollen wir nicht dasselbe zu der Größe dessen rechnen, der über alle erhaben ist, und solche Wirkungen auch von dem erwarten, der unser aller Held und Vorbild sein soll, und den wir alle mit dem größten Recht in einem Sinn und Umfang wie keinen andern den Freund unserer Seele nennen dürfen!

So stehe denn dieses fest, daß wie in den Tagen des Herrn selbst, so auch jetzt noch beides mit einander da ist. Wir erfreuen uns der Wirkungen der Schrift und des göttlichen Wortes in derselben; aber uns fehlen auch nicht die persönlichen Wirkungen des Erlösers, abhängig freilich von seinem früheren Dasein auf Erden, aber kräftige Fortsetzungen desselben, die sich auf alle Zeiten erstrecken. Und wie es jetzt ist, wird es auch bleiben; Christus wird niemals seine Kirche verlassen, weil sie sonst ganz verlassen wäre; und so wenig das göttliche Wort jemals wird von uns genommen werden, eben so wenig wird der Herr auch diese geheimnißvolleren Wirkungen jemals den Gläubigen entziehen.

II. Aber nun laßt uns fragen, in welchem Verhältniß denn wol in dem Reiche Gottes überhaupt diese beiden göttlichen Wirkungen gegen einander stehen, und dann auch, wie jeder einzelne sich selbst gegen beide stellen soll? Darüber, meine geliebten Freunde, giebt uns eben die Erzählung unseres Textes den hinreichenden Aufschluß. Denn indem sie uns zeigt, daß sowol in dem Wort, als in dem persönlichen Eindruck, in jedem eine eigenthümliche Kraft liegt, die dem Andern fehlt: so lehrt sie uns eben dadurch, daß in der christlichen Kirche immer beides mit einander verbunden sein und neben einander bestehen muß, um sich gegenseitig zu ergänzen.

Denn wenngleich dieses nicht mehr ganz die Wirkung des Wortes war, daß den Jüngern das Herz brannte, sondern darin schon ihnen unbewußt die ganze Persönlichkeit ihres Meisters mitwirkte, so war doch das andere rein die Wirkung des recht aufgeschlossenen Wortes, daß sie den Trübsinn und die Hoffnungslosigkeit, um derenwillen der Erlöser sie schalt, nun fahren ließen, und ihr Gemüth sich der Einsicht öffnete, damit, daß Jesus von Nazareth am Kreuz gestorben sei, könne das noch sehr gut bestehen, daß er doch derjenige sei, der Israel erlösen solle. Aber wieviel hätten sie verloren, wenn der Erlöser, nachdem er ihnen diese Ueberzeugung durch die richtig geleitete Kraft des Wortes mitgetheilt hatte, nun von ihnen geschieden wäre. Wenn sie gleich getröstet waren, wenn sie gleich, was schon nicht mehr die bloße Kraft der Gründe war, den Unbekannten wegen des liebevollen Eifers seiner Rede lieb gewannen, und ihr Herz in ihnen brannte: ihre Augen blieben dennoch gehalten, und sie erkannten den Herrn nicht. Als er ihnen aber das Brot brach, da vermochte die Art, wie er sich ihnen für die Stunde der Erholung, wiewol selbst Gast, doch gleichsam als ihr Wirth und Versorger hingab, daß sie ihn nun erkannten, was vorher alle Einsicht und Weisheit, die er ihnen in der Schrift eröffnete, nicht vermocht hatte. Eben so wenn er nichts gewollt hätte, als auf eine solche Weise von ihnen erkannt sein und nur den Glauben an ihn, der sich hierauf gegründet hätte: nun so hätte er damit begonnen und geendet; aber ein Verständniß in den Zusammenhang seiner Geschichte mit der Schrift wäre ihnen dadurch allein nicht geworden. Darum schickte er hier dieses voran und endete mit jenem, wie er in andern Fällen auch umgekehrt verfuhr. Und so wollen wir zuerst dieses feststellen, daß beiderlei Wirkungen, die des Wortes und die der unmittelbaren geistigen Gegenwart des Herrn in der christlichen Kirche immer müssen mit einander verbunden sein.

Wir wissen alle, was für einen herrlichen Schatz wir an dem göttlichen Worte haben, und wir sind als Mitglieder der evangelischen Kirche ganz besonders berufen, Wächter und Hüter desselben in der Christenheit zu sein. Ja das ist und bleibt noch immer wie vom Anfang unserer Gemeinschaft an der rechte Kampf für die Wahrheit und

Vollständigkeit unseres evangelischen Christenthums, wenn wir unsere gute Sache aus der Schrift erweisen, wie Paulus und vor ihm Stephanus auch in den Schulen thaten für die gute Sache des Christenthums überhaupt. Aber wenn nun dies allein wäre, würden wir sicher sein das wahre lebendige Christenthum unter uns zu haben und festzuhalten? oder giebt es nicht jeder gleich zu, daß gar viele diesen guten Streit mit uns theilen und wie wir gegen alle Werkheiligkeit und alle Gewalt menschlichen Ansehns kämpfen, und zwar auch aus der Schrift, von denen wir aber doch sagen müssen, es ist nicht die Liebe zu Christo, welche sie drängt. Ja ich will noch mehr heraussagen. Viele giebt es, denen, wenn sie in den Geboten, die Christus den Seinigen gegeben, in den Ordnungen, die er in der ersten Kirche gestiftet hat, gleichsam in der Ferne das Vorbildliche seines Lebens und die Grundzüge seiner persönlichen Handlungsweise erblicken, ebenfalls das Herz brennt, daß sie etwas Besonderes empfinden; aber ihre Augen werden ihnen doch gehalten, und zu der freudigen unmittelbaren Anerkennung: Das ist der Herr, da ist die Herrlichkeit des eingebornen Sohnes vom Vater, da allein sind Worte des Lebens, zu dieser gelangen sie doch nicht. Wenn nun auf dieser erst das eigentliche lebendige Christenthum beruht: so müssen wir wol gestehen, daß dieses sich nicht unter uns erhalten und sich immer wieder erzeugen kann, wenn nicht jene von dem lebendigen Gedächtniß, von der geistigen Gegenwart Christi ausgehenden, in der Ganzheit seines Wesens und seiner Erscheinung gegründeten Wirkungen zu dem hinzukommen, was in dem engsten und eigentlichsten Sinne Wirkung des Wortes und der Lehre ist. Nicht gerade als ob ich behaupten möchte, abgesondert von dem persönlichen Einfluß des Erlösers werde seine Lehre, wenn wir sie wirklich aus den Worten der Schrift schöpfen, nothwendig wieder in einen todten Buchstaben ausarten müssen. Aber geschehen ist es doch; es hat häufig genug auch in unserer Kirche gegeben und giebt auch wol noch eine Beruhigung bei dem Buchstaben der rechtgläubigen Lehre, ohne daß sich dabei eine wahrhaft christliche Gesinnung recht wirksam bewiese. Wir kennen dies wol alle aus unserer Erfahrung; bei denen aber pflegen wir es nicht zu finden, welche jenen persönlichen Einwirkungen Christi zugänglich sind. — Und außerdem wenn wir bedenken, wieviel Schwierigkeiten sich bei der Erklärung des Wortes der Schrift finden, schon deshalb weil sie aus einer uns fernen Zeit herstammt, sich auf eine uns fremde Sitte bezieht, in einer uns wenig verwandten Sprache geschrieben ist: was für ein bedenklicher Spielraum eröffnet sich da für menschliche Willkür! und wieviel betrübende Beispiele liegen uns nicht vor Augen, daß sie sich auch wirklich dahin gewendet hat, theils das abzustumpfen und zu verdunkeln, worin sich das eigentliche Wesen des Christenthums am hellsten abspiegeln muß, theils auch wol etwas hineinzulegen in die Schrift, was mit dem ursprünglichen Geiste des christlichen Glaubens nicht zusammenstimmt. Aber alles, was man in der besten Meinung versucht hat, um durch äußere Hülfsmittel diese Willkür zu zügeln, wie vergeblich hat es sich nicht immer bewiesen! wie nothwendig also ist der Schrift eine andere Ergänzung, die von innen herauswirke! und was gäbe es anders als eben jene Fortwirkung des Erlösers selbst, jene lebendigen Eindrücke, die er auch jetzt noch gleichsam unmittelbar hervorbringt in der menschlichen Seele! Diese sind es, welche noch immer dem Worte zu Hülfe kommen müssen in der christlichen Kirche, eben wie in dem Leben des Erlösers selbst beides immer verbunden war und sich gegenseitig unterstützte.

Denn auf der andern Seite, wenn wir uns diesen Einwirkungen allein hingeben wollten und neben ihnen das göttliche Wort, diesen theuren und köstlichen Schatz, gering achten: dann wären wir unstreitig eben so großen, wo nicht noch größeren Gefahren preisgegeben. Denn das ist nicht zu läugnen, daß sich von jeher gar viel Ungeregeltes, Schwärmerisches und Ueberspannungen des menschlichen Gemüthes Verrathendes gar häufig eingeschlichen hat unter dasjenige, was für unmittelbare Wirkungen des Herrn in der Seele ist ausgegeben worden. Sollen wir nicht hier uns selbst täuschen, so daß wir Menschliches mit Göttlichem vermischen unabsichtlich; sollen wir nicht in Gefahr gerathen denen zur Beute zu werden, die absichtlich dem Göttlichen Menschliches unterschieben und Menschliches für Göttliches ausgeben: wol, so muß das göttliche Wort immer das Richtmaß bleiben, an welchem alles andere gemessen, und wonach alles beurtheilt wird. Denn anders kann doch der Herr in dem, was wirklich durch ihn in den Seelen der Gläubigen hervorgebracht wird, nicht sein, als er sich auch zeigt in seinem Wort; und wollten wir irgend etwas für eine Wirkung Christi in uns ausgeben, was da stritte mit dieser Regel des göttlichen Worts, so würden wir ihn zum Lügner machen und eben dadurch uns selbst muthwilliger Weise von ihm scheiden. Denn wir gingen dann in der That damit um, uns selbst an seine Stelle zu setzen und uns für ihn auszugeben, und anstatt die Gläubigen an ihn gewiesen sind, wollten wir vielmehr im verkehrten Hochmuth des Herzens uns selbst nicht nur, sondern sogar ihn an uns weisen und bei uns festhalten.

Darum, meine geliebten Freunde, wenn uns, wo und wie es auch immer sei, von einem Lichte geredet wird, welches der Sohn Gottes in der menschlichen Seele unmittelbar entzünde, und zwar so, daß wir neben dieser Erleuchtung das göttliche Wort gar leicht entbehren könnten, da sich Christus auf diese Weise klarer und bestimmter in der Seele unmittelbar verherrliche und offenbare: so laßt uns hierbei jedesmal ganz unbedenklich jene Worte Christi in Anwendung bringen: Wenn sie euch sagen, hier ist Christus oder da ist er, so glaubet ihnen nicht.*) Wir möchten sonst durch den verkehrtesten Hochmuth zur verderblichsten Losreißung von der rechten Einheit des Glaubens verleitet werden. Denn Gott, so schreibt der Apostel, ist nicht ein Gott der Unordnung, sondern der Ordnung in allen Gemeinden der Christen. Darum darf

---

*) Matth. 24, 23.

sich in denselben nichts für göttlich geltend machen, was im Widerspruch steht mit dem göttlichen Worte der Schrift. Denn dieses enthält zuerst das ursprüngliche Zeugniß von dem Leben und Dasein des Erlösers, nach welchem allein wir zu beurtheilen haben, ob etwas von dem Seinigen genommen ist. Dann aber enthält es auch die ersten Grundzüge aller christlichen Ordnung des Glaubens und Lebens, und niemand kann sich losreißen von diesem Bande, welches uns mit allen vergangenen Geschlechtern der Kirche vereint und uns auch mit den künftigen vereinen soll, ohne sich auch von der Gemeinschaft der Gläubigen zu trennen. Darum wer in dieser bleiben will und sich viel oder wenig rühmt, was der Herr unmittelbar in seiner Seele gewirkt, und wodurch er sich ihm besonders gegenwärtig erwiesen habe, der lasse es prüfen von der Gemeinde nach dem göttlichen Wort, damit es ans Licht gezogen werde, ob es eingebildet ist, oder wahr und recht, ob nichts daran willkürliches Menschenwerk ist, sondern es wirklich sein Gepräge an sich trägt, und seine Ueberschrift ihm zukommt. Deshalb wollen wir Gott danken, wenn immer beides zusammen ist und auf einander zurückwirkt in der christlichen Kirche. Das unmittelbare Zeugniß von der Wirksamkeit des Herrn in der Seele möge die Wirkungen des Wortes immer aufs Neue beleben; das heilige Ansehn des Wortes möge allem, was in den Gemüthern der Christen vorgeht, die feste Regel geben, auf daß alle zusammengehalten werden in der Einheit des Glaubens, und alles Einzelne sich füge in die Uebereinstimmung mit dem gemeinsamen, und wir so alle in der Wahrheit bleiben, die uns frei macht.

Aber freilich, meine geliebten Freunde, noch eine andere Frage, als was in der christlichen Kirche im ganzen heilsam ist, ist die, die wir uns nun noch zu beantworten haben. Wie hat sich nämlich jeder einzelne für sich zu dieser zwiefachen Wirkung zu stellen, auf der unser geistiges Leben beruht? Hierbei nun laßt uns vor allen Dingen an das Wort des Apostels denken: Es ist ein Leib, aber es sind viele Glieder*), ein jegliches in seiner Art, und Gott hat in der Gemeinde den einen gesetzt zu diesem und den andern zu jenem, und keiner ist alles. In der christlichen Kirche muß beides vereint sein, die klare begreifliche leicht mittheilbare Wirksamkeit des Wortes, die geheimnißvollere tieferregende aber auch unmittelbare Wahrheit des Erlösers in der Seele. Aber nicht ist jedem einzelnen von beiden ein gleiches Maß geordnet; denn Gott ist nur ein Gott der Ordnung in der Gemeinde des Herrn eben deswegen, weil er ein Gott ist, der Mannigfaltiges hervorbringt; denn nur unter dem Mannigfaltigen kann Ordnung stattfinden und aufrecht erhalten werden.

Jeder also halte sich vorzüglich an das, wozu er berufen ist. Werth seien uns diejenigen, die, wenn auch vielleicht zu sehr mißtrauend den unmittelbaren inneren Erfahrungen des Herzens, sich mit desto lebendigerem Eifer und mit redlicher Treue an das göttliche Wort, an

---
*) 1. Kor. 12, 12.

die klare Einsicht in die Lehre und das Vorbild des Erlösers halten, die sie aus demselben schöpfen! Mögen sie sich nur immer mehr daran nähren, so daß sich in ihrem Innern das Wort der Schrift verklärt, welches von Christo zeugt! Werth seien sie uns, und wenn wir auch auf die Frage, ob kein solches unmittelbares Verhältniß zwischen ihnen und dem Erlöser stattfindet auch ohne besondere Vermittlung des göttlichen Wortes, keine andere Antwort erhalten, als daß sie wenigstens sich bestrebten, alle frommen Regungen der Seele und den Inhalt jedes Augenblicks, in dem sie besonders von Gott durchdrungen sind und alles auf ihn beziehen, sich immer unmittelbar aus dem heiligen Worte der Schrift zu erklären, dem vertrauen sie fest und es vergegenwärtige sich ihnen immer mehr; wenn sie uns auch nur dieses sagen: wie sollten wir uns wol berufen fühlen sie irre zu machen auf ihrem Wege, oder wie könnten wir sie deswegen gering achten, weil ihnen etwas fehlt, was andere erlangt haben, da sie doch nach demselben Ziele streben wie diese? wie sollten sie uns nicht werth sein als die eifrigsten Bewahrer des großen gemeinsamen Schatzes, den wir alle an dem geschriebenen Worte des Herrn besitzen, und aus dem sie schöpfen, weil sie daran die Quelle erkennen, die niemals versiegt, und die das Wasser des Lebens in sich schließt. Und wenn sie ein Mißtrauen beweisen gegen manches, dessen sich andere Christen rühmen als besonderer Gnadenbeweise Gottes: was haben wir für ein Recht, da sie doch als Glieder der Gemeinde des Herrn unter derselben göttlichen Obhut stehen wie wir, dies nicht auch anzusehen als eine Stimme Gottes in ihnen und für sie? Denn wahrscheinlich haben sie bei ihrer besondern Gemüthsbeschaffenheit nöthig so gewarnt zu werden, oder vielleicht bedürfen andere, die ihnen anvertraut sind, einer solchen mißtrauischen Vorsicht, weil sie vielleicht vor andern geneigt wären, wenn sie solchen Erfahrungen von der unmittelbaren Wirksamkeit des Erlösers in der Seele vertrauen wollten, auf Abwege zu gerathen und sich von der Uebereinstimmung mit der Wahrheit des Evangelii zu entfernen. Darum wollen wir uns damit begnügen, daß auch auf diese Mitchristen durch die mannigfaltigen Berührungen in der Gemeinschaft der Christen der Segen wenigstens mittelbar sich verbreitet, der nur aus dieser inneren Wirksamkeit des Erlösers in der Seele hervorgehen kann. — Und eben so wollen wir es mit denjenigen halten, welche sich solcher Erfahrungen einer geistigen Gegenwart des Erlösers vorzüglich rühmen. Wenn sie nur das Richtmaß des göttlichen Wortes halten und ihre besonderen Erfahrungen nicht dieser Aufsicht und Beurtheilung entziehen wollen; wenn sie uns anderen nur ihr Licht nicht aufdringen wollen und nicht scheel sehen, wenn wir uns unserer guten Freiheit bedienen und ihre Erfahrungen nur so weit auch uns etwas werth sein lassen und sie uns zu Nutze machen, als wir sie in Uebereinstimmung finden mit dem göttlichen Worte: so sollen sie uns werth und willkommen sein in unserer Gemeinschaft; und wir wollen es mit Dank gegen Gott erkennen, was für gesegnete Anregungen zu einem kräftigeren Leben sie hinein=

bringen. Nur mögen sie sich selbst vor Schaden hüten und sich nicht überheben der Offenbarungen Gottes, noch weniger diejenigen unter unsern Brüdern gering schätzen, die nach der göttlichen Vertheilung für sich selbst ganz vorzüglich an die Unterweisung und an den lebendigen Segen des göttlichen Wortes gewiesen sind.

Aber indem wir so jeder seines eigenen Weges gehen und das mit Dankbarkeit annehmen, wozu Gott uns berufen und was er einem jeden besonders zugetheilt hat: so thun wir der brüderlichen Liebe dadurch noch nicht genug, daß wir andern auch das Ihrige gönnen ohne es ihnen durch eigentliche Geringschätzung zu verkümmern. Vielmehr fordert die Liebe, daß jeder sich auch offen erhalte für das, was das vorzügliche Gut des andern ist. Denn nur dadurch, meine geliebten Freunde, besteht die Gemeinschaft, nur insofern sind die vielen und mancherlei Glieder Ein Leib, als sie sich einer solchen gegenseitigen Einwirkung hingeben, und jeder das achtet und benutzt, was aus dem eigenthümlichen Leben des anderen und zwar auch als eine Aeußerung und Gabe des Geistes hervorgeht. Dann wird bei aller Verschiedenheit in der innern Führung der einzelnen doch keine Trennung in der Gemeinschaft erfolgen; dann wird jeder eben sowol dasjenige was er selbst unmittelbar erfährt, als auch das was andere als ihren eigenthümlichen Segen rühmen, auf den einen zurückführen, von welchem beides kommt und der in beiden geehrt sein will, wie er auch beides in seiner Kirche fruchtbar macht dazu, daß sie immer vollkommner vor ihm dargestellt werde ohne Flecken und ohne Tadel. Was aber auch jeder von uns je nachdem er berufen ist reichlicher erfahren mag, die Segnungen des Worts oder die unmittelbare geistige Gegenwart des Herrn in der Seele: sobald uns etwas Ausgezeichnetes geworden ist von dem einen oder dem andern, laßt uns nachahmen jenen beiden Jüngern, von welchen erzählt wird, nachdem sie so den Herrn erkannt und sich nun auch des Vorhergehenden erinnert hatten, wie das Herz ihnen brannte schon auf dem Wege, als ihnen die Schrift öffnete, so standen sie sofort auf von dem wahrscheinlich eben erst begonnenen Mahle und kehrten um nach Jerusalem, um den übrigen Jüngern, welche sie dort vereint wußten, zu erzählen, der Herr sei wahrhaftig auferstanden.

So, meine geliebten Freunde, wollen wir es immer halten, jeder seine eigenen inneren Erfahrungen und jeden Segen, den wir von dem Herrn empfangen, zu einem gemeinsamen Gut machen dadurch, daß wir umkehren und den andern mittheilen, was und wie es uns geworden ist. Dazu sind wir Schüler Eines Lehrers, Jünger Eines Meisters, dazu sind wir alle auf die gleiche Weise von ihm berufen, daß wir zunächst uns unter einander erbauen, stärken und gründen sollen im Glauben und in der Liebe zu dem Herrn durch alles, was er nach seiner Gnade und Milde einem jeden von uns hingiebt aus seiner Fülle. So sei denn ihm, der es verheißen hat bis an das Ende der Welt unter uns gegenwärtig zu sein durch die Kraft seines Wortes und durch die milden Ergießungen seiner mittheilenden Liebe, ihm sei ein thätiger Dank dargebracht für alles, was auch uns schon geworden ist und immer noch wird, und was auch wir alle auf mannigfaltige Weise schöpfen aus dem Seinigen! und jeder achte sich dem andern schuldig in herzlicher Liebe und Treue mitzutheilen alle Gaben des Geistes, auf daß in allen und durch alle der gepriesen werde, welchem allein von uns allen Ruhm und Ehre sei dargebracht jetzt und in Ewigkeit. Amen.

XIV.
Das Ende der Erscheinung Christi mit dem Anfang derselben zusammengestellt.

Am Himmelfahrtstage.

Text: Mark. 16, 14—20.

Zuletzt, da die elf zu Tische saßen, offenbarte er sich und schalt ihren Unglauben und ihres Herzens Härtigkeit, daß sie nicht geglaubt hatten denen, die ihn gesehen hatten auferstanden; und sprach zu ihnen: Gehet hin in alle Welt und predigt das Evangelium aller Kreatur, wer da glaubt und getauft wird, der wird selig werden; wer aber nicht glaubt, der wird verdammt werden. Die Zeichen aber, die da folgen werden denen die da glauben, sind die, in meinem Namen werden sie Teufel austreiben, mit neuen Zungen reden, Schlangen vertreiben, und so sie etwas tödtliches trinken, wird es ihnen nicht schaden; auf die Kranken werden sie die Hände legen, so wird es besser mit ihnen werden. Und der Herr, nachdem er mit ihnen geredet hatte, ward er aufgehoben gen Himmel und sitzet zur rechten Hand Gottes. Sie aber gingen aus und predigten an allen Orten; und der Herr wirkte mit ihnen und bekräftigte das Wort durch mitfolgende Zeichen.

So, meine geliebten Freunde, endete die irdische Erscheinung unsers Erlösers auf eine wunderbare Weise und unergründlich für uns, wie sie begonnen hatte; so endet mit dem heutigen Tage auch die Reihe von heiligen Erinnerungsfesten der Christenheit, welche sich auf die irdische Erscheinung des Erlösers und das was dieselbe am meisten auszeichnete beziehen. Und wie es natürlich scheint in allen menschlichen Dingen, wenn man beim Ende angekommen ist zurückzusehen auf den Anfang: so giebt uns auch das verlesene Fest-Evangelium mancherlei Veranlassung das Ende der irdischen Erscheinung unsers Herrn mit dem Anfang derselben zusammenzustellen; und darauf laßt jetzt unter dem Beistande Gottes unsere andächtige Aufmerksamkeit gerichtet sein.

Wir haben dabei vorzüglich auf zweierlei zu sehen, einmal auf das Verhältniß des Erlösers zu seinen Zeitgenossen, unter denen er unmittelbar lebte und wirkte; zweitens aber auf das Verhältniß desselben zu der ganzen menschlichen Natur und also auch zu allen Geschlechtern der Menschen in ihrer geistigen Entwicklung.

I. Wenn wir nun, meine geliebten Freunde, zuerst in Beziehung auf das Verhältniß unsers Herrn zu den Menschen, unter denen er lebte und wirkte, das Ende seiner irdischen Erscheinung mit dem Anfang derselben vergleichen: was bietet sich uns dar? Zuvörderst, wie große Erwartungen gingen nicht der Erscheinung des Herrn auf Erden voran! Von alten Zeiten her seit der ersten Verheißung, die Gott jenem treuen Diener gab, der auf seinen Ruf Vater und Vaterland verließ, daß nämlich in seinem Namen gesegnet werden sollten alle Geschlechter der Erde, seitdem sich das von diesem entsprossene Volk durch mancherlei Leiden hindurch zu dem höchsten Gipfel seiner Blüthe erhob, bald aber auch, wie es immer zugänglich geblieben war allen Verleitungen von dem göttlichen Gesetze, von dieser Höhe wieder herabsank, — diese ganze Zeit hindurch hielt sich die allgemeine Erwartung der Besseren und Frömmeren aus dem jüdischen Volke an eine herrliche noch bevorstehende Erfüllung jenes göttlichen Wortes; und mit nicht geringem Stolz rühmten sie sich Nachkommen Abrahams, unter welchen und durch welche jener dunkel geahnte göttliche Segen über das menschliche Geschlecht kommen sollte. Als endlich dieses Volk seiner Selbstständigkeit beraubt und unter Völker, denen es oft furchtbar gewesen war, schmählich zerstreut wurde, auch da ging dennoch dieser Glaube nicht unter, sondern immer sehnsüchtiger wurde die Erwartung, und immer reger und lebendiger die allgemeine Ahnung, daß sie bald würde in Erfüllung gehen. Ja es theilte sich diese Erwartung auch den Völkern umher mit, unter deren Botmäßigkeit jenes Volk Gottes theils noch zerstreut, theils wieder zurückgekehrt in sein Land damals wohnte: und das allgemeine Gefühl von dem tiefen Versunkensein der Menschheit, von einem Verderben, aus welchem nach dem gewöhnlichen Gange der Dinge nicht möglich schien, daß aus der menschlichen Natur selbst noch eine Errettung kommen könnte, dieses Gefühl lockerte die verstockten Gemüther auf, daß der Samen einer gläubigen Hoffnung auch in ihnen entkeimen konnte. Und eben durch die Verallgemeinerung dieser Erwartung war die Zeit erfüllt, in der Gott seinen Sohn senden konnte.

Aber als er nun erschien, meine geliebten Freunde, wie verborgen blieb dem großen Haufen der Menschen diese göttliche Erscheinung! wie klein war die Zahl der Glücklichen, deren Glaube gleich von Anfang an auf das göttliche Kind gewiesen wurde! und was diese in der Freude ihres Herzens über ihn verbreiteten, wie spurlos war es schon lange verschwunden, ehe es sich durch den Erfolg bewähren konnte! Eben so als der Herr öffentlich auftrat und sein eigenthümlich von Gott ihm bestimmtes Berufsgeschäft auf Erden dadurch begann, daß er bald mehr bald weniger deutlich sich selbst als den zu erkennen gab, auf dessen Ankunft so lange war gehofft worden: wie verschieden verhielten sich da zu ihm jene so übereinstimmend scheinenden Erwartungen der Menschen! Da sagte der eine: Was kann aus Nazareth Gutes kommen! da stieß sich der andere daran, Jesus habe die Schrift nicht gelernt in den Schulen; da ging der dritte hinter sich, weil doch die Rettung nicht von dem ausgehen könne, der nicht hatte wo er sein Haupt hinlege. Und wenn auch einmal in der Menge die Ueberzeugung aufkam, er sei es der da kommen sollte: wie verkehrt äußerte sie sich, wenn das Volk zusammenlief um ihn zu greifen und zum Könige auszurufen! und wie bald geschah es, wenn seine Rede ihnen irgend zu hart wurde, daß diese Ueberzeugung sich wieder verlor, wie es mit den flüchtigen und nicht recht begründeten Erregungen des Gemüths zu gehen pflegt. Und wenn wir nun sehen, wie Christus wieder von der Erde verschwindet — o freilich auf eine herrliche Weise für die gläubigen Herzen, die ihn sahen den dürftigen Schauplatz der Erde verlassen und, mit den Augen des Geistes ihm nachblickend, ihm nur zur Rechten des allmächtigen Vaters einen Platz anweisen konnten, — aber fragen wir nach dem äußerlich sichtbaren Erfolg, den sein ganzes Dasein zurückließ bei seinem Verschwinden von der Erde, was für eine geringe Zahl war es, die ihn bei diesem seinen letzten Abschiede umgab! wie wenig gegen die Menge, die ihn bald für den Messias gehalten hatte, bald für einen Propheten! wie wenig gegen die noch größere Menge, die ihn bewundert hatte und ihm nachgegangen war, durchdrungen von dem Gefühl, er lehre ganz anders als die Schriftgelehrten und Pharisäer, er rede gewaltig und Gott sei mit ihm! Ja er hatte es wol gewußt, wie wenige von denen, welche der eine in diesem, der andere in jenem Sinne Herr, Herr zu ihm sagten, das Leben wirklich von ihm empfangen könnten und geschickt wären in das geistige Reich Gottes einzugehen, welches zu stiften er gekommen war, und worin wir alle leben sollen von der verborgenen Speise, daß wir in treuer Verbindung mit dem Erlöser den Willen unseres Vaters im Himmel thun. — Aber auch die wenigen, die sich so ganz und innig mit ihm verbunden hatten, wie stand es mit ihnen noch bei seinem letzten Abschiede? Wie unser Evangelium erzählt, konnte der Herr, der in jedem Augenblick seines Lebens die Wahrheit war, auch jetzt noch, indem er ihnen auf der einen Seite den heiligen Auftrag gab in alle Welt zu gehen und das Evangelium zu predigen aller Kreatur, auf der andern Seite sich doch nicht enthalten sie zu schelten über ihren Unglauben und ihres Herzens Härtigkeit. — So war das Wort Fleisch geworden und geblieben; so hatte vom ersten Anfang an bis zum letzten Augenblick seines irdischen Lebens auch der Sohn Gottes Theil an dem gewöhnlichen Loose aller Menschen; und so zeigt sich auch in seinem großen Werke, so weit er es selbst persönlich fortführen sollte, eben das, was wir in allen bedeutenden menschlichen Angelegenheiten wiederfinden, das Niederschlagende eben sowol als das Erfreuliche und Erhebende.

Nämlich, meine geliebten Freunde, nicht sowol dieses erscheint mir als das Niederschlagende, daß das irdische Leben des Erlösers nicht gleich eine allgemeine Anerkennung gefunden und eine entscheidende Wirkung unter dem ganzen Volke hervorgebracht hat, als vielmehr dieses, und ich glaube das wird auch euer Gefühl sein, daß sowol in den frommen Wünschen und Erwartungen eines künftigen Heils, welche der Erscheinung des Erlösers schon vorangingen, als auch bei aller Bewunderung und Liebe, die er selbst hervorrief, so wenig innerer Kern war, so wenig wahre Kraft eines geistigen Lebens; sondern das Meiste war, wenn nicht Mißverstand und falsche Deutung, so daß Christus für etwas ganz anderes gehalten ward als er sein wollte, dann doch nur leerer Schein eines Wohlgefallens an seiner geistigen Hoheit und himmlischen Einfalt, oder wenn nicht ganz leerer Schein, doch nur eine flüchtige und oberflächliche Bewegung des Gemüthes. Denn schon unter denen, die sehnlichst der Ankunft des erwarteten Retters entgegen sahen, o wie wenige hatten den eigentlichen Sinn der göttlichen Verheißung erfaßt! wie war bei den Meisten alles nur auf das Irdische und Sinnliche gerichtet! Darum waren doch nur so wenige im Stande das mit einander zu vereinigen, was durchaus jeder muß vereinigen können, der wahrhaft an den Erlöser glauben will, und was jener ehrwürdige Greis, der den Erlöser gleich bei seinem ersten Erscheinen im Tempel in seine Arme schloß, so gut in seinem Gemüth zu vereinigen wußte, daß der könne ein Licht sein zu erleuchten die Heiden, dessen ganzer Lebensverlauf nicht einmal seinen Nächsten und Liebsten zur reinen Freude gereichte, vielmehr ihnen ein Schwert durch die Seele ging und von seiner ganzen Erscheinung ein wehmüthiger Schmerz zurückblieb; daß derjenige könne der Verheißene sein, der in Israel selbst vielen zwar zum Aufstehen gereichte, doch aber auch vielen zum Fall! Und eben alle Bewunderung, aller Beifall, alle Verehrung und Liebe, die den Erlöser in reichem Maße begleitete bis zum letzten Ende seines irdischen Lebens: wie wenigen kam sie doch recht aus dem Innersten eines von seiner Gotteskraft ergriffenen Herzens! bei wie wenigen gedieh diese Verehrung bis zu einer so gänzlichen Hingebung der Seele an ihn, bis zu einem so festen Glauben, daß sie sich entschlossen hätten ihr ganzes Leben an sein großes Werk zu setzen und sich mit ihrem ganzen Thun ihm anzuschließen! Wenn wir das ganze Volk betrachten, unter welchem der Erlöser gelebt hat: fünfhundert und etwas darüber war die größte Zahl, von der uns erzählt wird[*]), daß er sich ihr offenbaren konnte in den Tagen seiner Auferstehung; und die alten ursprünglichen elf mit wenigen Angehörigen waren es allein, die Zeugen seines gänzlichen Abschiedes von der Erde zu sein gewürdiget werden konnten, und denen er mit seinem Segen die letzte Verheißung hoher

---

1) 1. Kor. 15, 6.

geistiger Gaben ertheilen konnte! So scheint denn was der Erlöser auf Erden bewirkt wenig angemessen seiner göttlichen Kraft und Würde; und niederschlagend muß es uns sein, daß, ungeachtet so viele nahe genug daran waren, vermittelst des der menschlichen Seele von Gott ursprünglich eingepflanzten Wahrheitssinnes das Göttliche in Christo anzuerkennen, auch in diesen größtentheils die Richtung auf das Himmlische wieder überwältigt wurde durch das allgemeine Verderben, welches die Wahrheit aufhält in Ungerechtigkeit.

Dieses müßte uns demüthigen und uns das peinliche Gefühl geben, als sei diese herrliche Erhöhung des Erlösers über die Erde, welche wir heute feiern, ein, wie es in menschlichen Dingen oft vorkommt, nicht hinreichend begründetes Siegsgepränge, wenn wir nicht auf der andern Seite auch das Erfreuliche beachteten, wodurch jenes reichlich aufgewogen wird. Und dieses finden wir gewiß, wenn wir zugleich auf das sehen, was bald nach der Himmelfahrt unsers Herrn geschah. Denn da zeigt sich, daß, wenngleich die unmittelbare Wirkung von der Erscheinung des Erlösers, so weit sie noch während seines Lebens auf Erden von seinen Zeitgenossen wahrgenommen werden konnte, freilich nur ein geringer Anfang war, dennoch in demselben ein unzerstörbarer Keim eines sich immer weiter fortentwickelnden geistigen Lebens wohnte, auf welchen alle jene späteren Wirkungen, welche erst zum Vorschein kamen, nachdem der Herr den Schauplatz der Erde schon verlassen hatte, und welche weit größer waren als die unmittelbaren und ursprünglichen, doch müssen zurückgeführt werden. Denn, meine geliebten Freunde, eben jene Elfe, denen der Erlöser bei seinem Scheiden das Amt ertheilte, das Evangelium zu verkündigen aller Kreatur, und auf die er nach dem Maße ihrer Kräfte seine geistigen Gaben und Vorzüge übertrug, sind doch der Stamm geworden der jetzt so weit verbreiteten christlichen Kirche auf Erden, jener in ihrer Reinheit und Vollständigkeit unsichtbaren Gemeinschaft, die in der That und Wahrheit der Leib ist, der von seinem Haupte vom Himmel aus regiert wird und geordnet, und in der sich die Kräfte und die Gaben des Geistes, der alles aus der Fülle des Erlösers nimmt, zu seiner Verherrlichung äußern. Und wenn wir, so viel uns davon mitgetheilt ist, die nachherige Geschichte der Bemühungen seiner Jünger zu diesem großen Zweck betrachten, wie von der kleinen Anzahl der Elf und wenigen Frauen, nachdem allmälig die Schaar der Namen in der Hauptstadt des jüdischen Landes herangewachsen war bis zu einhundert und zwanzig[*]), dann auf einmal durch die gesegnete Predigt des Apostels zu Tausenden, nachdem sie vernommen, was sie thun müßten, um selig zu werden, sich taufen ließen auf den Namen Christi zur Vergebung der Sünden, und so der Gemeinde des Herrn einverleibt wurden und mit seinen älteren Jüngern ihn bekannten als den, in dessen Namen gesegnet werden sollten alle Geschlechter der Menschen; das war unverkennbar die

---

[*]) Apostelgesch. 1, 15. vergl. v. 13.

Nachwirkung seines irdischen Daseins, seiner dem Anschein nach oft undankbar vergessenen Wunderthaten, seiner oft verschmähten Lehren, Warnungen und Einladungen. Nicht alles, was er in den Herzen der Menschen hatte niederlegen wollen, war so spurlos vergessen und verschwunden, als es schien. Zurückgedrängt freilich war vielfältig vieles von seinen Worten durch die irdischen Angelegenheiten, welche nur zu sehr die Menschen in Anspruch nehmen; entstellt vieles für den Augenblick durch die Einflüsterungen feindlicher Gemüther und zweifelhaft geworden in den Tagen seines Leidens und seines Todes. Und so ging bei vielen der Same, den er unter ihnen wandelnd in ihre Seelen zu streuen suchte, wie er es ja selbst gelehrt hatte, auf mannigfaltige Weise wirklich verloren und würde noch bei mehreren verloren gegangen sein, wenn es nicht auch fruchtbareren Boden gegeben hätte, auf dem man ihn freilich auch, so lange der Erlöser lebte, kaum oder gar nicht aufkeimen sah, aus welchem er aber hernach kräftig grünend emporwuchs und nach dem verschiedenen Maße, das Gott jedem von Anfang an zugetheilt, zehn- und hundertfältige Früchte brachte.

Hieran nun erkennen wir erst vollständig den Triumph des Erhöheten. Beim äußeren Anschein stehen bleiben und bei irgend einem einzelnen Augenblick, das schlägt nieder. Jeder Blick aber auf das Innere, welches schon die Keime einer reicheren Zukunft in sich schließt, muß uns erfreuen und erheben. Darum mußte auch den Jüngern, welche sich, als sie ihm nachsahen gen Himmel fahrend und sich gering und schwach vorkommen mußten als eine kleine Heerde, die den Wölfen preisgegeben ist in der Wüste, gleich mit verkündet werden die glorreiche Wiederkunft des Herrn, um ihre Aufmerksamkeit abzuziehen von dem gegenwärtigen Augenblick und sie mit der sichern Erwartung dessen zu erfüllen, was nach seinen verheißungsvollen Reden noch geschehen sollte bis zu dieser Zeit.

Dessen eingedenk mögen nun auch wir an diesem Tage der Vollendung unseres Erlösers uns dessen getrösten, daß, was von seiner Wirksamkeit auf Erden gegolten hat, eben so auch von allem gilt, was in dem Umfange seines Reiches Großes und Gutes und von seinem göttlichen Wesen Abstammendes gewirkt wird. Was in jedem Augenblick als Wirkung äußerlich erscheint, ist viel zu wenig für diese göttliche Abstammung, und unser Glaube würde nicht bestehen können, wenn wir nicht über jeden Augenblick uns trösten könnten mit der Zukunft. Denn betrachten wir das näher, was in jedem Augenblick erscheint, so ist es eben wie mit den Wirkungen des Erlösers. Klein ist der Kern, weitläufig seine Umgebungen und Hüllen, welche abfallen und verwesen, aber doch nicht eher, bis er unter ihrem Schutz erstarkt ist und sich an ihnen hinreichend genährt hat. Gering ist überall der Anfang, und oft klagen wir, daß eine unter großen und günstigen Vorbedeutungen begonnene irdische Erscheinung vorübergegangen ist, ohne eine bedeutende und bestimmt zu verfolgende Spur zurückgelassen zu haben. Aber wir klagen mit Unrecht; was irgend wahrhaft gut ist, was irgend wie zu dem Werke des Erlösers auf Erden gehört, das theilt auch jenes erfreuliche Loos seines Daseins; dem folgen auch in später Zeit mittelbare Wirkungen nach, weit herrlichere und umfassendere als die unmittelbaren, daraus entwickelt sich gewiß und wenn es auch schon untergegangen zu sein scheint und so betrauert wird, früh oder spät der Keim, den die allmächtige Weisheit Gottes hineingelegt hat.

So, meine geliebten Freunde, laßt uns denn in dieser Hinsicht dem von der Erde sich erhebenden Erlöser in voller Freudigkeit des Herzens nachsehen, wie er selbst freudig gen Himmel fuhr, obgleich er nur in einem geringen Anfang, aber fest und unerschütterlich im Glauben seine Gemeinde auf Erden zurückließ! Laßt uns darauf achten, wie viel schon und immer ohne alle andere Hülfe — denn von anderwärts her kann seiner Sache keine Hülfe kommen, sondern allein durch dasjenige, was er selbst, der Erlöser, auf Erden gewesen war und gethan hatte — allmälig zum Heil des menschlichen Geschlechtes erschienen ist; und laßt uns eben daran unsern Glauben stärken und den Mißmuth dämpfen, der uns so gern beschleicht unter den Wechseln dieses Lebens. Und wo es auch uns mit anderm Guten und Herrlichen eben so zu gehen scheint, wie mit dem irdischen Leben des Erlösers, laßt uns festhalten an dem Glauben, alles wahrhaft Gute werde sich immer inniger vereinigen und immer tiefer verflechten in das unvergängliche Werk, welches er auf Erden begonnen hat, und welches auch nur durch seine geistige Gegenwart in der von ihm gestifteten Gemeinschaft immer mehr gefördert werden kann.

II. Und so laßt uns eben, um uns in diesem Glauben zu stärken, nun noch zweitens sehen auf das **Verhältniß des Erlösers zu der menschlichen Natur** überhaupt, indem wir auch in dieser Hinsicht Anfang und Ende seines irdischen Daseins zusammenstellen.

Ich bin vom Vater ausgegangen und kommen in die Welt; wiederum verlasse ich die Welt und gehe zum Vater*). So spricht er selbst, der Erlöser, in seinen letzten Unterredungen mit seinen Jüngern. Er war vom Vater ausgegangen und gekommen in die Welt; Seinesgleichen, das wollte er gewiß auch durch diese Worte seinen Jüngern andeuten, Seinesgleichen war vorher im menschlichen Geschlechte nicht gewesen. Keiner war so wie er vom Vater ausgegangen, indem von einem Geschlechte zum andern die Sünde und das Verderben sich fortgepflanzt hatte, und die Menschen vom Fleisch geboren nur Fleisch waren und nicht Geist. In ihm allein hatte sich nicht nur jener Hauch des göttlichen Wesens, den der Schöpfer gleich anfänglich unserer menschlichen Natur eingepflanzt hatte zum Unterschiede von allen andern Geschöpfen, in seiner ursprünglichen Reinheit wiederholt, sondern mehr als das, auf eine solche Weise, daß er nicht wie zuerst dem Verderben unterworfen und von der Sünde überwältigt werden konnte, hatte sich

---

*) Joh. 16, 28.

das göttliche Wesen mit ihm vereinigt und eben dadurch ihn zu der einzigen menschlichen Erscheinung ohne Gleichen gebildet. Aber wie nun der Erlöser die Welt wieder verließ und zum Vater zurückkehrte, so ist auch — und das ist nicht etwas, worüber wir trauern, meine geliebten Freunde, sondern es ist das Herrliche unseres Glaubens selbst, — so ist auch kein anderer wie er vom Vater ausgegangen, und wie es vorher Seinesgleichen nicht gab unter den Menschenkindern, so wird es auch nach ihm Seinesgleichen nicht wieder geben unter denselben. Eine einzige Erscheinung, ein einziges und ach noch dazu so kurzes menschliches Leben war die herrliche Blüthe der menschlichen Natur, derengleichen der Stamm derselben nicht wieder tragen wird. Das ist der Gedanke, den uns schon jeder ganz empfundene Augenblick in dem irdischen Leben des Erlösers nahe bringt; wie viel mehr noch müssen wir an dem Gedenktage seiner Entfernung von der Erde, wenn wir wie die ersten Jünger, welche Zeugen derselben waren, ihm nachsehen gen Himmel, von diesem Gedanken durchdrungen sein! Was uns aber betrüben könnte, ist dieses, daß der Erlöser diese großen Worte beide so einfach hintereinander ausspricht, ohne irgend etwas dazwischen zu stellen: Ich bin vom Vater ausgegangen und gekommen in die Welt, wiederum verlasse ich die Welt und gehe zum Vater. Denn das klingt fast, als wollte er uns nicht nur das recht tief einprägen, wie einzig und vorübergehend jene Erscheinung gewesen, sondern als ob er auch zu verstehen geben wollte, es sei durch seine Erscheinung nichts bewirkt worden und nichts davon zurückgeblieben, so redet er von seinem Kommen und seinem Gehen. Aber nein, so dürfen wir ihn nicht verstehen! Die einzige Blüthe der menschlichen Natur, eben weil sie die einzige sein sollte und mußte, so konnte auch und durfte sie nicht fruchtlos abfallen, wenngleich damals die wenigsten wußten, wer gekommen war und wer gegangen. Vielmehr leben wir des festen Glaubens, ja wir machen die unmittelbare Erfahrung davon, daß durch die Erscheinung des Herrn, wie kurz er auch hier verweilt hat, dennoch die menschliche Natur im Allgemeinen auf eine Weise veredelt worden ist, wie es durch kein früheres Erziehungsmittel des Höchsten möglich war. Auch war kein früheres bestimmt, diesen ewigen Rathschluß selbst zu erfüllen, sondern alle waren nur vorbereitend auf ihn.

Niemals, meine geliebten Freunde, ist in der menschlichen Natur das Bewußtsein von ihrer Verwandtschaft mit dem höchsten Wesen ganz untergegangen; auch die verdorbensten und versunkensten Geschlechter lauschten auf jede Spur derselben unter sich und in der Fremde, nur freilich kaum anders als mit einem mißleiteten Verstande, mißleitet durch das Verderben des Herzens. Aber untergegangen war dieses Gefühl nie; und jeder Ausgezeichnete unter den Menschen, jeder der sich rühmen konnte, daß ihn wenigstens in den herrlichsten und schönsten Augenblicken seines Lebens ein göttlicher Geist anwehe, daß ein Wort des Herrn an ihn ergehe und durch ihn hindurch zu den übrigen Menschen gelange: jeder solcher hatte eben dieses Gefühl in seinem

Herzen, das ihn auszeichnete, ermuthigte, belebte und stärkte. Aber es blieb immer eine unbefriedigte Sehnsucht. Da ward das Wort Fleisch; das Licht von oben schien in die Finsterniß hinein! Freilich er kam in sein Eigenthum, und die Seinen nahmen ihn nicht auf; das Licht schien, aber die Finsterniß wollte es nicht begreifen und einsaugen. Aber doch denen, die ihn aufnahmen, gab er die Macht Gottes, Kinder zu werden, eine Macht, die keiner vorher den Menschen mittheilen konnte, weil keiner sie hatte, weil keiner wie er, der eingeborne Sohn Gottes war, und ein solcher allein die Macht, Kinder Gottes zu werden, mittheilen konnte. So erhielt die ganze menschliche Natur die Fähigkeit, so weit in ihm die Herrlichkeit des eingebornen Sohnes vom Vater erkannt wird, durch den Glauben theilzunehmen an der in seiner Person vollzogenen innigeren Vereinigung des göttlichen Wesens mit der menschlichen Natur. Diese Theilnahme ist der Tröster, den er verhieß, den er aber erst senden konnte, wenn die Gläubigen nicht mehr an seine äußere leibliche Erscheinung gewiesen waren.

Wenn auch vor der Erscheinung des Erlösers in den früheren Zeiten des alten Bundes die Rede ist von Wirkungen des göttlichen Geistes, was für ein schwacher Schimmer war das, was für ein leicht verschwebender Hauch! Hier und da sparsam und regellos widerfuhr es einzelnen, nicht etwa daß der Geist Gottes ihnen einwohnte für ihr ganzes Leben, als dasjenige, was sie leitete und beseelte; sondern nur augenblicklich wurden sie aufgeregt zu irgend einer göttlichen Sendung; aber eben so plötzlich verschwand auch der erhöhete Zustand wieder, eines so unbegreiflich als das andere. Das konnte aber auch nicht anders sein, weil diese Wirkungen ihren Grund nur hatten in jener nie ganz verschwundenen aber dunkeln Ahnung von einem unmittelbaren Verhältniß zwischen Gott und den Menschen. Nach der Erscheinung des Erlösers aber ergoß der Geist Gottes und verbreitete sich über alle ohne Unterschied, welche in Christo die Erfüllung aller göttlichen Verheißungen erkennen und den Segen derselben von ihm annehmen. Und dieser Erguß des Geistes, als des großen Gemeingutes der christlichen Kirche ist nichts Vorübergehendes, sondern eine bleibende Einwohnung, eine ununterbrochene Wirksamkeit durch die Fülle weislich vertheilter Gaben aller Art. So ist es demnach ein ewiger Gewinn, den die menschliche Natur selbst von dieser ihrer vorübergehenden göttlichen Blüthe gemacht hat.

Und, meine geliebten Freunde, was hätte es auch für einen Sinn, daß wir uns nach Christi Namen nennen und in demselben Sinne nach keinem andern, daß wir ihn als den einigen Erlöser der Menschen preisen, wenn das nicht unser Glaube wäre, daß durch ihn vermittelst einer von ihm ausgehenden und noch immer fortwirkenden Kraft die menschliche Natur aus der Tiefe, in die sie durch die Entfremdung von Gott herabgesunken war, wieder erhoben und in eine selige Verbindung mit Gott gestellt worden ist, welche vor Christo und ohne die Offenbarung des Vaters in ihm nicht wäre zu erringen gewesen, aus welcher sie aber nun eben deswegen, weil ungeachtet aller Verunreinigungen von außen und aller Verschuldungen von innen seine Gemeinde doch nimmer untergehen kann, nun auch nicht wieder herausgerissen werden wird. Und das ist die Herrschaft, welche Christus übt, seit er erhöhet ist von der Erde zur Rechten des Vaters.

Dies, meine geliebten Freunde, dies war der Sinn jener großen Verheißung, die der Erlöser noch bei seinem Scheiden seinen Jüngern gab, dies war das Wesen des Amtes, womit er sie belehnte, der geistigen Kraft, womit er sie ausrüstete. Und wenn gleich, je weiter sich seine Gemeinde ausgebreitet hat auf Erden, um desto mehr sowol das Wort der Verkündigung, als auch die Zeichen, die dasselbe begleiten, in den Gang der Natur sind zurückgeführt worden: demungeachtet, ja wol erwogen, nur um so mehr erfreuen wir uns der vollen Früchte seiner Erscheinung auf Erden; und weit entfernt, daß uns etwas verloren gegangen wäre, sind wir in der lebendigsten Verbindung mit ihm. Denn es ist derselbe Geist, der in ihm, als dem Haupte und in uns als den Gliedern wohnt, der uns durch die göttliche Kraft der Wahrheit, welche in dem Sohne war, mit der Freiheit ausstattet, welche vorher keiner auch der treuesten und ausgezeichnetsten Knechte Gottes besaß, mit der seligen Freiheit der Kinder Gottes. Das ist die Macht, die er gegeben hat allen, die ihn aufnehmen, Kinder Gottes zu werden, indem er den Geist in ihre Brust senkt, der gläubig emporruft: durch ihn und um seinetwillen: Lieber Vater.

Und so, meine geliebten Freunde, laßt uns heute an diesem festlichen Tage Abschied nehmen in unserem Gemüthe von jener köstlichen Reihe von Tagen, die beginnend mit der Feier der Geburt des Erlösers heute mit dem frohen siegreichen Andenken an seine gänzliche Vollendung von der Erde schließt und festen Vertrauens nur uns halten an die geistige Gegenwart, die er den Seinigen verheißen hat bis ans Ende der Tage, wissend, daß so wir an ihm halten mit festem Glauben und ihn in uns aufnehmen mit treuer Liebe, wir dann durch ihn gerechtfertigt auch in ihm und mit ihm auch in seinem und unserm Vater leben, weben und sind. Amen.

XV.
Daß die Erhaltung der christlichen Kirche auf dieselbe Weise erfolgt, wie ihre erste Begründung.

Am Pfingstfeste.

Geist aller Geister, unerschaffnes Wesen, dein Name sei auf ewig hochgelobet; du durch des Wort der Sünder wird geschlagen, des Hauch im Nu verwandelt die Gottlosen, der, was da lebt und webt allein umfasset, der ganze Erdkreis ist voll deiner Werke. Amen.

Text: Apostelgesch. 2, 41—42.

Die nun sein Wort gern annahmen ließen sich taufen, und wurden hinzugethan an dem Tage bei dreitausend Seelen. Sie blieben aber beständig in der Apostel Lehre und in der Gemeinschaft und im Brotbrechen und im Gebet.

Indem ich euch, meine andächtigen Freunde, in diesen Worten nur das Ende der Erzählung gelesen habe von den großen Begebenheiten des Tages, dessen Gedächtniß wir heute mit einander feiern: so ist meine Meinung die, daß doch auch eure Gedanken wie die meinigen dabei auf alles vorhergehende werden gerichtet gewesen sein, wodurch eben das Gelesene bewirkt ward, wie der göttliche Geist frisch ausgegossen aus der Höhe in den Herzen der Jünger sich wirksam erwies, durch ihr Wort in die Seelen der Menschen eindrang und eben dadurch zuerst die christliche Kirche, von der auch wir, nun Dank sei es Gott, Mitglieder sind, gestiftet wurde. Aber besonders wollte ich zu bedenken geben, daß, wenngleich diese Erzählung uns zunächst in eine ferne Vergangenheit zurückführt, zum ersten Anfange der neuen Zeit, der wir angehören, sie uns doch zugleich mitten in die Gegenwart hineinzieht, in der wir selbst leben, weben und sind. Denn wie alles in der Welt nur durch dieselben Kräfte fortbesteht, denen es auch sein Dasein verdankt, so auch besonders das geistige Reich Gottes; und wie die christliche Kirche durch diese Wirksamkeit des göttlichen Geistes entstanden ist, so erhält sie sich auch und verbreitet sich über das menschliche Geschlecht, indem sie fortgepflanzt wird von einem Geschlecht auf das andere und von einem Volk auf das andere nur durch dieselbe Wirksamkeit. Darauf laßt uns in dieser festlichen Stunde mit einander unsre christliche Aufmerksamkeit richten, und indem wir auf die Hauptpunkte in der Erzählung von dem großen Tage der Pfingsten zurückgehen, das mit einander betrachten, wie eben dasselbe, was damals geschah, noch jetzt geschieht, um die christliche Kirche in ihrem Bestand und in ihrer Verbreitung zu erhalten.

I. Das erste aber, worauf wir, indem wir uns die Geschichte jenes Tages wiederholen, zurückzugehen haben, ist wol dies, daß, als jene große Menge Menschen, von welcher hernach dreitausend Seelen hinzugethan wurden zu dem Häuflein der Gläubigen, zusammengekommen war, sie hörten, wie die Apostel in verschiedenen Zungen die großen Thaten Gottes und seine Herrlichkeit priesen.

Das war das erste Geschäft des göttlichen Geistes damals, und eben darauf beruht vornehmlich und zuerst auch jetzt noch immer, daß ein einzelner nach dem andern und so auch ein Volk nach dem andern und ein Geschlecht nach dem andern hinzugethan wird zu dem Haufen der Gläubigen. Mannigfaltig sind die großen Thaten Gottes; die

Himmel verkündigen seine Ehre, ein Tag erzählt sie dem andern, und eine Nacht der andern durch alles, was sich ereignet und mit einander wechselt und neben einander besteht in dem weiten Umfang der Schöpfung. Aber wie einst, als einem heiligen Manne eine nähere Offenbarung des Höchsten verheißen ward*), mancherlei merkwürdige und große Naturerscheinungen gewaltig vor ihm vorübergingen, aber in denen war der Herr nicht: so auch giebt es mancherlei Verkündigungen der Thaten Gottes, aber jene belebende Wirkung des Geistes ist nicht in ihnen. Es waren nicht die großen Thaten der Schöpfung, nicht die unergründlichen Tiefen der körperlichen Natur, was der Geist Gottes verkündigte durch den Mund der Apostel, und was den Ungläubigen und Verstockten das Herz aufschloß; denn die Apostel waren ungelehrte Leute, unbekannt mit den Geheimnissen der Natur, von denen damals ohnehin dem menschlichen Verstande viel weniger aufgeschlossen war als jetzt. — Mannigfaltig sind die großen Thaten Gottes in seinen allgemeinen Fügungen mit dem menschlichen Geschlecht, wie er zuvor versehen hat, daß von Einem Blute abstammend die Geschlechter der Menschen sich verbreiten und auch die unwirthbarsten Gegenden der Erde nicht unbewohnt und unbeherrscht lassen sollten, dabei aber bestimmt hat, wie sie dieselbe unter sich theilen sollten, und jedem seine Grenze gesetzt. Aber von allen diesen merkwürdigen Wundern der Geschichte in Bezug auf den irdischen Beruf und die geselligen Verhältnisse der Menschen mußten die Apostel des Herrn nur wenig; ihre Kenntnisse waren beschränkt auf die Geschichte ihres eigenen Stammes, wie sie in den heiligen Büchern verzeichnet ist und auf das, was diesen zunächst berührt hatte, fremd aber war ihnen der größte Theil menschlicher Weisheit und Kunst. Auch das also waren nicht die Verkündigungen des göttlichen Geistes, indem er die großen Thaten Gottes pries.

Was ist denn übrig, meine geliebten Freunde, wovon der Geist Gottes durch die Apostel kann geredet haben? Die allmälige Erfüllung der einen großen Verheißung des Wortes, in welchem, als es menschlicher Weise zu reden aus dem Munde Gottes ging, schon das ganze Geheimniß der Erlösung mit eingeschlossen war, die Erfüllung des großen Wortes: Laßt uns Menschen machen, ein Bild das uns gleich sei! Diese Geschichten mußten die Apostel, wie um dies zu erfüllen, der Herr sich nicht unbezeugt gelassen hatte zu irgend einer Zeit, auch nicht unter dem tief herabgesunkenen Geschlecht der Menschen; wie er auch als das Herz derselben sich von ihm gewendet hatte, doch seine väterliche Sorgfalt und Huld nicht von ihnen wendete, sondern hier und dort auf Erden einen Hauch seines Geistes ertönen ließ, vorbereitende Stimmen mancher Art, welche warnten, ermahnten, trösteten, beruhigten, auf eine große und herrliche Zukunft hinwiesen, in welcher alle Geheimnisse der göttlichen Barmherzigkeit sollten offenbar werden. Diese großen Thaten Gottes, die sich auf die Ueberwältigung des Bösen, auf die Tilgung

---

*) 1. Kön. 9, 12.

der Sünde, auf die Wiederbringung des menschlichen Geschlechts beziehen, das unter der Sünde und dem Gesetz nur eben zusammengehalten war bis die Erfüllung kommen konnte durch den Verheißenen: diese waren es, welche die Apostel predigten; sie waren der erste Ton, sie sind auch noch der beständige, ja sie bleiben gewiß der ewige Text des göttlichen Geistes.

Und eben so, meine geliebten Freunde, geht es auch noch immer. Alle Menschen haben, wenn gleich in verschiedenem Maße ein geöffnetes Auge für die Wunder Gottes in seiner Schöpfung. Seine Sonne scheint ihnen allen, den guten und den bösen, und der Regen aus seinen Wolken erquickt die durstige Erde, gehöre sie den Gerechten oder den Ungerechten; und die Himmel, denen man es ansieht, daß nur die Allmacht sie wieder zusammenrollen kann, dieselbe die sie ausgespannt hat sie sind vor aller Menschen Augen ausgebreitet und laden sie unter sich ein zu allerlei lieblichem und geistigem Genuß. Aber wie selten redet durch solche Lobpreisungen der Geist Gottes zu dem Herzen der Menschen! wie flüchtig sind diese Regungen, wenn sie auch freilich das Dasein des Ewigen und die milde Güte eines himmlischen Wesens verkündigen! wie wenig wirken sie dauernd auf die Stimmung des Gemüths, oder augenblicklich auf die Erweckung eines bestimmten Entschlusses. Aber wenn die großen Thaten Gottes an der unsterblichen doch tief gesunkenen Seele den Menschen verkündigt werden: das ist die kräftigste Stimme des göttlichen Geistes, das ist das Wort, durch welches die Sünder geschlagen werden und die Gottlosen umgewandelt, das ist die Lobpreisung, durch deren Inhalt jede menschliche Seele, schlägt die ihr von Gott bestimmte Stunde, kann auf immer begeistert werden und von Gott erfüllt. Dies sind nun auch die großen Thaten Gottes, die seit jenem denkwürdigen Tage auf dieselbe Weise immer weiter umher verkündigt werden unter allen Völkern der Erde. Und wie damals durch das Fest zusammengeführt Menschen von verschiedener Herkunft sich um jene ersten Werkzeuge des Geistes versammelten, und uns erzählt wird, jeder habe sie reden gehört in seiner Zunge und auf seine Weise; so erscheint nun der größte Theil der Erde als eine solche begeisternde Pfingstversammlung. Weit umher sind die Redenden verbreitet, und fast alle Völker müssen rühmen, daß sie in ihrer Sprache und so, daß sie es auffassen können, diese Thaten Gottes verkündigen hören und die Einladung vernehmen, sich auch zum Bilde Gottes bereiten zu lassen durch den, in welchem alle göttlichen Verheißungen erfüllt sind. Und keine Sprache giebt es, welche auch die entferntesten Menschenkinder reden, so ungelenk für die menschliche Weisheit, so ungebildet für die menschliche Kunst, und nur für den engsten und dürftigsten Kreis irdischer Bedürfnisse berechnet auch eine sein mag, der Geist Gottes weiß doch in ihr durch menschlichen Mund diese großen Thaten Gottes auf fruchtbare Weise zu verkündigen. Ja nicht nur legen die Boten des Herrn mit ihren eignen Worten Zeugniß ab in allerlei Zungen, sondern seitdem zuerst der göttliche Geist den Gläubigen Muth und Kraft erweckt hat, das göttliche Zeugniß an das menschliche Geschlecht in den heiligen Schriften des neuen Bundes aus der Sprache, in der es zuerst niedergeschrieben war, zu übertragen, sind nun auch alle sonst verachtete Sprachen geehrt durch den Besitz des Evangeliums. Wo nun das Wort der Schrift und des Zeugnisses erschallt, da ist es derselbe Geist, der am Pfingsttage in den mannigfaltigen Zungen redete.

Und nicht anders als eben so, meine geliebten Freunde, wirkt der göttliche Geist auch auf das jugendliche Geschlecht, welches wir allesammt zu leiten haben, damit es bereinst unsre Stelle einnehme in diesem Reiche Gottes auf Erden. Führet alle Wohlthaten, die ihr ihm als Eltern und Versorger erweiset, führet alle Schönheiten der Natur, die es umgeben, alle heiteren Lebensgenüsse, deren es sich erfreuet, auf das höchste, alles leitende Wesen zurück, ihr werdet dadurch allerdings einen wohlthätigen Eindruck auf die jungen Gemüther hervorbringen, ihr werdet ihren Blicken eine höhere Richtung geben und also als weise Eltern und Lehrer handeln; aber mit der belebenden Kraft, welche die jungen Herzen in ihrer innersten Tiefe trifft, wird der Geist Gottes nur durch euch zu ihnen reden, wenn ihr in Beziehung auf das Verderben, das sie in sich wahrzunehmen, auf die Bedürfnisse des Gemüthes, die sich in ihnen zu entwickeln beginnen, ihnen die großen Thaten Gottes verkündiget in seinen gebietenden Offenbarungen, in seinen reinigenden Voranstalten, in der Sendung dessen, der eine ewige Erlösung gestiftet hat. Daß dem so ist, und daß durch diese Verkündigung am meisten die Jugend angeregt wird, auf die Stimme des göttlichen Geistes zu hören, davon denke ich, führt jedes christliche Hauswesen auf eine oder die andere Art den Beweis. — Aber bemerket auch hier den Pfingstreichthum der göttlichen Gnade und unterlaßt nicht, Gott dafür zu preisen. Bedenket, wie vielerlei verschiedene Ansichten und Vorstellungsweisen entwickeln sich nicht in jedem Geschlecht; wieviel verschiedene Richtungen der christlichen Frömmigkeit bestehen nicht neben einander: und zu dem allen liegt der Keim schon in den verschiedenen Gemüthsstimmungen des jugendlichen Alters. Wieviel verschiedener Zungen, in denen geredet werde, bedarf also das heranwachsende Geschlecht! Und doch hört jeder aus dem großen Chor der christlichen Gemeinde heraus, was er fassen und vernehmen kann; jeder hört in seiner Zunge reden, und alle diese verschiedenen Töne sind vor Gott Eine schöne und gesegnete Zusammenstimmung.

II. Aber es war nicht nur der Geist Gottes, der durch den Mund der Apostel zu den Seelen der Hörer redete, sondern **zweitens** auch die erste Bewegung, wodurch diese sich ihrem Ziele näherten, war ebenfalls desselben Geistes erste Regung in ihren Seelen. Er redete nicht nur durch die Apostel des Herrn, sondern das unsichtbare himmlische Feuer strömte auch durch ihr Wort in die bis dahin kalten und gleichsam erstorbenen Seelen hinein. Und was war dieses erste, was der göttliche Geist in ihnen hervorbrachte? So erzählt uns die Geschichte dieses Tages: Da sie das hörten, ging es ihnen durch das

Herz und sie sprachen, ihr Männer, lieben Brüder, was sollen wir thun, daß wir selig werden? Da sie das hörten, daß nämlich Gott Jesum von Nazareth, der unter ihnen gewandelt war mächtig in Worten und in Thaten, den sie aber gekreuzigt hatten, daß Gott den zu einem Herrn und Christ gemacht habe; da sie das hörten und durch diese Predigt des Geistes bewegt wurden zu glauben, der den sie verworfen sei der Gesalbte des Herrn; da sie sich das Zeugniß geben mußten mittelbar oder unmittelbar, viel oder wenig, aber doch immer Antheil gehabt zu haben an seinem Tode: da drang es ihnen durch das Herz; und indem sich ihnen nun zugleich in jenen ersten Regungen des Geistes, der aus den Jüngern des Herrn sprach, die Herrlichkeit des neuen Lebens, der Bund einmüthiger Liebe und ungetrübter Freude, wenngleich nur erst im kleinen Anfang das Große weissagend, doch in seiner eigenthümlichen Wahrheit darstellte; so fügten sie hinzu: Was sollen wir, die wir den Gesalbten Gottes haben kreuzigen helfen, was sollen wir thun, um Theil zu haben an der Seligkeit, die wir an euch sehen, und die eben das ist, wonach unser Herz so lange schon sich sehnt?

Daß eben dieses nun auch noch heut zu Tage der Hergang der Sache ist überall, wo das Reich Gottes sich verbreitet im Großen und im Einzelnen, das wird wol nicht leicht jemand leugnen. Denn wo in ganzen Völkern auf einmal der Sinn für die Wahrheit des Evangeliums anfängt sich zu entwickeln, wie sollte es zugehen, wenn sie nicht unzufrieden würden mit dem Zustande, in dem sie sich bisher befunden? Und wie sollten sie das, wenn ihnen nicht ein besseres Leben, ein höherer Friede, ein helleres Licht entgegenstrahlte aus denen, welche ihnen die gute Botschaft überbringen? Die Sehnsucht also nach diesem ihnen fremden und neuen Leben, wiewol es, so wie sie es wahrnehmen können, nur ein schwacher Abglanz ist von dem Leben dessen, an dem die Herrlichkeit des eingebornen Sohnes vom Vater erschien, diese Sehnsucht muß zuerst erwachen, aber auch das Bewußtsein, daß sie selbst unvermögend sind, es hervorzubringen, daß ihnen der Weg erst gezeigt, die Quelle erst aufgeschlossen werden muß. So und nur so entsteht oft unter einer Menge von Menschen in raschem Lauf die erfreuliche Frage: Was sollen wir thun, daß wir selig werden? Aber kann es etwa anders hergehen bei einer einzelnen, bisher noch von Finsterniß umfangen gewesenen Seele, auch einer solchen, die schon immer mitten unter Christen gelebt hat? Muß dieser nicht auch erst die bisherige Blindheit wie Schuppen von den Augen fallen, daß sie das anders ansehn und höher achten lernt, woran sie bisher gleichgültig vorüberging? Das Bessere muß dem Menschen erst einleuchten, ehe er zu dem Wunsch kommen kann, aus seinem bisherigen Zustande herauszugehen. Das ist der natürliche Gang aller großen Erweckungen und so auch aller einzelnen Führungen. Und wenn es uns bisweilen anders erscheint, so gehen wir nur nicht weit genug zum ersten Anfang zurück. Nicht aus der Sicherheit und dem Wohlbehagen bei einem, wie er auch leiblich und äußerlich betrachtet beschaffen sei, doch geistig wenigstens dürftigen und armseligen Zustande, nicht von da aus kann der Mensch zum Antheil gelangen an der Seligkeit, die durch Christum an das Licht gebracht ist, sondern Verlangen muß erst in ihm erweckt werden, und zum Gefühl seines Unvermögens muß er erst gebracht werden.

Wenn nun aber Petrus diejenigen, die sich damals taufen ließen, nicht sowol auf ihr Unvermögen zurückgeführt hatte, als vielmehr auf ihre mittelbare und unmittelbare Theilnahme an demjenigen, was das größte Werk der Sünde und der höchste Gipfel des menschlichen Verderbens war: so scheint doch, als ob dieses etwas ihnen eigenthümliches wäre, wovon wir keine Anwendung auf uns machen könnten; sondern hierüber könnten wol der Natur der Sache nach nur diejenigen Vorwürfe gefühlt haben und auch sie nur in verschiedenem Maße, welche als Zeit= und Volksgenossen des Erlösers die feindselige Bewegung, welche gegen ihn in seinem Volke entstand, getheilt hatten, sei es nun, daß sie sich unmittelbar auf die Seite seiner Widersacher gestellt, oder daß sie sich nur feigherzig zurückgezogen und jenen nicht Widerstand geleistet hatten. Aber so könnte man sagen, wie sollen diejenigen, welche bis zu diesem Augenblick von dem Heil in Christo nichts vernommen hatten, also auch niemals etwas dagegen hatten thun können um es abzuwehren von dem Innern ihrer Seele; wie soll die Jugend, die unter uns aufwächst, und die, so wie sie lallen gelernt hat, auch bald lernt mit Ehrfurcht und mit heiliger Scheu den Namen Jesu ausrufen, wie soll diese — und sie ist es doch vornehmlich, durch welche sich die christliche Kirche in unsern Tagen erneuert und erweitert — wie soll sie zu dem Gefühl kommen, daß sie einen Antheil habe mit denen, die den Fürsten des Lebens gekreuziget haben? Und doch ist es nicht anders, und es giebt keine andere tiefe und heilbringende Erkenntniß des menschlichen Verderbens als diese. Die Sünde in allen ihren mannigfaltigen Gestalten ist eine und dieselbe; fleischlich gesinnt sein, sagt der Apostel, das ist eine Feindschaft wider Gott, und die Feindschaft wider Gott ist auch die wider seinen Gesalbten. Sie hassen beide mich und meinen Vater, sagt Christus*). Wer sich nicht dieses allgemeinen Zusammenhanges aller Sünde bewußt ist, wodurch sie einen Leib des Todes**) bildet, der hat noch keine rechte Erkenntniß von ihr. Wer aber diese hat, der wird auch sich selbst und allen andern das Zeugniß geben, daß alles in allen vorhanden sei, was unter den Zeitgenossen des Erlösers die Gleichgültigkeit und den Haß gegen ihn erregte. Ja, wir mögen wol sagen, dies sei die erste lebendige, die erste bleibende Wirkung des göttlichen Geistes, die Sünde dafür kennen, daß sie Christum gekreuziget hat, und eben darum erlöst sein wollen von dem Leibe dieses Todes.

Wie es, meine geliebte Freunde, ehe der Herr erschien unter seinem Volke, eine Reihe von begeisterten Männern gab, die des göttlichen Geistes, ehe er, um beständig unter uns zu wohnen, über alles Fleisch

---

*) Joh. 15, 24. — **) Röm. 7, 24.

ausgegossen ward, wenigstens auf eine vorübergehende Weise theilhaftig wurden, wenn der Herr durch sie reden wollte zu seinem Volke; und wie es derselbe verderbte Sinn, der hernach den Herrn zum Tode überlieferte, war, der auch früher schon diese Propheten des Herrn verschmäht, verworfen und zum Theil auch dem Tode hingegeben hatte, so daß auch der Erlöser oft warnend sein Volk auf diese Aehnlichkeit zurückzuführen sich gedrungen fühlte: auf ähnliche Weise hat der Herr sich unter keinem Geschlecht der Menschen unbezeugt gelassen, sondern überall wird es, ehe das Licht des Evangeliums zu einem Geschlecht der Menschen hindurchbringen konnte, einen Anklang gegeben haben an eine solche göttliche Stimme, welche die Menschen auf einen besseren Weg führen wollte. Wenn nun diese unvollkommenen Annäherungen zu einem prophetischen göttlichen Unterricht auch schon von früheren Geschlechtern verworfen worden sind, sei es nun aus leidenschaftlicher Versunkenheit in die Dinge und die Bedürfnisse dieser Welt, oder sei es aus Stumpfsinn und träger Taubheit des Herzens: werden da nicht überall die spätern Geschlechter, denen nun das Evangelium endlich gebracht wird, wenn es doch auch unter ihnen viele oder wenige giebt, welche sich gleichgültig oder ungläubig wegwenden von dem, was sie hören über den Wandel des Menschensohnes auf Erden und über alles, was er gethan und gelitten hat, immer gestehen müssen, dies sei nichts anderes als die Fortsetzung der früheren Hartherzigkeit? werden sie nicht im Wesentlichen alles auf sich anwendbar finden müssen, was Christus selbst von der unvernehmlichen Hartherzigkeit und dem ungöttlichen Wesen seiner Zeitgenossen sagt? Und so offenbar dies ist, so gewiß ist auch, daß es in allen keine bleibende und regelmäßige Wirksamkeit des göttlichen Geistes geben kann, wenn nicht jeder der Wahrheit geleistete Widerstand so empfunden worden ist als der Widerstand gegen den Erlöser selbst, und also in demselben Sinne wie dort gefragt: Was soll ich thun, daß ich selig werde?

Und mit unsrer christlichen Jugend sollen wir wirklich eine Ausnahme machen, oder wollen wir nicht alles wol überlegt von ihr doch das nämliche sagen? Ich wenigstens gestehe — und ich wünsche, daß recht viele unter euch mir darin beistimmen mögen, — mir ist nichts erfreulicher, als wenn unsre Söhne und Töchter, wie es in dieser Zeit wieder unter uns geschehen ist, nun in den Bund des Glaubens und der Liebe eintreten, der uns alle umschließt, und ihnen der Zutritt zu den Vermächtnissen des Erlösers eröffnet wird, dann an ihnen ein demüthiges Anerkenntniß nicht nur des Unvermögens, sondern auch der Unwürdigkeit nicht zu verkennen ist, und sie sich, wiewol sie schon von Kindheit an von ihm gehört haben, nun doch zu dem Erlöser hinwenden als zu dem, der sie erwählt hat und nicht sie ihn, als zu dem, den der Vater auch für sie hingegeben hat, da sie noch Feinde waren. In solcher Gemüthsstimmung, meine ich, schließen sie sich uns am festesten an, wenn ihnen nicht etwa die Lehre Christi nur eine willkommene Förderung ist, sondern die Gemeinschaft mit ihm ein wahres Bedürfniß und seine einladende Liebe eine Aufforderung, der sie nicht widerstehen können. Wie kann aber dieses Wahrheit in ihnen sein, wenn sie nicht trotz ihrer Jugend schon auf der einen Seite in ihm die Herrlichkeit des eingebornen Sohnes vom Vater, auf der andern aber in sich selbst die Tiefe des menschlichen Verderbens geschaut haben? Gewiß wäre es sehr undankbar und sehr verkehrt, und weder in einem christlichen Hauswesen wird so etwas begegnen, noch wird sich ein Diener des göttlichen Wortes eines solchen Fehlers schuldig machen, wenn wir unsere Jugend nicht darauf zurückführen wollten, daß Gott sich auch ursprünglich schon allen Menschen offenbart habe, und daß auch sie das Vermögen haben seine ewige Kraft und Gottheit zu erkennen, so sie deß wahrnehmen an seinen Werken, ja daß diese Erkenntniß in ihnen auch ursprünglich schon ein Vertrauen begründen könne, daß sie nicht blos als schwache Wesen in der Gewalt der Natur und ihrer Kräfte sind, sondern mit diesen zugleich in der Hand des schöpferischen, alles leitenden Wesens stehn. Aber indem wir sie so zum Bewußtsein ihres unsterblichen Geistes bringen, wollen wir doch nicht den Uebermuth der Vernunft in ihnen begründen, als könne sie sich selbst genügen und brauche nicht irgend eine Hülfe außer sich und von oben her, welche eine Erlösung zu heißen verdiente. Wie ist aber das zu vermeiden bei dem natürlichen Trotz des menschlichen Herzens, wenn es von dem Besitz so herrlicher Kräfte Kunde bekommt? Wol nur, wenn wir demselben Apostel folgend, sie auch darauf führen, wie sie es doch mit alle dem nicht weiter bringen würden, als bis zu einem nach außen nicht durchdringenden, nur in dem Inwendigsten des Menschen zu spürenden Wohlgefallen an dem Gesetze Gottes, als bis zu einem unkräftigen Willen ohne alles Vollbringen! wol nur, wenn sie finden, daß auch sie das in sich tragen, wodurch die Wahrheit aufgehalten wird in Ungerechtigkeit; und wie könnte dies etwas anderes sein, als dasselbe, was der Apostel auch die Feindschaft wider Gott nennt? Das muß unser Zeugniß sein von unserer eigenen Erfahrung, und dadurch muß auch die Jugend zu einer wohlbegründeten und heilsamen Unsicherheit kommen darüber, wie weit der Keim der Sünde und des Verderbens in ihnen, wenn er außerhalb der christlichen Gemeinschaft frei hätte aufwachsen können, sie würde entfernt haben von dem Trachten nach Erkenntniß Gottes und nach göttlichem Leben. Wenn dann in dieser Zeit der Lehre und der Ermahnung sie selbst schon anfangen Erfahrungen davon zu machen, wie arge Gedanken aus dem innersten Herzen hervorbringen und sich oft genug gleichsam durch alle Adern und Gefäße der Seele ergießen: wie sollte nicht auch in ihnen dieses die erste Regung des göttlichen Geistes sein, daß sie fragen: Was soll ich thun, daß ich selig werde? — So verläugnet sich der göttliche Geist auch an ihnen nicht, sondern zeigt sich als damals und immer derselbe. Wenn er eben so wie damals aus den Aposteln, so auch in jedem christlichen Geschlecht aus den älteren und erfahrenen mit dem menschlichen Verderben auch die großen Thaten Gottes in der Erlösung durch Wort und That verkündigt, so öffnet er sich dadurch auch noch den Weg in die Herzen und regt sie zu dem Verlangen auf, sich an diesen einzig sicheren Namen des Heils anzuschließen, und es ist immer dieselbe Predigt, aus welcher derselbe Glaube kommt. —

III. Wenn nun dieses Verlangen, weil von Gott erweckt, auch von Gott befruchtet wird, und weil eine Regung des lebendig machenden Geistes auch bald aus der bloßen Sehnsucht in die freudige und selbstthätige Annahme übergeht, welche die Wiedergeburt der menschlichen Seele bildet; wenn nun auf dieselbe Art, sowol in dem Schooße der christlichen Kirche selbst, als auch überall, wo zu denjenigen, die noch in dem Schatten des Todes wandeln, das Wort des Evangeliums hinbringt, die Seelen der Menschen bald in kleiner Anzahl, bald in großen Haufen hinzugethan werden zu den Schaaren der Gläubigen, indem die, welche das Wort von der Erlösung gern annehmen, sich taufen lassen und Vergebung der Sünden empfangen in dem Namen des Jesus, den der Herr zum Christ gemacht hat, eben deswegen geschieht denn auch drittens überall noch das, was in den Worten unsers Textes, als die nicht mehr augenblickliche, sondern die mehr bleibende und dauernde Wirkung des göttlichen Geistes beschrieben wird, daß nämlich die Gläubigen einmüthiglich blieben in der Lehre der Apostel und in der Gemeinschaft und im Brotbrechen und im Gebet.

Aber es ahnet mir, meine geliebten Freunde, denn der Gedanke ging auch mir durch die Seele, als ich diese Worte, wie ich über sie zu euch zu reden hätte, bei mir erwog, es ahnet mir, daß mancher seufzend bei sich selbst sagen wird: Ja damals, in jener Zeit der ersten Liebe, in jener frischen Kindheit des neuen Glaubens, da gab es diese schöne und erhebende Einmüthigkeit unter den Christen, die Einmüthigkeit der Lehre und der Gemeinschaft und der Sakramente und des Gebetes. Aber jetzt? wie vielfältig ist die Kirche nicht getheilt und wie viel Streit ist nicht seit Jahrhunderten geführt, um dieses und jenes in der Lehre des Christenthums! wie hart und streng zeigen sich nicht viele Christen besonders in Absicht auf die Gemeinschaft gegen solche, die doch einen und denselben Erlöser bekennen, so daß überall zwar einige sehr genau zusammenhalten, jede solche Verbindung aber fast den andern sogar das Recht absprechen möchte sich nach jenem heilbringenden Namen zu nennen. Und die Sakramente, die uns alle einigen sollen zu Einem geistigen Leibe des Herrn, sie sind selbst nicht nur eine Veranlassung zur Trennung geworden, sondern auch dasjenige, worin sie sich äußerlich am deutlichsten ausspricht. Wo ist also das einmüthige Beieinandersein der Gläubigen? Auch im Gebet ist es nicht, welches die Worte unsers Textes zuletzt nennen. Denn wie viel Streit über dieses, über seine Erhörbarkeit, über seine Gegenstände, über denjenigen, an den man es richten soll und darf, so daß größtentheils auch die, welche betend bei einander sind in den Häusern der Andacht, doch nicht einmüthig beten.

Doch, meine geliebten Freunde, laßt uns heute an dem herrlichen

Feste des belebenden Geistes, der, wie wir ja gern gestehen, in allen Zweigen der christlichen Kirche waltet und von welchem alles herrührt, was sich irgendwo in ihrem weiten Umfange wahr und recht, löblich und lauter in den Menschen gestaltet und sie zu Gott hinführt, an diesem schönen Feste laßt uns nicht über die Trennungen unter den Christen seufzen! Vielmehr geziemt es uns heute besonders, uns aus dieser Beschränkung loszureißen, so daß sich eine freiere Aussicht unseren Blicken öffne und wir unsere Arme weiter ausstrecken in rein brüderlicher, alles was christlich ist umfassender Liebe. Sehet einmal nur darauf, aber auf das alles, was überall zugestanden wird und überall angestrebt, wo nur der christliche Name gilt, und vergleicht dieses Licht mit der Dämmerung der übrigen Welt, dieses große Ziel mit den engen Bahnen, in denen sich andere bewegen, und den Reichthum in dem, was uns allen gegeben ist, unzertrennlich von einander, dem Geist und dem Wort, mit der Dürftigkeit der Hülfsmittel anderer; so werdet ihr wol gestehen müssen, daß, was die Christen spaltet und trennt, sei klein und nicht zu rechnen gegen das, was in ihnen allen ein und dasselbe ist und immer bleiben wird. Wo man nur Christum predigt, und wo nur Christus bekannt wird, wo nur die Menschen sich wirklich vor diesem göttlichen Meister beugen als demjenigen, der ihnen zur Erlösung und zur Heiligung, zur Weisheit und zur Gerechtigkeit geworden ist, und wo nur seine Worte es sind, an welchen sich alle gebeugten Seelen wieder aufrichten. Wie sollten wir da das Reich Gottes und die Einmüthigkeit seiner Unterthanen verkennen, mögen sie auch manche Worte verschieden verstehen, und der eine sich mehr an dieses, der andre mehr an jenes halten! Wo nur das Gebot angenommen und geübt wird, von welchem er selbst sagt, es sei das neue Gebot, welches er seinen Jüngern gebe, und daran, daß sie sich untereinander lieben, wie er sie geliebt habe, werde man immer erkennen, wer seine Jünger seien; wie sollten wir da nicht überall Jünger Christi erkennen! Wo wir das Bestreben finden, sowol durch das Wort und das Gebet, als auch durch das von dem Herrn selbst gestiftete heilige Mahl, werde es nun so oder so verwaltet, sich mit ihm und also auch mit den Seinigen allen, mögen sie es auch anders verwalten, immer fester zu verbinden. Wie sollten wir nicht erkennen, da müsse auch der Glaube an ihn sein, der selig macht, da sei auch die Einmüthigkeit in der Lehre und der Gemeinschaft, welcher die Seinigen bedürfen! Das Uebrige aber, o wir können es, wenn wir nur recht fragen, worauf denn unser eigenes Heil beruht, wenn wir uns nur von der Befangenheit im Buchstaben und der Gewohnheit losreißen wollen, nicht etwa gleichgültig übersehen, wol aber getrost der göttlichen Weisheit anheimstellen, die alles ordnet, und im Vertrauen auf sie alle diese einzelnen Verschiedenheiten nur als etwas Untergeordnetes betrachten innerhalb der Gemeinschaft der Lehre, der Sakramente und des Gebets.

Wie alles, was der Herr ordnet, weislich gemacht ist, meine andächtigen Freunde, so auch diese Verschiedenheiten. Das Christenthum an sich selbst betrachtet, ist eine unveränderliche Heilsordnung Gottes und ewig sich selbst gleich: aber nur allmälig kann es ganz von den Menschen ergriffen und erkannt werden, und bis dahin muß es also auch verschieden erscheinen. Gott hat die Menschen in jeder Hinsicht verschieden geschaffen, verschieden an Gaben, verschieden an Art und Weise, und eben deswegen muß das Christenthum, weil es allen gehören soll, auch in jedem sein können nach dem Maße seiner Gaben und sich in jedem gestalten nach seiner Weise, bis das Stückwerk verschwindet und das Vollkommene erscheint. Sollen alle zu dem einen und Unveränderlichen darin gelangen, soll es immer mehr alles Menschliche umwandeln in die eine Gestalt des Menschen, der nach dem Bilde Gottes geschaffen ist und der Gott gleich sein soll; so mußten auch alle diese Verschiedenheiten in der Gestaltung des Christenthums in ihrer Ordnung erscheinen und bestehen. Bedenkt aber doch, daß es immer nur die Liebe ist, welche die Aufmerksamkeit eines Menschen für den andern erregt und festhält und jeden treibt, sich mit dem andern zu verständigen, wo irgend ein Mißverständniß obwaltet, und daß, je wichtiger die Angelegenheit ist, die es betrifft, und je mehr dem geistigen Leben angehörig, um desto höher und geistiger auch die Liebe sein muß. Sprecht also, ist es nicht die höchste und geistigste Liebe, aus welcher aller Streit über die Gemeinschaft, über die Lehre und die Sakramente von jeher entstanden ist und immer noch entsteht? Aber eben deswegen wird auch, je mehr wir uns hierüber verstehen, um desto mehr aller Streit der Liebe gemäß sein und ihr Gepräge tragen, die uns in Einem verbindet, so daß wir auch immer mehr vermögen, selbst im Streit die Einigkeit der Herzen zu erkennen und zu bewahren. Wahrheit suchen in Liebe, dabei kann und soll Streit herrschen; aber kein Streit, der die Herzen von einander trennt, sondern der nur sucht die Verständigung und die Gemeinschaft. So soll es gehalten werden durch die Kraft des Geistes in den Grenzen des Christenthums, und was aus dieser Regel herausgeht, das müssen wir freilich erkennen als das Werk der menschlichen Schwachheit und des menschlichen Verderbens; aber auch davon sollen wir, wie der Apostel, der auch unter den Christen, an die er schrieb, solche erblickte, die sich noch nicht in allem vollkommen geeiniget hatten, nur freundlich sagen: Und was euch noch fehlt, das wird euch Gott weiter offenbaren.

Eben dieses aber, meine geliebten Freunde, spricht ja auch die große christliche Gemeinschaft überall aus in ihrem öffentlichen Leben. Ueberall, wo sich um uns her das Gebiet des Christenthums erweitert, und wo es hineindringt in das künftige Geschlecht, zuerst immer werden alle aufgenommen in die Einmüthigkeit der Lehre und der Gemeinschaft durch das Bad der Wiedergeburt in der Taufe, und erst, wenn sie in diesem Besitz gestärkt sind, erst wenn das Band der Liebe fest geschlungen ist, welches sie mit allen Bekennern Jesu einigt, werden sie berufen, jeder nach seinem Maße und nach seiner Weise theilzunehmen an demjenigen, was verschieden ist und streitig. Aber die Liebe und die Einmüthigkeit muß über allem, was noch wird, wie der Geist Gottes über den schöpferischen Wassern schweben. Die Liebe soll und muß in allen sein, und alle Verschiedenheit sich immer mehr der großen Einheit unterordnen, auf daß, weil doch, wer den Geist Christi nicht hat, auch nicht sein ist, Ein Geist in allen walte. Dazu möge dieses Fest des Geistes uns alle eben so sehr stärken als ermuntern, auf daß der Geist sein Werk in uns vollende. Wird sich nur durch ihn immer fester diese Einheit gründen: so wird auch das Licht seiner Weisheit einen Streit nach dem andern ausgleichen und die Mannichfaltigkeit der Zungen immer mehr läutern und verklären zu Einem allen verständlichen und aus allen harmonisch hervorgehenden Lobe und Preise Gottes im Geist und in der Wahrheit. Amen.

XVI.

Der Ursprung des Geistes aus Gott ist die Gewährleistung für die Vollständigkeit seiner Wirkungen.

Am Pfingstfeste.

Text: 1. Korinth. 2, 10—12.

Der Geist erforschet alle Dinge, auch die Tiefen der Gottheit. Denn welcher Mensch weiß, was im Menschen ist, ohne der Geist des Menschen, der in ihm ist? Also weiß auch Niemand, was in Gott ist, ohne der Geist Gottes. Wir aber haben nicht empfangen den Geist der Welt, sondern den Geist aus Gott, daß wir wissen können, was uns von Gott gegeben ist.

Meine andächtigen Freunde! Was wir eben vernommen haben, sind auf den Gegenstand unsrer gegenwärtigen Feier unmittelbar sich beziehende, tiefsinnige und — wir können es gewiß nicht läugnen — auch geheimnißvolle Worte. Dennoch spricht der Apostel sie zu solchen, von denen er selbst sagt, er könne ihnen noch nichts anderes als die ersten und wesentlichen Anfangsgründe des Evangeliums mittheilen; demnach rechnet er doch hierzu, also zu dem was wir alle insgesammt verstehen sollen, auch diese Worte. Es giebt aber wol keine andre, in welchen auf eine so bestimmte Weise von dem eigentlichen Wesen und der Abstammung des Geistes, welcher über die Jünger des Herrn ausgegossen ist, geredet würde, als eben diese. Den Geist aus Gott, den wir empfangen haben, vergleicht der Apostel mit des Menschen eigenem

Geist, mit der innersten Kraft seines Lebens, mit demjenigen, vermöge dessen er selbst von sich selbst weiß; und er sagt, in Beziehung auf Gott sei dieser Geist aus Gott dasselbe, was der Geist des Menschen in Beziehung auf ihn selbst ist. Was läßt sich wol Größeres sagen als dieses, und wie nahe den Worten eines anderen Apostels*), daß wir göttlicher Natur theilhaftig geworden sind! Wenn nun doch, wie wir ja alle wissen, von jeher unter den Christen so sehr verschieden über diese Gegenstände ist gedacht und geredet worden; wenn die mannichfaltigsten Vorstellungen und Ansichten neben einander bestanden und sich gegenseitig bestritten und beschränkt haben in Beziehung auf den wahren Gehalt und den eigentlichen Zusammenhang desjenigen, worauf doch zuletzt alle die eigenthümlichen Vorzüge beruhen, welche die Christen sich zuschreiben, nämlich die besondre göttliche Mittheilung an das menschliche Geschlecht, sowol in der Person des Erlösers, als auch durch den Geist, der in seiner Gemeinde waltet und über die Glieder seines Leibes ausgegossen ist: woher kommt es wol, daß doch nicht wenigstens diejenigen, welche zugestehen, daß außer diesem Gebiete des Christenthumes der Mensch weder zu einem ungetrübten Frieden, noch zu der höchsten Lebenskraft und Thätigkeit gelangt, sich alle dahin vereinigen konnten, alles Große und Ausgezeichnete und immer das Herrlichste am liebsten, was die Schrift über den Erlöser sowol als über den göttlichen Geist ausspricht, sich auch ohne weiteres vollkommen anzueignen? Ich meines Theils weiß einen anderen Grund nicht anzugeben, als eine gewisse Verzagtheit der menschlichen Seele, die sich nicht getraut hat das Allergrößte und Herrlichste zu glauben eben am meisten in Beziehung auf sich selbst. Wir aber wollen uns auf diese Worte des Apostels verlassen; und wie wir gestern mit einander geredet haben von dem Amt und dem Geschäft des göttlichen Geistes in den Seelen der Gläubigen, so laßt uns jetzt unsre Aufmerksamkeit auf dasjenige lenken, was der Apostel von dem Ursprung und der Herkunft dieses Geistes sagt. Aber wenn wir doch alle solche Belehrungen immer vorzüglich zu gebrauchen haben zur Erhaltung und zur Befestigung unsers Glaubens: so laßt uns auch gleich was der Apostel sagt auf diesen Zweck verwenden; und dann werden wir sehen, daß aus demjenigen, was er von dem innersten Wesen und dem Ursprung des Geistes aus Gott sagt, auf der einen Seite folgt, daß die Wirkungen desselben einzig in ihrer Art sind, auf der andern, daß alles was uns von ihm kommt vollkommen gewiß und zuverlässig ist, endlich aber auch die völlige Zulänglichkeit desselben für alle unsre geistigen Bedürfnisse.

I. Indem der Apostel sagt, daß der Geist aus Gott, von welchem er im Vorhergehenden gerühmt hatte, daß uns durch ihn sei offenbar worden, was nie eines Menschen Auge gesehen habe und nie in eines Menschen Herz gekommen sei, daß dieser so sei der Geist Gottes, wie der Geist des Menschen selbst das innerste Wesen des Menschen ist: so

---

*) 2. Petri 1, 4.

läßt er uns keinen Zweifel darüber, daß, indem dieser Geist aus Gott über die Jünger des Herrn ausgegossen wurde, das göttliche Wesen selbst uns mitgetheilt worden ist. Dieses aber, meine geliebten Freunde, ist Eines, von allem andern verschieden und über alles andere erhaben, und von diesem übergossen und durchdrungen zu werden muß, wie es auch geschehn, eine Wirkung hervorbringen einzig in ihrer Art, und welche niemals auf irgend eine andre Weise konnte erreicht werden.

Eben dieses will uns nun auch der Apostel noch auf eine bestimmtere Weise in den Worten sagen: Wir aber haben nicht empfangen einen Geist der Welt, sondern den Geist, der aus Gott ist. Nämlich nicht immer versteht die Schrift unter Welt dasjenige, was dem Reiche Gottes entgegengesetzt ist, und also auch nicht unter dem Geist der Welt nothwendig nur den dem Geiste Gottes entgegengesetzten bösen und verderblichen Geist. Und so ist es wol auch hier. Denn dieser Ausdruck Geist der Welt bezieht sich auf dasjenige, wovon der Apostel schon früher und von Anfang an in demselben Briefe gehandelt hat, indem er nämlich sagt: nicht viele Weise nach dem Fleisch und nicht viele Vornehme und Geachtete nach dem Fleisch wären berufen worden, sondern was vor der Welt wäre unangesehen gewesen und gering geachtet, das hätte sich Gott erwählt. Vor Gott nämlich, meine geliebten Freunde, ist freilich der Unterschied gering und für gar nichts zu rechnen, welcher in dieser Beziehung hier stattfindet und von den Menschen oft sehr, ja wir mögen wol gestehen, zu sehr hervorgehoben wird, nämlich wie einer den andern übertrifft an natürlichen Gaben sowol, als durch den Besitz der äußerlichen Hülfsmittel, welche nicht wenig beitragen auch das geistige Leben zu erweitern und zu verschönern; womit denn auch oft dieses zusammenhängt, daß sich in manchem Einzelnen eine größere Tüchtigkeit des geistigen Wesens im allgemeinen oder zu besonderen Verrichtungen und Geschäften entwickelt, als ohne solche Unterstützungen würde geschehen sein. Aber gewiß werdet ihr dem Apostel nicht zutrauen, daß wenn er uns freilich darauf führt, daß solche Unterschiede bei unserm Abstande von dem höchsten Wesen völlig verschwinden — so daß wir auch unmöglich uns selbst, wenn wir uns vor Gott betrachten, einer weiser vorkommen könne als der andere, oder von größerem Belang in seiner Schöpfung, oder gar von größeren Verdiensten einer als der andere — er daraus die Folgerung ziehen wolle, daß weil einer auf der niedrigsten Stufe der geistigen Entwicklung nicht weiter von Gott absteht als der Weiseste, und auch hier derselbe Maßstab gilt, daß was in hundert Jahren von menschlicher Weisheit erworben worden ist, vor ihm nicht mehr ist als was das Werk eines Tages sein kann, so habe das höchste Wesen vielmehr eine besondere Vorliebe für diejenigen, welche unter Ihresgleichen für gering geachtet werden und in geistiger Entwicklung zurückstehen. Die Sache ist vielmehr nur diese, daß in den einen gar leicht das Bewußtsein ihres bedürftigen Zustandes rege zu erhalten ist, und daß sie dann, weil sie gestehen müssen, daß sie nicht im Stande sind sich selbst herauszuhelfen, auch geneigter sein werden, die dargebotene Hülfe anzunehmen. Je mehr aber die andern sich selbst gefallen und aufzuzählen wissen, wie sie schon ein Treffliches nach dem andern erlangt haben, was sie sich wünschten, und je leichter sie sich einbilden auch schon von vielem allmälig durch ihre eigene Anstrengung befreit zu sein, was unvollkommen und fehlerhaft, oder unbequem und widerwärtig war, um desto zufriedner sind diese mit ihrem Zustande, gewinnen immer mehr Zuversicht zu sich selbst und befestigen sich in dem hochmüthigen Wahn, es könne ihnen kein geistiges Bedürfniß entstehen, was sie nicht auf dieselbe Weise wieder zu befriedigen wissen, und kommen darum weit schwerer dahin, eine besondere Hülfe von oben her zu glauben oder zu suchen.

Alles aber, wozu der Mensch auf diesem Wege, den ich eben beschrieben habe, gelangen, alles was er so und mit einer solchen Hülfe von Seinesgleichen in sich ausbilden kann, das kommt ihm nirgend anders her als aus der Welt; der menschliche Geist ist ein Theil der Welt, und alle Werke der Schöpfung, mit denen er sich beschäftigen kann ebenfalls, alle seine Forschungen sind mithin aus dem Geiste der Welt; die menschliche Gesellschaft ist ein Theil der Welt, und alle ihre Ordnungen und Sitten sind also ebenfalls aus dem Geiste der Welt. Was also die Menschen auf diesem Wege bereits gewonnen haben oder noch jemals gewinnen können, das gehört zum Geist der Welt. Nicht als ob dies alles gar nichts Gutes enthielte; nicht als ob es wesentlich und ganz und gar zu dem an und für sich Verkehrten gehörte, was dem göttlichen Geiste widersteht: sondern es ist darin eine Befriedigung geistiger Bedürfnisse, aber nur stückweise; es gehört alles zur Entwicklung der menschlichen Natur, aber es ist nicht ihre Vollendung; und Antheil freilich hat es ohne Ausnahme an der menschlichen Unvollkommenheit und dem menschlichen Verderben. Eben deswegen ist es ganz geschieden von dem göttlichen Geiste, der hieran keinen Theil hat; und so hat der Apostel, indem er alles, was innerhalb dieser natürlichen Hülfsmittel liegt und durch sie erworben werden kann, als den Geist der Welt bezeichnet, ganz recht zu sagen, indem wir den Geist Gottes empfangen haben, haben wir nichts empfangen von dem Geiste der Welt. Wenn er also hinzufügt, wir haben nicht empfangen den Geist der Welt, sondern den Geist aus Gott, so daß wir vernehmen können, was Gott uns gegeben hat: so giebt er uns dadurch auch noch dieses als seine Meinung zu erkennen, daß der Mensch, der nur den Geist der Welt hat, der lediglich mit den natürlichen Hülfsmitteln — wären sie auch so, wie nur die vollkommenste Entwicklung des irdischen Lebens sie darbieten kann — ausgestattet ist, dadurch noch keinesweges in Stand gesetzt wird zu vernehmen, was Gott uns gegeben hat. Ist es also nur der Geist Gottes, der uns hierzu die Augen öffnet, daß wir Gottes Handlungsweise gegen uns, das wir seinen gnädigen Rathschluß über uns verstehen: welche Erkenntniß wäre mit dieser von den unmittelbaren Beziehungen zwischen Gott und uns wol zu vergleichen; und wie wahr ist es alsdann, daß seine Wirkung in unsern Seelen eine ganz einzige ist und durch nichts anderes zu ersetzen.

Gewiß ist auch das unser aller innigste Ueberzeugung, ja wir können nicht anders als annehmen, alle welche an den Erlöser glauben, müssen auch, wenn sie sich nur selbst über ihren Glauben klar werden, diese Ueberzeugung mit uns theilen, und es fehlt vielen wol nur, so lange sie sich noch nicht recht besonnen haben, an dem Muth es bestimmt auszusprechen, daß nämlich der Geist der Welt, als der Inbegriff aller menschlichen Weisheit, wie weit sie sich auch noch entwickeln mag, und die zusammenwirkende Kraft menschlicher Einrichtungen und menschlicher Ordnungen, wie sehr sie sich auch noch vervollkommnen mögen und in ihren Einflüssen, die allerdings wohlthätig sind, sich verstärken, uns dasjenige doch nicht ersetzen können, was uns durch die Mittheilung des Geistes aus Gott geworden ist. Wenn nun der Geist der Welt in diesem besseren Sinne des Wortes sich immer reichlicher offenbart; wenn durch den erweiterten Verkehr mit allen Welttheilen unsere Kenntniß von der Erde, diesem uns von Gott besonders übergebenen Theile seiner Schöpfung, sich immer mehr erweitert; wenn durch fortgesetzte Beobachtung, durch scharfsinnige Versuche immer mehr Irrthümer in Beziehung auf die Kräfte der Natur verschwinden und dumpfer Aberglaube seine Stützen verliert, die Herrschaft des Menschen aber über alle Kräfte, die sich in der ihm untergebenen Welt regen, sich immer mehr befestiget: so mögen wir dann mit der Zeit dahin kommen, mit mehrerem Recht als frühere Geschlechter zu sagen, der Geist der Welt, der in uns, als den begeisteten Theilen der Welt wohnt, habe die Tiefen der Welt erforscht. Ja wenn wir auch immer mehr eindrängen in das Innere des menschlichen Geistes, dieser edlen und höchsten aller irdischen Kräfte; wenn uns das Geheimniß des Zusammenhanges aller seiner Wirkungen ganz durchschaulich würde: so dürften wir dann sagen, der Geist des Menschen habe endlich seine eignen Tiefen erforscht; aber das sind nicht die Tiefen der Gottheit. Ja es wäre möglich gewesen, daß schon in dem Zeitalter einer früheren Weisheit die Tiefen der Welt und die Tiefen des menschlichen Geistes wären aufgedeckt worden, und daß alle schon damals eingesehen hätten, was nur ein Geheimniß unter wenigen war, das göttliche Wesen, die höchste Quelle alles Daseins und aller Kräfte könne nicht unter viele einzelne zerspalten sein, sondern nur Eines: doch hätte noch viel gefehlt, daß der Geist der Welt die Tiefen der Gottheit erforscht hätte, wenn er auch die Einheit und die Neidlosigkeit des höchsten Wesens ahnen konnte. Wenn auch Recht und Ordnung sich unter den Menschen immer verbreiten und alles Unwürdige immer mehr verschwindet; wenn Gewalt und Unterbrückung aufhören und nur Weisheit und Billigkeit gelten; wenn man von keinem blutigen Zwist mehr hörte, sondern Friede waltete von einem Ende der Erde zum andern über dem ganzen menschlichen Geschlecht: o das wäre der höchste Triumph des Geistes im Menschen, der aus dem Geiste der Welt ist. Aber wäre diese Eintracht schon dieselbe, welche da ist wo der Geist Gottes in dem Menschen empor ruft: Lieber Vater? Welch ein Unterschied, wenn wir uns durch den Geist der Welt unserer gemeinsamen Verhältnisse zu derselben und also auch des Berufs zum ungestörtesten vielseitigen Zusammenwirken bewußt werden, und wenn wir uns mit brüderlicher Liebe in Gott dem gemeinsamen Vater lieben! Ja zu allem andern kann uns die Welt erwecken mittelst der gemeinsamen Vernunft; aber die Tiefen der Gottheit erforschen und Abba lieber Vater rufen, welches beides nicht eins ohne das andere gedacht werden kann, das vermag nur der Geist aus Gott, wenn er in den Geist des Menschen herabgestiegen ist, ihm zu geben.

Lehrt uns nun unser Herz und unser Gewissen dieses beides sehr genau unterscheiden und daran vorzüglich erkennen, ob wir in irgend einem Augenblick von dem Geist der Welt bewegt werden, oder von dem Geiste Gottes, wenn auch die vorherrschende Richtung unseres Gemüths auf die Tiefen der Gottheit hingeht, und wenn die Liebe zu Gott das Tiefste und Ursprünglichste ist was uns erregt; müssen wir gestehen, daß, soviel löbliches Aufstreben auch sein mag außer der Gemeinde, in welcher der Geist Gottes waltet, doch dieses Leben in den Tiefen der Gottheit, doch diese Seligkeit des kindlichen Hinaufrufens zum Vater nirgend anders gefunden worden ist: wie leid muß es uns nicht thun, wenn es dennoch unter unsern Brüdern solche giebt, welche diesen Unterschied zwischen dem Geiste der Welt und dem Geist aus Gott verkennen! Entziehen sie nicht wirklich Gott den Dank, der ihm gebührt, wenn sie das der unvollkommneren und gemeineren Gabe Gottes, der Vernunft zuschreiben, wovon doch in der That auch sie ihren Theil nur durch das Höhere und noch nicht überall verbreitete Geschenk, durch den Geist aus Gott besitzen? Denken sie nicht eigentlich zu gering von dem Menschen, dessen Natur sie doch vielmehr erheben und verherrlichen wollen, wenn sie glauben, daß die außerordentlichen göttlichen Veranstaltungen zu seinem Wohl nur eine Hülfe waren für die früheren kindischen und unvollkommenen Zeiten der Menschheit; daß aber der Mensch, wenn reifer und entwickelter, wieder in eine größere Entfernung von dem höchsten Wesen zurücktreten müsse, um abgesehen von jeder besonderen göttlichen Mittheilung dasselbe alles noch klarer und kräftiger aus seinem eignen Innern zu schöpfen? Wenn uns dies als ein bedenklicher Abweg erscheint, eben so sehr in dem Trotz, als in der Verzagtheit des menschlichen Herzens gegründet, bedenklich für diejenigen selbst die ihn einschlagen, aber noch bedenklicher durch ihren Einfluß auf die Jugend, wenn sie doch ein Geschlecht erzielen möchten, welches ohne Zusammenhang mit der göttlichen Offenbarung in Christo eine größere Vollkommenheit aus sich selbst darstellen soll: was sollten wir nicht gern thun, um davon wen wir nur können abzubringen und zu der Rechten uns allen von Gott gegönnten und bereiteten Freude an der göttlichen Offenbarung hinüber zu lenken! Aber glaubt mir, meine geliebten Freunde, wie gern wir für dies

Kleinod unseres Glaubens eifern, die Worte werden es selten thun, und kräftiger wird die That reden müssen. Wenn wir in seinem Kreise jeder ihnen beweisen, wie sehr wir alles zu schätzen wissen und zu gebrauchen, was der Geist der Welt in dem Menschen Löbliches und Brauchbares hervorbringt, gar nicht solchen ähnlich, die alles für gering und leicht entbehrlich ausgeben, was ihnen zu hoch ist zu erreichen; und wenn sie dabei eben so deutlich sehen, daß dennoch unsere Zufriedenheit nur auf dem beruht, was wir auf einem andern Wege von den Tiefen der Gottheit erforschen, und daß diese Zufriedenheit sich als eine unerschütterlichere und an sich selbst seligere bewährt als die ihrige ist: dann kommt ihnen vielleicht eine Ahnung, wie es sich eigentlich verhält mit dem Geiste der Welt und dem Geist aus Gott. Wenn wir treulich mit ihnen zusammenhalten in allem, was das Wohl der Menschen bezweckt und sich auf die Verbesserung der menschlichen Angelegenheiten bezieht, gar nicht denen ähnlich, welche nichts der Mühe werth finden, weil sie nicht Lust haben, sich mit etwas anzustrengen; wenn sie aber zugleich sehen, daß nicht nur die tabellose Treue ganz unabhängig ist vom Erfolg und auch im Mißgeschick unermüdlich, sondern auch daß wir dabei eine Liebe im Herzen tragen, welche eben so sehr der Sünden Menge bedeckt, als sie das Band ist aller Vollkommenheit: dann mag ihnen vielleicht etwas dämmern von einem wesentlichen Unterschied zwischen ihrer Bewunderung der göttlichen Weisheit und Ergebung in die göttlichen Fügungen und dem kindlichen Verhältniß derer, welche in Christo Söhne sind und nach der Verheißung Erben, und welche, weil es immer in ihnen ruft: Lieber Vater auch mit Christo in des Vaters Hause treu sind wie Söhne. Ja möchten wir gern allen, die um uns her leben, den Glauben mittheilen, daß alles was wir mit dem Geist aus Gott und durch ihn empfangen einzig auf diese Art und nirgends anderswoher zu erhalten ist: so laßt uns ihnen auch überall die Furcht des Geistes auf solche Weise offenbaren, daß unser Licht wirklich als ein himmlisches leuchtet, und daß sie unsere guten Werke preisen müssen als wirklich in Gott gethan.

II. Wenn ich nun zweitens angekündigt habe, in den Worten des Apostels über das Wesen und den Ursprung des Geistes aus Gott liege auch dieses, daß alles unumstößlich und zuverlässig sei, was durch diesen Geist aus Gott in unserm Innern erweckt wird, so zeigt sich das vorzüglich in den Worten des Apostels: Niemand weiß, was in dem Menschen ist, denn nur der Geist des Menschen, der in ihm ist; so auch weiß niemand, was in Gott ist, denn nur der Geist Gottes. Wenn also das untrüglich ist und unumstößlich gewiß, was nur der Geist des Menschen weiß von demjenigen, was in ihm ist, so wird auch das eben so zuverlässig sein, was nur der Geist Gottes uns von Gott offenbart.

So laßt uns denn zuerst fragen: Was ist denn dasjenige, was von dem Menschen niemand wissen kann, als der Geist des Menschen, der in ihm selbst ist? Gewiß sind es nicht die äußeren Erfahrungen und Ereignisse seines Lebens, denn von diesen weiß er viele gar nicht, sondern kennt sie nur aus den Erzählungen anderer; ja auch seine späteren Begebenheiten kennen oft andere eben so gut als er selbst, und jeden erinnern wol oft andere an manches, was aus seinem eigenen Gedächtniß schon verschwunden ist. Auch nicht dasjenige weiß der Geist des Menschen allein, was er selbst gethan und ausgerichtet hat in der Welt. Denn wie vieles und oft nicht das Kleinste kommt durch uns ohne unser Wissen zu Stande, oder wird wenigstens in seinen ersten Keimen auf diese Art angeregt; aber auch von demjenigen, was uns nicht entgeht, gilt doch eben dieses, daß je mehr es schon in anderen Menschen ein Inneres geworden ist, desto mehr werden auch diese besser als wir selbst wissen, was wir in ihnen und an ihnen bewirkt haben. Und dies führt uns schon darauf, daß es am meisten das Innerste eines jeden ist, seine eigenste Gesinnung, das woraus alle einzelnen Handlungen hervorgehen, die Art und Weise wie jeder das, was ihm von außen herkommt und begegnet, in sich selbst verarbeitet, dieser innerste Zusammenhang, dieser tiefste Grund des Gemüths und mithin auch aller verschiedenen Gestaltungen seines Lebens in den verschiedenen Augenblicken desselben, das ist das eigentlichste Bewußtsein von sich selbst, welches nur der eigene Geist des Menschen selbst haben kann; jeder außer ihm vermag nur zu einer immer unsichern und nie der Wahrheit vollkommen entsprechenden Ahnung davon zu gelangen. In einzelnen Fällen wol trifft mancher den Zusammenhang der Handlungen und der Gedanken eines andern richtig; über die innerste Einheit, aus der alles hervorgeht, bleibt er immer ungewiß. Führen mehrere ein gemeinsames Leben, nun so wissen sie gegenseitig um dieses gemeinsame, weil es in allen dasselbe ist; aber nur in den innigsten Verbindungen derer, die eines sind durch die gemeinsame Abstammung oder eins geworden durch die heiligste Liebe, giebt es ein die Wahrheit treffendes Wissen des einen um das Innerste des andern; sonst ist dies nur dem Geist eines jeden Menschen selbst vorbehalten. Dieses eigne Wissen des Menschen von sich selbst aber ist dann auch die unmittelbarste und zuverlässigste Wahrheit seines Daseins, das Untrügliche, sich immer aufs neue bewährende, in jedem Augenblick die ganze Vergangenheit und die ganze Zukunft dem Wesen nach in sich tragend.

Kaum scheint es mir nöthig, meine andächtigen Freunde, Rücksicht darauf zu nehmen, daß vielleicht mancher hiergegen einwenden möchte, woher denn doch so viel Klage komme über den eingewurzelten Eigendünkel der Menschen, wenn ihr Urtheil über sich selbst die vollkommenste Wahrheit enthält, und warum wir doch glauben, andere nicht ernsthaft und dringend genug warnen zu können, daß sie doch sich selbst nicht täuschen möchten über sich selbst! Soviel sagt ihr euch wol schon selbst, daß dies nicht erst von heute sei, sondern schon immer so gewesen, so daß es auch dem Apostel nicht entgangen sein könne; und dennoch vergleicht er so das Wissen des Geistes im Menschen von dem Menschen selbst mit dem Wissen des Geistes aus Gott um die Tiefen der Gottheit, und hat gewiß von diesem nicht geglaubt, daß es voll Täuschung sei, und zwar nicht nur unwillkürlicher, sondern auch selbst hervorgebrachter, wie wir glauben, daß die Menschen nicht immer ganz unwillkürlich sich über sich selbst täuschen. Eben so wenig auch wird er geglaubt haben, daß der Geist aus Gott etwa erst in irgend einer Zukunft das rechte wissen werde von den Tiefen der Gottheit, wie wir glauben, daß erst an jenem Tage der Mensch sich selbst recht offenbar werden wird. Aber wenn wir es genauer betrachten, wie steht es eigentlich um diese Selbsttäuschungen? Selten sind sie freilich nicht, sondern häufig genug, und viel Trug läuft überall mit unter. Der Dünkel aber ist ein so kleinliches Wesen, daß er immer am einzelnen haftet. Auf einzelnes thun sich die Menschen etwas zu Gute, wie es auch einzelne Handlungsweisen und Lebensregeln waren, welche jener dünkelhafte Pharisäer in der Lehrrede Christi dem Herrn im Gebet vorrechnete; und eben so ist es einzelnes, worin sie sich gern täuschen, das Gute noch mehr verherrlichend, das Tadelnswerthe bemäntelnd und beschönigend, oder so lange herumdrehend, bis sie ihm eine wohlgefälligere Seite abgewinnen. Und wenn sie sich über einzelnes mit andern vergleichen, das ist jenes täuschungsreichen Dünkels gewinnvollstes Spiel, wo es gilt sich so zu stellen, daß man selbst groß erscheine, der andere hingegen klein. Aber in diesen Grenzen ist auch alle Selbsttäuschung eingeschlossen. Hingegen in das innerste seiner Seele schaut der Mensch entweder gar nicht hinein, weil er sich nämlich scheut; und das ist selbst ein Zeugniß davon, daß er an die Wahrheit eines solchen Bewußtseins glaubt. Sieht er aber dorthin, so kann er sich auch nicht anders sehen als er wirklich ist; da kann er sich nicht höher schätzen als er wirklich reicht; da weiß er bestimmt was ihn bewegt und was nicht. Wenn wir von allem einzelnen absehend nach dem Gesetz fragen, welches das Maß alles unseres Handelns ist; wenn wir nicht einen einzelnen Augenblick ganz verstehen, nicht eine einzelne Handlung ins Auge fassen wollen, sondern uns in der Einheit unseres ganzen Wesens betrachten: da ist und bleibt das, was der Geist des Menschen ihm von ihm selbst sagt, die ganze und zuverlässige Wahrheit.

Eben so nun, sagt der Apostel in unserm Texte, ist es auch mit Gott; niemand als der Geist Gottes durchforscht die Tiefen seines Wesens. Wäre nun dieser nicht zugleich in uns, sondern Gott ganz außer uns, so stände es auch mit unserer Erkenntniß Gottes nicht besser, als mit der Erkenntniß anderer Menschen von uns im Vergleich mit dem, was eines jeden eigner Geist ihm von sich selbst sagt. Eine unsichere Ahnung über das höchste Wesen aus einer abgerissenen Erkenntniß seiner Werke hergenommen, eben wie wir auch unzureichend und unsicher den Menschen aus seinen Handlungen und Werken beurtheilen und doch immer wieder fühlen, daß die Sicherheit der Wahrheit nicht darin ist, und immer wieder schwanken aus scheinbar entgegengesetzten Anzeigen zu entgegengesetzter Meinung; so wäre unsere Gotteserkenntniß! Möchten auch diese Ahnungen etwas klarer sein bei einigen; möchten auch der Schwankungen etwas weniger vorkommen bei standhafteren Geistern; aber wenn einer glaubte, die ganze Wahrheit des höchsten Wesens gefaßt zu haben und in vollkommner Sicherheit festzustehen mit seiner Gotteserkenntniß, so wäre das gewiß ein solcher, der sich über dies Eine in ihm selbst täuschte, und der seinen eignen Geist noch nicht über die Wahrheit seines eignen geistigen Vermögens ernsthaft befragt hätte. Und was ist auch alle rein menschliche Weisheit von Gott anders als ein mannichfaltiges Gebilde von solchen unsichern, aneinander vorüberziehenden Ahnungen. Bei dem einen ballen sich diese Gedankennebel zusammen zu fast greiflichen Gestalten, bis er davor schaudert, das höchste Wesen mit solchem Maße messen zu wollen, bei dem andern verflüchtigen sie sich immer feiner, bis er zu seinem Schrecken gewahr wird, daß ihm nichts mehr vor Augen schwebt. Darum hat Paulus Recht, zu sagen, daß niemand weiß, was in Gott ist, ohne der Geist Gottes. Was dieser weiß, das ist wahr und zuverlässig, wie das innerste geheimste Wissen des Menschen um sich selbst, und daß dieser Geist der Wahrheit in uns ist, das ist die große That der göttlichen Mittheilung, wodurch die innerste Wahrheit des göttlichen Wesens auch in unsere Seele hineingepflanzt ist. Nur so ist uns in unserm Innern und in der genauesten Verbindung mit unserm innersten Bewußtsein von uns selbst offenbar geworden, was auf keine andere Weise je hätte können in eines Menschen geistiges Ohr oder Auge dringen und von irgend einem vernommen und gefaßt werden, so faßlich und vernehmlich es auch jetzt seit dieser Mittheilung jedem erscheint. Darum glaube ich kaum, daß einer unter euch fragt, was denn nun dieses sei in unserer Gotteserkenntniß, dem, weil es durch den Geist Gottes in uns gekommen ist, eine solche unumstößliche Gewißheit beiwohnt; ich glaube nicht, daß einer, wenn er etwa zum Ueberfluß fragte, eine andere Antwort erwarten könnte, als die eine: Gott ist die Liebe. Nirgends hat der Geist gesagt: Gott ist die Gerechtigkeit oder er ist die Allmacht oder er ist die Weisheit; aber Gott ist die Liebe, das sagt er durch den Mund des Apostels, dessen Reden der getreueste Nachhall sind von den Reden des Erlösers; das sagt er noch immer durch uns alle, indem er in uns ruft: Abba der Vater, denn wo ein Vater ist, ist auch Liebe.

Wo nun der Geist aus Gott nicht redet, da ist auch diese Ueberzeugung nicht. Der Gott Israel, welcher die Missethat der Väter heimsuchen wollte an den Nachkommen bis ins dritte und vierte Glied, wurde nicht als Vater erkannt. Und unter den Heiden, wo wäre an eine väterliche Liebe des höchsten Wesens zu denken gewesen bei der vielfältigen Zerspaltung desselben, da schon einträchtige Väter nicht mehrere sein können in einem Hauswesen, viel weniger diese sogenannten Gottheiten, von denen immer eine gegen die anderen stand. Ja auch was die weisesten, für welche jene Zerspaltung eine Thorheit war, zu erreichen wußten, war immer nur, daß das höchste Wesen neidlos sei und keine Mißgunst kenne, aber wie weit noch von da zu diesem Vertrauen auf eine väterliche Liebe! — Und gewiß ist dieses das am meisten zuverlässige und wahrhaft unumstößliche in unserer Gotteserkenntniß. Denn wie könnten wir in der Freiheit der Kinder Gottes bestehen, wenn wir aus Furcht wieder Knechte sein müßten wie ehedem? Würden wir aber wankend in der Ueberzeugung, das Gott die Liebe ist: so müßte sogleich die Furcht vor einer Allmacht, über deren Gesinnung es keine Sicherheit gäbe, die leer gewordene Stelle des Herzens einnehmen. Dann schleicht auch statt der Anbetung Gottes im Geist und in der Wahrheit, eben weil sich die beseligende Wahrheit verdunkelt, wieder ein gesetzlicher Dienst des Buchstaben ein, der allemal ein Kind der Furcht ist. Giebt es aber etwas wankenderes und unsichereres als den Dienst des Buchstaben und des Gesetzes? Hier eine Regel und da eine Regel; hier ein Verbot und dort ein Verbot; hier wollen sich menschliche Zusätze überbieten, und dort zerstören klügelnde Auslegungen um die Wette, gleichviel ob es ein Buchstabe der Vorschrift ist oder ein Buchstabe der Lehre. Und wie die Welt hiervon immer voll war in den mannigfaltigsten Gestalten, und die menschliche Schwachheit sich immer wieder dazu neigt: wie bald würde das Christenthum, das Reich der Gnade und der Freiheit sich wieder zurückverwandelt haben in jene alten Formen, wenn es nicht auf dieser unumstößlichen Gewißheit ruhte! Und unzertrennlich ist dieses beides von einander, Niemand nennt Gott Vater als durch den heiligen Geist, denn niemand kennet den Vater als nur der Sohn und wem es der Sohn will offenbaren, und wiederum wo der Geist Gottes ist, da ruft er auch Vater. Was auch selbst in dem Schooß der Christenheit sich sonst wandeln möge in unserer Gotteserkenntniß, wie es menschlicher Beobachtung und menschlichem Nachdenken auch über die Offenbarungen und Wirkungen des Geistes nicht anders ziemt als wandelbar zu sein; diese Ueberzeugung, daß Gott die Liebe ist, bleibt ausgenommen von allem Wandel; sie ist nicht von Menschen her, sonst freilich entginge sie dem nicht, sondern sie ist das ursprüngliche und wesentliche Wort des Geistes in unserer Seele; und als das auf uns übertragene Wissen des Geistes Gottes um das, was in Gott ist, so ewig und unwandelbar wie der Geist Gottes selbst, wird sie auch die innerste und zuverlässigste Wahrheit unseres Daseins und in der That das, worin wir leben, weben und sind.

III. Eben so gewiß aber ist wol auch, daß, was der Geist Gottes uns mittheilt von seinem Wissen dessen, was in Gott ist, auch vollkommen hinreichend für uns sein muß. Muß es nicht frevelhaft erscheinen und zugleich verworren und widersprechend etwas Anderes auch nur denken zu wollen, wenn wir angefüllt sind von dem inhaltschweren Worte des Apostels? Wenn auch das nicht hinreichend wäre, was der Geist Gottes uns zu vernehmen giebt, so müßten wir ja noch einer andern Offenbarung harren oder wir wären die unglückseligsten Menschen! Aber wo sollte es herkommen, wenn doch aus dem Menschen selbst nur Geringeres kommen kann? Dennoch, glaube ich, werden viele, wenn sie redlich sein wollen, gestehen, daß allerdings, wenn das bisher Auseinandergesetzte alles sein solle, was der Geist Gottes uns Mittheilbares erforsche von den Tiefen der Gottheit, so genüge ihnen dieses nicht; Bedürfnisse entständen ihnen tief aus dem Herzen, Wünsche gingen ihnen auf mitten im Leben, die in jener Gewißheit ihre Befriedigung nicht fänden. Darum thut es wol Noth zu fragen, ob diese Ungenügsamkeit auch wol begründet sei, ob es sich nicht zeigen wird, daß weß den Menschen zwar gelüstet, was ihm aber nicht gegeben ist, ihm auch nicht würde zu seinem Heil gereicht haben.

Und so laßt uns denn zunächst zusehn, ob es sich in Beziehung auf das Menschliche nicht eben so verhält. Der Apostel scheint auch das, was der Geist des Menschen, der in ihm ist, allein weiß von dem Menschen, für die höchste Kenntniß des Menschen zu halten; aber viele befriedigt doch auch dieses nicht. Unsere innerste Gesinnung kennen, wissen, was sich in uns regt und uns kräftig beweget, das Grundgesetz und das Maß unsres geistigen Lebens erforscht haben, das ist schön. Es ist uns auch heilsam; denn je gegenwärtiger uns dieses ist, desto weniger werden wir versäumen uns zu hüten, wo uns Gefahr droht. Aber wie dankenswerth dieses auch sei, gar wenige werden daran genug haben. Sie möchten gern in den unerforschlichen Zusammenhang zwischen dem Leiblichen und Geistigen unserer Natur eindringen; sie möchten den ersten bewußtlosen Anfang des irdischen Daseins, diesen bedeutenden Theil unseres Lebens erforschen, der sich jedem in ein unwiederbringliches Vergessen hüllt, und von dem wir auch durch andere nur den äußerlichsten Theil kennen lernen; sie möchten auspüren, wie sich von diesen leisen Anfängen an das geistige Leben allmälig gestaltet hat; sie möchten wo möglich über die Grenzen des irdischen Lebens hinüber schauen, um zu erfahren, wie es mit diesem Geiste des Menschen in ihm stand, ehe diese irdische Wirksamkeit desselben begann, und eben so, nachdem dieser Zustand durchlaufen ist, auf welche Weise wol und in welchem Verhältniß zu ihm die schönen und tröstlichen Verheißungen des göttlichen Wortes dann werden zur Erfüllung gelangen. Von dem allen aber sagt dem Menschen der Geist, der in ihm ist, nichts; und darum klagen so viele, wie unzureichend die Kenntniß sei, welche der Mensch von sich selbst habe. Aber wozu unzureichend? Würden wir irgend einen Theil der Aufgabe unseres Lebens besser lösen? Würde irgend Etwas von dem, wogegen wir zu kämpfen haben, unkräftiger werden und leichter zu besiegen? Würden wir die Wechsel des irdischen Lebens deshalb anders ansehn? Wer, der die menschliche Seele irgend kennt, möchte es wagen, auch nur eine von diesen Fragen zu bejahen! So ist es nun auch mit dem, was der Geist Gottes, der auch in uns ist, uns offenbart von den Tiefen der Gottheit. Der Apostel sagt, wir hätten ihn empfangen, damit wir wissen könnten, was uns Gott gegeben, oder vielmehr, wie es eigentlich heißen sollte, was er uns zu Liebe und zu Gefallen gethan hat. Das ist nun nichts anderes, als wovon wir vorher schon geredet haben, ja, statt mehr, scheint es sogar weniger zu sein, und ist noch ein beschränkender Ausdruck. Denn ist Gott die Liebe, so ist auch seine schöpferische Allmacht nichts anders als der Umfang seiner Liebe: so muß auch Alles, was zu dem Werke der Schöpfung und zu dem Geschäft der Vorsehung gehört, vornehmlich aus dieser Liebe zu erklären sein. Davon haben wir freilich auch ein bestimmtes Gefühl, wenn der Geist in uns Vater ruft; aber in das Einzelne dieser Einsicht führt er uns nicht hinein, sondern was wir wissen können, ist nur das, was Gott uns zu Liebe gethan hat. Es beschränkt sich also alles, was uns der Geist von den Tiefen der Gottheit mittheilt, auf das kündlich große Geheimniß seiner Offenbarung im Fleisch. Der ewige Rathschluß der göttlichen Liebe zum Heil und zur Verherrlichung des Menschen durch die Sendung desjenigen, durch dessen Gerechtigkeit die Rechtfertigung des Lebens über alle Menschen kommen sollte*), weil Gott selbst in ihm war, um die Welt mit sich zu versöhnen**); das Dasein eines Reiches Gottes, welches die Pforten der Hölle nicht sollen überwältigen können; das Herabsteigen des Vaters mit dem Sohne, um Wohnung zu machen in den Herzen der Menschen; die Anschauung des Vaters in dem Sohne, welcher das Ebenbild seines Wesens ist und der Abglanz seiner Herrlichkeit; sehet da, dieses und was daran hängt ist die unsern Kräften und unserm Wesen angemessene Entwicklung des einen Großen, daß Gott die Liebe ist; und dieses sind die Tiefen der Gottheit, welche der Geist aus Gott uns eröffnet, daß wir wissen können, was Gott uns zu Liebe gethan hat. Aber freilich, es giebt andere Tiefen der Gottheit, welche uns der Geist Gottes nicht offenbart, nach denen uns aber eben so gelüstet wie nach dem, was der Geist des Menschen in ihm uns auch nicht offenbart über uns selbst; Geheimnisse der Schöpfung, in welche einzudringen der Geist Gottes uns gar nicht anleitet, sondern dem menschlichen Forschen überläßt, um wie Weniges in einer Reihe von Jahrhunderten unser Verstand dem unendlichen Ziele noch näher kommen wird; Geheimnisse des unzugänglichen Lichtes, in welchem nun einmal die menschliche Vernunft sich nicht baden, und welches unser Verstand nicht in seine Eimer schöpfen und in seine Formen ausgießen kann, — denn wer möchte wol von unserm menschlichen Reden über das höchste Wesen entscheiden, wie nahe es der eigentlichen Wahrheit seines Daseins kommt? — Geheimnisse der Einwohnung, indem es nicht nur von denen, welche das Wehen und Brausen des göttlichen Geistes nur von außen her vernehmen, sondern auf mancherlei Weise auch von denen gilt, welche sein Treiben und Walten in sich haben und kennen, daß sie nicht immer wissen, woher er kommt und wohin er fährt. Ueber alles dieses hat der Geist für uns nur unausgesprochene Seufzer, und wie wir uns müssen genügen lassen in Beziehung auf die Tiefen unseres eigenen Wesens, so mögen wir auch zufrieden sein, in die Tiefen und den Reichthum der göttlichen Gnade hineinzuschauen, ohne zu begehren, daß unser Unvermögen die Tiefen des göttlichen Wesens zu ergründen möge von uns genommen werden. Ja, ohne daß seine Offenbarungen sich weiter

---

*) Röm. 5, 18. — **) 2. Kor. 5, 8.

erstrecken, können wir die gesegnetesten Werkzeuge des göttlichen Geistes sein. So ausgerüstet vermögen wir nach dem Wort des Erlösers in der Kraft des Geistes zu zeugen von ihm, die Welt zu strafen um die Sünde und ihr dies darzustellen als den Inbegriff der Sünde, daß sie nicht glaubet an ihn; wir vermögen ihr zu verkündigen, daß nun alle Gerechtigkeit erfüllt ist und alle Mängel ergänzt sind, indem, seit der Erlöser zurückgekehrt ist zum Vater, nun sein Geist in der Gemeinschaft der Gläubigen wohnt; ihr aufmunternd zuzurufen, daß nun das Reich Gottes befestiget und der Eingang dazu allen eröffnet, der Fürst dieser Welt aber gerichtet ist. Dies Wort zu predigen, diese Ueberzeugung zu verbreiten, das ist unser aller gemeinsames Tagewerk in dem Weinberge des Herrn; und es fehlt uns nichts, um es zu verrichten, denn wir können wissen, was Gott uns zu Liebe gethan hat. Sehen wir aber nicht auf das Werk, welches wir zu verrichten haben, sondern auf den Frieden, welcher uns verheißen ist; o wir können ihn in Fülle genießen durch das, was uns der Geist Gottes offenbart von den Tiefen der Gottheit. Es fehlt uns nichts zu der seligsten Gemeinschaft, in welcher wir mit Gott stehen, wenn uns der Geist aus Gott die Liebe Gottes als die innerste Tiefe seines Wesens offenbart; es fehlt uns nichts, wenn uns klar geworden ist der liebevolle Rathschluß, der sein väterliches Herz bewegt hat gegen das menschliche Geschlecht von Anfang an; es fehlt uns nichts, wenn doch alle Gebrechen unserer Natur geheilt werden können durch die Fülle der Gottheit, die in Christo, der gleicher Natur mit uns theilhaftig ist, wohnte; wenn doch durch ihn der Geist aus Gott als eine belebende und stärkende Kraft sich über alle, die an Christum glauben, verbreitet, ihnen den Erlöser verklärt und ihnen in ihm den Vater vergegenwärtigt. Wie sollte ein solcher Zustand nicht die vollkommenste Befriedigung des Gemüthes sein, so daß uns kein wesentlicher Mangel in unserm geistigen Leben zurückbleibt, da doch aus dieser Gemeinschaft mit Gott alle die herrlichen Früchte des Geistes hervorgehen müssen, an denen sich die Aehnlichkeit mit Gott ausspricht! Wie sollten wir mit dem Bewußtsein dieser Gemeinschaft nicht auch getrost aus diesem irdischen Leben, da wir das ewige schon in uns tragen, zur bestimmten Stunde scheiden und uns mit voller Zuversicht in die Arme der ewigen Vaterliebe werfen, die wir lebendig erkennen, oder vielmehr die uns anerkannt hat und uns den Geist gegeben als das Unterpfand für alles, was wir noch zu erwarten haben.

So dürfen wir denn nach nichts weiter verlangen; der Rathschluß Gottes ist erfüllt; was die ewige Liebe den Menschen geben konnte, ist uns geworden durch den Erlöser und durch den Geist der Wahrheit und des Trostes, den er ausgegossen hat über die Seinigen. Diesen festhalten, auf daß er sich auf das Innigste vermähle mit dem Geist des Menschen, der in ihm ist, und uns eben sowol die Tiefen unseres eigenen Wesens gründlicher und tröstlicher als jener enthülle, als er uns die Tiefen der Gottheit aufthut, welche auszuspüren der eigne Geist in uns zu schwach gewesen wäre; diesen Geist aus Gott gewähren lassen, daß er sich alle unsere Kräfte zu seinen Werkzeugen ausbilde, damit wir selbst in seinem Lichte alles sehen und mit demselben alles um uns her erleuchten, und damit die Liebe zu Gott und Christo, welche er ausgießt in unsre Herzen, sich auch überall als geistig hülfreiche und beseligende Liebe zu unsern Brüdern erweise, und so das Reich Gottes, dessen Bild als eines Reiches der Wahrheit und der Liebe er in unsern Seelen verzeichnet und immer wieder auffrischt und erneuert, auch von uns ins Leben eingeführt und immer weiter gefördert werde: gewiß eine größere Aufgabe können wir uns nicht stellen und also auch nicht lösen in unserm ganzen irdischen Leben! Darin haben wir den Frieden und die Seligkeit, welche der Herr den Seinigen verheißen hat; darin hört alles Mühseligsein und Beladensein auf, welches wol unstreitig der rechte Ausdruck ist für den früheren Zustand der Menschen, betrachten wir ihn nun als einen Zustand unter dem Gesetz oder unter der Sünde; dadurch ist alles Verlorne gefunden und wiedergebracht in die lebendige Gemeinschaft mit dem, der sich uns offenbart hat in seinem Sohn, und dem mit diesem Geiste aus Gott, den er uns gegeben hat, sei Preis und Ehre und Herrlichkeit in Ewigkeit. Amen.

XVII.
Wer und was gehört in das Reich Gottes?

Am Trinitatisfeste.

Meine andächtigen Freunde. Seitdem wir das Fest der Auferstehung unsers Herrn begingen, haben wir gesehen, wie er in der Zeit, die ihm bis zu seiner gänzlichen Erhebung von dieser Erde noch übrig blieb, darauf bedacht war, seinen Jüngern noch Unterweisungen mitzutheilen für den großen Beruf, zu welchem er sie erwählt hatte, für alles übrige aber sie an den Geist verwies, der über sie sollte ausgegossen werden, und der es von dem Seinigen nehmen würde und ihnen verklären. Dieses Fest der Ausgießung des Geistes über die Jünger des Herrn und durch sie über seine ganze Gemeinde haben wir in den letzten Tagen mit einander gefeiert und so den Kreis unserer kirchlichen Feste geschlossen. Der heutige Sonntag ist gleichsam ein Anhang zu demselben, dazu bestimmt, daß wir, in dem Bewußtsein, daß Gott in Christo war und daß der Geist, den der Erlöser den Seinigen ertheilt hat, aus Gott ist, Alles, was uns an jenen Tagen Großes bewegt hat, zusammenfassen und so in die zweite, nicht durch so bedeutende Tage ausgezeichnete Hälfte unsers kirchlichen Jahres übergehn, um alles, was wir aus dem Worte Gottes schöpfen, unmittelbarer auf unsern gemeinsamen Beruf anzuwenden. Dies ist aber kein geringerer, als derselbe, in welchem vom Tage der Pfingsten auch die Jünger des Herrn beschäftigt waren, nämlich seiner Anweisung gemäß sein Reich auf Erden zu gründen und Allen, die da herkommen wollten zu verkündigen Vergebung der Sünden in seinem Namen. Wie sie dabei zu Werke gehen sollten, das hat eben jener Geist ihnen eingegeben, indem er sie erinnerte, alles dessen, was ihr Herr und Meister ihnen gesagt hatte, und indem er ihnen das, was sie oft in jener Zeit nicht genugsam verstanden hatten, näher erklärte. Wie nun dieses heilsame Geschäft des Geistes ununterbrochen seinen Fortgang hat, so daß er von Zeit zu Zeit Christum mehr verherrlichet und immer, was manche unrichtig verstehen, von den uns aufbehaltenen Worten Christi, anderen genauer erklärt, so wird nun auch immer noch von allen dasselbe gefordert, nur daß einige den Schauplatz ihrer Wirksamkeit mehr öffentlich haben und im Großen, andre aber auf einen engeren Kreis beschränkt sind. Immer bleibt es doch dabei, wir sind der Jünger Mitgenossen geworden nicht nur um die Gaben des Reiches Gottes zu genießen, sondern auch um es wie sie an unserm Theil zu fördern und auszubreiten. In diesem Sinne hat auch der Erlöser in dem Gebet, womit er selbst seine öffentliche Wirksamkeit beschloß, seinem und unserm himmlischen Vater nicht nur seine damaligen Jünger anbefohlen, sondern alle die, welche durch ihr Wort an ihn gläubig werden würden. Soll nun dieses Gebet immer mehr an uns in Erfüllung gehen, und fühlen wir uns hierzu gestärkt durch den aufs neue vollbrachten Kreislauf unserer Feste: so ist natürlich, daß wir uns für unsere beginnenden unfestlichen Betrachtungen die Frage vorlegen, was wir im Reiche Gottes zu leisten haben. Um uns nun diese zu beantworten, müssen wir auf alles zurückgehen, was wir in den Reden des Herrn an seine Jünger als Anweisung für ihr großes Geschäft, daß sie das Reich Gottes bauen sollen, anzusehen haben. Das soll mit Gott der Inhalt unsrer vormittäglichen Betrachtungen während des übrigen Theiles dieses kirchlichen Jahres sein. Aber sollen wir die einzelnen Vorschriften, die darüber der Herr seinen Jüngern gegeben hat, zu unsrer Erbauung und zur wahren und ihm gefälligen Förderung unseres Tagewerkes benutzen: so ist uns wol vorher ein allgemeiner Unterricht über das Wesen des göttlichen Reiches nothwendig; wir müssen uns darüber verständigen, wo es ist und wo es nicht ist; wir müssen diejenigen zu unterscheiden wissen, deren Mitwirkung wir uns zu erfreuen haben, und diejenigen, die wir selbst erst herzubringen sollen zu dem Reiche Gottes; wir müssen bei der großen Mannigfaltigkeit menschlicher Thätigkeiten nicht in Gefahr kommen, diejenigen, durch welche das Reich Gottes gefördert wird, mit solchen zu verwechseln, welche demselben fremd sind und sich nur auf die Dinge dieser Welt beziehen. Einen solchen allgemeinen Unterricht laßt uns heute in den Worten der Schrift aufsuchen und sie zum Grunde aller unsrer folgenden Betrachtungen nehmen.

Text: 1. Korinth. 12, 3—6.

Darum thue ich euch kund, daß Niemand Jesum verfluchet, der durch den Geist Gottes redet: und Niemand kann Jesum einen Herrn heißen, ohne durch den heiligen Geist. Es sind mancherlei Gaben, aber es ist Ein Geist. Und es sind mancherlei Aemter, aber es ist Ein Herr. Und es sind mancherlei Kräfte, aber es ist Ein Gott, der da wirket alles in allen.

Es ist wol leicht zu sehen, daß die verlesenen Worte des Apostels einen solchen allgemeinen Unterricht über das Reich Gottes enthalten, wie wir ihn vorher gewünscht haben. Denn überall ist das Reich Gottes, wo der Geist Gottes redet und wirkt; und indem also der Apostel uns genauer unterrichtet, wer durch den Geist Gottes redet und wer nicht, so erfahren wir dadurch zugleich, wer schon dem Reiche Gottes angehört und dessen Wohlfahrt im Auge hat bei allen Handlungen und Beschäftigungen, welche irgend eine nähere Beziehung haben auf Gott und auf seine Offenbarungen im Evangelio. Erinnert uns also der Apostel an die Gaben, für welche es in aller ihrer Mannigfaltigkeit nur einen und denselben Geist giebt, an die Aemter, die uns alle auf einen und denselben Herrn zurückweisen, an die Kräfte, welche alle Gott allein in allen wirkt: so bezeichnet er uns dadurch alles dasjenige, was zu dem Reiche Gottes gehört, in seinem Unterschiede von allem, was sonst die Menschen in dieser Welt thun und treiben. Und unstreitig sind dies die beiden Punkte, die das Wesen eines solchen allgemeinen Unterrichts von dem Reiche Gottes ausmachen, der erste, daß wir wissen, wer in demselben sei und wer nicht, und der andere, daß wir wissen, was für Thätigkeiten und Geschäfte zu dem Reiche Gottes gehören und welche nicht. Auf dies beides laßt uns jetzt nach Anleitung unsers Textes unsre andächtige Aufmerksamkeit richten.

I. Wie lautet nun der Unterricht des Apostels über den ersten Punkt, wer nämlich den Geist Gottes schon habe und aus ihm rede und wer nicht? Niemand kann Jesum einen Herrn heißen ohne durch den heiligen Geist. Wer also Jesum einen Herrn heißt, der hat den Geist Gottes und gehört seinem Reiche an. Niemand verflucht Jesum, der durch den Geist Gottes redet; wer sich also von Jesu trennt und lossagt ganz oder theilweise, durch äußerliches Bekenntniß oder durch bewußten innern Widerspruch, der hat den Geist Gottes nicht und gehört also auch nicht zum Reiche Gottes; das ist in der Kürze der Unterricht des Apostels. Sehet da, wie innig und genau er verbindet den Gegenstand unserer früheren auf die Person des Erlösers und den unseres letzten auf den göttlichen Geist bezüglichen Festes! Christus aber hat uns den Vater kund gemacht, und der Geist verklärt uns Christum, also auch die wahre Kundmachung des Vaters: und so finden wir hier, was die Bezeichnung des heutigen Tages begründet als den Kern alles Unterrichtes darüber, wer zum Reiche Gottes gehört oder nicht.

Aber wie es gewiß unter unsern Mitchristen gar viele geben wird, so vielleicht auch unter uns doch manche, die sich in diese schlichte Kürze, in diese weite Umschließung nicht finden können, sondern fürchten werden, wenn diese Worte sollten eine zureichende, nämlich die ganze Unterscheidung aussprechen: so würden wir gar vieles Unkraut nicht nur stehen lassen unter dem Weizen, denn das hat der Herr selbst geboten, sondern auch für Weizen ansehn. Wie, so höre ich manchen bei sich selbst zweifeln, der Herr selbst hat gesagt: Wer nicht für mich ist, der ist wider mich; wer nicht mit mir sammelt, der zerstreuet*): und wir sollten sagen, schon wer ihm nicht fluche, wer keine entschiedene in ihm selbst ausgesprochene Widrigkeit gegen ihn hege, sei für ihn und sende mit ihm in das Reich Gottes? Der Herr selbst hat gesagt: Nicht alle die zu mir sagen Herr Herr werden in das Himmelreich kommen, sondern die den Willen thun meines Vaters im Himmel**): und wir sollten sagen: Wer nur Jesum einen Herren heißt, der ist schon im Reiche Gottes? Bevölkern wir es nicht auf diese Weise mit allem, die von einer Erlösung nichts wissen wollen und sich nur gegen Jesum der gewöhnlichen Achtung, die uns jeder erleuchtete und geisteskräftige Mann einflößt, nicht erwehren können? nicht mit allen, die gar vielem von Herzen fluchen, was sich aus der Lehre und dem Wirken Christi auf die natürlichste Weise entwickelt hat, und nur grade in seinen eignen Worten und Handlungen, soviel sie deren für rein und sicher überliefert halten, nichts finden, was sie mit einem deutlichen und unverkennbaren Widerwillen erfüllt?

Wie nun, meine geliebten Freunde, wenn wir zu diesen wohlmeinenden aber ängstlichen Brüdern sagten: Wol, entschließt euch nur immer dem Worte des Apostels, der soviel für das Reich Gottes gewirkt hat, schlicht und einfältig zu folgen! öffnet die Thüren und laßt diese insgesammt hinein; je weniger wir sie ausschließen, um desto sicherer werden sie früher oder später in einem noch höheren Grade die unsrigen werden, als sie es schon sind. Wäre das wol etwas anderes als ein Wort der Liebe, das von Gott nicht könnte ungesegnet bleiben? und gäbe es wol einen natürlicheren Fortgang der Sache, als daß, wenn wir sie nun in Liebe aufgenommen hätten, wir dann auch mit ihnen gemeinschaftlich in Liebe die Wahrheit suchten? und die Wahrheit werde dann gewiß alle immer mehr frei machen, also auch die einen von ihrem ängstlichen Wesen und die andern von ihren schwachgläubigen Zweifeln. Eine solche Zuversicht ist gewiß mit dem Glauben an den Erlöser in keinem Widerstreit, und ein solches Bestreben kann keines seiner Worte gegen sich haben. Denn wir sammeln ja auf diese Weise für ihn und verhüten die Zerstreuung und können mithin auch gewiß sein, daß wir daran den Willen seines himmlischen Vaters vollbringen.

Wenn aber doch ein Schein wenigstens vorhanden ist, als ob die

---
*) Matth. 12, 30. Luk. 11, 23. — **) Matth. 7, 21.

Worte des Apostels den eignen Worten des Erlösers widersprächen: so laßt uns genauer zusehn, wie es damit steht. Hat der Herr freilich gesagt: Wer nicht für mich ist, der ist wider mich: so hat er selbst bei einer andern Gelegenheit auch zu seinen Jüngern gesagt: Es ist niemand, der eine That thue in meinem Namen und möge bald übel von mir reden. Wer nicht wider uns ist, der ist für uns*). Dies hat er wie ihr wißt gesagt, als Johannes ihm meldete, es habe einer in seinem Namen böse Geister ausgetrieben, und die Jünger hätten ihm wehren wollen, weil er nicht mit ihnen gewandelt sei. Und dies findet gewiß hier seine Anwendung, denn wie manche böse Geister werden nicht schon ausgetrieben in dem Namen Jesu auch durch einen solchen halben Glauben und von solchen, die nicht in allen Stücken mit uns wandeln! Jenes aber: Wer nicht für mich ist, der ist wider mich, sagte er, als ihn seine Widersacher beschuldigten, er treibe die Teufel aus durch den Obersten der Teufel**). So war denn in demselben Sinn, in welchem diese wider ihn waren, der für ihn und sammelte mit ihm, der die Geister in seinem Namen austrieb und gehörte mit zu den Kindern des Volkes Gottes, welche die Richter sein sollten von jenen Lästerern***). Und so stimmt denn auch dieses Wort des Herrn gar wol mit dem Worte des Apostels: Wer Jesu fluche, der rede nicht durch den Geist Gottes. Wenn aber Christus selbst sagt, daß nicht alle ins Himmelreich kommen werden, welche Herr Herr zu ihm sagen, sondern nur die den Willen seines Vaters im Himmel thun: so sagt er anderwärts: Das sei der Wille des Vaters, daß sie an den glauben sollten, den er gesandt habe. Und wenn es freilich in den Tagen, wo Christus auf Erden wandelte, eine Achtung gegen ihn geben konnte als einen mit wunderthätigen Kräften ausgerüsteten Tröster der Leidenden, als einen großen und gewaltigen Lehrer, als einen Nachhall und Wiederbringer der ehemaligen Gabe der Weissagung: so kann doch jetzt, da wir nicht mehr an jenes vereinzelte und beschränkte persönliche Wirken gewiesen sind, sondern in der Gesammterfahrung der Gläubigen und in dem Fortbestehen der christlichen Kirche das zusammenhängende Ergebniß vor uns haben, und bei uns, die wir uns nicht leicht, sondern immer nur in besonderen Beziehungen nach dem Namen eines andern Menschen nennen, eine solche Achtung wie jene nicht der Grund sein, daß wir uns nach Christi Namen nennen; also giebt es auch jetzt, wie Paulus sagt, kein Jesum einen Herrn nennen, wenn doch irgend ein Gedanke dem Wort entsprechen muß, dem nicht ein wenngleich oft unvollkommner Glaube an ihn zum Grunde läge. Denn fragen wir uns nur, woher kann es denn ein Mensch haben, daß er Jesum einen Herrn nennt in diesem auch von Paulus schon gemeinten Sinne, daß er sich durch ihn will bestimmen lassen? muß nicht auf jeden Fall das schon in ihm geschwächt sein, weshalb von Anfang an das Kreuz Christi einigen ein Aergerniß war und andern eine Thorheit? Denn dies bei-

---

*) Mark. 9, 39, 40. — **) Matth. 12, 24. — ***) Matth. 12, 27.

des verträgt sich doch nicht mit den Regungen einer bemüthigen Ehrfurcht. Die veränderliche und ihrem Ansehn nach vergängliche Weisheit einer bestimmten Zeit ist es nicht. Die in ihrer Allgemeinheit sich selbst verherrlichende menschliche Vernunft ist es auch nicht, denn diese sucht vielmehr Christum zu sich selbst herabzuziehen. So ist es also nur, wenngleich noch nicht recht verstanden, noch nicht in seinem ganzen Umfange aufgefaßt, immer aber doch das Zeugniß des göttlichen Geistes. Lebt dieser nun auch in uns wie in dem Apostel, so werden wir auch dessen Ausspruch beistimmen. Es ist das demüthige Bewußtsein, wie selbstgenügsam der Mensch ist, so lange er sich selbst überlassen bleibt, es ist die dankbare Anerkennung dessen, was wir nur durch diesen Geist vermögen, wenn wir mit Paulus sagen: Wer Jesum einen Herrn nennt, der redet durch den Geist Gottes und ist nicht mehr fern von dem Reiche Gottes. Ja je mehr wir mit liebevoller Aufmerksamkeit in diesem Reiche Gottes umherschauen, desto mehr werden wir bezeugen können, wieviel schon auf die Mitwirkung eines solchen zu rechnen ist, der Jesum einen Herrn nennt und also durch sein Zeugniß dieselbe Ehrfurcht auch in andern zu erwecken sucht, nicht zerstreuend in der That, sondern sammelnd. So stimmen also auch hier Christus und Paulus, der Jünger und der Meister vollkommen wol mit einander überein, und Paulus hat Recht zu sagen, wer Christum einen Herrn nenne, sofern es nicht ein ganz leeres Wort ist, und mit solchen hat der Geist Gottes überall nichts zu thun, der thue es durch den heiligen Geist.

Und konnten wir auch wol mit Recht von dem Apostel oder von dem Erlöser etwas anderes erwarten als eine solche Milde, eine solche Nachsicht und Freigebigkeit in der Bestimmung, wer zum Reiche Gottes gehöre und wer nicht? Oder ist etwa von eben dieser Milde der geringste Nachtheil zu befürchten, wenn wir nur das festhalten, was wir ja immer und bei jeder feierlichsten Gelegenheit am lautesten bekennen, daß niemand sich einen Christen nennt weil er vollkommen ist, sondern nur weil er es in der Gemeinschaft mit Christo immer mehr werden will. — Aber freilich ein anderes ist die Frage, ob ein Mensch ganz und gar mit allem was er ist und thut dem Reiche Gottes angehöre. Denn da könnte uns die Milde und die Nachsicht höchst verderblich sein, wenn wir, gleichviel ob uns selbst oder andere in Beziehung auf solche Augenblicke der Schwäche oder des Widerspruchs, wo das Fleisch einen Vorwand genommen hat und wir uns irgendwie der Welt gleich gestellt haben, zu nachsichtig und gelind beurtheilen, als ob auch dieses alles den Ordnungen des göttlichen Reiches gemäß sei. Wenngleich nun dieses eigentlich dem zweiten Theil unserer Betrachtung angehört: so vergönnt mir doch hier zur Stelle einige Worte darüber, daß die Milde in jener Hinsicht, und zwar grade so wie sie sich in den Worten unseres Textes ausspricht, dieser heilsamen Strenge gar nicht in den Weg tritt, sondern vielmehr die Grundzüge zu derselben schon in sich schließt.

Höret noch einmal den Apostel, wie er sagt: Niemand der durch den Geist Gottes redet verflucht Jesum! Fluchen wir aber nicht allem in dem Maß, als wir sei es nun mit Recht oder Unrecht meinen, daß unser Wohlsein dadurch gefährdet werde? So oft wir also eine Forderung Christi eine harte Rede schelten, weil sich etwas in unserm Innern dagegen empört mit ihm zu leiden: so steht es in einem solchen Augenblick nicht besser mit uns als mit jenem Jünger, zu welchem der Herr sagen mußte: Hebe dich weg von mir, denn du suchest nicht was göttlich, sondern was menschlich ist*). So oft wir trägen Herzens genug sind um uns zu ärgern und — wäre es auch nur eine vorübergehende Verstimmung — deshalb nicht mehr mit ihm wandeln zu wollen, weil es uns noch nicht gelungen ist den rechten Geist und das volle Leben in manchen seiner Worte zu entdecken, da wir doch nur nicht ablassen sollten zu fragen und zu forschen: so sind wir schon nicht mehr davon erfüllt, daß er allein Worte des Lebens hat, wir sind also auch nicht mehr von dem Gefühl seiner Gewalt über uns als einem seligen durchdrungen, sondern wir tragen sie unwillig als ein Joch, dem wir uns gern entzögen; wir segnen ihn also nicht in solchen Augenblicken, sondern es lebt und wirkt etwas in uns außer dem Geiste Gottes. Wenn also der Apostel weiter sagt: Niemand kann Jesum einen Herrn nennen ohne durch den heiligen Geist: nun so sagt er auch, daß wenn wir irgend einmal in irgend einer Beziehung ihn nicht einen Herrn nennen, wenn wir etwas für uns haben möchten in unserer Seele und unserm Leben, als ob sich darauf seine Herrschaft nicht erstrecke, so hänge diese Unfähigkeit Jesum einen Herrn zu nennen mit einem Schweigen des göttlichen Geistes zusammen, der also in solchen Augenblicken uns nicht treibt, sondern eher von uns gewichen ist, ohne den wir aber doch keine Wirksamkeit in dem Reiche Gottes ausüben und also auch nicht eigentlich in demselben sein können. Wenn wir ihm, der uns doch so herrliche Verheißungen ausgesprochen hat, daß ohne den Willen seines Vaters kein Haar von unserm Haupte fallen könne, daß was er den Vater bitten werde der Vater ihm auch gewähre, und daß er als ein guter Hirte, wie er sein Leben für seine Schafe gelassen, so auch noch jetzt auf nichts anders als nur auf ihr Wohl bedacht sei; wenn wir ihm nun dennoch nicht vertrauen, sondern ihn meistern wollen, und bald dieses bald jenes in der Art wie er die ihm übergebene Gewalt gebraucht uns nicht recht ist: so nennen wir ihn nicht unsern Herrn, weil wir uns ja beurtheilend über ihn stellen, und auch das ist dann nicht durch den heiligen Geist geredet, wie es auch gewiß unserer Wirksamkeit in der Gemeinde des Herrn nicht förderlich ist.

Dieses ernste Wort der Warnung, diese strenge Regel der Selbstprüfung hat der Apostel in seine Worte hineingelegt. Wie stärkend und demüthigend zugleich, daß er alles, was in unserm Leben die ehr-

---

*) Matth. 16, 23.

furchtsvolle Hingebung an den Erlöser ausdrückt, nicht uns selbst, sondern dem göttlichen Geiste zuschreibt! wie ähnlich dem Erlöser selbst, der, als Petrus im Namen der übrigen Jünger das Bekenntniß ablegte: Wir glauben du bist Christus der Sohn des lebendigen Gottes, zu ihm sprach: Das hat Fleisch und Blut dir nicht offenbart, sondern mein Vater im Himmel. Demüthigend, aber deshalb auch immer fester uns an die Hülfe anlehnend, die allen schon immer bereit ist, wirkt die Ueberzeugung, daß auch zu diesem aber freilich höchst fruchtbaren und alles andere aus sich entwickelnden Anfang der christlichen Gottseligkeit der Mensch nicht anders gelangt als durch den Geist Gottes. Stärkend und ermuthigend wirkt das Bewußtsein, daß es der unendlich reiche unerschöpfliche Geist aus Gott ist, von dem uns dieses kommt, und daß vom ersten Anbeginn an alles, was er in uns wirkt, uns als ein Unterpfand gegeben ist für das Größere und Vollkommnere, was er noch wirken wird. Wie abschreckend, aber eben deshalb wie heilsam, daß er uns für alles, was nicht aus dieser einen göttlichen Quelle entspringt, gleich das schauderhafte Ziel der Trennung und des Abfalls vorhält und uns eben deshalb auch auf denselben Grund des Verderbens zurückführt, welcher auch in den Tagen des Erlösers die Wirkung hervorbrachte, daß der Fürst des Lebens getödtet, der Fels des Heils verworfen, der immer Segnende mit Bann und Fluch belegt ward! Ist eine Lust und Liebe in dir, welche mit deinem heiligen Verhältniß zu Christo, mit deiner treuen Theilnahme an seinem Werk, mit der Freude deiner Seele an ihm sich nicht verträgt: hüte dich und nimm dein selbst wahr! du bist auf dem Wege dem zu fluchen, den du jetzt noch segnest, aber von dem du dich doch in diesen unglücklichen Augenblicken noch fern fühlst.

Und in der Verbindung dieser Strenge mit jener Milde müssen wir ja wol recht den Sinn und die Weise des Apostels erkennen, der so ausgezeichnet viel zur Gründung und Verbreitung der christlichen Kirche gewirkt hat; den Sinn also auch und die Weise, welche unserm erhaltenden und berichtigenden Handeln in derselben zum Grunde liegen müssen. Er ist, daß ich so sage, geizig auch auf das kleinste, was aber doch eine Wirkung des göttlichen Geistes in den menschlichen Seelen ist; er will uns lehren auch das Geringste dieser Art zu beachten und zu Rathe zu halten, damit wir nicht als faule Knechte erfunden werden, denen es ein zu geringes war über weniges getreu zu sein. Ein mit Unterscheidung von jedem blos menschlichen Ansehn ausgesprochenes ehrfurchtsvolles Bekenntniß seines Namens, ein demüthiges Ergriffensein von dem Erhabenen in seinem persönlichen Leben und Wirken, ein dankbares Anerkennen der segensreichen Erfolge des Amtes, das die Versöhnung predigt, und der großen Wirkungen, welche die Gemeinschaft der Christen in dem menschlichen Geschlecht hervorgebracht hat; wenn auch dies alles noch so unvollkommen wäre, daß es uns keinesweges genügen kann, um uns von Herzen und ungetrübt daran zu erfreuen: es ist doch schon eine Wirkung und ein Zeugniß des göttlichen Geistes, es ist uns hingegeben in den Kreis unseres Wirkens und Lebens, um mehr daran zu knüpfen und besseres daraus zu gestalten. Wir sollen einen solchen, in dem der Geist Gottes sich schon wirksam bewiesen hat, nicht loslassen, damit er noch mehr mit uns sammle, indem er diejenigen bekämpft, die auch er schon bekämpfen kann; in seiner eigenen Seele und in dem großen Zusammenhange des christlichen Lebens sollen wir etwas aufzuweisen haben, wenn der Herr kommt, was erworben ist durch unsere Verbindung mit denen, die wir so an der Schwelle und in der Vorhalle des göttlichen Tempels finden. Aber mit dieser die Menschen freundlich umfassenden und eben so reisen und fruchtbaren Sparsamkeit verbindet er nun eine scharfe Unterscheidung der menschlichen Zustände und lehrt uns auch in dem unchristlichen und fremdartigen, welches, weil es unbedeutend erscheint, nur zu leicht unerkannt mit durchläuft, die Aehnlichkeit mit dem gefährlichsten und verderblichsten erkennen und herausschmecken. Und wie wir nun einander empfohlen sind zu der gleichen Liebe, mit welcher Christus uns alle geliebt hat, und also trachten sollen uns mit einander für ihn immer mehr zu reinigen: so sollen wir nichts an einander dulden oder es gleich zu bestreiten suchen, was einer Verringerung des Ansehns Christi, einer Verkleinerung seiner Herrschaft auch nur von fern ähnlich sieht. Auch das geringste der Art, wovon unser innerstes Gefühl uns sagt, es sei nicht nach dem Willen und aus dem Geiste Gottes gethan, soll uns erscheinen als ein herannahendes Fluchen Christo. Und dieses beides, jene umfassende Liebe auf der einen Seite, und diese Strenge, die sich um desto mehr bewährt, je mehr sie dieselbe ist gegen uns selbst und gegen die, welche wir als uns selbst zu lieben berufen sind: dies beides zusammen ist die richtige Erkenntniß und Bestimmung der Grenzen des Reiches Gottes auf Erden, in welcher allein wir zugleich den richtigen Maßstab finden für unsern Dienst in demselben. Keinen ganz davon ausschließen, der Jesum einen Herrn nennt, jeden aber nur in so weit für schon demselben angehörig ansehen, als der Geist Gottes in ihm wirksam ist, sofern er aber nicht darin ist, ihn hineinzubringen suchen: das ist, jenes der Grund und dieses das Ziel unserer Thätigkeit. — Und nun fehlt uns nur noch

II. auch die Frage aus den Worten des Apostels zu beantworten, ob alle menschlichen Thätigkeiten, oder welche nur und welche nicht in einer Beziehung stehen zu dem Reiche Gottes.

Gewiß, meine geliebten Freunde, werden wir alle geneigt sein zu antworten, daß auch hier nichts auszuschließen sei und wegzuwerfen, sondern wenn nur auf die rechte Art verrichtet alles, was dem Menschen im wahren Sinne des Wortes natürlich ist, auch in das Reich Gottes auf Erden gehöre. Denn wäre es anders, müßte dann nicht der Geist Gottes, wenn er einen Menschen regieren will, damit anfangen, die menschliche Natur in ihm zu verstümmeln? Und das ist ein finstrer Wahn, den wir ja bekennen, lange abgeworfen zu haben. Und daß wir auch darin die Meinung des Apostels theilen, sehen wir ganz deutlich aus einem andern Worte desselben, Alles, was ihr thut, das thut zur Ehre Gottes*). So meint er also, es lasse sich alles, was es auch sei — und er schließt auch Essen und Trinken, das alltäglichste und untergeordnetste nicht aus — zur Ehre Gottes thun, und es kommt ihm nur auf die Art an, wie alles geschieht. Was aber zur Ehre Gottes geschehen kann, das soll auch in seinem Reiche geschehen, denn dies ist ja vorzüglich der Ort, wo seine Ehre wohnt. Nichts menschliches also soll so wie es zur Ehre Gottes geschehen kann, aus seinem Reiche ausgeschlossen sein, damit sich die Fülle seiner Ehre darin offenbare, wie es auch hernach heißt: Daß alle Gaben sich erweisen sollen zum gemeinen Nutzen. Wir sollen also diesem Reiche angehören mit unserm ganzen Leben, mit allen seinen Geschäften und Freuden, ohne irgend etwas davon auszunehmen, was nicht eben deshalb unser unwerth ist, weil es zur Verherrlichung Gottes so nicht gereichen kann. Und mit diesem Ausspruche des Apostels werden wir auch die Worte unsres Textes in Uebereinstimmung finden, und sie werden uns näher betrachtet, die rechte Anleitung geben, jenen Ausdruck richtig zu verstehen und gehörig anzuwenden.

Laßt uns zuerst merken, was der Apostel meint, wenn er sagt: Es sind vielerlei Gaben, aber es ist Ein Geist. Was also eine wirkliche Gabe ist, worin der eine Geist sich zeigt, das soll auch alles sein in dem Reiche Gottes. Wenn er aber Gabe sagt, so meint er natürlich Gottes Gabe. Nun ist freilich alles, was der Mensch zu seinem Gebrauch empfangen hat, Gottes Gabe, auch die äußeren Dinge, die er sich aneignen und zurichten kann; hier aber in Verbindung mit dem Geist kann doch nur die Rede sein von den eigenen Kräften und Vermögen des Menschen selbst, welche auch über die äußeren Dinge schalten. Warum nennen wir sie aber so oft Naturgaben, meine geliebten Freunde, als weil wir nicht immer und überall den Muth haben, sie Gottesgaben zu nennen! Wohl wissend, daß so wie was im wahren und vollen Sinne des Wortes ein Gotteswort sein soll, auch ein wirksames, schaffendes und hervorbringendes sein muß; so auch, was im höchsten Sinn eine Gottesgabe sein soll, ein wahrhaftes und unzweideutiges Gut sein muß. Und dürften wir das wol behaupten von diesen natürlichen Gaben und Kräften des Menschen, wie wir sie überall zerstreut antreffen? Können wir oft etwas anderes darin entdecken als eine sinnliche Gewalt? Sehen wir nicht oft die Edelsten doch nur auf das Niedere gewendet oder gar dem Bösen zugekehrt? Aber in diesem Zustande freilich sind sie auch nicht die Gaben, in denen ein und derselbe Geist lebt, sondern gar verschiedene Geister sind in ihnen zum Streit gegen einander gekehrt. Nicht etwa nur auf dem großen Schauplatz aufgeregter Leidenschaften, wo Gewalt und List sich gegenseitig bekämpfen, wo Hoffarth und Niederträchtigkeit entgegengesetzte Künste aufbieten, um einander das gemeinschaftliche Ziel abzugewinnen, sondern

---

*) 1. Kor. 10, 3.

denkt euch immer das Bessere und Schönere, keine zerstörende Feindseligkeit, keine verzehrende Selbstsucht, nicht einmal die gewöhnliche kleinliche Plage empfindlicher Eitelkeit; doch werdet ihr euch einen eifersüchtigen Wettstreit nicht hinwegdenken können. Wo ihr einen seht mit einer Gabe vorzüglich ausgestattet, welcher Art sie auch immer sei, da werdet ihr auch eine parteiische Vorliebe finden. Auf dieser Eigenschaft soll dann vorzüglich das Gedeihen des Guten und Schönen beruhen; ihr sollen überwiegend alle Hülfsmittel im Ueberfluß zugewendet werden, ihren Erweisungen und Erzeugnissen vor allen andern Lob und Beifall gezollt. Ist nicht jede solche ausschließende Anlage eine Geringschätzung der übrigen? Und wenn wir auch nicht selten Menschen finden, die mannigfaltiger ausgerüstet und, auf mehreres gestellt, sich mit wechselndem Geschmack jetzt auf dieses, dann auf jenes werfen; sind sie etwa zu irgend einer Zeit wieder einseitig, ist es nicht vielmehr jedesmal ein anderer Geist, der, das Vorige verleugnend, in ihnen waltet? Da ist also in dem mancherlei nicht Ein Geist, sondern in jedem ein besonderer und einer wider den andern. Darum geschieht auch, was so gethan wird — wie schön und ausgezeichnet es auch ins Auge falle — nicht zur Ehre Gottes, weil es manchem andern, das auch von demselben Gott herkommt, zur Verunehrung geschieht und was nicht zur Ehre Gottes geschieht, das gehört auch nicht in das Reich Gottes. Darum sind die Gaben der Natur nur Gaben auf Hoffnung, bis der eine Geist komme, der Geist von oben, der allein sie alle gleichmäßig beseelen kann, indem er sie erst zu Einem bindet durch die Liebe, die da ist das Band der Vollkommenheit. Als Gott der Herr mit allen jenen mannigfaltigen Anlagen den Menschen erschaffen hatte zur lebendigen und vernünftigen Seele, konnte er doch nur sagen, daß alles gut sei, weil er schon vorher versehen hatte das Werk der Erlösung von allem Zwiespalt und der Ausgießung des Geistes, der allem in allem, was erst durch ihn eine wahre Gabe wird, einer und derselbe ist, wie zerstreut und vertheilt sie auch seien in dem weiten Gebiet der menschlichen Natur. Nichts giebt es in derselben, was dieser Geist sich nicht aneignen könnte, und was durch ihn nicht eine Gabe würde zum gemeinen Nutz in dem Reiche Gottes. Da wird nichts übersehen und nichts verschmäht; die Freude an dem Reiche Gottes und der Trieb und Drang es zu bauen, vereinigt alles. Keine Gabe spricht zu der andern, ich bedarf dein nicht, jede bereitet der andern den Weg, damit sie sich zeigen könne zum gemeinen Nutz; vielmehr späht das Auge der Liebe auch, was unscheinbar und verborgen ist, auf; und weil jeder, habe er auch nur die kleinste, doch die Freude an allen anderen theilt, indem derselbe Geist sich und sein Werk in allen wiedererkennt; so ist jeder zufrieden mit seinem bescheidenen Theil, ohne durch kleinliche Vorliebe in dem Mitgenuß und Mitbesitz aller anderen gestört zu werden.

Eben so nun sagt zweitens der Apostel: Es sind viele Aemter, aber es ist Ein Herr. Damit bringt er uns freilich das weltliche Regiment in Erinnerung, womit es ein ganz anderes und viel verworreneres Wesen ist. Da hat der Herr zwar seine Diener, unter welche er die Aemter, welche zu verwalten sind, vertheilt nach Geschick und Bedürfniß; aber deren sind doch nur wenige in Vergleich mit seinen Unterthanen, welche alle ihre Kräfte und Hülfsmittel in ihren eigenen Nutzen verwenden. Da ist also gar vieles in dem Umfange eines solchen Reiches, was doch bei weitem nicht auf dieselbe Weise dem Herrn zu Gebote steht, wie die Thätigkeiten seiner Diener in den verschiedenen Aemtern. So ist es nun nicht in dem Reiche Gottes, wo kein solcher Unterschied stattfindet. Zu oft schon habe ich das eingeschärft, als daß ich nöthig haben könnte, es auch heute noch in Erinnerung zu bringen, daß keinesweges in der christlichen Kirche wir Diener des Wortes in einem andern und höheren Sinne Beamte Gottes sind als alle anderen Christen, sondern wie sie alle Priester sind, so sind sie auch alle Diener, alle dem einen Herrn auf gleiche Weise verpflichtet zum gleichen Gehorsam, und was sie thun und verrichten, das thun und verrichten sie alle auf gleiche Weise ihm; und die noch nicht seine Diener sind, die sind auch noch nicht seine Unterthanen. Was aber jeder hat, das hat er von ihm; und in einem ganz andern Sinne, als es die weltlichen Herren von sich sagen können, ist dieser Herr die einzige Quelle alles Eigenthums und Besitzes. Und was er austheilt, damit sollen auch Geschäfte verrichtet werden und Nutzen gebracht, so daß, was wir nur haben an uns und um uns, das ist auch Werkzeug zu dem uns angewiesenen Amt. Wie äußerlich auch ein Geschäft erscheine nur auf die irdischen Verhältnisse des Menschen bezogen und ihnen dienend, dem wahren Christen ist es ein ihm vom Herrn anvertrautes Amt, und er stellt sich damit allen andern Dienern desselben gleich. Ist und bleibt doch das erste und wichtigste Amt, was jeder zu versehen hat, die Stelle, die er einnimmt in einem christlichen Hauswesen; und was jeder beizutragen hat, um dieses aufrecht zu halten in Kraft und Freudigkeit, sei er nun der Hausvater oder der Diener, das gehört zu seinem Amt im Reiche Gottes, und darum weiß der Apostel von nichts Anderem als von den vielen Aemtern und dem Einen Herrn. Was wäre also hier wol ausgeschlossen, so es nur ohne Beschämung kann genannt werden? Aber freilich, wenn im weltlichen Regiment manche sich ausbilden zu geschickten Dienern, aber nicht um des Herrn oder seines Reiches willen, sondern nur ihres eigenen Nutzens wegen, weil sein Dienst ein bequemeres und einträglicheres, oder ein sichereres und ehrenvolleres Gewerbe ist als andere, so ist alsdann auch der eifrigste und pünktlichste Gehorsam, weil doch die Pflicht nicht um des Herrn willen erfüllt wird, eigentlich nur Eigennutz; denn ein solcher Diener würde auf dieselbe Weise jedem andern dienen, wenn der erste Herr verunglückte. Was nun in solchem Sinne gethan wird, wie genau und mühsam es auch sei, das geschieht doch eigentlich nie zur Ehre des Herrn, und darum findet das auch nicht Statt im Reiche Gottes und dessen, der da weiß, was in dem Herzen des Menschen, sondern wie scheinbar Treffliches und Verdienstliches die Menschen auch thun, aber nur irgend eines Lohnes wegen, den sie von

Gott erwarten; das geschieht nicht auf die rechte Art, nämlich nicht zur Ehre Gottes, und ist ausgeschlossen aus seinem Reiche. Und eben so kann es im weltlichen Regimente, wenn es gleich immer ein gefährliches Spiel bleibt, doch wol oft gut sein und heilsam, weil der Herr nicht immer von selbst schon derjenige ist, der sich auf das Wohl des Ganzen, das ihm untergeben ist, am besten versteht, daß hier der eine und dort der andre unvermerkt und unter der Hand selbst den Herrn spielt, so daß im Namen und unter dem Ansehen des Herrn eigentlich ihr Wille geschieht; aber wie das doch niemals zur Ehre des Herrn geschieht, sondern bei allen, die es gewahr werden, ihm zur Herabwürdigung gereicht, so ist aus dem Reiche Gottes auch dieses gänzlich ausgeschlossen. Ja, wie uns nicht entgehen kann, daß die Neigung eine eigne Herrschaft in dem Reiche Gottes aufzurichten und eigne Willkür hineinzuschwärzen von jeher das Verderben der Christenheit gewesen ist, so wollen wir auch keine solche Regeln für unsere Wirksamkeit in demselben annehmen, wodurch dieses gänzlich ausgeschlossen bleibt. Wie könnte auch anderes als Verderbliches daraus entstehen, wenn Menschen in das Recht des Herrn eingreifen wollen? Endlich wie auch im weltlichen Regiment, ungeachtet jeder sein fest bestimmtes Amt hat, doch jedem zur Pflicht gemacht wird, als gehöre das mit zu seinem Amt und zu der Würde eines Dieners nach außerhalb des bestimmten Kreises, wo er nur kann, das Beste des Herrn wahrzunehmen, und denen, die es wahrzunehmen haben, auf alle Weise behülflich zu sein, oder wer das unterließe, von dem würde man glauben, daß es ihm auch bei seinem Amte nicht um den Herrn zu thun wäre, sondern nur um sich selbst; eben dasselbe gilt auch von dem Reiche Gottes. Wie der Apostel sagt: Etliche sind gesetzt zu Aposteln, etliche zu Propheten, etliche zu Evangelisten, etliche zu Hirten und Lehrern, andere zu Wunderthätern, gesund zu machen, in Sprachen zu reden*); aber auch die Apostel thun Wunder, auch die Propheten machen gesund, auch die Evangelisten und die Lehrer reden in Zungen und legen aus; und so gehört es zu eines jeden Amt, auch außer seinem bestimmten Beruf und Geschäftskreise zu fördern und hülfreich zu sein im Reiche Gottes, wie er nur kann, und jede Gabe wirksam sein zu lassen zum gemeinen Nutz. Wie sollte also nicht, so aufgefaßt, unser amtliches Verhältniß in dem Dienste Christi einen gerechten Anspruch aufzuweisen vermögen auf alles, was wir sind und haben; und wie sollten wir nicht alles gebrauchen können zur Ehre Gottes und also auch zur Förderung seines Reichs.

Und eben dieses muß uns, wenn noch irgend ein Bedenken obwalten könnte, vollkommen klar werden aus dem letzten Worte des Apostels: Es sind mancherlei Kräfte, aber es ist Ein Gott, der da wirket alles in allen. Denn eben diese Worte richtig verstanden gehen auf die vorigen zurück und vollenden sie. Nämlich Kraft heißt in unsern heiligen Büchern nicht nur, was wir im eigentlichen Sinne so nennen,

---

(* 1. Kor. 12, 28—90. Ephes. 4, 11.

sondern sehr oft auch die Aeußerung der Kraft, woraus ein Erfolg hervorgeht. Wenn von Christo gesagt wird: Er merkte, daß eine Kraft von ihm ausging*), so verließ ihn doch die Kraft nicht, sondern blieb bei ihm, aber eine Thätigkeit derselben ging von ihm aus und bewirkte eine Heilung. Wenn gesagt wird, Gott habe der Seligkeit des Evangeliums Zeugniß gegeben mit mancherlei Kräften**), so heißt das eben so viel als mit mächtigen Thaten, denn nur durch diese können die Kräfte ein Zeugniß geben, wie es auch vorher heißt, mit Zeichen und Wundern. So ist auch in unserer Stelle die Meinung die, es gebe vielerlei gedeihliche Verrichtungen, schöne und glänzende Erfolge; aber diese insgesammt wirke Gott in allen. Die natürlichen Anlagen des Menschen sind die köstlichste Ausstattung, die ein lebendes Wesen auf Erden ursprünglich empfangen; aber sie vermögen nichts für das Reich Gottes, und es könnte durch sie nichts hervorgebracht werden. Nachdem aber der Herr erschienen und uns seinen Geist zurückgelassen, wenn der sich eines Menschen bemächtigt, so werden nun diese Anlagen veredelt zu einem Abbilde der reinen Menschheit Christi, und so sind sie denn und werden immer mehr Gaben Gottes schön und gut an sich und so auch Gutes und Schönes hervorzubringen fähig; und das gilt ohne Ausnahme von allen Kräften des Menschen, welche überhaupt einer Beseelung durch den göttlichen Geist empfänglich sind. Wie wir nun durch den heiligen Geist Jesum einen Herrn nennen, so sind denn auch diese Gaben, wie wir sie dafür erkennen, sein Eigenthum, und nach Maßgabe derselben theilt er einem jeden sein Amt aus; und wiederum giebt es nichts — ist es nur irgend eine lebendige Kraft in uns oder irgend ein dem Menschen schon dienstbares oder in der Bearbeitung begriffenes äußeres Hülfsmittel, — was nicht jeder auf seine Weise mittelbar oder unmittelbar brauchen könnte in seinem Amte. So fehlt es uns denn nicht an Uebung, und wir lernen immer mehr schätzen, was uns anvertraut ist und wie jedes kann gebraucht werden zum gemeinen Nutzen. Das könnte uns nun genügen, und je treuer wir wären, desto zufriedener würden wir auch sein; und wenn wir bei aller Treue und Thätigkeit wenig Gewinn sehen, so würden wir gewissermaßen mit Recht denken, es liegt doch nicht an dem, der da säet, noch an dem, der da pflanzet, noch an dem, der da begießt, sondern an dem, der das Gedeihen geben kann oder auch nicht geben. Aber was für ein Maß würden wir unserer Thätigkeit anlegen? Das offenbar würden wir daran wenden, wovon wir einsähen, wozu und weshalb es grade jetzt wirksam und zweckmäßig ist, das Uebrige aber würden wir ruhen lassen. Deswegen nun sagt der Apostel, die vielerlei großen und schönen Thaten geschähen dadurch, daß Gott selbst alles wirke in allen, und führt uns auf das große Geheimniß aller natürlichen Dinge zurück, indem er uns auch in Beziehung auf das Reich Gottes dasselbe lehrt; dieses nämlich, daß alles, was geschieht, dadurch so und nicht anders

---

*) Luc. 8, 46. — **) Ebräer 2, 4.

wird, daß Gott die verschiedenen Wirkungen der Dinge zusammenleitet zu Einem Zweck. So wie nichts erfolgt durch unsere That allein, sondern nur dadurch, daß so und nicht anders zugleich hier und dort gewirkt wird, so wird auch alles, was wir irgend thun, weil der eine Geist uns dazu treibt, weil wir es zu dem Amte rechnen müssen, was unser Herr uns zugetheilt hat, indem es zu anderem uns vielleicht Unbekanntem mitwirkt, etwas beitragen zur Förderung des Reiches Gottes, wenn es auch uns ganz vergeblich erscheint. Und so gehört also zu dem Reiche Gottes, daß wir alles thun, wozu wir uns um Christi willen, wenn wir ihn im vollen Sinne des Wortes unsern Herrn nennen, getrieben fühlen und in seinem Geiste getrieben fühlen, auch wenn wir keinen Erfolg davon absehen. Denn schuldig waren wir, dieses zu thun, und können durch unser Unterlassen verhindert haben, wir wissen nicht was.

Auf diese Weise, meine geliebten Freunde, führen uns auch in dieser Beziehung die Worte unseres Textes zurück auf die Fülle der göttlichen Offenbarung, welche der festliche Gegenstand des heutigen Tages ist. Wenn der Sohn, in dessen Leben und ganzem Wesen sich uns die Herrlichkeit des Eingebornen vom Vater offenbart, uns wirklich zum Herrn geworden ist; wenn der Geist, der nun ausgegossen wird über alles Fleisch, auch die Regeln für unser Leben und die Antriebe zu unsern Handlungen von ihm hernimmt und uns verklärt, nun dann ist uns, um ganz im Reiche Gottes zu sein und zu leben, nur übrig, daß wir bei allem auf den sehen, aber auch auf ihn rechnen, der Tag und Stunde zu allem seiner Macht allein vorbehalten hat. Dann werden, so wie diese eins sind, so auch wir eins sein untereinander und mit ihnen, und alles, was wir thun, wird zur Ehre Gottes gethan sein und gesegnet für sein Reich. Das verleihe uns der, welcher wirket beide, das Wollen und das Vollbringen, jetzt und immerdar. Amen.

XVIII.

Unser Blick in die Zukunft verglichen mit dem des Abraham.

Adventspredigt.

Text: Joh. 8, 9.

Abraham, euer Vater, ward froh, daß er meinen Tag sehen sollte; und er sah ihn, und freuete sich.

Meine andächtigen Freunde! Zugleich beginnen wir heute mit der Zeit, welche auf eine besondere Weise der Bereitung unseres Gemüthes zur würdigen Feier der Geburt unsers Erlösers gewidmet ist, auch wieder ein neues Jahr unserer kirchlichen Versammlungen und unseres kirchlichen Lebens überhaupt. Und gewiß eben so natürlich als zweckmäßig ist beides mit einander verbunden. Gehen wir in einen neuen Abschnitt unseres Lebens hinein: so thut es uns noth, daß wir theils den Zweck unseres Daseins, sei es im allgemeinen oder in einer bestimmten Beziehung, theils dasjenige, was uns obliegt um uns selbst zu genügen und Rechenschaft geben zu können denen, die sie zu fordern haben, theils endlich die Mittel, die uns gegeben sind um eben jenes zu thun und dieses zu erreichen, daß wir dies alles aufs Neue fest ins Auge fassen. Was aber wäre als Christen unser gemeinsames Ziel, als daß wir nach dem Worte des Herrn an seine ersten Jünger, daß er sie sende gleichwie ihn sein Vater gesandt habe*), eben so wie sie als seine Gesandte sein Wort verkündigen, sein Reich fördern und mehren und das Heil, welches er den Menschen gebracht hat, nicht nur selbst genießen, sondern auch den künftigen Geschlechtern sicherstellen und den Genuß desselben im menschlichen Geschlecht immer weiter verbreiten. Wollen wir nun in dieser Beziehung in die Zukunft hineinsehen, ja dann müssen wir uns bewußt werden, wer derjenige ist, auf den und auf dessen Zweck alle unsere Bemühungen gerichtet sind; da müssen wir ihn, sein Wirken, sein Heil aufs Neue ins Auge fassen. Und wenn wir die Mittel überschlagen wollen, die uns dazu gegeben sind: worauf haben wir zu sehen, als wieder auf ihn? auf sein Wort, das auch in uns Geist und Leben werden soll, auf das Gebot, welches er uns allen hinterlassen hat, auf den Geist, den er als den Stellvertreter seiner leiblichen Gegenwart auf Erden ausgegossen hat und ihm festen Sitz gegeben in der Gemeinde der Gläubigen.

In den Worten unseres Textes, meine andächtigen Freunde, führt uns der Erlöser zurück in eine weite Vergangenheit, die unser Ohr nur als eine ganz fremde berührt; aber freilich denen, zu welchen er redete, war sie auf das Unmittelbarste angehörig. Er weiset zurück auf den eigentlichen Ursprung seines Volks, auf die ersten Anfänge der Vorbereitung desselben zu dem besondern Zweck, zu welchem es sich Gott geheiligt hatte; und indem er uns den ersten Stammvater desselben in Erinnerung bringt, stellt er ihn zugleich dar als in die Zukunft hineinsehend, so daß schon bei diesem Blick in die Zukunft seine einzige Freude doch gewesen sei der Tag des Herrn. Lasset uns denn dies Wort nicht umsonst geredet sein: und indem wir der natürlichen Richtung unseres Gemüths beim Anfang eines neuen Jahres nachgehen, so lasset uns unser Schauen in die Zukunft mit dem jenes Erzvaters vergleichen, an den uns der Erlöser in den Worten unseres Textes erinnert.

I. Zuerst, meine andächtigen Freunde, wollen wir zu diesem Ende unsere Aufmerksamkeit überhaupt auf das Verlangen des Menschen richten aus der Gegenwart in die Zukunft hinauszusehen. Dieses

---

*) Joh. 20, 21.

finden wir in dem ganzen Umfang des menschlichen Geschlechts; ja wir mögen wol sagen, daß es zu der ursprünglichen Ausstattung desselben gehört. Wir sind auch nicht leicht im Stande in dieser Beziehung unsern Blick höher hinauf zu erheben, um uns etwa mit solchen Arten des Daseins und des geistigen Lebens zu vergleichen, die weit über unser Loos hinausgehen; denn von dergleichen haben wir nur wenige, oder gar keine Kenntniß. Wenn wir aber das Leben auf seinen niederen Stufen betrachten: so finden wir es ganz in die Gegenwart, ja in den Augenblick versenkt, wenig Erinnerung und auch wenig Blick in die Zukunft. Und was uns hier und da auch bei den untergeordneten Geschöpfen von der ersten oder der anderen Art entgegentritt, wir können es nur fassen als einen dunklen Trieb der Natur, als ein bewußtloses Regen eben desselben Lebens, welchem die augenblickliche Gegenwart genügt; aber keineswegs scheinen irgend Aeußerungen dieser Art dazu geeignet, solchen Geschöpfen wirklich die Vergangenheit oder Zukunft vor Augen zu bringen. Und eben so finden wir, daß auch in dem menschlichen Geschlecht diese Neigung in die Zukunft zu schauen sich erst allmälig mit den andern geistigen Kräften entwickelt. Je mehr noch auf die Befriedigung der nächsten Bedürfnisse beschränkt, um so mehr ist auch der Mensch als das Kind der Erde in der Gegenwart befangen. Wenig Erinnerung bleibt haften, alles Vergangene verliert sich bald in dunkle und ungewisse Sage, von welcher eher ein lehrreicher Blick in das menschliche Leben überhaupt der wahre Gewinn und Ertrag ist, als daß sie eine bestimmte Kunde von der Vergangenheit gewährte; und eben so ist es nur eine höchst beschränkte Zukunft, welche die Theilnahme und Sorge des Menschen auf dieser Stufe in Anspruch nimmt, das Geschick der unmittelbaren nächsten Nachkommen ist der einzige Gegenstand seiner Sorge. Laßt aber die geistigen Kräfte des Menschen sich freier entwickeln: so wird er auch gleich die Vergangenheit fester halten. Nun sucht er das Leben der früheren Geschlechter in das seinige zusammenzudrängen; er zieht Lehre und Genuß aus der ganzen Vorzeit, so weit irgend das ihm aufgeschlossene Gebiet der Geschichte reicht. Eben so aber öffnet sich dann vor ihm eine weitere Zukunft; und wie das Auge anfänglich nur die nächste Umgebung durchläuft und erst allmälig auch in weiterer Ferne erkennt und unterscheidet: so auch wird, je mehr sich die Wirksamkeit des Menschen erweitert, desto größer das Gebiet der Zukunft, welches er zu durchdringen strebt; ja bis in die weiteste Ferne hinaus möchte er noch unterscheiden, wo und wie die Bewegung, an der er theilgenommen hat, sich fortpflanzen werde. Nur daß freilich nicht alle Zeiten gleich gut geeignet sind dies Verlangen des Menschen zu befriedigen, nicht alle so gleichmäßig lehrreich, daß wir mit gleicher Sicherheit erkennen könnten, was für Folgen sich in Zukunft daraus entwickeln werden. Ja es giebt auch hier eine Rückkehr in den ursprünglichen Zustand. Je mehr der Mensch selbst in dem edleren Sinne des Wortes von der Gegenwart umstrickt ist; je mehr nämlich das, was er unmittelbar zu thun und zu schaffen hat, alle seine Kräfte in Anspruch nimmt; je weiter sich der Kreis seiner Liebe mit dem Kreise seiner Pflichten ausdehnt: um desto mehr scheint er mit der Gegenwart zufrieden nicht nur zu sein, sondern es auch sein zu sollen, weil er durch jede Beschäftigung mit der Zukunft etwas verlöre für die Gegenwart. Aber unaustilgbar bleibt dennoch dies Verlangen in der menschlichen Seele, und deshalb vorzüglich sehen wir im Leben solche Abschnitte geordnet, wie der heutige Tag einer ist, wo uns die Gegenwart gleichsam verschwindet, und unser Blick sich theilt rückwärts auf die Vergangenheit, vorwärts auf die Zukunft. Denken wir an jenen in die ersten Anfänge der Geschichte des alten Bundes gestellten Mann Gottes, den der Erlöser uns durch die Worte des Textes in Erinnerung bringt: so müssen wir gestehen, an ihm erscheint es uns noch besonders natürlich, daß er ein außerordentliches Verlangen hatte, ja daß es ihm ein tiefes, inneres Bedürfniß war in die Zukunft zu sehen. Denn welches war sein Beruf auf Erden? Nichts wäre er gewesen, sein Gedächtniß wäre verschwunden und hätte auch das Andenken seiner Vorfahren mit in die Vergessenheit hinabgezogen, wenn nicht das Wort des Herrn*) an ihn ergangen wäre: Gehe aus von deinem Vaterlande und von deiner Freundschaft und aus deines Vaters Hause in ein Land, das ich dir zeigen werde. Und gehorsam war er und folgte der göttlichen Stimme, und dieser Glaube ward ihm gerechnet zur Gerechtigkeit. Wohl ihm, daß er das konnte! denn er hatte auch während seines ganzen Lebens keinen andern Gewinn von diesem Gehorsam, als eben seinen Glauben. Immer erneuerte sich ihm das Wort der Verheißung; aber in der Gegenwart ward ihm nichts verliehen. Er wandelte unter mannigfaltigen Sorgen des Lebens; umgeben von feindseligen Menschen mußte er bald streiten und Krieg führen; bald konnte er sein und seiner Freunde Leben nur schützen auf eine nicht eben so ehrenvolle als glückliche Weise; bald mußte er, unvermögend die ungünstigen Umstände zu besiegen, die Gegend, die er eine Zeit lang bewohnt hatte, wieder meiden und in ein anderes Land ziehen. Und wie lange harrete er, ohne daß sich eine Spur von der Wahrheit der göttlichen Verheißung zeigte, daß Gott ihn wolle zum Vater eines großen Volkes machen! Ja obgleich ihm gesagt worden war, daß er nur gen Himmel sehen und die Sterne zählen solle, denn so zahlreich werde seine Nachkommenschaft sein: so war ihm doch immer noch kein einziger geworden, und er sprach voll Mißmuth**): So soll denn der Sohn meines Knechtes mein Erbe sein, weil ich keinen Erben habe? Nicht als ob er damit die Hoffnung auf eine zahlreiche Nachkommenschaft aufgegeben hätte: vielmehr wäre dies nur eine andere Art gewesen sie zu erfüllen. Denn machte er seines Knechtes Sohn zu dem seinigen, so war er dadurch auch sein Sohn. Aber bei einer solchen Erfüllung wäre ihm doch die gehoffte Freude des väterlichen Herzens verkümmert worden; und darum wundert sich

---

*) 1. Mos. 12, 1. — **) 1. Mos. 15, 3.

gewiß niemand, daß Abraham hierüber so wehmüthig zu Jehovah redet. Aber was ward ihm nun zuerst gegeben? statt des Sohnes seines Knechtes der Sohn seiner Magd; und so sah er sich noch immer entfernt von der Erfüllung, die er sich ursprünglich gedacht hatte. Doch wollte er sein Herz auch so beruhigen und bat den Herrn: Ach, daß Ismael leben möchte vor dir*)! damit er doch durch diesen der Stammvater eines großen Volkes würde, noch nicht ahnend, daß sich das Wort der Verheißung dennoch auch in dem genauesten Sinne bestätigen werde; und so blieb natürlich sein Blick immer auf die Zukunft gerichtet.

Wie aber, meine geliebten Freunde, steht es um uns, wenn wir uns mit diesem Vater des Glaubens vergleichen? warum sollen wir in die Zukunft blicken? wir, die wir uns in dem vollen Genuß dessen befinden, was jener nur in der Ferne sah, in dem reichen Besitz von allem, was Gott jemals verheißen? Was nur dunkel geahnet jenen Erzvater jauchzen machte und der freudige Lohn seines treuen Ausharrens war, das ist uns schon gegeben; wir können uns dessen in jedem Augenblick unsers Lebens bewußt werden mit einer Klarheit, gegen welche seine Ahnung wie ein unsicherer farbloser Schatten verschwindet. Wir haben die Fülle des Heils in dem göttlichen Frieden, den niemand von uns nehmen kann; und wenn wir die Wahrheit des Wortes inne werden, daß mit dem Sohn auch der Vater Wohnung macht in unsern Herzen, so liegt darin zugleich die vollkommenste Sicherheit eines keiner Gefahr unterworfenen Besitzes. Wie kann es also zugehn, daß doch auch wir und gerade auch in unserm Verhältniß als Christen ebenfalls trachten in die Zukunft hinauszublicken? und wenn wir uns auch alle eben so wie jener Apostel des Herrn zu beklagen hätten über eine schmerzliche Mitgabe, die er uns auferlegt für unsre Wallfahrt durch dieses Leben, und wir wüßten auch im voraus, daß wir nur dieselbe Antwort bekämen: Laß dir an meiner Gnade genügen**): müßten wir nicht gestehen, daß seine Gnade uns auch immer genügen wird? sollten also wir wenigstens nicht zurückgekehrt sein in jenen ursprünglichen Zustand, in welchem der Mensch allein der Gegenwart lebt und die Zukunft für sich sorgen läßt? nicht wie damals, weil er nicht auch für sie zu sorgen vermöchte; sondern theils wegen seines Reichthums in der Gegenwart, theils weil ihm eine eben so reiche Zukunft auch ohne alle Sorge sicher genug ist.

Diese Frage nun, meine Theuren, führt uns darauf, wie von einer andern Seite her der Gedanke an die Zukunft uns nothwendig ist, und die Richtung auf dieselbe zu der wesentlichen Ausstattung unserer Natur gehört. Denn wenn wir allein an Genuß und Besitz denken dürften: so könnten wir ihr Lebewohl sagen und hätten in jedem Augenblick der Gegenwart genug an dieser selbst. Aber wir sind dazu berufen, daß wir handeln sollen; und fast immer erstreckt sich unsere Thätigkeit über die jedesmalige Gegenwart hinaus. Wir müssen auf

---

*) 1. Mos. 17, 18. — **) 2. Kor. 12, 9.

das Ende sehen, wenn wir uns nicht verwickeln wollen. Wenn uns nicht der nächste Augenblick wieder zerstören soll, was wir in den früheren gearbeitet haben: so müssen wir den Zusammenhang zwischen Vergangenheit und Gegenwart festhalten und ahnen was uns daraus zunächst entstehen wird. Das können wir nicht anders, und sollen es auch nicht anders. Scheint uns nun dieses freilich nur auf diejenige Zukunft hinzuweisen, die unmittelbar mit unserm Handeln zusammenhängt: so müssen wir auf der andern Seite auch bedenken, daß wir ja nicht für uns allein abgeschlossen und gesondert da stehen. Wie uns überhaupt Gott unser Heil nicht so geordnet hat, daß jeder es für sich allein haben sollte in der seligen Gemeinschaft mit dem Erlöser; sondern dieser die Seinigen selbst zu einem lebendigen Ganzen verbunden und alle Mittheilung seiner Herrlichkeit daran geknüpft hat, daß sie vollkommen eins sein sollen*): so ist uns auch unsere Thätigkeit nicht so geordnet, daß irgend einer etwas ausrichten könnte für sich allein in dem Reiche Gottes, sondern was wir vermögen, das vermögen wir nur in dieser Gemeinschaft. Deshalb also muß auch unser Blick in die Zukunft weiter reichen als nur auf das, was in den Umkreis eines einzelnen, wenn auch noch so thätigen Lebens hineinfällt.

II. Und nun, meine geliebten Freunde, lasset uns zweitens in unserer Vergleichung dazu fortschreiten, daß wir sie auch auf den Umfang und den Inhalt dieses Blickes in die Zukunft beziehen. Wenn wir den Stammvater des jüdischen Volks auf seiner eben so bunten als mühevollen Wanderung durch das Leben betrachten, wie er überall als Fremdling nur durch das feste Vertrauen auf die Verheißung Gottes, daß er ihn wolle zum großen Volke machen, und daß alle Geschlechter der Erde in ihm sollten gesegnet werden, in seinen Irrsalen und Widerwärtigkeiten gestärkt und getröstet wurde: wie vieles mußte an seinem geistigen Auge vorübergehen, wenn der Herr so gnädig sein wollte, bestimmte Bilder von dem Inhalt jener Verheißungen vor ihm erscheinen zu lassen! Hätte er ihm gleich den Tag des Herrn gezeigt in seiner Wahrheit, unmöglich hätte Abraham verstehen können, was er sah. Er mußte zuvor seiner Nachkommen Knechtschaft und Verwilderung sehen und die Strenge des Gesetzes, dessen Erfüllung und Ende der Erlöser sein sollte. Er konnte die gegenwärtige Zeit eines Israels nach dem Geist zu einem geistigen Tempel Gottes bereitet nicht erkennen, ohne die vorige auch gesehen zu haben, den leiblichen Israel unter den Geboten und an ein einziges, herrliches, aber doch vergängliches Gebäude, als an den bestimmten Punkt der Anbetung des Höchsten gewiesen. Was für Zeiten, was für Veränderungen mußten also an ihm vorbeigeführt werden, auf wie vieles mußte er erst hinsehen, was doch wieder vor seinem Auge verschwinden mußte, um dem einen Platz zu machen! Aber auch David in seiner Macht, auch Salomon in seiner Herrlichkeit, dies alles rief nicht das Jauchzen aus seiner Brust hervor,

---
*) Joh. 17, 22.

regte nicht sein Herz zur Freude auf. Daß sein Volk wuchs, daß es gewürdigt wurde die Offenbarung des Höchsten festzuhalten mitten unter andern Völkern, die sämmtlich versunken waren in die Nacht der Abgötterei: dieses befestigte seinen Glauben; aber nichts erfreute sein Herz, bis er den Tag des Herrn sah.

Wie nun sah er ihn? Wir, meine andächtigen Freunde, sind immer gewohnt unter dem Ausdruck der Tag des Herrn vornehmlich oder wenigstens zugleich zu begreifen das Ende der irdischen Dinge, den Uebergang des gesammten menschlichen Geschlechts aus diesem Schauplatz seines irdischen Daseins in einen andern. Hat das durch die göttliche Gnade geschärfte Auge jenes Erzvaters auch bis in jene Ferne getragen? ist er gewürdigt worden, mehr und genaueres von dieser überirdischen Zukunft zu erfahren, als wir? Wir haben keine Ursache dies zu glauben, wenn wir die Absicht erwägen, in welcher der Herr diese Worte sprach und welche sich so deutlich und bestimmt in dem Ausdruck ausspricht: Abraham, euer Vater, ward froh, daß er meinen Tag sehen sollte, und er sah ihn und freuete sich. Seine Zuhörer sollten das offenbar auf sich selbst anwenden; sie wollte der Erlöser durch diese Worte zur Rede darüber stellen, daß sie seinen Tag sahen und sich doch nicht freuten, vielmehr dem größten Theile nach darnach trachteten, ihn unter die Füße zu treten und über ihn weg ihren nichtigen Weg weiter zu wandeln. Daher verstand der Herr in dieser Rede unter seinem Tage nur die damalige Zeit, sein Auftreten und seinen Wandel auf Erden, den großen Wendepunkt der Geschichte, an dem alles Alte verging und ein Neues ward, ja der Mensch selbst als eine neue Kreatur dastehen sollte, um schon hier aus dem niedern Zustand emporgehoben zu werden in ein höheres Dasein. Wohl wenn also Abrahams Blick auf unsere Gegenwart beschränkt war: so müssen ja wol wir auch genug haben an diesem Tage des Herrn, der uns schon lange leuchtet, und haben um so mehr Ursache eben so wie Abraham darüber zu jauchzen und uns zu freuen, da wir ja diese große Verbreitung des göttlichen Lichtes, die ihm nur in weiter Ferne noch dargestellt werden konnte, selbst unmittelbar zu genießen haben. So sollten also eigentlich diese Worte des Herrn unserm Verlangen in die Zukunft zu sehen eher zur Beschwichtigung dienen, als dasselbe aufs neue reizen; wir sollen uns freuen an der Gegenwart und jauchzen über die Gegenwart, wenn doch das, was damals noch ferne Zukunft war, nun in so großer Ausdehnung vor uns liegt. Was für ein Bedürfniß können wir also haben, weiter als es für die Aufgaben unseres eigenen Lebens jedesmal nöthig ist in die Zukunft zu sehen? haben wir unsre nächsten Verhältnisse, das ganze uns ursprünglich angewiesene Dasein zum Opfer gebracht, um heimatlos umherzuirren? werden wir durch Verheißungen hingehalten, die sich immer nicht erfüllen wollen? Wenn also demungeachtet auch wir noch ein solches Verlangen in uns finden: würden wir es auch nur entschuldigen können, wenn es irgend einen anderen Grund hätte, als eben unsere Liebe zum Erlöser, die ja jede andere Liebe in sich schließt?

Zuerst nun führet uns ein solches Verlangen gewiß nicht über diesen irdischen Schauplatz der Verherrlichung Christi durch sein Werk hinaus! Manche haben freilich von den wenigen Worten des Herrn, in denen er sich hierüber äußert, Veranlassung genommen, hinauszuschauen in das überirdische Gebiet; und so sind vielerlei wohlgemeinte Bilder unter den Christen in Umlauf gekommen, um uns deutlich zu machen, was uns noch bevorstehe jenseit dieses Lebens. Aber immer können doch diese Bilder nur hergenommen sein von irdischer Natur, weil sie uns sonst fremd sein würden und unverständlich. Und wie kann nun, was mit irdischen Augen gesehen ist und in menschlicher Sprache geredet, Ueber= irdisches erklären? Was sind alle diese nach Art des prophetischen Blickes alter Zeiten gestalteten Bilder gegen das eine Wort der Liebe, das uns der Apostel zurückgelassen hat, wenn er sagt: Es ist noch nicht erschienen, was wir sein werden; wir wissen aber, wenn es erscheinen wird, daß wir ihm gleich sein werden; denn wir werden ihn sehen, wie er ist*). Das ist die wahre Auslegung des einen Wortes unsers Herrn und Meisters selbst: Vater, ich will, daß wo ich bin auch die bei mir seien, die du mir gegeben hast**). Was folgt aber hieraus weiter für uns? Wenn wir selbst von jener Zukunft nie etwas anderes erblicken könnten, als was wir jetzt schon durch seine Gnade erfahren, daß wir ihn immer deutlicher sehen, wie er ist, daß sich uns immer mehr son= dern wird, was wesentlich zu seiner Würde gehört, und was sich nu= zufällig unsern Vorstellungen von ihm beigemischt hat, so daß wir immer mehr eindringen in die Herrlichkeit des eingebornen Sohnes vom Vater: so können wir von einer irdischen um desto weniger etwas größeres erwarten. Warum sollte uns also nicht genügen, daß wir wissen, so wie es jetzt unter manchen Abwechselungen geht, so werde es für immer fortgehen, und alles, was noch folgen kann, sei dasselbe hier wie dort jetzt und zu jeder Zeit, nämlich immer dasselbe ewige Leben, welches wir durch ihn schon haben?

Nur eben diese Abwechselungen, nur die uns verborgene Ordnung in den Fortschritten, durch welche er selbst in dieser irdischen Welt das höchste Ziel seiner Verherrlichung immer mehr erreichen wird, das regt unser theilnehmendes Verlangen auf. Noch wollen sich nicht alle Kniee der Menschen vor ihm beugen und ihn als Herrn anerkennen; darum fragen wir, wenn wir bei einem solchen Wendepunkt angelangt sind wie der heutige Tag, wo zunächst wird das Feuer aufschlagen, welches er zu entzünden gekommen ist? Noch sehen wir das christliche Leben um uns her voll Mängel und Gebrechen; darum fragen wir, wie und wann wird der Herr seine Tenne fegen? darum freuen wir uns nicht genügsam der Gegenwart, sondern strecken unsern Blick weit hinaus und freuen uns, nicht etwa, daß noch ein neues größeres Heil bevor= steht, noch ein anderes Reich Gottes zu erwarten ist, aber doch nach vielleicht noch mancherlei Stürmen ein festeres, ungetrübteres, minder

---

*) 1. Joh. 3, 2. — **) Joh. 17, 24.

durch das Widerstreben des alten Menschen, wie überhaupt durch die noch nicht ganz erstorbene Macht der Sünde gehemmtes Fortschreiten, eine ruhigere Entwickelung ohne Reibungen, welche die Liebe bedrängen, ein innigeres Zusammenwirken, welches durch keine Verwirrung der Sprachen zerfällt. Erinnern wir uns nun noch einmal, meine andächtigen Zuhörer, wie Abrahams Blick ursprünglich zwar um seiner Nachkommen willen aufgefordert war, nach der Zukunft zu fragen; wie er so viel anderes, wenigstens seinen wichtigsten und größten Zügen nach, mußte gesehen haben, um dann auch den Tag des Herrn zu sehen; und wie dieser ihn, wenn er ihn recht sah, weit über seine Nachkommenschaft hinausführte: und vergleichen wir dann unsern Blick mit dem seinigen! Sind wir nun zuerst auch in dem Fall wie Abraham, daß wir um den fernen herrlicheren Tag des Herrn zu verstehen noch manches zu schauen haben, was erst eingetreten aber auch wieder verschwunden sein muß? Und dann, wenn doch auch unserer Nachkommen Geschick unter dieser verborgenen Ordnung steht und jenen Abwechselungen mit ausgesetzt ist: haben wir auch ein festes Wort der Verheißung für sie, und führt uns ein prophetischer Blick dann zugleich auf ein noch größeres Feld der Freude, welches erst das Gebiet unserer Nachkommen wäre? Neues, das wieder verschwinden müßte, kann nicht wieder eintreten, wie die Knechtschaft, wie das Gesetz war zwischen Abraham und Christus; denn wir leben schon in der letzten Zeit. Keine Knechtschaft, denn die Freiheit der Kinder Gottes kann nicht untergehen. Und so tief ist das Evangelium eingedrungen in das Leben, die Ehrfurcht vor der durch die Menschwerdung des eingebornen Sohnes geheiligten menschlichen Natur so festgewurzelt, daß sich alles immer mehr regeln muß unter die Ordnung auch jenes göttlichen Wortes: Bist du als Knecht berufen und kannst frei werden, so gebrauche deß viel lieber*). Kein Gesetz kann weiter gegeben werden, das da gerecht machen sollte vor Gott! denn der Geist läßt sich nicht wieder dämpfen, und welche der Geist regiert, die stellen sich nicht unter solches Gesetz. So gänzlich also kann der Gang der großen Angelegenheit unsers Heils nicht mehr gehemmt werden. Verdunkeln kann sich das Licht hier und da; dürftiger kann hier und da die geistige Freiheit eine Zeit lang erscheinen: aber was für Wechsel dieser Art der Gemeinde Christi auch noch bevorstehen, nicht in etwas Neuem, das erst kommen sollte, können die trüben Zeiten ihren Grund haben, sondern nur in dem, was immer schon da ist, in der Sünde; diese allein wird auch jetzt noch der Leute Verderben. Aber alles Böse wird immer wieder und immer kräftiger überwunden werden durch das Gute. Und nichts Neues bedürfen wir, damit es an dem siegreichen Guten nie fehle; denn alles ist uns schon gegeben in dem einen. Auch die Fortschritte in menschlicher Weisheit und Erkenntniß, auch die zunehmende Macht des Menschen in dem Gebiet der Natur, auch die festeren und freudigeren Gestaltungen des gemeinsamen Lebens:

---

*) 1. Kor. 7, 21.

alles muß ausgehen von dem höheren Leben, das uns mitgetheilt ist durch den einen, welcher herrschen soll in der Schöpfung Gottes und sich nur immer mehr verherrlichen wird bei allem Wechsel irdischer Dinge. Und über unsere Nachkommen, sofern wir der geistige Israel sind, führt uns kein Blick auf den Tag des Herrn hinaus. Unter allen Zonen von allen Farben sind alle unsere Nachkommen, die unsere Nachfolger sind im Glauben, wie wir alle zu den Söhnen der Verheißung Abrahams gehören*). Und das ist die größte Herrlichkeit unsers Blickes in die Zukunft, daß immer mehr alle Scheidewände verschwinden werden, und aller Zwiespalt aufhören, und alle zusammenwachsen zu einem Volk von Brüdern, die einträchtig bei einander wohnen.

III. Und nun lasset uns, meine geliebten Freunde, noch zuletzt vergleichen den Nutzen und Gewinn von diesem Blick in die Zukunft, den Abraham hatte und den wir haben sollen. Was er bedurfte, und was er auf diesem Wege auch erhielt, das war Trost für alle Entbehrungen seines Lebens, das war ein Schimmer wenigstens von Hoffnung, daß alle seine Entsagungen, alle seine Mühen und die mannigfachen Windungen seines Lebensganges nicht würden vergebens sein; wohingegen selbst etwas thun, um die Zukunft herbeizuführen, an der sein Herz sich freute, das vermochte er nicht.

Wie steht es aber in dieser Beziehung mit uns, meine andächtigen Freunde? Wir, die wir im Besitz des göttlichen Heils und seines Friedens sind, bedürfen keines Trostes für irgend Etwas, was wir entbehren oder aufopfern, sondern wie verschieden wir auch, wenn wir uns in der Gegenwart umsehen, den äußeren Gehalt derselben finden bei dem einen und dem andern, der innere geistige Gehalt ist derselbe für alle, dasselbe ewige Leben, woran wir volle Genüge haben sollen. Und wenn Abraham nichts thun konnte, um die Zukunft herbeizuführen, die er sah, so giebt es im Gegentheil für uns keinen Blick in die Zukunft, der uns nicht unser eignes Werk zeigte, und daher keinen Gedanken an dieselbe, der nicht eine bestimmte Aufforderung zum Handeln in sich schlösse. Können wir etwas erspähen in der Ferne, das ein Rückschritt wäre oder abführte von unserm Ziel; gewiß, wenn es geschieht, wird auch unsere Schuld dabei gewesen sein. Verweilt unser Auge auf einem frischen fröhlichen Gedeihen; dies wird immer das Werk der göttlichen Gnade sein; aber so gewiß wir es im Voraus sehen, so ist es uns auch ein Zeichen, daß wir berufen sind dazu mitzuwirken. Und so laßt uns, so oft wir aufgefordert sind in die Zukunft zu sehen, uns auch dazu fördern, daß wir nicht lässig werden und müde, sondern fortfahren in dem Werke des Herrn. Das ist uns auch in der heutigen Sonntagsepistel gesagt. Da redet der Apostel auch zu den Christen in Rom**) von Tagen des Heils, die ihnen nun schon näher wären, als

---

*) Gal. 3, 29. — **) Röm. 13, 11 ff.

da sie gläubig geworden; und das sollte sie ermuntern, daß es Zeit sei aufzustehen vom Schlaf und würdiglich zu wandeln, um dies Ziel zu erreichen. Wie unscheinbar uns daher auch das Leben des Einzelnen vorkommen mag, wenn wir auch nur an die nächste Zukunft denken, daß wir gar leicht sagen könnten: Alles wird doch gehen, wie der Herr es beschlossen hat, deine Thätigkeit mag dabei sein oder nicht, dein Wandel weiser oder nachlässiger, deine Treue größer oder geringer, das einzelne Leben verschwindet doch ganz in dem großen Gange der menschlichen Dinge; gewiß bethören wir uns selbst, wenn wir so urtheilen. Fest bleibt der Unterschied, wie ihn der Herr selbst gestellt hat, zwischen dem, wonach wir trachten sollen, und dem, was uns zufallen muß. Wir können es mit dem ersten nicht halten, wie mit dem andern. Es ist nicht für uns da, unser eignes Gewissen läßt es uns nicht mitgenießen, wenn wir nicht auf irgend eine Weise thätig dazu gewesen sind. Und keiner hat auch das Recht, sich für so überflüssig zu halten, daß, was zum Reiche Gottes gehört, eben so gut zu Stande kommen könne ohne seine Mitwirkung. Denn jeder kann sich selbst als den Maßstab ansehen für viele andere; ist einer schlaff und gleichgültig, so wirkt gewiß auch in andern der Geist nicht kräftig genug, und das gemeinsame Werk bleibt liegen. Darum sei es uns immer eine kräftige Ermunterung zum Widerstand, so oft wir Zeichen davon sehen, daß irgendwo das Gesetz in den Gliedern die Oberhand erlangen will, damit wir nach unsern besten Kräften dem gemeinsamen Wesen zu Hülfe kommen; und kräftige Ermunterung zum Beistand sei uns jedes Bild einer segensreicheren Wirksamkeit des Geistes, welches wir in der Ferne erblicken, damit wir helfen es zur Wahrheit machen. So werden wir gestärkt für die Gegenwart dadurch, daß wir in die Zukunft schauen und unsere treue Thätigkeit giebt uns immer mehr Recht, das Beste von der Zukunft zu erwarten.

Nur lasset uns, meine theuren Freunde, nichts gering achten! Und je natürlicher es uns ist, mit schönem und vollem Vertrauen in den Tag des Herrn hinaus zu schauen und der Hoffnung zu leben, daß der Geist des Herrn alle seine Werke immer Gott wohlgefälliger gestalten werde; um desto thätiger lasset uns sein in der Gegenwart. Das Ganze besteht durch das Einzelne, und wenn es wahr ist, daß der Herr alle Haare auf unserm Haupte gezählet hat, daß er alle Thränen der Frommen aufzeichnet: wie sollten wir glauben, daß es etwas Geringfügiges sei, einen einzigen Augenblick früher Tod und Sünde überwunden zu haben? Darum lasset uns schaffen im Einzelnen mit Treue und immer froher in die Zukunft blicken, — denn anders als froh können wir nie hinein schauen in den Tag des Herrn, wenn seine Kraft uns treibt, immer mehr Gott wohlgefällig zu werden, der jeden seiner Knechte, wenn er ruft, wachend zu finden wünscht und im Stande, Rechenschaft zu geben von seinem Wirken. Und mit diesem Vorsatz wollen wir in unsern neuen Lebensabschnitt hineingehen; dann wird auch unser heutiger Blick in die Zukunft uns wahrhaft erfreuet und erfrischt haben, und das innere Jauchzen des Herzens wird niemals aufhören, welches immer nur den frohen, schönen, seligen Tag des Herrn schaut. Amen.

XIX.
Johannis Zeugniß von Christo, ein Vorbild des unsrigen.

Adventspredigt.

Text: Joh. 1, 19—28.

Und dies ist das Zeugniß Johannis, da die Juden sandten von Jerusalem Priester und Leviten, daß sie ihn fragten: Wer bist du? Und er bekannte und leugnete nicht; und er bekannte: Ich bin nicht Christus. Und sie fragten ihn: Was denn? bist du Elias? Er sprach: Ich bin es nicht. Bist du ein Prophet? Und er antwortete: Nein. Da sprachen sie zu ihm: Was bist du denn? daß wir Antwort geben denen, die uns gesandt haben; was sagst du von dir selbst? Er sprach: Ich bin eine Stimme eines Predigers in der Wüste. Richtet den Weg des Herrn, wie der Prophet Jesaias gesagt hat. Und die gesandt waren, die waren von den Pharisäern und fragten ihn und sprachen zu ihm: Warum taufest du denn, so du nicht Christus bist, noch Elias, noch ein Prophet? Johannes antwortete ihnen und sprach: Ich taufe mit Wasser, aber er ist mitten unter euch getreten, den ihr nicht kennet; der ist es, der nach mir kommen wird, welcher vor mir gewesen ist, deß ich nicht werth bin, daß ich seine Schuhriemen auflöse. Dies geschah zu Bethabara jenseit des Jordans, da Johannes taufte.

Meine andächtigen Freunde! Wenn die Apostel in den ersten Anfängen der christlichen Kirche das Wort des Herrn verkündigten, und der göttliche Segen dabei sich dadurch zeigte, daß ihre Zuhörer mit dem Geiste Gottes erfüllt wurden: so machte sich dies oft unmittelbar dadurch bemerklich, daß die Versammelten sogleich als begeisterte Redner oder Sänger auftraten und anfingen die großen Thaten Gottes zu preisen. Keine anderen gewiß, wie es denn auch keine preiswürdigern für den Menschen giebt, als die Thaten, welche Gott durch sein Kind Jesum vollbracht hat, nämlich die Erlösung und Wiedererhebung des menschlichen Geschlechtes. Wie nun aber dies damals das erste Werk des göttlichen Geistes an den Neubekehrten war: so soll es auch sein Werk sein und bleiben an uns allen. Wie es gleich damals die erste

Regung einer Seele war, welche dieser Geist erfüllte, daß sie die Herrlichkeit Gottes in der Erlösung pries: so bezeugt nun der Geist Gottes noch immerfort sein Leben in uns dadurch, daß er auch uns erweckt ein Zeugniß abzulegen von dem, der uns wiedergebracht hat von der Finsterniß zu seinem wunderbaren Lichte. Denn das alte Wort bleibt immer gültig: Ich glaube, darum rede ich*). Ganz besonders also müssen wir solcher Verkündigung als unseres Berufs gedenken in dieser Zeit unsers kirchlichen Jahres, wo die freudige Dankbarkeit gegen Gott für die Sendung seines Sohnes auf Erden der gemeinsame Eindruck ist, von dem wir erfüllt sind. Und was ist auch besonders unsere gemeinsame Andacht jetzt anders als ein Zeugniß, das wir ablegen wollen von dem Heil, welches allen Menschen geworden ist, ihnen aber auch nur werden konnte durch den, den Gott zu einem Herrn und Christ gemacht hat. Leben wir also auf vorzügliche Weise in dieser Zeit dem hohen Beruf der Zeugen Christi: so muß es uns dabei eine besonders wichtige Angelegenheit sein zu wissen, wie menschliches Zeugniß von ihm soll beschaffen sein. Zu dieser Betrachtung fordert uns auch unser heutiges Sonntagsevangelium auf, welches wir vorher vernommen haben, indem uns darin der Evangelist einen Bericht erstattet von dem Zeugniß des Johannes als dem ersten, welches überhaupt in der Sache des Erlösers abgelegt ward, seitdem er unter seinem Volke öffentlich aufgetreten war. Wie nun eben dieses die eigenthümliche Bestimmung des Johannes war, und er dazu ganz besonders von Gott ausgerüstet war: so können wir wol mit Recht sein Zeugniß von dem Erlöser als ein Vorbild dessen ansehen, welches auch wir ablegen sollen; und es wird nur darauf ankommen, daß wir das Wichtigste und Bedeutendste in diesem Zeugniß des Johannes recht ins Auge fassen. Dieses nun wird uns nicht entgehen, wenn wir vorzüglich auf zweierlei merken. Das Beispiel des Johannes nämlich lehrt uns zuerst, daß menschliches Zeugniß von dem Erlöser desto wirksamer ist, je weniger derjenige, der es ablegt, von sich selbst hält; dann aber auch zweitens, daß ein recht wirksames Zeugniß von dem Erlöser vorzüglich dasjenige darstellen muß, was noch durch ihn bewirkt werden soll.

I. Was nun das erste betrifft, daß menschliches Zeugniß von dem Erlöser desto wirksamer ist, je weniger derjenige der es ablegt von sich selbst hält, davon kann es wol kein besseres Beispiel geben, als hier Johannes darstellt. Denn von welcher großen Kraft und Wirksamkeit sein Zeugniß gewesen, das liegt in der Geschichte zu Tage. Der Herr erhielt durch dasselbe zunächst seine ersten und liebsten Jünger gleichsam aus den Händen seines Vorläufers. Aber dann verdankte Christus auch diesem Zeugniß eine Menge von den wechselnden Zuhörern, die sich um ihn sammelten, da wo er eben war. Denn aus mancherlei Andeutungen in unseren Evangelisten kön-

---
*) 2. Kor. 4, 13.

nen wir mit Sicherheit schließen, daß Johannes auf mannigfaltige Weise die Aufmerksamkeit des Volkes auf den Erlöser hinlenkte. Ja als der Herr einst in die Gegend kam, wo Johannes sich am längsten aufgehalten hatte, während er taufte, wahrscheinlich dieselbe, wo auch dieses Zeugniß war abgelegt worden, da sagten die Einwohner: Johannes hat keine Wunder gethan wie dieser, aber alles was er von diesem gesagt hat das ist wahr*). Wie wenig aber Johannes, indem er dieses Zeugniß ablegte, von sich selbst gehalten, das ist in unserer Erzählung auf das Deutlichste ausgedrückt und kann uns um so weniger entgehen, wenn wir seine Aeußerungen mit den Aeußerungen des Erlösers selbst vergleichen. Das erste zwar, daß er gerade heraussagte, er sei nicht Christus, das freilich versteht sich von selbst. Er wußte es, daß er nicht derjenige sei, der das Heil der Menschen bewirken konnte; und das ist für uns alle ebenfalls der tiefste Grund unsers gemeinsamen christlichen Bewußtseins. Wie viel auch irgend einer, der dem Reiche Gottes die wichtigsten Dienste geleistet, es von Mißbräuchen gereinigt und weiter verbreitet hat, von sich selbst hätte halten mögen, das hat doch jeder immer gewußt und bezeugt, daß das Heil nicht von ihm ausgehe, sondern er selbst es empfangen habe durch die göttliche Gnade; und alle Apostel des Herrn, alle Zeugen der Wahrheit von dem ersten Anfang seines Reiches auf Erden an haben darin übereingestimmt. Und nur ein solches Zeugniß, welches Christum als den einzigen Urheber des Heils darstellt, also auch alle anderen als seiner bedürftig und also im Vergleich mit ihm als nichts, nur ein solches kann zu irgend einer Zeit ein wahrhaft wirksames sein.

Aber als nun diejenigen, die gesandt waren, den Johannes fragten: Bist du Elias? von welchem eine herrschende Meinung war, daß er wieder erscheinen und vor dem Erlöser der Welt hergehen werde; und als sie ihn fragten: Bist du ein Prophet? so verneinte er beides. Hieraus sehen wir, daß er in der That auch das nicht von sich hielt, was er wol hätte veranlaßt sein können von sich zu halten, und was Christus selbst wirklich von ihm aussagte. Denn der Erlöser sagte zu einer andern Zeit, als er von ihm redete: Wenn ihr es wollt annehmen, dieser ist Elias, der da soll zukünftig sein; und eben damals, Johannes sei der größte unter den Propheten, ja mehr als ein Prophet**). Er selbst aber leugnete eben beides, und gab sich für nichts weiter aus, als daß er sagt: Ich bin eine Stimme in der Wüste, welche rufet: Bereitet den Weg des Herrn, wie der Prophet Jesaias gesagt hat. Nicht also für einen Propheten hielt er sich, sondern nur für einen, der den alten Propheten des Herrn nachspräche und ihre Worte näher auf das anwendete, was unmittelbar zum Heil der Menschen bevorstand.

Hier nun könnte wol leicht jemand sagen, wenn doch das nothwendig der Wahrheit gemäß sein müsse, was der Herr, der die Wahrheit selbst ist, vom Johannes sagte, er sei mehr als ein Prophet, und

---

*) Joh. 10, 41. — **) Matth. 11, 9. 14.

wirklich sei er eben der Elias, der da kommen sollte; so könnte doch das unmöglich ein Gewinn gewesen sein für das Zeugniß des Johannes von Christo, daß er damit ein Zeugniß von sich selbst verbunden habe, welches so weit hinter der Wahrheit zurückblieb. Vielmehr sei es nicht nur schon natürlich, zu glauben, sein Zeugniß würde noch wirksamer gewesen sein, wenn er jene Fragen der Wahrheit gemäß dreist bejaht und also diejenigen, die ihn hörten, verantwortlich dafür gemacht hätte, daß, wenn sie ihm nicht glaubten, sie einen Propheten verachteten und eben so hinter einem Baal gingen, wie die Gegner des Elias; ja, nicht nur natürlich sei es, schon dies zu glauben, sondern es sei auch unserer Ehrfurcht gegen den Erlöser gemäß, indem das Wirksamste ja immer das sein müsse, was seinen Worten und Thaten am nächsten komme, also auch die beglaubigende Aussage des Johannes von sich selbst am wirksamsten würde gewesen sein, wenn er das von sich gesagt hätte, was der Erlöser von ihm sagte. Und dasselbe gilt gewiß auch von allen Christen, welche, indem sie ein Zeugniß ablegen von der göttlichen Gnade in Christo, dabei weit weniger von sich selbst aussagen, als der Wahrheit gemäß ist, daß offenbar eine solche Aussage, eben weil sie nicht mit dem übereinstimmt, was der Erlöser von ihnen sagen würde, auch unmöglich zu der Wirksamkeit ihres Zeugnisses von Christo etwas beitragen könne. Denn wenn wir, die wir die Gnade Gottes in Christo schon jeder an sich selbst erfahren haben, uns doch immer noch den verworfensten unter den Sündern gleich stellen; so ist dies eben so unwahr, als wenn Johannes von sich bezeugt, er sei weder Elias noch ein Prophet; und also auch nicht nur eben so natürlich, sondern auch eben so mit unserer Ehrfurcht für den Erlöser übereinstimmend zu glauben, unser Zeugniß für den Erlöser müsse desto wirksamer sein, nicht je weniger wir von uns selbst hielten, sondern je genauer wir von uns selbst so viel hielten, als der Wahrheit gemäß ist. — Hierauf nun, meine geliebten Freunde, weiß ich nichts zu antworten, als daß ich dieses letzte ohne weiteres zugebe. Denn wenn Johannes unwahr geredet hätte, indem er sagte: er sei weder Elias noch ein Prophet, so würde eine wissentliche Selbstverkleinerung, wie liebenswürdig sie sich auch als Bescheidenheit herausstelle, doch gewiß zu der Wirksamkeit seines Zeugnisses von dem Erlöser nichts haben beitragen können, indem nur die Wahrheit eine reine und unüberwindliche Kraft über die menschliche Seele ausübt. Eben deshalb aber ist es wichtig, daß wir uns darüber Auskunft geben, wie denn das, was Johannes von sich selbst sagt, und das, was der Erlöser von ihm sagt, neben einander bestehen kann. Hiermit nun, meine ich, verhält es sich folgendermaßen. Wenn der Erlöser sagt: Johannes sei der Elias, der da kommen sollte, so meint er damit, was an jener auf die Deutung dunkler Weissagungen gegründeten Meinung wahr sei, das sei in der Person des Johannes wirklich erfüllt worden. Wenn Johannes sagt, er sei nicht Elias, so meint er, daß er in sich selbst weder diejenigen Eigenschaften fühle, welche die Geschichte jenem großen Propheten beilegt, noch weniger von irgend einer andern Einerleiheit mit demselben einige Kenntniß habe. So war denn jenes richtig im Munde des Erlösers, dieses eben so richtig im Munde des Johannes. Wenn der Herr sagt: Johannes sei der größte unter den Propheten, ja mehr als ein Prophet, so hat er Recht insofern, als aller Propheten Bestimmung war, in dunklern oder deutlichern Bildern vorherzusagen ein reineres und geistigeres Heil, welches der Welt aufgehen werde durch den Sohn Gottes. Keiner aber hat ihn so gesehen und stand ihm so nahe, wie ihm Johannes stand; und keiner konnte so unmittelbar gleichsam mit Fingern auf ihn hinweisen, wie Johannes bald nach der Erzählung unsers Textes that, als er Jesum wandeln sah und sprach: Siehe, das ist Gottes Lamm, welches der Welt Sünde trägt! Und so konnte der Erlöser mit Recht von Johannes sagen, er sei der größte unter den Propheten, weil keinem auf eine solche Weise war gegeben worden, ihn den Menschen zu zeigen. Wenn hingegen Johannes von sich selbst sagt, er sei kein Prophet, so meint er dies so, daß er keinesweges alle die Merkmale in sich selbst finde, welche den Propheten des alten Bundes zukamen; denn Wunder that er nicht. An diejenigen besonders, welche die Schicksale der Völker in ihrer Hand haben, ward er nicht gesandt, wie doch die meisten und größten Propheten oftmals an die Könige von Juda und Israel gesandt wurden. Einzelne wichtige Erfolge vorherzusagen, war ihm auch nicht gegeben; wie wir denn nicht eine Spur in der Schrift finden, daß er irgend vorhergesagt oder bestimmt dagegen gewarnt hätte, das Volk möge seinen Retter doch nicht verwerfen. Wie also jenes in dem Munde des Erlösers wahr gewesen ist, so war dieses in dem Munde des Johannes wahr.

Hiernach nun, meine geliebten Freunde, werden wir leicht sehen, wie es sich auf dieselbe Weise auch damit verhält, daß auch unser Zeugniß von dem Erlöser desto wirksamer sein werde, je weniger wir dabei von uns selbst halten und aussagen. Ist dies etwa so zu verstehen, daß wir der Gnade Gottes, die sich an uns bewiesen hat, ihren verdienten Ruhm entziehen sollen? sollen wir uns selbst für so wenig oder gar nichts halten, daß wir uns von denjenigen nicht unterscheiden, welche die Gnade Gottes erst zu erfahren anfangen müssen? sollen wir, wenn wir bei unserm Zeugniß von dem Erlöser gefragt werden, wer denn wir selbst sind, und was wir von uns selbst halten, dann immer nur dasjenige in uns sehen, was wir gewesen sind und auch immer nur geblieben sein würden ohne den Erlöser? Dann allerdings wäre unser Zeugniß unwahr, und mit solcher Unwahrheit verbunden könnte es auch unmöglich die rechte lebendige und dauernde Wirksamkeit haben. Aber wenn wir nun ein Zeugniß von dem Erlöser ablegen, welches doch nichts anderes sein kann als einestheils ein Zeugniß von der Gewalt, die ihm Gott gegeben hat im Himmel und auf Erden, anderntheils ein Zeugniß von seiner eignen Herrlichkeit als des eingebornen Sohnes vom Vater und davon wir in ihm den Abglanz des göttlichen Wesens erblicken, welches nichts ist als Liebe, eine solche Liebe aber, die sich in ihm dadurch ausdrückt, wie er selbst sagt, daß er alle von der Erde zu sich hinaufzieht; wenn wir, sage ich, dieses Zeugniß von dem Erlöser ablegen und dann von den Menschen gefragt werden: Wie? seid ihr denn nun von der Erde durch ihn hinaufgezogen, und ist euer Wandel im Himmel? strahlt denn nun der Glanz, der sich von dem Sohne, indem ihr die Herrlichkeit des Vaters schauet, verbreitet, von euch selbst wieder, und seid ihr in seine Gestalt und in sein Ebenbild gekleidet? wenn wir so gefragt werden, was sollen wir sagen? wie könnten wir wol anders als alle hochklingenden Ansprüche abweisend und alle dahin gerichteten Fragen verneinend mit den Worten jenes großen Apostels beantworten: Ich schätze mich selbst nicht, daß ich es schon ergriffen habe, aber ich jage ihm nach und strecke mich nach dem Kleinod der himmlischen Berufung Gottes in Christo Jesu*). Freilich wol, wenn wir darauf sehen, wie es anderwärts geht, könnten wir vielleicht meinen, unser Zeugniß würde wirksamer sein, wenn wir mehr von uns selbst aussagten und die Menschen überreden könnten, daß es besser um uns stehe, damit deshalb auch unser Ansehn mehr bei ihnen gelte; allein in der Sache verhält es sich nicht so. Von der Bahn der Wahrheit dürfen wir ja doch nicht weichen, eben weil unser Zeugniß nur von der Wahrheit seine Wirksamkeit erhalten muß, oder sie wäre nicht die rechte. Haben wir also kein anderes Bewußtsein, als daß der Mensch Gottes in uns noch lange nicht zu jedem guten Werke geschickt ist, daß noch immer nicht erschienen ist, was wir sein werden, sondern unser Ziel noch weit vor uns liegt: so können wir ja wol den Menschen, wenn sie uns fragen: wer wir denn wären, daß wir zeugen wollten für Christum, nur nach Art des Johannes antworten, daß sie nur auf unsere Stimme hören sollen, und daß hierbei nichts darauf ankomme, wer wir sind, die ihnen ja doch schon bekannten, sondern nur wer der ist, den sie immer noch nicht kennen.

Wie aber der Erlöser dem Johannes ein besseres Zeugniß gab, als das war, welches er selbst von sich auszusprechen vermochte, und zwar eben so wahr jenes als dieses, nur aus einem andern Gesichtspunkte, indem der Erlöser vom Johannes urtheilte, wie nur er ihn erkennen konnte in dem ganzen Zusammenhang mit der noch bevorstehenden Entwicklung der göttlichen Fügungen: so dürfen auch wir nicht fürchten, daß, wenn wir von uns selbst das Zeugniß ablegen, welches nach unserm Gefühl das wahre ist, wir dadurch unserm Zeugniß von Christo schaden würden. Denn auch von uns wird mehr und besseres anderwärts ausgesagt, als wir selbst von uns auszusagen vermögen. Nicht zwar thut es der Erlöser selbst, der nicht mehr leiblich unter uns ist; aber wenn diejenigen, die eines Zeugnisses von Christo bedürfen, sich nicht allein dabei begnügen von einzelnen zu erkunden, was diese von sich halten, sondern, nachdem sie von diesen immer nur — denn anderes können sie nirgend hören — das Zeugniß eines bemüthigen

---

*) Phil. 3, 13. 14.

Herzens und eines zerknirschten Gewissens vernommen haben, dann von uns und allen einzelnen hinweg auf das ganze Leben der christlichen Kirche sehen und auf den ganzen Zusammenhang des Heils, welches der Erlöser schon auf Erden hervorgebracht hat: so finden sie, wenn die Augen des Geistes auch nur anfangen ihnen aufzugehen, in sich selbst das Zeugniß, welches dem Zeugniß des Erlösers von Johannes gleicht. Denn sie werden eingestehen müssen, daß hier ein neues Leben aufgegangen ist, und ein anderer Geist weht, daß hier schon mehr erfüllt ist, als die Propheten sich bewußt waren, zu weissagen, und daß der kleinste, der der heiligen Gemeinde des Herrn angehört, wie wenig er auch von sich selbst mit Grund der Wahrheit halten kann, mehr ist als jeder aus einer andern noch so herrlichen Ordnung menschlicher Dinge. Ja, welches neue Licht muß denen, die nach dem Christenthume fragen, dadurch aufgehn, wenn sie diesen Eindruck, den die ganze Gemeinde des Herrn ihnen erregt, mit dem einzelnen deutlich ausgesprochenem Gefühl und Urtheil über sich selbst vergleichen! Denn es muß ihnen um so gewisser werden, wie wir an Christum als an die unversiegliche Quelle einer immer wachsenden Seligkeit glauben, wenn wir uns bei keiner schon vorhandenen Herrlichkeit begnügen, sondern nach immer vollkommnerer Gerechtigkeit und Seligkeit in dem Reiche Gottes trachten. Es muß ihnen um so gewisser werden, daß wir alles gute ihm zuschreiben, von dem wir zeugen, weil wir aller Beschränkung, aller Unvollkommenheit, aller Sünde Grund in uns allein suchen und eben deswegen selbst — und zwar jeder nicht nur von sich, sondern auch von allen andern — kein besseres Zeugniß ablegen können, als eben jenes.

II. Und so sind wir nun von selbst bei dem angekommen, was ich als den zweiten Theil unsrer Betrachtung ausgezeichnet habe, nämlich, daß unser Zeugniß von Christo vorzüglich dasjenige angeben muß, nicht, was von ihm schon geschehen ist, sondern was erst noch durch ihn geschehen soll. Zwar das glauben wir einmüthig, und ich will keinesweges so verstanden sein, als wollte ich es leugnen, daß der Erlöser alles eigentlich schon vollbracht hat. Seitdem er um unserer Sünde willen gestorben und um unserer Gerechtigkeit willen auferweckt ist*), können wir von ihm in demselben Sinne sagen: daß er zur Rechten des Vaters von allem seinen Streben ruhe, diesem überlassend alle seine Feinde zum Schemel seiner Füße zu legen**), wie die Schrift von dem Vater selbst sagt: daß er geruht habe am siebenten Tage. Allein, meine geliebten Freunde, an diese Augenblicke des Todes, der Auferstehung und der Himmelfahrt des Herrn knüpft unser Glaube die Vollendung des Erlösungswerkes doch nur in so fern, als die göttliche Erscheinung des Erlösers in ihnen vollendet ward. Die Versöhnung selbst aber ist in dem Willen und der Liebe des göttlichen Wesens schon von Ewigkeit her geschehen; und nur in Beziehung auf

---

*) Röm. 4, 25. — **) 1. Kor. 15, 26.

sie konnte Gott der Herr von dieser menschlichen Welt sagen: das alles gut sei*). Diese ewige Versöhnung ist uns gewiß in unserm Innern, sie ist der lebendige Glaube unseres Herzens, zu dem wir uns auch bekennen vor aller Welt. Zeugniß kann aber nur von dem gegeben werden, was als Thatsache heraustritt; und dafür soll nun dieses unsere Regel sein, dasjenige, was schon erschienen ist, nicht an und für sich zu preisen, sondern vielmehr auf dasjenige hinzuweisen, was noch bevorsteht. Denn so war auch das Zeugniß des Johannes beschaffen, er sagt von dem Erlöser: Er ist mitten unter euch getreten, den ihr nicht kennt. Ich taufe mit Wasser; er aber — nämlich, so ergänzt eine andere Stelle der Schrift die Worte unsers Textes — wird euch mit Feuer taufen. Dies alles war noch nicht geschehen; Johannes aber redete mehr hiervon, als von dem, was schon geschehen war, worauf er sich doch auch hätte berufen können, und wahrscheinlich auch das nicht ohne bedeutenden Erfolg. Denn wenn wir auch das ganz bei Seite stellen wollen, daß nach den Nachrichten, die uns der Evangelist Lukas giebt, die Mutter des Johannes eine vertraute Freundin und Verwandte der Mutter Jesu war: so ist doch kaum zu glauben, daß nicht, nachdem Johannes jene göttliche Kundmachung über diesen bei seiner Taufe erhalten hatte, ein näheres Verhältniß zwischen ihm und dem Erlöser entstanden sein sollte; und dies mußte ihm Veranlassung genug geben, weiter in der Geschichte dessen zurückzugehen, der ihm als das erwartete Licht der Welt war bezeichnet worden; und so wird ihm wol bekannt geworden sein die ganze Reihe früherer Zeichen, welche schon die erste Erscheinung des Herrn begleitet hatten. Aber auch ohne dieses würde schon bei dem großen Ansehn, welches der Täufer genoß, für viele hinreichend gewesen sein, wenn er ihnen nur das mitgetheilt hätte, was in Beziehung auf den Erlöser ihm selbst begegnet war. Das thut er aber nicht, sondern, als ob dieses nur für ihn allein etwas gelten könne, kündigt er, indem er sein Zeugniß ablegt, ausschließlich dasjenige an, was sich in Zukunft noch durch den Erlöser entwickeln werde, wie er diejenigen, die sich zu ihm hielten, mit dem Feuer des göttlichen Geistes taufen, und wie er sich überall als denjenigen beweisen werde, dem kein anderer Diener Gottes werth sei, auch nur die Dienste des geringsten Schülers zu leisten.

Warum nun Johannes so handelte, meine geliebten Freunde, das ist nicht schwer zu erklären. Alle jene Zeichen waren nur zur Kunde weniger Menschen gekommen und stellten noch nichts Oeffentliches und Zusammenhängendes dar; sie gehörten theils in den stillen Kreis der Familie, theils bezogen sie sich auf die geheimen Wünsche und Gebete einzelner frommer Seelen. Wenn nun Johannes diese bekannt gemacht und auf sie vorzüglich sein Zeugniß gegründet hätte: so würde dadurch unstreitig die Aufmerksamkeit sich auf Jesum gelenkt haben, und etwas Außerordentliches wäre von ihm erwartet worden; allein diese unbe=

---

*) 1. Mos. 1, 31.

stimmte Erwartung konnte sich eben so gut auf alle falschen Vorstellungen richten, welche die Zeitgenossen des Erlösers von dem hatten, der da kommen sollte, als auf das Wahre. Darum weil Johannes Christum bekannt machen sollte als den, der ein solches Reich Gottes stiften werde, zu welchem er durch die Predigt der Buße einlud, indem er bezeugte, es sei nahe herbeigekommen; und weil für ein solches der Sinn erst recht geöffnet werden konnte durch das Leben des Erlösers selbst: so konnte nun auch Johannes nicht anders als auf eben dieses zukünftige — denn bisher war das Leben des Erlösers noch verborgen gewesen — die Aufmerksamkeit der Menschen hinlenken. Soll nun aber, möchte man sagen, Johannes auch hierin uns ein Vorbild sein können? sollten wir nicht vielmehr, anstatt die Menschen, vor denen wir ein Zeugniß ablegen wollen, an irgend eine ferne und für sie wenigstens noch ungewisse Zukunft zu verweisen, mit noch größerem Fug, als Philippus dem Nathanael zurief: Komm und siehe, ihnen dasjenige zu Gemüthe führen, was schon wirklich vor ihren Augen steht? Denn wenn wir ihnen den Erlöser auch nicht persönlich darstellen können: so können wir doch gerade von dem zeugen, was er in der Welt bereits hervorgebracht hat. Ist es doch immer am meisten der Erfolg, woran sich die Menschen halten; und wenn man etwas Ungewöhnliches von ihnen fordert, oder ihnen etwas Neues vorhält, so findet man am meisten Glauben, wenn man ihnen Nutzen und Erfolg gleichsam mit Händen zu greifen giebt. Nun sind aber unläugbar schon lebendige und herrliche Beweise vorhanden von dem, was Christi Erscheinung in der Menschheit bewirkt hat.

Und doch ist es nicht anders, meine geliebten Freunde, als daß wir auch hierin dem auf die Zukunft verweisenden Johannes gleichen müssen. Ja wenn wir es genauer betrachten, so finden wir, daß auch die Jünger des Herrn schon derselben Regel gefolgt sind. Sie, die ihn mit Augen gesehen hatten, als er auf Erden im Fleische wandelte, und unerschütterlich in dem Glauben befestiget waren, er sei der Sohn des lebendigen Gottes; sie, in denen die Worte des Lebens, die sie von ihm empfangen hatten, selbst Geist und Leben geworden waren; die den ersten Grund der christlichen Kirche gelegt und die, welche durch ihr Wort gläubig geworden, zu einer Gemeinde gesammelt hatten, welcher sie selbst das Zeugniß gaben, sie sei der Leib des Herrn und werde von ihm selbst dem Haupte von oben herab regiert: — was finden wir doch häufiger in allen ihren Reden und Schriften, als daß sie die Menschen, welchen sie ihr Zeugniß ablegen von dem der da gekommen ist, darauf hinweisen, daß derselbe noch wiederkommen werde mit den Engeln des Himmels, und daß erst alsdann seine Gemeinde von ihm werde dargestellt werden seinem himmlischen Vater ohne Flecken und ohne Tadel. Und Paulus, als er zuerst den Heiden bezeugte, wie Gott die Zeiten der Unwissenheit übersehen habe, nun aber allen Menschen vorhalte den Glauben, deutet auch gleich darauf hin, daß Gott durch eben den, an welchen sie glauben sollten, beschlossen habe den Erdkreis zu richten mit Gerechtigkeit. So haben von Anfang an auch die Apostel des Herrn, um die Herzen der Menschen recht tief zu treffen, sich nicht auf das berufen, was schon geschehen war durch Christum, sondern was noch geschehen sollte. Wie Johannes von sich selbst sagte, er taufe mit Wasser, aber der nach ihm komme werde mit dem heiligen Geist und mit Feuer taufen: eben so wußten auch die Apostel, wie herrlich auch dasjenige sei, was die göttliche Gnade durch ihren Dienst ausgerichtet habe, wie denn der göttliche Geist durch sie wirkend und von ihnen ausgehend sich schon über eine große Menge von Menschen ergossen hatte, und wenn gleich die von ihnen gesammelte Gemeinde der erste Anfang seines ewigen Lohnes war und ihm ähnlich in allen wesentlichen Zügen, daß dennoch der Herr nicht genug geehrt wurde, sondern ihr Zeugniß ihm zu nahe trete, wenn sie nur auf das Vorhandene hinweisen wollten. Ihr Werk, wenn sie es gleich nicht als ihr eigenes ansahen, sondern als das Werk der göttlichen Gnade, welche sich in schwachen Werkzeugen mächtig erwiesen hatte, erschien ihnen doch ebenfalls in Vergleich mit dem, wozu die schöpferische Kraft in Christo lag, wie Wasser gegen Feuer, wie das Irdische gegen das Himmlische, wie das Unvollkommene gegen das Vollendete. Darum, wie sie selbst mit unermüdetem Eifer, vergessend was dahinten ist, sich streckten nach dem, was vor ihnen lag: so auch konnten sie im Allgemeinen nicht anders als das schon Erschienene gering achten und hatten nur das große herrliche fleckenlose Reich Gottes im Auge, das in seiner ganzen Vollendung die Herrlichkeit des Herrn sein würde. Als den Stifter eines solchen wollten sie ihn den Menschen verkündigen, weniger sie hinweisend auf das, was schon geschehen war, als ihre Aufmerksamkeit davon ablenkend auf das Größere. Wenn nun dies auf der einen Seite allerdings seinen Grund hatte in des Erlösers Vorhersagungen von der Zukunft, wodurch er ihrem eignen Gemüth diese Richtung gegeben: so war es doch auf der andern Seite zugleich gegründet in jenem demüthigen Zeugniß, welches sie der Wahrheit gemäß zugleich von sich selbst ablegten, indem sie Zeugniß von dem Erlöser gaben.

Was nun uns betrifft, meine geliebten Freunde, so hält auch uns der Geist das reine und unbefleckte Kleinod als das noch unerreichte Ziel der himmlischen Berufung in Christo vor*); auch wir wissen, daß noch nicht erschienen ist, was wir sein werden**), sondern daß die rechte Herrlichkeit der Kinder Gottes noch bevorsteht. Innerlich freilich haben auch wir Herrliches und wahrhaft Göttliches erfahren: aber es hat dieselbe Bewandtniß wie mit dem, was Johannes der Täufer schon von Christo wußte. Wir haben ein ganz versöhntes Bewußtsein; wir genießen eines reinen Friedens, weil wir wissen, daß nichts mehr uns scheiden kann von der Liebe Gottes: aber diese Seligkeit hat ihren Sitz in unserem Innern; und die Mittheilung solcher Erfahrungen ist

---

*) Phil. 3, 14. — **) 1. Joh. 3, 2.

tausendfältigen Mißverständnissen ausgesetzt, von denen immer desto mehrere entstehen, je kühner wenn auch noch so rein und wohlmeinend eine solche Mittheilung versucht wird. Was aber von diesem Inneren auch äußerlich hervortritt, so daß wir die Menschen darauf einladen können, daß sie kommen sollen und sehen, nachdem wir ihnen nur bezeugt, daß was sie sehen werden wirklich aus dieser Quelle entsprungen ist und nirgend andersher: so ist freilich wahr, wir sind nicht mehr so wie Johannes nur eine Stimme eines Rufers in der Wüste. Denn in der Wüste leben wir nicht mehr; wo das Wort Gottes ist, wo der unerschöpfliche Born des ewigen Lebens quillt, da hat die Wüste aufgehört, da giebt es ein reiches und fruchtbares Feld, voll Blumen schöner geschmückt als die Lilien auf den Wiesen, da ist ein wohlgepflegter Garten, in welchem die Früchte des Geistes sich immer erneuern zum Beweise dessen, was das Wort Gottes in den Herzen der Menschen gewirkt hat. Aber wir wissen wol, wie unvollkommen das irdische Reich Gottes noch ist; und wenn wir wollen, daß die Menschen den Erlöser schauen sollen in seiner Herrlichkeit als des eingeborenen Sohnes vom Vater, dürfen wir sagen, daß sich diese schon in der Gemeinde des Herrn zeige, so wie diese äußerlich schon jetzt ist? dürfen wir sagen, daß diese jetzt schon würdig ist ihrer Abkunft von ihm, und daß man ihr ansehe, damit sie so sein könnte wie sie ist, durfte der, welcher sie gestiftet hat, nichts geringeres sein als der Abglanz des göttlichen Wesens, der eingeborne Sohn vom Vater, das Fleisch gewordene Wort Gottes? Nein das fühlen wir, daß wir ihm so bei weitem nicht genug Ehre erweisen würden, weil wir ihm noch nicht genugsam Ehre machen, und daß so die Menschen den rechten Eindruck von seiner Herrlichkeit noch immer nicht erhalten würden. Darum müssen wie Johannes und die Apostel so auch wir die Menschen auf dasjenige hinweisen, was kommen wird. Aber laßt uns dieses immer thun mit aller Begeisterung, die der Glaube hervorbringt, und mit der Gewißheit und Zuversicht, die sein innerstes Wesen ausdrückt. Unbefangen und ohne das Lächerliche zu fürchten laßt uns den Menschen sagen, was sie jetzt erblicken von dem Werke des Herrn sei zwar noch unvollkommen und geringe, aber in ihm, ohne den auch dies nicht würde erschienen sein, liege die Kraft das noch viel Herrlichere hervorzubringen, was wir erwarten, wenn er kommt. Ja wir können gewiß sein, daß grade ein solches Zeugniß das wirksamste sein wird. Denn wer sich irgend an den edelsten menschlichen Dingen gesättigt hat, dem muß grade dieses, daß ein unendliches Verlangen in uns geweckt ist, welches bei nichts Erscheinendem sich beruhigen kann, grade dies muß ihm ein Zeichen sein, daß die Erscheinung des Erlösers, welche dieses Verlangen geweckt hat, eine göttliche gewesen ist. Und wer sich an den sinnlichen Genüssen des Lebens genügen ließ, bis endlich ein Verlangen in ihm entstand Höheres zu suchen, für den kann es keine bessere Bürgschaft geben, daß dasjenige was ihm dargeboten wird wirklich das Größte und Schönste sei, als eben die, daß keine Uebersättigung damit möglich ist, sondern nur Verlangen nach Mehrerem und Höherem zurückbleibt, welches innerhalb der Schranken dieses Lebens nie kann gestillt werden.

Darum ist auch billig diese Zeit, in der wir uns an die Zukunft des Herrn in das Fleisch mit besonderer Freude erinnern, zugleich die, in welcher uns jene herrlichen Weissagungen der Schrift von der zweiten Zukunft des Herrn besonders vor Augen stehen. Wenngleich diese Zukunft, die dem Anschein nach in manchen Worten der Jünger des Herrn so nahe dargestellt wird, immer weiter zurückzutreten scheint: so bleibt doch unser Auge billig darauf gerichtet; dieses Ziel zeigen wir allen und wollen die schöpferische und bildende Kraft des Erlösers nach keinem geringeren Maßstabe geschätzt wissen.

Aber dieser Glaube kann nur lebendig bleiben und das auf ihn gegründete Zeugniß nur kräftig, wenn auch wirklich jedes neue Jahr der christlichen Kirche ein Uebergang ist von dem, was schon da war, zu dem, was noch kommen soll; wenn sie in jedem wirklich zunimmt an Aehnlichkeit mit dem, dessen Züge sich in ihr darstellen; wenn auch wirklich, indem er mitten unter Streit und Kämpfen sich immer mehr in ihr verklärt, seine Kraft immer tiefer in denjenigen wurzelt, sich immer lebendiger in denen ausbildet, welche einmal von ihr sind ergriffen worden.

Zu solchem Wachsthum und Gedeihen wollen wir uns also ihm hingeben und uns auch für dieses Jahr unsers kirchlichen Lebens seiner Huld empfehlen, so lieb es uns ist mit allen seinen Jüngern den Beruf zu theilen, Ihr aber sollt meine Zeugen sein. Denn von seiner Macht und Herrlichkeit zeugt nicht das, was wir in der vergangenen Zeit schon dem menschlichen Auge sichtbar dargestellt haben, nicht die Reinheit und Wahrheit unserer Gedanken, nicht die Tüchtigkeit und Dauerhaftigkeit unserer Werke; sondern nächst dem innersten Grunde, aus welchem alle Herrlichkeit der Kinder Gottes hervorgehen kann, und in welchem das Herz durch den göttlichen Geist vertreten wird vor Gott mit unausgesprochenen Seufzern, zeugt von derselben nur das rastlose Fortstreben und Bilden, nur die ungestillte Sehnsucht, nur der immer wiederkehrende Durst, der uns festhält an der unversieglichen Quelle. So wir auf irgend etwas schon Vorhandenes und Warnehmbares hinwiesen als auf das Rechte und Befriedigende: so betrögen wir uns selbst, und die Wahrheit wäre nicht in uns*). So wir aber von ihm zeugen als von dem, welcher die Unvollkommenheit und Sinnlichkeit alles Vorhandenen vergiebt, weil wir glauben, daß wir aus seiner Fülle nehmen können Gnade um Gnade, wenn wir nur bereit sind immer mehr zu empfangen: alsdann wandeln wir nicht nur selbst im Lichte der Wahrheit, sondern auch unser Zeugniß wird dann mit der Kraft dieses Lichtes in die Herzen der Menschen bringen. Und je mehr wir, mäßig von uns selbst haltend, auch davon ihm allein die Ehre geben, weil eigentlich immer nur er selbst von sich zeugt und dem Vater, und

---

*) 1. Joh. 1, 6.

nur sein Geist auch diese Zeugnisse verklärt: desto mehr wird er auch uns mit allen den Seinigen führen von einer Klarheit zur andern und von einer Vollkommenheit zur andern und in uns die Hoffnung befestigen, daß wenn erscheinen wird was wir sein sollen, wir ihm gleich sein werden — so sehr als der Mensch, der nicht ohne Sünde ist, es vermag, — weil wir ihn sehen und erkennen werden wie er ist. Amen.

XX.
Der Unterschied zwischen dem Wesen des neuen und des alten Bundes an ihren Stiftern dargestellt.

Adventspredigt.

Text: Hebr. 3, 5. 6.

Und Moses zwar treu in seinem ganzen Hause als ein Knecht zum Zeugniß deß das gesagt werden sollte: Christus aber als ein Sohn über sein Haus, welches Haus sind wir, so wir anders das Vertrauen und den Ruhm der Hoffnung bis an das Ende fest behalten.

Meine andächtigen Freunde! Wenn wir in einigen unserer Adventsbetrachtungen*) aufmerksam darauf gemacht worden sind, wie unser Erlöser niemals etwas Aeußerliches bezweckte, noch weniger sich damit begnügte, vielmehr in allen seinen eignen Anordnungen und Einrichtungen auf dergleichen gar keinen Werth legte, sondern allein darauf sah, was im Innern des Menschen lebt und aus diesem hervorgeht, wenn wir in unserer neulichen Betrachtung**) gesehen haben, wie er, um der Erlöser der Welt zu sein, freilich mußte versucht werden gleich wie wir, aber ohne die Sünde, so finden wir in den Worten unsers heutigen Textes zu beiden, wie es sich gegen einander verhält, den eigentlichen Schlüssel. Hier nämlich wird uns die gesammte Thätigkeit des Erlösers deutlich gemacht in ihrem Verhältniß zu dem, was in dem alten Bunde stattfand; er als Stifter des neuen wird gegenübergestellt dem Stifter des alten, und zwar so, daß wir aus dieser Entgegensetzung begreifen, wie der eine nur konnte Aeußerliches begehren, einrichten, vollbringen, der andere aber nothwendig mußte und nur konnte auf das Innere sehen. Aber wie uns dabei zugleich bemerklich gemacht wird, daß dieser Unterschied in dem genauesten Zusammenhang damit steht,

*) Ueber Mark. 7, 5—17 u. 17—32. — **) Ueber Hebr. 4, 15.

daß Christus in dem Hause seines Vaters walten konnte wie der Sohn, Moses aber nur als ein Knecht; so laßt uns heute unsere Adventszeit mit dieser Betrachtung beschließen, daß wir, den Worten unsers Textes nachgehend, **das Wesen des neuen mit dem des alten Bundes vergleichen**. Indem aber dieses hier zurückgeführt wird auf die Stifter von beiden, und einerseits ungeachtet jener Verschiedenheit an beiden ihre Treue gerühmt, andrerseits aber auch die Verschiedenheit selbst nachgewiesen wird an ihren Geschäften; so lasset uns denn auf beide Stücke mit einander achten, zuerst wie der eine und wie der andere, jeder auf seine Weise treu gewesen ist, zweitens aber, was eben deswegen nur der eine, und was nur der andere auszurichten vermochte.

I. Dies nun ist das Erste, was unser Text, aus einem Buch genommen, in welchem überall die Vergleichung zwischen dem neuen und alten Bunde das Wesentliche des Inhalts ausmacht, von Mose rühmt, **er sei treu gewesen als ein Knecht; von Christus aber sagt er, er sei treu gewesen als der Sohn**. Lasset uns zuerst, meine andächtigen Freunde, in dem Sinn und Geist jener Zeit das Verhältniß eines Knechts zu seinem Herrn ins Auge fassen. Das war dabei eine Regel, von welcher fast keine Ausnahme vorkommt, der Knecht war dem Herrn ursprünglich fremd, größtentheils von anderer Abstammung und aus anderem Volk, zum wenigsten aber aus einem ganz andern Lebenskreise her und also auch mit ganz andern Einsichten ausgestattet und bei sehr verschiedenen Gewöhnungen in allen Beziehungen und Gebieten des menschlichen Lebens hergekommen. Aber dazu nun kam noch eine solche Ungleichheit, daß in ihrem Zusammenleben nur der Wille des einen galt, der andere aber gar nichts zu wollen hatte, sondern nur auszuführen. Hieraus folgt schon im Allgemeinen nothwendig, was unser Erlöser selbst in einer Rede an seine Jünger, als er ihnen die tröstliche Zusicherung giebt, daß sie nicht mehr Knechte seien, mit den Worten ausdrückte: Der Knecht weiß nicht, was sein Herr thut*). Und das haben wir nicht etwa nur auf das übrige Leben und Wirken des Herrn zu beziehen, dem der Knecht so ganz fern stand, daß er überhaupt nur das Wenigste davon sehen konnte, sondern es ist vorzüglich von demjenigen zu verstehen, was der Herr gerade in Beziehung auf seinen Knecht thut, daß er ihm nämlich gebietet, und daß er ihm Aufträge giebt. Dies hat der Erlöser im Sinn, wenn er sagt: Ein Knecht weiß nicht, was sein Herr thut, das heißt, der Grund, welchen die Befehle, die er empfängt, im Gemüthe und Verstande seines Herrn haben, die Absichten, welche dadurch erreicht werden sollen, der Zusammenhang, in welchem sie unter einander stehen, das alles bleibt ihm fern und verschlossen; und so ist seine Treue nicht sowol die Treue eines lebendigen selbstthätigen Wesens, als vielmehr nur die Treue eines freilich lebendigen, aber, wie auch schon in alten Zeiten das Wesen der Knechtschaft

---

*) Joh. 15, 15.

bezeichnet wurde, nur eines Werkzeuges in der Hand eines andern. Dasselbe spricht sich denn auch natürlicher Weise aus in dem Verhalten des Herrn gegen seinen Knecht. Er betrachtet ihn nämlich auch gar nicht anders als so; er schätzt seine Eigenschaften nicht nach dem, was sie in dem Menschen und für den Menschen an sich selbst werth sind, sondern nur nach dem, wozu gerade er sie in seinem Dienst gebrauchen kann. Und eben so ist deswegen auch der Knecht gar nicht ein Gegenstand der Liebe und des Wohlgefallens für seinen Herrn, sondern dieser rühmt sich seiner freilich, wenn er treu ist, wie hier gesagt wird, aber nur in demselben Sinn und auf dieselbe Weise, wie wir uns auch eines brauchbaren, wohlgearbeiteten Werkzeuges rühmen und uns des Besitzes, den wir daran haben, erfreuen, aber ohne ein solches Wohlgefallen oder eine Liebe von der Art, wie sie nur stattfinden kann zwischen denen, welche in Beziehung auf die Gemeinschaft, in welcher sie mit einander stehen, auch gleicher Art sind und gleiches Wesens.

Lasset uns nun sehen, meine andächtigen Freunde, wie sich dies zeigt in dem Verhältniß, in welchem Moses stand zu dem Gott seines Volks. Was wollte der Höchste mit ihm? Der Vater aller Menschenkinder, dessen allmächtige Liebe auf alle gerichtet ist, für den kein einzelner im Voraus irgend einen besondern Werth haben kann, was kann der eigentlich gewollt und beabsichtigt haben mit solcher Auswahl, wie er sie machte an den Nachkommen des Abraham? Wir freilich haben den Schlüssel dazu, wir sehen es ein; er wollte, daß ihm mitten unter dem Verderben der Welt, mitten unter der Verfinsterung des Geistes, mitten unter dem Versunkensein der Menschen von aller lebendigen Erkenntniß und aller lebendigen Beziehung auf Gott weit hinweg in das Nichtige und Irdische dieses Lebens, an diesem Volk dennoch ein Same übrig bleiben sollte, aus welchem dereinst ein besseres hervorgehen könnte. Nicht als ob dieses Volk wesentlich selbst besser gewesen wäre als die übrigen, oder als ob in dem alten Bunde das irgend schon wirklich enthalten gewesen wäre, was Gott zur Offenbarung bringen wollte im menschlichen Geschlecht! Denn wie könnten wir auch nur wenige Blätter in jenen Büchern lesen, ohne lebhaft davon getroffen zu werden, wie unvollkommen die Erkenntniß Gottes noch war, selbst in denen, die in seinem Namen zum Volke redeten, wie fern auch diese von einem solchen Verhältniß zu ihm waren, wie das, dessen wir uns jetzt rühmen? Das, wie gesagt, kann uns nicht verborgen bleiben! Unvollkommen und Schattenwerk war eben auch dies alles; aber doch wollte der Höchste, daß das Volk zusammengehalten werden sollte in einer, wenn auch nur unvollkommenen, wenn auch in mancher Hinsicht nur äußerlichen Erkenntniß Gottes, damit aus diesem — denn unter götzendienerischem Wahn konnte er nicht entsprießen — geboren werden könnte derjenige, welcher das göttliche Leben über alle bringen sollte. Um dieses einzigen Nachkommen Abrahams willen war die ganze Nachkommenschaft desselben heilig; als die Umgebung, aus welcher dieser hervorgehen könnte, sollte jene geschont werden und ein eigenthümliches Dasein be=

halten. Das war die Führung Gottes mit dem jüdischen Volk, das war der Sinn, in welchem allein es sein Auserwähltes war, das die Richtung aller Gebote, welche er ihm geben ließ, aller Einrichtungen, die unter ihm gemacht wurden, und der ganzen Art, wie er es führte durch eine Reihe von Verirrungen hindurch. Aber wie war es mit Moses? Der war ganz seinem Volke angehörig, in diesem lebend, so wie es damals schon einen Gegensatz bildete zu allen andern; und das war die Eigenschaft, um welcher willen Gott ihn erwählt hatte zum Führer dieses Volkes. Gerade dadurch, daß er erzogen an dem königlichen Hofe Aegyptens, doch durch keine Hoffnung auf irdischen Glanz und äußere Hoheit hatte abwendig gemacht werden können von dem Sinn, der ihn seinem Volke verband, dadurch hatte er sich bewährt als ein solcher, welcher im Stande sein würde, es eben in diesem Gegensatz zu allen andern in dem Wahn des Götzendienstes versunkenen Völkern mit den Ueberlieferungen seiner Vorfahren von Gott und göttlichen Dingen zusammenzuhalten; und ein solcher war es, den Gott brauchen konnte an der Spitze dieses Volks. Aber wie weit war dennoch der sonst große Mann, man kann wol sagen eben deswegen, davon entfernt den eigentlichen Zusammenhang und den wahren Grund der göttlichen Führung zu begreifen! Nur in diesem Sinne, daß es die Heiden austreiben und mitten unter ihnen als dem Gott seiner Väter dienend leben solle, leitete er das Volk, das ihm anvertraut war; in diesem Sinne schärfte er den Eifer desselben gegen die Völker, die Gott vor Israel hertreiben und in dessen Gewalt geben wollte; in eben diesem Sinne vertrat er das Volk bei Gott, wenn er es ihm, um nur eines zu erwähnen, als eine Sache vorhielt, welche seine eigene Ehre beträfe, daß das Volk nicht deshalb zu Schanden würde, weil es seine Stelle in Aegypten verlassen hatte, wenn es nun in der Wüste verschmachtete, ohne einen bessern Zustand erreicht zu haben*). Das war Moses Treue in dem Dienst, zu dem er sich seinem Gott einmal hingegeben hatte; und wenn er alle die Vorschriften ordnete, die er einzeln von Gott bekam, so hatte er immer nur die Zeit im Auge, wenn endlich das Volk angelangt sein würde in dem Lande, das ihm der Herr gelobt hatte, und keine erweckte in ihm das Bedürfniß, über diesen engen Kreis hinauszusehen. Von jenem größern Zwecke der Auswahl dieses Volks, aus welchem eben der Sohn, der ganz anders im Hause seines Vaters schalten sollte, geboren werden könnte, davon wußte er nichts, sondern wenn wir ihm das zuschreiben, so sind wir nicht in der Wahrheit Christi und in der Uebereinstimmung mit den Worten unsers Textes. Denn wie wäre Christus darauf gekommen, seinen Jüngern zu sagen, sie wären nicht mehr Knechte, da sie es im eigentlichen Sinne nie gewesen waren, und ihr Verhältniß zu ihm unverändert immer dasselbe geblieben war. Nur weil Moses und die Propheten so bezeichnet wurden, und er sie mit diesen vergleichen wollte, und in diesem

---

*) 4. Mos. 14, 13—16.

Sinne sagt er, daß der Knecht nicht weiß, was sein Herr thut. Und wenn zugleich unser Text sagt, daß Moses treu war als ein Knecht, so ergiebt sich aus beidem zusammen nur dieses, daß er weiter nicht um sich gewußt hat; wenn auch vielleicht von solchen, die mehr in den heiligen Büchern zu suchen gewohnt sind, als darin liegt, einzelne Andeutungen derselben, wiewol auch das nur auf erkünstelte Weise, so können erklärt werden, als hätte Moses eine Einsicht gehabt in diesen Zusammenhang der göttlichen Fügungen und den schon seinem Wesen nach im Geiste gesehen, der ganz anders als er walten sollte im Hause seines Vaters.

Und nun fragen wir billig, ob denn auch die Art, wie Moses handelte, wirklich dem entsprach, und ob wir darin erkennen, daß seine Treue allerdings nur die Treue eines Knechtes im Hause seines Herrn gewesen ist. Einzeln empfing er des Jehovah Gebote gleichsam von außen her; so wurden sie gegeben. Auch wenn er rathlos war in sich selbst, ging er in die Hütte, welche die Wohnung des Höchsten darstellte, und da kam denn, wir wissen wieder nicht auf welche Weise, der Wille Gottes ihm zu; was ihm so zugekommen war, das richtete er dann aus, und in dieser Vollziehung des einzelnen oft wol selbst nicht eingesehen, bestand seine Treue, offenbar die eines Knechtes, und darüber hinaus konnte er es nicht bringen. Darum war es aber auch nicht gut möglich, so treu er auch war, so sehr auch der Herr ihm dies Zeugniß gab schon während seines Lebens, so sehr es ihm gegeben worden ist in dem Gedächtniß seines Volks und noch auf's neue wiederholt in diesen Blättern des neuen Bundes: es konnte doch nicht fehlen, daß er mit seinem Hinsehen auf das Wohl seines Volkes als eines im Gegensatz gegen andere Theile des menschlichen Geschlechts stehenden nicht doch bisweilen hätte in irgend einen Zwiespalt gerathen müssen mit dem, dessen Knecht er war. Und so lesen wir denn auch, der Herr sprach: Das ganze Volk, welches gegen mich gemurret hat und mir nicht gehorchen wollte, soll in der Wüste umkommen, und das Land, das ich ihren Vätern verheißen habe, nicht sehen, alles, was zwanzig Jahr ist und darüber*). Moses nun hatte zwar damals nicht mitgemurrt, aber auch er kam doch nicht mit in das Land hinein, sondern mußte sich versammeln zu seinen Vätern deswegen, weil er, obgleich nicht gegen den Herrn gemurrt, aber sich doch beklagt hatte, daß er ihn an die Spitze dieses halsstarrigen Volks und dieses verkehrten Geschlechts gesetzt, und daß er selbst ihn am Ende nicht werde schützen können vor ihrer blinden Wuth, sondern sie würden seinem Leben ein Ende machen**). Das waren freilich nur Augenblicke des Zwiespalts, aber sie zeigen dennoch, wie wenig die Treue, die er in seinem ganzen Leben bewiesen hatte, in einer wahren Uebereinstimmung seines Willens mit dem richtig erkannten göttlichen Willen gegründet war, sondern in entscheidenden Augenblicken mußte sich vielmehr aufs Deutlichste kund geben,

---

*) 4. Mos. 14, 29. — **) 4. Mos. 11, 11 folgd.

daß es ihm an einer solchen fehle. Darum weil doch ein Knecht nur kann geachtet werden nach seinem Verhalten, und die Unangemessenheit desselben nicht darf ungestraft bleiben, durfte auch Moses das Land nicht sehen, welches Gott von Anfang an dem Volke bestimmt hatte, sondern mußte mitbegriffen werden in jenes große göttliche Strafwort, welches über sie alle ausgesprochen wurde. Und dieser Zwiespalt hing nicht von einem besondern Umstande ab; er war vielmehr unvermeiblich, er hätte irgend wann, irgend wie zum Vorschein kommen müssen, weil Mosis Treue nur war und sein konnte die Treue eines Knechtes. Noch viel weniger konnte sich zu damaliger Zeit irgend ein anderer als gerade er höher emporschwingen; es war nicht möglich, daß irgend ein Menschenkind in einem andern Verhältniß hätte zu Gott stehen können, als in diesem, ehe denn der Sohn auf Erden erschienen war. Denn auch diejenigen, welche im alten Bunde Propheten des Höchsten waren, an die das Wort des Herrn geschah, wußten keinen größeren Ehrentitel für sich, noch konnte man ihnen einen anderen beilegen, als daß sie seien Knechte des Herrn; und dem lag allerdings das dunkle Bewußtsein zum Grunde von der großen Scheidewand zwischen der Menschen Sinn und Geist und dem Sinn und Geist Gottes, davon, daß ihr äußerliches Thun seinen Geboten gemäß, nicht seinen Grund hatte, in ihrer Einsicht in seinem Willen und in dem Zusammenhang seiner Führungen. Wenn aber auf der andern Seite auch die Diener Christi in dem neuen Bunde sich in ihren Briefen und sonst Knechte nennen, so meinten sie das gewiß nicht im Widerspruch mit jenem großen Wort des Herrn, als er zu seinen Jüngern sagte: Ihr seid nun nicht mehr Knechte. Dieses wußten sie vielmehr wol in seinem ganzen Werth zu schätzen, und eine solche Benennung war bei ihnen nur die Nachwirkung von jenem Geist, der auch ihre Zeit noch beherrschte, und sie wollten sich dadurch nur über ihren Beruf und über ihr genaues Verhältniß zu dem, in dessen Namen sie handelten, auf die Weise ausdrücken, wie es auch allen denen verständlich sein mußte, die das neue Leben in ihren Geist noch nicht aufgenommen hatten.

Aber wie war es nun im Gegentheil mit Christo? welches ist die Treue des Sohnes? Lasset uns, meine andächtigen Freunde, hier zuerst, damit wir uns nicht verwirren, den Unterschied nicht übersehen, der öfters in unserer heiligen Schrift vorkommt, zwischen Kind und Sohn. Denn von dem Kinde zwar sagt der Apostel Paulus: So lange der Erbe ein Kind ist, ist kein Unterschied zwischen ihm und einem Knecht; und so, sagt er, waren auch wir, so lange wir Kinder waren, gefangen unter den Satzungen; aber von dem Sohn, dem erwachsenen, selbstständig gewordenen, kann das nicht gelten. Knecht und Satzungen, knechtischer Zustand und Gefangensein unter Satzungen, das ist ihm eins und dasselbe und hängt wesentlich zusammen. Der Knecht empfängt den Willen seines Herrn einzeln und von außen, und dieser einzelne Wille wird ihm eben Satzung und Gebot. Der Herr hingegen, als er zu seinen Jüngern sagte: Ihr seid nun nicht mehr Knechte, fügte er hinzu: Ihr seid meine Freunde, denn ich habe euch alles kund gethan, was mir der Vater offenbaret hat, und nun seid ihr meine Freunde, so ihr das thut und dem gemäß handelt. Als Freunde hat er sie behandelt, indem er ihnen den göttlichen Willen, wie er ihn erkannte, kund gab und mittheilte, nicht in einzelnen Vorschriften und Geboten als eine Satzung, sondern als den Geist, als die eigenthümliche Art und Weise seines ganzen Lebens. Aber immer hatte er ihnen denselben doch kund gethan, und wenn auch nicht als Satzung, hatten sie doch alles von außen empfangen durch ihn; so daß, wenn wir es genau nehmen, daß sie sich nun nicht mehr hätten sollen im Sinne des alten Bundes Knechte nennen, ihre Treue zu beschreiben wäre als die Treue eines Freundes gegen seinen ihm befreundeten Oberherrn. Aber anders noch ist es mit der Treue des Sohnes, denn dieser von seinem Vater erzogen und in seine Bestimmung eingeleitet, muß, ist er anders rechter Art, wenn die Zeit seiner Mündigkeit herannaht, durch das lange Leben mit dem Vater und unter dessen Augen auch den Willen desselben in Beziehung auf alle seine Verhältnisse in sich aufgenommen haben; und der Vater sendet ihn nun in seinen Geschäften, auch ohne ihm besondere Vorschriften zu geben, oder ihn nun noch durch beschränkende Satzungen zu leiten, in sein Haus, damit er darin schalte als derjenige, in dessen Willen und Gebot alle andern den Willen und das Gebot des Vaters erkennen sollen. Dieses ist die Art und Weise der Treue des Sohnes; so schaltete Christus im Hause des Vaters! was Er sagte, das war der Wille Gottes. Und den empfing er nicht von außen, und konnte ihn auch nicht von außen empfangen, weder einzeln noch im ganzen; er war ihm angeboren; und so wie diese ihm einwohnende Fülle göttlicher Kraft allmälig in den vollen Besitz seiner menschlichen Kräfte gekommen war, so daß er in seinem männlichen Alter da stand, konnte er mit allen seinen Kräften nichts anderes thun als den Willen seines Vaters, weil nichts anderes in ihm lebte als dieser. Das ist es, was er selbst von sich sagt, das ist das Große in den Worten, daß er nichts vermöge von ihm selber zu thun, weil er sein ganzes Wesen und sich selbst in seinem ganzen Dasein nicht trennen konnte oder scheiden von dem Wesen seines Vaters: denn er war eins mit ihm. Darum brauchte er nicht zu hören auf irgend ein Gebot, in keinem Augenblick zu warten, daß der Wille des Vaters, in dessen Hause er schaltete, ihm auf irgend eine Weise erst kund würde, sondern er trug ihn in sich; sowol was er selbst that, indem er seine Bestimmung erfüllte, als was er als Gesetz des Lebens, als Bestimmung des Menschen aussprach, das war der lebendige Ausdruck des göttlichen Willens. Darum war es auch nicht möglich, daß er jemals wie Moses hätte in Widerspruch gerathen können mit dem Willen seines himmlischen Vaters. Wenn er selbst von sich sagt, daß er dieses oder jenes von dem Willen seines Vaters nicht wisse: so war das niemals der Wille, den er zu thun hatte — denn den wußte er immer, — sondern es war der allmächtige Wille, nach welchem der Vater die äußerlichen Begebenheiten und Erfolge der Welt leitet. Von diesem wol sagt er, daß er ihn nicht wisse, sondern Zeit und Stunde und was sie herbeiführen werden, habe der Vater seiner Macht vorbehalten: aber den Willen Gottes, den er zu thun hatte, den wußte er immer; der lebte in jedem Augenblick, sobald er in irgend ein Verhältniß kam, in ihm, und nichts anderes als dieser, und darum konnte er auch niemals in Widerspruch mit demselben gerathen. Darum war auch ein sei es noch so vorübergehender Zwiespalt zwischen ihm und dem Vater, zwischen der Richtung seines Willens und dem was der Vater ihm zumuthete nicht möglich; und auch sein Gehorsam bis zum Tode war, eben so sehr wie er Gehorsam war, doch zugleich eine freie That aus dem eignen freien Willen hervorgehend, wie er denn sagt: Ich habe Macht mein Leben zu lassen und es zu behalten. Und hieran unstreitig erkennen wir am deutlichsten, wie wenig es möglich war, daß irgend ein Zwiespalt sein konnte zwischen ihm und dem Willen des Vaters. Eine solche Thätigkeit fern von aller Aengstlichkeit und vollkommen frei — auf der einen Seite anzusehen wie der richtigste und genaueste Gehorsam gegen den Willen des Vaters, auf der andern Seite nicht anders als wie das ruhigste unbefangenste sich Hingehn lassen in allem wozu das eigne Herz ihn trieb; eine solche Thätigkeit im väterlichen Hause, die weder gebunden war an irgend einen Buchstaben, noch zu harren brauchte auf ein Zeichen des göttlichen Befehls, und doch immer sicher war dessen, was sie zu leisten hatte: eine solche war die Treue des Sohnes.

II. Wolan, so lasset uns nun auch sehen, welches denn die Werke und Geschäfte waren, die jeder von beiden, der eine als Knecht und kraft einer solchen Treue, der andere kraft seiner Treue als Sohn, mithin auch vermittelst der in ihm wohnenden Herrlichkeit, zu vollbringen hatte. Es könnte freilich auf den ersten Anblick scheinen, als sei es kaum möglich beide mit einander zu vergleichen. Länger hat Moses sein Volk geführt, als das ganze irdische Leben des Erlösers gewährt hat; er hat seinem Volke die ganze Gesetzgebung vollendet und alle Einrichtungen begründet, deren es bedurfte; der Erlöser hingegen mußte sein Werk im Stich lassen zu einer Zeit, wo er selbst sagt: Ich habe euch noch vieles zu sagen, aber ihr könnt es noch nicht tragen. Und dennoch können wir behaupten, daß Moses noch weniger das Werk, wozu er gesandt war, selbst vollbracht hat als der Erlöser, selbst wenn wir bei den Tagen seines irdischen Lebens stehen bleiben. Denn jener mußte ja versammelt werden zu den Vätern, ehe das Volk auch nur in das Land geführt werden durfte, welches der Herr den Vätern desselben gelobt hatte. Die Gesetze hatte Moses seinem Volk gegeben ausdrücklich für jenes Land, damit es nach denselben bewohnt würde, und hatte vorhergesagt, es würde ihnen wohlgehen, wenn sie diese Gesetze hielten, aber wenn sie es nicht thäten, würde der Fluch des Herrn sie begleiten. Das Gesetz war also gegeben eben für jenes Land, in welches hernach das Volk einzog, er aber nicht mit; er sah nur von fern von dem Berge an den Grenzen desselben das schöne Land, wo die Einrichtungen gelten sollten, die er gegeben, aber das eigentliche Leben darin erblickte er nicht. Darum können wir wol in dieser Hinsicht beide mit einander vergleichen. Aber was hat nun Moses mit seiner Treue als ein Knecht des Herrn hervorgebracht? Nicht als ob ich den alten Bund herabsetzen wollte! er war eine nothwendige Vorbereitung, und ohne ihn hätte die Herrlichkeit des neuen nicht erscheinen können; davon sind alle Blätter der heiligen Bücher des neuen Bundes voll, das erkennen diejenigen unter den Jüngern am meisten an, die am lebendigsten erfüllt sind von der Herrlichkeit des neuen, und die den großen Unterschied am bestimmtesten erkennen zwischen beiden; darum wollen wir uns auch buchstäblich halten an das, was die Schrift selbst hierüber sagt. Moses gab seinem Volke Gebote, wie er sie einzeln für dasselbe von dem Herrn empfing, der zu ihm sprach: Das sage dem Volk, daß sie es thun sollen; und so finden wir, ohne daß eine bestimmte Ordnung in die Augen fiele, als ob es zufällig wäre, wie Gott ihm eines nach dem andern klar machte, die einzelnen Formeln des Gesetzes, bald dieses bald jenes, die äußerlichsten Gebote unter einander gemischt mit dem, was noch am kräftigsten als Zaum und Zügel wirken konnte gegen die zerstörenden Kräfte, die sich im Innern des noch ungeheiligten Menschen regen. Aber was wird von diesen Gesetzen gesagt? Daß sie eine unerträgliche Last gewesen seien für das Volk, so daß niemand im Stande gewesen sei sie zu erfüllen. Eben deswegen mußte der Gott immer aufs Neue versöhnt werden, der ihnen mit solchem Ernst und mit solcher Strenge befohlen hatte von keinem Buchstaben zu weichen in diesen Büchern des Gesetzes. Je genauer sie es aber befolgten, um besto weniger fanden sie doch eine Befriedigung darin, weil sie sich immer noch bewußt sein mußten auch ungekannter und ungefühlter Schuld; und alle Opfer und sonstigen heiligen Gebräuche konnten nichts anderes bewirken, als daß sie ein Gedächtniß stifteten der Sünde. Solches Umherirren, daß ich so sage, in den Wüsten des Gesetzes, Befolgen und nicht Befolgen desselben, dabei aber im beständigen Bewußtsein der Sünde leben, das war der Wechsel, in dem die Zöglinge Mosis ihr irdisches Leben vollbrachten, und darum seufzten sie auch alle nach einer Zeit, wo diese unerträgliche Last von ihnen würde genommen werden, ohne daß sie jedoch den Geist und das Wesen derselben irgend bestimmt zu erkennen im Stande gewesen wären.

Christus, waltend mit der Treue des Sohnes, hat kein Gebot gegeben, auch nicht ein einziges. Denn wenn er zu seinen Jüngern sagt: Ein neues Gebot gebe ich euch, nämlich, daß ihr euch unter einander lieben sollt mit der Liebe, mit welcher ich euch geliebet habe, so sieht wol jeder gleich, daß er nur das Wort entlehnt aus den Blättern des alten Bundes, eben um auf jenen Unterschied aufmerksam zu machen zwischen beiden. Denn wer vermag Liebe zu gebieten? Versuchet es! Sie hängt weder von der Willkür ab, noch kann sie erzwungen werden; auch die sinnlichste am wenigsten des Menschen würdige vermöget ihr nicht zu gebieten, und noch weniger gewiß die Liebe, mit welcher er uns geliebet hat! Aber indem er dies sein einziges neues Gebot nennt, hat er eben zu erkennen gegeben, daß er kein Gebot zu geben gekommen sei. Und wenn er sagt, daß er das Gesetz des alten Bundes ergänzen wolle, so geschieht auch dieses nur so, daß es dann nicht mehr als Satzung beobachtet werden kann, sondern nur um den Geist zu enthüllen, in dem es gegeben ist. Nicht als ob es nicht in seiner Macht gestanden hätte, als Sohn auch Gebot und Satzung zu geben; aber nur nicht, wenn wir von ihm die Macht erhalten sollten, Kinder Gottes zu werden, nicht wenn wir auch die Sohnschaft empfangen sollten. Denn um ein solches Verhältniß zu gründen, in welchem nur die Liebe gilt, mußte er die Feindschaft überwinden und die Liebe in uns erwecken durch die Kraft der seinigen. Das war das Werk, wozu er sich seine Jünger erwählte, um es zuerst an ihnen zu vollbringen, und das war das Vermächtniß, welches er ihnen hinterließ, daß sie sich mit derselben Liebe unter einander lieben sollten, mit welcher er sie geliebt hatte. Das sollte die Frucht seiner Wahl sein; dazu hatte er sie an sich gezogen und sie mit dem Geist und der Kraft seines Lebens gleichsam erfüllt. Dazu können auch wir, wie die Reben aus dem Weinstock, Kraft und Leben von ihm einsaugen! Solches Vermächtniß zurückzulassen, solche Gaben von oben herabzubringen, dazu war er gekommen, aber nicht wieder mit Gebot und Satzung.

Und Moses errichtete dem Herrn ein Zelt, wozu er die bestimmten Maße empfing, und mit der Treue des Knechts arbeitete er so, wie es ihm vorgeschrieben war. In diesem Zelt war ein kleines Heiligthum, worin er die Lade des Bundes und die Zeugnisse verwahrte; und wenn er in Verlegenheit war um den göttlichen Willen und nicht wußte was er zu thun hatte, so ging er in dies Zelt hinein, und nie kam er zurück ohne Rath und Vorschrift über den einzelnen Fall, um dessentwillen er hineingegangen war; ja, wenn er herauskam, glänzte sein Antlitz von der Nähe des Herrn. Aber obgleich dies glänzte, so daß er es bedecken mußte, weil die Kinder Israels nicht hineinschauen konnten*), so blieb er selbst doch in dem nämlichen Dunkel wie vorher, eben so wenig gänzlich eins mit seinem Herrn, wie ein Knecht überhaupt dies niemals sein kann. An die Stelle dieser Hütte trat hernach ein Tempel, ein prachtvolles Meisterstück alter Kunst, aber auch natürlich ausgesetzt allen menschlichen Geschicken. Dieser war in der Zeit seines Glanzes der Mittelpunkt für das öffentliche Leben erst des ganzen Volkes und dann wenigstens des kleineren treu gebliebenen Theiles. Denn an den festlichen Zeiten versammelten sich um denselben die Verehrer des Jehovah; und wie sie sich dann unter sich aufs Neue fester verbanden, so befestigten sie sich auch immer wieder in dem Widerwillen gegen die andern Völker, welche den Götzen huldigten und die Verehrung des Unsichtbaren nicht mit ihnen theilten. Aber eben dieser Geist der Absonderung, in welchem das Volk leben und unter welchem es zu

---

*) 2. Mos. 30, 34. 35.

sammengehalten werden sollte, bis die Zeit käme, in welcher die Verheißungen Gottes in Erfüllung gehen konnten, mußte es immer aufs Neue in Zwiespalt mit andern Geschlechtern der Menschen verwickeln; und so trat nach vielen Erschütterungen eine gänzliche Auflösung ein, in welcher auch dies heilige Gebäude zerstört und das Volk auf lange Zeit auseinander gesprengt wurde. Doch nach langer Zeit wendete sich noch einmal das Geschick; das Volk durfte sich zum Theil wieder sammeln in seinen Grenzen, und auch der Tempel erstand in neuer Pracht. Endlich aber kamen die Tage des Erlösers und mit ihnen die Verkündigung: Es kommt die Zeit und sie ist schon da, daß man weder hier anbeten wird zu Jerusalem, noch da, wo ihr Samariter meint daß es recht sei, sondern wer Gott anbeten will, der wird ihn anbeten im Geist und in der Wahrheit; denn solche Anbeter will Gott haben*). Wenn wir nun die große Menge von heiligen Gebräuchen und schwierigen Einrichtungen betrachten, die für jene Hütte und für jenen Tempel gemacht wurden; so ist nichts natürlicher, als daß wir uns in einem dumpfen Erstaunen und einer unfruchtbaren Verwunderung befangen finden über ein so zusammengesetztes, ein so genau abgemessenes Gebäude, über so schwer zu enträthselnde Vorschriften zu Opfern und Reinigungen und allerlei äußerem Verhalten, wodurch freilich immer aufs Neue und in andern Gestalten das Verhältniß des Volkes zu Gott zur Anschauung kam. Und diese Anstalt hat freilich unter mancherlei Abwechselungen und Störungen und wol nie so vollkommen als es sein sollte in dem ganzen Zeitraum zwischen Moses und Christus das Volk des alten Bundes beherrscht, gewiß von dem größten Theil wenig verstanden, aber doch von allen denen mit Genauigkeit ausgeübt, die ihren Ruhm darin setzten, dem, der ihnen diese Ordnungen gebracht hatte, nachzufolgen in der Treue des Knechts. Aber was war doch dieses ganze Werk und Wesen anders, als, wie die Schrift des neuen Bundes auch sagt, ein Gesetz, das doch nicht konnte lebendig machen, ein Gehorsam, der den Menschen doch nicht konnte mit Gott befreunden, sondern immer nur wieder ein Zeugniß war von der Sünde und außerdem höchstens ein Ausdruck eines ungestillten Verlangens!

Christus waltend im Hause des Vaters mit der Treue des Sohnes hatte nicht wieder den Auftrag einen festen Tempel zu bauen oder auch nur ein tragbares Zelt. Das eine wie das andere kann nur der Mittelpunkt sein für einen ziemlich beschränkten Theil des menschlichen Geschlechtes; und nicht sollte es wieder ein heiliges Volk geben in jenem Sinn und eine Auswahl nach der Geburt, sondern allgemein sollte die Gnade sein, und alle, die an ihn glauben würden, die Macht bekommen, Kinder Gottes zu werden. Der Bund aber, den der Erlöser gekommen war zu stiften in der Vereinigung, die er den Gläubigen empfahl als das Vermächtniß und die Frucht seines Lebens und Daseins, dieser wird uns auch häufig in der Schrift dargestellt als ein Tempel Gottes,

---

*) Joh. 4, 21. 23.

aber als ein geistiger, lebendiger Tempel, zu welchem, wie jener aus Holz und Steinen gebaut war, vielmehr wir zusammengefügt sind; in dem auch Opfer dargebracht werden, aber nur die geistigen eines Gehorsams, der Gott wohlgefällt; in dem auch Ordnungen walten, aber äußerliche nur so weit es nothwendig ist, damit menschliche Dinge bestehen können. Was aber eigentlich darin waltet, das sind die Ordnungen in dem Gebrauch der geistigen Gaben, wie sie aus dem Geist der Liebe entspringen; das ist der den Menschen durch den Sohn, dem er ursprünglich einwohnte, nun auch so mitgetheilte Wille Gottes, daß sie ihn jetzt eben so in sich haben können, wie er ihn in sich hatte, so sie nur merken auf den Geist, den er ihnen gesendet hat, um ihn zu verklären. Und der Erlöser selbst ist in diesem geistigen Tempel jenem Heiligthum zu vergleichen; denn so sagt die Schrift, daß ihn Gott aufgestellt habe zum Gnadenstuhl*), das heißt, als den Ort in dem geistigen Tempel Gottes, der die Zeugnisse seiner Liebe und Treue in sich schließt — denn dadurch hat Gott seine Liebe bezeugt, daß er seinen Sohn gegeben hat für das Leben der Welt — und als den Ort, der ganz besonders Gottes Gegenwart bezeichnet. Denn wer mich sieht, so sagt er selbst, der sieht den Vater, und mit ihm kommt der Vater, Wohnung unter uns zu machen. Und wie wir jetzt alle Priester sind und den freien Zugang ins Heiligthum haben: so ist keiner, der ungewiß in sich selbst darüber was der Wille Gottes sei, wenn er in diese Hütte hineintritt, wenn er sich in die geistige Gegenwart des Erlösers vertieft, wenn er ihn sucht mit den Augen des Geistes, nicht sollte Rath und Vorschrift finden, und zwar nicht nur wie Moses für den einzelnen Fall, sondern so, daß ihm durch jedes einzelne immer aufs neue der Erlöser verklärt, und er mit demselben Geist immer aufs Neue getränkt und übergossen wird, der uns führt von einer Klarheit zur andern. Dieser unzerstörbare geistige Tempel, diese ungeschwächt fortbestehende Heilsordnung ist das Werk des Erlösers, der allein schalten konnte mit der Treue des Sohnes, nicht zu vergleichen mit dem, was hervorgebracht werden konnte durch die Treue des Knechts, nicht äußerlich, sondern innerlich, nicht vergänglich, sondern ewig, nicht zurücklassend irgend ein ungestilltes Bedürfniß, sondern daß keiner wieder hungern darf und dürsten, nicht nur ein Zeugniß von der Entfernung des Menschen von Gott, sondern das Wiederbringen der seligsten Gemeinschaft mit ihm, und das ewige Bewußtsein seiner Liebe, welche er dadurch bewiesen hat, daß er den Sohn für uns gegeben hat, da wir noch Sünder waren.

So denn, meine geliebten Freunde, wollen wir ihn aufs Neue aufnehmen als den Sohn, den Gott uns gegeben, als den, der für immer schaltet mit der Treue des Sohnes im geistigen Hause des Vaters! Und wir können und sollen dies Haus sein, so wir anders den Glauben und den Ruhm der Hoffnung festhalten und nicht lassen und wanken von dem, der uns dargestellt ist als der Gnadenstuhl von Gott, und

---

*) Röm. 3, 25.

der nicht wieder nur ein neues Gedächtniß der Sünde stiftet, sondern der uns frei gemacht hat, wie er selbst sagt, daß nur der Sohn uns frei machen kann, durch den auch wir nun nicht mehr Knechte sind, auch nicht mehr unmündige Kinder, sondern, indem wir seine Freunde geworden sind, auch von ihm die Sohnschaft empfangen haben, auf daß wir in der Kraft seines Geistes immer mehr den Willen des himmlischen Vaters nicht nur erkennen, sondern ihn auch wie er in unserm Herzen finden und mit kindlicher Treue ausüben im ganzen Leben, auf daß auch wir etwas seien zum Lobe seiner Herrlichkeit. Amen.

XXI.
Die Veränderung, welche seit der Erscheinung des Erlösers auf der Erde begonnen hat.

Weihnachtspredigt.

Ehre sei Gott in der Höhe, und Friede auf Erden, und den Menschen ein Wohlgefallen. Amen.

Text: Apostelgesch. 17, 30. 31.

Und zwar hat Gott die Zeit der Unwissenheit übersehen; nun aber gebietet er allen Menschen an allen Enden Buße zu thun, darum daß er einen Tag gesetzt hat, auf welchen er richten will den Kreis des Erdbodens mit Gerechtigkeit durch einen Mann, in welchem er's beschlossen hat, und Jedermann vorhält den Glauben, nachdem er ihn hat von den Todten auferwecket.

Diese Worte des Apostels, meine andächtigen Freunde, aus dem bekannten uns aufbewahrten Eingang der Rede, die er an die Athener hielt, scheinen vielleicht auf den ersten Anblick nicht besonders dazu geeignet, heut unsre festliche Andacht zu beschäftigen. Sie handeln zwar von der Wirksamkeit des Erlösers; aber weit mehr scheinen sie uns auf die letzte noch bevorstehende Offenbarung derselben hinauszuweisen, als daß sie uns zu seiner Geburt zurückführten, deren Andenken doch dieses schöne Fest geweiht ist. Ja schon bei dem Anhören derselben mögt ihr euch in einen ganz andern Ton umgestimmt finden, als in dem ihr hierher kamt, und der dem heutigen Fest zu gebühren scheint. Wir wollen uns, so denkt ihr, bei der Feier der Geburt Christi als solche, die sich schon mitten im Genuß seiner Wohlthaten befinden, über sein erstes Erscheinen als den Anfang dieses ganzen seligen Genusses erfreuen und suchen uns also auch für unsre gemeinsame Erbauung am liebsten das auf, wodurch uns entweder seine erste Erscheinung auf Erden namhaft vergegenwärtigt oder wodurch uns die Segnungen derselben in ihrer ganzen Fülle anschaulich dargestellt werden. Wie soll nun diesem Wunsch, wie herrlich sie auch sei, jene Rede an Heiden genügen, die noch gar nichts von ihm wußten, und worin der Apostel noch überdies gewiß ihrem Bedürfniß ganz angemessen, Christum gleich in der strengen Gestalt des Richters, und nicht unter dem erfreulichen Bilde des Seligmachers darstellt. So denkt wol mancher unter euch. Allein wie wohlthuend es auch sein mag, wenn wir uns an diesem herrlichen Feste gemeinsam in das frohe Bewußtsein des Segens vertiefen, den jeder von uns für sich schon seinem Verhältniß zu dem Erlöser und seinem Antheil an allen Wohlthaten desselben verdankt: so laßt uns doch nicht vergessen, daß es der Weltheiland ist, dessen Ankunft wir feiern, und daß also unsere Betrachtung nur sehr einseitig wäre und unvollkommen, und auch unser Dank nur als ein halber Dank unserm Gott dargebracht würde, wenn wir uns nicht über das kleine Gebiet des einzelnen Lebens zu dem großen und allgemeinen erheben wollten. Denn wir wissen es ja, nicht in dem Verhältniß der einzelnen zum Erlöser besteht das Reich Gottes; nicht als ein solcher ist der Erlöser gekommen, der nur in einzelner Menschen Herz hinabstiege und so jeden einzelnen für sich selig machte; sondern auch selig machen kann er sie nur, indem er sie sammelte in eine große Gemeinde; ein neues allgemeines Leben auf Erden mußte er entzünden und so die ganze Welt durch sein Dasein umwandeln und sie mit seinem Geiste neu beleben. Und was sind die Worte des Apostels anders als — wie es sich auch ziemte, indem er solchen, die nie davon waren unterrichtet worden, den großen Rathschluß der Erlösung kund thun wollte — was sind sie anders als eine kurze Darstellung der großen Veränderung, die durch den Erlöser in der menschlichen Welt bewirkt wurde. Und auf dieser Wirkung des Erlösers muß ja wol in dieser festlichen Zeit am liebsten unsere Freude und unsre Andacht ruhen, indem wir seine Ankunft mit einander feiern. Eine neue Welt ist aufgegangen, seitdem das Wort Fleisch wurde, und der Sohn Gottes in menschlicher Gestalt auf Erden erschien. Seine Erlösung ist nicht wie alles vorige eine Hülfe auf eine Zeit lang, bis wieder eine andre Hülfe noth thut gegen das wieder mächtig gewordene Verderben; sondern darum ist uns seine Erscheinung der große Wendepunkt in der ganzen Geschichte des menschlichen Geschlechts, weil wir inne geworden sind und einsehen, es ist eine neue Erde und eine neue menschliche Welt geworden durch ihn; es ist alles umgewandelt, das alte ist vergangen, und ein neues ist erschienen. Darum auch macht unser Gefühl die strengsten Ansprüche an die christliche Welt, der wir angehören, und es empört sich bei allem was nicht ihr, sondern nur jenen früheren Zeiten gemäß ist, welche nun vergangen sein sollen. Wo wir jetzt dergleichen finden, da drücken wir uns so aus, das sei unwürdig unter Christen zu geschehen; wogegen wenn uns aus jenen Zeiten irgend etwas würdiges und herrliches entgegentritt, da führen wir es doch auf den Erlöser zurück und bezeichnen es als dessen Eigenthum, von dem der neue Geist und die Kraft eines neuen Lebens ausgegangen ist. Indem wir mit unsern festlichen Gedanken auf den ersten Ursprung dieser neuen Welt bei der Erscheinung des Erlösers zurückgehen, fragen wir uns billig: **Worin besteht denn die große Veränderung, durch die sich so streng scheiden die alten Zeiten und die, welche nun begonnen haben seit Christi Erscheinung auf Erden?** Auf diese Frage geben uns die Worte des Apostels eine befriedigende Antwort; und sie sei daher der Gegenstand unsrer heutigen andächtigen Betrachtung. Laßt uns zuerst erwägen, wie der Apostel das alte darstellt, was nicht mehr ist, und zweitens, wie er das neue bezeichnet, wofür wir Gott Lob und Dank sagen, daß er, um es zu erwecken, seinen Sohn gesandt hat.

I. Das Alte also zuerst bezeichnet der Apostel mit den kurzen Worten: **Und zwar hat Gott die Zeit der Unwissenheit übersehen**; und so faßt er alles Verderbliche in den Beschäftigungen der Menschen, alles Verkehrte in ihrer Denkungsweise und Sinnesart, ja überhaupt alle Unvollkommenheiten, worunter sie seufzten vor der Erscheinung des Erlösers, alles dies faßt er zusammen in die Worte: Die Zeit der Unwissenheit. Recht als wollte er das Wort des Erlösers wiederholen, der auch den Zustand derer, welche ihn zum Tode brachten, nur als Unwissenheit bezeichnete. Wol! aber auf der andern Seite, wenn wir auf jene Zeiten zurücksehen, denen wir selbst so vieles verdanken, können wir uns wol nicht enthalten zu fragen: Wie, gab es denn damals nur Unwissenheit? finden wir nicht in jener Zeit wenigstens schon die Keime aller Erkenntniß, die sich nachher nur weiter entwickelt hat, so wie aller Ordnungen, ohne welche die menschliche Gesellschaft nicht bestehen kann? Ja gab es nicht weit und breit fast unter allen Völkern in jenen Zeiten, die der Erscheinung des Erlösers vorangingen, gar viel Schönes und Herrliches? ja hier und da auf manchen einzelnen Gebieten des menschlichen Lebens eine Entwicklung geistiger Kräfte von solcher Trefflichkeit, an welche kaum hinanzureichen wir uns bescheiden? Gewiß war es so, und dies war auch dem Apostel nicht unbekannt! Dennoch sprach er so und zwar an dem Ort, wo viele dieser Vorzüge am meisten ihren Sitz gehabt hatten, und gewiß nicht ohne Absicht; und so ist auch uns seine Rede aufbewahrt, damit wir bei seinen Worten desto sicherer an eine andere Unwissenheit denken sollen, als an die Unwissenheit in diesen oder jenen menschlichen Dingen. Zeiten also höchster Blüthe der Wissenschaft und der Kunst, aber freilich einer Wissenschaft, die nicht den Höchsten suchte oder von ihm ausging, und einer Kunst, die nur das Sinnliche zu vergöttern strebte; Zeiten, die die größten Anstrengungen und Aufopferungen der Vaterlandsliebe gesehen hatten, aber freilich einer Liebe, die immer zugleich durch gemeinsamen Haß oder Verachtung gegen andre zusammengehalten wurde: diese nannte Paulus, der selbst jene zu solchem Zauber ausgebildete Sprache kaum fehlerlos geschweige anmuthig zu reden wußte, der selbst zu einer Wissenschaft und Kunst wenig achtenden ganz zerfallenen und heruntergekommenen Volk gehörte, Zeiten der Unwissenheit! Aber laßt uns sehen, wie der Apostel selbst diesen hier nur flüchtig hingeworfenen Ausspruch anderwärts rechtfertigt, wo er uns jene vergangenen Zeiten ausführlicher beschreibt, wie sie waren sowol unter den heidnischen Völkern als auch unter dem Volke des alten Bundes. Von jenen nämlich sagt er, daß sie die ihnen angeborene Offenbarung dessen der die Welt geschaffen hat in allerlei Bilder eines vergänglichen Daseins verunstaltet und zersplittert hatten, um durch solche die geheime Ahnung von einem höchsten Wesen gleichsam verläumdende Erdichtung ihre eignen verderblichen Lüste und ihr ungerechtes Wesen zu entschuldigen; durch welche Ungerechtigkeit sie eben wieder die Wahrheit in ihrem natürlichen Lauf hemmen mußten, also daß sie sich ihnen nicht enthüllen konnte. Von den Kindern Israel aber sagt er, daß sie nicht begriffen hätten den Sinn der göttlichen Verheißungen, sondern ganz gegen denselben hätten sie gemeint gerecht zu werden vor Gott durch die todten Werke des Gesetzes; weshalb sie denn auch die ihnen gewordenen und von Zeit zu Zeit wieder belebten Verheißungen, von dem der da kommen sollte sich nach demselben kärglichen Maße zugeschnitten und nichts davon erwartet hatten als eine Wiederkehr ihrer alten äußerlichen Herrlichkeit.

So war demnach die Unwissenheit, die Paulus hier meint, die Unwissenheit, von der er das eigne Bekenntniß der Athener fand in dem Altar, der einem unbekannten Gott geweiht war, die Unwissenheit über das göttliche Wesen und die höheren Ordnungen, nach denen der Herr das Werk seiner Hände regiert, und durch die er sich zuerst dem menschlichen Gemüthe kund gab, von denen der Apostel auch im Anfang dieser Rede gesprochen hatte, wie Gott nämlich vorher versehen habe und verordnet, wie die Geschlechter der Menschen auf den ganzen Erdboden vertheilt wohnen sollten Es war die Unwissenheit, daß ich mich so ausdrücke, von dem liebevollen Gemüthe Gottes und der Art, wie er belebend und wohlthuend den menschlichen Seelen nahe sein wollte; indeß die Menschen nicht nur verkehrter Weise glaubten, die göttliche Nähe sei gebunden an Tempel, die sie mit ihren Händen aufgeführt, und eingeschlossen in Bilder, die sie mit eigner Kunst verfertigt hatten; sondern auch noch weit mehr verkehrter Weise glaubten sie, das höchste Wesen sei neidisch auf der einen Seite und lasse deshalb kein irdisches Glück länger ungetrübt fortdauern, auf der andern aber sei es theils zornig und vergelte mehr nach Art einer unverhältnißmäßigen Rache als einer heilsamen Strafe, theils auch wieder leicht bestechlich durch Opfer und Gaben. In diese Unwissenheit von der göttlichen Liebe und von der göttlichen Weisheit schließt der Apostel denn wol mit Recht alles Verderben der alten Zeiten ein; und von den Tagen dieser Unwissenheit sagt er, sie sollten nicht mehr sein. Und wollen nicht auch wir ihm hierüber beistimmendes Zeugniß geben, indem wir bekennen, jene Zeiten würden noch sein, wenn der nicht erschienen wäre, dessen Ankunft wir heute feiern, und durch den der Vater sich uns Menschen vollkommen offenbart hat? Denn indem der Sohn alles that, was er in dem Innersten seiner heiligen Seele den Vater thun sah: so offenbarten sich uns in ihm die herrlichen und sonst unerforschlichen Wege Gottes, daß er sich die Menschen verbinden will durch eine Anbetung im Geist und in der Wahrheit. Indem Christus in seinem ganzen irdischen Leben nichts anders that als die Mühseligen und Belasteten zu sich einladen, nicht etwa um sie auf irdische Weise an sich zu ziehen, sondern um sie mit seiner geistigen Kraft zu erquicken und neu zu beleben: so hat sich der Reichthum der göttlichen Liebe in ihm offenbart, welche die Menschen zu einer geistigen Gemeinschaft verbinden wollte, in welcher jeder Stärkere dem Schwächeren dient und ihm emporhilft, und in welcher sie als Werkzeuge zur Verbreitung der geistigen Wohlthaten Gottes diese seine Liebe selbstständig in sich wohnen haben sollten. Und indem er sein Leben ließ eben in dem Streit gegen die sich zusammendrängenden Kräfte jener Zeiten der Unwissenheit, so daß in seinem Tode mehr noch als irgend sonst wo der Sieg der göttlichen Liebe und Weisheit über die Macht der Sünde sich verklärte: so ist von dem ersten Anfang bis zu dem letzten Ende sein irdisches Leben nur eine zusammenhängende, immer steigende und sich immer kräftiger entwickelnde Offenbarung dessen gewesen, worüber die Menschen vorher in trauriger Unwissenheit befangen waren. Hätten wir aber nicht den Sohn geschaut und in ihm die Herrlichkeit des Eingebornen vom Vater erkannt; dürften wir nicht mehr aus seiner Fülle nehmen Gnade um Gnade: o wie würde sich die menschliche Seele hülflos ringend mit sich selbst und mit allem was sie umgiebt bald und immer wieder von neuem verstricken in die Bande der alten Unwissenheit, die durch den Erlöser vernichtet werden soll! Woher wäre ihr die Kraft gekommen, die sich ja sonst nirgend geltend gemacht hat, den Vater so zu schauen, wie wir ihn in dem Sohne kennen gelernt haben? woher hätte sie, welche Zwist und Hader nicht nur nicht zu beseitigen und zu vermeiden wußte, sondern sich vielfältig darin wohlgefiel, die Fähigkeit genommen die Ordnung der göttlichen Weisheit und Liebe so zu verstehen, wie sie sich in dem großen Gesetz offenbart, welchem sein Sohn die lebendige Gemeinschaft der Geister unterworfen hat, deren Haupt und innerstes Leben er ist? Und eben so hängt auch alles, woran wir leiden, alle arge Gedanken, die, wie der Herr selbst sagt, aus dem Innersten des menschlichen Herzens hervorgehen, aller nichtige Verkehr mit dem vergänglichen Wesen der Welt immer wieder zusammen mit dieser einen Unwissenheit von Gott und von unserm wahren Verhältniß zu ihm; so daß, wenn diese geblieben wäre, alle jene Uebel nie hätten können beseitigt werden. Die Zeiten der Unwissenheit nun sind nicht mehr.

Aber laßt uns auch wol darauf merken, daß der Apostel sagt: Die Zeiten der Unwissenheit hat Gott übersehen. Ist also nun die Unwissenheit nicht mehr: so hat mit ihr zugleich auch das göttliche Uebersehen ein Ende, dessen einziger Gegenstand sie war. Und eben deswegen, weil der Apostel dies so heraushebt und an die Stelle des göttlichen Uebersehens nun das göttliche Gericht treten läßt, als mit der Erscheinung des Erlösers beginnend und von da an sich immer weiter verbreitend bis zur allmäligen Vollendung — denn anders kann ja auch die Unwissenheit nicht als nur allmälig vertrieben werden — deswegen klingt uns durch seine Worte ein Ton der Strenge hindurch, der sich weniger zu schicken scheint für eine fröhliche Festbetrachtung wie die gegenwärtige. Wolan, meine geliebten Freunde, um desto mehr müssen wir suchen ihn auch hierüber recht zu verstehen.

Offenbar aber könnte dieser Eindruck nur ein richtiger sein, wenn abgesehen für jetzt von der andern Frage, ob das Gericht etwas ist, was wir könnten zu fürchten haben, wenigstens das göttliche Uebersehen etwas Wünschenswerthes wäre, das wir ungern verloren geben möchten. Aber dasselbe ist wol genauer betrachtet nichts, wonach wir uns sehnen und was wir zurückwünschen dürften, eben weil es der Natur der Sache nach nur für die Zeiten der Unwissenheit gehört. So zusammengehörig erscheint uns auch beides überall im Leben; und wir empfinden es auf das Schmerzlichste, sowol wenn beides getrennt wird, als wenn beides kein Ende nehmen will. Für unsre Jugend giebt es überall eine Zeit der Unwissenheit; und die übersehen wir ihr auch, weil sie noch nicht vermag den Gegensatz des Guten und Bösen, des Richtigen und des Verkehrten in einem klaren Gedanken und einem richtigen Gefühl aufzufassen. Wir müssen übersehen, weil die Stunde noch nicht geschlagen hat, wo ihr Lust und Liebe zum Guten und Rechten kann mitgetheilt werden; aber wie oft wünschen wir nicht diese Stunde herbei! Aus denselben Ursachen nun übersah auch der Herr die Zeiten der Unwissenheit vor der Erscheinung des Erlösers als Zeiten der Kindheit des menschlichen Geschlechts.

Sollten wir nun etwa trauern, daß wir dieser entwachsen sind und also auch die Zeit des Uebersehens vorübergegangen ist? Vielmehr betrübt es uns ja von Herzen, wenn wir es lange üben an unserer Jugend; wir trauern, wenn sich das Gefühl für das Rechte, Gute und Schickliche noch immer nicht in ihr entwickeln will; wenn wir einem Alter, in dem wir längst sollten voraussetzen können, daß sie zum vollen Bewußtseins ihres Wesens erwacht sei, doch immer noch übersehen müssen; wenn wir strafen müssen aus Noth, dabei aber doch immer noch den innern Zustand als einen Zustand geistiger Stumpfheit und Bewußtlosigkeit übersehen und in Geduld harren bis es besser werde. So mit der Jugend, so auch mit den mehr zurückgebliebenen Theilen des Volkes. Denn wenn wir auf die größeren Lebensverhältnisse sehen, wie erscheint uns das, wenn zu einer Zeit, wo wir in andern Gegenden schon hellere Einsichten und höheres Gefühl verbreitet sehen, bei uns immer noch aus Mangel an Gefühl für das wahre Recht und das was eigentlich Ordnung ist in dem bestehenden Zustande dagegen verstoßen wird, und so immer wieder übersehen werden muß, daß alle Bande der Gesellschaft ihrer Auflösung sich nahen, statt sich im gemeinsamen klaren Bewußtsein immer mehr zu befestigen? Wie erscheint uns das, wenn auch da, wo es an richtiger Einsicht gar nicht fehlt, die Zeit der Unwissenheit also längst vorüber ist, dennoch aus sträflicher Gleichgültigkeit verkehrte und den gemeinsamen Frieden störende Handlungen vorkommen und übersehen und immer wieder übersehen werden? Wie erscheint uns auf der andern Seite dieses, wenn überall das härteste und strengste Gericht gehalten wird über vieles, was nur in kindischer Unwissenheit geschehen ist, für die billig noch eine Zeit des Uebersehens hätte fortdauern sollen? Wie erscheint es uns, wenn mitten in einer hellen und erleuchteten Zeit grade was zur Beförderung des öffentlichen Wohls gemeint ist auf die verkehrteste Weise geschieht, aber so daß die christliche Liebe doch nur Unwissenheit und Verblendung darin sieht und also auch noch übersehen muß? Gewiß wären uns das alles keine erfreulichen Erscheinungen! Also gehört immer beides zusammen, Unwissenheit und Uebersehen, so daß es uns ein empörendes Gefühl giebt, wenn beides getrennt wird. Aber eben so betrübt es uns auch immer, wenn die Zeit der Unwissenheit zu lange währt, und wir verlangen mit Schmerzen, daß endlich doch einmal eine Zeit komme, wo man nicht mehr werde nöthig haben, zu übersehen, sondern wo ein strenges und gerechtes Gericht ergehen könne über alle verkehrte und dem Guten widerstrebende Handlungsweisen.

Darum kann es auch nicht anders sein, meine andächtigen Freunde, und es ist nicht zu bedauern, sondern im Gegentheil ein wesentlicher Bestandtheil unserer Weihnachtsfreude, daß mit der Erscheinung des Erlösers das göttliche Uebersehen zu Ende geht. Er ist das Licht, welches in der Finsterniß scheint und sie vertreibt. Dieses Licht will uns alle erleuchten, und so sollen wir auch alle gern an dieses Licht kommen, daß unsere Werke offenbar werden. Und das ist es nun, was der Apostel in unserm Texte sagt. Das göttliche Uebersehen war nur für den kindischen Zustand der Welt die angemessene Erweisung der göttlichen Liebe und Barmherzigkeit, nur darauf sich gründend, daß die Menschen noch nicht hatten reif werden können zur wahren Freiheit des Geistes und erstarken zu einem festen Willen, dem etwas konnte zugemuthet und abgefordert werden. Auf die Zeit dieses göttlichen Uebersehens folgt nun die Zeit des Gerichts! Aber so streng dies Wort auch klingt, so fröhlich und herrlich ist es doch seinem wahren Inhalte nach. Denn wer wird gerichtet, als derjenige, dem man schon einen freien Willen zutraut und eine reife Erkenntniß? Wer wird gerichtet, als der schon herangewachsen ist in das männliche Alter und zum vollen Besitz und Bewußtsein seiner Kräfte gelangt? So ist also dies ein erfreuliches Zeichen der Fortschritte, welche das menschliche Geschlecht durch diese höchste Entwickelung der göttlichen Rathschlüsse, ich meine durch die Erscheinung des Erlösers gemacht hat; es ist ein hoher Vorzug der neuen Welt, worin sie die alte weit hinter sich zurückläßt, daß ihr der Herr nicht mehr wie einem kindischen Geschlecht zu übersehen braucht, sondern daß von nun an in ihr immer fortgeht das Gericht, in welchem alle Gesinnungen und alle Werke offenbar werden an dem Licht der Erkenntniß, welches Christus angezündet hat. Ehe diese reine Erkenntniß, dies klare Bewußtsein des göttlichen Willens aufgegangen war, gab es auch statt des Gewissens nur Ungewisses in dem Innern des Menschen; statt der Sünde nur Schwachheiten, die man sich einander gegenseitig gestand und übersah, und die also auch immer wiederkehrten; statt des Guten nur glückliche Neigungen, weniger als andere mit dem Interesse der anderen streitend und durch günstige Umstände in einem leidlichen Maß gehalten. Darum drehte sich auch das Leben nur immer in demselben Kreise umher. Denn auch das Volk des alten Bundes war nicht gewisser in sich; in seinem Gesetz war das Aeußerlichste dem Wesentlichsten gleich gestellt, und auf der einen Seite der Herzenshärtigkeit nur zu viel nachgegeben, auf der anderen der eitelste Dünkel reichlich genährt. Wenn aber die Sünde gewiß geworden ist und das Ebenbild Gottes anschaulich, dann ergeht über alles menschliche Thun das Gericht, weil wir uns nun erhoben fühlen über die Schwachheiten und Unvollkommenheiten der Vorzeit durch den, der erst den menschlichen Geist zur Reife gebracht und den Willen frei gemacht hat, wie er selbst sagt: Recht frei ist nur der, den der Sohn frei macht*). Und zwar macht er ihn frei durch die Wahrheit, die an die Stelle der Unwissenheit treten muß, welche in dem kindischen Zustande die Augen des Geistes verdunkelte. So könnten wir uns gewiß die ganze herrliche Gestalt der neuen Welt eben daraus entwickeln, daß der Apostel sagt, sie sei die Zeit des Gerichts. Und unbedenklich könnten wir es, da wir ja wissen, daß, wer da glaubt, der kommt nicht ins Gericht! Jedoch wir finden in unserm Text noch andere uns näher liegende, mit unserm eigenen innersten Bewußtsein genauer verbundene Worte, durch die uns noch außerdem der Apostel das Neue der christlichen Welt bezeichnet, welches wir nun in dem zweiten Theile unsrer Betrachtung näher mit einander erwägen wollen.

II. Dasselbe nämlich, was der Apostel auf der einen Seite so ausdrückt, der Herr habe nun beschlossen, den Kreis der Erde mit Gerechtigkeit zu richten durch den, den er dazu bestimmt hat, dasselbe ist auch der Sinn jener andern Worte, daß der Herr nunmehr allen Menschen an allen Enden gebiete Buße zu thun, und daß er ihnen vorhalte den Glauben.

Das erste nun, die Buße, hat auch einen herben Klang, und scheint nicht viel Weihnachtsfreude darin zu sein. Allein es hängt auf das Innigste mit jenem zusammen, was uns auch schon aus dem Strengen ein Fröhliches und Heiteres geworden ist, daß nämlich die Zeit des neuen Bundes die ist, in der das Gericht anhebt über alle Menschen. Denn wie überhaupt Gericht nicht eher gehalten werden kann, bis zuvor ein Maßstab aufgestellt und anerkannt worden ist, nach welchem

---

*) Joh. 8, 36.

gerichtet werden soll, so konnte auch in diesem mehr geistigen und innerlichen Sinn nicht eher die Rede sein von einem Gericht, bis die Zeit der Unwissenheit vorüber war und der Wille Gottes geoffenbart durch den, den er eben so sehr dazu ausgerüstet hatte, daß er seinen Willen kund thue, als daß er ihn selbst erfülle. Der Uebergang nun aus jenem Zustande der Unwissenheit in den, worin der Mensch fähig ist gerichtet zu werden; dieser Uebergang ist das, was der Apostel durch das Wort Buße bezeichnet, wenn er sagt: Nun gebietet Gott allen Menschen an allen Enden Buße zu thun, dieweil die Zeit der Unwissenheit, welche er allein übersehen konnte, vorüber ist. Dieses Nun, meine geliebten Freunde, ist nun eben das fröhliche und herrliche Nun seit dem Tage, dessen glorreiches und schönes Fest wir heute mit einander begehen, das Nun seit der Erscheinung des Erlösers; und die Aufforderung zur Buße ist nichts Anderes als der Ruf: So erwache nun, der du schläfst, so wird dich Christus erleuchten*), nichts Anderes als die Stimme des Sohnes Gottes, welche hören, die in den Gräbern sind und aufstehen zum Leben**). Denn das rechte Hauptstück bei der Buße ist, daß der Mensch seinen Sinn ändere. So lange nun die Menschen in jener Unkenntniß des göttlichen Willens lebten und also auch ohne ein reines und lebendiges Gefühl von der gänzlichen innern Verschiedenheit dessen, was der göttliche Wille gebietet, von dem, was die göttlichen Rathschlüsse vertilgen wollen aus der Welt der vernünftigen Wesen: so lange konnte sich nun auch das menschliche Herz nicht seinem wahrhaftigen und einzigen Ziele, der Gemeinschaft mit dem, den es nicht kannte, entgegenstrecken. Weil es aber doch nicht ruhen kann, sondern immer streben und begehren muß, so waren die Menschen während jener Zeit der Unwissenheit in eitlen Richtungen mancherlei Art und in der Lust an dem vergänglichen Wesen dieser Welt befangen. Diesen Sinn, der bei dem jüdischen Volke auch die göttlichen Offenbarungen verdunkelte, ändern, von solchem kindischen Spiel mit den vergänglichen Dingen der Erde sich losmachen, und nachdem die Seele sich der Erkenntniß des göttlichen Willens geöffnet, nun auch das Herz auf den einzigen der Bestrebungen und der Liebe jedes geistigen Wesens würdigen Gegenstand hinlenken; das ist die Buße, zu welcher der Apostel auffordert. Eine solche aber war nicht möglich vor der Erscheinung des Herrn. Darum auch in jenem Volk, welches sich eben deswegen einer besondern göttlichen Obhut erfreute, weil aus demselben der Erlöser der Welt geboren werden sollte, auch in diesem ertönte der Ruf zur Buße nicht eher mit rechter Gewalt, als bis die Ankunft des Herrn nahe war, und diejenigen, welche zur Buße aufgefordert wurden, auch zugleich auf das nahe herbeigekommene Himmelreich hingewiesen werden konnten. Für beide also, Juden und Heiden, war dieser Ruf eine Aufforderung sich loszureißen, und alles Losreißen ist schwer, auch das von der Sünde, die unter göttlicher Geduld geblieben war*), auch das vom eiteln Wan-

---

*) Ephes. 5, 14. — **) Joh. 5, 25. — ***) Röm. 3, 25.

del nach väterlicher Weise und von dem todten Buchstaben der äußeren Satzung, und es bleibt schwer, wenn auch bevorsteht, die Gerechtigkeit zu erwerben, die vor Gott gilt, und einzugehen in die Freiheit der Kinder Gottes. Aber doch ist solche Buße eben deshalb auch etwas Fröhliches und Herrliches, weil wir uns in ihr einem andern und seligen Zustande nahe fühlen. Sei sie auch mit einem schmerzlichen Rückblick auf die vorige Zeit verbunden, so ist das nur die Traurigkeit, die niemanden gereut; es sind die flüchtigen Schmerzen der Gebährerin, die bald in Freude verkehrt werden. Allein freilich ist sie nicht möglich gewesen in den Zeiten der Unwissenheit, wo dieser bessere Zustand verborgen war; und nur seitdem der Vater sich geoffenbart hat in dem Sohn, gebietet Gott allen Menschen an allen Enden diese Buße. Er gebietet! der gebietet, dessen Wort That ist, und von dem es heißt: So er spricht, so geschieht es; und so er gebeut, so stehet es da*). Er gebietet nicht etwa gleich einem menschlichen Herrn mit einem schrecklichen vielleicht und drohenden, oft aber doch unfruchtbaren Worte, denn so ließe sich nicht einmal die Buße gebieten, sondern durch die einladende und erquickende Stimme seines Sohnes selbst; er gebietet durch die gnädigen Zeichen, welche er uns giebt, indem er über uns durch den Sohn seinen Geist ausgießt. So gebietet er demnach auch hier mit einem kräftigen Worte, dem die That nicht fehlt. Ja, wo die Zeit der Unwissenheit wirklich ein Ende nimmt, wo die Erkenntniß Gottes durch sein Ebenbild den Sohn wirklich vermittelst der Predigt in das Herz bringt, daß es zum Bewußtsein der göttlichen Liebe und der göttlichen Weisheit kommt, und ihm göttliches Licht und Recht aufgeht; o da ist jene Buße auch unausbleiblich das erste Werk des göttlichen Geistes in dem Menschen; und dieses die Buße gebietende Wort, welches eigentlich die neue geistige Welt schafft, indem jeder nur durch die Buße in derselben zum Dasein kommt, ist eben so kräftig und wirksam wie das gebietende Wort, welches die äußere Welt um uns her ins Dasein gerufen hat.

Welche Freude also, daß mit dieser Buße das Werk des Erlösers beginnt! Dem Herzen können, wenn es Gott gefällt seinen Sohn zu offenbaren, weder die Werke irgend eines äußeren Gesetzes genügen, noch mag es sich länger von den Trebern des sinnlichen Genusses nähren mit den andern. Und wenn sich ein solcher, im Begriff umzukehren, das Vergangene weniger zu übersehen getraut, weil er doch bisweilen eine, wenngleich unsichere und immer wieder bestrittene und beschwichtigte, warnende Stimme vernommen, so sagt ihm dieselbe Predigt, daß Gott auch diese Stimme, durch die er sich selbst habe ein Gesetz sein wollen, unter dieselbe Unwissenheit wie den Ungehorsam gegen dieselbe begreift, um dieses insgesammt zu übersehen, damit die neue Gerechtigkeit aufgerichtet werden könne, die allein gelten soll. Welche Freude, daß das, wenn ein höheres werden sollte, unerlaßliche, aber

---

*) Psalm 33, 9.

immer schwere Umkehren und Sichlosreißen für alle vermittelt ist durch eine so belebende und erfrischende Erscheinung, als die des Sohnes, in dem wir den ewigen Vater des Lebens wirken sehn. Wie konnten die Menschen besser und leichter gereinigt werden, als wenn sie gleichsam genöthigt werden, in dem Erlöser den Sohn Gottes zu erkennen, durch den wir, weil wer ihn sieht, auch den Vater sieht, zur Erkenntniß Gottes und zur Gemeinschaft mit ihm sollen geführt werden. Denn unmittelbar vermag seine Erscheinung und sein Wort die Zeit der Unwissenheit wirklich zu vertreiben; und bei wem dies geschieht, in dessen Herzen macht er Wohnung und erfüllt es mit der Offenbarung des Vaters, die in seinem Wesen liegt. Da vergeht denn das kindische Wesen, in welchem der Mensch ohne ihn begriffen ist, und erscheint in seiner Nichtigkeit; da wird der menschliche Geist zur rechten Mannheit erstarkt; und der, welcher vorher den Dingen dieser Welt diente, ist frei geworden durch die Kraft der Wahrheit; umgekehrt ist der innerste Sinn des Gemüthes und alle Handlungsweisen und Ordnungen des Lebens — und das ist die Buße.

Aber, meine geliebten Freunde, die Buße gebietet Gott auf diese selbst vollziehende und kräftige Weise, indem er den Menschen vorhält den Glauben. Dieses Wort nun klingt uns gleich fröhlicher und erquicklicher, und gern rechnen wir es in unsre Weihnachtsfreude hinein. Aber mit Recht erinnern uns die Worte des Apostels daran, wie genau beides zusammenhängt, die Buße und der Glaube. Denn auch der Glaube war verborgen in jenen Zeiten der Unwissenheit, die der Herr übersehen hat. In Zweifeln schwankte die menschliche Seele hin und her ohne eine feste Zuversicht, welche die Stütze ihrer Freiheit sein konnte. Jedes Wort der Wahrheit, welches unter den Menschen ertönte, jeder Strahl des Lichtes, den die göttliche Milde in irgend eine menschliche Seele senkte, um sie und andere über das Vergängliche und Nichtige zu erheben; ach, manchem blendeten sie die Augen, daß er doch nur die Finsterniß erkannte, in welcher er wandelte, und allen gingen sie vorüber als ein flüchtiger Schein! Nur jetzt erst haben wir ein festes prophetisches Wort, seitdem alle diese vereinzelten Strahlen gesammelt sind in dem einen Licht, welches in die Welt gekommen ist, um alle Finsterniß zu erleuchten. Wie nun die Erscheinung des Erlösers das Gebot der Buße ist, indem wir erst an ihm die Herrlichkeit eines göttlichen Lebens schauen und darnach verlangen lernen, so wird auch durch ihn allen Menschen vorgehalten der Glaube. Wem der Erlöser selbst so vorgehalten wird, daß er in ihm erkennt die Herrlichkeit des eingebornen Sohnes, der gewahrt auch die Fülle, aus welcher er nehmen kann Gnade um Gnade. Und so fest ist auch der Erlöser von dem Entstehen und der Kraft dieses Glaubens überzeugt, daß er nur sorglos lächelt über einzelne vorübergehende Augenblicke der Kleingläubigkeit bei denen, die ihn erkannt haben, und daß er immer gewiß ist, der Vater habe ihn erhört, wenn er für die seinigen bittet, daß ihr Glaube nicht verloren gehe.

Dieser Glaube nun, den Gott allen Menschen vorhält, ist zunächst zweierlei: die Zuversicht auf die ewige Wahrheit und Untrüglichkeit des göttlichen Lebens, welches sich in dem Erlöser offenbart, dann aber auch die Zuversicht auf das heilige Band der Gemeinschaft, welche er gestiftet hat unter denen, die ihn für ihren Herrn und Meister anerkennen. Ja dieselbe unerschütterliche Zuversicht, deren seine Jünger sich seit der Auferstehung des Herrn erfreuten, nachdem alle Nebel sich zerstreut hatten, die ihre Seele wol noch umzogen während seines irdischen Daseins, und die sich in der Stunde seines Todes zu einer dichten Finsterniß zusammenzudrängen drohten; dieselbe Zuversicht, daß er Unsterblichkeit und Leben so ans Licht gebracht habe, daß wenn es einmal durch ihn aufgegangen ist, es auch nicht wieder untergehen kann, da jeder ja nur immer wieder aus der unendlichen Fülle dessen nehmen darf, der das Leben hat in ihm selbst: das ist der Glaube, den Gott allen Menschen vorhält seit der Erscheinung des Erlösers. Aber es gehört dazu auch der Glaube an die geistige Gemeinschaft, die Christus unter den Seinigen gestiftet hat. Dazu ist er auf Erden erschienen, daß er das Haupt werde seiner Gemeinde und alle, die an ihn glauben, auch unter einander verbinde in Einheit des Geistes. Und anders als in dieser vereinigenden Kraft, in dieser verbindenden Liebe, welche für jeden Verlust vielfältigen Ersatz*) und für jeden Wechsel, der uns Gefahr droht, dem der Einzelne für sich unterworfen ist, hinreichende Gewähr leistet; anders nicht als so kann der Erlöser der menschlichen Seele erscheinen, wenn ihr wirklich der unumstößliche Glaube vorgehalten wird. Da ist denn gut Buße thun, wo zugleich solcher Glaube das Herz tröstet; da ist gut allem Vergänglichen, allem Unwürdigen in dem Innersten des Gemüths entsagen, wo so die Gewißheit, das Höchste zu besitzen, den gedemüthigten Geist wieder erhebt.

Und so, meine geliebten Freunde, kommen wir wieder dahin zurück, wovon wir ausgegangen sind. Es ist dasselbe, wodurch sich der Erlöser in der einzelnen Seele des Menschen verklärt, und wodurch er die ganze Welt umgestaltet und neu geschaffen hat. Jeder Einzelne, der die Kraft des ewigen Lebens in ihm und durch ihn empfängt, wird und gedeiht ebenso, wie die ganze neue Welt, die neue Welt der Buße, welche, indem sie sich hinkehrt zum Unvergänglichen, die Unwissenheit hinter sich wirft, und die neue Welt des Glaubens, der den Sohn erkennt und mit sicheren Schritten den ewigen und unvergänglichen Kronen, die allein in der lebendigen Gemeinschaft mit dem Erlöser durch die Liebe zu ihm in der festen Verbindung mit den Seinigen errungen werden, entgegen geht. Das ist die herrliche neue Welt, die Gott den Frommen nicht blos vorbehält, die wir nicht erst erwarten dürfen, sondern die schon da ist mitten unter uns; das ist die herrliche neue Welt, in welcher er der erste ist und der letzte; der erste, weil sie begonnen hat mit seiner Erscheinung, und der letzte, weil er nicht aufhört, mit

---

*) Matth. 11, 9. 14.

seiner Kraft in ihr zu wirken, bis er das ganze Geschlecht zu sich gezogen und das Dunkel der Unwissenheit auf dem ganzen Erdenrund vertrieben, sich selbst aber dadurch bewährt hat als denjenigen, welcher der Weg ist und die Wahrheit und das Leben. Ihm sei ewig Preis und Lob von uns allen, ihm, der auch uns frei gemacht hat von den Banden der Unwissenheit, und dem wir bezeugen müssen, daß er allein wahrhaft frei machen kann. Amen.

Ewig sei dir Lob und Preis gesagt, gnädiger Vater der Menschen, für diese größte deiner Gaben. Was anders wären wir Menschen ohne deinen Sohn und ohne die Hülfe seiner Erlösung, als ein sündiges und versunkenes Geschlecht, gefangen unter den Banden der Finsterniß! Du aber, der du uns durch ihn erleuchtet hast, mögest uns auch durch ihn immer enger und immer inniger mit dir selbst verbinden. O daß er den Herzen der Menschen immer näher träte und sie alle zu sich zöge von der Erde! O daß sein Wort immer reichlicher und herrlicher unter uns wohnte und viele Früchte brächte! O daß alle den Glauben in sich aufnähmen, den du ihnen vorhältst, damit keiner gerichtet werde, sondern alle Theil erhalten an allen Segnungen und Gaben, für welche wir dich heute besonders preisen. Dir empfehlen wir, was dein Sohn, der Erhöhte auf Erden, zurückgelassen hat, den geistigen Leib, den er, nachdem du ihn selbst erhöht hast, von oben regiert, die Gemeinde der Gläubigen. Laß sein Licht immer reichlicher unter den Seinigen walten und wirken, und binde sie immer inniger zusammen nach deiner Weisheit mit dem Bande der Liebe als mit dem lebendigen Gesetz, welches er selbst gegeben hat. Amen.

XXII.
Die verschiedene Art wie die Kunde von dem Erlöser aufgenommen wird.

Weihnachtspredigt.

Text: Ev. Luk. 2, 15—20.

Und da die Engel von ihnen gen Himmel fuhren, sprachen die Hirten unter einander: Laßt uns nun gehen gen Bethlehem und die Geschichte sehen, die da geschehen ist, die uns der Herr kund gethan hat. Und sie kamen eilend und fanden beide, Mariam und Joseph, dazu das Kind in der Krippe liegend. Da sie es aber gesehen hatten, breiteten sie das Wort aus, welches zu ihnen von diesem Kinde gesagt war. Und alle, vor die es kam, wunderten sich der Rede, die ihnen die Hirten gesagt hatten. Maria aber behielt alle diese Worte und bewegte sie in ihrem Herzen. Und die Hirten kehreten wieder um, priesen und lobten Gott um alles, das sie gehöret und gesehen hatten, wie denn zu ihnen gesagt war.

Meine andächtigen Freunde! Dieser weitere Verfolg der evangelischen Erzählung von der Geburt des Erlösers beschreibt uns den Eindruck, den die erste Kunde davon hervorgebracht hat, und natürlich machen die verschiedenen Gemüthsstimmungen, welche diese Erzählung vor uns entwickelt, auch einen sehr verschiedenen Eindruck auf uns. Aber nur zu gern und vielleicht auch zu leicht gleiten wir über diejenigen, die sich nur nach dem Thatbestand der Sache erkundigen wollten, über diejenigen, welche sich der Rede die sie vernahmen nur verwunderten, hinweg und bleiben ausschließlich bei der einen stehen, von welcher nun freilich das Ausgezeichnete gesagt wird, daß sie alle diese Worte in ihrem Herzen bewegte. Alles zusammengenommen aber giebt uns diese Erzählung gleichsam einen kurzen Inbegriff überhaupt von der verschiedenen Art, wie die Menschen die Nachricht vom Erlöser aufgenommen haben, von dem verschiedenen Eindruck, den dieselbe auf sie zu machen pflegt, und dem Antheil, den sie daran nehmen; ja auf gewisse Weise können wir sagen, daß sich dasselbe Verhältniß, wie wir es hier finden, fast überall und zu allen Zeiten in der Welt, wohin nur die Verkündigung von Christo gekommen ist, auch eben so fortgesetzt hat. Allein, wenn wir wollen gerecht und billig sein gegen die Menschen auf der einen Seite, auf der andern aber auch den göttlichen Rathschluß doch in seinem ganzen Zusammenhange und seiner Ausführungsweise verstehen: so müssen wir doch überall nicht nur bei dem stehen bleiben, was unmittelbar in die Augen fällt, oder nur dem Eindrucke folgen, den die Art, wie der Erlöser aufgenommen wurde, unmittelbar auf uns macht; sondern wir müssen alles in seiner Verbindung mit dem übrigen und in dem Verhältniß, so wie jedes sich wenn wir es recht betrachteten zum Ganzen stellt, in unser Gemüth aufnehmen. Darum laßt uns zuerst diese Verschiedenheiten einzeln betrachten und dann sie in ihrem Verhältniß zu der jetzigen Gestalt der christlichen Gemeinschaft ins Auge fassen.

I. Freilich ist das eine ganz gewöhnliche Rede, daß man sagt, es gebe unter allen denen, welche sich Christen nennen, immer nur eine kleine Anzahl solcher, von denen gesagt werden könne wie von der Maria, daß sie diese Worte in ihrem Herzen bewegen; mehrere allerdings, denen man das Zeugniß nicht versagen dürfe, daß sie Antheil nehmen an der Sache, wie eben jene Hirten, und daß sie es sich nicht verdrießen lassen, sich nach den Geschichten zu erkundigen und den eigentlichen Thatbestand davon ins Auge zu fassen; aber die meisten wären immer solche, die sich der Rede nur verwunderten, die zu ihnen gesagt wird. Und gewiß ist auch in dieser Bemerkung viel Wahres;

aber sie würde doch ein ganz unrichtiges Urtheil aussprechen, wenn wir von der Voraussetzung ausgingen, diese Abstufung käme nur bei dieser größten Angelegenheit in einem solchen Maßstab vor, während es sich doch vielleicht überall ebenso verhielte. Damit wir uns also nicht zu früh einer ungegründeten Klage überlassen, so laßt uns zuvörderst zusehn, ob wir nicht in allen andern menschlichen Dingen Aehnliches wahrnehmen? Und das wird sich wol zeigen, wir mögen sehen wohin wir wollen.

Laßt uns mit dem beginnen, was gewiß uns allen das Geringste und Unbedeutendste ist, und das ist doch die Art, wie sich dem einen so, dem andern anders die äußere Seite des irdischen Lebens in seinen verschiedenen Verhältnissen gestaltet; oder laßt uns weiter fortschreiten zu dem, was ja uns allen schon weit wichtiger ist, schon deshalb, weil es genauer mit dieser größten Angelegenheit unseres Heils zusammenhängt, nämlich der Entwickelung der geistigen Kräfte des Menschen in unserm Kreise, woran freilich alle theilnehmen, aber doch in sehr verschiedenem Grade der eine und der andere; überall finden wir es eben so wie hier. Laßt auf einem von diesen Gebieten etwas Bedeutendes, Neues erscheinen; wie vortrefflich' es auch sei, immer wird es deren nur sehr wenige geben, die es sofort mit richtigem Sinn so auffassen, wie es sich der Wahrheit nach auf ihren Lebenskreis bezieht, und es sonach mit freudiger Zuversicht in ihre Entwürfe verweben, diese danach aufs Neue prüfen und so in der richtigen Anwendung des Dargebotenen ungestört fortschreiten. Der große Haufen erscheint uns immer höchstens denen in unserm Texte ähnlich, von welchen gesagt wird, daß sie die Rede vernahmen und sich darüber wunderten. So geht auch auf jenen Gebieten der größte Theil der Menschen entweder in stumpfer Gleichgültigkeit hin, wie es auch in dem Falle unseres Textes gewiß viele solche gegeben hat, in so unbestimmten, unsichern Bewegungen des Gemüths, wie die Verwunderung ist, durch das Leben — ungeachtet aller neuen Aufregungen, die es bringt — sich mehr hindurch träumend, als mit klarem Bewußtsein und festem Willen hindurchschreitend. Geringer schon der Zahl nach, aber freilich bei weitem bedeutender sind die, welche durch alles Neue, was im menschlichen Leben vorkommt, zur Betrachtung und zur Forschung aufgeregt werden, so wie hier von den Hirten gesagt wird, daß sie hingehen und sehen wollten, wie es stände mit der Geschichte, die sie von den Engeln vernommen hatten. Und wie es von den Hirten heißt, nachdem sie den Thatbestand mit der Beschreibung übereinstimmend gefunden hatten, seien sie umgekehrt und hätten Gott gelobt und gepriesen: so findet es sich auch bei vielen von jenen Forschenden. Wenn ihnen etwas Neues nach gründlicher Untersuchung so bedeutend und heilsam erscheint, als es ihnen zuerst angepriesen wurde: so wenden sie sich dankend nach oben und erwarten freudig die weitere Entwicklung. Ja auch das fügen sie nicht selten, wie die Hirten unseres Textes, hinzu, daß sie andere auf die Sache aufmerksam machen und so wie sie es gefunden Zeugniß davon ablegen.

Nur deren sind immer die wenigsten, die von dem, was ihnen Neues und Gutes kund geworden, auch bald so innig in ihrem Gemüth durchdrungen werden, daß es in ihr Leben übergeht, daß sie es mit allem, was sie sonst bewegt, in Berührung bringen, daß es überall mit berücksichtigt wird und sie mit bestimmen hilft, kurz daß es sofort anfängt in ihnen fest zu werden und zu bleiben. Wenn wir also sehen, daß sich durch alle menschlichen Verhältnisse eine solche Ungleichheit hindurchzieht, ja daß selbst in den äußerlichen Beziehungen des Menschen zu den Gütern und Kräften dieser Erde, wobei es sich doch am ersten denken ließ, doch die bei weitem meisten Menschen nicht zu dem vollen Besitz dessen, was doch allen zu gebühren scheint, und noch weniger zu dem rechten Bewußtsein davon, wie es auch in dieser Beziehung stehen sollte, gelangen: wie dürfen wir uns wundern, daß auch auf diesem geistigsten Gebiet, wo es sich um das Bewußtsein der Menschen von ihrem Verhältniß zu Gott handelt, dieselben Abstufungen statt finden? Auch zu klagen ist nicht darüber; wir müssen uns vielmehr überzeugen, daß das so der Rathschluß Gottes sei, und daß es zu der Stufe, auf welcher der menschliche Geist in diesem Leben steht, wesentlich gehöre. Das Beste und Vortrefflichste bedarf hier einer großen Unterlage; gar viele müssen vorhanden sein, damit nur einige wenige sich bis auf einen gewissen Gipfel über die andern erheben, um von da aus nun den Reichthum der Güter, welche ihnen zu Theil geworden sind, wieder über die Gesammtheit zu ergießen.

Nun aber lasset uns, nachdem wir dies im allgemeinen als den göttlichen Rathschluß und als unser menschliches Loos auf Erden ins Auge gefaßt haben, eben diese Verschiedenheit noch besonders in Beziehung auf die neue Kunde von der Geburt des Erlösers, so wie der Hergang dabei in unserer Erzählung dargestellt wird, näher betrachten. Diejenigen, welche scheinen am wenigsten Gewinn von der Verkündigung des Erlösers gehabt zu haben, sind unstreitig die, von welchen gesagt wird, daß sie, als die Hirten die Uebereinstimmung der Begebenheit mit der Botschaft der Engel ausbreiteten, solches vernahmen und sich verwunderten. Aber, meine Geliebten, wenn wir es näher betrachten, so werden wir doch sagen müssen, nicht nur, daß wir sehr unrecht thäten, wenn wir diese verurtheilen wollten und verdammen, weil sie nun nicht auch dasselbe gethan hätten wie jene, nämlich hingegangen wären um sich umzusehen nach dem Kinde und die Nachricht von ihm noch weiter zu verbreiten. Laßt uns vielmehr zuerst eingestehen, daß diese bei weitem noch nicht die Schlimmsten sind. Wäre es nicht natürlich genug gewesen, wenn sie alle bei sich gedacht hätten, das sei nur wieder eine von den Thorheiten, wie deren in jener Zeit schon öfter zum Vorschein gekommen waren, leere Hoffnungen, wie die Menschen sie sich damals häufig machten? wie es ja vor und nach den Zeiten Christi gar viele unter dem Volk gegeben hat, die die Weissagungen des alten Bundes nicht mit rechtem Verstand auslegten! Hätten nicht gar viele denken können, was geht uns doch das an, was für ein Kind jetzt geboren ist! und wäre es auch der, von welchem die Weissagungen des alten Bundes reden, ehe das Kind groß wird und ein Mann, ehe es auftreten kann und zeigen auf welche Weise es zum König im Namen des Höchsten bestimmt ist, in welchem Sinn ein Retter des Volkes zu werden, sind wir schon lange nicht mehr auf Erden; warum sollen wir uns also weiter um etwas kümmern, wobei wir doch gar nichts zu thun haben, und was immer nur unsern Nachkommen kann zu Gute kommen? Die nun so dachten, hätten sich auch nicht einmal verwundert. Das sich Verwundern ist also schon immer eine Hinneigung des Gemüths zu dem Gegenstand; es bezeugt wenigstens einen offenen Sinn, und zwar ohne alle eigennützige Beziehung auf sich selbst offen für alles das, was dem Menschen überhaupt bedeutend ist: und das ist doch schon eine löbliche Erhebung über das Gewöhnliche. Darum ehe wir diese Menschen verdammen, lasset uns fragen, was würde wol der Erlöser von ihnen gesagt haben? Und das wird uns nicht schwer zu finden sein, wenn wir ein Wort bedenken, welches er einst sagte, als einer von seinen Jüngern einen Fremden strafen wollte, der in dem Namen Jesu zwar Geister ausgetrieben hatte, aber ihm doch nicht nachfolgte. Da sprach er: Es kann nicht leicht einer eine That thun in meinem Namen und hernach Uebles von mir reden; wer nicht wider uns ist, der ist für uns*). Diese Worte können wir gar füglich auch auf solche Menschen anwenden, wenn wir sagen, es kann nicht leicht einer, der doch so bewegt worden ist von einer solchen Erzählung, daß er ihr seine Aufmerksamkeit schenkt, daß er sich darüber wundert, der kann nicht, wenn seine Verwunderung einmal laut geworden ist, bald darauf den Gegenstand seiner Theilnahme lästern; denn er würde damit seine eigene Aufregung lästern, verhältnißmäßig nicht minder als wenn einer den lästern wollte, dessen Namen er gebraucht hat, um etwas Großes und Bedeutendes damit auszurichten. Ja alle, die es auch nicht weiter bringen mit dem Evangelio und der Verkündigung von Christo, als nur daß eben diese ganze göttliche Veranstaltung, die Art wie es damit zugegangen ist, der weitere Verfolg der Begebenheit, die Gestaltung der menschlichen Dinge durch dieselbe ein Gegenstand der Verwunderung für sie ist, die sind doch immer Träger des Worts und also wenn auch nur auf mittelbare Weise Werkzeuge des göttlichen Geistes. Das Wort kommt durch sie in Bewegung; denn das, worüber man sich wundert, verschweigt man nicht, es kommt einem oftmals wieder in den Sinn, und wenn es gilt etwas Bedeutendes daran zu knüpfen, so steht es auch gleich wieder vor der Seele. Und so ist dies Verwundern für jeden einzelnen eine Stufe der Vorbereitung sowol auf die Anknüpfung eines nähern Verhältnisses mit dem Erlöser, als auch um eine nach Maßgabe der Art, wie jeder in seiner Gesammtheit steht, mehr oder minder bedeutsame Wirksamkeit auf sie auszuüben.

Gehen wir nun weiter und sehen auf die Hirten, von welchen

---

*) Mark. 9, 38—40.

zuerst gesagt wird, daß sie mit einander sprachen: Lasset uns gehen nach Bethlehem und sehen die Geschichte, von der zu uns geredet ist, ob sie sich auch so verhält; und dann, wie sie sie hernach ausbreiteten und Gott lobten und priesen über alles das, was sie gehört und gesehen hatten, so können wir wol nicht leugnen, diese sind weiter gediehen als jene; aber mehr als nun diese geleistet haben, war auch unter den gegebenen Umständen nicht zu verlangen. Freilich, meine geliebten Freunde, wenn wir uns und unser Verhältniß zum Erlöser betrachten, so erscheint uns dieses insgesammt allerdings noch als ein gar geringes. Das war wol etwas Löbliches, daß jene Hirten nun das Wort der Engel nicht gleich wieder vernachlässigten, wodurch sie es gleichsam ungeschehen gemacht hätten, sondern daß sie nun forschen wollten, nachdem sie selbst ein Zeichen empfangen hatten, dem sie nachgehen konnten, um zu sehen, ob es sich dem gemäß verhielte, und daß sie nun auch gleich, nachdem sie es so fanden, die Aufmerksamkeit anderer auf diese Geschichte lenkten und der Botschaft der Engel zu Hülfe kamen, indem sie zunächst denen davon erzählten, die sich in der unmittelbaren Umgebung des Kindes befanden, dann aber auch anderen das Wort brachten. Und daß sie die Sache nicht etwa für etwas Gleichgültiges angesehen haben, sondern im Innern ihres Gemüths davon ergriffen wurden, daß sie wirklich Großes für ihr ganzes Volk davon erwarteten, das sieht man daraus, daß von ihnen gesagt wird, sie hätten Gott gelobt und gepriesen. Nur freilich thut ihrer keine weitere Erzählung unserer Evangelienbücher irgend wieder Meldung, ob sich einer oder der andere von ihnen hernach unter den Jüngern des Herrn befunden hat, ob überhaupt zu der Zeit, wo der Erlöser öffentlich auftrat, noch jemand vorhanden gewesen ist, der darauf aufmerksam machte, daß Jesus derselbe wäre, von dem gleich bei seiner Ankunft in der Welt auf solche Weise geredet worden. Das wirft dem Anschein nach ein nachtheiliges Licht auf sie; aber wie bald wurde nicht der Erlöser ihnen aus den Augen gerückt, wie wenig waren sie im Stande, von da an seinen weitern Führungen in der Welt zu folgen! Und wenn nun auch der eine oder der andere noch lebte zur Zeit, als der Erlöser öffentlich auftrat: wie wenig Veranlassung hatten sie doch auch nur zu vermuthen, er sei derselbe, von welchem damals so zu ihnen geredet worden war. Denn er kam ja aus einer ganz andern Gegend, aus Galiläa, und es wurde allgemein geglaubt, er sei auch daher gebürtig; auch trat er gar nicht so auf, wie sie nach jener Verkündigung geneigt gewesen sein würden zu erwarten, sondern nur als ein Lehrer, wie es deren mehrere gab im Volke! Da müssen wir also gestehen, es wäre eine unbillige Zumuthung, von ihnen mehr zu verlangen, als sie thaten; und wir würden kein Recht haben, sie deshalb zu tadeln, oder ihr Gott loben und preisen deshalb geringer anzuschlagen, weil sie hernach in keinen näheren Zusammenhang mit dem Erlöser gekommen sind.

Ach, meine geliebten Freunde, wenn wir uns das Loos solcher Menschen in der damaligen Zeit recht vor Augen stellen, wir müssen wol gestehen, daß der Engel des Herrn mit seiner Verkündigung grade an diese gewiesen wurde, das zeige sich als eine gar weise Auswahl. Wie viele andere in derselben Lage würden ganz gleichgültig geblieben sein und bei sich gesagt haben: mag auch ein König geboren sein für künftige Geschlechter, uns wird doch davon nichts Gutes zu Theil werden, wir werden doch nach wie vor unser Leben zubringen bei unsern Heerden, unser Loos wird kein anderes werden als das bisherige; und in dieser Kälte gegen alles, was sie nicht selbst betraf, sich der frohen Verkündigung entziehend, würde dies Wort derselben leer an ihnen vorübergegangen sein! Wie müssen wir es nicht schon hochachten, wenn der Mensch in eine solche Lage gestellt, wie diese Hirten, sich erhebt über das unmittelbar Nächste, Antheil nimmt an den allgemeinen Angelegenheiten und sich auch an dem freut, was Menschen überhaupt, wenn auch schon ihm selbst auf gar keine Weise, zu Gute kommen soll. Dies Sicherheben über die Gegenwart und über das unmittelbar Persönliche ist schon eine schöne und edle Stufe, auf welcher eine menschliche Seele steht; in einer solchen hat schon das göttliche Wort einen Zugang, der ihm bei gar vielen andern fehlt. Denn da ist auch schon eine Richtung auf das Göttliche vorauszusetzen, wo eine solche Erhebung über das unmittelbar Gegenwärtige und Sinnliche wahrgenommen wird. Und daß es ihnen dennoch nicht möglich war, diese Geschichte, nach der sie mit solcher Theilnahme forschten, von welcher sie so ergriffen redeten, die sie zu solchem Lobe Gottes begeisterte, auch in ihrer weiteren Entwickelung zu verfolgen; können wir ihnen das zur Schuld anrechnen? müssen wir nicht sagen: das hing ab von der göttlichen Ordnung in der Art, wie ihr Leben und wie das Leben des Erlösers geführt wurde, daß ihnen ein näherer und unmittelbarer Zusammenhang mit ihm in Folge dieser Verkündigung nicht vergönnt war?

II. Und nun laßt uns von hier aus diese verschiedenen Auffassungen in ihrem Zusammenhang betrachten mit der Art, wie sich im Ganzen die christliche Gemeinschaft jetzt unter uns gestaltet. Allerdings giebt es in derselben sehr viele, die den Namen der Christen zwar mit uns theilen, eigentlich aber doch nur zu denen zu gehören scheinen, die sich über diese ganze Sache nur wundern. Ein Gegenstand der Verwunderung ist es für sie, wie doch eine so gänzliche Umgestaltung der menschlichen Dinge, wenn auch nur allmälig hat ausgehen können von einem so unscheinbaren Punkt, aus einem Volke, welches schon seit lange her ein Gegenstand der Geringschätzung für die andern war, welches sich selbst durch sein Gesetz von dem unmittelbaren Einfluß auf andere Völker auszuschließen schien und deswegen auch von ihnen bald mehr verachtet, bald mehr gehaßt wurde. Wie nun ein einzelner Mensch aus diesem Volk ein solcher Gegenstand allgemeiner Verehrung für so viele Völker habe werden können; wie der Glaube an ein ganz besonderes nahes Verhältniß zwischen Gott und ihm entstehen, wie sich diese Lehre so weit unter den verschiedensten Menschen verbreiten konnte; am meisten aber wie dieser Glaube auch jetzt noch bestehe, ungeachtet es deutlich genug zu Tage liege, daß theils unter denen, welche den Namen dieses Erlösers bekennen, doch dieselben Schwächen und Unvollkommenheiten vorhanden sind, und die Gläubigen daher auch von denselben Bedrängnissen und Beschränkungen des Lebens wie andere getroffen werden, theils auch bei den meisten von ihnen gar keine wirklichen Spuren eines höhern Lebens zu finden sind; dieses, wie gesagt, ist für viele, die sich doch ebenfalls Christen nennen, auch jetzt noch nur ein Gegenstand der Verwunderung. Das ist freilich wenig, wenn sie Christen sein wollen! Und dennoch möchte ich euch gern überzeugen, daß auch diese Verwunderung doch schon etwas sehr Wahres an der Sache ergriffen hat. Offenbar liegt ja dabei die Vermuthung zum Grunde, wenn es sich mit Christo so verhielte, wie wir glauben, wenn ein solcher Unterschied zwischen ihm und allen andern Menschen wirklich bestände, so müßte auch schon viel Größeres im menschlichen Geschlecht bewirkt worden sein durch diese Gemeinschaft, wenn nur das Verhältniß der Christen zu Christo die rechte Kraft und Innigkeit hätte; dieses richtige Gefühl liegt offenbar jener Verwunderung zum Grunde. Und müssen wir nicht gestehen, daß dies schon eine höchst wirksame Vorbereitung ist, und daß solchen nur grade noch die höchste Erleuchtung des göttlichen Geistes fehlt, um nicht mehr nur zu sagen: Wenn es sich so verhielte um die Sache, wie geglaubt wird, so müßte es anders in der Welt stehen, sondern zu sagen: Ja, es verhält sich dennoch so, daß es aber doch nicht besser steht, das ist nur ein Zeichen davon, wie wenig Menschen und wie langsam dazu gelangen, daß sie ihre wahre Bestimmung auf Erden finden und erfüllen, also auch ein Zeichen davon, wie unermeßlich der Abstand in der That ist zwischen dem, welcher uns diese Fahne des Heils aufgesteckt hat, und denen, welche derselben zwar gleichsam unwillkürlich folgen, aber doch an dem Ruhm und Preis des Erlösers, an der Herrlichkeit des innern Lebens, welches in ihm war und von ihm ausgehen soll, nicht selbst bestimmten Theil nehmen? Müssen wir also nicht sagen, daß eine solche Verwunderung schon die Erregung in sich trägt, die den Menschen zum wahren Heil führen kann, ja, daß es nur ein Weniges ist, um welches diese noch entfernt sind von dem wahren vollen Genuß des Reiches Gottes?

Gehen wir also jetzt weiter und sehen auf diejenigen Glieder der christlichen Gemeinschaft, die sich uns eben wie jene Hirten als solche darstellen, die fleißig forschen nach den Geschichten, auf welche sich der Glaube der Christen bezieht, und alles, was darüber zu uns geredet ist als von oben herab, auch zum Gegenstand ihres Nachdenkens machen. Dazu gehört doch nothwendig, daß sie dieses Ereigniß auf eine sehr bestimmte Weise unterscheiden von allen andern auch wichtigen Begebenheiten, wenn sie doch vor allen nach dieser so fleißig forschen, wie glaubwürdig alles Ueberlieferte sei, und ob nicht dem Wahren vielleicht doch Falsches sei beigemischt worden. Die nun, wenn sie den Thatbestand doch so finden, daß der geschichtliche Grund unerschüttert bleibt, die Rede ausbreiten helfen, jeder nach seiner Weise die Geschichten von

Jesu als hochwichtig und bedeutend, ohne Vergleich mit anderen dar=
stellen und Gott dafür loben und preisen, indem sie alles, was sie in
der Welt unter christlichen Völkern Gutes entwickelt sehen, auf den
einen, von dem es seinen Ursprung hat, zurückführen; solche haben wir
in der evangelischen Kirche von Anfang an gar viele gehabt. Aber wie
wird gewöhnlich über sie geurtheilt? Wie wir auch vorher über die
Hirten geurtheilt haben. Daß man doch, heißt es, diese innere Be=
wegung des Herzens, wie von der Maria gesagt wird, daß sie alle diese
Worte im Herzen bewegte, an ihnen vermisse. Freilich nicht unwirksam
sei zu ihnen allen das Wort geredet; haben sie es doch aufgenommen,
setzen sich auch in Bewegung für dasselbe, erforschen die Geschichte und
theilen andern davon mit, loben auch Gott dafür: aber daß in ihnen
selbst ein anderes Leben daraus entstanden sei, daß sie in das innigste
persönlichste Verhältniß mit dem Erlöser getreten wären, daß bemerke
man doch nicht genug bei ihnen. Wol mag diese Anschuldigung auf
gewisse Weise von sehr vielen wahr sein, die eine bedeutende Stelle
einnehmen unter den forschenden nachdenkenden Gemüthern. Aber
wenn sie doch diese Sache vorzüglich zum Gegenstand ihrer For=
schung machen als eine besonders wichtige; wenn sie sich doch alles
wichtige nicht anders denken können, als im Zusammenhang mit dem
Rathschluß Gottes: müssen sie dann nicht doch inne geworden und auf
ihre Weise gewiß darüber sein, daß diese Sache auch ganz vorzüglich aus
Gott ist? Und auf wie vielerlei Weise sind nicht Menschen dieser Art
zu allen Zeiten Werkzeuge des göttlichen Geistes! Wie wichtig ist nicht
insonderheit der Dienst von solchen gewesen für das Werk der Ver=
besserung der christlichen Kirche! Wie viel haben sie beigetragen zu
unserer Rückkehr von den Menschensatzungen, durch die es entstellt war,
zur Reinheit des Evangeliums! Wie viel eine solche redliche und treue
Nachforschung über den eigentlichen Thatbestand der Geschichte des
Christenthums überhaupt beigetragen habe zu dieser Wiederherstellung
der christlichen Wahrheit, so daß der einfache evangelische Glaube ohne
diese Geistesrichtung nie eine rechte Sicherheit hätte erreichen können:
wer kann das übersehen? Ist nun solche Thätigkeit so hülfreich dazu
gewesen, daß der rechte Genuß des göttlichen Heils den Menschen wieder
hat werden können; sind die, welche sich mit diesen Forschungen be=
schäftigen, so wichtige Werkzeuge, daß sich Gott ihrer bedient zur Auf=
rechthaltung der göttlichen Wahrheit: dürfen wir dann glauben, daß
ihnen in ihrem eigenen inneren Leben nichts davon zu Gute komme?
Gewiß, so wie der einzelne Mensch kann mehr oder weniger unmittel=
bar ein Werkzeug des göttlichen Geistes sein, so kann es auch ein we=
niger oder mehr unmittelbares Bewußtsein und mithin einen verschie=
denen Genuß der göttlichen Gnade geben. Alles was Lob und Preis
Gottes ist, muß es nicht von Gott kommen? Alles was Lob und Preis
Gottes ist wegen Christi, muß es nicht auf Christum zurückführen?
Und wenn also auch manche den Erlöser der Welt vorzüglich in der
Geschichte, wie sie sich durch ihn entwickelt hat, wenn sie ihn auch vor=

züglich in dem reinen Gedanken von der höheren Bestimmung des Menschen in dieser Welt, in der reinen geistigen Liebe, die er gegen uns gehegt und uns eingeflößt hat, in dem Streben nach höherem Frieden, nach seligem Genuß der Gegenwart Gottes, wenn sie ihn auch nur darin vornehmlich anerkennen und verehren; sollen wir nicht doch gern gestehen, daß sie ihm anhängen, wenn auch nicht in einem eben so unmittelbaren persönlichen Verhältniß der Liebe und Zuneigung wie wir und manche andere? Und so erscheint uns doch, und wir müssen uns darüber freuen, die Ungleichheit unter den Bekennern Christi geringer, als wir sie uns anfänglich vorstellten!

Und nun lasset uns zuletzt auch noch mit wenigen Worten auf die Maria sehen, von der gesagt wird, daß sie alle diese Worte bei sich behielt und in ihrem Herzen bewegte, und auf diejenigen, die ihr am meisten entsprechen in der christlichen Gemeinschaft. Ja Maria war freilich eine vorzugsweise begnadigte unter den Weibern! Es gab mehr Jungfrauen in Israel, und auch mehr Jungfrauen aus dem Stamm Davids — wenn es ja nöthig war, daß aus diesem mußte der Heiland geboren werden, — als sie; aber sie war die von Gott erwählte. Daß sie die Worte in ihrem Herzen bewegte, ach das war sehr natürlich und leicht zu erklären, weil es sie persönlich ja so nahe anging; weil zu dem, was sie schon selbst auf ähnliche Weise erfahren hatte, nun noch eine andere solche englische Botschaft hinzukam. Und doch, meine geliebten Freunde, wenn wir uns nun fragen, war denn dieses, daß sie die Worte im Herzen bewegte, schon der rechte seligmachende Glaube? war es schon ganz der fruchtbare Keim eines solchen persönlichen Verhältnisses zum Erlöser, wie wir es uns, wenn es uns geworden, als das Höchste denken? war denn Maria schon in dem Glauben, sie sei gewürdigt worden, daß der Heiland der Welt durch sie das Licht dieser Erde erblicken solle, fest und unerschütterlich? Unsere Evangelienbücher lassen uns nur zu deutlich das Gegentheil merken. Es gab lange hernach, als der Erlöser schon lehrte, eine Zeit, wo sie schwankte zwischen ihm und seinen Brüdern, die nicht an ihn als Erlöser glaubten; wo sie mit diesen ging in der Absicht ihn aus seiner Laufbahn herauszureißen, um ihn in ihren engeren häuslichen Kreis zurückziehen, als einen der außer sich selbst sei*). So war denn ungeachtet dieser bei ihr so viel tieferen und innigern Bewegung der Seele über die Worte, die geredet wurden in Bezug auf das Kind, das durch sie das Licht der Welt erblickt hatte, ihre persönliche Seligkeit noch keineswegs fest gegründet. Und so steht es, wir werden wol immer sagen müssen, um alle die, die eines solchen nähern innigen persönlichen Umganges mit dem Erlöser gewürdigt werden. Die Festigkeit des Herzens ist auch bei ihnen nur ein Werk der Zeit; sie geht auch bei ihnen durch mancherlei Anfechtungen und Schwankungen hindurch; und was wir vorher schon sagten, gilt von allen diesen, wie von der Maria: es ist eine besondere Be-

---

*) Mark. 3, 21. 32.

gnadigung, daß sie in ein näheres Verhältniß zu dem Erlöser im Leben gestellt sind; daß sie durch alles, was sie betrifft, immer wieder aufs Neue erweckt und dazu angetrieben werden, auch die Worte immer aufs Neue im Herzen zu bewegen. Aber doch ist der Keim des Unglaubens auch bei ihnen und wird auch bei ihnen nur nach und nach überwunden, und allmälig erst der Glaube in ihnen so fest, daß das ganze Leben als ein würdiges Zeugniß dieses festgewordenen Glaubens erscheint.

Und welches, meine guten Freunde, ist nun wol der Schluß, zu dem wir mit unsern Betrachtungen kommen? Dieser, der Erlöser ist der Welt, das heißt dem menschlichen Geschlecht gegeben; und das Heil dieses Geschlechtes wird ganz gewiß immer nur von ihm ausgehen und durch ihn gefördert werden; aber es ist eine mißliche Sache, wenn wir den Antheil, den der einzelne daran hat, messen und so den einen mit dem andern vergleichend ein festes Urtheil aussprechen wollen, welches nur zu leicht auf der einen Seite ein hartes, auf der andern ein parteiisches sein wird. Der einzelne Mensch steht nie und nirgend allein; es ist göttliche Gnade, wenn er früher und näher zum Erlöser berufen wird: aber wir müssen auch alles für göttliche Gnade, alles für wahren Nutzen und Segen achten, der dem Menschen widerfährt, was nur seine Aufmerksamkeit hinlenkt auf dies unvergängliche Erbe, was ihn nur über das Irdische erhebt und ihn auf irgend eine Weise in dem Kreise festhält, in welchem das Wort des Erlösers wirksam und lebendig ist. Eben so aber soll auch auf der andern Seite keiner seinen Theil an den Segnungen des Erlösers für ein Eigenthum halten, das er für sich allein haben könnte! So wie alles dieser Art ein Werk der göttlichen Gnade ist: so haben wir es auch alles nicht für uns, sondern für alle. Wenn wir nun seine Ankunft auf Erden feiern, wenn wir diese Worte im Herzen bewegen: so lasset uns damit niemals bei uns allein stehen bleiben, sondern bedenken, daß er das Heil der Welt ist, und daß wir alles, was dieses in unserm Gemüth wirkt, auch wirksam zu machen haben auf andere. Und so möge denn niemals aufhören in der christlichen Kirche die rechte Verwunderung über diese unerforschliche Führung des menschlichen Geschlechts; denn dadurch wird auch die Aufmerksamkeit anderer geweckt! nie möge aufhören das Forschen nach diesen Geschichten, die doch die größten sind, die sich im menschlichen Geschlecht ereignet haben; denn dadurch wird immer die Wahrheit in helleres Licht gestellt! nie lasset uns aufhören davon zu reden und das Wort zu verbreiten, auf daß es wo wir sind und wirken überall lebendig bleibe! nie lasset uns aufhören Gott zu loben und zu preisen auch um das, was zu jedem von uns besonders geredet ist, ich meine um unsere eigene Erfahrung und Kenntniß, die wir von der Sache haben, aber dann auch freilich die Worte Gottes immer bewegen in unserm Herzen. Damit wir nämlich für uns selbst das rechte Ziel treffen, laßt uns fleißig fragen, wie diese Worte wirksam sind, und welchen Gebrauch wir davon machen; wie wir das zu schätzen wissen, daß wir in der Gemeinde des Herrn geboren und erzogen sind, und daß daher sein Name so oft vor unsern Ohren ist und so oft natürlicher Weise in unserm Munde sein muß, daß sein Bild nicht vergehen kann vor unsern Augen, ob wir auch durch alles dieses immer mehr geläutert und geheiligt werden. Alles Heil aber, das uns selbst zu Theil wird, lasset uns achten als gemeinsames Gut, wie der Apostel Paulus sagt, daß alle Gaben sich sollen wirksam erweisen zu gemeinsamem Nutzen. Damit wir aber auf der andern Seite auch den gemeinsamen Zustand der menschlichen Dinge richtig ins Auge fassen: so laßt uns nicht sowol jeden einzelnen Menschen darauf ansehen, ob er das Höchste schon errungen habe, sondern auf der einen Seite uns an den unverkennbaren Wirkungen des Evangeliums im Großen erfreuen, auf der andern von unserem eigenen Antheil an den göttlichen Segnungen einen freudigen Gebrauch machen, so weit jeder reichen kann in seinem Kreise. Denn das ist der einzige richtige Weg des fröhlichen Glaubens, durch welchen wir das Unsrige thun können, um das Wort zu verbreiten und Lob und Preis dessen zu vermehren, von welchem wir wissen und bekennen, daß in der That in seinem Namen allein das Heil ist, und vor ihm sich alle Knie beugen müssen derer, die auf Erden sind, um an ihm zu erkennen die Herrlichkeit des eingebornen Sohnes vom Vater. Amen.

XXIII.
Die Erscheinung des Erlösers als der Grund zur Wiederherstellung der wahren Gleichheit unter den Menschen.

Weihnachtspredigt.

Ehre sei Gott in der Höhe und Friede auf Erden unter den Menschen seines Wohlgefallens. Amen.

Text: Galater 3, 27. 28.

Denn wie viele euer getauft sind, die haben Christum angezogen. Hier ist kein Jude noch Grieche, hier ist kein Knecht noch Freier, hier ist kein Mann noch Weib; denn ihr seid allzumal Einer in Christo Jesu.

Meine andächtigen Zuhörer! Was wir hier jetzt mit einander vernommen haben, erinnert uns an die unter den Menschen statt findende mannigfaltige Ungleichheit, von welcher wir wol sagen müssen, nicht minder als der Tod hängt auch sie mit der Sünde zusammen; sie ist deren Werk und ihr Sold, um so mehr als sie fast überall der Tod des Friedens wird, welcher so genau zusammenhängt mit der Verherrlichung Gottes, und der Tod der Liebe, durch welche sich am meisten sein Segen offenbart. Je mehr sich die Menschen denjenigen Arten des Verderbens hingeben, die am meisten Einfluß auf das gemeinsame Leben ausüben, wie Eigennutz, Herrschsucht, Eitelkeit: um desto mannigfaltiger verzweigt sich auch die Ungleichheit, und um desto drückender lastet sie fast ohne Ausnahme auf allen, nicht minder auf denen, welche erhoben, als auf denen, welche niedergehalten werden. Und wo wohlwollende menschliche Einbildungskraft träumt von einem bessern Zustand der Dinge auf Erden, zugleich aber einen hohen Grad von dieser Ungleichheit wahrnimmt: da richtet sie auch gleich ihren Blick auf dieselbe als auf ein Uebel, welches erst aus dem Wege geräumt werden müsse, ehe das Bessere eintreten könne; und jeder Entwurf zur Vervollkommnung der menschlichen Dinge gestaltet auch als einen wesentlichen Bestandtheil bald so bald anders eine Umwandlung jener Verhältnisse um sie der brüderlichen Gleichheit näher zu bringen, welche denen so wohl ansteht, welchen Gott die Erde gegeben hat, daß sie sie beherrschen sollen.

Die Worte unsers Textes nun reden auch von einer Aufhebung dieser Ungleichheit, indem sie diejenigen Gestaltungen derselben herausheben, welche den Lesern des Apostels als die größten erscheinen mußten. Hier ist kein Jude, keiner der als dem von Gott auserwählten Volke angehörig besser wäre als ein anderer; und hier ist kein Grieche, keiner der als bei dem verderblichen Wahn des Aberglaubens und Götzendienstes hergekommen tief unter jenem stände; hier keiner ein Freier, gewohnt über andere zu gebieten, und keiner ein Knecht und darum verachtet und gering geschätzt als ein lebendiges Werkzeug nur für den Willen anderer; hier ist keiner ein Mann, damals mit einer fast unbegrenzten Willkür gebietend auch über die Gefährtin seines Lebens, hier keiner ein Weib, der Willkür eines Mannes unterworfen und deshalb auch in dem Reiche Gottes weniger als jene: in Christo Jesu seid ihr alle eins. Und dies, meine andächtigen Freunde, wird in den Worten des Apostels nicht bezogen auf irgend etwas Einzelnes oder Besonderes, was der Erlöser dazu gethan hätte, sondern nur auf das, was er gewesen ist, auf unsern Glauben an ihn als den ins Fleisch gekommenen Sohn Gottes, darauf, daß wir ihn anziehen und unser Leben in das seinige hingeben. Aber die Art, wie dies auf solche Weise in der Gemeinde des Herrn bewirkt wird, ist auch freilich verschieden genug von dem, was so viele wohlgesinnte Menschen auch unserer Zeit so schmerzlich vermissen und so sehnsüchtig herbeiwünschen. Daher werden wir wol nicht zweifeln — sehen wir auf die Wichtigkeit der Sache und zugleich darauf, wie das was der Apostel behauptet mit dem eigenthümlichen Wesen des Erlösers, mit unserm Grundverhältniß zu ihm zusammenhängt, — daß wir auch eine so festliche Stunde, wie unsere weihnachtlichen sind, auf eine würdige und angemessene Weise ausfüllen, wenn wir mit einander betrachten, wie die Erscheinung des Erlösers in der Welt der rechte Grund zur Wiederherstellung der wahren Gleichheit unter den Menschenkindern sei. Laßt uns zuerst uns die Frage beantworten, wie und wodurch der Erlöser der Grund einer solchen Wiederherstellung ist; und dann zweitens, wie und auf welche Weise sich nun auch die rechte Gleichheit unter den Menschen in der Erscheinung darstellt. Das sei es, wozu der Herr uns seinen Segen verleihen wolle in dieser Stunde der Betrachtung.

I. Wenn wir, meine andächtigen Zuhörer, zuerst fragen, wie und wodurch ist die Erscheinung des Erlösers ein solcher Grund zur Wiederherstellung der Gleichheit unter den Menschen? und uns dabei eben diese mannigfaltige, vielgestaltige Ungleichheit vor Augen schwebt, so werden wir leicht darüber einig werden, daß wir sie gewöhnlich auf zweierlei zurückführen, wenn wir nämlich von demjenigen absehen, was seinen unmittelbaren Grund in der Einrichtung der menschlichen Natur hat und mehr eine Verschiedenheit ist als eigentlich eine Ungleichheit, welche einen Vorzug des einen vor dem andern begründete. Jugend und Alter, was ist das anders als eine Verschiedenheit des Ortes, welchen verschiedene Menschen zu derselben Zeit auf unserer Laufbahn einnehmen? Aber wo jetzt der eine ist, da war der andere vorher; und jener kommt hin, wo dieser früher gewesen ist. Die Mannigfaltigkeit, in welcher sich der Mensch nach Leib und Seele verschieden in verschiedenen Gegenden der Erde darstellt, was ist sie anders als nur ohne wesentliche Ungleichheit eine Abwechselung in der Art und Weise, wie sich der menschliche Geist, das menschliche Leben, auf diesem ihm jetzt beschiedenen Wohnplatz offenbart? Mann und Weib, was sind das anders als zwei von Gott zum Fortbestehen des menschlichen Daseins auf Erden geordnete Gestaltungen, die eine eben so unentbehrlich und wesentlich als die andere und jede ausgerüstet mit eigenen gottgefälligen Kräften! Alles andere aber führen wir zurück einestheils auf Vorzüge, die dem Menschen einwohnen durch seine Geburt, anderntheils auf solche, welche er sich während seines Lebens erwirbt, auf welche Weise es auch sei, der eine mehr durch eigene Thätigkeit, der andere mehr durch die Arbeit anderer. Aber wenn wir beides genau ins Auge fassen wollen, wie wenig vermögen wir das Eine vom Andern zu unterscheiden! wie uneinig sind wir immer selbst darüber und können zu keiner festen Entscheidung kommen, was von den Vorzügen, welche der einzelne Mensch in seinem Leben darstellt, nun wirklich schon als Keim in seinem ersten Dasein eingeschlossen sein Eigenthum war, und was ihm erst in seinem Leben zugebracht wurde durch Erziehung und durch Verkehr mit andern Menschen. Doch mögen wir beides unterscheiden können oder nicht; mag beides sich auf klare und bestimmte oder auf uns verborgene Weise mit einander verbinden; auf dies beides führen wir alles zurück. Nun wohl! und wenn wir uns nun fragen, wie und woburch ist der Erlöser der Grund, daß diese Ungleichheit aufhören soll? was können wir anders als die einfache Antwort geben: Er hatte einen Vorzug durch die Geburt vor allen Menschen, gegen welchen alle andern Vorzüge dieser Art verschwinden und nicht mehr in Betracht gezogen werden können, so daß sie von der Geburt wegen einander alle gleich sind ihm gegenüber; und er hatte einen Vorzug in der Entwickelung seines ganzen menschlichen Lebens bis zur Vollkommenheit seines männlichen Alters, welcher nirgend anders als bei ihm gefunden wird, so daß auch deswegen unter ihm alle einander gleich sind. Wie wäre es möglich, daß wir das Fest der Geburt des Erlösers feiern könnten, seine Erscheinung wirklich in das Innere des Gemüths aufs Neue aufnehmen, ohne hiervon durchdrungen zu sein!

Allerdings das ist unser gemeinsamer Glaube, daß er geboren ist als derjenige, welcher von Gott den Menschen gegeben war zum Heil und zwar als der einige seiner Art daß er geboren ist als der eingeborne Sohn Gottes, als das Fleisch gewordene Wort, als der, in welchem, so lange er auf Erden leben und wandeln sollte, die Fülle der Gottheit wohnte. Allein, so könnte jemand sagen, gehörte er nicht doch einem einzelnen Volke besonders an? War dies nicht eben deswegen das Volk der göttlichen Wahl, weil der Erlöser der Welt aus demselben sollte geboren werden? Und ist daraus nicht erst eine neue Ungleichheit erwachsen? denn standen nicht, eben weil er diesem Volke besonders angehörte, auch alle, die seines Stammes und ihm so viel näher verwandt waren nach der menschlichen Natur, auch ihm dem göttlich bevorzugten eben so viel näher und hatten mithin einen großen Vorzug vor allen übrigen? Der Erlöser selbst scheint dies ja zuzugestehen und zu bestätigen, indem er nicht nur sagte, sondern auch darnach handelte und lebte, daß er selbst nur gesandt sei zu den verlorenen Schafen vom Hause Israel. Aber, entgegne ich, wie sah er selbst dies an? Nur als eine nothwendige in dem göttlichen Willen gegründete Beschränkung seiner persönlichen Wirksamkeit auf Erden, als eine Beschränkung, die eben darin ihren natürlichen Grund hatte, daß seine Verhältnisse sollten rein menschliche, und sein ganzes Leben allen Gesetzen des menschlichen Daseins sollte unterworfen sein. Nur als solche Beschränkung sah er es an, daß er für seine Person auch unter seinem Volk bleiben sollte; denn seinen Jüngern gab er, als er von der Erde schied, den Auftrag, sie sollten sich in dieser Beschränkung nun nicht mehr halten, sondern sich vertheilen und ausgehen unter alle Völker und sie zu Jüngern machen und sie lehren das zu thun, was er gelehrt und befohlen hatte. Ja nur diejenigen aus dem Volke des alten Bundes, welche fähig waren, sich zu eben dieser Ansicht zu erheben, konnten gläubig werden an den Erlöser und mußten immer zugleich darüber zur Klarheit kommen, daß dies zum Volk des alten Bundes zu gehören gar kein Vorzug sei, der ihnen an und für sich einen besonderen Werth gebe, sondern daß sie als solche nur unter derselben Sünde, der alle Menschen unterlagen, zusammengehalten waren, damit und weil aus ihnen sollte der Sohn Gottes geboren werden.

Aber noch ein anderes scheint uns als eine erst durch den Erlöser entstandene wesentliche Ungleichheit übrig zu bleiben. Wenn irgendwo unter einem Geschlecht der Menschen das Wort des Lebens schon seit lange eingewohnt ist; wenn der mildernde göttliche Geist unter einem Volke schon von einem Geschlecht zum andern sich wirksam bewiesen hat; wenn die schönen Ordnungen des geistigen Tempels Gottes das menschliche Leben auf vielfältige Weise gereinigt haben und veredelt: erfreuen sich dann nicht diejenigen eines wahren Vorzuges durch ihre Geburt, welche sogleich in einen solchen Zusammenhang treten, wenn sie das Licht der Welt erblicken? Ist diesen nicht schon vor ihrem Eintritt in die Welt ein Segen bereitet, von dem alle diejenigen weit entfernt sind — wir haben hier von denen nicht zu reden, zu welchen das Wort Gottes noch gar nicht durchgedrungen ist, — aber auch die, welche eben erst den göttlichen Schein desselben aufgefangen haben, die, zu welchen erst seit Kurzem die erfreulichen Töne der Boten, welche den Frieden bringen, gekommen sind? So scheint es uns freilich, meine andächtigen Freunde; aber wer von uns wird sich nicht auch zu erinnern wissen, daß wir uns, wenn uns so vielerlei Mängel überall in der irdischen Kirche des Erlösers entgegentreten, mit rechter Inbrunst zurückgesehnt haben nach jenen Zeiten der ersten Liebe! Wie oft wenden wir uns nicht mit eben so viel Beschämung als ehrfurchtsvoller Bewunderung jenen Anfängen des Evangeliums zu, worin sich uns ein solcher Eifer zeigt, von dem wir das Gleiche vergeblich unter uns suchen, eine solche Gewalt des göttlichen Wortes die Menschen frei zu machen, welche leicht auch die am meisten verführerischen Bande löst, durch welche die Menschen zurückgehalten werden könnten, die Worte des Friedens nicht zu vernehmen, noch das Leben aus Gott zu ergreifen! Wie scheint uns da die Kraft des Evangeliums so viel größer, so viel reiner, so viel stärker, als ob es in diesen späteren Zeiten vor Alter geschwächt wäre! Aber das Eine ist ebenso einseitig als das Andere. Wie das Wort des Herrn ewig ist, so ist auch seine Wirkungsart eine ewige; und die Zeit für sich allein kann sie weder erhöhen noch herunterbeugen. Ja, wenn das göttliche Leben dem Menschen angeboren werden könnte, dann möchte etwas sein an dem ersten; und wiederum wenn dasselbe veralten könnte und abnehmen, wie die irdische Erscheinung des Menschen am Ende aus Schwäche vergeht, dann wäre etwas Wahres an dem Andern; aber das Eine ist eben so wenig wahr als das Andere. Alles Leben, welches aus der Fülle des Erlösers entsprießt, ist ewig jung und frisch; die Aeußerungen desselben können erleichtert werden durch Uebung und auch wieder erschwert, wenn die irdischen Werkzeuge ihre Beweglichkeit verlieren; aber was uns auf diese Weise alt zu sein scheint auf der einen oder unreif auf der andern Seite, das ist nicht das seinige, sondern das unsrige. In uns ist und bleibt die Ungleichheit, in ihm ist sie nicht, vielmehr auch diese soll in ihm und durch ihn verschwinden; ja insofern wir in ihm sind, ist sie auch gewiß verschwunden. Sind nun diese durch die Geburt bedingten Ungleichheiten, wiewol sie in dem nächsten Bezug auf unser höheres geistiges Leben stehen, dennoch für nichts zu achten, wenn wir sie mit dem Geburtsvorzug des Erlösers vor allen Menschen vergleichen; wie verschwinden doch alle die anderen, deren Einfluß sich nur auf das Aeußerliche erstreckt!

Und was sollen wir von der ausschließlichen Vollkommenheit sagen, welche sich uns in der Erscheinung des Erlösers darstellt? Wenn wir sie vergleichen mit dem so großen Abstand zwischen den weisesten Menschen und den thörichtsten, zwischen den am meisten geläuterten und den verkehrtesten, wie erscheint dagegen sein Abstand von uns allen? Laßt uns nur seine Vollkommenheit verfolgen von den ersten Anfängen seines Lebens an bis zu seinem öffentlichen Wirken und zur Vollendung seines irdischen Berufs. Ich sage, von den ersten Anfängen des Lebens an; denn wenn uns auch von diesen keine einzelnen Züge überliefert sind; o wie leicht und gern ergänzt sich der Glaube diesen Mangel, indem er sich an die Worte hält, daß das Kind zunahm an Weisheit und Gnade bei Gott und den Menschen! In welches liebliche Bild kindlicher Reinheit und Unschuld, freudiger Entwicklung seiner geistigen Lebenskraft gestalten wir uns das Heranwachsen des Erlösers, als der nicht sowol vermöge reinerer Umgebung beschützt blieb gegen alles Störende und Verführerische von einer Stufe zur andern, sondern vielmehr schon von innen her alles von sich weisen mußte, was auch nur äußerlich den Hauch der Sünde an die Oberfläche seines Lebens bringen konnte. Und sehen wir erst auf sein reiferes Alter: welche Vollkommenheit könnten wir der seinigen vergleichen, die er auf das Allereinfachste ausdrückt, wenn er sagt: Ich und der Vater sind eins; oder was eins und dasselbe ist, wenn er von sich sagt: Der Sohn kann nichts thun von ihm selber, aber die Werke, die ihm der Vater zeigt, die thut er, und der wird ihm immer größere zeigen. So war sein ganzes Leben von der ersten Entwickelung an bis zu seiner vollen Kraft und Reife nichts als ein immer weiteres, immer helleres Umherschauen und Arbeiten von einem Augenblick zum andern an dem geheimnißvollen ewigen Werke Gottes, welches zu vollbringen er gekommen war. Mit dieser Reinheit und Wahrheit, mit dieser Lebendigkeit der Einsicht, die gleich in That überging, was will sich damit vergleichen? Wenn uns diese Gestalt vor Augen schwebt, wie sie den Grund und die Kraft eines solches Lebens vom ersten Anfang ihrer Erscheinung an in sich trug: als wie unbedeutend verschwindet uns dann die sonst scheinbar so große Ungleichheit der Menschen in Absicht auf die Entwickelung und Ausbildung ihrer geistigen Kräfte! im Vergleich mit dieser Unfähigkeit den Irrthum in sich aufzunehmen, wie erscheint doch die menschliche Weisheit, die so leicht und so begeistert ihre Einfälle über die Natur und den Zusammenhang der Dinge für Wahrheit hält, ungeachtet gewöhnlich schon das nächste Geschlecht sie wieder umstößt! Gewiß wie

der Apostel sagt: Hier ist kein Jude, kein Grieche, kein Freier, kein
Knecht, kein Mann und kein Weib: so hätte er auch sagen können: hier
ist kein Weiser und kein Einfältiger, sondern in Christo Jesu seid ihr
auch darin alle Einer. Oder erscheint uns die menschliche Weisheit
jemals größer, als indem sie bekennt, etwas Vollkommneres lasse sich
nicht denken als dies reine Gemüth, welches sich selbst Gott darbringt
für die Sünden der ganzen Welt, als diese heiligende Liebe, welche
das ganze menschliche Geschlecht umfaßt, um es mit ewiger Wahrheit
zu durchdringen und zu sättigen, als die Stiftung dieses allgemeinen
Bundes des Glaubens und der Brüderschaft, der nur auf ihn geschlossen
werden konnte!

Wenn wir nun die Frage, welches denn der richtige Maßstab sei
für die Jünger des Herrn, insofern auch sie noch ungleich sind, nicht
anders beantworten können als so: Jeder ist in der Wahrheit so viel,
und so viel wird mit seiner geistigen Kraft auch jeder wirken in seinem
irdischen Leben, als er das Leben des Erlösers in sich wirken läßt,
und als er zugleich von andern wirklich anerkannt wird als ein wahrer
Jünger dessen, den Gott zum Heil der Welt gesandt hat: so ist ja eben
damit schon gesagt, daß der Erlöser auch hier der Grund der Gleichheit
ist; denn die Ungleichheit liegt nur in uns. Er ist für alle derselbe,
allen gleich sich darbietend, gleich sich hingebend. Darum mögen wir
sagen, in ihm sind alle mündig geworden, und der Unterschied zwischen
den Weisen und Unmündigen hat aufgehört. Er konnte in den Tagen
seines Fleisches wol sagen: Ich danke dir Vater, daß du es den Weisen
verborgen hast, und hast es den Unmündigen offenbart; denn da redet
er nur von der nichtigen und falschen Weisheit dieser Welt, wie er sie
an seinen Zeitgenossen vor Augen sah: aber durch ihn werden die Unmündigen mündig, wie er selbst sagt, daß er sie durch die Wahrheit
frei macht; denn wo die Wahrheit ist, da ist auch die Mündigkeit des
Geistes. So ist denn keiner, der sich über den andern erheben könnte und
dürfte, denn nur durch ihn sind alle von Gott gelehrt; und keiner ist, der
etwas wäre durch sich selbst, sondern alle empfangen nur aus derselben
Quelle den Geist, jeder nach dem Maß, wie Gott es beschlossen hat.

Sehet da, meine christlichen Zuhörer, das ist der Grund, das ist
die Kraft, vermöge deren der Erlöser die Ungleichheit unter den Menschen aufheben und die wahre Gleichheit unter ihnen wiederherstellen
kann und soll. Aber was sollen wir sagen? Die Ursache ist da; wir
müssen sie anerkennen in dem, dessen Geburt wir als die freudigste
Erscheinung, seitdem der Herr das menschliche Geschlecht auf Erden
gepflanzt hat, in diesen Tagen feiern: aber wie sieht es aus um die
Wirkung? besteht denn nun durch ihn auch wirklich eine Gleichheit
unter den Menschen? sehen wir nicht noch überall, auch da wo man
sich zu dem Evangelium bekennt, immer wieder denselben Götzendienst,
welchen die einen im Staube kriechend verrichten vor den andern,
welche durch einen jener scheinbaren Vorzüge über sie erhöht sind?
sehen wir nicht immer noch vermöge derselben Eitelkeit wie sonst einen

äußerlich sehr gewichtigen Theil der Menschenkinder auf den großen Haufen herabsehn, als ob nur dieser der Nichtigkeit des irdischen Lebens verfallen wäre, sie aber nicht, da sie doch gewiß, wenn sie auf den wahren Grund ihrer in der Gesellschaft hergebrachten Erhöhung zurückgehen wollten, sich selbst als ganz nichtig und als gar nichts anerkennen müßten? Und nicht nur zeigt sich das in dem geselligen Leben des Menschen und in ihren äußeren Verhältnissen; sondern wie steht es, wenn wir auf die Gesammtheit derer sehen, welche den Namen des Erlösers bekennen, auch um das kirchliche Zusammenleben und Wirken? Er freilich hat zu seinen Jüngern gesagt: Ihr sollt euch nicht lassen Meister nennen, Einer ist euer Meister, Christus, ihr aber seid unter einander Brüder; und ihr sollt keinen Vater nennen auf Erden, denn Einer ist euer Vater, der im Himmel ist*). Aber was hören wir? giebt es nicht überall solche, die sich Meister nennen lassen und zwar eben Meister in Christo, und werden sie nicht nur gar zu bereitwillig als solche anerkannt und geehrt? und die höheren Vorsteher der Gemeinden bis zu dem hinauf, welcher sich anmaßt geehrt werden zu müssen als der Statthalter Christi, lassen sie sich nicht Väter nennen, Väter des Glaubens, verehrungswürdige Väter, als wenn das Wort Christi nicht wäre, das doch gerade für sie geredet ist? Wie weit sind wir also davon entfernt, daß die Erscheinung des Erlösers jene Ungleichheit aufgehoben hätte und die brüderliche Gleichheit wiederhergestellt auf Erden! Und doch, wo eine Ursache ist, muß auch eine Wirkung sein; und so lasset uns dennnach fragen, wie **stellt sich durch Christum die Gleichheit wieder her?**

II. Zuerst, was der Apostel sagt, **in Christo**, das heißt, in der **Gemeinschaft der Gläubigen** als solcher; aber dann auch **zweitens**, wie bedenklich es auch in mancher Hinsicht scheinen könnte davon zu reden, **in unsern irdischen und geselligen Verhältnissen**; denn das erste für sich allein, meine andächtigen Zuhörer, bietet freilich keine bedeutende Schwierigkeit dar. In Christo ist zuerst beswegen keine Ungleichheit, weil keine Vergleichung ist: denn ohne diese, was will recht die Ungleichheit bedeuten? Werde ich es nicht inne, fühle ich es nicht, daß ein anderer über mir steht, daß seine Erhabenheit mich drückt: wo wäre dann für mich die Ungleichheit? Und eben so auf der andern Seite, werde ich es selbst nicht inne, ist es nicht Sache meines Bewußtseins, daß ich über dem andern stehe: so ist auch in mir nicht die Ungleichheit, sondern ich stelle mich ja dem andern gleich. Aber in Christo ist keine Vergleichung und darum auch keine Ungleichheit. Denn das ist kein christliches Werk, wenn wir uns einander gegenüberstellen um uns zu messen in Christo! Nur die Kinder legen Maß und Gewicht an das, was sie empfangen haben, und schätzen sich danach höher oder geringer. Und dasselbe wäre ja dann auch unser Fall. Denn wessen freuen wir uns am meisten einer an dem an-

---

*) Matth. 23, 9. 10.

bern, und was sind wir vorzüglich geneigt zu bewundern einer an dem andern? doch nur das, was der Mensch ist durch die Hülfe Gottes, also das Empfangene! Darüber freuen wir uns so gern, wenn die Gnade Gottes mächtig ist in den Schwachen; das bewundern wir am liebsten, wenn der göttliche Geist einige unter uns zum besten aller von einer Klarheit zur andern führt und der Schwäche des menschlichen Geistes aufhilft. Und wenn wir auf den andern sehen und uns so seiner freuen und das mit dem Geist der brüderlichen Liebe thun: so sehen wir dann nicht zu gleicher Zeit auf uns selbst, oder fragen, ob in uns von dieser göttlichen Gabe mehr ist oder weniger. Christi freuen wir uns in den andern und ihn sehen wir in ihnen; und eben dies Sehen Christi in den Menschenkindern, das füllt in solchem Augenblick unser ganzes Dasein aus, so daß wir um uns selbst weiter nicht wissen. Hingegen wenn wir ein andermal auf uns selbst sehen, und das sollen wir doch? ja wol, dann sollen wir aber allein auf uns selbst sehen und nicht auf andere; dann freilich sollen wir uns vergleichen, aber nicht mit andern und nach menschlichem Maß, denn das giebt dem trägen Herzen nur Gelegenheit zu tausend Entschuldigungen, sondern allein mit dem Erlöser. An ihm haben wir uns zu messen, nicht aber zu fragen, wie viel vom göttlichen Leben schon andere in sich aufgenommen haben, ob mehr oder weniger, sondern nur, ob wir auch wirklich uns ihm hingegeben haben, ob es eine Gemeinschaft des Lebens zwischen ihm und uns giebt. Diese ist an und für sich ein Gegenstand des Dankes ohne Maß; und zu messen haben wir nur an uns selbst, ob wir darin zugenommen haben oder nicht und wie. So giebt es denn keine Vergleichung zwischen einem von uns und andern; und wo keine Vergleichung ist, da ist auch keine Ungleichheit. So ist denn in dem wahren Leben der Christen als solcher, wie sie Brüder geworden sind durch ihn und von ihm allein die Macht bekommen haben Kinder Gottes zu sein, die Ungleichheit immer schon aufgehoben, weil es an allem Anlaß fehlt sie wahrzunehmen.

Aber eben so auf der andern Seite kann keine Ungleichheit sein, wo keiner von dem andern streng abgesondert und getrennt werden kann; und so ist es unter den Christen. Sie sind nicht nur einander gleich als viele, sondern, wie der Apostel sagt: Sie sind alle Einer in Christo; keiner kann sich gänzlich von den Uebrigen trennen, so daß er sich ihnen gegenüberstellte für sich allein, keiner kann etwas sein ohne die andern oder sie ohne ihn. Diese beiden Worte des Apostels, das, was wir hier in unserm Texte lesen: Ihr seid alle Einer in Christo, und was er bei einer andern Gelegenheit sagt: Keiner rühme sich eines Menschen, also keiner möge sagen, ich gehöre zu Petrus, ich zu Paulus, sondern alles ist euer*), diese gehören wesentlich zusammen. Denn so ist unter den Christen alles Ein gemeinsames Leben und Wirken, Ein gemeinsames Werk und Ein gemeinsamer Besitz und eben deshalb

---

*) 1. Kor. 3, 22.

auch Ein gemeinsames Verdienst und Eine gemeinsame Schuld. Darum wo keine Sonderung ist, da ist auch keine Ungleichheit. Aber freilich wenn dieser unselige Geist der Sonderung, des etwas für sich allein sein Wollens, wenn dieser eitelste Hochmuth des menschlichen Gemüthes wieder anfängt sich der Gemüther zu bemächtigen, so daß beides entsteht, die Trennung und die Vergleichung: dann tritt auch Zwiespalt ein, und dann ist das schöne Werk des Erlösers vernichtet. Wo er ist, da ist diese Gleichheit, bei welcher jene Sonderung nicht bestehen kann; wo seine Liebe waltet, wo die einzige Regel, die er den Seinigen hinterläßt, befolgt wird, daß wir uns unter einander lieben mit der Liebe, mit welcher er uns geliebet hat: o da giebt es keine Betrachtung über irgend eine Ungleichheit, kein Bewußtsein von irgend einem minder oder mehr, sondern die Gleichheit eines seligen Friedens.

Aber nun laßt uns auch noch fragen, wie es in Beziehung auf dies Werk des Erlösers steht, wenn wir nun auf die Gesammtheit der menschlichen Verhältnisse sehen? Denn wir sollen doch nicht, sagt der Apostel, aus dieser Welt hinausgehen wollen*), sondern in dieser Welt soll das Reich Gottes gegründet werden; und wir vermögen wahrlich nicht eben jenes geistige Dasein, jenes innere göttliche Leben von den mannigfaltigen Werken, zu welchen der Mensch in dieser Welt berufen ist, so wie von den Ordnungen, unter deren Schutz diese allein gedeihen können, zu trennen. Fragen wir nun, auf welche Weise sich denn hier aus demselben Grunde die Gleichheit wiederherstellt: so müssen wir freilich darauf zurücksehen, was ich vorher schon in Erinnerung gebracht habe, daß das göttliche Leben ja keinem unter uns angeboren ist. Wie sehr auch im Schooß der christlichen Kirche geboren und erzogen, jeder muß es sich doch immer erst besonders aneignen; der Glaube muß ein lebendiges Ereigniß im Gemüth des Menschen werden, und mit demselben das göttliche Leben in jedem beginnen; und für jeden giebt es eine Zeit, wo er hierzu erst vorbereitet wurde, als es aber erschien, da wurde ihm seine Berufung klar. Und nun laßt uns auch noch an ein anderes Wort des Apostels**) denken: Jeder bleibe in dem, worin er berufen ist; bist du ein Knecht, so bleibe ein Knecht, aber wisse, du bist ein Gefreiter Christi; dabei aber sagt er: Kannst du indeß frei werden, so gebrauche dieses viel lieber. Wenn der Knecht ein Gefreiter Christi ist, dann ist ja die Gleichheit wieder hergestellt aus der Ungleichheit. Aber nicht etwa nur auf dies nämliche Verhältniß allein laßt uns dies Wort des Apostels anwenden! Denn der gesagt hat: Ihr seid Einer in Christo, der hat auch in der Gesammtheit der menschlichen Verhältnisse diese Gleichheit gesehen und gefaßt, wenn er gleich damals noch keine Veranlassung hatte davon zu reden, deswegen nicht, weil zu den Hohen und Gewaltigen der Erde das Evangelium noch nicht hindurchgedrungen war. Aber worauf beruht denn hier alles? nicht auf den Ordnungen der menschlichen Ge-

---

*) 1. Kor. 5, 30. — **) 1. Kor. 7, 20—22.

fellschaft? Diese stellt aber der Apostel dar als ein göttliches Werk, wenn er sagt: Die Obrigkeit ist von Gott geordnet. Also, ist einer darin berufen, so bleibe er auch darin; das gilt von dem einen, wie von dem andern! Eben so wie er gesagt hat: Die Obrigkeit ist von Gott verordnet und trägt das Schwert der Gerechtigkeit zum Schutze der Guten gegen die Bösen*): so sind auch alle Gewaltigen auf der Erde, die Ansehn haben, um so mehr als sie das rechte Maß gebrauchen und dasjenige beschützen, was zu beschützen recht und gut ist, sich auch keiner Ungleichheit bewußt vor ihren Brüdern in Beziehung auf den Herrn. Denn wenn sie zum Schutze der Guten gesetzt sind: so dienen sie diesen und sind sich ihres rechten Verhältnisses zu ihren Brüdern ganz so bewußt, daß sie das vollkommen auch auf sich anwenden können und müssen, was der Erlöser selbst von sich sagt: Er sei gekommen zu dienen, und der, welcher der Vornehmste sein will unter euch, der diene den andern. Und so ist auch jenes Wort des Apostels: Kannst du aber frei werden, so gebrauche dies viel lieber, nicht zu den Knechten allein gesagt; nein, es gilt den Gewaltigen und Hohen eben so gut, wie den Niedrigen. Denn wahrlich, was kann es drückenderes geben für ein von Gott erleuchtetes Gemüth, welches sich also auch dessen bewußt ist, die Gleichheit aller Menschen nicht nur vor dem, der seinen Thron im Himmel hat, sondern die Gleichheit aller Menschen in dieser Gemeinschaft des Erlösers auf Erden anzuerkennen und nach Vermögen zu pflegen, was kann es, sage ich, drückenderes geben für einen solchen, als wenn er inne wird, daß ein falsches Gefühl der Ungleichheit das Leben der Menschen noch beherrscht, und daß deshalb eine schüchterne Unterwürfigkeit so manche schöne Kräfte von recht freier Wirksamkeit für das geistige Leben zurückhält? Darum gilt auch ihnen dies Wort, auch ihnen ist gesagt: Kannst du frei werden von solcher Last, so gebrauche dies viel lieber; glaubt ihr, daß die Zeit gekommen ist, diese einengenden Schranken, die auf viel verzweigte Weise euch trennen von euern Brüdern, um ein Weniges zu erweitern oder hier und da niederzureißen und eure Brüder euch näher zu bringen; o so gebrauchet dies viel lieber! Und wollten wir, könnten wir es leugnen, daß diese Verringerung der Ungleichheit ein seliges Werk ist, welches von einer Zeit zur andern unter christlichen Völkern immer weiter fortschreitet? Das Verhältniß zwischen Herren und Knechten, wie hat es sich gemildert im Laufe der Zeiten! Wie viel Raum findet unter uns schon das Bewußtsein einer brüderlichen Gleichheit zwischen denen, die im Hauswesen herrschen und denen, die da dienen! Und jene große Kluft zwischen der Gewalt, welche die Gesetze giebt und aufrecht hält, und denen, die sie befolgen und gehorchen, wie weit ist sie nicht schon ausgefüllt worden, seitdem die christliche Demuth nicht aufhört zu lehren, daß auch die Weisheit in den Dingen dieser Welt keinem angeboren sei, und keiner allein der Träger derselben! Denn daraus folgt ja, je

---

*) Röm. 13, 1—4.

mehr jeder davon bedarf, um den ihm von Gott angewiesenen Platz würdig auszufüllen, desto fleißiger muß er auch um sich her schauen nach Weisheit und diejenigen an sich ziehen, bei denen er sie findet. Kann nun auch im bürgerlichen Leben das wahrhaft Gute und eine gleichmäßig verbreitete Zufriedenheit nur durch eine solche Vereinigung bewirkt werden, so müssen auch alle menschlichen Kräfte und Tugenden, die dazu beitragen, ihre Anerkennung finden; wenn anders diejenigen, welche zur Leitung der menschlichen Dinge berufen sind, über das ihnen Anvertraute vor Gott eine fröhliche Rechenschaft sollen ablegen können. Wird aber so alles Gute geschätzt, nicht nach dem Ort, woher es kommt, sondern nach seiner Wirksamkeit, so muß ja jede Ungleichheit immer bedeutungsloser werden.

So geht es fort unter christlichen Völkern, und so soll es fortgehn von einem Geschlecht zum andern. Und sollte je wieder eine Zeit kommen, wo um uns her menschliche Ordnung aufgelöst, und dadurch auch für uns Ruh und Friede gefährdet würde, dann würde die höhere geistige Kraft, die wir dem Evangelium verdanken, und die reinere brüderliche Liebe, welche das Christenthum uns eingepflanzt hat, sich zu unserm Schutz und unserer Bewahrung entwickeln; und an ihren Früchten werden wir es dann mit dankbarer Freude erkennen, daß der Erlöser in Wahrheit auch gekommen ist, um die Ungleichheit und ihre unseligen Folgen aufzuheben dadurch, daß Er allein es ist, der gleichmäßig über allen steht. Und so sei er als solcher uns aufs Neue willkommen und gefeiert, daß er sich nicht schämte, uns Brüder zu heißen! Wie wir nun alle unter einander gleich sind, weil wir nur etwas sein können durch ihn; so ist es seine mittheilende Liebe, die uns alle zu ihm hinanziehen will, so wie sie uns unter einander zusammenhält und jeden einzelnen trägt. Und wenn Er uns Brüder nennt, so ist das die Versicherung, daß wir durch ihn auch wie er dieselbe Gemeinschaft haben mit seinem und unserem Vater im Himmel. Amen.

XXIV.
Eine Anweisung, das Gute unter uns immer vollkommner zu gestalten.

Neujahrspredigt.

Gnade sei mit euch und Friede von Gott dem Vater und von unserm Herrn Jesu Christo, Amen.

Text: Hebräer 10, 24.

Lasset uns unter einander unser selbst wahrnehmen, mit Reizen zur Liebe und guten Werken.

Meine andächtigen Freunde! Schon vor dem fröhlichen Feste, welches wir in diesen Tagen begingen, haben wir unser kirchliches Jahr mit einander begonnen. Die heutige Feier ist mehr eine bürgerliche und gesellige, den Angelegenheiten unsers äußern gemeinsamen Lebens und den sich darauf beziehenden Verhältnissen gewidmet. Aber wenn wir doch an diesem Tage auch hier zusammenkommen, so können wir ja nicht anders, als den Glauben mit zur Stelle bringen, daß alles Anmuthige und Erfreuliche in unserm thätigen und geselligen Leben, wofür wir Gott in dem vergangenen Jahre zu danken hatten, seinen Grund in nichts Anderem gehabt habe, als in dem geistigen Guten, welches der Herr nach seiner Gnade in den Herzen der Menschen durch das Wort und die Lehre Christi und durch die Gaben seines Geistes wirkt: und daß eben so alle Fortschritte und Verbesserungen, die wir für die Zukunft von ihm zu erbitten haben, so wie die Heilung aller Mängel und Gebrechen, die uns bei dem Rückblick auf das vergangene Jahr noch in die Augen fallen, ebenfalls von nichts anderm abhängen kann, als davon, daß in uns allen in immer reicherem Maße alles Gute sich gestalte, welches unter den Jüngern des Herrn soll anzutreffen sein. Eben hierüber nun finden wir in den biblischen Worten, welche wir jetzt gehört haben, eine freilich sehr allgemeine Regel, aber eine solche doch, die wir besonders auch am Anfange eines neuen Jahres zu Herzen zu nehmen haben; und auf diese laßt uns jetzt mit einander unsre Gedanken richten. Wir werden aber in diesen Worten zuerst aufmerksam gemacht auf das wahre Bedürfniß für uns in dem jetzt beginnenden Jahre; dann aber auch zweitens auf die Art, wie dasselbe allein kann befriedigt werden.

I. Zuerst also, meine geliebten Freunde, laßt uns dieses festhalten, daß es, auf welches Gebiet unseres Lebens wir auch sehen mögen, auf das Wirksame und Geschäftige, oder auf das Gesellige und Genießende, überall kein anderes Bedürfniß für uns in irgend einer Zukunft geben kann, als immer nur dieses, daß Liebe und gute Werke unter uns immer reichlicher mögen zu finden sein. Vielleicht denkt mancher von euch, darin liege zwar vieles, aber doch nicht alles; nicht alles liege darin, was uns wünschenswerth ist in unsern häuslichen und bürgerlichen Angelegenheiten; nicht ganz hänge auch davon ab das Maß von Wohlbefinden oder Leiden, welches jedem in seinen Verhältnissen entstehen wird; allein beachten wir nur diese Dinge mit wahrhaft christlichem Sinn, so wird sich bald zeigen, daß doch zuletzt hierauf allein alles ankommt.

Wir haben gestern gewiß alle noch einmal zurückgesehen auf das abgelaufene Jahr — denn ich hoffe, auch die lautere Fröhlichkeit, in der viele es zu beschließen pflegen, wird diesem ernsten Geschäft keinen

Eintrag gethan haben — und ich kann nicht anders glauben, als daß jeder in der Gesammtheit seiner Verhältnisse viel Ursache gefunden haben wird zur Dankbarkeit gegen Gott. Aber eben so zuversichtlich möchte ich auch auf der andern Seite behaupten, wenn wir uns erinnern an alle Gemüthsstimmungen, in denen wir uns während desselben befunden haben, daß es noch gar mancherlei Klage und Unzufriedenheit unter uns gegeben hat. Wenn nun dem soll abgeholfen werden, so daß in jedem neuen Jahre dessen, was uns drückt und mißvergnügt macht, weniger wird; was können wir anders dabei zu thun haben, als nur dieses, daß wir zunehmen an Liebe und guten Werken? Und eben so, wenn wir heute in die Zukunft hinaussehen, und uns alles vorschwebt, was irgend einem unter uns in dem neuen Jahre, welches wir beginnen, mit mehr oder minder Wahrscheinlichkeit auf der Bahn seines Lebens vorgezeichnet liegt, finden wir gewiß darunter auch mancherlei Störendes und Betrübendes, wie es denn daran auf diese oder jene Weise in keinem Jahre des menschlichen Lebens fehlt. Fragen wir uns nun: Ei, was wird wol jeder am besten thun können, um sich das zu lindern oder zu mäßigen; was müssen wir uns wol wünschen, um es recht leicht zu ertragen? Gewiß, meine geliebten Freunde, zunächst nichts anderes als ein Herz, das noch mehr erfüllt wäre von Liebe. Denn das ist doch gewiß wahr, daß nichts den Menschen mehr erfreut, nichts ihn mehr sowol in sich selbst beglückt und beseligt, als auch ihn in den Stand setzt, alles, auch das schwere Aeußere, leicht zu tragen, als wenn das Herz recht überquillt von Liebe. Wir dürfen wol nur an einen Theil der herrlichen Lobrede gedenken, die der Apostel Paulus der Liebe gehalten hat, um hiervon ganz durchdrungen zu sein. Die Liebe ist langmüthig und freundlich, die Liebe eifert nicht, sie bläht sich nicht auf, sie stellt sich nicht ungeberdig, sie verträgt alles, sie glaubt alles, sie hofft alles, sie duldet alles*). Hier lehrt uns der Apostel, wie einem Menschen zu Muthe ist, welcher der Liebe vollen Raum gegeben hat in seiner Seele; und wir müssen gestehen, eine reichere Quelle von Freudigkeit und Seligkeit kann es nicht geben, so daß ein solcher keiner äußeren Begünstigungen bedarf, und doch, es mag ihm äußerlich begegnen, was da wolle, nicht wird Ursache zu klagen finden. Denn woher kommen denn dem Einzelnen die Uebel des Lebens? Sofern sie uns in unseren mancherlei Verhältnissen mit andern aus den Fehlern derselben entstehen und aus ihren verkehrten Handlungsweisen, die unsere gesetzmäßigen Bestrebungen durchkreuzen und uns das wohl begonnene Werk verderben: nun, so ergiebt es sich von selbst, daß die Liebe in einem solchen Fall weniger Kummer fühlt über den eigenen Verlust, als Mitleid mit dem Fehler des Nächsten, so daß dieses Mitgefühl die Klage nicht aufkommen läßt, und es kaum der Sanftmuth noch besonders bedarf, um alles Ungeberdige zu verhindern, ja, daß ein Herz voll Liebe allen Leiden weniger zugänglich ist, welche aus Mängeln und

---

*) 1. Kor. 13, 4—7.

Fehlern, oder auch, wenn es das noch geben kann unter Christen, aus absichtlichen Mißhandlungen anderer zu entstehen pflegen. — Aber in allen solchen Fällen bedürfen nicht eben diejenigen am meisten der Hülfe, welche andern Uebel bereiten durch ihre Fehler? Und welcher Hülfe bedarf denn derjenige, der, weil er nach ungöttlicher Lust trachtet und die vergänglichen Dinge dieser Welt an sich zu reißen sucht, seinem Bruder Leiden bereitet? oder derjenige, der des Nächsten Werke stört, weil er zu sehr nur auf sich selbst bedacht ist, als daß er umhersehen könnte, wie er sich zu den Geschäften eines andern verhält? Nichts anders bedürfen beide, als daß sie gereizt werden zur Liebe! Denn, warum schließt der Mensch sich ab in sich selbst und liebt nur sich, da wir doch zu einem Erbe berufen sind, das uns allen gemeinsam ist? Warum klebt er an der irdischen Freude, auf welche immer nur zu bald das irdische Leiden folgt, da sich ihm doch alles vergeistigen sollte und eine himmlische Geltung erhalten, wie ja unser aller Wandel schon hier im Himmel sein soll? Das Irdische ist ja ein Wandelbares, das wir doch nie befestigen können in unserm Besitz; mit einem flüchtigen Rausch begnügt sich doch nur, wer keine höheren Freuden kennt; und die Selbstsucht ist ja eine Beschränkung, in der keiner verweilen wird, dem ein größerer Kreis geöffnet ist. Die Liebe aber öffnet ihn; wo sie ist, da erscheint alles Selbstsüchtige in seiner Leerheit und Nichtigkeit, daß das Herz nicht mehr dabei verweilen kann; sie ist es, durch die alles an sich Vergängliche sich in ein Unvergängliches und Himmlisches verwandelt, indem ihr Thun daran ihm ihr eignes göttliches Gepräge aufdrückt. Für alle solche Verirrte ist also das die einzige wahre Hülfe, daß wir sie zu reizen suchen zur Liebe, um den göttlichen Funken derselben in der Seele anzufachen, damit sie aus dem irdischen Nebel hervortauche, und ihre Bestrebungen einen höheren Flug nehmen.

Wenn aber nun verborgene Schickungen, an welchen menschliche Handlungen keinen Theil haben, sondern die wir nur als von der Hand des Höchsten über uns kommend ansehen dürfen, uns ungünstig sind; müssen wir nicht auch in Beziehung auf diese gestehen, daß je mehr durch die Kraft der Liebe das Herz des Menschen in sich selbst rein und ruhig ist, voller Gnade und voll Friedens, desto leichter er auch alles trägt und überwindet, was ihm so von außen kommt, weil die Leiden dieser Zeit nicht verglichen werden können mit der Seligkeit, die in einem liebenden Herzen ist? Und finden wir nun, daß es einem an der rechten Kraft fehlt, zu überwinden, was ihm schon in den Weg getreten ist, oder dem ruhig entgegen zu sehen, was ihm noch drohen mag, so ist freilich immer das nächste, daß wir einem solchen das Vertrauen auf Gott anwünschen und empfehlen. Aber wie können wir wol lebendiges Vertrauen auf Gott haben, wenn er uns nicht nahe und gegenwärtig ist in unserer Seele, das heißt, wenn wir nicht sein göttliches Wesen in dem Innern unseres Gemüthes wahrnehmen als das des starken und hülfreichen Gottes? Nun aber ist Gott die Liebe, wir können ihm also auch nur nahe sein in der lebendigen Kraft der Liebe.

Der liebende Mensch allein wird also der sein, der wahrhaft auf Gott vertraut; und wenn, unter welchen Umständen es auch sei, unser Bewußtsein Gottes ein anderes Gepräge hat als das eines kindlichen Vertrauens, so kann der Grund davon nur der sein, daß das Herz noch der Liebe verschlossen, und die harte Rinde desselben noch nicht so erweicht ist von dieser durchdringenden Kraft, daß ihr göttliches Feuer sich nach allen Seiten verbreiten und alles Schöne und Gute hervorlocken und nähren kann.

Bleiben wir nun aber nicht bei dem einzelnen Menschen und dem, was zu seinem Wohl gehört, allein stehen, sondern sehen eben so auch auf das Wichtigere, auf den Gesammtzustand unsers gemeinsamen Lebens in allen seinen verschiedenen Beziehungen, ein Gegenstand der jedem Wohldenkenden an Tagen wie der heutige vorzüglich am Herzen liegt: so müssen wir ebenfalls sagen, wir würden nicht so viel in dieser Beziehung zu klagen gehabt haben, als unstreitig auch in dem vergangenen Jahre geschehen ist, wenn das andere, wovon unser Text redet, nämlich ein größerer Reichthum von guten Werken unter uns wäre zu finden gewesen. Das sehen wir schon daraus, daß wir auf diesem Gebiet nicht leicht eine Klage hören ohne einen Tadel. Mag nun der Tadel auch oft ungerecht sein und unberufen: so liegt doch darin das allgemeine Zugeständniß, daß zu jeder solchen Klage auch der Natur der Sache nach ein Tadel gehört, weil hier alles von Redlichkeit und Wohlwollen, so wie von Einsicht und Sachverständniß abhängt. Wenn also jeder, so wie er es könnte und sollte, nicht das Seinige suchte, sondern was aller andern ist, das heißt, was zum gemeinen Nutzen gereichen kann; wenn jedem lebendig genug vorschwebte, worauf es in allen Verhältnissen vorzüglich ankommt, damit das Rechte geschehe und das Gute gefördert werde unter den Menschen, und damit alle Unvollkommenheiten und Unebenheiten immer mehr weggeschliffen und ausgeglättet würden, so daß wir uns das Leben gegenseitig immer leichter machten: dann würde es keinen Grund geben zu klagen. Was aber hierzu führt, das sind eben die guten Werke, welche der Apostel so beschreibt: Ist irgend eine Tugend, ist irgend ein Lob, was lieblich ist und wohllautet, dem trachtet nach*). Nicht also etwa nur für einen noch so sehr unvollkommenen Zustand, als der unsrige uns wol mit Recht erscheint, gilt dieses; sondern wenn wir auch schon viel weiter fortgeschritten wären und folglich auch viel weniger zu klagen hätten als jetzt, würden wir doch immer sagen müssen, wo es noch mit Recht etwas zu klagen giebt, da hat es auch an den guten Werken gefehlt. Hätten diese nicht gefehlt an dem schicklichen Ort und zur rechten Stunde: so würde nichts Uebeles entstanden sein, worüber wir klagen dürften. Wie könnte es auch wol für das gemeinsame Leben der Menschen eine andere Regel und einen größeren Segen geben, als wenn Böses überwunden mit Gutem? Aber das Ueberwinden setzt

---

*) Phil. 4, 8.

eben Thätigkeit und Anstrengung voraus; soll also Böses mit Gutem überwunden werden, so kann das nicht anders geschehen als durch angestrengten Fleiß in guten Werken, so daß wir mit Recht sagen können, dieses allein sei es, dessen wir für unser gemeinsames Leben bedürfen.

Wenn also dies beides, Liebe und gute Werke in einem reichen Maße unter uns und in uns wohnten: so würden wir nicht nur alle fröhlich sein und wohl zufrieden, weil jeder wohlthätig und belebend in allen seinen Verhältnissen wirken würde: sondern alles was löblich ist und wohllautet vor Gott und Menschen würde auch in der reichsten Fülle unter uns aufblühen. Erblicken wir also bei dem Uebergang in ein neues Jahr noch irgend etwas Trübes und Hemmendes, wie es auch immer beschaffen sei: so dürfen wir uns auch nicht leugnen, es hat an der rechten Kraft der Liebe und an dem rechten Fleiß in guten Werken gefehlt. Die Liebe ist der Balsam, mit welchem wir jedes verwundete Gemüth erquicken sollen, sie ist der Wein, den wir jedem reichen sollen, welchen wir traurig sehen. Der Fleiß in guten Werken ist das beständige Opfer, aber auch das einzige, welches wir dem Gemeinwesen darzubringen haben, damit die Unehre, daß wir langsamere Fortschritte zu dem Ziele machen, welches uns allen vorschwebt, immer mehr von uns genommen werde. Laßt uns beides mit einander verbinden: so wird bald alles aufgehoben sein, worüber wir klagen, und eben so alles erreicht, was wir wünschen und hoffen. Und wie nicht nur jedes von diesen beiden für sich ein wahres Bedürfniß ist, sondern beide zusammen in der That das einzige, wodurch alles gestillt wird: so hängt auch beides so genau mit einander zusammen, daß eines auch wieder das Zunehmen des andern fördert. Wie sollte nicht die Fülle der Liebe auch überall den Reichthum der guten Werke mehren! und wenn wir überall umgeben wären von guten Werken, aus reinem Herzen gethan: wie sollte dann nicht die Liebe auch immer mehr frei werden in jeder Brust, und so alles zusammenstimmen, auf daß wir uns alle immer mehr freuen könnten in dem Herrn!

II. Nun aber, meine geliebten Freunde, wird uns in den Worten unsers Textes auch zweitens gesagt, wie wir denn dieses gemeinsame Bedürfniß zu befriedigen haben. Wir sollen nämlich einander gegenseitig wahrnehmen durch Reizungen zur Liebe und guten Werken; wir sollen jeder sich selbst und jeder den andern zur Liebe und zu guten Werken immer stärker und dringender auffordern; und diese Reizung soll davon ausgehen, daß wir einander wahrnehmen. Nämlich dieser Ausdruck, daß wir unser unter einander wahrnehmen sollen, geht allerdings, auch unserm Sprachgebrauch gemäß, zuletzt darauf hinaus, daß wir für einander sorgen sollen in der angegebenen Beziehung; aber er giebt auch sehr bestimmt an, unser Sorgen solle damit beginnen, daß wir jeder den andern wohl beachten, daß wir uns darum bekümmern und uns eine anschauliche Kenntniß davon erwerben sollen, wie es um ihn steht, indem wir aufmerksam auf seinen Zustand sind und besonders seine Bedürfnisse recht erkennen. Sehet da, so schenkt der Verfasser unsers Briefes in dieser schönen Ermahnung, daß ich mich so ausdrücke, uns alle einander zum neuen Jahre, jedem die andern als ein ihm anvertrautes Gut, wofür er zu sorgen hat. Wir sollen einander wahrnehmen, das ist das Werk der christlichen Gemeinschaft; wir sollen jeder für den andern sorgen in dem rechten christlichen Sinne, das heißt in Beziehung auf das Reich Gottes und dessen Förderung; und wo wir einander sehen, da soll das der Gesichtspunkt sein, aus welchem jeder den andern betrachtet. Wenn wir nun zunächst fragen, wie wir es denn anfangen sollen andere zur Liebe zu reizen: so werden gewiß die meisten finden, daß die Forderung unausführbar sei, wenn sie so allgemein gestellt wird. Allein wir machen in der heutigen Welt einen viel zu großen Unterschied zwischen den entfernteren und näheren Verhältnissen, in denen wir mit andern stehen, viel größer, als der Christ ihn machen sollte. Denn das leidet wol keinen Zweifel, je mehr wir uns in dem rechten christlichen Sinne stärken, um desto mehr verringert sich auch dieser Unterschied; die Entfernteren rücken uns näher, und der Abstand erscheint uns bei weitem nicht so groß, als unsere Behandlung desselben im gewöhnlichen Leben allerdings voraussetzt. Nämlich für den wahren Jünger des Herrn giebt es durchaus keinen Menschen, der ihn nichts anginge; sondern jeder Mensch, der uns irgend einmal auf der Bahn unsers Lebens begegnet, ist entweder ein solcher, der sich mit uns der Wohlthaten der Erlösung schon freut, der mit uns denselben Herrn bekennt und preiset, oder ein solcher, den wir suchen sollen und uns des Berufs bewußt sein ihn dieser Wohlthaten theilhaftig zu machen. Es giebt also keinen, der uns fremd wäre; sondern wenngleich in einem verschiedenen Sinn und Maße sind alle doch immer unsre Brüder. Und eben so müssen wir auf der andern Seite sagen, es giebt keinen, der irgend einem unter uns ausschließend angehörte; sondern wir sind für einander ein gemeinsames Gut. Jeder hat, da wir ja alle zu einer großen Gemeinschaft berufen sind, Rechte der Liebe auf jeden und Ansprüche an jeden zu machen, so fern nur irgend das Leben des andern ihn berührt, und aus dem Gemüth desselben etwas in das seinige übergehen kann. Indessen bleibt allerdings ein solcher Unterschied immer übrig, daß wir gegen einige viele Gelegenheit haben diese Pflicht zu erfüllen, gegen andere weniger, daß es uns bei einigen leicht gemacht wird ihrer wahrzunehmen, bei andern nicht. — In den engeren Verhältnissen des Lebens nun, da ist von selbst klar und bedarf keiner weiteren Ausführung, wie es geschieht, daß wir unter einander uns wahrnehmen, und wie das rechte christliche Leben in jedem sich dadurch aussprechen soll, daß jede Beachtung der andern diesen ein Reiz zur Liebe wird. Aber ist es nicht auch bei entfernteren Verhältnissen möglich, wenn wir nur die zärtliche Sorge eines liebenden Gemüths überall hin bringen? können wir nicht auch derer, die uns nicht so unmittelbar umgeben, wenn nur unser Wille darauf lebendig gerichtet ist, ebenfalls so wahrnehmen, daß wir bemerten was jedem fehlt? und soll wol irgend einer, wenn wir sein Bedürfniß erkannt haben, von uns gehen ohne eine geistige Gabe empfangen zu haben nach dem Maße unserer Kräfte? O wie beschränkt wird unsere schönste Wirksamkeit auf einen geringen Theil unseres Lebens, und wie leer also das ganze übrige, wenn wir uns dieses erlassen!

Also bleibt uns immer nur die Frage übrig: Wenn wir nun andere zur Liebe reizen sollen, wie kann das geschehen? Wol nicht anders, als so. Denkt euch, in einer menschlichen Brust soll die Liebe erst entstehn; einer habe die Quelle derselben nicht lebendig in ihm selbst: so müßte ja, damit diese Quelle in ihm entspringen könne, die Liebe ihm erst von außen mitgetheilt und gleichsam eingeimpft werden? Dies aber, meine geliebten Freunde, kann nicht. anders geschehen, als so, es muß eine andere Liebe da sein, damit die Liebe, welche entstehen soll, anfangen könne als Gegenliebe. Wie könnten wir auch anders als bies aus dem innersten Grunde unsers Herzens zugeben, da es der Grund unsers ganzen gemeinsamen Glaubens ist! Was fehlte dem menschlichen Geschlecht anders als die Gemeinschaft mit Gott, das heißt die Liebe zu ihm? Die natürliche Anlage zu dieser schlummerte tief im Innersten; und wie anders hat Gott dieselbe aus dem Herzen des Menschen herauszulocken gewußt, als daß seine Liebe erschien in seinem Sohne, und nun eine Liebe in dem Menschen entstand als Gegenliebe zu der, die in seinem Sohne erschienen war, zu dieser ursprünglichen, das wahre geistige Leben in dem Menschen entzündenden Liebe eine nun himmelwärts aus dem Menschen hervorströmende Gegenliebe. Und ebenso geschieht auch in jedem einzelnen menschlichen Leben die erste Erweckung der Liebe. Wo nun Liebe zwar nicht überhaupt erst zu entstehen braucht, sondern schon da ist, wie sie in jedem christlichen Gemüthe immer schon sein muß, wenngleich noch ungenügend in ihren Wirkungen, so daß sie einer Verstärkung bedarf: da soll doch ebenfalls eine Liebe hervorgebracht werden, die noch nicht da ist; und das wird auf keine andere Weise geschehen können, als wie auch eben jene ursprüngliche Erweckung derselben geschieht. Wie können wir also einander reizen zur Liebe? Nicht anders als dadurch, daß wir selbst Liebe demjenigen, den wir reizen wollen, beweisen. Wenn es herzliche Bruderliebe ist, mit der wir eines jeden wahrzunehmen und ihn zu erkennen suchen ohne ungünstigen Vorurtheilen Raum zu geben, so daß von uns kein anderer Blick als der Blick einer heilbringenden Liebe auf irgend einen Bruder fällt: so kann es nicht fehlen, daß auch jeder unserer Liebe inne wird, wie sie strebt, sein wahrzunehmen und seinem Zustande gemäß ihm etwas zu leisten; und wird er so unsrer Liebe gewahr, so wird sie auch nicht leer zurückkommen zu uns, sondern irgend eine Frucht bringen in seinem Herzen. Als der Herr seine Jünger zum erstenmal aussandte um sein Wort zu verkündigen und vom Reiche Gottes zu predigen, da rüstete er sie auch auf den Fall, daß ihr Wort nicht Wurzel fassen würde in den menschlichen Gemüthern, und er sagte ihnen, daß der Segen ihrer Predigt dann zurückkommen würde auf sie selbst. Aber von der Liebe an und für sich und in ihrer ganzen Wirksamkeit haben wir das nicht zu befürchten; es ist nicht möglich, daß sie jemals sollte ganz unfruchtbar bleiben. Das Herz des Menschen kann verhärtet sein gegen das göttliche Wort und gegen die Stimme der Wahrheit; aber daß es sich gegen reine Liebe jemals sollte ganz verhärten können, das ist nicht zu denken. Ist sie da, regt sie sich lebendig in der Seele, spricht sie sich aus in Wort und That: so muß sie auch aufgenommen werden, sie muß ergreifen und bewegen, irgend etwas muß anders durch sie werden. Und wie sie nicht anders als wohlthätig wirken kann, weil sie ja sanftmüthig und langmüthig ist, auch wo sie straft und betrübt: so kann sie auch nicht anders als zur Gegenliebe das menschliche Herz bewegen. Und so wir nur nicht nachlassen in den Aeußerungen der Liebe: so werden wir uns auch dessen zu erfreuen haben, daß sie in dem Herzen des Bruders fängt, und die Reizungen derselben werden nicht vergeblich sein. Aber anders als so ist es nicht zu machen. — Haben wir uns nun vielleicht aus der vergangenen Zeit das Zeugniß zu geben, daß wir mehr gesucht haben durch strenge Worte, Urtheile und Lehren, oder durch Vorhaltung von guten Folgen, die daraus entstehen, und von Nachtheilen, die dadurch zu vermeiden sind, das Herz der Menschen zu stärkeren Erweisungen der Liebe zu bewegen: so gehe das vorüber mit andern Irrthümern! vielleicht daß doch auch von solchen Worten, wenn sie nur wohl gemeint waren, ein Segen wenigstens auf uns selbst zurückkommt; in der Zukunft aber wollen wir es besser machen. Denn nichts bringt Liebe hervor, als Liebe selbst. Wollen wir zur Liebe reizen, so laßt uns selbst recht von Liebe erfüllt sein, daß jedes Wort und jede That von ihr zeuge. Das wird gewiß eine reiche Frucht tragen und die Reizungen zur Liebe, die aus der Liebe hervorgehen, werden nicht vergeblich sein.

Aber eben so, meine geliebten Freunde, sollen wir nach der Vorschrift unseres Textes gegenseitig unser wahrnehmen durch Reizungen zu guten Werken. — Freilich, wenn doch der Glaube durch die Liebe thätig ist; wenn dieser thätige Glaube nichts anderes ist, als der durch die Predigt des Wortes in dem menschlichen Herzen fest gewordene göttliche Geist, alle Tugenden aber und alles was lieblich und wohl lautet, also auch alle gute Werke nichts anderes sind als Früchte des Geistes: so scheint es, als ob die Liebe und die guten Werke von einander untrennlich wären. Aber doch ist die Liebe mehr das Innere der guten Gesinnung, und die guten Werke sind mehr das Aeußere der That; und wenn wir die Erfahrung fragen, müssen wir wol gestehn, daß beides nicht immer gleichen Schritt hält. Woher das, und also die Nothwendigkeit, daß außer den Reizungen der Liebe es noch besondere Reizungen geben muß zu guten Werken? Deshalb, weil die Liebe, um die rechte Fülle guter Werke hervorzubringen, daß ich mich so ausdrücke, erst zu Verstande kommen muß. Denn so die Liebe zwar da ist, wir vermissen aber doch die guten Werke: woher anders kann es kommen, als daß es an der rechten Einsicht fehlt, theils an der, worin doch für jeden Augenblick das Gute und Gottgefällige bestehe, theils an der, wie eben dies ins Werk zu richten sei. Woher kämen sonst, oft bei dem besten Willen und der größten Treue, so viele Mißgriffe und Verkehrtheiten? Wie können wir also einander reizen zu guten Werken? Nicht anders, als indem wir in unserm Bruder die lebendige Einsicht des Guten zu erwecken und ihm den rechten und wahren Zusammenhang der Dinge ins Licht zu setzen suchen nach unserm Vermögen. Und das kann geschehen ohne irgend eine Selbstgefälligkeit. Denn da wir in jedem Christen Liebe voraussetzen müssen, bis uns der Mangel daran in die Augen leuchtet: so dürfen wir ja, wenn wir finden, daß es ihm fehlt an den guten Werken, dies nicht voraus in ihm aus dem Gegentheil der Liebe erklären; denn dies würde selbst mit der Liebe streiten; sondern, wie der Herr selbst that bei dem Werke, welches am meisten ein Werk der Finsterniß war, als seine Feinde ihn mißhandelten und unschuldig dem Tode überlieferten, daß er nämlich aus der vollen Wahrheit seines Bewußtseins zu seinem himmlischen Vater sprach: Sie wissen nicht was sie thun: eben so müssen auch wir alles Mangelhafte in guten Werken und alles Verkehrte, was auch jetzt noch in der Gemeinschaft der Christen vorkommt, nur dem zuschreiben, daß auf irgend eine Weise diejenigen, die zum Handeln berufen sind, nicht wissen was sie thun. Wissen wir nun selbst etwas davon, so sind wir ja schuldig mitzutheilen von unsrer Gabe; wo nicht, wenigstens andere darauf aufmerksam zu machen, daß ihnen die Einsicht fehlt, und ihnen dann helfen sie zu suchen, wo sie zu finden ist. Eine andere Reizung aber zu guten Werken giebt es nicht, als daß jeder suche das Maß richtiger Einsicht und wahrer Erkenntniß zu mehren, wo und wie er kann. Denn ist der Wille da Gutes zu wirken: so ist die Einsicht, durch welche dies innere Streben sich verklärt, und das gewollte Gute in seiner ganzen Würde und Schönheit vor Augen gestellt wird, die kräftigste Reizung, der dann auch niemand widerstehen kann. Thut diese nicht ihre Wirkung: dann gewiß fehlt noch etwas anderes, und das kann nur die Liebe sein, zu der wir dann freilich zuerst reizen müssen, um sie anzuregen, damit aus ihr gute Werke hervorgehen. Aber finden wir ein Mißverhältniß zwischen der Liebe, die wir in dem Herzen des andern wirklich erkannt haben, und zwischen den guten Werken, so daß die letztern zurückbleiben hinter der erstern: ja so kann das keinen andern Grund haben als den Mangel an richtiger Einsicht; und die wird dann gewiß gern angenommen von jedem, der sie darbieten kann.

Aber, meine geliebten Freunde, laßt uns in diesem Punkte besonders recht ehrlich gegen uns selbst sein und uns fragen, wie treu wir in dieser Hinsicht wol gewesen sind in dem vergangenen Jahre? Ich fürchte, wir haben es hieran gar sehr fehlen lassen, so daß, wenn wir auch andern mit den Reizungen zur Liebe entgegengekommen sind, wir doch ihrer nicht wahrgenommen haben mit Reizungen zu guten

Werken. Denn ich meine, wenn dem nicht so wäre, müßten wir unter uns noch einen viel größern Reichthum an gottgefälligen Thaten aufzuweisen haben. Und glaubt nur nicht, daß ich euch zum neuen Jahre tadeln will über die löbliche Bescheidenheit, welche nicht schnell herfahrend urtheilen mag über den nächsten und noch weniger im Voraus anzunehmen geneigt ist, ein anderer wisse sich nicht selbst zu helfen in dem, was ihm doch obliegt; denn diesen Vorwand nimmt nur die Eitelkeit gern, um sich aufdrängen zu können mit der eigenen Weisheit. Nein, die löbliche Bescheidenheit wollen wir in Ehren halten; aber wenn wir redlich sein wollen, werden wir gestehen müssen, hinter dieser Bescheidenheit versteckt sich gar oft ein unbrüderliches Mißtrauen, der andre möchte uns nicht das Recht einräumen, so weit es doch jeder Christ dem andern mit Freuden einräumen muß, in den innern Zusammenhang seines Lebens zu schauen, daß wir sein wahrnehmen könnten mit Reizungen zu guten Werken. Es verbirgt sich dahinter eine träge Gleichgültigkeit, als ob wir nicht berufen wären, andern das Licht der Wahrheit anzuzünden und durch Mittheilung richtiger Einsicht ihnen zu zeigen, was sie Schönes und Gutes thun könnten an dem Werke Gottes; eine Gleichgültigkeit, die um so sträflicher ist, wenn wir nachher nur zu gern tadeln, wo wir vorher nicht erleuchten wollten. Ja, ich fürchte, hierüber werden wir kein reines Bewußtsein aus dem vergangenen Jahre unsers Lebens mit hinübernehmen können in das neue. Freilich, es ist auch hierbei schwer mit Worten das richtige Maß anzugeben; aber doch, wenn unsre eigene Einsicht lebendig ist und klar, und unsere innere Gewißheit aufrichtig, und wir wissen, daß und wie die Thätigkeit unseres Bruders und sein Beruf mit unsrem eigenen, von dem wir ja Rechenschaft geben müssen, zusammenhängt, so können wir wol gewiß sein, daß, wenn wir unterlassen unsere Ansicht der seinigen gegenüberzustellen, Licht in seine dunklen Stellen hineinzutragen und zu versuchen, ob er uns auch welches mittheilen kann, damit wir wo möglich zu einer gemeinschaftlichen Ueberzeugung und einer übereinstimmenden Thätigkeit gelangen, alsdann nicht echte Bescheidenheit der Grund einer solchen Vernachlässigung ist, durch welche wir ein gemeinsames Gut veruntreuen und allemal auch mittelbar oder unmittelbar unsern eigenen Wirkungskreis gefährden. Gewiß aber werden wir diese Pflicht am besten erfüllen, und auf das Erfreulichste wird uns die Reizung zu guten Werken gedeihen, wenn sich in uns die echte Bescheidenheit, welche demüthig zu Werke geht und keine Veranlassung giebt zu denken, wir wollten nur mit eigener Weisheit prunkend lehren, um uns über andre zu erheben, wenn diese sich verbindet mit dem natürlichen Eifer und der frischen Begeisterung für alles, was jeder als wahr und Recht erkannt hat. Dann kann es nicht fehlen, daß die Liebe zur Wahrheit, die wir in uns tragen, und der unverkennbare Eifer für das Gute nicht sollte eine Reizung werden zu guten Werken, und daß nicht durch frisches Zusammenwirken in offener Mittheilung und gegenseitiger Unterstützung ein immer größerer Reichthum derselben sich in unserm gemeinsamen Leben entwickeln sollte.

Und wenn wir so immer mehr einer des andern wahrnehmen durch Reizungen zur Liebe und zu guten Werken: o welch ein schönes Jahr werden wir dann verleben! Wie vieles wird dann eher und leichter unter uns eine bessere Gestalt gewinnen! Wie vieles wird dann verschwinden, worüber wir jetzt noch zu klagen haben! Und in einer Fülle von Freude und Zufriedenheit wie viel schöner und tadelloser wird die Gemeinde des Herrn sich darstellen! Wie viel Festigkeit und Sicherheit werden wir erlangt haben, jeder in seinem Beruf, und mit wie viel größerer Freudigkeit des Herzens werden wir dann auf das jetzt beginnende Jahr zurücksehen, wenn es vorüber ist!

So laßt uns denn diese Worte der Schrift zu Herzen nehmen, und möge das unser gemeinsamer Sinn werden, daß wir, wie der Herr uns verbunden hat und zusammengestellt, überall unsrer selbst unter einander wahrnehmen durch Reizungen zur Liebe und zu guten Werken. Dann werden wir immer würdiger dessen sein, der selbst in seinem ganzen Leben die erste Quelle aller Reizungen zur Liebe und zu guten Werken gewesen ist, indem die Fülle seiner göttlichen Liebe die reinste Gegenliebe, die dankbare in uns erregt, und seine Erkenntniß, die lebendige Erkenntniß des Vaters, mit welchem er eins war, auch uns zur Wahrheit geworden ist und uns die Werke gezeigt hat, welche wir verrichten und zu welchen wir einander ermuntern müssen. — So muß es denn immer seine Kraft sein, in welcher wir einander reizen zur Liebe und zu guten Werken. Es ist nur die Gnade Gottes in ihm, die wir immer besser erkennen und immer lebendiger verbreiten müssen unter den Menschen, um dadurch, daß der Mensch Gottes geschickt sei zu guten Werken und reich an ihnen ihm die Herrschaft zu bereiten, die ihm gebührt. So wird unser ganzes Leben ein wahrhaft christliches sein, das heißt ein von Gott gesegnetes und wahrhaft himmlisches. Amen.

XXV.

Der Lohn des Herrn.

Neujahrspredigt.

Text: Offenb. Joh. 22, 12.

Siehe ich komme bald, und mein Lohn mit mir, zu geben einem jeglichen, wie seine Werke sein werden.

Meine andächtigen Freunde! Als wir vor wenigen Wochen unser kirchliches Jahr mit dem besonderen Andenken an diejenigen, welche während desselben von uns geschieden waren, hier beschlossen, verweilte unsere Betrachtung auch bei einem Worte der Schrift, welches die Erwartung einer baldigen Wiederkunft des Herrn ausspricht, und wir nahmen damals Gelegenheit die Anwendung davon auf den Beschluß dieses irdischen Lebens zu machen, wie er uns allen bevorsteht. Auch in den verlesenen Worten ist auf ähnliche Weise von einer baldigen Wiederkunft des Herrn die Rede. Aber wollen wir bei dem Anfang eines neuen Jahres unseres Lebens uns wieder in dieselbe Gedankenreihe vertiefen und, wie es freilich einem jeden nahe genug liegt, uns damit trösten, daß wenigstens, wenn das Ende unseres Lebens gekommen ist, dann auch der Lohn des Herrn kommen werde, je nachdem unsere Werke gewesen sind? Nein, sehen wir noch eine irdische Zukunft vor uns, möge sie nun nach dem Rathe Gottes lang oder kurz sein für einen jeden: so wollen wir heute auch bei dieser verweilen, denn so geziemt es diesem Tage. Aber auch auf diese irdische Zukunft, die uns noch bevorsteht, läßt sich das Wort unseres Textes anwenden; auch noch innerhalb dieses Lebens, und zwar ohne Unterschied zu jeder Zeit kann man von dem Herrn sagen: Er kommt bald und sein Lohn mit ihm zu geben einem jeglichen, wie seine Werke sein werden. Und das ist es, worauf ich jetzt unser Nachdenken hinlenken will, auf daß wir auch dieses neu angehende Jahr bewillkommen mögen als ein solches, welches unfehlbar einem jeden den Lohn des Herrn bringen wird, je nachdem seine Werke werden gewesen sein. Laßt uns zu dem Ende zuerst nur uns davon überzeugen, daß überhaupt die verlesenen Worte der Schrift eine solche Anwendung leiden; aber dann zweitens mit einander betrachten, welches nun, wenn wir sie auf diese Weise ansehen, der eigentliche und wahre Sinn derselben ist.

I. Zuerst also, meine geliebten Freunde, wiewol nicht leicht jemand sich mit Recht rühmen mag den Sinn dieses Buches der Offenbarung, wie wir es zu nennen pflegen, genau erforscht zu haben, leidet doch soviel keinen Zweifel, daß sich dasselbe überhaupt mit der weiteren Entwicklung der Wege Gottes in und mit der christlichen Kirche beschäftigt; und es ist wol höchst wahrscheinlich, daß sich Nahes und Fernes in den Gedanken oder vielmehr Bildern des Sehers gar mannigfaltig mit einander vermischt hat, um so mehr, als gewiß auch er von der damals sehr allgemein unter den Christen verbreiteten Erwartung erfüllt war, der Herr werde bald zur Beendigung der menschlichen Dinge sichtbar wiederkommen. Wie nun aber diese Erwartung in ihrem buchstäblichen Sinn nicht in Erfüllung gegangen ist: so liegt nun die eigentliche und wesentliche Wahrheit aller darauf bezüglichen Aussprüche und so auch dieses Wortes darin, daß es immerfort und immer mehr in Erfüllung gehet. Sind nun auch wir von Jugend an bei einer ähnlichen Ueberlieferung hergekommen, so daß wir, ohne grade eine bestimmte Zeit dabei zu denken, doch immer noch auf gewisse Weise die Erwartung der ersten Christen theilen, in so fern wir von der ersten Ankunft des Herrn auf Erden, als er nämlich erschienen war um uns

19*

allen die Erlösung zu bringen, welche Gott dem menschlichen Geschlecht zugedacht hatte, noch eine zweite zu unterscheiden gewohnt sind, welche allen erst bevorsteht, und welche wir ganz besonders als seine vergeltende Zukunft zu betrachten pflegen: so laßt uns dabei doch immer zugleich auf jene seine erste Ankunft auf Erden zurücksehen und darauf merken, wie auch damals, als der Herr erschienen war, sehr bald sein Lohn mit ihm kam. Oder war das kein Lohn, wenn er zu seinen Jüngern sagte: Das hat euch Fleisch und Blut nicht offenbart, sondern der Vater im Himmel*), und er also ihre Seelen mit dieser fröhlichen Gewißheit der wiedergekehrten Gemeinschaft Gottes mit den Menschen, der Wohnung Gottes in der menschlichen Seele erfüllte? war das kein Lohn, als er ihnen den Auftrag gab: So gehet nun hin in alle Welt und machet Jünger unter allen Völkern und taufet sie**), wodurch er ja seine Jünger zu seinen Gehülfen bei dem großen göttlichen Werke machte, welches auszuführen er selbst gekommen war? Doch was sollen wir bei einzelnem stehen bleiben! Giebt es einen größeren und herrlicheren Lohn als den, welcher schon von Anfang an der erste Lohn des noch jungen und daß ich so sage unerfahrnen Glaubens war, den Johannes der Jünger des Herrn mit den Worten ausdrückt: Und denen, die an ihn glaubten, gab er die Macht Kinder Gottes zu werden***). Ja kann es etwas Größeres geben als dies? Wir werden die Frage so gewiß verneinen müssen, als wir die Erfahrung haben von der Seligkeit des Bewußtseins durch Christum und mit ihm Kinder Gottes geworden zu sein.

Wenn der Erlöser also, meine geliebten Freunde, auch schon während seines irdischen Lebens nicht da sein konnte, ohne daß auch sein Lohn bald mit ihm kam, und er selbst den Seinigen verheißt, er werde bei ihnen sein alle Tage bis an der Welt Ende, wie denn auch wir uns immer mit einander dieser seiner geistigen Gegenwart als unseres größten und köstlichsten Gutes erfreuen: können wir es uns irgend als möglich denken, daß diese geistige Gegenwart jemals gleichsam gehaltloser sei oder gewesen sei, als seine leibliche Gegenwart war? und folgt also nicht, daß auch jetzt, wo er einmal überhaupt nur ist, er auch immer bald kommt um seinen Lohn mit sich zu bringen? Wo unser Erlöser sich in seinen Gleichnißreden so darstellt, daß er Gaben austheilt um damit thätig zu sein und dann Rechenschaft fordert, Werke und Ertrag verlangt und demgemäß Lohn austheilt: da geschieht es immer so, daß er sich als einen Herrn kenntlich macht, der es mit seinen Knechten zu thun hat. Dies also, daß er einem jeden seinen Lohn bringt, je nachdem seine Werke gewesen sind, muß wesentlich mit zu der Herrschaft gehören, die wir ihm beilegen. Können wir nun wohl glauben, daß jemals diese Herrschaft ruhe, seitdem sie durch die Stiftung seiner Gemeinde auf Erden einmal aufgerichtet ist? können wir glauben, daß er auf diesen Theil derselben irgendwann Verzicht

*) Matth. 16, 17. — **) Matth. 28, 18. — ***) Joh. 1, 14.

leiste und sich dessen entschlage? Muß er doch zu aller Zeit Gaben austheilen, giebt es zu aller Zeit Werke für ihn zu thun: so muß er auch zu allen Zeiten Lohn auszutheilen haben für das, was geschehen ist; sonst käme er wenigstens nicht bald und sein Lohn mit ihm. Ja so gewiß wir überzeugt sind, daß sein und unser himmlischer Vater immerdar mit allen Kräften ungetheilt waltet, und daß nichts, was wir zu dessen ewiger und unerforschlicher Gottheit rechnen, jemals ruht; so gewiß wir es sogar an dem sterblichen Menschen nur für eine Unvoll= kommenheit halten, wenn er in irgend einem Augenblick seines thätigen Lebens nur einseitig mit dieser und jener, nicht aber mit allen seinen Kräften, wenngleich in verschiedenem Maße, wirksam ist: wie könnten wir von dem, der auf der einen Seite zwar ein Menschensohn war wie wir, in dem sich aber auf der anderen Seite der Abglanz des gött= lichen Wesens zu erkennen gab, grade das glauben, was in uns allen immer nur eine Unvollkommenheit ist? Anders also kann es nicht sein als so. So gewiß er immer der Sohn Gottes und als solcher auch der Herr ist: so gewiß auch kommt er in Beziehung auf jegliches, was in jeglicher Zeit geschieht, bald und sein Lohn mit ihm, um einem jeden zu geben, wie seine Werke erfunden werden.

Doch ich darf nicht zweifeln, daß es nicht auch unter uns viel= leicht nicht wenige giebt, welche sich lieber auf die auf der einen Seite wenigstens von der Erfahrung bestätigten und daher auf der andern als desto zuversichtlichere Hoffnung unter den meisten Christen geltenden Vorstellungen zurückziehen, zufolge welcher in diesem irdischen Leben überhaupt kein Lohn erwartet werden soll, sondern es ganz und gar nur anzusehen ist als eine Zeit zur Saat; die Ernte aber suchen sie erst jenseits. Denn was ist die Ernte anders, als der Lohn dessen, der die Erde baut, für die Mühe und Arbeit, welche er daran wendet? und wie genau scheint nicht diese Vorstellung mit jener andern zusammen= zuhängen, daß dieses Leben nichts anderes ist, als eine Zeit der Prü= fung und der Vorbereitung, und erst jenes Leben uns verheißen ist als eine Zeit der Herrlichkeit und des Genusses? Denn was ist der Lohn für die Treue in der Vorbereitung, was ist der Lohn für die Bewäh= rung unter dem prüfenden Feuer, als die Verherrlichung in einem se= ligen Genuß? Aber, meine geliebten Freunde, wie wahr das auch sein möge, so dürfen wir doch, daß auch hier schon ganz dasselbe statt finde, nicht übersehen. Was wäre denn dieses große Werk, in welches alle Mühen aller Menschengeschlechter verarbeitet werden; dieses Reich Gottes auf Erden, welches nun schon so viele Völker umfaßt, die ihre Knie beugen vor dem Namen dessen, in welchem allein Heil zu finden ist; was wäre denn diese weite Verbreitung des göttlichen Wortes und diese Anerkennung der göttlichen Liebe und Gnade, wie sie über dem menschlichen Geschlecht waltet, als der Lohn derer, die treu in der Ar= beit, welche ihnen der Herr anvertraut hatte, Boten des Friedens ge= wesen sind? Und wenn sie auch diese Zukunft zum größten Theil nur gesehen haben mit dem Auge des Glaubens: so waren sie doch eben so froh wie Abraham, daß er den Tag des Herrn sehen sollte; und die Gewißheit in dieser Freude war ihr Lohn. Ja wie könnte es etwas geben, woran wir mit ganzem Herzen hangen, dessen wir uns mit der ganzen Zustimmung unseres inneren Gefühls freuen, wenn wir es nicht in Zusammenhang bringen könnten mit unserem Wirken; wenn wir es nicht ansehen könnten als eine Ernte, für welche wir berufen waren zu säen und zu arbeiten, und also wenn wir es nicht genießen könnten als einen Lohn, der uns gegeben ist für das, was wir gethan haben? Nein auf diese Weise beides, Saat und Ernte, Werke und Lohn gänzlich auseinanderhalten wollen, dieses für das eine, jenes für das andere Leben: das kann nur der über sich gewinnen, dessen geistiges Auge noch nicht hell genug siehet um überall in dem Zeitlichen das Ewige zu erblicken, nur derjenige, der noch nicht vollkommen eingeweiht ist in das Geheimniß des neuen Bundes, welcher eben so wenig Dürftigkeit kennt als Furcht, sondern überall Seligkeit und Fülle hat und giebt. So gewiß sich beides auf die schönste Weise vereint, daß der Mensch aus dem Tode hindurchbringen muß durch die Kraft des Glaubens, aber dann auch, wie der Herr sagt, alle diejenigen, welche an ihn glauben, das ewige Leben schon haben; so gewiß als, wenn wir durch die Prüfung hindurchgehen, die Prüfung Geduld erzeugt und die Geduld Erfahrung und die Erfahrung Weisheit, und die Weisheit ein herrlicher Lohn ist: so gewiß sind auch hier Saat und Ernte, Prüfung und durch dieselbe Bewährung und Lohn immer mit einander verbunden und gehen Hand in Hand.

Allein ich höre schon die Einwendung, daß, wenn wir in diesem Sinne bei dem jetzigen irdischen Leben zunächst stehen bleiben wollen, was den Lohn des Herrn betrifft, die Erfahrung uns auch hiervon eben so oft das Gegentheil zeigt. Wenn wir allerdings nicht selten wahrnehmen, daß der Herr große Dinge herbeiführt; daß bedeutende Veränderungen in menschlichen Verhältnissen, Umgestaltungen dessen, was im Laufe der Zeit veraltet war, unausbleiblich bevorstehen: geschieht es wol immer auf eine solche Weise, daß wir den Erfolg, wie er sich vor unsern Augen gestaltet, mit unsern Werken in Verbindung bringen möchten als den Lohn für dieselben? Wenn der Herr was veraltet ist zerstören will: treten da nicht alle die traurigen Zeichen ein, die auch in den Schilderungen des Herrn selbst dem Gericht Gottes über sein Volk vorangehn? kehrt sich da nicht der Sinn der Menschen wider einander, Vater gegen Sohn und Bruder gegen Bruder? werden da nicht alle feindseligen Leidenschaften entfesselt, daß kaum das drohende Schwert des Gesetzes sie zurückzuhalten vermag? Ja auch der Glanz des Reiches Gottes, scheint er sich nicht oft ganz zu verdunkeln, daß neue Geschlechter sich wieder zurückbegeben sei es nun unter die Gewalt zügelloser Sinnlichkeit oder in den Gehorsam gegen einen todten Buchstaben und unter den eitlen Schutz todter Werke? geht nicht oft aus solchen Kämpfen das Böse siegreich hervor, und sind nicht häufig Jahrhunderte verstrichen, ohne daß sich das Geschick eben da wieder zum Besseren gewendet hätte? Ja noch schlimmer als in jenem Traume, den ein von Gott geliebter Seher deutete, wo einer Reihe von mageren Jahren herbeigeführt aus dem Schooße der Zukunft doch eben so viel andere gesegnete vorangegangen waren, zeigt uns die christliche Geschichte solche Fälle, wo eine viel längere Zeit hindurch Dürftigkeit des Lebens und Verkrüppelung des Geistes das um so herbere Loos ganzer Völker wird, als früherhin unter denselben nicht nur der Segen einer schönen Entwicklung der menschlichen Kräfte gewaltet, sondern auch das Licht des Evangeliums hell und glänzend geschienen hatte. Und soll nun diese Verdüsterung der Nachkommen etwa der Lohn sein für diejenigen, welche das Wort des Herrn trieben zu ihrer Zeit? oder ist die Unwissenheit, daß solche Zeiten kommen werden, ihr Lohn? Doch, meine Geliebten, wer je in solchen Zeiten gelebt hat, wer sie sich auch nur lebhaft vorstellen kann, der wird über die Antwort nicht verlegen sein. Die Tapferkeit, mit welcher die Treuen, welche ausharrten bis ans Ende, dem hereinbrechenden Strom Widerstand leisteten; der gute Same, der übrig geblieben ist für bessere Zeiten; das Verlangen nach diesen, welches unterhalten wird durch würdige Erinnerungen, und welches doch immer die Wirksamkeit des Bösen hemmt: ist das nicht etwas Großes? und die treuen Diener des Herrn, welche noch die früheren besseren Zeiten sahen, sollten sie nicht, da es doch nie in der christlichen Kirche gefehlt hat an weissagenden Ahnungen, wenn sie sich auch nur die Möglichkeit eines Abfalls oder eines Verderbens dachten, jene trostreiche Gewißheit in sich getragen haben, und diese ihr Lohn gewesen sein? und wahrlich ein großer und reicher Lohn! Gewiß also, wenn wir nur unsern Blick nicht durch das Aeußere gefangen nehmen lassen, sondern ihn mehr auf das Innere richten, welches doch die eigentliche Wahrheit des menschlichen Lebens ist, werden wir uns dazu bekennen müssen, daß es unter allen Umständen auch von diesem Leben schon gilt: Der Herr kommt bald, und sein Lohn mit ihm.

Und so laßt uns jetzt in dem zweiten Theile unserer Betrachtung suchen noch genauer in den Sinn dieser Worte einzudringen.

II. Mein Lohn, so spricht der Herr, kommt mit mir um einem jeden zu geben, wie seine Werke sein werden. Lohn und Werk, dies beides freilich, meine geliebten Freunde, bezieht sich natürlich auf einander; und sobald von einem Verhältniß zwischen Menschen und Menschen und von einem menschlichen Maß in Beziehung auf dasselbe die Rede ist: so ist auch, sobald uns nur überhaupt bekannt ist, wovon es sich handelt, und ob der, welcher arbeiten und der, welcher lohnen soll, einander gleich sind oder ungleich, nichts leichter zu erkennen, als welches das Werk ist, und welches der dafür gebührende Lohn. Aber denken wir uns nun den Herrn kommen in dem Namen seines und unsers Vaters im Himmel und werfen also die Frage auf: Was ist denn Werk und was ist Lohn in dem Verhältniß des Menschen zu Gott? so scheint uns der Unterschied zwischen beidem und das Verhältniß beider zu einander gar nicht mehr so klar zu sein; unsere Gedanken verwirren sich, und es sieht aus, als ob uns von der ganzen Rede nur ein sehr unbestimmtes und schwankendes Bild übrig bleiben wollte. Ja Paulus, grade der Apostel, dem wir so vorzüglich viel verdanken, was die Klarheit unserer christlichen Erkenntniß betrifft, will gar nicht, daß wir uns irgend an diesen Ausdruck halten sollen. Er sagt mit Recht: Lohn sei nur da, wo es ein Gesetz gebe und einen Vertrag; wo aber die Gnade walte, da sei kein Lohn. Laßt uns das wohl erwägen! Denn was ist wol unser köstlichstes Kleinod, wenn wir in das Innerste unseres Bewußtseins zurückgehen, was ist das eigenthümlichste Wesen unserer christlichen Seligkeit, was ist der Grund unserer Hoffnung, was ist die Lebenslust unserer Liebe zu Gott und Menschen, als immer nur dies, daß wir leben in dem Reiche der Gnade, daß wir nichts mehr wissen von einem gesetzlichen Zustand in Beziehung auf Gott, von einem Vertrage zwischen dem Höchsten und uns, daß wir nicht wieder ein gesetzliches Volk sind, sondern in dem höheren Sinne des Wortes ein Volk des Eigenthums und zwar als ein geistiges Volk. Ist es nun so immer nur das Reich der Gnade, in welchem wir leben auch mit allen unsern Werken: was kann der Lohn für dieselben sein?

Aber was sollen wir erst sagen, meine geliebten Freunde, wenn wir dieses bedenken. Das Wesen unseres Glaubens besteht doch darin, daß wir sagen können mit dem Apostel: Nicht ich lebe, sondern Christus in mir. Und weshalb sollten wir uns wol auch freuen, so oft sich in diesem Leben wieder ein neues Jahr an die bisherigen anreihet, wenn wir nicht wüßten, daß, sofern nur dieses Leben Christi in uns waltet und regiert, sofern uns dieses nur erbaut zu einem lebendigen Tempel Gottes, dann auch gewiß eine Fülle von Friede und Freude in unserem Herzen sein wird. Aber lebt Christus in uns, sind wir in der That zu dieser Einheit des Lebens mit ihm gediehen, ist er uns in diesem Sinne schon immer nahe in unserem Innern: wie kann er dann erst kommen und mit ihm sein Lohn? Er in uns, das sind wir selbst; wie ist es also möglich, wenn doch der Mensch sich selbst nicht lohnt, daß eben der in uns lebende Christus kommen kann, um uns zu lohnen?

So laßt uns denn versichert sein, daß es sich hiermit nicht anders verhalten kann als so. Es giebt nämlich für uns allerdings keinen anderen Lohn, als eben diese Gemeinschaft des Lebens mit dem Herrn; wir können keinen andern begehren und er könnte uns keinen andern bringen. Daß wir uns aber dieser einzigen, alles in sich begreifenden göttlichen Gnade als in uns und durch uns wirkend auch von einem Augenblick zum andern immer inniger bewußt werden, das ist der Lohn, mit welchem der Herr immer bald kommt. Und müßte das nicht, wenn wir auch nach einem Lohn in diesem Leben gar nicht fragen wollten, eben so auch der einzige mögliche Lohn sein in jenem Leben? Wenn wir uns mit Recht daran freuen, daß der alte Mensch hier immer mehr abstirbt, können wir ihn dann wol in jenem Leben wieder erwecken wollen? Und wenn das nicht, so müßte doch auch dort dasselbe gelten wie hier, daß wir alles für Schaden achten, um nur Christum zu gewinnen; daß wir also gar nichts anderes begehren und an nichts anderem Freude haben könnten, so lange es möglich wäre, Christum noch reichlicher zu gewinnen. Immer also und auf alle Weise hier wie dort ist er selbst unser Lohn, und darum auch kann er nicht anders kommen als so, daß wenn er kommt, auch bald sein Lohn mit ihm kommt; wie denn auch alles, was wir vorhin angedeutet haben als den Lohn der Gläubigen, immer nichts anderes war als Christus und sein Leben in uns.

Wenn nun aber dies der Lohn sein soll, wie es denn freilich der herrlichste Lohn ist; der Herr aber ihn doch nur giebt, wie er selbst sagt, einem jeden, je nachdem seine Werke sein werden; was für Werke müssen wir denn aufzuzeigen haben, wenn uns der Lohn werden soll? Was sollen wir uns zusammen suchen aus den Früchten und Handlungen des vergangenen Jahres, wofür uns der Herr bald und unverzüglich den Lohn geben könnte, der da sein wird, wie unsere Werke waren?

Meine geliebten Freunde! Wie wenig der einzelne Mensch irgend ein Werk aufzuzeigen vermag, welches er sich selbst ausschließend zuschreiben kann, das wissen wir wol alle. Nicht will ich uns darauf hinführen, wie viel dabei, ob irgend etwas, was wir unternehmen, auch wirklich gelingt und sich vollendet oder nicht, auf die äußeren Umstände ankomme; wieviel dabei von demjenigen abhängt, was in der gewöhnlichen Sprache des Lebens, weil es durch menschliche Weisheit nicht berechnet werden kann, das Zufällige genannt wird. Nein, nicht daran wollen wir jetzt denken, sondern daran, daß alle Werke — und von welchen könnte hier die Rede sein, als von den Werken, die in Gott gethan sind? — daß alle nicht nur ein gemeinsames Gut und ein gemeinsamer Segen, sondern in der That auch gemeinsame Handlungen aller derer sind, die im Glauben an den Erlöser und in der Liebe zu ihm mit einander verbunden sind; keiner wird, wenn er sich recht besinnt, sagen können, dies oder jenes sei sein Werk, denn nichts hat einer allein gewirkt. Darum sind wir jeder nur ein anderes Glied an dem einen geistigen Leibe Christi, weil jeder des andern bedarf auch zu seiner eigenthümlichen Thätigkeit; und überall fühlen wir daher das Gelingen und das Gedeihen nur im Zusammenwirken mit unseren Brüdern.

So könnte also auch von einem Lohn nur die Rede sein für die ganze Gemeinschaft der Christenheit, weil überall nur aus ihrem Zusammenwirken etwas Bestehendes und Lebendiges hervorgeht, und alle Werke ihr zuzuschreiben sind und nicht dem einzelnen. Der Herr aber redet doch grade von dem einzelnen, wenn er sagt, einem jeglichen werde er geben, je nachdem seine Werke sein werden. Ja sonst überall drückt er sich auf dieselbe Weise aus: Du getreuer Knecht, sagte er, gehe ein in deines Herrn Freude. So muß es also doch noch außer jenem ein Werk geben, welches jeder einzelne vor ihn bringen kann, und worauf sich der Lohn beziehen soll, den er jedem einzelnen allerdings zwar in der Verbindung der Christen, denn außer dieser könnten wir nicht sein wollen, aber doch jedem für sich selbst und als sein eigenes Theil darreichen will. Wir finden ein solches aber auch angegeben in jenen Worten des Herrn, wenn er sagt, also werde er einst sprechen: Gehe ein du getreuer Knecht in deines Herrn Freude, du bist über Weniges getreu gewesen. So laßt uns denn auch dieses feststellen, daß es kein anderes Werk giebt, wofür Christus einem jeden einzelnen sich selbst darbietet zum Lohn als eben dieses, die Treue. Das ist das einzige Werk, welches wir jedes einzeln für sich vor ihn bringen können; und je nachdem wir werden treu gewesen sein, je nachdem wird auch unser Lohn sein.

Und die Treue wird in der heiligen Schrift besonders dargestellt als die Tugend des Haushalters; ja sie rühmt den Erlöser selbst in demselben Sinne, daß er sei getreu gewesen als der Sohn in des Vaters Hause*). Und stellt er sich nicht selbst so dar, wenn er sagt, er thue nichts von ihm selber, sondern der Vater zeigt ihm die Werke? Eben so sagt Paulus von sich und allen Verkündigern des Evangeliums, sie seien Haushalter über Gottes Geheimnisse. Wolan, dasselbe können wir von uns allen sagen. Denn das große Geheimniß, welches so lange verborgen war, ist eben dieses von einem solchen rein geistigen Reiche Gottes, in dem wir nun alle leben. Wir sind treu, wenn wir da die Stelle ausfüllen, die jedem angewiesen ist; wenn wir unsern Ueberzeugungen, welche die Stimme Gottes an uns sind, so wir sie anders rein aus dem Worte Gottes geschöpft haben, ohne Menschenfurcht und Menschengefälligkeit folgen. Wir sind treu, wenn wir keine antreibende Stimme unseres Gewissens, durch die uns der Geist Gottes mahnt, überhören, weil wir etwa in Trägheit versunken sind; wenn wir keiner warnenden Stimme leichtsinnig zuwiderhandeln, weil uns etwa ein eigner Vortheil reizt, oder eine sinnliche Lust uns verlockt. Wir sind treu, wenn wir der Wahrheit immer die Ehre geben und uns weder durch falsche Scham, noch durch eitle Ruhmsucht von ihr abwendig machen lassen, und wenn demnach unser ganzes äußeres Leben der Spiegel unseres Innern ist. Wir sind treu, wenn wir, ohne je daran zu denken, was der Herr aus unseren Handlungen machen werde, wie viel oder wenig davon zum wesentlichen Gedeihen kommen wird, die Gaben, die uns der Herr verliehen, die Schätze des Geistes, womit er uns ausgerüstet hat, immer nur in seinem Werke anwenden nach unserer besten Einsicht. — Solche Treue, meine geliebten Freunde, ist das Werk, worauf der Herr sieht, und wonach er einem jeden einzeln seinen Lohn geben wird. Und so laßt uns denn in dieser Beziehung noch einmal, wie wir hier als eine Gemeinde Christi versammelt sind, unsere gemeinsamen Verhältnisse überblicken, um danach unsere Erwartungen von der Zukunft zu ordnen.

Wo der Herr noch gar nicht wäre, wo er noch nicht mit seiner

---

*) Hebr. 4, 8.

geistigen Gegenwart thronte, da wäre auch noch kein Werk, wofür er lohnen könnte, weil noch gar kein Verhältniß zu ihm besteht. Wenn sich nun viele Menschen auch unter uns in ernstlicher Treue und mit achtbarer Anstrengung abmühen an allerlei Werken, wie schön und herrlich diese dann auch glänzen mögen vor der Welt, und wie mancherlei wohlthätigen Einfluß sie auch auf die menschlichen Angelegenheiten ausüben; und sie versichern uns zwar ehrlich und glaubhaft, daß sie nichts um des Lohnes willen thäten, sondern alles nur um des Guten willen; wir finden sie aber doch schwankend in ihren Erwartungen, ob die Treue im Guten ihren Lohn finde oder nicht; so wollen wir ihnen sagen: Ist eure Treue keine Treue gegen Christum, so wirkt ihr auch nicht für das Reich Gottes, und Er wenigstens kann für euch nicht kommen mit seinem Lohn; jeder andere Lohn aber, wie gewiß er auch wäre, würde euch immer nur als ungenügend und eitel erscheinen. Ist aber nur überhaupt der Herr zu euch gekommen, thut ihr, was ihr thut, in seinem Namen, nun dann kommt auch bald sein Lohn mit ihm. Und das können wir bis in die ersten Anfänge verfolgen. Wie schwach und unvollkommen auch in manchem zuerst das Bewußtsein von dem Heil in Christo und in der christlichen Gemeinschaft erwachte, wenn nur jeder diesen ersten Regungen treu ist, so kommt auch bald der Lohn des Herrn mit ihm in reicherer Erkenntniß, in kräftigerer Liebe und froherem Muthe zu seinem Werk. Und darin fühlt sich denn bald, was es sagen will, und welch ein Lohn liegt darin, daß wir die Macht haben Kinder Gottes zu werden. Je mehr wir dann durch den einigen Sohn des Wohlgefallens erfahren von den Werken, die ihm sein Vater gezeigt hat; je mehr uns der Geist Gottes auch unsere Bahn erleuchtet, desto mehr haben wir, worin wir treu sein können, und sind und bleiben dann in dem Zustand, wo es gemeinsame Werke giebt, die der Herr auch wie sie sind dem Ganzen lohnt, und wo jeder einzeln mit seiner Treue vor den Herrn treten kann in jedem Augenblick der Prüfung und des Gerichts und, je nachdem sie gewesen ist, auch bald seinen Lohn empfangen wird.

O, meine geliebten Freunde, laßt uns doch in diesem Sinne das Wort: Siehe ich komme bald, als die kräftigste Ermunterung beim Anfang eines neuen Jahres in unsere Herzen aufnehmen. Was wollen doch alle Sorgen bedeuten, mit denen vielleicht einer oder der andere von uns in dieses neue Jahr des irdischen Lebens hineingeht, wenn wir doch der frohen Zuversicht leben können, daß so wir nur dies Eine thun, treu sein, uns der Lohn nicht fehlen werde, daß wir immer reichlicher theilnehmen an allen Segnungen des Reiches Gottes, und der Friede Gottes sich immer mehr befestigen werde in unsern Herzen! Wie könnten irgend eitle Hoffnungen unter noch so günstigen Umständen uns von dem rechten Wege verlocken, wenn wir die Aussicht festhalten, daß, weil unbezweifelt der Herr bald kommt mit seinem Lohn, auch wir werden in Stand gesetzt werden, immer mehr dazu beizutragen, daß die Stimme der Wahrheit von einer Zeit zur andern deutlicher vernommen werde, daß das Böse immer kräftiger überwunden werde durch das Gute, und die Kraft des Guten immer tiefer gegründet durch den heilbringenden Glauben. Sehet da, so erfrischt und ermuntert uns der Herr zu diesem neuen Abschnitt unserer Wallfahrt mit dem Worte: Siehe ich komme bald! Ja, und zu jeder Zeit erscheint er bald und sein Lohn mit ihm. Wie auch in dem nächsten Jahr auf Erden unaufhörlich immer wieder ein Mensch in das zeitliche Leben geboren wird, so auch verbreitet sich die geistige Gegenwart des Herrn immerfort bald hier bald da in der Nähe und in der Ferne, und jeden Augenblick erscheint er irgendwo und bringt seinen Lohn und seinen Frieden mit.

Aber, meine geliebten Freunde, laßt uns nicht nur dabei stehen bleiben, daß für seine persönliche Treue auch jeder einzeln seinen eigenen Lohn erhält, sondern laßt uns auch ja bedenken, daß doch auch jeder einzelne immer seinen Antheil hat an den gemeinsamen Werken und also auch an dem gemeinsamen Lohn. Wir können treu sein unserer Ueberzeugung, und die Treue ist dann immer ihres Lohnes gewiß; aber die Ueberzeugung kann unrichtig sein. Ist das Gemüth noch nicht rein genug, so kann sich die Stimme Gottes darin nicht deutlich aussprechen; sie kann auch nicht richtig aufgefaßt werden, wenn sie uns von außen entgegenschallt. Wie gedeihen dann für unser Theil die Werke? Der Apostel sagt: Ein Grund ist gelegt und keiner kann einen andern legen. Alles, was sein Werk sein soll im wahren Sinne des Wortes, das muß auf diesen Grund gebaut werden. Aber spricht er: Wie baut der eine doch mit vergänglichem und leicht zerstörbarem Stoffe, der andere aber mit festen und haltbaren Steinen! Und was sagt er von dem erstern? Wo einer mit Stroh und Stoppeln gebaut hat, und es kommt an das Feuer, so wird das Werk zwar zerstört; aber er selbst wird doch gerettet werden wie aus dem Feuer. Das Selbstgerettetwerden ist dann der Lohn der Treue; aber das Werk, welches das Kind des Irrthums ist, kann keinen Theil an dieser Erhaltung nehmen. So ist es; wären wir alle vollkommen in der Einheit des Lebens mit dem Erlöser, hätten wir jenen großen und seligen Lohn ganz im Besitz: o dann würde keiner unter uns auf andere Weise bauen, als mit festen Steinen; und wie der Grund, so würde auch das Werk sein, sich überall gleich, aus einer und derselben Kraft hervorgegangen, einen und denselben Geist darstellend. Aber was ist der Menschensohn, daß er dies von sich hoffen dürfte! wie schwach sind unsere Anfänge in der Erkenntniß der göttlichen Wahrheit! wie oft verdunkelt sich unser geistiger Blick; wenn wir befangen werden von den irdischen Dingen! wie vieles von demjenigen, was dem Nichtigen und Vergänglichen angehört, trübt unsere Einsicht und lähmt unseren Willen! So entsteht denn freilich nur ein vergängliches Gebäude, von vergänglichem Stoffe gebaut. Wohl denn, laßt uns auch hier uns freuen, daß wir sagen können: der Herr kommt bald und sein Lohn mit ihm! Denn was könnten wir Besseres wünschen, wenn wir in dem vergangenen Jahr unseres Lebens irgend etwas gebaut haben mit Stroh und Stoppeln, sei es in der Kirche, sei es im Staat, sei es in der Wissenschaft, sei es im Hause, als daß das verzehrende Feuer nur recht bald kommen möge von dem Herrn und alles zunichte machen, was so gebaut ist, daß es doch nicht bestehen könnte, aber daß doch unsere Seele wie aus dem Feuer gerettet werde. Das ist der dankenswertheste Lohn, den uns in diesem Falle der Herr bringen kann. Auch ein solches verzehrendes Feuer ist ein Licht vom Herrn, bei welchem wir die Nichtigkeit unseres Werkes erblicken; und wenn wir doch nur in der höheren göttlichen Führung das Förderliche für sein Reich erblicken können: kann es wol etwas anderes für uns sein, als eine wahre, ja eigentlich ganz ungetrübte Freude, wenn der Herr dasjenige, was doch nichts ist vor ihm und in seinen Rath nicht eingeht, durch das Feuer wieder zerstört, welches er hier und da als Läuterung in seinem Reich ausbrechen läßt? Ja, er komme bald auch mit diesem Lohn, damit alles, was, wenn auch wohlgemeint, doch auf menschlichem Wahn beruhte, wieder vergehe, und nur das bleibe, was vor der göttlichen Wahrheit und Weisheit besteht. Wenn wir so das unsrige gar nicht suchen und geltend machen wollen, werden wir immer mehr geläutert werden zu der rechten Kraft der alles Gute verbindenden und alle Gläubigen beseligenden Liebe, und immer ernster wünschen und zu bewirken suchen, daß alles, was verunstaltet ist durch Menschliches und Irdisches, immerhin vergehe, je eher je lieber.

Gewiß aber haben wir doch nicht alle nur so Verzehrbares gebaut; sondern bisweilen doch werden wir, wenn auch nur ein weniges bleibend gefördert haben an dem Werke des Herrn; und so auch in Zukunft wird es uns doch hier und da gelingen einen festen Stein hineinzufügen in das große Gebäude. Dafür nun gewiß kommt auch der Herr bald, und sein Lohn mit ihm. Wollen wir nichts anderes als ihn und sein Werk: nun so wird um desto mehr auch dieses Jahr unseres Lebens reich sein an Freude für uns, wenn wir nämlich immer mehr dahin kommen, daß wir uns an nichts anderem freuen, als an demjenigen, was von ihm kommt und sein Gepräge an sich trägt. So gewiß er als der verklärte und erhöhte Heiland der Welt zur Rechten seines und unseres Vaters sitzt: so gewiß muß sein Reich, dann der einzige Gegenstand unserer liebenden Sorge und unseres thätigen Eifers, sich fort und fort mehren und sich wohl geschützt gegen jede verderbliche Gewalt als das Unüberwindliche darstellen. Und so gewiß wir in der Treue verharren, wird er uns auch immerdar nahe sein mit dem herrlichsten Lohn, so daß wir in der lebendigen Gemeinschaft mit ihm auch mehr und mehr erleuchtet werden und zu immer tüchtigeren Werkzeugen seiner Gnade uns ausbilden. Das sei unser Ziel, und nirgend anders wollen wir unsere Blicke hinwenden auch in diesem neuen Jahre unseres Lebens, als hierauf! laßt uns immermehr von dem Eitlen und Vergänglichen uns reinigen! laßt uns danach ringen, daß das Schwert des göttlichen Wortes in unser Inneres eindringe, um alles wenn auch mit Schmerzen abzusondern, was uns auf eine andere Weise bewegen und anders in uns wirken will. Ihn wollen wir anrufen um seine

Gnade, daß er auch uns gebrauchen möge nach unserer Schwachheit, um seinen Weinberg anzubauen und den geistigen Tempel Gottes höher hinaufzuführen. O dann wird unser Leben nichts anderes sein, als ein freudiger und schöner Kranz von Werk und Lohn, die stille Seligkeit des göttlichen Friedens im Herzen und das einfache Verdienst der Treue, unscheinbar beides vor der Welt und oft nicht wahrgenommen, aber doch die Fülle des göttlichen Segens, doch allein das Ewige in der Hülle des Zeitlichen und Vergänglichen, doch allein die volle Genüge, die der Herr uns allen geben möge. Amen.

XXVI.
Welchen Werth es für uns habe, daß das Leiden des Erlösers vorhergesagt ist.

Passionspredigt.

Text: Markus 9, 12.

Er antwortete aber und sprach zu ihnen: Etwas soll ja zuvor kommen und alles wieder zurecht bringen; dazu des Menschen Sohn soll viel leiden und verachtet werden, wie denn geschrieben steht.

Meine andächtigen Freunde! Wir finden sowol in unsern Nachrichten von dem Leben Christi als in den Verkündigungsreden der Apostel viele Stellen, welche wie die eben verlesene darauf aufmerksam machen, daß das Leiden des Erlösers vorher verkündigt und beschrieben worden ist; und auch die Evangelisten selbst gehen oft bei ihren Erzählungen von dem Leiden des Herrn in diesem Sinn auf einzelne Stellen des alten Testaments zurück, daß sie das Geschehene als die Erfüllung derselben darstellen. Hierauf haben nun von Anfang an, und das ist gewiß sehr natürlich und leicht zu begreifen, fast alle Gläubigen einen großen Werth gelegt; und bis auf den heutigen Tag ist viel unter uns die Rede hiervon, wenngleich nicht immer auf die gleiche Weise. Daher habe ich es für wohl geeignet gehalten, unsre diesjährigen Andachten über das Leiden des Herrn durch eine Betrachtung über den Zusammenhang derselben mit dem, was vor alten Zeiten erst mündlich kund gemacht, dann auch durch die Schrift mitgetheilt worden war, einzuleiten, damit wir uns unter den vielen so sehr verschiedenen Aeußerungen über diesen Gegenstand, die uns gewiß allen vorkommen, um so leichter zurechtfinden lernen. Allein um nicht zuviel für einmal zu unternehmen, will ich mich auf die Frage beschränken, was für einen

Werth dies für uns habe, daß das Leiden des Erlösers schon vorher ist geweissagt gewesen. Aber auch diese Frage läßt sich nicht einfach beantworten, sondern ganz anders verhält es sich, wenn von den einzelnen Umständen dieses Leidens, und ganz anders, wenn von dem Zustand des Leidens überhaupt und in seiner Allgemeinheit die Rede ist. Nach diesen beiden Fällen laßt uns also unsere Betrachtung eintheilen.

I. Zu dem ersten giebt unser Text uns freilich keine unmittelbare besondere Veranlassung, außer in sofern, daß vieles Leiden allerdings auf eine Menge von Einzelheiten hinweiset; aber der Ausdruck: Wie denn geschrieben steht, erinnert gewiß jeden an viele Stellen unserer heiligen Bücher, wo bei solchen einzelnen Umständen auf Ausdrücke in den Schriften des alten Bundes zurückgewiesen und oft genug sogar gesagt wird, dies sei geschehen, damit das erfüllt würde, was geschrieben steht.

In Beziehung nun auf diese Weissagungen, wenn wir sie so nennen dürfen, von bestimmten Einzelheiten in dem Leiden des Erlösers ist große Vorsicht nöthig, damit nicht das, was dem Glauben zur Bestätigung dienen soll, ihm eher Schaden bringe.

Denn zunächst, wenn wir die auf solche Weise angeführten Stellen aus den Büchern des alten Testamentes aufmerksam betrachten, und sie mit dem, was geschehen ist, vergleichen: so werden wir gestehen müssen, daß es keinesweges in allen Fällen dieselbe Art ist, wie das Geschriebene in dem Geschehenen seine Erfüllung gefunden hat; ja nicht selten scheint beides, genau betrachtet, gar nicht dasselbe zu sein. Und nicht nur dies, sondern in demselben Zusammenhang, wohin wir als auf solche einzelne Weissagungen verwiesen werden, finden sich andre Beschreibungen, die Entgegengesetztes von dem enthalten, was dem Erlöser wirklich begegnet ist. Ich will, um dies zu erläutern, nur an zwei ausgezeichnete Beispiele erinnern. Zuerst ist der zwei und zwanzigste Psalm voll von solchen Einzelheiten. Wenn wir aber in demselben unter andern lesen: Sie theilen meine Kleider unter sich und werfen das Loos um mein Gewand; aber du Herr sei nicht ferne, meine Stärke, eile mir zu helfen*): so werden wir wenig dagegen einwenden können, wenn jemand sagt, so wie dieses Wort hier auf jenes erste bezogen werde, sei das erste offenbar eine sprichwörtliche Beschreibung von der Sicherheit, mit welcher die Gegner jenes Bedrängten ihn schon in ihrer Gewalt zu haben glaubten, er aber hoffte noch, indem er jenes aussprach, auf Hülfe von oben; und so wäre dieses erfüllt worden an dem Erlöser, wenn auch buchstäblich nicht seine Kleider wären vertheilt worden. Betrachten wir aber den ganzen Zusammenhang, so erscheint dieser Psalm vielmehr als die Darstellung einer durch göttliche Hülfe glücklich überstandenen Gefahr. Das unmittelbar auf die vorher angeführten Worte folgende Gebet: Errette meine Seele vom Schwert, hilf mir aus dem Rachen des Löwen! zeigt sich in allem Folgenden als unmittelbar er-

---

*) Psalm 22, 19. 20.

hört: daß aber zwischen die Bitte und die Erhörung erst noch der Tod zwischen eingetreten sei, davon kann aus dem Psalm selbst kein Unbefangener eine Ahnung bekommen. Er erscheint also, wenn man das Einzelne betrachtet, als Weissagung, wenn aber das Ganze, dann nicht. — Zweitens erinnert euch an die bekannte Weissagung in dem Propheten Jesaias*), wie bestimmt sehen wir hier doch Christum vor uns stehen in einer Menge von einzelnen Zügen! Aber wenn wir nun finden, daß der Evangelist dasselbe, was wir durch das Leiden des Erlösers erfüllt halten, wenn es nämlich heißt: Er nahm unsre Krankheit auf sich und trug unsre Schmerzen**), durch die heilenden Wunderthaten des Herrn erfüllt glaubt***), so werden wir doch wankend, welches das richtige sei. Und wenn wir in dem Propheten zugleich lesen: Weil seine Gestalt häßlicher ist denn anderer Leute, und er hatte keine Gestalt noch Schöne†), so denken wir hierbei nicht an eine vorübergehende Entstellung durch Schmerz und Wunden, sondern die Worte erscheinen wie die Beschreibung der ganzen Person; und so haben wir doch gar keine Ursache uns den Erlöser vorzustellen. Lesen wir endlich mitten unter den sprechendsten Zügen auch dieses: Und er ist begraben wie die Gottlosen und gestorben wie ein Reicher††), so ist dies das grade Gegentheil von dem, was dem Erlöser begegnet ist; und wenn man auch die Worte allerdings etwas anders fassen kann, die Erwähnung des Gegenstandes bleibt, aber eine ähnliche Beschreibung kommt nicht zu Stande. Auch hier also finden wir in demselben ununterbrochenen Zusammenhang neben dem Aehnlichsten auch das ganz Unähnliche und Fremde.

Deshalb thut wol vor allen Dingen noth, uns darin festzusetzen, daß von dem Dasein solcher Weissagungen und von ihrer Erfüllung unser Glaube nicht darf abhängig gemacht werden. Oder sollte wol einer gefunden werden, der da behauptete, die Vergleichung solcher Stellen habe ihn zum Glauben an Christum bekehrt? Gewiß nicht! Oder auch nur einer, welcher im Ernst besorgte, seine Ueberzeugung von Christo würde an Festigkeit verlieren, wenn es solche Stellen nicht gäbe? oder wenn es sie zwar gäbe, aber das buchstäblich Entsprechende dazu fände sich nicht im Leben des Erlösers? Gewiß nicht! denn nicht alles Geschriebene ist ja genau und buchstäblich erfüllt; und viel Wichtigeres als das Geschriebene ist doch gar nicht vorhergesagt. Steht aber dies einmal fest, nun dann können wir alles, was sich als eine solche Zusammenstimmung ankündigt, ruhig betrachten und ruhig unterscheiden, wie dieses und wie jenes gemeint und auch wie das Eine und das Andere erfüllt ist. Bliebe nun auch wenig dergleichen übrig, so würde uns deshalb nichts abgehn; was uns aber bleibt, dessen werden wir uns auf die richtigste Weise erfreuen.

Und so werden wir auch am sichersten vor einem Nachtheil bewahrt bleiben, der nur zu vielen Christen aus der Beschäftigung mit dieser

---

*) Jes. 52, 12 u. 53, 12. — **) Jes. 53, 4. — ***) Matth. 8, 16. 17.
†) Jes. 52, 14 und 53, 2. — ††) Jes. 53, 9.

Art von weissagenden Aussprüchen entsteht. Nämlich legen wir einmal einen hohen Werth auf solche einzelne Vorherverkündigungen, so ist es auch natürlich, daß wir alle Spuren von Aehnlichkeiten zwischen alttestamentischen Erzählungen oder Sprüchen und dem, was sich bei dem Leiden des Erlösers zugetragen, fleißig und mühsam aufsuchen, um nur wo möglich noch hier eine Weissagung, dort ein Vorbild, mindestens eine Anspielung mehr zu finden. Aber kann dies anders geschehen, als indem wir bei unserer Betrachtung der Leiden Christi grade am meisten auf die Nebendinge uns richten, die uns weder den hohen Zweck derselben vergegenwärtigen, noch uns die göttliche Heiligkeit des Erlösers vor Augen bringen? Wenn wir uns nun an solche kleine Umstände hängen, die sich eben so leicht und ohne daß in der Sache selbst das Geringste wäre geändert worden, auch ganz anders hätten ereignen können; wenden wir uns dann nicht in der That von der Sache selbst ab? Wenn wir unsre Aufmerksamkeit mit solchen äußerlichen Dingen beschäftigen, so muß der heiligende Einfluß darunter leiden, den diese Betrachtungen ausüben sollen! Wie das Leiden des Herrn mit der Natur und dem Wesen der Sünde zusammenhängt; wie sich in demselben seine göttliche Kraft und Liebe offenbart, daran gehen solche Forscher nach kleinen Einzelheiten oft nur zu gleichgültig vorüber; sie bereiten sich einen ganz andern Gemüthszustand, als der dieser heiligen Zeit angemessen ist. Und wenn sie für sich und andere auch noch mehr solcher alttestamentischen Stellen zusammenbringen, die dies und jenes auf verschiedene Weise andeuten: was für ein zweifelhafter Vortheil, was für ein kleinlicher Ruhm im Vergleich mit dem Segen, auf welchen sie Verzicht leisten! — Aber es kommt noch eines hinzu, was mit der Sache selbst zwar nicht so genau zusammenzuhängen scheint, aber von sehr großer Wichtigkeit ist für uns alle und für die ganze Sache der evangelischen Kirche. Es ist nämlich eine allgemeine Erfahrung, welche sich durch alle Zeiten hindurchzieht, daß eben dies Suchen und Haschen nach alttestamentischen Sprüchen oder Thatsachen, welche auf Begebenheiten in der Geschichte des Herrn als Vorbilder oder Weissagungen passen sollen, auch viele redliche und wohlmeinende Christen dazu gebracht hat, an der Auslegung der heiligen Schrift zu künsteln. Und das ist auch so sehr natürlich! Wir dürfen nur bei den wenigen angeführten Beispielen stehen bleiben, um uns zu überzeugen, wie häufig es bei einem solchen Unternehmen darauf ankommt, daß hier ein kleiner Widerspruch aus dem Wege geräumt werden muß, dort etwas leise umzudeuten ist, wenn es genauer stimmen soll; bald ist es zu klar, daß die Worte in ihrem Zusammenhang einen andern Sinn haben, und man muß sie zweierlei zugleich bedeuten lassen. Aber wir, die wir mit allen Erklärungen über unsern Glauben, mit allen Gründen für unsere kirchlichen Einrichtungen allein auf das Wort der heiligen Schrift gestellt sind; wie wollen wir bestehen, wenn aus unsern Beschäftigungen mit der Schrift der Geist der schlichtesten Wahrhaftigkeit einmal verschwunden ist? Als der Erlöser selbst seine Zeitgenossen aufforderte in der Schrift zu forschen, weil sie Zeugniß von ihm gebe, hat er gewiß nur das reine Forschen mit einfältigem Sinne gemeint und zu keiner Künstelei irgend einer Art ermuntern wollen. Gestatten wir uns das einmal um eines solchen Gewinnes willen; hat dann nicht auch jeder das Recht, seine eignen, vielleicht eben so wohlgemeinten, aber doch unbedeutenden und unrichtigen Einfälle durch Deuteln in die Schrift hineinzulegen, als ob sie die Wahrheit derselben wären? und wird nicht das menschliche Herz, welches in seiner Schwäche so gern sich selbst täuscht, eben so bereitwillig sein zu andern Künsteleien, um solche Worte aus ihrer einfachen Kraft herauszudeuteln, von denen grade seine Schwäche mit der größten Schärfe getroffen wird? Was kann daraus entstehn, als daß wir auf die bedenklichste Weise aller Willkür die Thore öffnen, und daß das Wort, welches uns zur Leuchte auf unserm Wege gegeben ist, uns vielmehr in die Irre führt und zum Fallstrick gereicht. Nein, lieber möchte von allen diesen Weissagungen auf einzelnes in dem Leiden Christi keine einzige stehen bleiben, als daß wir von unserer einfachen Treue gegen die Schrift auch nur im Mindesten abwichen.

Aber dahin, sie alle aufzuheben, führt meine Rede nicht; da sei Gott für, daß ich das sagen sollte! Unsere Evangelienbücher selbst beziehen alttestamentische Stellen auf einzelnes in dem Leiden des Erlösers; diese Beziehungen können nicht falsch, leer, oder vergeblich sein. Denn wie stände es um das Ansehn der Schrift, um den Antheil des göttlichen Geistes daran, wenn darin Falsches mit Wahrem vermischt wäre? Wir können auch die unleugbaren Zusammenstimmungen nicht für zufällig erklären; denn wie könnten wir Zufälliges annehmen in irgend etwas, was mit dem größten Rathschluß Gottes zusammenhängt! Es kommt nur darauf an, daß wir dieses ganze Verfahren mit den Stellen des alten Testamentes richtig auffassen, so wird uns auch der wahre Werth dieser Beziehungen nicht entgehen. Denkt euch, meine andächtigen Zuhörer, wie die Augen- und Ohrenzeugen des Kreuzes Christi schon immer zu denen gehört hatten, welche auf den Gesalbten des Herrn warteten; wie sie ihn gesucht hatten in allen hohen Schilderungen der Zukunft, welche ihre heiligen Bücher enthielten, aber auch in allem, wovon nicht anderwärts her bekannt war, daß es schon erfüllt und vorübergegangen sei; wie aber nun, seit sie seine Jünger geworden, diese Schriften keinen höheren, ja wol gar keinen andern Werth für sie hatten, als ihr Zeugniß von ihm. Und nun denkt sie euch in der Nähe seines Kreuzes, wie achten sie auf alles! wie prägt das ganze Bild des Leidenden sich ihrem Gemüth ein! aber wenn sie nun wiedergeben sollen: wo anfangen und enden? Müssen wir es nicht natürlich finden, daß ihnen da, außer den Worten des Herrn selbst, wie jeder sie vernahm, solche Umstände am meisten hervortraten, welche ihnen Worte heiliger Männer, wenn auch ganz abgesehen von ihrem ursprünglichen Zusammenhang, aus dem Schatz ihres Gedächtnisses zurückgerufen hatten? Und eben so natürlich ist wol, daß sie alle diese Beziehungen, wie nahe und wie entfernt sie auch sein mochten, durch die eine Formel ausdrückten: Dadurch ist das erfüllt worden, oder: Das ist geschehen, damit jenes Wort doch erfüllt würde. Und so haben wir denn alle Ursache uns zu freuen, daß jene in den Verhältnissen begründete Stellung der ersten Jünger des Herrn zu den Büchern des alten Bundes dazu geholfen hat, daß uns um so mehr einzelne Züge aus diesen letzten Zeiten unseres Herrn und Meisters aufbewahrt geblieben sind, und eben dadurch ein reicheres, anschauliches Bild unter den Gläubigen erhalten bleibt von einem Geschlecht zum andern. Das ist denn der eigentliche Werth jener einzelnen bestimmten Weissagungen, deren wir freilich als Stützen unseres Glaubens auf keine Weise sollen benöthigt sein. Aber wenn auch nur wenige einzelne Striche in dem Bilde des Herrn uns auf diesem Wege erhalten worden wären, so würden wir das immer mit inniger Dankbarkeit und Freude erkennen.

II. Aber freilich etwas Größeres und Wichtigeres ist es um das Zweite, nämlich um die allgemeine Vorhersagung, die sich wol durch alle Schriften des alten Bundes hindurchzieht, welche einen Theil haben an dem Geist der Weissagung, daß nämlich der Verheißene, der von Gott würde gesandt werden als der Begründer einer bessern Zukunft, durch viele Leiden müsse hindurchgehen und von den Menschen verkannt werden und verachtet. Dieses allgemeine, daß des Menschen Sohn vieles leiden müsse und verachtet werden, führt denn der Erlöser selbst auch in den Worten unseres Textes als die eigentliche Zusammenfassung dessen an, was von ihm geschrieben stehe, und auch anderwärts sucht er eben so seinen Jüngern die Schrift aufzuschließen. Und eben dieses ist nun allerdings von großer Wichtigkeit. Laßt uns doch fragen, wie kommen solche Züge in jene Weissagungen, und warum hebt der Erlöser sie vorzüglich heraus? Dachten sich nicht jene alten Seher als Freunde ihres Landes und Volkes den, der da kommen sollte, als einen Retter aus einem Zustande des Elends und der Unterdrückung? und war es also nicht weit natürlicher zu denken, er werde auch überall freudig aufgenommen werden und von allen mit Preis und Ehre gekrönt? Woher also diese Ahnung, die schon in der ersten Weissagung an den Stammvater der Menschen sich vernehmen läßt? Wir kommen doch auf das eine nur zurück, daß auch damals den Besten schon dieses vorgeschwebt haben muß, daß wer ein wahrhafter und vollkommner Retter sein wolle, nicht so gut könne aufgenommen werden, sondern die Menschen auf mancherlei Weise gegen sich haben müsse. Denn wer nicht wieder nur ein Stückwerk an die Stelle des andern setzen solle, nicht wieder nur beim Aeußerlichen stehen bleiben und noch ein Vergängliches aufrichten solle, der könne die Uebel nur beseitigen mit dem Bösen zugleich und müsse also alles, was fleischlich gesinnt ist, gegen sich auflehnen. Dessen zeihen ja auch die Propheten ihr Volk überall und sind Vorgänger dessen gewesen, welcher gesagt hat, sie seien allzumal Sünder und ermangelten des Ruhms, den sie bei Gott haben sollten*). Und weil sie auch davon ein klares Bewußtsein hatten, welches oft genug in ihren Reden hervortritt, daß, wie der Apostel Paulus ganz unumwunden ausspricht: Fleischlichgesinntsein eine Feindschaft wider Gott ist**): so mußten sie wol voraus sehen, es werde auch eine Feindschaft sein gegen den von Gott zu sendenden wahrhaften Retter. Und so angesehen liegt in diesen Weissagungen jene richtige Erkenntniß der Sünde und ihrer Gewalt, welche allerdings lebendig aufgefaßt dem Glauben zu einer kräftigen Vorbereitung dienen mußte.

Aber nun laßt uns auch sehen, wie denn in diesen Weissagungen der Erlöser selbst erscheint. Wieviel darin immer die Rede ist sowol von der Weisheit dessen, der da kommen sollte, als auch von seiner Macht und seinen Siegen, das kann ich als bekannt voraussetzen. Wollten wir aber nur auf die Blätter sehen, welche solche Lobpreisungen enthalten: so würde wol immer zweifelhaft bleiben, ob sie nicht weltliche Macht und Siege und also auch eine solche Weisheit im Sinne gehabt hätten. Nehmen wir aber die Ankündigung des Leidens und der Verachtung mit hinzu und vereinigen diese Züge zu Einem Bilde: dann tritt es der Wahrheit seines geistigen Gehaltes bei weitem näher. Denn wer leidend und verachtet vorgestellt wird, der kann nicht zugleich in äußerer Macht und Herrlichkeit gedacht werden, er müsse denn so weit abweichen von dem göttlichen Willen — und das konnte hier unmöglich vorausgesetzt werden, — daß auch die Hoheit ihn nicht schützen konnte vor der Verachtung. Doch es ist nicht dieses allein; sondern wer so gleichsam unbedingt als Gegenstand der Feindschaft und der Verachtung aller fleischlich Gesinnten dargestellt wird, von dem kann ja weder geglaubt werden, daß er dasselbe wolle wie jene, denn das erzeugt ja Wohlgefallen und Freundschaft, wenigstens bis etwas Besonderes dazwischen tritt, noch auch daß er den so Gesinnten dienen wollte, denn sonst würden sie ihn ja pflegen und unterstützen. Werden ihm also Macht und Weisheit dennoch zugeschrieben: so muß es eine Weisheit von oben sein und eine geistige Macht. Ja wir können noch weiter gehen und sagen, hat ihnen gar nicht vorgeschwebt, daß doch einige ungeachtet ihrer fleischlichen Gesinnung es mit ihm halten und ihn unterstützen würden; läßt sich davon keine Spur entdecken, und sie sind sich klar gewesen in ihrem Bilde und in ihrer Ahnung: dann haben sie ihn selbst auch gewiß ganz frei gedacht nach allen Seiten hin von jedem Antheil an solcher Gesinnung und also auch ganz als den Sohn des göttlichen Wohlgefallens. Sehet da, das ist der Geist und die Kraft jener Weissagungen! Wie das ganze Volk bis auf die Erscheinung Christi sollte unter der Sünde zusammengehalten werden durch das Gesetz: so sollte durch die Propheten sowol die wahre Erkenntniß der Sünde lebendig erhalten werden, die in dem Hochmuth auf die göttlichen Offenbarungen so leicht verloren ging, als auch auf der andern Seite das feste Vertrauen genährt auf die vollkommene

---

*) Röm. 3, 23. — **) Matth. 28, 18.

Entwicklung des göttlichen Rathschlusses durch einen solchen Helfer, von dem in göttlicher Kraft ein Licht ausgehen solle, das alle Völker erleuchtet. Und beiden Aufgaben wird nun am vollständigsten genügt durch die Hindeutung auf den leidenden Erlöser. Denn wodurch kann die Sünde besser zur Anerkennung gebracht werden, als indem sie zeugen, daß der göttliche Gesandte selbst, der nur weislich handeln werde und den Rath Gottes in Kraft hinausführen, doch werde der Gegenstand der Feindschaft der einen und der Geringschätzung der andern werden? und wie konnte die Beschaffenheit seines Reiches deutlicher bezeichnet werden, als indem es dargestellt wird als durch sein Leiden begründet! Durch solche prophetische Worte wurden die verborgenen Keime des Glaubens gepflegt; ihnen ist es zuzuschreiben, daß es bis auf die Zeiten des Erlösers hin immer einige gab, deren Hoffnungen nicht lediglich wieder auf Irdisches und Aeußerliches gerichtet waren, und daß sich, als er nun auftrat, doch einige fanden, die es verstehen konnten, wenn Johannes ihnen das Lamm Gottes anpries. Und dies ist denn auch der Werth, den diese Weissagungen für uns haben. Sie bereiteten in der That dem Herrn den Weg; durch sie waren die Gemüther derer geweckt, die sich ihm zuerst im Glauben zuwendeten; und lange Zeit lehnte sich bei vielen der noch schwache Glaube an den Erlöser an diesen älteren Glauben an und fand unter demselben Schutz gegen die Angriffe der Fleischlichgesinnten. Wo aber wären wir ohne jene Vorgänger?

Daß aber der Herr diese Weissagungen auf sich anwendete, das war zugleich seine eigene Vorhersagung; denn er hat es gethan, als die Verhältnisse, aus denen sein Leiden hervorging, sich noch nicht sichtbar gestaltet hatten! und diese seine eigene Weissagung von sich hat erst jenen früheren die Krone aufgesetzt. Bald in entfernteren, bald in bestimmteren Andeutungen hat er sich zu verschiedenen Zeiten darüber geäußert, so daß ein aufmerksamer beständiger Begleiter es nicht hätte übersehen können, daß Christus von dem Leiden, welches ihm bevorstand, ein immer gegenwärtiges Bewußtsein hatte; und dieses sein eignes Vorhersehen und =sagen hat freilich für uns noch einen weit höheren Werth. Denn wenn wir uns denken müssen, der Erlöser, wie er ganz seinem Beruf lebte, die Worte verkündend, die sein Vater ihm ins Herz gelegt hatte, die Werke thuend die dieser ihm zeigte, habe auf alles andere um ihn her weiter nicht geachtet, also auch von den Gesinnungen der Menschen gegen ihn, wenn sie sie ihm selbst nicht unmittelbar äußerten, keine Kenntniß genommen, und die Besorgnisse, die seinetwegen entstanden, die Entwürfe, die gegen ihn geschmiedet wurden, wären ihm verborgen geblieben, so daß sein Leiden ihn dann unerwartet überrascht hätte; gesetzt auch er hätte dann dieselbe Ruhe und Gleichmüthigkeit entwickelt, eben so das Widersprechen der Sünder geduldet und dabei seine höhere Würde unverletzt behauptet, eben so kernig geantwortet und weise geschwiegen: würden wir nicht dennoch etwas wesentliches vermissen? Der Unglaube, der überall auf der Lauer liegt, der gern an dem Reinsten doch Flecken aufsucht, wie er nur zu geschäftig ist das Unreine zu beschönigen, würde er uns nicht zuflüstern: Wer kann doch Bürge sein dafür, daß der Erlöser, auch wenn er sein Leiden vorausgesehn hätte, doch die Kraft gehabt haben würde, mit derselben Sicherheit und Ruhe den einmal eingeschlagenen Weg zu verfolgen! und freilich nur der schon wohlbegründete Glaube wäre im Stande diese Einflüsterungen ohne weiteres abzuweisen. Nun Christus aber seinen Leiden und seinen Tod schon immer vorher gewußt, ist er eben dadurch nicht nur auf unerreichbare Weise der Anfänger und Vollender unseres Glaubens geworden, sondern er hat eine Kraft und Freiheit des Geistes bewährt, die uns mit der vollkommensten Zuversicht erfüllen muß in Bezug auf alles sowol was er darbietet, als was er fordert. Immer hat er gewußt, was für Gefahren ihm drohen, und nie ist ihm in den Sinn gekommen ein falsches Verhältniß anzuknüpfen, das ihm zu einer äußeren Stütze hätte dienen können. Nie hat er die, vor denen er warnen mußte, vorsichtig geschont, ungeachtet ihr beleidigter Stolz am meisten beitragen mußte die feindliche Stimmung zu erhöhen. Immer mußte er, wo ihm bestimmt war zu leiden, und nie hat er darauf gesonnen sein äußeres Leben so zu ordnen, daß er ohne allen Vorwurf hätte entfernt bleiben können von der Hauptstadt seines Volkes. Immer hat er gewußt, wie kurz sein Tagewerk sei, und doch hat er das große Werk nicht nur begonnen mit so wenigen und solchen, sondern ungeachtet er wissen mußte, wie unvorbereitet sie noch sein würden bei seinem Hinscheiden für ihren Beruf, ist er doch von seinem allmäligen Fortschreiten nicht gewichen und hat sich nicht übereilt ihnen auch das schon zu sagen, wovon er wußte, sie könnten es noch nicht tragen. Und mit welcher Zuversicht redet er von dem Gelingen seines Werkes eben durch sie, von der Macht die ihm gegeben ist, von der Herrschaft die sie mit ihm theilen sollen. Diese Kraft der Zuversicht, daß alles was er that Gottes Werk war, daß die geistig belebende Kraft, die von ihm ausging, auch in dieser kurzen Zeit Wurzeln genug schlagen würde, um nicht wieder zu verschwinden; diese Freiheit des Geistes, mit der er über sich und sein Leben schaltet, das Bewußtsein in sich tragend, daß der Weg des Heils für die Menschen der Weg des Todes für ihn selbst sei: von diesem Theil seiner Herrlichkeit könnten wir eine so klare Anschauung gar nicht haben, wenn er nicht an jene alten Weissagungen sich anlehnend auch selbst sein Leiden und seinen Tod vorhergesagt hätte.

Wie er nun aber hierdurch auf eigenthümliche Weise der Anfänger und Vollender unseres Glaubens geworden ist, so sollten seine Jünger ihm auch darin ähnlich sein und nicht minder klar und wissend ihren Weg wandeln. Darum dehnt er nun seine Weissagung auch auf sie aus und sagt ihnen, wie der Knecht nicht größer sei denn sein Herr, so werde es auch den Jüngern nicht besser gehen als dem Meister; auch sie würden überantwortet werden vor die Rathsversammlungen und gegeißelt in den Schulen und vor Fürsten und Könige geführt und gehaßt um seines Namens willen*); wie das Volk den alten Propheten gethan habe, so werde es auch seine Propheten und Weisen und Schriftgelehrten geißeln und verfolgen und etliche kreuzigen und tödten **). Das hat sich auch an ihnen erfüllt und hat eine weit größere Reihe von Menschengeschlechtern hindurch sich wiederholt, als diejenigen, welche die Weissagung vernahmen, auch nur zu denken vermochten; aber für immer konnte es nicht gelten und war auch nicht so ausgesprochen. Bleibt das Ziel unverrückt dasselbe, daß das Böse überwunden werden soll mit Gutem***), und soll auch das ein wahres Wort bleiben, daß die Mächte der Finsterniß die Gemeinde, welche der Erlöser gestiftet hat, nicht überwältigen sollten†), so müssen wir uns diesem Ziel immer mehr nähern. Und wenn so, nach der Weise unserer zeitlichen irdischen Welt, diese Gemeinde sich allmälig immer mehr erweitert, so kann auch jene Weissagung sich nur immer sparsamer erfüllen, denn das Böse hört auf eine Macht zu sein in demselben Maß, als die Kräfte des Guten sich ordnen und gestalten. Viele Jahrhunderte sind so vorüber= gegangen, viel Blut der Bekenner ist geflossen, der Widerstand der Fleischlichgesinnten hat eine große Anzahl von scheinbaren Siegen er= fochten; aber immer ist das Reich Gottes erstarkt und hat sich weiter verbreitet; so daß, wenn wir fragen, was denn auch wir noch zu er= statten haben an unserm Fleisch als noch mangelnd an den Trübsalen in Christo ††*), und wie viel denn auf uns noch komme von jener Weissagung: so scheint alle Aehnlichkeit mit jenen Zuständen für die= jenigen, die in der Mitte der christlichen Welt leben, verschwunden, und nur noch für die ein weniges davon übrig zu sein, welche über die Grenzen derselben hinaus das Evangelium in noch dunklere Gegenden tragen. Aber laßt uns deshalb weder, wie einige thun, Leiden zurück= wünschen oder gar aufsuchen, zu denen keine Veranlassung mehr vor= handen ist, noch auch, wie es andern begegnet, deshalb mißtrauisch sein gegen die Art, wie die Gemeinde des Herrn sich erbaut, weil sie dabei der Segnungen des Kreuzes entbehrt. Vielmehr wollen wir nur, was es auch für uns noch Schweres und Schmerzliches wirklich giebt, wenn es gleich ganz anderer Art ist, doch mit gleicher Willigkeit tragen, wie jene unsere Vorgänger in die Leiden gingen, welche Christus ihnen verheißen hatte. Der Kampf scheint sich in einen engeren Kreis zu= sammengedrängt zu haben, aber er ist wesentlich derselbe. Wo es in der Gemeinde selbst Mißverständnisse zu beseitigen giebt, Irrthümer aus dem Wege zu räumen; wo die reine Sitte des christlichen Lebens gefährdet erscheint, da ist es dieselbe Schlange, die auch den triumphi= renden Menschensohn noch in die Fersen stechen will; da ist die Sünde wirksam, die ja der Wahrheit nach nicht in der Gemeinde Christi ist, sondern außerhalb derselben. Ja, wo in einem jeden von uns das Fleisch noch gelüstet wider den Geist, da ist jenes, weil es nicht ge=

---

*) Matth. 10, 17—25. — **) Matth. 23, 34. — ***) Röm. 12, 21. —
†) Matth. 16, 18. — ††*) Kol. 1, 24.

horsam ist, auch noch nicht eingefügt in die Gliederung des Leibes Christi, sondern es steht außerhalb, und auch dieser Kampf wird nach außen geführt, und seine Schmerzen kommen aus derselben Quelle wie die Leiden Christi. Und in allen solchen Fällen gilt es dieselbe Willigkeit zu beweisen, wie die ersten Jünger Christi, keine weichliche Schonung weder unserer selbst noch anderer walten zu lassen, wenn wir nur erst beim Lichte des göttlichen Wortes richtig erkannt haben, was in uns und andern Freund ist oder Feind. Soll aber allmälig immer mehr die Erfüllung jener Weissagung sich verringern, so möge doch zuerst des Menschen Sohn nur nicht mehr verachtet werden, als zeige er sich ohnmächtig in diesem Streit, wenn er auch in demselben noch manches zu leiden hat. Darin mögen wir Treue bewähren und unsre Kräfte gemeinschaftlich redlich gebrauchen, so wird auch immer mehr alles, was zuvor geschehen muß, ein Vergangenes werden, und wir der Vollendung seines Reiches und der ganzen Offenbarung seiner Herrlichkeit freudig entgegensehen. Amen.

XXVII.
Ueber den Gemüthszustand des Erlösers in seinen letzten Stunden.

Passionspredigt.

Text: Matthäi 27, 46.

Und um die neunte Stunde schrie Jesus laut und sprach: Mein Gott, mein Gott, warum hast du mich verlassen.

Meine andächtigen Freunde! Es ist gewiß vielen aufmerksamen Christen immer schwer geworden, sich diese Worte in dem Munde des Erlösers zu denken. Er, der zu derselben Zeit — denn welches von diesen Worten genau das frühere sei, ist nicht so leicht zu entscheiden — sich seiner göttlichen, ihm von oben gegebenen Macht so deutlich bewußt war, daß er dem Sünder neben ihm mit der festesten Ueberzeugung als derjenige, der den Ausgang der Menschen bestimmt, zurufen konnte: Heute wirst du mit mir im Paradiese sein; er, in dessen Innerem zu derselben Zeit das göttliche Wesen — denn Gott ist ja die Liebe, wie uns Johannes sagt — sich so kräftig bewies, daß er zu eben dem Vater, den er auch jetzt anredet, um Vergebung für seine Feinde bat; er, der in seinen letzten Abschiedsreden mit seinen Jüngern in dem vollen Gefühl dessen, was ihm bevorstand, sie selbst tröstend über die menschliche Schwachheit, die sie zeigen würden, gesagt hatte: Wenn ihr mich auch verlasset, so bin ich doch nicht allein, denn der Vater ist bei mir: — der sollte nun plötzlich so umgewandelt gewesen sein, daß er sich von eben dem Vater, über dessen Nähe und Anwesenheit in seinem Innern er sich dort freut, mit dem er sich immer als völlig Eins dargestellt hatte, von eben dem sich jetzt verlassen gefühlt hätte, und das in demselben Augenblick, wo er im Begriff war, durch seinen Tod das große Werk der Beseligung der Menschen zu vollenden, wozu der Vater ihn in die Welt gesandt, und wozu er sich auch immer des unmittelbaren Beistandes desselben erfreut hatte? Und bald darauf sollte diese Gottesverlassenheit wieder so verschwunden gewesen sein, daß er, voll von dem Gefühl sein Werk vollendet zu haben, mit der größten Freudigkeit zurückblickend auf sein ganzes irdisches Leben, ausrufen konnte: Es ist vollbracht! und in die Hände des Vaters, von dem er sich nun eben sollte verlassen gefühlt haben, seinen Geist, indem er die irdische Hülle verließ, befehlen? Wie können wir uns in dem, der immer so ganz sich selbst gleich blieb, dessen innige Gemeinschaft mit seinem Vater im Himmel in keinem Augenblick des Lebens unterbrochen war und auch nicht unterbrochen werden durfte, wenn er in jedem Augenblick seines Lebens unser Erlöser und also der wohlgefällige Sohn seines Vaters sein sollte, — wie können wir uns in dem einen solchen Wechsel und ein solches Herabsinken seines Gemüthes von dem festen Vertrauen zu dem verzagten Gefühl der Gottverlassenheit erklären? Ja wenn wir, auch abgesehen von den besonderen Umständen, deren ich soeben erwähnt habe, die Sache an und für sich betrachten, ist denn und kann denn etwas Wahres daran sein, daß Gott jemals den Menschen, der nach seinem Bilde gemacht ist, verließe? Der Gott, welcher dem Führer seines sündigen Volkes die Verheißung gab: Ich will dich nicht verlassen, noch von dir weichen*), derselbe sollte den einigen Menschen ohne Sünde, der eben so gut in dem Augenblick seines Todes als irgend jemals der Abglanz seiner Herrlichkeit war, den sollte er haben verlassen können? Und wenn dieses doch nicht möglich ist, kann denn wol in der Seele des Erlösers, welcher von sich selbst so oft gesagt hatte, er rede nichts und thue nichts, als was er von dem Vater gesehen und gehört habe; jemals ein Bewußtsein von Gott sich geregt haben, dem nichts Wahres in dem göttlichen Wesen entsprochen hätte, auf welches er doch in diesem Augenblick mit seinem ganzen Gemüth gerichtet war, so wie seine Worte an dasselbe gerichtet sind? Unmöglich, meine geliebten Freunde, können wir uns das denken! Sondern das scheint mir auf das Wesentlichste und Innigste mit unserm Glauben an den göttlichen Erlöser zusammenzuhängen, daß er immer und ununterbrochen, ja, wenn wir hierin dürften ein Mehr oder Weniger nach menschlicher Weise unterscheiden, gewiß ganz vorzüglich in dem Augenblick der Einiggeliebte seines Vaters im Himmel gewesen ist, als er seinem Berufe

---

*) Jos. 1, 5.

gemäß sein menschliches Leben für das sündige Geschlecht der Menschen ließ. Und der einfache Sinn der Christen findet gewiß wenig Befriedigung in der gekünstelten Erklärung, diese Gottverlassenheit habe zu dem gehört, was Christus für uns leiden mußte. Denn wenn er sich auch theilnehmend in den Zustand solcher Sünder versetzte, wie einer neben ihm am Kreuze hing, und so viele um ihn her auf und ab gingen, so mußte er, wenn er auch in dem Augenblick unser Erlöser und also von den Sündern abgesondert sein sollte, von diesem Mitgefühl doch sein eigenes Bewußtsein von sich selbst unterscheiden; und auch jenes durfte sich in ihm nicht so gestalten, als ob Gott ihn verlassen hätte, weil ja Gott auch den Sünder nicht wirklich verläßt, und weil zu unserer Erlösung unmöglich erforderlich gewesen sein kann, daß Christus etwas Unwahres in sich aufnehme.

Vielmehr finden wir den wahren Aufschluß über alles dieses, meine geliebten Freunde, allein darin, daß unsere Textesworte nicht eigene Worte des Erlösers sind, nicht unmittelbar und ursprünglich der Ausdruck seines eigenen Zustandes, sondern es sind fremde Worte, die er nur auf sich überträgt und anwendet, hergenommen aus dem zweiundzwanzigsten Psalm, der, ein Ausdruck tiefen menschlichen Leidens, mit diesen Worten anfängt; und nur in Verbindung mit dem ganzen Inhalte des Psalms, aus welchem sie genommen sind, und indem wir immer vor Augen haben, daß der Erlöser sie auf sich nur überträgt, können wir seinen Sinn dabei richtig verstehen. Darauf also wollen wir zurückgehen und so durch den eigentlichen Ursprung unserer Textesworte geleitet mit einander betrachten, was sie uns von dem Ge̅mü̅t̅h̅s̅z̅u̅s̅t̅a̅n̅d̅ d̅e̅s̅ E̅r̅l̅ö̅s̅e̅r̅s̅ i̅n̅ d̅i̅e̅s̅e̅n̅ s̅e̅i̅n̅e̅n̅ l̅e̅t̅z̅t̅e̅n̅ A̅u̅g̅e̅n̅b̅l̅i̅c̅k̅e̅n̅ k̅u̅n̅d̅ t̅h̅u̅n̅.

I. Das Erste nun, worauf ich in dieser Beziehung eure christliche Aufmerksamkeit lenken will, ist dieses, daß wenn wir den vorliegenden Psalm genauer betrachten, schon aus der Anwendung, die der Erlöser von demselben macht, offenbar zu ersehen ist, w̅i̅e̅ w̅e̅n̅i̅g̅ d̅e̅r̅ T̅o̅d̅, d̅e̅n̅ e̅r̅ j̅e̅t̅z̅t̅ z̅u̅ l̅e̅i̅d̅e̅n̅ i̅m̅ B̅e̅g̅r̅i̅f̅f̅ s̅t̅a̅n̅d̅, e̅i̅g̅e̅n̅t̅l̅i̅c̅h̅ f̅ü̅r̅ i̅h̅n̅ b̅e̅d̅e̅u̅t̅e̅t̅e̅, und wie geringen Einfluß das Bewußtsein, daß der letzte Augenblick herannahe, auf seine Gemüthsstimmung hatte, wie wenig das Gefühl von dem Herannahen desselben das vorherrschende in seiner Gemüthsstimmung war.

Denn in diesem Psalm, wie sehr er auch, wie ich vorher sagte, ein Ausdruck tiefen menschlichen Leidens ist, giebt doch nichts zu erkennen, daß der heilige Sänger, welcher seinen Zustand beschreibt, den Tod unmittelbar vorausgesehen, oder ihn für überwiegend wahrscheinlich gehalten habe, sondern, von vielen Gefahren bedroht, von mächtigen Feinden dicht umgeben, mannigfaltig geängstet und verspottet und allem menschlichen Ansehen nach im Begriff, in die Gewalt dieser Feinde zu gerathen, äußert er doch in dem Verfolge seiner Klagen die lebendige Hoffnung, der Herr werde seine Seele erretten von dem Schwert, und er werde ihn noch preisen können in der großen Gemeinde. Wenn nun, meine geliebten Freunde, der Erlöser irgend von der menschlichen Furcht des Todes bei dieser Nähe desselben wäre ergriffen gewesen, so würden, wenn er sich auch in solchem Zustande dieses Psalmes erinnert hätte, doch die einzelnen Umstände aus demselben, die sich allerdings auf die übrigen Verhältnisse, in denen er sich eben jetzt befand, sehr wohl anwenden ließen, ihm ganz in den Hintergrund zurückgetreten sein vor dem großen Unterschiede, der darin lag, daß für jenen Sänger noch eine Hoffnung des Lebens übrig blieb und sich mächtig in seiner Seele regte, für ihn selbst aber der Augenblick des Abschiedes von der Erde unmittelbar gewiß und nahe herbeigekommen war; und er würde mithin entweder gar nicht, oder wenigstens nicht ohne diese Verschiedenheit recht hervorzuheben die Worte unseres Textes auf sich bezogen haben. Das ist gewiß die Weise, welche wir alle an uns kennen, die wir solcher Eindrücke fähig sind. Je tiefer wir unser Leid fühlen, desto mehr triumphiren wir gleichsam bei der Vergleichung mit solchen, welche auch klagen, aber doch weniger zu leiden haben als wir. Denken wir nur uns selbst in der Nähe des Todes, ich will gar nicht sagen trauernd gleich denen, welche keine Hoffnung haben, sondern wohl durchdrungen mögen wir immer sein von dem freudigen Glauben, dereinst mit dem vereint zu werden, der hingegangen ist uns die Stätte zu bereiten; und denken wir uns auch menschlich fühlend, was der Abschied zu bedeuten habe aus diesem irdischen so reichlich von Gott gesegneten Leben, in welchem all unser Denken und Dichten, auch das auf das Ewige gerichtete, zusammengedrängt gewesen ist; denken wir uns dabei von dem natürlichen Schauer vor dem Tode ergriffen, der uns oft schon bei der lebendigen Vorstellung desselben anweht; gewiß werden wir gestehen müssen, wir würden dann zum Ausdruck unseres inneren Zustandes nicht solche Worte eines andern wählen, die zwar an und für sich auch den Kummer eines gebeugten Gemüthes darstellen, so aber, daß der Zusammenhang der ganzen Rede verräth, der Leidende sei durch die Hoffnung einer Wiederherstellung in das Leben und in das Wohlsein des Lebens mächtig aufgerichtet worden. Darum dürfen wir aus der Anwendung, welche der Erlöser von jenem heiligen Gesange auf sich selbst macht, mit Sicherheit schließen, daß dieser Unterschied für ihn gar nicht von derselben Wichtigkeit gewesen ist, wie für uns, und daß er auch in diesem Augenblicke vorzüglich schmerzlich die Feindseligkeit der Menschen gefühlt, über seinen Tod aber eben so hell und heiter gedacht und empfunden hat, wie wir es überall finden in jenen letzten Reden, durch welche er seine Jünger auf seinen Tod vorzubereiten suchte. Ich verlasse die Welt und gehe zurück zum Vater, wie ich vom Vater ausgegangen bin und gekommen in die Welt*). Ueber ein Kleines, so werdet ihr mich nicht sehen; und aber über ein Kleines, so werdet ihr mich sehen, denn ich gehe zum Vater**). So ruhig über sein Hinscheiden von dieser Erde war der Herr noch kurz zuvor, so für gar

---

*) Joh. 6, 28. — **) Joh. 16, 16.

nichts achtete er den Tod in dem Bewußtsein der lebendigen Gemeinschaft, in welchem er mit seinem himmlischen Vater stand, und in welcher auch der Tod keine Aenderung machen konnte; und da diese sein eigentliches höheres Leben war, so mußte er auch in diesem Augenblicke über seinen Tod eben so ruhig sein, wie er es immer vorher gewesen war. Und Er freilich kann nicht anders, als immer sich selbst gleich gewesen sein, auch in dieser Beziehung wie in jeder andern. Denn wenn in uns das menschliche Herz auch in Beziehung auf den Tod wie in so mancher andern in dem wohlbekannten Schwanken begriffen ist zwischen Troß und Verzagtheit; wenn wir uns bei dem Gedanken an unser Hinscheiden bisweilen eines ängstlichen Gefühls nicht erwehren können, das nahe genug an Verzagtheit grenzt, bald auch wieder dem Tode mit einer schönen Freudigkeit entgegen sehen, die nur alsdann trotzig wird, wenn wir glauben, die entgegengesetzte Stimmung könne nun nicht wiederkehren; woher kommt diese Ungleichheit unseres Gemüthszustandes, als eben davon, daß in uns auch die Gemeinschaft der Seele mit Gott nicht immer sich gleich und dieselbe ist, und wir uns auch in dieser Hinsicht von dem Erlöser nur zu sehr noch unterscheiden, daß das himmlische Licht von oben bald heller in unseren Geist hineinscheint, bald wiederum die menschliche Schwachheit es mehr verdunkelt. Aber dieser Wechsel selbst steht wieder in einem innigen Zusammenhange mit der Sünde, unter der wir alle beschlossen sind, und darum konnte er den nicht treffen, der ohne Sünde war. Sondern indem sein Mund klagte, wie der leidende Mensch zu klagen pflegt, so war ihm vergönnt, sich der Klage eines solchen, dem der Tod noch fern schien, zu bedienen, um auch dadurch zu erkennen zu geben, daß die Ferne wie die Nähe desselben seine Seele gleich wenig bewegte.

O, meine geliebten Freunde, ein großes Gut ist es für den sterblichen Menschen, wenn er täglich gleichmüthiger wird in Bezug auf dieses allgemeine menschliche Loos und nach Maßgabe, wie er seinem Ende näher kommt, auch mit zunehmender Ruhe und Heiterkeit der Seele dem Abschied aus dieser Welt entgegensehen lernt; nicht etwa undankbarerweise gleichgültig gegen die wahren Güter und Freuden derselben, in welchen sich uns ja die allmächtige Liebe Gottes überall zu erkennen giebt, wohl aber alles, was dahinten ist, also auch jeden reinen und geistigen Genuß des Lebens immer gern zurücklassend und mit allen Gedanken der Seele und allem Dichten und Trachten des Herzens nach dem sich streckend, was noch vor uns liegt, welches da ist der wohlgefällige Wille Gottes, nämlich unsere Heiligung*). Gleichen wir nun unserm göttlichen Erlöser immer mehr in der Treue, mit der er in jedem Augenblick seines Lebens den Willen seines himmlischen Vaters erfüllte; kommen wir dann eben dadurch immer mehr zu dem ruhigen und ungestörten Besitz der innigen Gemeinschaft mit ihm, indem nach seiner heiligen Verheißung, wenn wir sein Wort halten, er

---

*) 1. Theff. 4, 3.

mit seinem Vater kommt Wohnung zu machen in unserm Herzen; o dann wird wie alles Zeitliche, was vergeht, so auch unser eigenes zeitliches Vergehen selbst auch für uns immer mehr seine große Bedeutung verlieren, und wir werden auch an ruhigem Gleichmuth unserm heiligen Erlöser immer ähnlicher werden.

II. Zweitens laßt uns aus diesen Worten ersehen, auf welche Weise der Erlöser das Gefühl menschlicher Schmerzen und Leiden mit uns getheilt hat, wie er denn alles mit uns gemein haben wollte, was zur menschlichen Schwachheit gehört, jedoch immer nur ohne Sünde.

Indem nämlich der Erlöser die Anfangsworte des zwei und zwanzigsten Psalmes aussprach, war unstreitig seiner Seele dieser ganze heilige Gesang gegenwärtig, wiewol er wegen zunehmender körperlicher Schwäche nur den Anfang desselben laut konnte vernehmen lassen. Denn den meisten unter uns ist es wol sehr gewöhnlich uns einzelne Aussprüche der Schrift zu vergegenwärtigen, ohne zugleich den Zusammenhang, in welchen sie gehören, bestimmt im Sinne zu haben; und auch so bringt uns das göttliche Wort der Schrift gewiß vielfältigen Segen. Aber immer ist doch dies ein sehr unvollkommener Gebrauch, den wir davon machen, und ein weit vollkommneres Verständniß wäre es, also auch, da jedes Wort nur nach Maßgabe seiner Verständlichkeit Segen bringen kann, gewiß ein weit gesegneteres, wenn auch wir jede uns erhebende und belehrende Stelle der Schrift immer in ihrem ganzen Zusammenhange auffaßten. Dem Erlöser nun können wir nur das vollkommenste Verständniß der Schrift und die lebendigste Erinnerung daran zuschreiben. Er wußte also auch, indem er die Worte unseres Textes aussprach, daß sie nach dem ganzen Inhalte jenes Psalms auch dort nicht die Klagen eines ungläubig Verzagten sind, welcher auch in seinem Innern Gott den Herrn ferne von sich fühlte. Ein solches Wort der Klage hätte schon an und für sich keinen Platz gefunden in den heiligen Büchern auch des alten Bundes, in benen nur solcher Männer Lehren, Ermahnungen und Gesänge aufgenommen sind, deren Wandel vor dem Herrn war, und die sich bei den Widerwärtigkeiten des menschlichen Lebens, sowol denen die ihnen allein als auch denen die ihrem Volke begegneten, mit seiner Hülfe zu trösten wußten. Und so lesen wir auch, daß dieser heilige Sänger unmittelbar nach den Worten unseres Tertes und einigen ähnlichen Ausrufungen so fortfährt: Doch bist du heilig, der du wohnest unter dem Lobe Israels. Wenn er nun mitten in seinen Leiden sich Gottes als des Heiligen bewußt war und an die Lobgesänge aller derer gedenken konnte, die von den ältesten Zeiten her den Namen ihres rettenden und aushelfenden Gottes gepriesen hatten: so konnte er sich nicht zugleich, wenn schon die Worte für sich allein gehört so lauten, einer Verlassenheit von Gott bewußt sein. Vielmehr dürfen wir seine Worte nur auf irgend eine besondere Verwickelung in seinem Leben beziehen, daß nämlich dieser Mann Gottes sich in seinen menschlichen Erwartungen von dem Verlaufe irgend eines Verhältnisses getäuscht fand, indem er hart bedrängt wurde von seinen Feinden und nicht nur für den Augenblick außer Stand gesetzt war, seine gewohnte Wirksamkeit zum Preise des Herrn auszuüben, sondern auch für die nächste Zukunft noch schlimmeres erwarten mußte. Darüber also klagt er, daß Gott sein wiederholtes Flehen um Beistand in dieser Noth nicht erhört hatte, und das drückt er so aus, daß ihn sein Gott verlassen habe. Ist nun dies nach dem ganzen Zusammenhange und der in diesem Psalme herrschenden Gemüthsstimmung der eigentliche Inhalt unserer Worte, und hat der Erlöser sich dieselben auch nur in diesem Sinne angeeignet: so öffnet uns dies einen tiefen Blick in seinen eigenen Gemüthszustand, als er sie sprach.

Wir haben nämlich gewiß alle schon die Erfahrung gemacht, daß wir von den Klagen leidender Mitbrüder auf sehr verschiedene Weise bewegt werden. Oft genug leider vernehmen wir von unsern Brüdern solche Klagen, die ein tiefes Bedauern in uns erwecken; aber der Gegenstand desselben ist weniger das Leiden selbst, als die unedlere Art es zu ertragen. Dies ist ein Beileid, welches nicht wahres Mitgefühl werden kann; und wo es uns erregt wird, müssen wir uns nur hüten, daß es nicht in Geringschätzung übergehe. Dagegen giebt es auch andere Klagen, die uns, wo wir sie vernehmen, nicht sowol darniederdrücken, als vielmehr erheben: so daß wir darin weniger das Leiden als vielmehr den Triumph des Geistes über alles Leiden dieser Zeit in seiner Herrlichkeit mitfühlen. Fragen wir uns nun, worauf denn dieser Unterschied unserer Empfindung beruht: so laßt uns jetzt davon absehen, was uns in dem ersten Falle so unangenehm berührt, und nur dabei stehen bleiben, daß uns der Erlöser die andere Art das Leiden zu ertragen in ihrer allerhöchsten Vollkommenheit darstellt, weit vollkommener noch als der Psalmist, von dessen Worten er Gebrauch macht. Denn das ist unstreitig das Erste und Wesentlichste in dieser würdigen Art zu leiden, daß in der Seele das Ewige die Oberhand behält über das Vergängliche; daß sie weder verzagterweise den Glauben an denjenigen fahren läßt, der sie äußerlich scheint verlassen zu haben, noch trotzigerweise wähnt den Kampf mit dem Leiden auch ohne ihn bestehen zu können; daß der körperliche Schmerz oder der Druck äußerer Umstände nicht vermag den Gedanken an den Höchsten zu verdrängen, sondern vielmehr die Seele auch mitten im Leiden durch das Bewußtsein Gottes und seiner Herrlichkeit erfreut und gestärkt wird. So jener Psalmist, welcher, indem er klagt, daß der äußere Beistand Gottes ausgeblieben sei, auf den er gerechnet hatte, sich doch darüber freut, daß der Heilige wohne unter den Lobgesängen Israels. Denn gewiß folgen diese beiden Ausrufungen nicht in der Absicht auf einander, als ob die erste sollte durch die zweite widerlegt werden; sondern wie der Gedanke immer schneller ist als die Hand, so hätte der Sänger, als er die erste niederschrieb, auch die zweite schon im Sinne, so daß Klage und Freude nicht von einander zu trennen sind. Weit gewisser also können wir noch davon sein, daß der Erlöser, in welchem nie ein Gedanke den andern widerlegen konnte oder verbessern, indem er jene ersten Worte allein aussprach, schon ebenfalls die ganze Gedankenreihe des Psalmisten so im Sinne hatte, wie sie in sich zusammenhängt, und wie er sie sich aneignen konnte. Wenn nun der Psalmist sich die Herrlichkeit Gottes vergegenwärtiget durch die täglichen Lobgesänge des Volkes, zu dem er auch gehörte, und welches den Vorzug genoß den einen Gott zu erkennen, obgleich mit der Decke Mosis vor dem Angesicht: so konnte Christus viel Herrlicheres bei sich denken; zuerst und namentlich, daß der Vater throne unter den Verklärungen des Sohnes, wie er sich ja kurz vorher das Zeugniß gegeben hatte im Gebet an seinen Vater, daß er ihn verklärt habe auf Erden und seinen Namen geoffenbaret den Menschen*). Aber auch er hörte Lobgesänge Israels; er hörte die dankbaren Lobpreisungen Gottes für alles, was von jeher nach seinen ewig weisen Rathschlüssen geschehen mußte, damit die Zeit erfüllt wurde, in welcher das Wort Fleisch werden, damit auch dieser Augenblick erfüllt wurde, in welchem der Erlöser sein Leben lassen konnte für das Heil der Welt. Alles dieses, der Dank Abrahams, welcher froh ward, daß er seinen Tag sehen sollte**), die heiligen Gesänge der Propheten, welche von ihm gezeugt und Gott gelobt hatten um den, der da kommen sollte, der rührende Ton jenes Simeon, welcher sprach: Nun läßt du deinen Diener in Frieden fahren, denn meine Augen haben deinen Heiland gesehen***), das Frohlocken des Johannes, der sich hoch erfreute über des Bräutigams Stimme wie der Freund des Bräutigams und gern abnehmen wollte, damit dieser zunähme†): dies waren die Lobgesänge des geistigen Israel, unter welchen der Erlöser seinen Vater thronend dachte auch mitten in diesem Augenblicke der Klage. — Und wenn der Psalmist in dem bitteren Gefühl, er sei mehr ein Wurm als ein Mensch, und unter den Klagen über die Verhöhnungen, die er zu erdulden hatte, und über die Gefahren, die ihn umringten, doch gern gedenkt der alten Wohlthaten Gottes, indem er sagt: Unsere Väter hofften auf dich, und du halfest ihnen aus; zu dir schrieen sie und wurden errettet! und also Ruhe genug hatte auf der Geschichte alter Zeiten zu verweilen; wieviel mehr wird der Erlöser, wenn gleich klagend, daß er seinen Widersachern gegenüber als der von Gott Verlassene erschien, doch in diesem Augenblick, der nicht im Laufe der menschlichen Begebenheiten spurlos verschwinden sollte wie das Leiden des Psalmisten, sondern der der Höchste war in der menschlichen Geschichte, ein Weltalter schließend und ein neues beginnend, unstreitig auch daran gedacht haben, daß alle Wohlthaten, die Gott jemals irgend einem Theile des gefallenen menschlichen Geschlechtes erwiesen hatte, doch nichts als nur höchstens Vorbereitungen waren zu dieser einen, in Beziehung auf welche er bald darauf das besiegelnde Wort aussprach: Es ist vollbracht. — Und wenn der Psalmist, eben im Vertrauen auf die als unerschöpflich bewährte Barmherzigkeit Gottes, auch

---

*) Joh. 17, 4. 6. — **) Joh. 8, 56. — ***) Luk. 2, 29—32. — †) Joh. 3, 29—32.

mitten im Gefühl der Verlassenheit schon von trostreicher Hoffnung ergriffen ausruft: Dich will ich preisen in der großen Gemeinde! und hinzufügt, des Herrn solle gedacht werden an aller Welt Ende, und vor ihm anbeten alle Geschlechter der Heiden: wie sollte nicht noch vielmehr der Erlöser in demselben geistigen Sinne auch in diesem Augenblick der herrlichen Zukunft gedacht haben, die ihm bevorstand, nämlich nicht nur aufzufahren zu seinem und unserm Gott und Vater, sondern auch hernach in den Seinigen wohnend und unter ihnen geistig gegenwärtig der unerschöpfliche Urquell zu sein alles geistigen Lebens und aller Verherrlichung Gottes in der Gemeinde der Gläubigen, durch deren Dienst eine wie der Sand am Meere und wie der Thau in der Morgenröthe unzählbare Menge Kinder Gottes zur Herrlichkeit eingeführt wurden aus allen Geschlechtern der Heiden.

So mitten im Gefühl auch der peinigendsten Schmerzen und der tiefsten Erniedrigung doch erfüllt sein von Gott und der Herrlichkeit seines himmlischen Reiches: das ist die vollkommene Reinigung aller Schmerzen, indem hier auch die kleinste Spur der Sünde verschwindet, und jede Gewalt der Sinnlichkeit gebrochen wird, so daß das Auge des Geistes frei bleibt und das Herz offen für den großen Zusammenhang aller seligen Führungen Gottes, in welchem das eigene Leiden verschwindet wie der Tropfen im Meere. Das war der Gemüthszustand des Erlösers, indem er diese Worte des Psalmisten zu seinen eigenen machte; und zu der Aehnlichkeit mit diesem Zustande sollen wir uns auch erheben. Das fordert auch der Apostel von uns, indem er uns zuruft: Freuet euch in dem Herrn allewege*)! Denn allerlei Leiden waren den Christen damals so wenig fern, wie denn er selbst als ein Gefangener litt, daß er bei diesem allewege nothwendig auch an die Zeit der Trübsale muß gedacht haben. Wie können wir uns aber leidend des leidenden Erlösers freuen, wenn wir nicht auch in der Art zu leiden ihm suchen ähnlich zu werden?

Es gehört aber zur vollkommenen Reinheit des Schmerzes noch etwas, wovon uns der Erlöser auch das Vorbild giebt. So wie nämlich die Liebe zu Gott bewirkt, daß wir auch im Leiden eines beseligenden Andenkens an ihn voll sind: so muß auch die Liebe zu unsern Brüdern bewirken, daß uns auch mitten im Leiden auch das Mitgefühl für ihre Zustände, welcher Art sie auch sein mögen, nicht erstirbt. Denn wenn jemand im eigenen Leiden den Sinn ganz verliert für das, was um ihn her vorgegangen ist und noch vorgeht; wenn auch die lebhafteste Erinnerung an große Ereignisse der Vorzeit, zu welcher er auf die natürlichste Weise veranlaßt wird, nicht vermag, ihn dem verzehrenden Brüten über seinen eigenen Schmerz zu entreißen; wenn er das Weinen mit den Weinenden von sich weist, weil er nämlich genug zu tragen habe an seinem eigenen Leiden, und das Fröhlichsein mit den Fröhlichen, weil man ihm nicht zumuthen könne, daß die

---

*) Phil. 4, 4.

Glückseligkeit anderer irgend einen Eindruck auf ihn mache, bis die Last, die ihn selbst drückt, würde von ihm genommen sein: von einem solchen urtheilen wir gewiß mit Recht, daß sein Wesen allzu tief in das Irdische versenkt sei; und wenn er versichert in seinem Leiden Gottes zu gedenken und sich an ihn zu wenden, so besorgen wir nicht ohne Grund, daß auch dies doch kein rechtes Gebet im Geist und in der Wahrheit sei. Denn wenn wir im Leiden Gott im Herzen haben: so müssen wir auch die Liebe darin haben, weil Gott die Liebe ist, und unser Herz muß der ganzen Welt offen stehen, weil diese ja nichts anderes ist, als die Summe der Offenbarungen göttlicher Liebe, und so müssen wir uns also auch in alle Freuden und Schmerzen anderer versenken können.

Wie sich nun der Erlöser während der Stunden seines Leidens in dieser Hinsicht bewiesen hat, davon legen auch andere Worte desselben das rührendste Zeugniß ab; aus unseren Textesworten erhellt es aber zunächst schon dadurch, daß es nicht seine eigenen Worte sind, sondern Worte eines andern. Wer in das sinnliche Gefühl des Leidens auf eine selbstische Weise verloren ist, dem wird nicht leicht einfallen sich etwas anzueignen, was ein anderer Leidender gesagt hat; denn er meint mit seinem Leiden könne doch kein anderes derselben Art verglichen werden, und immer weiß er, wenn ihm eine Vergleichung dargeboten wird, bei den Leiden anderer erleichternde Umstände, erschwerende aber bei dem seinigen aufzufinden. Der Erlöser aber eignet sich gern an, was der Psalmist geklagt hatte, und geht, denn sonst hätte er sich grade diese Worte nicht aneignen können, in den ganzen Zusammenhang der Klage und des Leidens, so weit es ihm bekannt war, hinein, ungeachtet er gewiß sagen konnte, das Leiden dieses Sängers sei mit dem seinigen nicht zu vergleichen; und so erscheint er schon hierdurch jener selbstsüchtigen Neigung ganz entgegengesetzt. — Noch mehr aber erkennen wir dasselbe daran, daß der Leidende selbst, dessen Worte der Erlöser sich aneignet, auch derselben Gesinnung war und sich das Gefühl seines eigenen Zustandes zu lindern suchte, indem er der Geschichten seines Volkes gedenkt und fremde Erfahrungen neben die seinigen stellt. Diesen Gedanken ging also auch der Erlöser nach, und indem er selbst von Gott verlassen erschien freute er sich, daß Gott sich der Menschen überhaupt durch ihn erbarmt habe, und gewiß, indem er hier und dort einzelne von den Seinigen erblickte, freuete er sich auch, daß ihm gelungen war diesen ihre Freiheit zu erhalten, während er selbst von seinen Feinden ergriffen ward.

Um aber das liebende Mitgefühl in der Seele des Erlösers recht zu würdigen, laßt uns ja nicht vergessen, welcher Art sein Leiden war. Schon wenn menschliches Leiden in den natürlichen Unvollkommenheiten des irdischen Lebens seinen Grund hat, erfreuen und erbauen wir uns daran, wenn der Leidende einerseits noch nach den Glücklichen fragt und theilnehmend an ihrer Freude durch ein heiteres Lächeln seinen Schmerz unterbricht, andererseits aber auch, indem ihm selbst liebende Menschen den

Kummer des Herzens zu erleichtern, oder die Schmerzen eines zerstörten Körpers zu lindern suchen, in wehmüthiger Theilnahme derer gedenkt, welche vielleicht unter denselben Leiden seufzend alles Trostes, den menschlicher Beistand, aller Stärkung, die zärtliche Liebe gewährt, entbehren müssen. Noch schöner aber und ein noch reinerer Beweis von Frömmigkeit erscheint uns diese ungeschwächte Theilnahme im Leiden, wenn dasselbe durch den bösen Willen der Menschen herbeigeführt ist, wie unstreitig das Leiden jenes heiligen Sängers war; denn nur allzu leicht entsteht in solchem Falle eine Erkältung und wol gar Erbitterung des Herzens, wenn nicht gegen die Menschen überhaupt, doch gegen alle, die in einer näheren Beziehung stehen mit denen, welche uns weh gethan. Darum freuen wir uns, daß der Psalmist mit Wohlgefallen erwähnt, daß Gott unter dem Lobe Israels wohne, und daß der Herr auch seine Väter errettet und ihnen ausgeholfen habe. Denn gehörten die Feinde, die ihn bedrohten, zu seinem Volke selbst: wie natürlich wäre dann die Aeußerung gewesen, daß die Nachkommen unwürdig wären der Hülfe, die Gott den Vätern erzeigt, und daß das Volk den Vorzug dem wahren Gott geweihet zu sein nicht verdiene. Waren seine Feinde aber auch fremde, also Heiden: so ist nur um so rührender, daß er, weit entfernt nach der Weise seines Volkes noch üble Wünsche auf ihre Nachkommen zu häufen, sich vielmehr der fernen Zeiten freut, wo auch die Heiden würden Gott anbeten. Ja wie natürlich wäre auch in diesem Falle Gleichgültigkeit und Härte gegen sein Volk gewesen, da die auswärtigen Feinde ihn schwerlich so hart bedrängen konnten, wenn er bei den Seinigen Bereitwilligkeit und Unterstützung genug gefunden hätte! — Aber wie weit wird noch alles dieses überstrahlt durch die Menschenfreundlichkeit des Erlösers in seinem Leiden! Denn gegen ihn hatten sich nicht nur die Oberen seines Volkes vereinigt mit den Heiden; sondern auch das Volk, so oft voll Bewunderung seiner herrlichen Thaten und voll Begeisterung über seine Lehre, hatte das Kreuzige über ihn ausgerufen. Dennoch, indem er diesen Psalm nachempfand, freute er sich der allgemeinen göttlichen Erbarmung über das ganze Geschlecht, welche durch seine damalige Gottverlassenheit besiegelt wurde, und freiwillig mit einem Herzen voll Liebe litt er für eben diejenigen, durch die er litt.

So laßt uns denn, meine geliebten Freunde, wenn wir zu leiden haben, auch hierin nach der Gemeinschaft der Leiden Christi streben. Was uns begegnet als Bewohnern dieser unvollkommenen Welt, das sind die Leiden dieser Zeit, nicht werth jener Herrlichkeit: aber jene Herrlichkeit kann nur die unsrige sein, wenn wir uns schon hier nicht mit einem armseligen vereinzelten Dasein begnügen, sondern wenn, indem wir in andern und für andere leben, das göttliche Wesen, welches die Liebe ist, uns wahrhaft zu seinem Tempel gemacht hat. Was wir aber unverschuldet von der Welt zu leiden haben als Christen, das kann als Fortsetzung und Ergänzung der Leiden Christi unser Schmuck und unsere Krone werden, wenn wir leiden wie er, das heißt ohne Gott aus dem Herzen zu verlieren, und ohne daß die Bosheit und der Hohn der Welt im Stande wäre die Kraft der Liebe in uns zu erschöpfen.

III. Laßt uns nun endlich auch noch darauf sehen, wie sich uns in diesen Worten des Erlösers seine vertraute Bekanntschaft mit den heiligen Schriften seines Volkes zu erkennen giebt. Denn, wie ich schon vorher gesagt habe, die wesentlichsten Umstände in den Leiden des Erlösers waren auf jeden Fall sehr verschieden von dem Leiden Davids, als er diesen Psalm dichtete, in welchem Theile seines Lebens dies auch mag geschehen sein; und es waren zunächst nur minder bedeutende äußere Umstände, welche dem Erlöser jenen Psalm, aus dem er unsere Texteswort hernahm, in Erinnerung bringen konnten. Der Psalmist sagt, daß mächtige Feinde ihn umgeben hätten und ihr Haupt über ihn schüttelnd sprächen: Er klage es dem Herrn, der helfe ihm aus und errette ihn, hat er Lust zu ihm! Und eben so, nur gewiß weit mehr in unmittelbarer leiblicher Nähe sah der Erlöser, aber mit einem ganz besänftigten Gemüth — denn er hatte ja selbst Vergebung für sie von seinem Vater erfleht — auch seine Feinde unter seinem Kreuze umher gehen und seiner spotten, daß alles Vertrauen auf Gott, welches er immer bewiesen, und die innige Gemeinschaft mit dem Vater, deren er sich immer gerühmt hatte, doch einen solchen Ausgang seines Unternehmens nicht hatte verhüten können. Der Psalmist klagt, wie dem Druck des irdischen Leidens seine Kraft erliege, und die Seele ihm gleichsam ausgetrocknet und verdorret sei in seinem Leibe; und so, nur gewiß weit eigentlicher, fühlte der Erlöser, nachdem er bereits längere Zeit am Kreuze ausgespannt gehangen hatte, daß seine feineren Säfte in ihren der gewohnten Bewegung beraubten Kanälen wie eintrockneten, und seine Lebenskräfte sich allmälig erschöpften. Der Psalmist stellt bildlich die Sicherheit dar, mit der seine Feinde sich schon ihren siegreichen Hoffnungen überließen, indem er sagt: Sie haben meine Kleider unter sich getheilt und das Loos geworfen um mein Gewand; und eben dieses sah der Erlöser buchstäblich an sich in Erfüllung gehen durch die Hand jener rohen Kriegsknechte, welche die Wache unter seinem Kreuze hatten und nun hergebrachter Sitte gemäß die kleine Beute unter sich theilten. Alles dieses war in Bezug auf den Ursprung und die Art und Weise des Leidens Christi nur geringfügig, und die Uebereinstimmung dieser Zufälligkeiten mit den Ausdrücken jenes Psalms würde übersehen worden sein, wenn nicht mitten in dem Gefühle seines Leidens doch in der Seele des Erlösers die Erinnerung an alle herrlichen Worte in jenen alttestamentischen heiligen Schriften so lebendig gewesen wäre, daß schon diese einzelnen Umstände hinreichten, ihm das Klagelied jenes heiligen Sängers so in das Gemüth zurückzurufen, daß er nun die Worte desselben ganz zu seinen eigenen machte.

Meine geliebten Freunde! Der Geist Gottes hat sich nie und nirgend unbezeugt gelassen; unter allen Völkern, wie fern sie auch sein mögen, von der Reinheit unserer Erkenntniß und der Festigkeit unseres Glaubens, hat es immer einzelne Ausdrücke des Göttlichen im Menschen gegeben, die sich von einem Geschlechte zum andern erhalten haben, so daß noch späte Nachkommen aus ihnen Weisheit lernen und Muth schöpfen konnten. Ja auch heidnische Aussprüche dieser Art haben die ältesten Lehrer der christlichen Kirche sich nicht gescheut, als einen, wenngleich leisen Hauch des Geistes von oben in Ehren zu halten und mit den Sprüchen der heiligen Schrift zugleich anzuführen. So durchdrungen waren sie von dem Gefühl, daß, wenn ein altes Wort auch in ganz veränderten Zeiten seine gute Kraft noch bewährt, in einem solchen gewiß etwas Göttliches sei, welches verdiene auch nach Jahrhunderten noch die Gemüther zu leiten und zusammenzuhalten. — Wir Christen aber, die wir nach des Herrn Verheißung des göttlichen Geistes theilhaftig geworden sind, freuen uns zwar der Gewißheit, daß jeder unter uns von diesem Geiste vertreten wird mit unausgesprochenen Seufzern, wenn irgend etwas uns innerlich so bewegt, daß die Kräfte des menschlichen Wortes nicht hinreichen, um es auszudrücken; viel aber ist uns auch dieses werth, daß es von je her nicht wenige gegeben hat, welche wenigstens in den gelindern und daher mehr mittheilbaren Bewegungen des Gemüthes fähig waren, sowol das rechte Maß derselben in lehrreichen Worten uns anderen zu beschreiben, als auch aus einem so wohlgeordneten Herzen dem Herrn zu singen und zu spielen und geistreich und gemüthvoll das schöne Feld seines gemeinsamen Preises zu bauen. Einen großen herrlichen Schatz köstlicher Lieder und Worte dieser Art — wie könnten sie ohne den göttlichen Geist gedichtet und geredet sein! — besitzt und verwahrt die christliche Kirche, und vorzüglich unsere evangelische vermehrt ihn zum gemeinsamen Gebrauch von Jahrhundert zu Jahrhundert. Welch reichen Genuß haben wir nicht alle von diesem Schatz, jeder nachdem er mehr oder weniger davon im guten Gedächtniß aufbewahrt und sich in der Stunde, wo er dessen bedarf, lebendig zu vergegenwärtigen weiß. Aber doch werden wir darüber Eines Sinnes sein, das Wort des Herrn, welches in unsern heiligen Büchern zusammengefaßt und nun seit so langer Zeit allen evangelischen Christen zugänglich gemacht ist, dieses hat doch noch eine weit höhere Kraft und ragt auf eine ganz eigene Weise über alles Aehnliche hervor. Für jene schönen Erzeugnisse christlicher Frömmigkeit ist der Sinn getheilt; jedes gefällt einigen und ist ihnen heilsam, anderen aber will es nicht gedeihen. Der Schrift aber geben alle christlich frommen Gemüther einstimmig Zeugniß und rühmen sich der Erfahrungen, die sie von der heiligen Kraft derselben unter den verschiedensten Umständen gemacht haben, von einer Kraft, mit welcher sich die Kraft keines menschlichen Wortes vergleichen läßt. Ja wir alle bestätigen immerfort dieses Zeugniß durch die That und hegen dasselbe Vertrauen. Denn wenn einer den andern unterstützen will mit Rath und Trost in den bedrängten Augenblicken des Lebens, so weiß keiner etwas besseres zu thun, als daß wir unserm Bruder vor die Seele zu bringen suchen irgend eines von den herrlichen Worten der Schrift.

Unser Erlöser nun hatte nur die Schriften des alten Bundes vor sich, welche doch einer unvollkommenen Zeit angehören, in welcher der Geist Gottes, zu unempfänglicheren Menschen durch unvollkommnere Werkzeuge redend, nur auf eine sinnliche und bildliche Art die göttlichen Geheimnisse enthüllen und den Menschen das göttliche Wesen offenbaren konnte; wir aber besitzen eine weit reinere Kunde göttlicher Geheimnisse und einen ganz unmittelbaren Ausdruck göttlicher Weisheit und Liebe in dem, was Christus das fleischgewordene Wort selbst geredet hat, und an dem, was seine treuen und echten Jünger in seinem Sinne und wie unmittelbar aus seinem Munde ihren Zeitgenossen wiedergegeben haben. Wenn nun der Erlöser nicht nur, ungeachtet er das Zeugniß seines Vaters für sich hatte und keines anderen bedurfte, sich doch in seinen Reden oft auf die heiligen Schriften berief, sondern auch, ungeachtet er doch gewiß aus der eigenen Fülle der Gottheit schöpfend am besten sich selbst trösten und aufrichten und auch für und zu sich selbst Gottgefälligeres und seiner Würdigeres reden konnte, als irgend sonst zu finden war, dennoch in den Augenblicken seines schwersten Leidens sich mit einem klagenden, aber zugleich lobpreisenden und ermunternden Gesange aus den heiligen Büchern des alten Bundes aufrichtete und sich auch darin auf eine fast wunderbar herablassende Weise uns gleich stellen wollte, daß er ebenfalls auch für sich selbst auf jene vaterländischen Schriften, die schon seit Jahrhunderten ein geheiligtes Gemeingut aller frommen Verehrer seines Vaters gewesen waren, einen so besonderen Werth legte, daß er es nicht verschmähte, noch im Angesichte des Todes seinen Vater mit Worten aus diesen Schriften anzurufen; wie sollten nicht wir durch dieses große Beispiel noch immer fester an unsere heiligen Schriften des neuen Bundes gekettet werden, welche ja nicht nur den Schatten künftiger Güter enthalten, wie die jenes alten Bundes, sondern das Wesen selbst; welche sich schon so viel länger als die kräftigste Stärkung und das reinste Läuterungsmittel heilsbegieriger Seelen bewährt haben, so daß auf jeden Spruch derselben, da die Gläubigen sich immer wieder bei dieser Quelle gelagert haben, ein besonderer Segen dankbarer Erinnerung ruht, und auch wir selbst einzeln sowol als in Gemeinschaft, weit entfernt, eben so wie der Erlöser uns selbst genügen zu können, nur allzu leicht in Gefahr kommen, das Gleichgewicht zu verlieren und Schiffbruch zu leiden, wenn es uns nicht zu rechter Zeit gelingt, in dem festen Grunde jenes göttlichen Wortes einen zuverlässigen und schützenden Anker zu werfen.

Möchte daher doch uns allen des sterbenden Erlösers Beispiel ein neuer Antrieb sein, unsere Bekanntschaft mit der Schrift immer lebendig zu erhalten, ja sie mehr und mehr zu erweitern, damit wir nicht nöthig haben, wie es die Weise vieler frommen Christen ist, es auf den Zufall ankommen zu lassen, was er uns zuführt, wenn wir einen Trost aus der Schrift brauchen; sondern es uns leicht werde, aus dem Schatze unserer eigenen Erinnerung uns jedesmal dasjenige zu vergegenwärtigen, was uns am meisten Trost und Erbauung oder Belehrung und guten

Rath gewähren kann. Sehet da, das gesegnete Wort des Herrn beginnt jetzt einen neuen freudigen Flug; in fremde, größtentheils noch rohe ungeglättete Sprachen übertragen, eilt es zu Völkern hin, die zwar wol den heiligen Namen des Erlösers gehört und einzelne Laute des Christenthums vernommen haben, aber noch nie die Geschichte des Erlösers und die göttlichen Tröstungen seiner Lehre in diesem ursprünglichen Zusammenhange konnten kennen lernen. Daß doch dieses ja nicht den Schein gewinne, als wollten wir vielleicht gar nicht etwa nur mittheilen, sondern die heilige Schrift als etwas, das nur für die ersten Zeiten des Glaubens seinen ganzen Werth hätte, gänzlich anderen überlassen, als ob wir ihrer nicht mehr bedürften, weil nämlich unser inneres Christenthum so fest begründet und so vollkommen entwickelt sei, daß wir des äußeren Wortes leicht entbehren könnten! Möge es auch nicht den Schein gewinnen, als sehne sich das göttliche Wort selbst von uns, die wir nicht fleißig und ernstlich genug Gebrauch davon machten, hinweg und zu anderen, welche diesen Schatz köstlicher bewahren würden, und denen es wieder alles sein könne, was es unsern Vorfahren gewesen ist. Nein, meine Geliebten, so möge sich diese Sache nicht wenden zu einem Wechsel, bei dem wir nur verlieren könnten! Tragen wir unser Scherflein dazu bei, daß die heilige Schrift über alle Länder und Völker der Erde verbreitet werde, so müsse sie zugleich unter uns selbst immer reichlicher wirken, damit auch jene löblichen Bestrebungen stets von dem rechten Antrieb, nämlich der überströmenden eigenen Erfahrung, ausgehen. Darum laßt uns auch hierin dem Beispiel Christi folgen, am meisten aber uns an die Schriften des neuen Bundes halten, damit sowol die einzelnen Züge des Bildes Christi als auch seine Anweisungen für die Seinigen sich uns immer wieder auffrischen, und so das geschriebene Wort lebendig werde in unseren Seelen und nach seiner Verheißung Frucht trage hundertfältig und tausendfältig. Amen.

XXVIII.
Die Gesinnung, in welcher Christus seinem Leiden entgegenging.

Passionspredigt.

Text: Johannes 14, 30. 31.

Ich werde hinfort nicht mehr viel mit euch reden; denn es kommt der Fürst dieser Welt und hat nichts an mir. Aber auf daß die Welt erkenne, daß ich den Vater liebe, und ich also thue, wie mir der Vater geboten hat, stehet auf und lasset uns von hinnen gehen.

Meine andächtigen Freunde! In unserer ersten Leidensbetrachtung haben wir uns Worte des Herrn zum Gegenstand gemacht aus den Tagen seiner Auferstehung*), als er sein Leiden hinter sich hatte und als Sieger des Todes auf dasselbe zurücksehen konnte; und haben erwogen, wie er damals seinen Jüngern den Zusammenhang und die Nothwendigkeit dieses göttlichen Rathschlusses auseinandergesetzt hat. Die heutigen Worte unsers Textes sind Worte des Erlösers mitten aus dem Zusammenhang seiner letzten Reden genommen, als er seine Jünger aufforderte aufzustehen von dem Ort, wo sie so eben das Mahl des Abschiedes mit ihm gehalten hatten, indem er im Begriff war mit ihnen dahin zu gehen, wo er wußte, daß diejenigen ihn erwarteten, welche ausgesandt waren um ihn gefangen zu nehmen. Und hier giebt er uns nun in den Worten, die wir vernommen haben, die Gesinnung zu erkennen, in welcher er dem Leiden, das ihm nun bevorstand, entgegen ging; indem er nämlich sagt, es solle der Welt zur Erkenntniß davon gereichen, daß er den Vater liebe, und daß er also thue, wie ihm der Vater geboten hat. Daran also, daß er seinem Leiden, so wie er es that, entgegenging, sollten sie erkennen zuerst seinen Gehorsam gegen seinen Vater, zweitens aber auch, was noch mehr ist als das, den ganzen Umfang und die ganze Innigkeit seiner Liebe zu seinem Vater. Dies beides laßt uns denn jetzt zum Gegenstand unserer andächtigen Betrachtung machen.

I. Der Erlöser also sagt zuerst, meine andächtigen Zuhörer, die Welt solle erkennen, daß er also thue, wie ihm sein Vater geboten habe, und darum, sagt er, lasset uns aufstehen und von hinnen gehen.

Wie dies beides mit einander zusammenhängt, das geht aus den ge-

---

*) Ueber Luf. 24, 26.

sammten übrigen Umständen dieser Geschichte deutlich genug hervor. Der
Gehorsam nämlich kann sich zunächst und unmittelbar immer nur in dem=
jenigen zeigen, was man zu thun hat; nicht in demjenigen können wir
ihn eigentlich beweisen, was uns nur begegnet. Wenn also der Er=
löser irgendwo, wo er es nicht erwartete und ohne etwas davon zu
wissen, von seinen Verfolgern wäre überrascht worden, wie sie wol
glaubten, daß es der Fall sein würde: so wäre ihm das nur begegnet;
er hätte nichts dabei selbst zu thun gehabt, und also hätte er auch darin
unmittelbar seinen Gehorsam nicht beweisen können. Nun aber sagt er:
Lasset uns aufstehen und von hinnen gehen; denn der kommt, der mich
verräth. Aber freilich so deutlich das auf der einen Seite ist, daß,
wenn die Welt an seinem Leiden erkennen sollte, daß der Erlöser thue,
wie ihm sein Vater geboten habe, er auch wirklich etwas dabei mußte
zu thun haben: so voll von mancherlei Schwierigkeiten ist eben dies
auf der andern Seite. Ist nicht, so fragen wir uns billig selbst, jeder
Mensch von Gott seiner eigenen Sorgfalt, seinem Verstande, seiner
Ueberlegung anvertraut in Beziehung auf alles, was zur Erhaltung
seines Lebens und seiner Wirksamkeit gehört? hat der Erlöser nicht an
andern Orten deutlich genug zu erkennen gegeben, wie gern er seine
Wirksamkeit noch länger fortgesetzt hätte; wie schwer es ihm wurde sich
nun schon von seinen Jüngern zu trennen? wie er, sobald er ihrer ge=
dachte, wünschen mußte, daß dieser Kelch wenigstens diesmal noch an
ihm möge vorübergehen? Wenn er also nun denen, die da kamen ihn
gefangen zu nehmen, entgegenging, statt daß er ihnen hätte ungehindert
entkommen können: will es nicht das Ansehn gewinnen, als ob er diese
allgemeine Pflicht, daß wir uns unserm Beruf erhalten sollen, vernach=
lässigt habe? eine Pflicht, welche doch Gott uns allen aufgelegt hat,
indem er uns Rechenschaft abfordern wird nicht nur von dem, was wir
wirklich gethan haben, sondern auch von der Art, wie wir uns die
theure ohnehin so kurze Zeit des irdischen Lebens aufgespart haben, um
so lange es nur gehen will etwas zur Erfüllung seines Willens beizu=
tragen; will es nicht das Ansehn gewinnen, als ob der Erlöser dieses
Gebot vernachlässigt habe und also nicht so thue, wie auch ihm Gott
unser Vater gebot? Daher haben denn auch, zum Theil vorzüglich um
dieser Schwierigkeit zu entgehen, viele Christen sich die Vorstellung ge=
macht, als ob der Erlöser unter einem andern Gesetz gestanden habe
als wir übrigen Menschen; als ob eine dunkle Nothwendigkeit ob=
gewaltet habe, eine nicht nur so über ihm, sondern auch gewissermaßen
über seinem und unserm Vater im Himmel stehende — denn auch dieser
sei gebunden gewesen durch das große Gesetz der Gerechtigkeit, da er
doch die Quelle aller Gerechtigkeit ist, — und vermöge dieser Noth=
wendigkeit also habe Christus so und nicht anders leiden müssen, und
daher sei, wie sehr uns auch das Gegentheil als das einzig richtige
erscheinen möchte, doch dieses, daß er selbst sich nicht länger erhalten
wollen, sein wahrer Gehorsam gegen seinen Vater gewesen. Aber auch
dies, meine geliebten Freunde, bringt uns nur in neue Verlegenheit;

denn es streitet ja deutlich genug damit, daß der Erlöser überall das Vorbild sein soll, dessen Fußstapfen wir nachzufolgen haben. Nun wissen wir ja überdies, wie er selbst früherhin auch nach jenem allgemeinen Gesetz gehandelt und sein Leben geschont hat, und mehr als einmal hat er sich der Wuth seiner Feinde entzogen. Oder wie? lesen wir nicht zu verschiedenen Malen, daß das Volk ergrimmte über seine Rede und ihn steinigen wollte, und daß er mitten durch sie hindurch ging und sich ihnen entzog, wenn sie sein Leben suchten? Wie leicht hätte er sich auch diesmal seinen Feinden entziehen und so auch hernach immer auf dieselbe Weise wie vorher handeln können! Statt dahin zu gehen, wo Judas mit seiner Schaar ihn erwartete, stand ihm jeder andere Weg offen. Er hatte mit seinen Jüngern das Passahmahl gefeiert — wie uns die anderen Evangelien erzählen, obgleich wir bei dem unsrigen es nicht finden, — und so waren auch die Pflichten, welche ihn in die heilige Stadt gerufen hatten, erfüllt, und er hätte können zu einem ganz entgegengesetzten Ende hinausgehend sie jetzt wieder verlassen und wäre so auch seinen Feinden entgangen. Warum hat er in diesem Fall ganz anders gehandelt? warum ist er ihnen entgegengegangen, gerade dahin wo sie ihn suchten, wo er in ihre Gewalt fallen mußte und also selbst einen thätigen Theil habend an dieser Entscheidung seines irdischen Lebens? Dazu liegt nun der Schlüssel in den vorangehenden Worten des Erlösers: Der Fürst dieser Welt kommt und hat nichts an mir; denn der war bisher noch nicht gekommen um etwas an ihm zu suchen. Wenn es ein wilder Auflauf des Volks gewesen war, welcher sich gegen ihn erregte, so war das eine ungesetzmäßige Gewalt, gegen welche er nicht nur das Recht hatte sich ihr zu entziehen, wie er denn auch that, sondern es war auch seine Pflicht. Wenn einzelne von den Hohenpriestern oder den Mitgliedern des hohen Raths ihre Diener aussandten um ihn zu greifen, denen hielt er schon Stand und entzog sich ihnen nicht; aber seine Stunde war noch nicht gekommen, und darum wagten diese es nicht, ergriffen von der Gewalt seiner Rede, Hand an ihn zu legen. Nun aber war es in der That der Fürst dieser Welt, welcher kam; es war die bestehende über alles was den Gottesdienst und das Gesetz und die heilige Lehre der göttlichen Offenbarung betraf geordnete Gewalt, welche ihn suchen ließ. Diese hatte den Beschluß gefaßt, daß Jesus von Nazareth solle gefangen genommen und vor Gericht gestellt werden; und darum eben sagt er: Der Fürst dieser Welt kommt, aber er soll nichts an mir haben. Er soll nichts an mir haben, oder er hat nichts an mir, d. h. er vermag nichts gegen mich, nämlich in der Beziehung, in welcher er ein Recht über mich hat; er vermag nichts, sofern er nur vermöge dieser Gewalt handeln will, welche die göttlichen Ordnungen und Gesetze beschützen soll. Hätte aber nun Christus auch diesmal so gehandelt, wie er früher unter andern Umständen gethan, und hätte er sich auch diesen Abgeschickten entzogen: nun wol, so würde er das Ansehn gehabt haben von einem, welcher sich weigert sich zu stellen vor Gericht, wenn er geforbert wird, und sein Leben vergleichen zu laffen mit dem Gefetz, unter welchem er doch steht; und an einem folchen hätte der Fürst diefer Welt allerdings etwas gehabt. Wie er nun gefandt war nach feinem eigenen Zeugniß nur zu den verlorenen Schafen aus dem Hause Israel, mithin durch die ihm gewordene Beftimmung nicht befugt war die Grenzen des Gebiets, in welchem jene Gewalt gültig war und herrfchte, zu übertreten: fo hätte er fich ihr zwar für diesmal wol entziehen können; aber wohin er auch gegangen wäre innerhalb der Grenzen, die feine Berufung ihm ftecte, wo er fich auch hätte aufhalten wollen, diefe Gewalt würde ihn immer gefunden haben. Daher auch die That= fache, daß er fich den Ansprüchen derfelben habe entziehen wollen, im= mer als ein Vorwurf auf ihm würde laften können; und dann hätte auch der Fürft diefer Welt in der That etwas an ihm gehabt. Denn diefe Säule aller menfchlichen Ordnung, den Gehorfam gegen die Vor= gefetzten darf niemand wankend machen; auf ihr muß jedes menfchliche Wohlergehen ruhen; ohne das heilige Anfehn wohlbegründeter Gewal= ten, ohne die Macht des Gefetzes, ohne das alles andere überwältigende Gefühl, daß der fich jeder fügen müffe, giebt es auf keine Weife ein geordnetes Leben der Menfchen. Wo aber eine folche Gewalt befteht, da hat fie etwas gegen jeden, fei er auch noch fo unfchuldig, welcher fich dem Recht entziehen will, das fie hat fein Betragen zu prüfen, an feine Handlungen den Maßftab des Gefetzes zu legen und Recht zu fprechen über feine Thaten. Der Erlöfer hatte das volle Bewußtfein feiner Unfchuld; er wußte auch wol, daß feine aufgebrachten Widerfacher die Macht, welche das Gefetz ihnen gab, mißbrauchen würden — denn das lag fchon in jenem Befchluß, welchen fie über ihn gefaßten hatten, und von dem er Kunde hatte, wie wir aus früheren Stellen unferes Evangeliums fehen: aber davon lag die Verantwortung nicht auf ihm; feine Pflicht war fich diefem Anfehn zu fügen und das heilige Antlitz des Gefetzes und derer, welche daffelbe handhaben follten, nicht zu fcheuen. Denn fo war er unter das Gefetz gethan, wie der Apoftel Paulus es ganz richtig ausdrückt in feinem Brief an die Galater: Als die Zeit erfüllet war, fandte Gott feinen Sohn unter das Gefetz ge= than*). In diefem Sinn hatte er fein ganzes öffentliches Leben ge= führt, das war der göttliche Rathfchluß über ihn, der fich fchon darin zu erkennen gab, daß er unter diefem Volk Gottes geboren war; und wie nothwendig dies war, das ift wol nicht nöthig aus einander zu fetzen und würde auch diefes Ortes nicht fein. In diefem Sinn hat er beftändig das Gefetz befolgt, hatte fich darin unterweifen laffen in den Jahren feiner Kindheit und feines Knabenalters wie andere aus feinem Volk, und nach Maßgabe als er darin unterweifen war hat er es auf das getreulichfte befolgt; ja auch noch als Lehrer fagte er be= ftändig: Er fei nicht gekommen das Gefetz aufzulöfen, fondern zu er= füllen, denn er war unter daffelbe gethan. In diefem Gehorfam hat

---

*) Gal. 4, 4.

er sich so gehalten und so gelebt, daß er auch ganz im Sinn und Geist seines Volkes, das heißt in Beziehung auf das göttliche Gesetz, nach welchem das Leben desselben geordnet wurde, sagen konnte: Wer unter euch kann mich einer Sünde zeihen? aber in eben diesem Gehorsam hatte er auch alle menschlichen Satzungen, welche später diesem Gesetz waren angehängt worden, hintenangestellt. Denn das gehörte zu seiner Treue, die er bewies, wie es an einem andern Ort der Schrift heißt, als ein erwachsener Sohn in dem Hause seines Vaters*), daß er die Ordnungen seines Vaters aufrecht hielt und sich ihnen fügte als ein Beispiel für alle, aber daß er auch nicht gestatten konnte, daß irgend ein menschliches Ansehen sich seinem Vater gegenüber und dessen Geboten gleich stellen wollte. Darum läßt er eben dieses überall so stark und deutlich hervortreten, daß er an jene Menschensatzungen sich nicht gebunden hielt; und wiewol es ihm ein Leichtes gewesen wäre auch sie zu beobachten, hat er doch, ungeachtet er wußte, daß er gerade durch diese Geringschätzung den Haß der Mächtigen auf sich zog, es sogar für seine Pflicht gehalten, nicht nur für sein Recht, sich durch die Satzungen der Väter nicht einengen zu lassen und sich ihnen nicht zu fügen, auf daß das göttliche Gesetz allein die Schranke und Ordnung seines Lebens sei, und nicht ein menschliches Wort. In eben diesem Sinne hatte er immer jene Mächtigen getadelt, welche die Satzungen der Menschen dem göttlichen Gesetz gleich stellen wollten, hatte sie gescholten über die Last, welche sie dem Volke auflegten gegen das Gesetz seines Vaters, da doch das Gesetz selbst schon Last genug war, indem sehr viele von den Verhältnissen nicht mehr vorhanden waren, auf welche sich jene alten Ordnungen bezogen. So hat er sich gehalten und konnte mit Recht sagen: Der Fürst dieser Welt hat keine Sache zu mir; aber damit das vollkommen wahr sei, durfte er sich auch nicht der Prüfung derer, die das Gesetz zu handhaben hatten, entziehen wollen. Nachdem also einmal ein solcher Beschluß gegen ihn gefaßt war, konnte es ihm auch kein Gewinn sein die Ausführung hinauszuschieben, indem er eine Unwissenheit von dem, was gegen ihn beschlossen war, vorgab; sondern so mußte er sich zeigen, daß, als sie nachher kamen um ihn zu greifen, er zu ihnen sagen konnte, wozu sie denn diese Gewalt aufgeboten, da er ja immer da gewesen sei um sich ihnen zu stellen. Darum war es nichts als der reine Gehorsam gegen den göttlichen Rathschluß, der ihn innerhalb des Gebietes dieser ihm feindselig gewordenen Macht festhielt, also der reine Gehorsam gegen seinen Vater, daß der Erlöser aufstand denen entgegen, die gekommen waren ihn seiner Freiheit zu berauben; daß er sich dem, was ihm bevorstand, nicht entzog, weil es eben ausging von dem Ansehn, welches auch über ihn geordnet, und unter welches auch er menschlicher Weise und als Glied seines Volkes gestellt war. Es würde also ganz überflüssig sein, wenn wir noch irgend woher glaubten, daß wir noch etwas anderes aufsuchen müssen um uns

---

*) Hebr. 3, 6.

zu erklären, wie der Erlöser dies Entgegengehen als einen Gehorsam ansah, den er bewies, und wie er sagen konnte, die Welt solle hieran erkennen, daß er so thue, wie ihm der Vater geboten hat. Dieser, dachte er, hat mich unter das Gesetz gestellt; ich habe das Gesetz bewahret und gehalten; ich habe das Ansehn desselben geschützt nach meinen Kräften: ich will mich nun auch jeder Prüfung, die es über meine Handlungsweise anstellen will, offen hingeben.

II. Und nun lasset uns zum zweiten Theil unserer Betrachtung übergehen und fragen, wie denn also der Erlöser eben darin auch zeigte, daß er seinen Vater liebe. Wodurch, meine theuren Freunde, offenbart sich denn in diesem Verhältniß, welches der Erlöser hier selbst in Anspruch nimmt, außer durch den Gehorsam die Liebe noch auf eine andere und besondere Weise? Was ist noch außer dem Gehorsam das Wesen der kindlichen Liebe? denn der eigentliche nächste, unmittelbarste Ausdruck derselben ist ja allerdings der Gehorsam! Aber es ist wol etwas anderes, gehorchen mit einem über die Heilsamkeit dessen, was geboten wird, nur aus Mangel an Einsicht unentschiedenen Gemüth, und gehorchen, wenn auch nicht gerade aus Furcht, sondern aus wahrem treuen Gehorsam, aber doch mit einem deshalb noch widerstrebenden Gemüth, weil Sinn und Lust auf etwas anderes gerichtet ist, als auf das Gebotene. Ist nun auch das letzte doch immer Gehorsam, und gehört zu dem Gehorsam allein nicht mehr als das erste: wohl, so zeigt sich auch in diesem Verhältniß außer dem Gehorsam die Liebe ganz vorzüglich durch das Vertrauen, durch die Zuversicht, der Wille des Gebietenden sei gewiß gut, er könne nichts anders wollen als Heil und Segen. Also auch die Liebe des Erlösers zeigte sich durch die frohe Zustimmung, mit welcher er in dies Gebot seines Vaters einging und den Weg antrat, der ihn zum Tode führte; an dieser sollte die Welt erkennen, daß er den Vater liebe. Und den ganzen Inhalt dieser Zustimmung werden wir am besten einsehen können, wenn wir uns zuvörderst erinnern, wie der Apostel Paulus sich über den göttlichen Rathschluß des Leidens und Todes Christi in Beziehung auf eben das Gesetz äußert, auf welches sich ja auch diese Worte unsers Erlösers beziehen; und wenn wir dann von da aus noch einmal auf den ganzen Zusammenhang, in welchem die Worte unsers Textes geredet wurden, zurücksehen.

Was war nun nach dem Apostel Paulus der Rathschluß Gottes in Beziehung auf das Gesetz des alten Bundes, vermöge dessen der Erlöser durch dieses Gesetz und in dessen Namen leiden mußte und sterben? Dies, meine theuren Freunde, ist uns, wenn wir auch die Worte des Apostels hierüber wohl im Gedächtniß haben, vielleicht deshalb doch nicht so unmittelbar deutlich, weil jenes Gesetz uns nun schon so fern liegt und uns ganz fremd geworden ist. Aber wenn wir uns in jene Zeit versetzen und uns in den Sinn aller derjenigen hineindenken, die auf der einen Seite mit herzlicher Treue, Liebe und Gehorsam an dem Erlöser hingen, auf der andern aber auch um so mehr dem Gesetz unterthan blieben, als sie auch von ihm sahen, daß er sich bezeigte als einer, der unter das Gesetz gethan war, und daß er sich aus den Grenzen desselben niemals entfernte; und es soll doch auch dabei bleiben, wie der Erlöser selbst sagt, daß ihre Bestimmung sei, unter alle Völker zu gehen und sie zu Jüngern zu machen, wobei sie es mit dem Gesetz unmöglich genau nehmen konnten, so müssen wir fragen: wie konnte denn dieser Uebergang zu Stande kommen? Wie konnten die Jünger des Herrn, die unter dasselbe Gesetz gethan waren wie er, sich doch auf ganz andere Weise von demselben lösen als er? Ja, wenn der Erlöser selbst es gethan hätte, wenn der ihnen mit seinem Beispiel vorangegangen wäre, wenn er öfter bezeugt und gelehrt hätte, die Zeiten des Gesetzes seien vorüber, das Maß desselben sei erfüllet, jetzt gehe ein anderes Leben an, dann würden sie ihm freilich leicht gefolgt sein! Aber er sollte unter das Gesetz gethan sein und bleiben; sie hingegen sollten sich und alle die, welchen der Wille Gottes sollte und konnte ins Herz geschrieben werden, von diesem Bann des Gesetzes lösen. Wie konnte das mit einander bestehen? Das ist eben die göttliche Ordnung, von welcher der Apostel Paulus an so vielen Stellen sagt, sie sei ein Geheimniß gewesen bis auf diesen Tag, in diesen Tagen aber sei es offenbar worden*). Das ist die göttliche Ordnung, welche er uns aus der Erfahrung seines eigenen Herzens, aber indem er zugleich im Namen aller Jünger redet, so beschreibt, daß er sagt: Ich bin durch das Gesetz dem Gesetz gestorben und bin mit Christo gekreuzigt; und was ich nun lebe, das lebe nicht ich, der alte Mensch, der auch unter das Gesetz gethan war, das lebe ich nicht mehr, sondern Christus in mir**). Das war der göttliche Rathschluß in Beziehung auf dasselbe Gesetz, von welchem und dessen Werkzeugen der Erlöser in unserm Texte sagt: Der Fürst der Welt kommt und hat nichts an mir; und eben dieser göttliche Rathschluß und der Rathschluß seines Leidens und Todes war dasselbe. Nur dadurch, daß er durch das Gesetz starb, konnten seine Jünger sich von dem Gesetz los machen, indem sie nämlich ihr Leben so ganz als das seinige ansahen, als ob sie mit ihm gekreuzigt wären, und daß eben deswegen nun die Gewalt des Gesetzes über sie aufgehört hätte, auf daß die Verheißung, die Gott schon vor alten Zeiten gegeben hatte, nun käme, nicht durch das zwischeneingetretene Gesetz, sondern durch den Glauben***), durch das lebendige Festhalten an dem, in welchem sie erkannt hatten die Herrlichkeit und Seligkeit des eingebornen Sohnes vom Vater. So wußte der Erlöser also, daß er durch das Gesetz fallen müsse, um die Gewalt des Gesetzes zu brechen; um zu zeigen, wie wenig die wahre göttliche Gerechtigkeit aufgerichtet werden könne durch eine Ordnung, in welcher ein solcher Widerspruch möglich war zwischen dem Geist und dem Buchstaben; um dadurch zu zeigen, nun sei die Zeit des alten Bundes verflossen, und diejenige gekommen, wo Gott einen neuen machen wolle, nicht mit einem einzelnen Volk, sondern

---

*) Röm. 16, 25. Kol. 1, 26. 27. — **) Gal. 2, 19. 20. — ***) Gal. 3, 13. 14.

durch den, der von ihm, dem ewigen Vater, ausgegangen war, mit dem ganzen Geschlecht der Menschen. Das war der göttliche Rathschluß von jeher, nur war er verborgen; das Volk Gottes mußte zusammengehalten werden im Gehorsam und der Erkenntniß des einen Gottes durch dies Gesetz, welches wahrlich in seiner ganzen Buchstäblichkeit gefaßt ein schweres Joch war, — wie sie sich ihm ja auch oft genug zu entziehen suchten und sich umwandten zum Götzendienst, — aber nur durch ein solches konnten sie so bewahrt und von andern Völkern rein geschieden bleiben. Als aber nun die Zeit erfüllet war, und Gott seinen Sohn senden konnte, unter eben diesem Volke geboren und unter eben dies Gesetz gethan; als dieser sein Werk so weit fortgeführt hatte, daß, wenn das Weizenkorn nun in die Erde bestattet wurde, es nicht anders konnte als viele Frucht bringen: nun welkte das Gesetz und fiel ab, und das Ansehn desselben verlor sich mehr und mehr von einem Tage zum andern. Nun konnten die, deren Herr und Meister durch die Satzungen gestorben war, sich von denselben lösen und den Anfang machen mit der lebendigen Freiheit der Kinder Gottes, bis unter dem verblendeten Volk die Verwirrung immer mehr zunahm, und endlich auch die äußere Stätte jenes alten Bundes verfiel, der Tempel zerstört wurde, und die Unmöglichkeit eintrat, daß das Gesetz länger konnte beobachtet werden. Diesem göttlichen Rathschluß nun gehorchte der Erlöser nicht nur, sondern er gab demselben seinen ganzen aufrichtigen Beifall und freute sich der göttlichen Weisheit, daß er sollte für die Seinigen ein Fluch werden und den Fluch des Gesetzes tragen, auf daß sie von den Banden desselben gelöst würden; und auch dieser seiner letzten Aufgabe fügte er sich mit der freudigsten Zustimmung zu diesem verborgenen Rathschluß seines himmlischen Vaters.

Wie erkennen wir dieses, meine geliebten Freunde, wenn wir auf den ganzen Zusammenhang sehen, aus welchem die Worte unsers Textes genommen sind! Der Erlöser mußte ordentlich wie gewaltsam den Strom seiner Rede hemmen; aus einer Fülle von freundlichen tröstlichen Versicherungen seiner Liebe, von schönen und rühmenden Darstellungen der Zukunft mußte er sich nun plötzlich herausreißen, um zu seinen Jüngern zu sagen: Jetzt ist es Zeit, daß wir aufstehen und von hinnen gehen, weil der Fürst dieser Welt kommt, der jedoch nichts an mir hat, auf daß die Welt erkenne, daß ich den Vater liebe, und ich also thue, wie mir der Vater geboten hat. Und als er nun aufgestanden war und die Stätte mit ihnen verließ, ließ er auch gleich wieder dem Strom seiner Rede freien Lauf und fuhr auf dieselbe Weise fort wie vorher. Was hat er nicht in dieser letzten Stunde seines Umganges mit ihnen für herrliche Worte gesprochen! Wie hat er ihnen nicht zugeredet sowol vor den Worten unsers Textes als nach denselben, um ihnen das Herrliche der Zeit zu zeigen, welche nun angehen würde, wenn er nicht mehr da wäre, sondern das Gebot seines Vaters würde erfüllt und das Ende seiner irdischen Wirksamkeit gefunden haben! Wie erregte er ihr Verlangen nach der siegreichen Kraft des Geistes, welcher über sie ausgegossen werden sollte, und von welchem er sagt, eher könnten sie nicht in den Besitz desselben kommen, bis er hingegangen sei; eher könnten sie sich der selbstständigen Kraft, mit der sie wirken sollten für sein Reich, nicht erfreuen; darum wäre es auch für sie gut, daß er hinginge, abgesehen von jenem Grund, der in den Verhältnissen des Gesetzes lag. Denn seine Rede hatte bei ihnen gefangen, nun sollten sie sich auch frei äußern, seine Lehre entwickeln, als seine Jünger und Diener auftreten; daher mußten sie seiner äußern Gegenwart nicht mehr bedürfen, aber des Geistes, der über sie ausgegossen war, sollten sie als seiner geistigen Gegenwart wahrnehmen und sich darin seiner in einem weit höheren Sinn erfreuen. Und wie thut er nicht auf der andern Seite in eben dieser Rede alles, um sie ganz und gar auf ihn selbst, auf die göttliche Kraft des ewigen Lebens, die von ihm ausging, hinzuweisen und sie eben dadurch zu lösen von jedem Vertrauen auf irgend etwas anderes, von jeder falschen Hoffnung auf irgend etwas außer ihm und vor ihm, die vielleicht noch in ihrem Herzen sein könnte.

Als er nun aufgestanden war und die Stätte verlassen hatte in der späten Abendstunde, waren es wahrscheinlich die auf dieser letzten Wanderung sie umgebenden Gegenstände, welche die Veranlassung gaben zu jenem herrlichen Gleichniß, daß er der Weinstock sei und sie die Reben, daß sie ganz abhängig wären von ihm, daß sie ihre Kraft nur im Zusammenhange mit ihm erhalten könnten. Wie sagt er ihnen nicht, sie könnten keine gottgefälligen Werke thun, keine Frucht bringen, als nur durch ihn! Wie mahnt er sie dadurch nicht ab von jedem falschen Vertrauen, von welchem noch Spuren in ihnen hätten übrig sein können, von jedem Vertrauen auf eben jenes alte Gesetz, welches nun die Quelle des Todes für ihn wurde! Wie wies er sie ganz hin auf jenes geistige Leben, welches die menschliche Welt zu einem ganz neuen, reicheren und umfassenderen Schauplatz der göttlichen Gegenwart gestalten sollte! Und in dieser Erkenntniß, die in ihm lebte, die er auf sie zu übertragen suchte, die er ihnen in dieser Stunde, welche ja wol ihnen allen unvergeßlich bleiben mußte, so tief in das Herz redete und pflanzte, in dieser lag denn doch, sollte ich meinen, der ganze volle Erguß seiner Liebe zum Vater. Denn als dessen Ebenbild, als der Abglanz seines Wesens war er der, als welcher er sich ihnen zu erkennen gab; auf das, was ihm sein Vater gezeigt hatte, auf die Art wie er eins war mit dem Vater und den Vater in sich hatte, so daß dieser in ihm zu schauen war, darauf ja wies er sie hin, als auf die Quelle ihres künftigen neuen Lebens. Und indem er nun übersah, was aus diesem hervorgehen würde: wie leicht mußte es für ihn sein in die Stunde seines Todes zu gehen! Wie wenig mußte das für ihn sein, daß er nun sterben, daß das Weizenkorn in die Erde gelegt werden solle, indem sein ganzes liebendes Gemüth erfüllt war von den Ahnungen der herrlichen Früchte seines Todes?

Aber die Welt freilich hat dies damals nicht erkannt! Das wußte er auch wohl, und doch sprach er: Lasset uns aufstehen und von hinnen gehn, auf daß die Welt erkenne, daß ich den Vater liebe und also thue, wie mir der Vater geboten hat! Und daß wir es erkennen, das verdanken wir denn vorzüglich, meine geliebten Freunde, dem Jünger des Herrn, der uns allein diese köstlichen süßen Reden des himmlischen Erlösers bewahret hat; und wohl uns, daß von ihm in diesem Sinne auch besonders wahr geworden ist, was der Erlöser in den Tagen seiner Auferstehung von ihm sagte: Wenn ich will, daß dieser bleiben soll bis ich komme*), was willst du dagegen sagen? Denn sie bleiben uns ja die Erzählungen dieses Jüngers, der an der Brust des Herrn lag, und haben von Anfang an allen Christen immer das lebendigste Bild gegeben von der vollen göttlichen Kraft, welche in dem unmittelbaren Leben mit dem Erlöser aus seinem Munde ging. Und so haben auf der andern Seite die theuren Worte jenes andern Apostels, der ihn wahrscheinlich in seinem irdischen Leben nicht gesehen, wenigstens damals in ihm nicht den Herrn erkannt hatte, der sich nachher seines Geistes so ganz bemächtigte, von jeher den Christen den klarsten Aufschluß gegeben über den Zusammenhang des göttlichen Rathschlusses, so daß wir mit ihm über den Reichthum der Weisheit und der Erkenntniß in dieser göttlichen Führung erstaunen. Auf diesem Wege hat nun doch die Welt immer mehr erkannt, wie Christus den Vater geliebet und gethan hat, was ihm derselbe geboten hatte zu thun; und so ist die Liebe, mit der er uns geliebt hat bis zum Tode am Kreuz, in der That nun die Quelle geworden aller wahren menschlichen Liebe zum Vater. Ja er hat dem Vater die Kinder wieder zugeführt, er, der älteste, der Erstgeborne aller Kreatur, er, der durch Leiden des Todes mußte gekrönt werden, um den Weg der Seligkeit zu eröffnen für das ganze menschliche Geschlecht. Und so wollen denn auch wir, dieser Welt angehörig, die durch ihn beseligt ist, immer mehr erkennen lernen in seinem Thun, in seiner Liebe, in seinem Sterben die wahre Liebe zu seinem Vater und den treuen Gehorsam, in welchen beiden wir denn immer mehr durch die Kraft seines Geistes seine Nachfolger werden mögen, wir selbst und die, welche uns folgen bis an das Ende der Tage. Amen.

*) Joh. 21, 22.

XXIX.

Ueber das Geheimniß der Erlösung in ihrem Verhältniß zur Sünde und zur Unwissenheit.

Am Charfreitag.

Text: Lukas 23, 33. 34.

Und als sie kamen an die Stätte, die da heißet Schädelstätte, kreuzigten sie ihn daselbst und die Uebelthäter mit ihm, einen zur rechten und einen zur linken. Jesus aber sprach: Vater vergieb ihnen, denn sie wissen nicht was sie thun.

Meine andächtigen Freunde! Wir haben in unseren bisherigen Betrachtungen während der segensreichen Zeit, welche dem Andenken des Leidens Christi besonders gewidmet ist, von verschiedenen Punkten aus darauf gesehen, wie sich überall während seines irdischen Lebens, wo er nur in seinem göttlichen Beruf auftrat, auch wo wenn nicht alle doch wenigstens ein großer Theil der Menschen ihm wirklich Achtung und Beifall zollte, selbst wo er durch wunderbare Thaten seine göttliche Sendung kund machte, überall doch zugleich sein Beruf zu leiden offenbart. Eben so wahr ist aber auch auf der andern Seite, und wir haben wol sonst schon auch hierauf näher gemerkt, daß da, wo er im eigentlichen Sinn und so wie es alle Welt versteht leidend war, sich eben so stark und deutlich nicht nur seine göttliche Würde, sondern auch seine göttliche Herrlichkeit und seine über alles erhabene und alles kräftig beherrschende Macht zu erkennen gab. Und eben daß dieses beides so unzertrennlich ist, in jedem einzelnen Zuge einander begleitet, die Offenbarung Jesu als Gottes Sohn und Gesandter auf Erden und sein erlösendes Leiden für die Welt, daß jeder fühlen muß, er konnte nicht Gottes Sohn sein ohne zu leiden, und sein Leiden konnte nicht erlösend sein, als nur weil er der Sohn Gottes war: eben dieses ist das große Geheimniß der Erlösung, auf welches unsere Betrachtungen eigentlich alle zurückkommen; auf welchem unser Glaube und unser Gehorsam als auf seinem letzten Grunde ruht; an dem wir deshalb auch immer zu lernen haben und immer uns an ihm stärken und erbauen, wenngleich eine Zeit vor der andern bestimmt ist, unsere Augen ausdrücklich auf diesen großen Zusammenhang unserer Heilsordnung hinzulenken. Und wol mit Recht ist dies Geheimniß der Erlösung auch ein jährlich wiederkehrender Gegenstand unserer Betrachtungen, denn, von wie vielen Seiten auch schon angesehen, es erscheint uns immer unendlich und unerschöpflich in seiner Fülle: so daß, wie man gesagt hat, die Engel Gottes gelüste hineinzuschauen, wol jeder fühlt, daß das Auge des

Menschen immer nur einen kleinen Theil davon zu übersehen vermag. Mehr werden wir auch jetzt in dieser der Feier des Todes Jesu gewidmeten Stunde nicht können und nicht wollen. Unser Text aber macht uns auf eine besondere Seite dieses Geheimnisses aufmerksam. Denn für wen bittet der Erlöser hier? Nicht wie vielleicht viele glauben für die untergeordneten Diener der öffentlichen Gewalt, die ihn eben an das Kreuz befestigt hatten. Diese bedurften keiner Vergebung. Ihnen lag gar nicht ob zu wissen was sie thaten; denn sie thaten nur ihre Pflicht und waren außer aller Kenntniß der Sache gestellt, um die es sich hier handelte. Die Fürbitte Christi kann daher nur den eigentlichen Urhebern seines Todes gegolten haben.

Wie können wir also anders, meine Freunde, als auch an diesen Worten in dem leidenden Erlöser den göttlichen, den Sohn des Allerhöchsten erkennen! Er, der Verurtheilte, der eben ans Kreuz Geschlagene tritt hier auf als der Anwalt und Fürbitter für diejenigen, die ihm die Stunde des Todes bereitet hatten; nicht nur als ein wohlwollender Fürbitter, der gern Uebeles abwenden möchte von andern, sondern als ein kundiger unterrichteter Anwalt, der auch als Richter auftreten könnte, wie er denn auch Richter sein wird, weil er nämlich den Menschen durchforscht hat und wohl zu ergründen weiß, wovon die Sünde in ihm ausgegangen, und welches der Sitz seiner Verschuldungen ist. Indem er ihnen also Vergebung erfleht, erkennt er an, daß sie gesündiget haben; indem er hinzufügt, sie wissen nicht was sie thun, führt er zugleich ihre Sünde auf irgend eine Unwissenheit zurück. Daher können auch wir diese Worte des Herrn nicht anders richtig erwägen, als indem wir von seinem Leiden einerseits auf die Sünde als die Quelle desselben zurücksehen — wie er denn nicht leiden kann, als nur wo Sünde ist, wo es etwas zu vergeben giebt, — andererseits aber von dieser ersten Fürbitte des leidenden Erlösers auf den Zustand des allgemeinen Vergebens, der allgemeinen Unterjochung der Sünde, welche die glückselige Folge seiner Erscheinung werden sollte, hinblicken. Aus diesem Gesichtspunkte also laßt uns jetzt das Geheimniß der Erlösung ins Auge fassen, indem unser Text uns vorzüglich zuerst darauf hinweiset, wie das erlösende Leiden Jesu das Werk der Sünde war, zweitens aber darauf, wie die erlösende Erleuchtung, die von ihm ausgeht, jene Entschuldigung der Sünde, die der Erlöser denen, die ihn leiden machten, in den Worten: Denn sie wissen nicht was sie thun, angedeihen ließ, je länger je mehr aufheben soll. Dies ist es, was wir jetzt in christlicher Andacht näher erwägen wollen.

I. Zuerst also, das erlösende Leiden unseres Heilandes war und mußte sein das Werk der Sünde.

Es ist uns allen natürlich, meine andächtigen Freunde, zumal wenn sich etwas Großes oder für uns Bedeutendes in der Welt ereignet, daß wir hin und her sinnen, wie dieses wol hätte anders ablaufen können, und wie alsdann wol alles sein, wie alles um uns her oder in uns aussehen würde, wenn dieses einen andern Ausgang genommen hätte; und nur die Weisesten sind es, die immer darauf zurückkommen, daß jedes um gut zu sein so sein mußte, wie es wirklich geschehen ist. Aber in Bezug auf die größte aller Begebenheiten, auf die entscheidendste für unser ganzes Dasein, nämlich das Leiden und den Tod Christi, sind wir wol alle reif in derselben Weisheit. Wir wissen es wol im Allgemeinen, daß überhaupt nichts willkürlich ist in den ewigen Rathschlüssen des Herrn; aber nirgends fühlen wir diese ewige Nothwendigkeit und Bestimmtheit so lebendig, als in allem, was sich mit dem Erlöser ereignete. Wagen wir es, uns den Ausgang seines Lebens anders zu denken; bilden wir uns einen nicht leidenden Christus, oder einen leidenden zwar, der aber durch innere Kraft oder mit Hülfe der Legionen Engel über seine Feinde triumphirt hätte, für den also in beiden Fällen Achtung und Ehrfurcht immer allgemeiner geworden wären in der Welt, dem sich immer mehr geöffnet hätten die verstopften Ohren, der durch die Offenbarungen seiner göttlichen Kraft und Würde allmälig alle Gemüther unter seine Lehre und seine Befehle versammelt hätte, und der sich so in lauter Ehre, Freude und Glück ein Reich Gottes gebildet hätte, wie er es sich in der Wirklichkeit nur durch Leiden und Tod erworben hat, so daß er dann entweder auf eine glorreiche Weise der Welt entrückt oder eines sanften ruhigen Todes gestorben wäre: so vermag das keiner im rechten Ernst auszudenken; sondern es bleibt uns nur ein leeres Spiel. Denken wir uns das Leiden und Sterben Christi hinweg: so verliert unser Glaube seine festeste Stütze, seine himmlische Sicherheit; ja auch das Bild menschlicher Tugend selbst, was durch diesen Glauben in unserm Herzen lebt, das Bild einer gottgefälligen Christo ähnlichen Führung verliert seine höchste Würde und seinen schönsten Schmuck. Denn daß in dem Menschen nichts stärker ist als die Liebe zu Gott, das wissen wir nur, wenn wir sehen, daß er um sich in derselben zu erhalten alles andere, ja sich selbst hinzugeben vermag. Diese höchste Stärke der gehorsamen Liebe mußten wir in Christo sehen; der Anfänger und Vollender unseres Glaubens mußte durch Trübsal zur Herrlichkeit eingehn, mußte gehorsam sein bis zum Tode. Gewisser ist uns nichts, als daß Jesus leiden mußte, wenn er der war, der er sein sollte.

Gehen wir aber nun auf die Urheber seines Leidens zurück, meine Geliebten, so mögen wir uns wohl in Acht nehmen. Wie wir nur zu sehr geneigt sind menschliche Handlungen nach dem Erfolge zu beurtheilen und selbst dasjenige, was, wie wir gar wohl wissen, aus einem verderbten Gemüth hergekommen ist, leichter zu entschuldigen, wenn etwas Heilsames die zufällige Folge davon geworden ist: so laßt uns ja nicht auch unser Gefühl über diesen heiligsten Gegenstand durch einen solchen Irrthum verunreinigen! Je inniger wir davon durchdrungen sind, daß es nichts Heilsameres und Beglückenderes für das ganze Geschlecht der Menschen giebt, als das Leiden und der Tod des Erlösers: um desto mehr haben wir uns vorzusehen, daß wir nicht anders als mit unparteiisch freiem und strengem Auge auf die sehen, welche ihm dies Leiden zugezogen haben! laßt uns keinen andern Maßstab anlegen bei unserm Urtheil über sie, als den uns Christus selbst an die Hand gegeben hat in den Worten: Des Menschen Sohn gehet zwar dahin, doch wehe dem Menschen, durch welchen er verrathen wird; und anderwärts: Es muß Aergerniß kommen, aber wehe dem, durch welchen es kommt. Und das haben wir nicht nur auf den Jünger zu beziehen, der ihn verrieth, sondern auch auf die, ohne deren Gebot und Beschluß ihm dieses nicht hätte in den Sinn kommen können, und auf die, ohne deren Zustimmung das eine wie das andere ohne Wirkung geblieben wäre. Wenn wir auch da um des Erfolges willen entschuldigen wollen, wo der Heiligste und Reinste verkannt, verläugnet, angefeindet wird: wo soll dann der Unwille gegen das Böse, der uns doch eben so unentbehrlich ist und eben so göttlichen Ursprungs in uns als die Liebe zum Guten, wo soll er noch einen Gegenstand finden? wie müßten wir nicht ganz in die verderblichste und sträflichste Gleichgültigkeit versinken? nicht ganz verlernen noch etwas anderes an menschlichen Handlungen zu sehen als nur den Erfolg? Und wenn wir in denen, welche den Erlöser leiden machten, nicht die Sünde sehen: wie versündigen wir uns dadurch an ihm selbst! Denn so war es ja auch nicht die Sünde, durch welche er litt. Und wodurch denn? Wenn wir von dem Leiden seines ganzen Lebens reden, meinen wir die Entbehrung des irdischen Genusses und der Freuden dieser Welt, so daß wir ihm also ein Verlangen nach diesen zuschreiben, dessen Nichtbefriedigung ihn geschmerzt hätte? Wenn wir von den Leiden seiner letzten Tage reden, meinen wir den plötzlichen Wechsel von der allgemeinen Verehrung zur Herabsetzung in die Reihe der Verbrecher, und wollen wir ihm ein Trachten nach der Ehre dieser Welt zuschreiben, dessen Mißlingen ihn verwundet habe? Oder meinen wir den vorübergehenden körperlichen Schmerz und wollen ihm das als ein bitteres Leiden anrechnen, worüber sich schon jeder tapfere Mann ohne viel davon zu leiden soll hinwegsetzen können? Oder meinen wir den Tod als Tod und wollen die natürliche Liebe zum Leben so stark bei ihm annehmen, daß dessen plötzliche Unterbrechung in der Blüthe der Jahre sein eigentliches Leiden gewesen wäre? Wir fühlen wol, das alles kann es nicht sein: sondern so gewiß Christus leiden mußte, so gewiß konnte dies alles für ihn nicht an sich ein Leiden sein, sondern nur sofern es von der Sünde hervorgebracht wurde. Es konnte für ihn keine andere Quelle des Schmerzes geben als die Gewalt der Sünde an dem menschlichen Geschlecht, das Uebergewicht, welches sie im allgemeinen ausübte über jene guten Regungen, welche in dem Menschen erwachten, wenn ihnen das Reich Gottes verkündigt wurde; er kannte keinen andern Schmerz als den glücklichen Widerstand, den die Sünde seinen Bemühungen entgegenstellte, die Menschen mit göttlicher Liebe an sich zu ziehen und zu beseligen. Ja man kann sagen, ehe der Zeitpunkt kommen konnte, wo eine ewige Erlösung von der Sünde und ihrer Gewalt sich offenbaren sollte; ehe derjenige erscheinen konnte, der die Fülle der Gottheit an sich trug: mußte die Sünde so stark geworden sein und so mächtig, daß sie nicht nur Weise und Propheten wie sonst, sondern ihn selbst den Heiligen und Göttlichen, die Liebe und die Weisheit selbst, aus Preis und Ehre in Schmach und Verachtung und vom Leben zum Tode bringen konnte. Und daß aus dieser Gewalt der Sünde die Erlösung von derselben unmittelbar hervorwuchs, das ist das Geheimniß der göttlichen Gnade, die alles unter die Sünde beschlossen hatte.

Meine Freunde, als einst die Mutter zweier Jünger Jesu zu ihm trat und ihn für sie bat, daß er sie in seinem Reich möge sitzen lassen, den einen zu seiner Rechten und den andern zu seiner Linken, war die erste Frage, die der Erlöser an diese beiden richtete, die: Könnt ihr auch den Kelch trinken, den ich trinken werde, und euch taufen lassen mit der Taufe, da ich mit getauft werde? — Auch ohne daß wir es uns beikommen ließen in seinem Reiche die nächsten nach ihm sein zu wollen; ja selbst wenn wir uns fern von aller eitlen Anmaßung gleichsam an dem niedrigsten und entferntesten Platze in demselben wollen genügen lassen: so müssen wir dennoch im Stande sein auf diese Frage, wenn er sie an uns richtet, wenn unser Inneres sie uns vorlegt, mit Ja zu antworten. Diejenigen, welche würdig sein wollen in sein Reich einzugehen, müssen, da die Theilnahme an seinem Reich nur der Lohn ist für die Theilnahme an seinem Werk, auch bereit sein eben so zu leiden durch die Sünde und im Kampf gegen die Sünde wie Christus selbst. Wie die Erlösung angefangen hat, so geht sie auch fort; was auch sonst Gutes und Herrliches in uns wäre: nur in wiefern die göttliche Kraft in uns sich beweiset als selbstverläugnendes hingebendes Ausharren im Kampf gegen das Böse, können auch wir dazu weiter wirken, oder vielmehr sie thut es durch uns, Menschen dem Reiche Gottes zu gewinnen und sie zu heiligen. Darum lasset uns immer bereit sein diesen Kelch zu trinken, aber auch nur diesen. Das Leiden des Erlösers, das nur von der Sünde herrühren konnte, läutere unser Herz dahin, daß auch wir uns über jeden andern Schmerz je länger je mehr erhaben fühlen und nur den einen kennen, den die Sünde uns erzeugt. Will uns irgend etwas zum wahren bleibenden Leiden, zum stechenden Schmerz gerathen, was Gott über uns verhängt nach den ewigen Gesetzen der Natur und vermöge der Art, wie wir ihnen unterworfen sind; was über uns kommt nach seinen unerforschlichen Wegen, wie wir sie auch in demjenigen anerkennen müssen, was wir als Folgen des sündlichen Thuns und Treibens der Menschen betrachten: so laßt uns bedenken, daß bald dieses Gefühl selbst uns zur Sünde werden wird, über die wir leiden müssen; daß Christus unser Vorbild zwar alle Tage seines Lebens, aber nur durch die Sünde außer ihm gelitten hat; und daß auch in uns nichts sein soll, was den Frieden zwischen Gott und uns und die reine Freude unseres Herzens an allen Werken und Wegen unseres himmlischen Vaters zu stören vermöchte. Das aber, was die Sünde uns leiden macht, finde uns nie in feigherziger Unterwürfigkeit, die sich unter ihrer Gewalt beugt um nicht noch mehr zu leiden, sondern im immer tapferen Streit für die Sache Gottes. Lernen wir an dem Leiden des Erlösers diese Kraft und diese unbesiegbare Freudigkeit des Herzens: dann dürfen wir auch hoffen, daß, was wir leiden durch die Sünde, ebenfalls beitragen werde zur Erlösung von derselben; daß auch durch unsere Einwirkung wenigstens in einigen menschlichen Gemüthern das Reich des Göttlichen werde gestärkt und ausgebildet werden; daß, da wir durch die Sünde mittelbar oder unmittelbar nur um des Guten willen leiden, eben dieses nicht nur in uns selbst die Kraft zur Ueberwindung der Sünde stärken und mehren werde, sondern auch daß unser Beispiel dieselbe Kraft auch in andern hervorrufen werde, um so die Sache Gottes auf demselben Wege zu fördern, auf dem sie begonnen hat.

II. Zweitens müssen wir aus den Worten unseres Textes entnehmen, wie eben die Erlösung Jesu Christi der Entschuldigung, die er seinen Feinden unter seinen Zeitgenossen angedeihen ließ, je länger je mehr **ihre Kraft nehme**, der Entschuldigung in den Worten: Vater vergieb ihnen, denn sie wissen nicht, was sie thun.

Ehe der Erlöser erschien und sein großes Werk ausführte, da war auf Erden das Reich der Unwissenheit, wie auch fast auf allen Blättern unserer heiligen Bücher die Jünger unseres Herrn den damaligen Zustand der Welt ansehen; da gab es eine dichte Nacht der Finsterniß, in welcher Gott die Geschlechter der Menschen hingehen ließ ohne Ziel und Leitung, und welche nur bisweilen von einigen durchblitzenden Strahlen eines Lichtes, das noch keine bleibende Stätte finden konnte, unterbrochen ward. Wenn der Mensch nicht weiß was er thut, nicht erkennt, wie sich das was er beginnt zu dem verhält, was er als seine Bestimmung ansieht: so kommt das nur daher, weil die lebendige Erkenntniß Gottes seinem Herzen fremd ist. Freilich hat sich der Ewige von je her den Geschlechtern der Menschen offenbart; freilich ist die Unmöglichkeit irgend etwas wahrhaft Menschliches zu denken oder zu thun, ohne daß dabei das Bewußtsein des ewigen Wesens mitwirkte, so entschieden, daß dieses nie ganz kann verloren gegangen sein, weil sonst die menschliche Natur völlig hätte herabsinken müssen zur thierischen. Aber wie verunstaltet und verkehrt war überall vor der Erscheinung des Erlösers dieses innere Bild und Bewußtsein Gottes! wie geneigt das menschliche Herz sich ihn so zu zeichnen, wie es selbst war! Darum wurde jede irdische Gewalt, jede sinnliche Lust, jede verkehrte Leidenschaft sogar, wodurch der Mensch beherrscht zu werden vermag, in die Gestalt eines höheren Wesens verklärt und vergöttert, so daß nicht mehr der Mensch aus diesen Bildern des Hohen und Göttlichen die Erkenntniß herzunehmen vermochte, was für ihn verwerflich sei oder beifallswürdig. Ja selbst das auserwählte Volk, welches die ihm allein anvertraute Lehre immer unter sich fortgepflanzt hatte, daß nicht Gott nach irgend einem Bilde des Menschen gedacht und dargestellt werden müsse, sondern der Mensch nach dem Bilde Gottes sich gestalten: selbst dieses war derselben Verkehrtheit nicht entgangen; eben so lieblos gegen die fremderen Brüder, eben so streng und hart vergeltend, eben so mehr auf das Aeußere und Scheinende haltend, als auf das Innere, wie es selbst war, so dachte es sich auch seinen

Gott. Anders seit der Zeit des Erlösers. Die Zeit der Unwissenheit ist vorüber, die Erkenntniß Gottes ist für alle Ewigkeit hinaus in der menschlichen Brust verklärt durch himmlisches Licht, seit wir gelernt haben Gott und das göttliche Wesen zu erkennen in dem ewigen Sohne und, selbst von ihm als Brüder anerkannt, was Gott sei und göttlich in der eigenen Brust wiederzufinden. Wie jeder eingepflanzt ist in das Reich Gottes, so sind auch jedem eingepflanzt die Gesetze desselben; zu einer festen und unumstößlichen Gewißheit ist jedem geworden was gut sei, Gott ähnlich und Gott wohlgefällig, und keiner ist mehr unter denen, welche Christum anerkannt haben, welcher sagen dürfte, er wisse nicht was er thue.

Meine Freunde! Nicht lange nachdem der Erlöser gelitten hatte für die Sünden der Welt und seine Aufgabe auf dieser Erde vollbracht, begann, wie er es schon lange vorausgesehn und vorausgesagt hatte, das Leiden jenes ganzen Volkes für und durch dessen eigene Sünde; und die von ihm geschilderte gräuliche Verwüstung brach ein. Und seitdem er den Grundstein gelegt hat zur Erlösung der Welt, erneuert sich bald stärker hervortretend bald mehr sich verbergend unter mancherlei Gestalten derselbe Wechsel in dem immerwährenden Kampf der Diener des Herrn mit der Sünde der Welt. Jetzt leiden diejenigen, die der Sünde Widerstand leisten, nach der Aehnlichkeit ihres Herrn und Meisters; dann aber, wenn noch eine Zeit lang die, welche die Sache der Sünde treiben, in Lust und Freude dahingegangen sind, kommt eine Zeit, wo nun sie noch weit mehr und weit bitterer und verworrener leiden müssen für ihre eigenen Sünden. Und wie vielfältig haben wir dieses auch erfahren, welche endlose Verwirrungen hat es nicht schon gegeben in den Tagen unseres Lebens! welch ein schwerer Kampf wird den Freunden des Guten von Zeit zu Zeit auferlegt! welch ein Druck häuft sich oft für lange über die, welche das Werk des Herrn treiben! wie gebunden sind oft ihre Hände, wie gering geschätzt ihr Wort, wie verachtet ihre Gesinnung, und wie laut überall das Jauchzen und Frohlocken der Kinder der Welt über sie! Und dies vielfache erlösende Leiden wird noch eben so hervorgebracht wie das Leiden Christi. Da ist ein Haufe Kurzsichtiger, die sich nicht trennen wollen von der gewohnten Art und Weise ihres Treibens in der Welt; da ist ein Haufe Verblendeter, die sich vielfach mühen für das, was äußerlich die Ehre Gottes zu befördern scheint, in ihrem Innern aber fern sind von dem, was Gott wohlgefällt; ein Haufe Feigherziger, welche, obwol sie wissen was gut und recht ist, gegen jede Anforderung in diesem Sinne kräftig zu handeln mit dem Vorrecht der menschlichen Schwäche und Gebrechlichkeit sich schützend, bald wieder ablassen und in den Zustand der Unthätigkeit oder Dienstbarkeit zurückfallen; und nur ein kleines Häuflein Böser ist, die dies alles leiten und benutzen. Aber auch unter jenen allen ist keiner, von dem mit vollem Recht könne gesagt werden, er wisse nicht was er thue, und den also nicht noch vielmehr als jene das gerechte Leiden für seine Sünde erwartete. Denn sie alle sind beschienen von dem Licht des Evangeliums, sie alle können sich den allgemeinen Einflüssen desselben nicht entziehen, ihnen allen ist dasselbe Maß menschlicher Kraft und Größe aufgestellt, sie alle haben das Wort vernommen: Wer sein Leben behalten will, der wird es verlieren, wer es aber um seinetwillen verlieren will, der wird es in ihm finden und behalten. Keiner, welcher der Sünde dient, welcher Jesum zum zweiten Male kreuziget, indem er sein Werk gefährdet oder sich feigherzig davon lossagt, kann sagen, er wisse nicht was er thue: denn er weiß es wol in den unfehlbar öfter wiederkehrenden Augenblicken eines helleren Bewußtseins. Der Erlöser hat diese Entschuldigung mit sich ans Kreuz genommen, und sie kann nun nicht mehr gelten für die, welche sich nach seinem Namen nennen.

Aber hart kann dennoch diese Rede erscheinen in einer zwiefachen Hinsicht. Wenn wir nun leiden durch die Sünde anderer: sollen wir die schwächeren der Linderung ganz entbehren, die Jesus der stärkere genoß? Denn was vermag wol mehr das stechende Gefühl des Leidens durch Menschen zu lindern, als die milde schonende Liebe, welche Vergebung selbst ertheilt und Fürbitte ausspricht? und worauf kann Vergebung und Fürbitte sich gründen, wenn nicht auf das Wort: Sie wissen nicht was sie thun? Wodurch muß solches Leiden mehr geschärft werden, als wenn die harte Ueberzeugung, daß den Sündern keine Entschuldigung zu statten kommt, noch das Gemüth nicht nur niederdrückt, sondern vielleicht auch erbittert, so daß wol gar eine Anwandlung von Haß gegen die Bösen den Frieden des Herzens trübt? Und doch dürften wir auch jene Linderung uns nicht gestatten, wenn sie so gar nicht mit der Wahrheit übereinstimmte! Das ist das eine; das andere aber dieses. Wenn nun wir selbst sündigen, wir die wir in der Klarheit des Evangeliums wandeln; wenn auch uns die Entschuldigung nicht zu statten kommt, daß wir nicht wissen was wir thun: woher sollen wir denn den Muth nehmen, Vergebung für uns zu bitten und zu hoffen? — O, meine Freunde, beruhige sich über das Letzte jeder unter uns, der redlich und streng ist gegen sich selbst! Immer kommt sie uns nicht zu statten, diese Entschuldigung! Es giebt Fälle, wo auch wir im Augenblick der Sünde selbst die Erkenntniß des Besseren tief im Innern tragen und nur nicht den Muth haben sie hervorzuziehn, oder wo wir kämpfen gegen alte Gewöhnungen und sinnliche Reize und doch unterliegen. Dann freilich können wir uns nicht darauf berufen, daß wir nicht wissen was wir thun, und können unsere Ansprüche auf Vergebung nur darauf gründen, daß wir uns selbst streng und scharf richten, daß wir ganz so wie es sich gebührt fühlen, was wir gethan haben, und daß auch beim Unterliegen dennoch immer mehr abgestumpft wird die Kraft der Sünde an dem Widerstand des göttlichen Geistes. Aber sie kommt uns zu statten für alle vorübergehenden Irrthümer und Schwachheiten, für alles, wovon eben der, welcher sich selbst streng zu richten gewohnt ist, sich auch bezeugen kann, daß es in gutem Willen und in der Meinung dem Herrn zu dienen, daß es in wahrem Eifer für das Reich Gottes, aber mit mangelhafter Einsicht, daß es ohne Einrede eines dennoch nicht verstockten Gewissens begonnen und ausgeführt worden ist. Denn wenngleich wir uns des vollen Lichtes der Wahrheit erfreuen, so gewöhnt sich doch unser Auge nur allmälig daran, und nur allmälig erhellet es alle Winkel unseres Herzens und alle Gegenden unseres Lebens. — Was aber das erste betrifft, wohl dem, der den edlen Durst fühlt, sich durch Milde und Liebe das Leiden zu erleichtern! denn dieser Durst soll gestillt werden. O wir haben es desto nöthiger, daß diese Erleichterung uns gestattet sei, als wir ja meistens von Natur nur zu geneigt sind, in der eigenen Sache eher zu strenge zu richten. Und wie sollten wir nicht dürfen entschuldigen und um Vergebung bitten für die, welche uns hassen und verfolgen! Wenn wir in uns selbst die verschiedenen Abstufungen fühlen von der Unwissenheit bis zum wissentlichen Lug und Trug des Herzens: wie sollten wir sie nicht auch in denen voraussetzen, welche wir in der Liebe zum Guten uns selbst nicht gleich stellen können? Wenn auch seit den Zeiten des Erlösers die Sünde nie mehr nur Unwissenheit ist: Unwissenheit ist dennoch immer in der Sünde. Wir aber sind nicht die Richter, wir nicht die untrüglichen Herzenskündiger, wir vermögen selten zu bestimmen, wie groß die Verschuldung des Menschen in dieser und in jener Art, wie viel in seiner Sünde gewußtes und gewolltes sei und wie viel unbewußtes und doch nicht schuldloses. Können wir daher auch selten bestimmt sagen: Sie wissen nicht was sie thun: so können wir doch allem bittern Gefühl Einhalt thun, indem wir uns selbst fragen: Weißt du, ob sie wissen was sie thun? so können wir doch, bedingt freilich, wie wir alles bitten sollen, auch dieses bitten: Vater, vergieb ihnen, wiefern sie doch nicht wissen, was sie thun. Ja eines können wir sehr vermuthen, daß sie selten wissen, wem sie es thun. Sie wissen selten, daß, was sie uns thun, sie dem Erlöser thun; sie erkennen selten an uns, indem sie uns leiden machen, die Jünger, die die Stelle ihres Meisters vertreten. Wir dürfen nur uns selbst ansehn, wie unscheinbar unser hochzeitliches Kleid ist, wie wir öfter gar nicht damit angethan sind; und leicht werden wir dann zugestehen, es sei wol möglich, daß andere uns nicht für Jünger Christi ansehen. Aber will jemand gern so sehr als möglich in diesem Stück in das Verhältniß des Erlösers treten: wolan, der trachte darnach recht weit allen seinen Brüdern voran zu gehen. Es wird eine ziemlich allgemeine Erfahrung sein, daß wir vorzüglich bei denen, welche uns gleich sind an Einsicht, in allem ihren Thun mehr den Willen beurtheilen; wir wagen es minder bei denen, auf die wir als höher Erleuchtete hinaufsehen, weil wir ihre Ansicht und Absicht nicht zu schätzen vermögen; und in denen, die wir tief unter uns sehen, erscheint uns alles Unrecht mehr als Verfinsterung, als Unkunde seiner selbst und der Dinge. Laßt uns recht tief eindringen in den Abgrund der Weisheit und Gnade Gottes, in das einige Ebenbild seines Wesens, in den großen Zusammenhang seines Reiches, in das Geheimniß der seufzenden Kreatur: o welches

Böse, welches Verkehrte sollte uns von einem so hellen Standpunkt aus dann wol nicht als Dunkelheit erscheinen! wie sollten wir dann nicht über alle mit voller Wahrheit ausrufen: Vergib ihnen, denn sie wissen nicht was sie thun! wie sollten dann nicht auch wir unter denen, durch die wir leiden, liebevoll umherblicken, sorgfältig lauschend, ob nicht einer da sei, der jetzt eben einer höheren Wahrheit empfänglich ist, dem wir abwischen können den Rost des Irrthums von der Oberfläche seines edlen Geistes und ihn dem Licht und Recht gewinnen, eben wie es zu den letzten Thaten des Erlösers gehörte noch eine einzelne verlorene Seele zu erleuchten und zu begnadigen.

Ja, meine Freunde, so tapfer und beharrlich dem Bösen Widerstand leisten wie er, so wie er dem erkannten Recht treu und gehorsam sein auch bis zum Tode, so wie in der Liebe zu Gott und Christo, auch in der Liebe zu den verlorenen Brüdern nicht müde werden, das laßt uns, jetzt wie immer, aber besonders jetzt lernen unter dem Kreuze des Erlösers. Amen.

XXX.
Betrachtung der Umstände, welche die letzten Augenblicke des Erlösers begleiteten.

Am Charfreitag.

Preis und Dank sei dem, der den Erlöser an das Kreuz erhöht hat zu einem heilbringenden Zeichen, um ihn auch so zu verklären mit himmlischer Klarheit! Preis und Ehre sei dem, welcher der Anfänger des Glaubens geworden ist durch seinen Gehorsam bis zum Tode, auf daß er diejenigen, welche er sich nicht schämt Brüder zu heißen, als ein treuer Hoherpriester vertreten könne bei Gott. Amen.

Text: Lukas 23, 44—49.

Und es war um die sechste Stunde, und es ward eine Finsterniß über das ganze Land bis an die neunte Stunde. Und die Sonne verlor ihren Schein, und der Vorhang des Tempels zerriß mitten entzwei; und Jesus rief laut und sprach: Vater ich befehle meinen Geist in deine Hände; und als er das gesagt, verschied er. Da aber der Hauptmann sah was da geschah, pries er Gott und sprach: Fürwahr dieser ist ein frommer Mensch gewesen. Und alles Volk, das dabei war und zusah, da sie sahen was da geschah, schlugen sie an ihre Brust und wandten wieder um. Es standen aber alle seine Verwandten von ferne und die Weiber, die ihm aus Galiläa waren nachgefolgt, und sahen das alles.

Meine andächtigen Freunde! Die Neigung, große Ereignisse auch von auffallenden Zeichen begleitet zu finden, ist so alt und so allgemein, daß, wenn es auch unsern Glauben nicht stören dürfte, uns doch eine gewisse Befriedigung fehlen, und es uns Wunder nehmen würde, wenn nicht alles, was sich bei dem großen Gegenstand unserer heutigen Feier zutrug, ebenfalls bedeutungsreich für den ganzen Zusammenhang des Werkes Christi und für die große Absicht, die Gott der himmlische Vater durch seinen Tod erreichen wollte, gewesen wäre. Aber so finden wir es auch! Betrachten wir das traurige und schmerzliche Schauspiel des Todes Christi, sehen wir ihn dabei umgeben von rohen Feinden bis zu seinem letzten Augenblick, so strahlt dennoch dem aufmerksamen Auge überall das Große und Erhabene entgegen, und das gläubige Herz empfängt Fingerzeige von oben zu seiner Beruhigung und Erquickung. In diesem Sinne laßt uns denn in der gegenwärtigen heiligen Stunde auch die Umstände, von denen die letzten Augenblicke des Erlösers begleitet waren, mit einander betrachten, damit auch uns dadurch der Trost und die Hoffnung aus seinem Tode aufs Neue gestärkt, und der zuversichtliche Blick auf die seligen Folgen desselben erweitert werde. Wir sondern uns aber zuerst die äußern, den Tod des Erlösers begleitenden Zeichen für unsere Betrachtung ab und sehen dann auf dasjenige, was unsre evangelische Erzählung uns von den Wirkungen desselben auf die Gemüther der Menschen berichtet. Das seien die beiden Theile unserer Betrachtung, wozu ihr mir eure christliche Aufmerksamkeit schenken wollet.

I. Wenn wir, meine geliebten Freunde, auf die begleitenden Zeichen bei dem Tode unsers Erlösers sehen, so bemächtigt sich unser eine Ahnung von einem großen geheimnißvollen Zusammenhang zwischen dem Reiche der Natur und dem Reiche des Geistes und der Gnade. Auf einen solchen Zusammenhang achten wir bei allem Großen, was sich in der menschlichen Welt ereignet. Ihn aufzusuchen ist freilich eine gefährliche Neigung für diejenigen, die mit der Natur der Dinge noch wenig bekannt sind und bei allen fremderen Naturereignissen in eine besorgliche Spannung gerathen, worauf in der geistigen Welt sie wol deuten mögen. Aber mit wie vielem Recht man auch hiergegen warne, es ist ganz anders mit dem umgekehrten Wege und für diejenigen, welche geweckt sind für alles, was dem geistigen Leben angehört. Dann ist es die Regung des feinsten Gefühls, wenn wir nach begleitenden Zeichen in der Natur spähen, welche dem Werth des geistigen Ereignisses entsprechen. Diesen Zusammenhang im großen Gange der Weltregierung aufzudecken, ist das letzte und höchste Ziel der tiefsten menschlichen Erkenntniß und Weisheit. Aber auch im Einzelnen, wenn sich Großes, sei es nun gut oder verderblich, auf dem Gebiet des Geistes ereignet, ist es nur das zarteste Gewissen, was uns lehrt bedeutsame

Zeichen in der Natur aufzusuchen. War es nicht eben dieses Bewußtsein von dem Göttlichen in Christo, welches so viele gleichsam nöthigte an den wunderbaren Thaten, welche er vollbrachte, ein Zeugniß seiner höheren Würde und Bestimmung zu erkennen? Dieser Zusammenhang erscheint uns nun auch hier bei seinem Tode bedeutungsvoll, einmal in der Finsterniß, durch welche die Sonne ihren Schein verlor, und dann in dem Zerreißen des Vorhanges im Tempel.

Es war um die sechste Stunde, schreibt der Evangelist, da entstand eine Finsterniß über das ganze Land bis um die neunte Stunde, und die Sonne verlor ihren Schein. Diese Finsterniß war nicht eine von denjenigen, welche regelmäßig aus dem Laufe unsrer Erde und der ihr zugehörigen Gestirne hervorgehen, es war eine außerordentliche Erscheinung der Natur, und das ganze Land ward mit Finsterniß bedeckt, und die Sonne verbarg oder verlor ihren Schein bis an die neunte Stunde, in welcher der Erlöser verschied. Da also, und das ist eigentlich das Bedeutsamste, da also hörte diese Finsterniß auf, und die erloschene Sonne strahlte wieder in ihrem Glanz und verbreitete wieder ihren wohlthätigen Schein. O, meine theuren Freunde, was die Erscheinung des Erlösers auf der Erde unentbehrlich machte, das war die allgemeine traurige Verfinsterung des menschlichen Geistes durch den Irrthum, den Wahn und die Sünde; aber es war noch eine besondere, nicht so leicht aus den Gesetzen der menschlichen Natur zu erklärende und überall vorkommende, sondern eine außerordentliche Verfinsterung menschlicher Geister, welche den Mann mächtig in Worten und Thaten, der da lehrte im Geist und in der Kraft und umherging die zu lösen, deren Geist gebunden war, und die Kranken wunderthätig zu heilen, dennoch unter dem Vorwand des göttlichen Gesetzes zum Tode brachte; und auf diese Verfinsterung deutete nun auch die umgebende Natur dadurch, daß die Sonne auf eine ungewöhnliche Weise ihren Schein verlor. Aber daß sie, indem der Erlöser verschied, wieder hervorbrach: o das sei uns nun ein Zeichen, ein herrlicheres als der Bogen des Friedens, den Noah in den Wolken erblickte, nachdem die Wasser der Sündfluth sich verlaufen hatten! Wie dort der Herr sprach: Das sei ein Zeichen zwischen mir und Dir, daß ich nicht wieder verderben will das Geschlecht der Menschen; so spricht der Ewige hier zu uns, indem die verfinsterte Sonne nach dem Tode des Erlösers wieder hervorbricht: Das sei ein Zeichen zwischen mir und euch, daß die Verfinsterung der menschlichen Seele jetzt gelöst ist und vorüber. Das Licht kam vom Himmel und schien in die Finsterniß; aber wiewol die Finsterniß es noch nicht aufnahm, wiewol eine Menge grade der verdunkeltsten Gemüther um das Kreuz des Erlösers herumstanden, doch war das himmlische Licht nun bleibend eingeboren in die menschliche Natur, sein Reich war gegründet, und durch den gnädigen Rathschluß Gottes war bestimmt, daß dieses himmlische Licht von einem damals so unscheinbar gewordenen Punkte ausgehend sich immer weiter verbreiten sollte über das Geschlecht der Menschen, und die Kraft des von diesem Lichte erwärmten und entzünbeten Glaubens überwinden sollte die Welt mit aller ihrer Finsterniß. Oft noch haben sich freilich in der Geschichte des Evangeliums und des Reiches Gottes Zeiten der Verfinsterung wiederholt; ja oft sind von den Kindern der Finsterniß die Bekenner des Lichtes, welches in Christo Jesu erschienen war, eben so wie er zum Tode gebracht worden; aber dem Diener konnte es nicht besser ergehen als dem Herrn; und geringer müssen wir diese Verfinsterung achten, die ihr Werk übte an den zwar auserwählten, aber doch immer schwachen und sündigen Werkzeugen des Höchsten, als die war, welche es übte an dem Gesalbten des Herrn. Darum bleibt es dabei, das Aufhören dieser Finsterniß war der große Wendepunkt in der Geschichte der Menschen und in der Entwicklung ihres Geistes. Von Adam an hat der Geist gewaltet zunehmend und wachsend vermöge der angebornen Offenbarung Gottes in den Herzen der Menschen; aber dennoch vermochte er nicht die Finsterniß ganz zu vertreiben. Denn das Fleisch gelüstete von Anbeginn gegen den Geist und gefiel sich in der Finsterniß und hielt die Wahrheit auf in Ungerechtigkeit. In diesem sich immer erneuernden Kampf kamen immer dem menschlichen Geist göttliche Stimmen zu Hülfe; aber der Sieg des Lichts über die Finsterniß wurde erst in dem Tode des Herrn entschieden, das Reich des Lichtes gegründet, und so das Werk des Herrn vollbracht. Die nun mit ihm begraben werden in seinen Tod, die stehen auch mit ihm auf zu einem neuen Leben; die der Finsterniß der Sünde absagen, welche den Fürsten des Lebens an das Kreuz geschlagen hat, in denen verherrlicht sich sein Leben von einer Klarheit zur andern.

Und der Vorhang im Tempel zerriß mitten entzwei. Dieser Vorhang, meine geliebten Freunde, verbarg die Geheimnisse des alten Bundes vor den Augen aller Menschen, den einen ausgenommen, der aber auch nur einmal im Jahre eingehen durfte in das Allerheiligste, um das Blut des Bundes dorthin zu sprengen. Dieser Vorhang schied, so wie der äußere die Priester des Herrn von der Gesammtheit des Volks, so dieser innere das Oberhaupt der Priesterschaft von den übrigen Genossen derselben. Indem nun dieser Vorhang entzwei riß, so ward dadurch bezeichnet auf der einen Seite, daß nun alle Geheimnisse Gottes enthüllt wären, und alles Verborgene solle aufgedeckt sein, und nicht mehr auf geheimnißvolle Weise von einem dunkeln Orte her besondere göttliche Rathschlüsse und Willenserklärungen den Menschen kund werden, sondern Ein Rathschluß des Heils über alle sollte offen gepredigt werden. Auf der andern Seite ward dadurch bezeichnet, daß es nun keine Unterschiede und Abstufungen weiter geben sollte unter denen, die Gott in seinem Sohn und durch ihn verehrten, sondern die Zeit sei gekommen, wo jeder in Christo freien Zutritt habe zu Gott, wo alle gläubigen Priester des Höchsten wären, alle von Gott gelehrt und gegenseitig jeder des andern Diener in dem Herrn. Dieses beides, daß alles besondere Priesterthum aufhörte, und daß uns nun der ganze Wille Gottes kund geworden ist, kann nicht von einander getrennt werden;

und nur in der Vereinigung von beidem haben wir den völligen Trost aus der Kraft des Evangeliums von der Erlösung. Konnte sich Christus ehe er in die Hände seiner Feinde gerieth das Zeugniß geben, welches er sich selbst gegeben hat, daß er den Seinigen alle Worte mitgetheilt, die er von seinem Vater empfangen hatte; wie konnte die Gewißheit darüber, daß er als der Sohn des Wohlgefallens auch die ganze Fülle göttlicher Mittheilung empfangen habe, welche dem menschlichen Geist eine selige Gemeinschaft mit Gott sichert, deutlicher ausgedrückt werden, als dadurch, daß jener Vorhang zerriß, so daß es nun keinen verborgenen Wohnsitz Gottes unter den Menschen mehr giebt, wie bis dahin der Glaube die Gegenwart des Höchsten ganz vorzüglich suchte über dem Deckel der allen verborgenen Lade des Bundes! Sondern, wie Christus in das wahre Allerheiligste eingegangen ist nach der Vollendung seines Werkes durch sein am Kreuz vergossenes Blut, so ist nun sein Reich das unbeschränkte geistige Gotteshaus, und in diesem er selbst aufgestellt als der Gnadenstuhl, als der Ort der vollen Gegenwart Gottes unter den Menschen. Und wenn es während seines Lebens auch seinen Jüngern noch als etwas Fremdes klang, daß sie in dem Sohne sollten den Vater schauen: so erkennen wir, nachdem er durch seinen Gehorsam bis zum Tode am Kreuz vollendet und erhöht worden ist, in ihm das wahre Ebenbild des göttlichen Wesens und den Abglanz der ewigen Liebe. Wozu also noch irgend eine menschliche Vermittlung oder Vertretung? Hier ist nichts, was nur Einem gebühren könnte, zu schauen! zu diesem Gnadenstuhl kann jeder hinzutreten. Und wie Christus unser Bruder geworden ist dadurch, daß er zu uns herabstieg und Fleisch und Blut an sich nahm: so werden wir jetzt seine Brüder dadurch, daß er uns zu sich hinaufzieht in dieselbe geistige Nähe des Vaters; also daß wir durch ihn alle Gottes Hausgenossen und als solche alle einander gleich sind, alle durch ihn Kinder dessen, dem er uns versöhnt hat, alle durch seinen Geist, den er sendet in die Herzen der Gläubigen, Glieder an seinem geistigen Leibe. So ist denn jeder Vorhang zerrissen, und so ist es der Erlöser am Kreuz, auf den alle denselben zuversichtlichen Blick des Glaubens richten können; der erhöhte Erlöser ist es, von welchem wir alle unmittelbar den Segen in geistigen Gütern empfangen, den die Priester des alten Bundes zwar wünschen, aber nicht geben konnten.

Das, meine theuren Freunde, das sind die tröstlichen Zeichen, die unser Glaube erblickt bei dem Tode des Herrn. Aber in Erfüllung gehen konnten diese Zeichen des Friedens und der Gnade nur durch die seligmachende Kraft des Evangeliums in den Herzen der Menschen. Wie diese sich verbreitet hat von jenem ewig bedeutungsvollen Augenblick an, dessen erfreuen wir uns getröstet, wenn wir auf die Geschichte der christlichen Kirche sehen bis auf den heutigen Tag. Nur noch zu langsam für unsere frommen Wünsche geht immer die Verbreitung dieses seligen Reiches vor sich; zu viel Finsterniß sehen wir noch auf dieser Erde, in welche das Licht nicht gedrungen ist. Aber auch in Bezug auf diese langsamen Fortschritte sehen wir beruhigende und heitere Zeichen, wenn wir auf das merken, was bei dem Tode des Erlösers in den Gemüthern der Menschen verging; und darauf laßt uns jetzt noch unsere Aufmerksamkeit richten.

II. Und der Hauptmann, der die Wache hielt unter dem Kreuz, als er sah, was da geschah, rief er aus: Fürwahr, dieser ist ein frommer Mensch gewesen! Was geschah denn vor seinen Augen, meine geliebten Freunde, was diesen Ausruf veranlassen konnte? Er sah, daß die Finsterniß hereinbrach, und die Sonne ihren Schein verlor; er sah, wie unerwartet schnell derjenige vollendete, der noch langen Qualen aufgespart zu sein schien; er sah und hörte, wie der, welcher solcher Verbrechen beschuldigt war, die alle Ruhe und allen Frieden unter den Menschen am meisten stören, in vollkommner Ruhe der Seele seinen Geist in die Hände des himmlischen Vaters befahl, — da sprach er: Fürwahr, dieser ist ein frommer Mensch gewesen. Wie wenig gewiß hatte wol dieser rauhe Krieger sich vorher um die Bewegungen bekümmert, welche die Erscheinung des Herrn unter dem ihm ganz fremden und von ihm verachteten Volk der Juden gemacht hatte!

Hier sehen wir also, und sollte auch die Wirkung nur eine vorübergehende gewesen sein, ein aus der rohesten Gleichgültigkeit durch den Tod des Erlösers zur Anerkennung der Würde desselben aufgeregtes Gemüth. Ein anderer Evangelist berichtet die Worte des Mannes so: Fürwahr, dieser ist Gottes Sohn gewesen! wie nämlich die Hohenpriester ihn auch vor dem römischen Landpfleger beschuldigt hatten, er habe sich selbst dazu gemacht. Da ihm nun dieses gewiß bekannt geworden war, dürfen wir, beides zusammengenommen, wol schließen, daß, seit er bei der Hinausführung Christi sein Amt zu verwalten gehabt, in seiner Seele ein Schwanken gewesen ist zwischen dem Eindruck, den das Ansehn der Ankläger, und dem, welchen die Person des Erlösers machte; aber, als dieser letzte siegte, auch noch darüber, ob er ein frommer Mensch gewesen und schuldlos von seinen Feinden dem Tode übergeben, oder ob er, nun er unter so bedeutungsvollen Zeichen und auf eine so herrliche Weise dies irdische Leben verließ, nicht der Wahrheit nach der Sohn Gottes gewesen sei. O seliger Zweifel, der da aufsteigt in einer bis dahin verfinstert gebliebenen Seele! o schnelles Erwachen des Geistes von der tiefsten Dunkelheit zu dem Insichsaugen des himmlischen Lichtes, welches in dem Glauben liegt, daß das Wort Fleisch geworden, und der Sohn des Höchsten in menschlicher Gestalt erschienen ist! Und eben so, meine geliebten Freunde, so wirkt, Dank sei es Gott, noch immer auf eine eigenthümliche Weise die Verkündigung von dem Tode unsers Herrn. Wo ganz verfinsterte Seelen sollen eingeweiht werden in die Geheimnisse des Reiches Gottes; wo denen, die noch in dem Schatten des Todes wallen, das Himmelreich soll erschlossen werden: da gilt es nichts anderes als den sterbenden Erlöser den Menschen zu verkündigen. Das Bild seines Todes ist von jeher das kräftigste Wort des Lebens gewesen; und wo ein selbst vom Glauben ergriffenes Gemüth dieses Bild zeichnet, da werden oft auch die gleichgültigen Seelen erweckt. Und sagen sie nur erst: Fürwahr, dieser ist ein frommer Mensch gewesen, und hören hernach seine eigenen Worte von der Herrlichkeit, die er von jeher gehabt hat bei dem Vater; hören sie die Geschichten seines Lebens und die Wirkungen seiner Auferstehung: dann sprechen sie bald auch mit uns allen: Fürwahr, dieser ist Gottes Sohn gewesen!

Und alles Volk, welches umherstand, als sie sahen, was geschah, schlugen sie an ihre Brust und wandten um. Das war dasselbe Volk, welches geschrieen hatte: Kreuzige, kreuzige ihn! welches sich verschworen hatte mit den Worten: Sein Blut komme über uns und über unsere Kinder! Da sie aber nun sahen was geschah, schlugen sie an ihre Brust und wandten um. Etwa nur weil durch den Tod des Herrn das Schauspiel beendet war, an welchem sie gekommen waren sich zu weiden? Nein! denn da der Evangelist sagt, sie schlugen an ihre Brust: so muß er dieses und ähnliche Zeichen davon gesehen haben, daß noch etwas anderes in ihren Seelen vorging; daß der Tod des einigen Gerechten sie wankend gemacht hatte in ihrer Geringschätzung oder ihrem Haß; daß sie ungewiß geworden bei sich selbst, ob es ihnen etwas geholfen, daß sie den Fürsten des Lebens zum Tode gebracht. Mag denn immer nicht zu leugnen sein, daß dies bei den meisten nur eine vorübergehende Regung des Gemüths war: so waren doch auch wol manche von diesen hernach dabei am Tage der Pfingsten und hörten Petrum reden, wie er öffentliches Zeugniß gab von dem Fürsten des Lebens; und auch wol manche unter diesen schlugen da zum zweitenmal und noch ganz anders an ihre Brust und riefen: Ihr Männer, lieben Brüder, was sollen wir nun thun? Meine geliebten Freunde, möge dieser Tag, an dem wir das Andenken des Todes Christi feiern, alljährlich in allen Gemeinden der Christen, in allen Ländern, wo der christliche Name blüht, ein so gesegneter Tag sein! und gewiß er ist es auch. Denn bis jetzt sind sie noch nicht ganz ausgestorben unter dem Volke der Christen, die mit verflochten sind in das Aergerniß des Kreuzes, ja sich nicht entblöden des Gekreuzigten zu spotten, wenn sie es gleich nicht verschmähen äußerlich seinen Namen zu tragen. Ja man kann sagen, manche wenden sich so gänzlich von ihm ab mit ihrem Gemüth, daß sie sich auf alle Weise dagegen sträuben ergriffen zu werden, weder von allen bedeutenden Zeichen, welche sein Leben und seinen Tod begleiteten, noch von dem Geist und der Kraft, welche in seinen Worten walten, noch von den Wirkungen, welche sein Name seitdem in der ganzen Welt hervorgebracht hat. Aber auch diese, wenn sie selbst die Gläubigen sehen in der Andacht ihrer dankbaren Herzen sich beugen vor dem Kreuze des Erlösers; wenn sie uns hören, wie wir unter einander den Bund erneuern, die Segnungen seines Todes zu verkündigen bis daß er kommt: o manches in solcher Widrigkeit gegen den Erlöser verstockte Gemüth wird dann doch wankend und schlägt an seine Brust. Und kommt eine neue und wieder eine neue Anregung des Geistes;

klopft und schlägt immer wiederholt das Wort des Herrn an ihre Ohren und ihr Herz: o so wenden sie sich auch am Ende wol gänzlich ab von dem Wege des Verderbens und werden sein und unser.

Und seine Verwandte standen von ferne, und die Frauen, die ihm gefolgt waren aus Galiläa, und sahen das alles. Nahe unter seinem Kreuze standen nur seine Mutter und der Jünger, den er lieb hatte. Zerstreut, wie er es ihnen geweissagt hatte, hatten sich die übrigen und fanden sich erst später zu denen, welche unmittelbar Zeugen seines Todes gewesen waren. Und diese seine Verwandten, seine treuen Dienerinnen und Freundinnen standen von ferne und sahen das alles. Auf ähnliche Weise begann die Wirkung des Erlösers auf Erden an dem Gemüth seiner eigenen Mutter, als sie in stiller Betrachtung, während sie ihn darbrachte im Tempel, alle die Worte bei sich erwog, die da von ihm geredet wurden; so standen auch jetzt seine treuen Dienerinnen in stiller Betrachtung das entschwindende Leben ihres theuern Meisters von ferne beobachtend und sich erbauend an seinem Hingang zum Vater, indem sie alles in das Innerste ihrer Seele aufnahmen, was da geschah. Aber warum standen sie von ferne? O, meine theuren Freunde, so mögen wir auch jetzt noch von einem großen Theile der Christen fragen! Derer, die sich eng und dicht an das Kreuz des Erlösers anschließen, derer, die dort wie Maria und Johannes einander von ihm selbst zugeführt wurden zu dem innigsten und genauesten Bunde der Herzen, solcher sind verhältnißmäßig immer nur wenige. Aber laßt uns auch die nicht gering achten, die mehr von ferne stehen, sondern laßt uns auch diese Jüngerinnen des Herrn, die auch von ferne standen, als ein günstiges Zeichen für sie betrachten. Auch viele, die nicht nach einer näheren, gewissermaßen persönlichen Verbindung mit Christo streben, werden doch heilsam ergriffen in dem Innersten ihres Gemüths von dem Eindruck seines aufopfernden Todes, wie von der stillen Größe seines Lebens, und werden davon bald mehr bald minder bewußt, bisweilen gleich, bisweilen später befruchtet. Auch von denen, die sich nicht so dicht wie andere um das Kreuz des Erlösers versammeln, wissen wir wol alle aus mannichfaltigen Erfahrungen, daß die Betrachtung seines Todes nicht ungesegnet ist an ihren Herzen. Aber doch wollen wir ihnen zurufen, wie wir diesen Jüngerinnen des Herrn zurufen möchten: Warum stehet ihr von ferne? tretet doch näher hinzu, daß ihr noch mehr inne werdet, wie die Herrlichkeit des eingebornen Sohnes sich auch in dem Gekreuzigten offenbart. Je genauer ihr seine letzten Worte vernehmet, von je näher ihr, daß ich so sage, den Blick seines scheidendes Auges auffaßt, je mehr ihr gläubige Zeugen seines Todes seid: um desto sicherer werdet ihr auch frohe Zeugen seiner Auferstehung werden, und sein ganzes Wesen wird euch schneller, lebendiger und tiefer ergreifen und zum ewigen Leben fortreißen. Ja es ist immer noch Raum da! Alle, welche schon aufgeregt sind zum Glauben, alle, welche, die Herrlichkeit dieses Tages schon ergriffen hat, dieses Verschwinden der Finsterniß und das Licht, welches nun für immer hereingebrochen ist, dieses Zerreißen des Vorhanges und die Segnungen des geistigen Heiligthums, welches nun allen für immero offen steht; alle mögen sich nun immer näher sammeln um das Kreuz dessen, der an diesem Tage verschied, um zum Himmel zurückzukehren von der Erde, auf welche er zum Heil der Menschen gekommen war. Sein Kreuz ist das Zeichen, in welchem allein wir alle überwinden können. Wie er der Herzog unserer Seligkeit überwunden hat eben damit, daß er gehorsam war bis zum Tode: so können auch wir nur überwinden, wenn wir sein Kreuz auf uns nehmen und ihm nachfolgen; wenn auch wir es nicht scheuen, durch Trübsal einzugehen in das Reich Gottes, das er uns bereitet hat; wenn auch wir nicht scheuen wie er durch Kreuz und Leiden vollendet zu werden. Diese Treue sei ihm von uns allen aufs Neue gelobt, und nimmer wird er aufhören uns wie von seinem Kreuze herab zu segnen. Amen.

XXXI.
Wie das Bewußtsein des Unvergänglichen den Schmerz über das Ende des Vergänglichen besiegt.

Am Osterfeste.

Preis und Ehre sei dem, der auferstanden ist von den Todten, und der Unsterblichkeit und ewiges Leben gebracht hat allen, die an ihn glauben. Amen.

Text: Lukas 24, 5. 6.

Da sprachen sie zu ihnen: was suchet ihr den Lebendigen bei den Todten? er ist nicht hier, er ist auferstanden.

Meine andächtigen Freunde! Was diese Worte, als jene Frauen, welche den Leichnam des Herrn suchten, sie an seinem leeren Grabe vernahmen, für einen Eindruck auf ihre Gemüther gemacht haben müssen: wir können es fühlen, aber es ist nicht unser eigenes Gefühl. Wir sind nicht, wie jene es waren, niedergebeugt von Schmerz über den Tod des Erlösers; denn wir wissen, daß eben dieser Tod die Quelle des ewigen Heils geworden ist für alle, die an seinen Namen glauben. Und wir werden bei jeder erneuerten Betrachtung immer mehr inne, wie auch im Sterben seine göttliche Natur sich kräftig bewiesen, und er sich als den Sohn Gottes den Menschen dargestellt hat. Auch kann unser Glaube an das, was der Erlöser in der Welt auszurichten bestimmt war, nie so geschwächt, oder so ganz dem Erlöschen nahe sein, wie es der Fall war bei den meisten Jüngern des Herrn, als seine Feinde den Sieg über ihn errungen hatten, der ihn an das Kreuz brachte; und bei uns hat die frohe Kunde seiner Auferstehung also auch nicht den Werth, einen erlöschenden Glauben in uns aufs Neue anzufachen. Denn unser Glaube ruht auf der langen Geschichte so vieler Jahrhunderte, in denen er sich immer aufs Neue und nur um so mehr, je mehr die Versuche ungläubiger Menschen gegen ihn gerichtet waren, offenbart hat, daß in keinem andern als in seinem Namen den Menschen Heil gegeben ist, daß aber auch alles Gute, dessen wir bedürfen, uns aus der innigen geistigen Vereinigung mit dem verklärten und erhöhten Erlöser entgegen tritt. Darum ist das nicht unser eigenes Gefühl, was jene Frauen empfanden, als die Engel zu ihnen sprachen: Was suchet ihr den Lebendigen bei den Todten? er ist nicht hier, er ist auferstanden.

Wenn wir also das nicht mitempfinden können: was bedeutet denn doch dieses mächtige und frohe Gefühl, das uns alle erfüllt, so oft wir dieses Fest mit einander begehen? Es ist freilich zunächst die Freude darüber, daß der Heilige Gottes die Verwesung nicht sehen durfte; die andächtige bewunderungsvolle Freude darüber, daß das Ende seines irdischen Lebens ebenso in ein geheimnißvolles Dunkel für das menschliche Auge gehüllt ist, wie der erste Anfang desselben, nur in ein hoffnungsvolles, erfreuliches, erhebendes Dunkel. Aber wenn eben jenes Gefühl der ersten Jünger des Herrn bei der ersten Freude seiner Auferstehung nicht unmittelbar unser eigenes ist: so können wir doch neben dieser uns vorzüglich geziemenden Freude auch jenes einigermaßen nachfühlen. Denn was war es anders, als daß auf einmal das tiefe Gefühl des Schmerzes über die Vergänglichkeit auch dieser himmlischen Erscheinung überwältigt wurde durch die frohe Hoffnung dessen, was ihnen verkündet war, ungeachtet sie es damals noch nicht sahen? O, meine geliebten Freunde, diesen Wechsel erfahren auch wir oft in unserm Leben und nicht nur in Beziehung etwa auf die irdischen Dinge, sondern eben auch in Beziehung auf unser Leben mit dem Erlöser! und wir dürfen nur genauer hineinschauen in den Gemüthszustand seiner niedergeschlagenen Freunde und Verehrer; wir dürfen uns nur die Bewegungsgründe ihres Kummers näher vor Augen halten und dann in unsere eigenen Erfahrungen zurückgehen, um inne zu werden, wie auch uns so oft noth thut, daß der Schmerz über das Ende des Vergänglichen in uns überwältigt werde durch das frohe Bewußtsein des Unvergänglichen und der Erneuerung. Darauf denn laßt unsere andächtige Festbetrachtung in dieser Stunde gerichtet sein, und gebe Gott, daß auch diese gereichen möge zur Befestigung unserer frohen und christlichen Hoffnung.

I. Fragen wir nun, meine geliebten Freunde, was war es denn, weshalb der Tod des Erlösers seine Jünger und Freunde so tief erschütterte, und worüber sie so reichlich getröstet wurden durch die Kunde seiner Auferstehung, so ist das erste wol dieses: Sie fühlten es tief, daß der Mund nun verstummt sei, aus welchem sie so lange gewohnt gewesen waren Worte der himmlischen Weisheit zur Erleuchtung ihres eigenen Geistes zu vernehmen. Aber er war nicht verstummt; die Auferstehung des Herrn war zu gleicher Zeit die erste Verklärung seiner Lehre. Denn wo er in den Tagen seiner Auferstehung seinen Jüngern erschien, da redete er mit ihnen vom Reiche Gottes, da legte er ihnen die Schrift aus, daß sie verstehen lernten, wie er durch Leiden hatte müssen eingehen zu seiner Herrlichkeit.

Wolan, eine ähnliche Besorgniß, meine geliebten Freunde, beschäftigt und beängstigt gar oft auch unter uns manche christliche Gemüther, als ob nämlich das Wort der Lehre, welches uns als ein herrliches Gnadenmittel gegeben ist, seitdem der Herr von der Erde hingegangen ist, auf die eine oder die andere Weise verstummen wolle. Aber gehen wir in den Geist des Erlösers und seines Fortwirkens auf Erden tiefer hinein: so finden wir uns auch über solche Besorgnisse hinreichend getröstet durch die Aehnlichkeit dessen, was seinem Worte begegnet, mit der Auferstehung des Herrn selbst. So lange der Erlöser auf Erden wandelte, wurde noch wenig oder gar nicht daran gedacht, die Worte des Lebens, die aus seinem Munde gingen, in einem geschriebenen also bleibenden Buchstaben zusammenzuhalten. Sie gruben sich tief ein in die verlangenden und durstenden Seelen, und diese fühlten ja schon, wie sein lebendiges Wort in ihnen eine Quelle des ewigen Lebens wurde, die immer reicher und reicher fortströmen würde, auch von ihnen übergehend auf andere. Aber als der Herr diesem irdischen Schauplatz entnommen war; als allmälig auch diejenigen hingingen, die unmittelbar aus eigner Kenntniß das Bild seines Lebens, den Nachhall seiner Worte den Gläubigen wiederbringen konnten: da ward es nothwendig das Wort des Lebens in die Hülle des geschriebenen Buchstabens einzuschließen, damit es auch den künftigen Geschlechtern aufbewahrt bleibe. Als der Herr nur noch dem Geiste nach unter seinen Jüngern war, wie er es auch jetzt noch ist und bleibt bis an der Welt Ende, und sie sich ihre Gemeinschaft mit ihm durch eine innige Gemeinschaft der Liebe unter einander darstellen mußten und versinnlichen: da war es nothwendig eben dieser Gemeinschaft des Glaubens und der Liebe eine äußere Gestalt zu geben. Dazu aber bedurfte das geschriebene Wort der Jünger des Herrn, wenngleich eingehaucht von seinem sie beseelenden Geiste, doch immer mancherlei Erläuterung und Erklärung, weil es je länger je mehr nur aus einer fernen und unbekannten Zeit in fremde und spätere Geschlechter hineinschallte. Jede Erläuterung und Erklärung des göttlichen Wortes aber, welche an menschlicher Sprache und an menschlichen Gedanken hängt, ist auch mit diesen der Veränderung unterworfen; und alle äußeren Handlungen, wodurch wir uns die Gemeinschaft des Glaubens und der Liebe theils überhaupt vergegenwärtigen, theils sie wirklich einander darreichen, weil sie immer zusammenhängen mit menschlichen Sitten und mit der übrigen Beschaffenheit des menschlichen Lebens, sind sie ebenfalls mancherlei Veränderungen ausgesetzt, und alles Veränderliche ist auch dem Tode unterworfen. Und so geschieht es allgemein, daß die menschlichen Worte, in welche die Grundzüge des Glaubens gefaßt sind, die menschlichen Handlungen, in denen sich seine heilige Liebe vergegenwärtigt, allmälig anfangen ihre Kraft zu verlieren. Allmälig geschieht dies freilich nur und sofern auch unvermerkt; endlich aber kommt doch die Zeit, wo wir es gewahr werden, daß so manches schöne Wort seine frühere Kraft und Bedeutung verloren hat, daß so manches, woran die Christen sich sonst erkannten, und was ihnen das Heiligste ihres Glaubens nahe brachte, für die meisten erstorben und zum todten Buchstaben versteinert ist; es regt den Geist nicht mehr auf, es bildet nichts Ewiges und Wahres mehr lebendig in uns ab. So auch viele ehrwürdige Gebräuche alter Zeiten! Wir erhalten sie als ein theures Vermächtniß der Vorfahren; aber ihre Bedeutung ist den meisten bis auf die Kunde davon verloren gegangen. Also thun sie auch von selbst keine Wirkung mehr auf uns; weil wir aber nicht von ihnen lassen wollen, so künsteln wir uns etwas hinein, der eine dieses der andere jenes. Wenn wir das denn inne werden, meine geliebten Freunde, und wir uns darüber besinnen: so merken wir, daß wir mit Todtem einen ungedeihlichen Verkehr treiben, und daß wir eben so Erstorbenes durch künstliche Mittel aufzubewahren und wenigstens das Andenken seiner früheren Wirkungen zu schützen suchen; wie in ähnlichem Sinne jene liebevollen Frauen zum Grabe des Erlösers kamen, um den Leichnam desselben durch köstliche Specereien gegen die Verwesung zu schützen. Wir trauern wie sie, um so mehr wenn wir selbst noch das, was jetzt gestorben ist, in seiner Blüthe gekannt, oder wenigstens an unsern unmittelbaren Vorfahren die Früchte davon gesehen haben. Aber mitten in diesem Schmerz laßt uns auf das himmlische Wort hören: Was suchet ihr den Lebendigen bei den Todten? er ist nicht hier, er ist auferstanden! Ihr sucht doch Christum — so möchte ich zu allen sagen, welche auf eine ungebührliche Weise an frommen Ausdrücken und Redensarten hangen, die sie aber doch nicht mehr verstehen, an kirchlichen Gebräuchen und gottesdienstlichen Einrichtungen, denen in ihrem übrigen Leben nichts mehr entspricht, — ihr suchet doch Christum selbst; was suchet ihr denn den Lebendigen in dem, was gestorben ist, was unverkennbar vor euren Augen als entseelte Hülle daliegt? Da ist er nicht, aber er ist auferstanden und wird euch wieder begegnen; in anderen Gestaltungen, unter anderen Formen wird sich dieselbe beseligende Richtung des menschlichen Gemüthes verherrlichen. In anderen Worten wird doch dieselbe Kraft der Erlösung gepriesen; in anderen Sitten und Gebräuchen werdet ihr dieselbe Liebe, die er als das unverkennbare Zeichen der Seinigen angegeben hat, wieder antreffen. Und wie auch Maria den Erlöser, als sie ihn zuerst auferstanden erblickte, nicht gleich wieder erkannte: so wird auch euch mehreres auf den ersten Anblick fremd sein, was doch nichts anderes ist als wahrhaft seine Erscheinung, nichts anderes als die lebendige Aeußerung seiner geistigen Gegenwart und seines beseligenden Wortes. Aber wie der Erlöser, als Maria ihn eben nicht kannte, sie bei ihrem Namen anredete, und ihr nun gleichsam die Augen geöffnet wurden, daß sie ihren Herrn und Meister erkannte: o so kann es nicht fehlen, unter den mannigfaltigen Ausdrücken, in denen der eine Glaube verkündigt wird, unter den mancherlei Weisen, wie christlicher Sinn gebildet und christliche Frömmigkeit geübt wird, muß jeder eine finden, die ihn gleichsam bei seinem Namen anredet und ihm als das wohlbekannte aber längst gesuchte und verloren geglaubte erscheint; und so möge niemand mehr den Erstandenen, den Lebendigen nur bei den Todten suchen, sondern sich freuen, daß er lebt, und daß er sich auch immer wieder finden läßt.

Aber eben, meine geliebten Freunde, wie die Jünger des Herrn, wenn gleich in dem ersten Augenblick ihn nicht erkennend, doch gewiß dem Irrthum nicht wären ausgesetzt gewesen, daß sie einen anderen für den Auferstandenen würden gehalten haben: so ist es auch eine leere Furcht, mit der dennoch oft gläubige Herzen sich quälen, wenn nicht derselbe Buchstabe, wenn nicht dieselbe Ordnung äußerer Gebräuche mehr aufrecht erhalten werden könne, dann würde sich Leeres und Unerbauliches den Beifall einer getäuschten Menge erwerben; Fremdes, Unchristliches, ja Widerchristliches möchte die Gestalt des Erlösers annehmen, und so auch die Auserwählten verführt werden. Nein, solchem Irrthume kann das gläubige Herz nicht preisgegeben sein. In jedem unter uns, der den Herrn aus Erfahrung kennt, ist eine Stimme, die ihn nicht trügt, wenn sie ihm zuruft: Das ist der Herr. Und jeder von uns traut auch nur insofern seinem eignen Urtheil, als sich wirklich in ihm ein richtiges Gefühl entwickelt hat, welches ihn hindert, etwas Fremdartiges mit dem zu verwechseln, wodurch Christus bekannt und verherrlicht wird. Daher sollten alle Christen, so oft sie schon bei dem gewöhnlichen Wechsel des menschlichen Lebens, noch mehr aber im Uebergange von einem Zeitalter zum andern in eben diesen Schmerz versinken möchten, auf das tröstliche Wort hören: Was suchet ihr den Lebendigen bei den Todten? er ist nicht hier, er ist auferstanden; er wird euch erscheinen, wenn ihr ihn sucht.

II. Laßt uns aber zweitens bei den Worten Christi auch jener beiden Jünger gedenken, die auch voll wehmüthigen Gefühles über den Tod des Erlösers am Abend seiner Auferstehung aus Jerusalem zurückkehrten in ihre Heimath. Diese, als der Herr sich zu ihnen gesellte und nach der Ursache ihrer Betrübniß fragte, erzählten ihm, verwundert darüber daß er gar nichts zu wissen scheine von Jesu von Nazareth, wie sie mit vielen andern geglaubt hätten, dieser solle Israel erlösen. Das war also ihr Schmerz; die Hoffnung auf das Reich Gottes, welches sich durch ihn hätte erheben sollen, schien ihnen zertrümmert, aber sie war es nicht. Vielmehr war der Tod des Herrn erst der Anfang des Himmelreiches, welches er zu begründen berufen war, und welches, weit entfernt von seiner leiblichen Erscheinung auf Erden so abzuhangen, daß es hätte untergehen müssen, weil diese so schnell vorüberging, vielmehr allein auf dem Leben und Wirken seines Geistes in den Herzen der Gläubigen beruhen sollte. Wenn gleich also der Erstandene diese Jünger dem Anschein nach härter anredete mit den Worten: Ihr Thoren und trägen Herzens zu glauben dem was geschrieben steht! mußte nicht Christus leiden und so in seine Herrlichkeit eingehn? so sagte er doch eigentlich, indem er ihnen seine Herrlichkeit verkündigte, auch ihnen dasselbe tröstende Wort, was die Engel zu den Frauen gesprochen hatten: Was suchet ihr den Lebendigen bei den Todten? er ist nicht hier, er ist auferstanden. Die zeitliche Erscheinung war freilich vorübergegangen, und in dieser sollte der Herr nicht mehr wirken auf die Welt; aber auf seine irdische Erscheinung sollten sie auch nicht ihr Vetrauen setzen und nicht ihre Hoffnung unter den Todten suchen.

Der Glaube war zu der Zeit, wo der Erlöser auf Erden erschien, mächtig vorbereitet durch die Noth der Zeit, durch das Gefühl der Erniedrigung, in der dennoch bei den frommen Israeliten das Vertrauen auf die göttliche Erwählung des Volkes und auf die ewige Zuverlässigkeit der göttlichen Verheißungen nicht verschwinden wollte. In diese Zeit der Sehnsucht trat die irdische Erscheinung des Erlösers mitten hinein; und Tausende, als der Mann Gottes groß und kräftig in Wort und That das Reich Gottes verkündigte, lebten nun der Hoffnung, er sei es, den Gott berufen habe Israel zu erlösen. Aber dieser Glaube war insofern eitel, als er in den meisten sich auf eine solche Weise gestaltete, nicht wie es den Reden und Andeutungen des Erlösers selbst, sondern wie es den beschränkten Vorstellungen der Menschen der damaligen Zeit, wie es der Richtung auf das Sinnliche und der wehmüthigen Anhänglichkeit an die frühere weltliche Herrlichkeit des Volkes angemessen war. So etwas Falsches und Verkehrtes, was sie durch den Tod Jesu verloren glauben mußten, war wol auch in der Hoffnung jener Jünger gewesen, und diese Hoffnung freilich war getäuscht worden, und im Schmerz darüber, daß sie ihnen fehlgeschlagen, gingen sie nun zurück in ihre Heimath. In diesem Schmerz wollte sie der Erlöser nicht lassen; er wollte ihnen zeigen, daß was sie geglaubt hatten nicht der Wille Gottes bei der Sendung seines Sohnes gewesen war, sondern etwas Höheres; und eben dieses Höheren sollten sie sich nun freuen, den Lebendigen nicht suchend bei den Todten, sondern auf den Erstandenen und sein geistiges Leben sehend.

In einen ähnlichen Fehler, meine geliebten Freunde, fallen wir alle sehr oft, von demselben niederdrückenden Gefühl, von derselben frommen Sehnsucht, von demselben Glauben an die göttlichen Verheißungen erfüllt. Ja wie oft geschieht es uns nicht, daß uns mitten aus der tiefsten Noth die frohe Hoffnung besserer Zeiten aufgehet, alle Umstände sich vereinigen, den Glauben recht lebhaft hervorzurufen, nun sei die Zeit gekommen, daß irgend eines von den mannigfaltigen Uebeln, die gleich sehr eine Folge und Quelle der Sünde das mensch=

liche Geschlecht drücken, könne und gewiß auch werde hinweggenommen werden. Bald gewinnt dann auch eine solche Hoffnung irgend eine bestimmte Gestalt; wir rechnen, so und nicht anders werde sie nun in Erfüllung gehn, und hängen uns oft mit fast kindischem Vertrauen an jedes Zeichen, welches darauf zu deuten scheint. Wie fest aber auch durch die Anhäufung solcher Zeichen unsere Zuversicht geworden sein mag, doch tritt nicht selten ein Wechsel ein, welcher ganz dieselbe Wirkung auf uns hervorbringt, wie der Tod des Erlösers auf diese Jünger. Wir müssen die so bestimmt ins Auge gefaßte, so sicher geglaubte Hoffnung aufgeben und gerathen in denselben vergeblichen Schmerz, als ob es nun auch ganz oder auf lange Zeit aus sei mit der schönen Aussicht auf ein sich herrlicher entfaltendes Reich Gottes auf Erden. O wie noth thut uns dann, daß wir uns recht fest an jenes tröstliche Wort halten: Was suchet ihr den Lebendigen bei den Todten? er ist nicht hier, er ist auferstanden! Ja so oft eine theure Hoffnung, mag sie nun mehr die allgemeinen geselligen Angelegenheiten der Menschen zum Gegenstand haben und also unser christliches Leben nur mittelbar betreffen, oder ganz unmittelbar auf das Wohl der christlichen Kirche selbst gerichtet gewesen sein, so oft eine solche, ihrer Erfüllung dem Anschein nach schon ganz nahe, uns unerwartet wieder zerstört wird, so sollten wir zu uns sagen: Das bestimmte Ereigniß, worauf du voreilig schon gerechnet hattest, ist also für jetzt der Wille Gottes nicht gewesen. Das Gute aber, um dessentwillen du es eigentlich gewünscht hattest, das ist gewiß Gottes Wille, und du darfst nicht trauern, als ob das, was du eigentlich hofftest, unwiederbringlich verloren wäre. Darum sollen wir uns, wenn uns Gott auf diese Weise prüft, niemals vom Schmerz niederdrücken lassen, sondern die Augen des Geistes froh und getröstet erheben und hoffnungsvoll umherschauen, wann und wie der Herr das, was wir vereitelt und verloren wähnten, in einer schöneren Gestalt unter uns aufrichten und vollenden werde. Denn was irgend wirklich und wesentlich zusammenhängt mit dem Werke des Heiligen, der selbst die Verwesung nicht sehen durfte, das kann nicht ersterben; sondern, wenn wir es uns in einer unvollkommneren Gestalt gedacht, wie jene Jünger sich die Erlösung dachten, so kann diese vielleicht schon ehe sie ans Licht kommt sterben; aber in der Hand Gottes wird unser gutgemeintere Gedanke sich verwandeln und zu einer schöneren Gestalt veredeln. Und wie die irdische Erscheinung des Herrn, so kurz sie auch währte, doch keinesweges entbehrt werden konnte für sein geistiges Reich auf Erden, und wir nicht sagen dürfen, da wir alle uns doch wahrhaft selig fühlen in seiner geistigen Gegenwart, so sei die irdische Erscheinung überflüssig gewesen, und der Erlöser habe gleich seine beseligende Wirksamkeit beginnen können mit dieser geistigen Gegenwart, die er nach seiner Erhebung von der Erde den Seinigen verliehen: eben so wenig auch dürfen wir sagen, daß irgend etwas vergeblich gewesen sei, worauf nicht nur die frommen Wünsche gläubiger Gemüther gerichtet gewesen sind, sondern woran sie auch gearbeitet haben mit Zuversicht und

Liebe. Denn nicht nur die Thränen der Gerechten zählt der Herr und läßt keine verloren gehen, sondern noch weit mehr gilt das von ihren Bestrebungen und dem, was sie in demüthigem Glauben und treuen Gehorsam für sein Reich auf Erden gewirkt haben. Vielmehr wie die Erscheinung des Erlösers nothwendig gewesen war auf der einen Seite, um das kleine Häuflein seiner nächsten Jünger zu sammeln und zusammen zu halten in unzertrennlich fester Liebe, und auf der andern Seite, um in einen möglichst weitem Umkreis hinaus wenigstens die ersten Schimmer des göttlichen Lichtes hinzuwerfen, welches hernach, aber freilich erst durch die treue Verkündigung der Boten, durch den beharrlichen Fleiß der Arbeiter, durch das Beispiel der Märtyrer zur hellen Flamme aufgehen sollte, bis der Name des Herrn nirgends mehr fremd wäre, und die christliche Kirche einen großen Theil des menschlichen Geschlechtes schon in ihren Schoß würde aufgenommen haben; eben so ist es auch mit jeder einzelnen und vorübergehenden Erscheinung des Guten und Besseren im menschlichen Leben. O was jemals im Glauben gethan ist, das kann nie vergeblich sein; aber hängen sollen wir an keiner vergänglichen Erscheinung, an keiner irdischen Gestalt des Guten, sondern immer unter der sterblichen Hülle den lebendig machenden Geist suchen und, ist jene erstorben, dann doch diesen Geist fest halten im Gemüth und nach ihm umschauen. Und finden wir — wie wir denn seit Gott uns seinen Sohn geschenkt die göttliche Verheißung haben, daß auch alles andere ins Leben kommen soll, was zum wahren Wohlergehn der Menschen gehört — finden wir, daß dasselbe Gute, welches wir beabsichtigt hatten, nur in einer andern Gestalt anfängt sich zu entwickeln: wolan, so laßt uns ja nicht deswegen, weil es nicht unser Gepräge an sich trägt, glauben, es sei nur ein unwesentliches Gespenst, dem kein beharrliches Dasein zukommen könne, sondern eben so bereit sein es für wesentlich dasselbe zu erkennen, wie die Jünger den auferstandenen Herrn für denselben erkannten. Und wie Gott allein weiß, was uns frommt, so laßt uns, wo wir etwas Gutes sehen, diesem unsre Kräfte widmen und dem Wink von oben folgen, wenn der Herr es auch anders gefügt hat als wir meinten. O daß wir uns immer auch in diesem Sinne an das tröstliche Wort halten möchten: Suchet nicht den Lebendigen bei den Todten, er ist nicht hier, er ist auferstanden! Wie frei werden wir dann bei allem, was sich in der Welt verändert, vor dem Kleinmuthe sein, der, wie der Erlöser schon zur Zeit seines irdischen Lebens sagte, seinen Jüngern nicht ansteht. Stürmt es, und scheint das kleine Schiff seinem Untergange nahe: der Herr befindet sich mitten auf demselben, vor dem alle Stürme doch schweigen müssen. Ihr Kleingläubigen, was zaget ihr! erhebt euch vom Sinnlichen zum Geistigen, vom Zeitlichen zum Ewigen, vom Menschlichen zum Göttlichen, haftet nicht mit ängstlichen Blicken auf irgend etwas Einzelnem, denn alles Einzelne ist irdisch und sterblich. Aber suchet ihr Christum und das ewige Leben: o dann sucht nicht den Lebendigen bei den Todten! er ist immer schon auferstanden, den Augen eures Glaubens wird er begegnen, und der Blick seiner Liebe wird euern erstorbenen Muth wieder anfachen.

III. Aber laßt uns noch etwas hinzufügen, was unsrem eignen Herzen und den Beziehungen, in die wir so oft die Auferstehung unseres Herrn zu setzen pflegen, sehr nahe liegt, aber sich freilich nicht so unmittelbar an den Frauen zeigt, zu denen das tröstende Wort unseres Textes geredet wurde. Denn als diese tief betrübt waren über den Tod desjenigen, den sie über alles verehrten; so erquickte er sie unmittelbar, indem er ihnen leiblich erschien als der Erstandene; wie er denn der Erstling unter den Todten sein mußte, und es ihm geziemte, der erste zu sein, der in der That die Macht des Todes besiegte und unmittelbar von einem irdischen in ein höheres Dasein überging. Uns aber, die wir seiner leiblichen Gegenwart uns nie erfreut haben und sie also auch nicht vermissen, indem wir nur an jene geistige Gegenwart des Herrn gewiesen sind, vermöge deren er verheißen hat unter uns zu sein bis an der Welt Ende; uns sind nun die liebste und theuerste Erscheinung auf Erden diejenigen unserer Brüder, in denen sein Geist am kräftigsten lebt, in denen sich sein Bild am reinsten gestaltet, die sich bewähren als die Starken unter den Schwachen, als die christlich Weisen unter den noch auf mannigfache Art in ihrem Gemüth Unklaren und Verworrenen, als diejenigen, welche, soviel sie vermögen, jedermann durch die Kraft ihres geistigen Lebens zu dem Urheber desselben hinzuleiten suchen. Wenn aber ein solcher aus den näheren Kreisen unsres Lebens das Loos aller Irdischen erfährt, und seine zeitliche Erscheinung aus der Mitte seiner Lieben zurücktritt: so ist es freilich nicht ganz derselbe — denn wer dürfte sich ihm vergleichen? — aber es ist ein dem Schmerz jener heiligen Frauen sehr verwandter und ähnlicher Schmerz, mit welchem wir dann bei der entseelten Hülle stehen. Und eben wie jene Frauen, die den Leichnam des Erlösers salben wollten: ebenso suchen wir dann auch das Andenken der hingegangenen Geliebten auf alle Weise zu befestigen in unsrer Seele, es uns einzuprägen durch jedes sinnliche Hülfsmittel, welches uns zu Gebote steht, es festzuhalten in wenn auch unvollkommenen Zügen eines äußeren Bildes und jedes theure Andenken an den Hingeschiedenen sorgfältig zu bewahren. Aber das geschieht uns nicht, was jenen Frauen geschah. Wie viel Achtung sich unser Schmerz auch erwirbt, wie viele auch uns ihre Theilnahme schenken über unsern Verlust: niemand ist, der uns so tröstend erscheinen könnte, wie jener Engel den Frauen, und in demselben buchstäblichen Sinne uns zurufen: Was suchet ihr den Lebendigen bei den Todten? er ist nicht hier, er ist auferstanden; sehet euch um, er wird vor euch hergehen. Wenn es uns nun aber so gut nicht wird: so sollten wir doch in jedem solchen Falle uns unter einander ermuntern, wie löblich auch unser Schmerz sei, uns doch in das Gefühl des Verlustes, den wir erlitten, nicht allzu tief zu versenken, sondern nur in einem mehr geistigen und weniger unmittelbaren Sinne uns dennoch auch an dem tröstlichen Worte erquicken: Was suchest du den Lebendigen bei den Todten? er ist nicht hier, er ist auferstanden! Ja das ist wahr und gewiß, zu einer geistigen Wirksamkeit in unserer Seele und auf unser Leben, die von allen leiblichen Schranken und Zufälligkeiten befreit ist, ersteht ein jeder von unseren dahingegangenen Freunden uns auch gleich unmittelbar nach seinem Tode wieder. Darum haftet nicht an der entseelten Hülle, hanget auch nicht an den sinnlichen Zeichen und an der leiblichen Erinnerung, sondern eben wie jene Engel den Frauen geboten, sie sollten seinen Jüngern sagen, er werde vor ihnen hergehen in Galiläa, da würden sie ihn sehen, eben das sollen auch wir uns gebieten.

Galiläa nämlich war der Schauplatz der größten und erhabensten Wirksamkeit des Erlösers, es war die Gegend, wo sich die näheren Verhältnisse mit den meisten seiner Jünger angeknüpft oder befestigt hatten. Wie nun die Jünger des Herrn angewiesen wurden dorthin zu gehen: o so laßt auch uns das Bild des Todes verlassen und im Geiste hineilen zu dem Schauplatz der ausgezeichnetsten Thätigkeit unserer vor uns hingegangenen theuren Brüder; dahin, wo sich das Verhältniß der Liebe und Theilnahme mit ihnen angeknüpft hat, dahin laßt uns gehen, alle schönen Erinnerungen auffrischen und uns das Bild ihres Lebens und ihrer Wirksamkeit zurückrufen! dann werden auch sie unter uns sein mit ihrem Geiste und mit der Kraft, womit sie auf uns gewirkt haben. — Aber freilich, wie es nur vierzig kurze Tage waren, während deren unser Erlöser, und zwar immer unterbrochen und nur auf kurze Zeit unter seinen Jüngern sich sehen ließ und mit ihnen redete vom Reiche Gottes: so wird auch uns, verdrängt von mancherlei andern Verhältnissen, das Bild unserer theuren Entschlafenen allmälig erbleichen und sich tiefer in das Innere unseres Gemüthes zurückziehen, so daß es immer seltener und nur bei besonderen Veranlassungen hervortritt. Und wie nach jenen vierzig Tagen der Herr leiblich gar nicht mehr auf Erden zu finden war, so kommt menschlicherweise, wenigstens in vielen Fällen, zuletzt auch für diese geistige Gegenwart unserer Verstorbenen eine Zeit, wo sich uns ihr Bild nicht mehr unmittelbar darstellt, eine Zeit scheinbarer Vergessenheit. Wir wissen, daß wenige Menschen dieser ganz entgehen, ja warum sollen wir nicht sagen: sie kommt für alle, auch für die, deren Thaten die Geschichte erzählt, auch für die, deren Rede sich durch die Schrift auf ferne Geschlechter fortpflanzt, nur die heiligen Schriftsteller ausgenommen, die auf eine für alle Zeiten gültige Weise die Rede des Erlösers verklärt haben, und welche ihnen hierin am nächsten stehen, für die kommt auch jene Zeit am spätesten. Darüber dürfen wir uns nicht wundern; denn es ist nur der Erlöser, mit welchem wir in einem unauflöslichen Verhältniß stehen; jedes andere kann uns früher oder später entfremdet werden. Wenn uns nun dieses geschieht, daß wir an geliebte Todte selten oder gar nicht mehr auf bestimmte Weise denken, und es scheint, als müßten wir sie nun wieder bei den Todten suchen: so laßt uns bedenken, daß doch auch dies eine Täuschung ist. Denn die Wirkung, welche unsere dahin=

gegangenen Brüder auf unsere Seele ausgeübt haben, hört nicht auf; vielmehr ist ihr Geist und ihre Kraft dadurch in unsre eigene Seele gleichsam übertragen, und sie sind und leben in uns und mit uns. Und wie der Zustand des Erlösers in den Tagen seiner Auferstehung die Bürgschaft war, daß, wie er noch nicht aufgefahren war zu seinem Vater im Himmel, so er doch gewiß auffahren werde, weil er hinfort nicht mehr verwesen sollte*): eben so ist jene fortwährende Wirksamkeit unserer schon länger entschlafenen Brüder uns die sicherste Bürgschaft, daß eine Kraft, deren Wirkungen noch immer fortdauern auch ohne alle äußere Hülfe und Vermittelung, daß diese auch selbst nicht erstorben ist, als ihre äußere Hülle starb, sondern daß sie, wenngleich auf eine uns undenkbare und unbegreifliche Weise zusammengehalten wird und bewahrt von dem Ewigen, der sie mit den Gütern des Heils ausgestattet und zu seinem Werkzeuge bereitet hat. So laßt uns also auch in diesem Sinne an jenem tröstenden Worte festhalten: Was suchet ihr den Lebendigen bei den Todten? er ist nicht hier, er ist auferstanden! sie gehen vor euch hin, folgt ihnen mit dem Auge des Glaubens und der Liebe.

Und so, meine geliebten Freunde, hängt es in Beziehung auf alles, was wir in unserer Betrachtung zusammengefaßt haben, nur von uns ab, nämlich von der Kraft des Glaubens und der Liebe in unserer Seele, deren wir uns freilich nur durch die Gnade Gottes in Christo erfreuen, daß wir schon hier, noch mitten in den Gefilden des Todes, denn so ist diese irdische Welt, auch solche Augenblicke leben, wie die Jünger in den Tagen der Auferstehung des Herrn. Der lebendige Glaube ist es, vor dessen Blicken alles Vergängliche zurückweicht, weil er nur das Ewige festhält, durch dessen Kraft aber auch alles Geistige sich aus einer Klarheit zur andern verherrlicht und erneuert. Die himmlische beseligende Liebe, von welcher der Erlöser getrieben war, und welche auch die Seinigen beseelen muß, soll anders sein Reich gebaut werden, diese ist es, welche sich durch ihre eigenthümliche höhere Kraft immer mehr befreit von allen Beschränkungen durch das Aeußere und Sinnliche, denen jede unvollkommnere Liebe unterworfen bleibt. Und wie nur der göttliche lebendig machende Geist ihr Gegenstand ist, der unter allem Wechsel immer derselbe bleibt: so ist ihr auch dieser immer gleich willkommen, und sie wird gleich geistig und kräftig von ihm bewegt, unter welcher Gestalt er ihr auch zu verschiedenen Zeiten erscheine. Das ist der Segen, welcher sich unter uns bei jeder Feier der Auferstehung des Herrn erneuert; das ist das herrschende Gefühl, welches sich in uns regt, so oft wir den Auferstandenen begrüßen, daß wir durch ihn unabhängig geworden sind und erhoben über die Schranken des vergänglichen Lebens und über die Schrecknisse des Todes, daß seine Auferstehung unter der Gemeinde seiner Gläubigen nicht nur eine frohe Ahnung der Unvergänglichkeit gewirkt hat, sondern das unmittel-

---

*) Apostelgesch. 13, 34.

bare Gefühl derselben und die feste Zuversicht, daß wir den Erlöser nicht nur schauen werden nach unserer Auferstehung, sondern daß wir, wie er von der Erde erhöht ist, schon jetzt mit ihm aufstehen zu dem neuen Leben des Geistes, kraft dessen jeder Tod verschlungen ist in den Sieg des Glaubens und des Reiches Gottes über alle Gewalt der Welt und des Fleisches, und kraft dessen wir ihn unmittelbar in unsere Seele aufnehmen und volle Genüge haben an dieser inneren geistigen Wirksamkeit des Herrn, mit der er unter uns sein möge alle Tage bis an der Welt Ende.

Mit diesem Leben Christi in uns, mit dieser geistigen Wirksamkeit des Herrn in unserer Seele steht denn in einer ganz besonderen Beziehung auch das heilige Mahl seines Gedächtnisses und seiner Liebe, welches einige unter uns jetzt begehen wollen. In diesem giebt er sich uns aufs Neue, verbindet sich immer inniger mit den gläubigen Seelen und giebt uns darin als die geistige Kraft seiner Auferstehung jenes höhere Leben zu genießen, welches er ans Licht gebracht hat, und zu welchem wir alle berufen und unter einander vereinigt sind in dem seligen Bunde der Christen, welcher unumschränkt vertraut auf die Macht, mit welcher der Herr von oben her das Reich regiert, welches ihm sein Vater beschieden hat. Amen.

Ja Preis und Dank sei dir, ewiger Vater, der du durch deinen Sohn Unsterblichkeit und ewiges Leben ans Licht gebracht hast. O laß uns dieses immer reichlicher genießen, daß es immer kräftiger unser ganzes irdisches Dasein beherrsche und heilige. Erfülle uns mit der tröstlichen Gewißheit von der geistigen Gegenwart dessen in unserer Seele und in der Mitte unserer Versammlungen, die leiblich nicht mehr unter uns ist, daß der geistige Leib, an welchem er das Haupt ist, immer mehr erstarke und sich verschöne, und aus demselben die Züge dessen, welcher der Abglanz deiner Herrlichkeit ist und das Ebenbild deines Wesens, allen denen entgegenstrahlen, welche geschickt sind von deinem Licht erleuchtet zu werden.

(Folgen die gewöhnlichen Fürbitten.)

XXXII.
Weshalb die Apostel sich so besonders Zeugen der Auferstehung Christi nennen.

Am Osterfest.

Text: Apostelgeschichte 3, 13—15.

Der Gott Abrahams und Isaaks und Jakobs, der Gott unserer Väter, hat sein Kind Jesum verkläret, welchen ihr überantwortet und verleugnet habt vor Pilato, da derselbe urtheilte ihn loszulassen. Ihr aber verleugnetet den Heiligen und Gerechten und batet, daß man euch den Mörder schenkte: aber den Fürsten des Lebens habt ihr getödtet. Den hat Gott auferwecket von den Todten, dies sind wir Zeugen.

Meine andächtigen Zuhörer! Die eben verlesenen Worte haben eine große Verwandtschaft mit dem, was wir bereits vorher in unserer epistolischen Lection gehört haben*). Sie sind aus einer früheren Rede desselben Apostels, die er vor dem Volke hielt, als es sich voll Verwunderung um ihn her versammelte wegen des Zeichens, welches er im Namen Christi gemeinschaftlich mit dem Johannes an einem gelähmten Menschen verrichtet hatte. Diesen wunderbaren Erfolg führt er hier zurück auf seinen Herrn und Meister, damit nicht jemand irre geleitet werde, als ob er selbst oder der Genosse seiner Verkündigung dies vermocht hätte, sondern nur durch den Namen Jesu sei es geschehen. Aber noch bestimmter als in den Worten unserer epistolischen Lection tritt auch hier und in andern Reden desselben Apostels wie auch anderer dies hervor, daß die Apostel in ihrer Verkündigung des Evangeliums sich mit einem vorzüglichen und ausgezeichneten Nachdruck, ja gewissermaßen ausschließend Zeugen der Auferstehung Christi nennen. Sie sollten doch nun eigentlich seine Zeugen sein, Zeugen der göttlichen Kraft, die in ihm wohnte, und der göttlichen Wirksamkeit, die von ihm ausging; aber von beiden war doch seine Auferstehung nur ein Theil, nur ein einzelner Ausdruck: wie kommen sie dazu, sich gerade an diesen auf eine so ausgezeichnete Weise zu halten? Diese Frage verdient es sehr wohl uns an einem solchen Festtage wie der heutige zu beschäftigen, indem sie uns zu gleicher Zeit die wahre Bedeutung der Begebenheit, welche wir feiern, und die Richtung unserer eigenen Gedanken und Empfindungen in Beziehung auf dieselbe angiebt. So laßt uns also die Frage uns vorlegen und zu beantworten versuchen: Weshalb auf solche ausgezeichnete Weise die Apostel des Herrn sich Zeu=

---

*) Apostelgesch. 10, 34—41.

gen seiner Auferstehung nennen? Es hat aber diese Frage zwei Seiten: die eine bezieht sich auf sie selbst, die andere auf denjenigen, von welchem sie reden und Zeugniß geben.

I. Wenn wir diese Frage also zuerst betrachten in Beziehung auf die Apostel des Herrn selbst, da sie doch vorher schon als seine Zeugen gelebt und gewirkt hatten, namentlich auch vorher schon noch während seines irdischen Lebens unter ihnen von ihm ausgesandt waren, um das Reich Gottes zu verkünden: wie kommt es, daß sie das alles hintenansetzen, als ob nun etwas ganz Neues angegangen wäre und von dem vorigen Verschiedenes, weshalb sie sich nur Zeugen seiner Auferstehung nennen? War der Glaube an ihn, den sie vorher schon gehabt und bekannt hatten, nicht der rechte gewesen? Das können wir unmöglich annehmen; denn der Erlöser gab ihnen das Zeugniß, Fleisch und Blut habe ihnen das nicht offenbart, sondern sein Vater im Himmel*), und also muß ihr Bekenntniß doch das Wahre und Wesentliche der Sache enthalten haben. Nun scheint es freilich wol, als ob dieser Glaube, wenn man allerdings zugeben muß, er sei schon der rechte und also auch ihr Zeugniß von ihrem Herrn und Meister eben auch das wahre gewesen, jetzt durch den Tod des Herrn, wenn nicht verloren gegangen, doch gar sehr verdunkelt worden wäre. Nämlich das sagt ihnen allerdings der Erlöser selbst in seinen letzten Reden mit ihnen; aber zu gleicher Zeit fügt er doch immer hinzu, er habe für sie gebetet, und sein Gebet sei auch hier, wie das immer geschah, erhört worden, so daß ihr Glaube nicht verloren gehen werde. Wie sollte es auch möglich sein, daß ihnen ihre eigene innere Erfahrung hätte verloren gehen können durch sein Leiden und seinen Tod? Wie? die ganze Zeit ihres Zusammenlebens mit ihm sollte wie weggewischt worden sein, so daß sie aus dem höheren Leben, in welches sie durch ihn eingeweiht worden waren, plötzlich wieder zurückgesunken wären in das vorige? Die Wirkungen seiner Worte, von deren Kraft sie so oft schon Zeugniß gegeben hatten, sollten plötzlich verschwunden sein aus ihrer Seele, wie genau sie auch schon mit ihrem ganzen Leben zusammenhingen? Nein, das können wir nicht glauben! wie sollten wir sonst irgend ein Vertrauen behalten zu unserm eignen Glauben? wie sollten wir sonst sicher sein können, daß Wahrheit sei in dem, was das Gemüth bewegt, wenn es sich auf den Erlöser hinwendet und die Kraft seines Lebens erfährt? Nein! so gewiß sie im ganzen Sinne des Wortes gläubig an ihn gewesen waren: so gewiß würden sie auch seine Jünger geblieben sein, auch wenn er nicht auferstanden wäre. Aber freilich, was sie selbst bestimmt genug sagen, ist dieses. Sie hatten gehofft, er sollte Israel erlösen, und diese Hoffnung war ihnen untergegangen durch seinen Tod. Das heißt, daß sie auch nun noch Gehör finden würden bei seinem und ihrem Volke, wenn sie fortführen zu predigen im Namen Jesu von Nazareth, das konnten sie nicht mehr hoffen, nachdem eben dieses Volk

---

*) Matth. 16, 17.

ihn, den Fürsten des Lebens, den Händen der Sünder überantwortet, an ein Holz gehängt und getödtet hatte; sie konnten nicht hoffen, daß sie mit ihrem Zeugniß für den Getödteten das Aergerniß des Kreuzes überwinden würden. Deshalb also, können wir wol behaupten, nennen sie sich so vorzüglich die Zeugen seiner Auferstehung, weil, ungeachtet sie freilich auch nach derselben nicht im Stande waren ihn anderen zu zeigen — denn er offenbarte sich ja nur ihnen, wie der Apostel in unserer heutigen epistolischen Lection sagt, nur ihnen, den vorher erwählten und bestimmten Zeugen, — sie doch, wie es hier geschah, im weiteren Verlauf der Erzählung, aus der unser Text genommen ist, im Namen des Auferstandenen Buße predigten und nicht nur Vergebung, sondern auch eine Zeit der Erquickung verkündigten und in seinem Namen Zeichen und Wunder thaten. Denn dadurch ging ihnen die zuversichtliche Hoffnung auf, daß ein so beglaubigtes Zeugniß davon, daß er wieder gelebt hatte nach seinem Tode, das Aergerniß des Kreuzes wenn auch nicht bei allen doch bei einigen werde überwinden können! Thaten sie nun etwa dieser so entscheidenden Begebenheit mehr Ehre an, als sie verdient, wenn sie deshalb sich selbst in Beziehung auf ihren Beruf von vorn herein Zeugen seiner Auferstehung nennen? waren sie dies nicht sogar der Sache, der sie dienten, schuldig, um dadurch den für die gewöhnliche Meinung der Menschen widrigen und herabwürdigenden Eindruck des Todes, den er erlitten hatte, zu überwältigen und zugleich ihn darzustellen als den Ueberwinder des Todes?

Allein wenn wir dies auch alle natürlich finden, meine andächtigen Zuhörer, werden wir nicht doch genauer erwogen sagen müssen, eben dieses, daß sie seiner Auferstehung nöthig hatten, wenn auch nur dazu um wiederum in zuversichtlichem Muthe Zeugniß von ihm zu geben, sei doch zu gleicher Zeit ein Zeichen, wenn auch nicht davon, daß ihr Glaube ihnen verloren gegangen sei, doch von einer gewissen Schwachheit desselben, doch davon, daß er auch noch behaftet gewesen mit allerlei menschlicher Gebrechlichkeit? Wenn wir die Reden der Apostel erwägen, wie sie seit dem Tage der Pfingsten das öffentliche Zeugniß von dem Evangelium ablegten, indem sie das Volk zunächst immer darauf hinführten, wie schwer es sich an demjenigen versündigt hatte, den es nie auf eine andere Weise gekannt, als daß er umhergegangen um zu lehren und wohlzuthun; wenn sie ihren Zuhörern, so müssen wir wol denken, eben diese Kraft seiner Lehre, eben diese Fülle seiner wundervollen Wohlthaten gegen alle Leidende in seinem Volke, auch ganz abgesehen von seiner Auferstehung, recht vor Augen gemalt und ins Gedächtniß zurückgebracht hätten; wenn sie die innere Stimme des Gewissens recht erweckt hätten durch die Kraft des Wortes, die ihnen ja, seitdem sie beseelt waren von dem göttlichen Geiste, in so außerordentlichem Maße zu Gebote stand: o würden sie es nicht doch eben dahin gebracht haben, daß die Herzen der Menschen zerknirscht worden wären, wenn sie sie auch nur erinnern konnten an den Getödteten und nicht an den Auferstandenen? hätte nicht der Zauber ihres Mundes so groß sein müssen, daß ihre Rede den Menschen auch ohne dieses Zeugniß von dem, was sie doch nicht sehen konnten, sondern immer nur glauben mußten, dennoch durchs Herz gegangen wäre, so daß sie zu Petro und den andern Aposteln dasselbe gesprochen hätten: Ihr Männer, lieben Brüder, was sollen wir thun, daß wir selig werden? würde nicht die Ueberzeugung, es müsse wol Wahrheit sein, was diese verkündigen, sich ihren Zuhörern dennoch aufgedrängt haben, wenn sie nun die Apostel mit gleichem Muthe das Werk Christi unter ihnen fortsetzen sahen, um seinen Auftrag zu erfüllen? sollten die Jünger nicht mit diesem Muthe Glauben gefunden haben, auch ohne die Auferstehung des Herrn, auch ohne sein sichtbar geworden sein vor ihnen? Wir können wol nicht anders glauben! Wenn wir dies verneinen wollten, das wäre unstreitig ein Zweifel an der allmächtigen Kraft des göttlichen Wortes selbst. Was sollen wir also anders sagen, als freilich so ist es; in Beziehung auf die Apostel ist dies, daß sie sich auf eine so ausschließende Weise Zeugen seiner Auferstehung nennen, zugleich ein Bekenntniß von der Schwachheit, mit welcher ihr Glaube noch behaftet war. Aber was doch auch daneben? Gewiß doch zugleich auch ein frohes Zeugniß davon, wie mitleidig der Vater im Himmel der menschlichen Schwachheit zu Hülfe kommt! Denn das that er auf eine ausgezeichnete Weise zuerst durch die Auferstehung des Herrn selbst, dann aber auch dadurch, daß er seinen Jüngern, da der Erlöser sich nicht mehr selbst mit der Welt einlassen, sondern nur für seinen engeren Kreis leben konnte, die Kraft gab ihrem Zeugniß Glauben zu verschaffen durch die mitfolgenden Wunder, die sie dann verrichteten im Namen dessen, den die Welt verworfen und getödtet, den aber Gott auferweckt und zum Herrn und Christ gemacht hatte.

Wenn uns nun die Auferstehung des Herrn in diesem Lichte erscheint: was ist sie anders, meine andächtigen Zuhörer, als das erste Glied einer großen lange Reihe von ähnlichen Erweisungen der göttlichen Gnade und Milde? Alles wodurch Gott in dem Verfolg der Ausbreitung des Christenthums der Schwachheit des menschlichen Glaubens zu Hülfe kommt, es ist eben dasselbe, was in jenen ersten Tagen des Evangeliums die Auferstehung des Herrn war; und dieselbe Dankbarkeit sind wir Gott für alles übrige hierher Gehörige schuldig, wie für die Auferstehung des Herrn selbst. Und wie ist Gott dieser Schwachheit des Glaubens zu Hülfe gekommen? Durch das Unscheinbarste und das Widerwärtigste, wie durch das Glänzendste und Erhebendste. Durch das Unscheinbare, daß es nämlich lange Zeit so blieb, wie der Erlöser einst zu seinem Vater im Himmel redete: Ich danke dir Gott, daß du es verborgen hast den Weisen dieser Welt und hast es offenbart den Unmündigen*). Daß die Verkündiger des Reiches Gottes solche waren, die sonst wenig oder nichts galten in menschlichen Dingen, die unbekannt geblieben wären ihr ganzes Leben hin-

---

*) Matth. 11, 25.

durch, wenn Gott sie nicht erwählt hätte zu Zeugen seines heilsamen Wortes: das mußte ja gewaltig unter den Menschen wirken und den an sich schwachen Glauben daran befestigen, daß dieser Lehre eine göttliche Kraft einwohnen müsse, da sie ja durch so schwache Werkzeuge und doch mit solchem Erfolge verkündigt wurde. Durch das Widerwärtige, wenn wir bedenken, wie das Evangelium sich nicht etwa nur untern Martern und Verfolgungen, sondern unter bitterem Spott und kalter Verachtung, ja unter den demüthigendsten Quälereien, welchen sich die unterwerfen mußten, welche das Kreuz annahmen, dennoch fortgepflanzt hat. Daß es sich unter solchen Demüthigungen dennoch so schnell ausbreitete: wie mußte das nicht zum Glauben aufregen und der Schwachheit desselben zu Hülfe kommen? Aber eben so auch durch das Glänzendste und Erhabenste. Wenn wir die menschliche Welt jetzt betrachten, wie sie sich schon seit einer Reihe von Jahrhunderten gestaltet hat: wo sonst finden wir alle Wirkungen der geistigen Entwicklung in solcher Pracht und Fülle, wo sonst die Herrschaft des Menschen über die Kräfte der Natur auf dieser Erde zu gleichem Gipfel gesteigert, so daß man kaum glauben sollte, es könne noch etwas Größeres erreicht werden, und dennoch erhebt sie sich immer höher! Und wo hat sich das menschliche Leben von allem Unwürdigen in der äußeren Sitte, in den gegenseitigen Verhältnissen der Menschen sowol den häuslichen als den öffentlichen, im Ausdruck der Gedanken und Empfindungen mehr gereinigt als unter christlichen Völkern? Wie sehr ist dadurch Gott der Herr der Schwachheit des menschlichen Glaubens zu Hülfe gekommen und hat auch für diejenigen gesorgt, die nicht umhin können, wenn ihnen das Ewige verkündet wird, hinter sich zu sehen auf das Nichtige und Vergängliche; die, wenn sie auch zur guten Stunde in den geheimnißvollen Ort eintreten, wo sich des menschlichen Geistes Zusammenhang mit seinem ewigen Urquell darstellt, doch da nicht weilen können, wenn sie nicht zugleich gewahr werden, was ihnen von dannen herkommt im menschlichen Leben. Denn auch diesen in der sinnlichen Schwachheit des menschlichen Geistes Befangenen muß es durch solche Beweise seiner Gnade deutlich in die Augen leuchten, daß diejenigen die Lieblinge des Höchsten sein müssen, über die er die Fülle solcher Wohlthaten ausgießt und in demselben Maße ausgießt, als sie das Ewige suchend auch alle äußere Herrlichkeit immer nur wieder für dieses gebrauchen. Und eben in diesem ausschließenden Gebrauch, dessen wir uns freilich immer mehr befleißigen müssen, wenn auch wir jenem göttlichen Zeugniß Kraft geben wollen durch unsern Wandel, in diesem ausschließenden Gebrauch aller unserer Gaben und Güter zur Förderung des Reiches Gottes, darin sind wir auf eigene Weise das Abbild des erstandenen Erlösers, der, so wie er wiedererwacht war zu diesem neuen Leben, nur für den kleinen Kreis der Seinigen lebte, alle Augenblicke, die ihm gegeben waren, für sie benutzte und sich um die Welt nicht ferner bekümmerte, weil er ihr einmal abgestorben war am Kreuz. So konnten sich denn wol die Apostel des Herrn mit Recht in dem Bewußtsein ihrer Schwachheit und überhaupt der menschlichen Schwachheit, aber eben deswegen auch in der dankbaren Erhebung der Milde, mit welcher der himmlische Vater dieser Schwachheit zu Hülfe kam, durch die sichtbare Auferweckung des Herrn aus dem Grabe vor allem Zeugen seiner Auferstehung nennen.

II. Aber laßt uns nun zweitens fragen, was diese Benennung Zeugen der Auferstehung für eine Bedeutung hat in Bezug auf den Erlöser selbst? Da finden sich freilich in denselben ernsten Verkündigungsreden der Apostel mancherlei Aeußerungen, die, wenn wir sie nicht richtig verstehen, uns leicht könnten auf einen falschen Weg verleiten. Gleich in seiner Pfingstrede drückt sich der Apostel Petrus, nachdem er ebenfalls zuerst von der Verwerfung und Verurtheilung des Erlösers und dann von der Auferweckung desselben geredet hatte, so aus: Diesen Jesum, den ihr getödtet habt, hat Gott zu einem Herrn und Christ gemacht. Sollte das seine Meinung haben sein können, daß der Erlöser erst durch die Auferstehung ein Herr und Christ geworden wäre? So kann es wol im Zusammenhange manchem klingen, allein, meine geliebten Freunde, dies würde gewiß eine sehr unrichtige Anwendung der Worte des Apostels sein. Der Herr und Christ ist Jesus von Nazareth gewesen von Anfang seiner Erscheinung an; als das Fleisch gewordene Wort Gottes hat er das Licht der Welt erblickt, und überall in seinem ganzen öffentlichen Leben hat er sich bewiesen als den Herrn und Christ. Ja die Apostel selbst hätten ihren früheren Glauben an ihn als solchen dadurch verleugnet, wenn sie jetzt hätten behaupten wollen, er sei erst ein Herr und Christ geworden durch seine Auferstehung. Und er selbst, der Erlöser, hat er nicht schon während seines irdischen Lebens vor seinem Tode eben so große Worte von sich selbst geredet, als die letzten, die er zu seinen Jüngern sprach, indem er ihnen sagt: Mir ist alle Gewalt gegeben im Himmel und auf Erden?*) hat er nicht schon immer gesagt, der Vater habe dem Sohne gegeben das Leben zu haben in ihm selber?**) der Sohn habe die Kraft die Todten zu erwecken und sie zum Leben hinzuführen?***) und das sei der Wille seines himmlischen Vaters, daß sie glauben sollten an den, den er gesandt hat?†) Wenn diejenigen, die ihn hörten, damals hätten an seine Auferstehung, auf die auch nicht die leiseste Anspielung vorkommt, denken sollen, um ihn recht zu verstehen: wie gegründete Ursache hätten sie gehabt zu klagen über die Dunkelheit seiner Worte! Auf der andern Seite aber konnte er eben dieses, daß er der Herr und Christ, der zum geistigen Herrscher Gesalbte, der über alle früheren weit erhabene Gesandte Gottes sei, konnte er dies stärker als in solchen Worten ausdrücken? So hätten also die Apostel ihn selbst und seine Worte verleugnen müssen, wenn ihre Meinung gewesen wäre, daß er dies erst durch die Auferstehung geworden sei! Wenn wir nun fragen, ob denn eben dies, daß seine Apostel sich so ausgezeichnet die Zeugen seiner

---

*) Matth. 28, 18. — **) Joh. 5, 26. — ***) Joh. 5, 21. 25. — †) Joh. 6, 29.

Auferstehung nennen, weil es diese Anwendung auf ihn selbst nicht haben kann, gar keine habe: so müssen wir zweierlei in Betrachtung ziehen, einmal den natürlichen Zusammenhang zwischen der Auferstehung des Herrn und seinem Tode, und dann den anderen zwischen der Auferstehung des Herrn und seiner Himmelfahrt. Wenn ich aber hier sage den natürlichen Zusammenhang, so kann ich darunter nur das verstehen, was natürlich ist in dem ewigen Rathschluß Gottes.

Auf die Frage nun, was denn die Auferstehung des Herrn in Beziehung auf seinen Tod gewesen sei, werden wir wol keine andere Antwort geben können als diese. Sie war das gleichsam laut ausgesprochene göttliche Urtheil über diejenigen, die ihn zum Tode gebracht hatten, eine außerordentliche göttliche That, wodurch eben jene menschliche Handlung widerrufen und aufgehoben wurde; also diejenige That, durch welche sich Gott nach menschlicher Weise und für die Schwachheit der Menschen freilich, aber so deutlich und bestimmt, wie es für diese wol auf andere Weise nicht hätte geschehen können, zu dem aufs Neue bekannte, den die Menschen, an die er gesandt gewesen war, verworfen hatten und getödtet. Die Auferweckung Christi war in dieser Beziehung, daß ich so sage, die letzte göttliche Stimme, welche ausrief: Das ist mein lieber Sohn, an dem ich Wohlgefallen habe; und indem sie so den Sieg des Erlösers über den Tod darstellte, den die Menschen ihm zugefügt hatten, war sie die Vollendung seines irdischen Werks. Eben deswegen aber reden die Jünger des Herrn von seiner Auferweckung auch oftmals so, als schließe sie die ganze göttliche Absicht mit dem Erlöser in sich, und gebrauchen eben denselben Ausdruck: Gott habe ihn erweckt, für den ganzen göttlichen Rathschluß in Beziehung auf seine Person. So der Apostel Petrus am Ende derselben Rede, aus welcher die Worte unsers Textes genommen sind, als er seine Zuhörer, nachdem er sie niedergeschlagen, nun auch wieder aufrichten will, spricht er so zu ihnen: Nun, euch zuvörderst hat Gott erwecket sein Kind Jesum und hat ihn zu euch gesandt, euch zu segnen*). Hier macht, wenn wir auch auf das Vorhergehende gar nicht zurücksehen, schon die ganze Stellung deutlich, daß unter den Worten: Er hat Jesum auferwecket, die ganze Ankunft Jesu in die Welt zu verstehen sei, indem der Apostel erst hernach hinzusetzt, er hat ihn zu euch gesandt mit seinen Segnungen, mit seinen Wunderthaten. Wird also jenes vorausgestellt, so kann es nur die ganze Sendung des Herrn und sein gesammtes Verhältniß zur Welt bedeuten. Und auch in dieser Beziehung nennen sich die Jünger Zeugen seiner Auferstehung. Dadurch, daß er den Tod nicht nur gelitten, sondern auch besiegt hatte, erschien er erst in dem vollen Glanz seiner Bestimmung und ging ihm selbst auch erst das Bewußtsein der vollen Zuversicht auf, die er erweckte; und dadurch wurde er erst verklärt, wie Petrus in der heutigen epistolischen Lection sagt:

---

*) V. 26.

Gott hat sein Kind Jesum verkläret, diese seine Verklärung war äußerlich erst vollendet durch seine Auferstehung. Und das ist nun die Ursache, warum dies Fest der Auferstehung des Herrn von Anfang an, seitdem es in der christlichen Kirche als ein besonderes Fest ist gefeiert worden, auch als das hauptsächlichste und erste aller Feste angesehen worden ist; es führet zunächst zurück auf den Tod des Herrn, indem das göttliche Werk, das die Menschen vernichtet hatten, wieder aufgerichtet wurde; ja es ist das Fest des Herrn schlechthin von dessen erstem Anfange bis zu seinem letzten Ende, die ganze göttliche Führung mit ihm und alles, was der Herr selbst durch diese geleistet hat, in sich schließend.

Aber es giebt zweitens auch einen Zusammenhang der Auferweckung mit der Himmelfahrt des Herrn. Denn dieser erwähnen die Apostel auch nach dem Tage der Pfingsten in ihren Verkündigungsreden gar nicht besonders, sondern übergehen sie ganz mit Stillschweigen oder reden nur beiläufig davon, aber nicht als von etwas, das sichtbar zu erkennen gewesen, und wovon sie eben so Zeugen wären, nicht als von einer anschaulich zu erfassenden Thatsache. So sagt Petrus: diesen Jesus hat Gott auferwecket, und nun, nachdem er erhöhet ist, hat er ihn gesetzt zu einem Richter der Lebendigen und der Todten*). Was Christus gestorben ist, sagt der Apostel Paulus, das ist er einmal gestorben der Sünde, und was er nun lebt, das lebt er Gotte**). Der Auferstandene konnte nicht wieder sterben, und so verstand es sich gleichsam von selbst, daß er erhöht werden mußte von der Erde auf eine andere verborgene, unbegreifliche Weise; verborgen sage ich, denn sichtbar und anschaulich konnte immer nur der Anfang dieser Erhöhung sein, das Ende nicht. Darum erwähnen auch die Apostel dieser nicht anschaulichen Handlung nicht, aber die Auferstehung des Herrn war ihnen zugleich schon seine Erhöhung, der Sieg über den Tod auch zugleich der Anfang seiner himmlischen Herrlichkeit. Eben darum sagt Petrus, dadurch hat Gott ihn zu einem Herrn und Christ gemacht: nicht als ob er es geworden wäre, sondern durch seine Auferstehung habe Gott ihn den Menschen als solchen dargestellt; die Thatsache seiner Herrschaft beweise und bewähre sich erst von da an. Indem also nun die Auferstehung des Herrn den Anfang seiner höheren Macht darstellt, den Anfang der Herrschaft, welche er von oben herab über seinen geistigen Leib und durch denselben führt: mit wie großem Rechte erst haben sich, wenn wir dies erwägen, die Apostel die Zeugen seiner Auferstehung genannt! Seine Auferstehung aus dem Grabe und das Leben mit seinem geistigen Leibe, der lebendigen Gemeinschaft der Gläubigen, das gehört wesentlich zusammen; eine und dieselbe himmlische Macht, eine und dieselbe Herrlichkeit des Vaters, die er dem einen und dem andern bereitet hat, in einem und dem andern wieder zu erkennen und zu schauen.

---

*) Apostelgesch. 10, 40—42. — **) Röm. 6, 10.

Und dieses, meine andächtigen Zuhörer, ist denn auch ganz vorzüglich die eigenthümliche Kraft, welche auch für uns in der frommen Feier der Auferstehung des Herrn liegt. Ich habe das in meiner gestrigen Frühbetrachtung von der Seite angedeutet, wie uns aus diesem erneueten menschlichen Leben in den Tagen der Auferstehung auf eine ganz besondere Weise die vollkommene Lauterkeit und Wahrheit entgegenleuchtet, in welcher alle Christen die festliche Zeit des Daseins seines geistigen Leibes auf Erden begehen sollen. Aber wohin wir auch sehen mögen, überall finden wir in dem, was uns die heiligen Bücher von den Tagen seiner Auferstehung erzählen, und zwar mit einem ganz eigenthümlichen geheimnißvollen Reiz, aber zugleich auf die klarste und anschaulichste Weise das reine göttliche, von der Welt gesonderte, von dem innern und unzerstörbaren ewigen Frieden erfüllte Dasein; in allen Erzählungen davon, wie der Erlöser in diesen Tagen mit seinen Jüngern zusammen gewesen, überall wird uns dies ganz augenscheinlich dargestellt. O da zeigt sich offenbar, wenngleich noch unter leiblicher Hülle, aber doch seine geistige Gegenwart auf Erden, wie sie kein Ende nehmen soll außer am Ende der Tage! Da zeigt sich der Einfluß, den diese geistige Gegenwart auf uns ausüben soll, wie er ihn damals auf den kleinen Kreis seiner Jünger ausübte, wie sie da in herzlicher Liebe, aber zugleich in scheuer Ehrfurcht um ihn waren, wie er sie mit Schonung zurechtwies aus dem göttlichen Wort und alle Irrthümer von ihnen nahm, aber wie er sie eben so auch mit dem göttlichen Frieden erfüllte; das ist die Kraft des Einflusses seiner Gegenwart auf die Christenheit!

Und so, meine andächtigen Freunde, soll es dabei bleiben, daß in diesem Sinne wir alle, wir und unsere Nachkommen bis ans Ende der Tage Zeugen sind von der Auferstehung des Herrn; Zeugen von dieser seiner geistigen, von aller Gemeinschaft mit irdischer Gesinnung, von allem Widerstande des Bösen wesentlich befreiten, das ganze Werk Gottes an dem menschlichen Geiste vollendenden Wirksamkeit, Zeugen von dieser sollen wir sein; dann sind wir auch unsererseits Zeugen seiner Auferstehung. Und wenn dann der Herr fortfährt, wie er es ja sichtbarlich thut, auch jetzt noch durch Zeichen und Wunder, wenn gleich anderer Art, wie ich es vorher erinnert habe, mit denen zu sein, die Zeugen seiner Auferstehung sind; wenn alle geistigen Gebrechen, alle Rohheit und Ungeschlachtheit immer mehr verschwinden, wo das ewige Wort des Lebens, von seinem heiligen Namen getragen, sich vernehmen läßt, und also Gott auf alle Weise dem Zeugniß von der Auferstehung des Herrn zu Hülfe kommt: so wird sich der Glaube auch immer mehr so verklären zu seiner vollen Reinheit, daß wir von Zeit zu Zeit weniger Unterstützung dieser Art bedürfen, bis zuletzt wie ganz von selbst das menschliche Leben verherrlicht ist zu der Gleichheit mit dem vollkommenen Mannesalter Christi, zu der Aehnlichkeit mit jener Lauterkeit und Wahrheit seiner menschlichen Erscheinung in den Tagen seiner Auferstehung, zur gänzlichen Befreiung von allem Zusammenhange mit dem eitlen und nichtigen, wie in jenen vierzig Tagen seine Jünger frei davon waren; und so werden wir uns seiner geistigen Gegenwart, seines Lebens in uns und für uns freuen können immerdar. Amen.

XXXIII.
Die Trennung der Gemüther, ein Vorzeichen des göttlichen Gerichts.
Am jährlichen Bußtage.
Text: Matthäi 24, 32—42.

Gleich aber wie es zu der Zeit Noah war, also wird auch sein die Zukunft des Menschensohnes. Denn gleich wie sie waren in den Tagen der Sündflut, sie aßen, sie tranken, sie freiten und ließen sich freien, bis an den Tag da Noah zu der Arche einging, und sie achteten es nicht, bis die Sündflut kam und nahm sie alle dahin: also wird auch sein die Zukunft des Menschensohnes. Dann werden zween auf dem Felde sein, einer wird angenommen, und der andere wird verlassen werden; zwei werden mahlen auf der Mühle, eine wird angenommen und die andere verlassen werden. Drum wachet; denn ihr wisset nicht, welche Stunde euer Herr kommen wird.

Meine anbächtigen Freunde! Diese ernsten Worte unsers Herrn sind aus einer Rede genommen, in welcher er seine Jünger unterrichtet über das bevorstehende Verderben des Volks, welches seinen und der Welt Erretter verschmäht und verleugnet hatte, und über die Zukunft des Menschensohnes und die Zeichen, die derselben vorhergehen sollten. Wenn wir nun jährlich nach Anordnung unserer christlichen Obrigkeiten einen besonderen Tag der Buße und des Gebets mit einander feiern, weshalb geschieht es als nur eben in Beziehung auf das Wort unseres Erlösers: Darum wachet, denn ihr wisset nicht, welche Stunde euer Herr kommen wird! damit wir einander die große Verkündigung: Thut Buße, denn das Himmelreich ist nahe herbeigekommen, immer aufs Neue wiederholen und unseren Herzen die Worte des Erlösers immer tiefer einprägen: Wer da glaubt an mich, der hat das ewige Leben, wer aber nicht glaubt, der ist schon gerichtet*); damit die Herzen der Menschen aufs Neue erfüllt werden mit heiliger Scheu vor jedem, sei es nun gänzlichen oder sei es theilweisen Gerichte des Höchsten und

*) Joh. 3, 18.

sich immer aufs Neue in die Gesinnung hinein retten mögen, unter
deren Schutz der Mensch allein sicher und aller Gerichte enthoben ist.
Was ziemt also einem solchen Tage besser, wenn wir doch der gött=
lichen Gerichte gedenken sollen, als daß wir untersuchen, ob etwa schon
Zeichen ihres nahen Bevorstehens unter uns wahrgenommen werden,
damit wir uns nicht etwa in leere Sicherheit einwiegen.

Was führt uns aber in den verlesenen Worten unser Erlöser hier=
über zu Gemüthe? Wenn er sagt: Zween werden auf dem Felde sein,
einer wird angenommen, und der andere wird verlassen werden; zwei
werden mit einander mahlen auf einer Mühle, die eine wird angenom=
men und die andere verlassen werden: welches traurige Bild der Ent=
fremdung bei aller scheinbaren Nähe, der Zertrennung der Gemüther,
die doch in einem gemeinsamen Geschäfte begriffen sind, stellt uns in
diesen Worten der Erlöser vor Augen als das uns allen bedeutendste
Vorzeichen der Gerichte des Herrn. Denn als eine reine Willkür, die
von oben her waltet, sollen wir uns das doch nicht vorstellen, daß über
zweie, die sonst unter ganz gleichen Verhältnissen leben, in allen augen=
fälligen Beziehungen einander so gleich sind, ohne allen inneren Grund
an einem Tage des Gerichtes auf so entgegengesetzte Weise sollte ent=
schieden werden, daß nur der eine könnte angenommen, der andere aber
müsse verworfen werden. Ja auch ein innerer Grund läßt sich bei so
naher Gemeinschaft kaum denken, wenn nicht ihre Gemüther einander
entfremdet und ungeachtet der leiblichen Nähe geistig weit von einander
geschieden wären. Hierüber, meine geliebten Freunde, **über die Zer=
trennung der Gemüther in den wichtigsten Angelegenheiten
des Menschen, laßt uns jetzt zu unserer Warnung mit einander nach=
denken, als über ein Vorzeichen des göttlichen Gerichts.** Laßt
uns erstlich näher mit einander erwägen, welches die Art und Weise
der Zertrennung ist, welche dieser Beschreibung zum Grunde liegt; und
dann zweitens, wie natürlich ja nothwendig eine solche ein Vorzeichen
ist von dem Gerichte des Herrn.

I. Wenn wir uns nun diese Zertrennung der Gemüther bestimmter
vorstellen wollen: so müssen wir uns zunächst darüber verständigen, daß
die Aeußerungen des Erlösers allerdings eine Beschäftigung mit den
für alle gleich großen und bedeutenden Gegenständen und zwar genauer
angesehen bei beiden Theilen voraussetzen. Denn wiewol er die Zeiten,
von denen er redet, mit den Tagen des Noah vergleicht, als die Men=
schen wie er sagt sich aller Erwägung ernster und geistiger Dinge ent=
schlugen und nur in dem sinnlichen Genuß des irdischen Lebens be=
griffen waren: so dürfen wir doch die Aehnlichkeit leider nicht bis auf
diesen Punkt ausdehnen; sondern nur das Unerwartete und Unabwend=
bare der vorhergesagten Gerichte Gottes und die Unaufmerksamkeit der
Menschen auf das, was in und vor ihnen vorhergeht, hat er im Auge,
wenn er die Zukunft des Menschensohnes den Tagen der Sündflut
gleich stellt. Denn wenn von zweien, die auf dem Felde sind, der eine
angenommen wird, und der andere verworfen: so kann nicht jener so

gut wie dieser sich aller Theilnahme an den wichtigen und heiligen Gegenständen des geistigen Lebens entschlagen haben, denn wie müßte er sonst nicht auch verworfen werden? Soll also von zweien auch nur einer angenommen werden an einem Tage, wenn der Herr seinen Stuhl auf eine ausgezeichnete Weise aufgeschlagen hat zum Gericht: so muß überhaupt doch eine Beschäftigung eine Theilnahme eine Richtung des Gemüthes auf das Große und Bedeutende auf das Geistige und Ewige in den menschlichen Dingen schon immer stattgefunden haben. Aber wie weit müssen die Gemüther von einander entfernt gewesen sein, wenn einer, dessen Dichten und Trachten in diesen Dingen Gott so geleitet hat und gesegnet, daß er angenommen wird am Tage des Gerichts, auf diejenigen gar nichts hat wirken können, die so eng mit ihm verbunden sind, daß es weder an Gelegenheit dazu fehlen konnte, noch die Befugniß zu freundlicher Zusprache und gemüthlicher Anfassung in Zweifel gestellt werden darf. Und eben dies, meine geliebten Freunde, ist es vorzüglich, worauf der Erlöser uns als auf ein warnendes Zeichen in seiner Rede aufmerksam machen will. Denn waltet in einem — und es macht keinen Unterschied, ob es auch einer von den Geringen ist, die im Feld und auf der Mühle arbeiten, — waltet in einem der Geist zu seiner eigenen Erleuchtung und Erbauung für das ewige Leben, hat er in einem den Sinn gewirkt, um deswillen allein wir insgesammt können für frei erklärt werden an dem Tage des Gerichts: so ist es nicht möglich, daß diese Gottesgabe sollte in dem einzelnen Gemüthe einsam verschlossen bleiben wollen, sondern sie strebt nothwendig sich der nächsten Umgebung mitzutheilen; sie hat ein inniges Verlangen die Finsterniß zu durchbringen, die in einem nahe verbundenen Herzen wohnt. Und giebt es in der Nähe eines schon geistig belebten Menschen noch Träge in diesem Sinne und Schläfrige, die ganz den irdischen Dingen dahingegeben sind: er muß sich bemühen sie gleichfalls aufzuregen, wenn nicht das natürliche Band der Liebe und Anhänglichkeit schon zerrissen ist, wenn nicht die freundlichen Verhältnisse gegenseitiger Anerkennung und Hingebung schon aufgehoben sind, unter denen allein auf eine fruchtbare Weise ein Mensch auf den andern geistig einwirken kann. Ja gewiß, wir können uns unter Personen, die in immerwährendem Verkehr stehen, einen solchen Zustand der Abgeschlossenheit nicht denken, ohne wenigstens bei dem einen eine weit gediehene Verhärtung des Herzens, ein gänzliches Erkalten der Liebe vorauszusetzen, welches unmöglich ohne nachtheilige Einwirkung auf den andern bleiben kann. Und was lesen wir hierüber in derselben Rede des Erlösers, aus der die Worte unsers Textes genommen sind? Weil die Ungerechtigkeit überhand nehmen wird, sagt er*), darum wird die Liebe in vielen erkalten. Ist nun die Liebe erkaltet, dann freilich, dann ist die Wirkung des einen auf den andern aufgehoben; dann ist Gleichgültigkeit oder Abneigung die unvermeidliche Folge. Aber ist wol die erste viel besser

---

*) B. 12.

als die andere? und muß nicht die Liebe, mit der wir ja jedes menschliche Verhältniß beginnen sollen, schon im Uebergange zum Widerwillen begriffen sein, wenn ein so leerer todter Zwischenzustand wie die Gleichgültigkeit ist eine Stelle finden soll? Aber so ist es leider, meine geliebten Freunde! Wenn sich die Menschen mit den wichtigsten Gegenständen ihrer großen Bestimmung auf Erden am eifrigsten beschäftigen, entdecken sich natürlicher Weise am leichtesten die großen Verschiedenheiten ihrer Ansichten und Bestrebungen. So lange sie noch in dem Schatten des Todes wandeln; so lange ihnen, wenn auch nicht mehr jedes nächste genügt, doch überhaupt die sinnlichen Genüsse der irdischen Welt allein am Herzen liegen, sehen wir aus den natürlichen Verschiedenheiten der Neigungen weit weniger Entfernung entstehen. Keinen hindert der verschiedene Geschmack des andern; in kindlicher, sinnlicher Unschuld leben sie, ehe die höheren Kräfte des Menschen erwacht sind, größtentheils ruhig und ungestört neben einander: aber mit dem höheren Leben, mit der Erweiterung ihres Gesichtskreises entwickelt sich aus den verschiedenen Richtungen Widerspruch und Streit. Allein kommt nur die Liebe dadurch nicht zum Erkalten: unmöglich kann es dann in den engeren Kreisen der menschlichen Gesellschaft so stehen, daß wenn ein Tag des Herrn kommt der eine angenommen wird und der andere verworfen; das kann es nicht, so lange wir uns noch einander, so lange wir noch gemeinschaftlich die Wahrheit suchen in Liebe. Ist das Herz noch von Liebe erwärmt; hat noch keiner das Vermögen verloren dem andern anzumerken, daß auch er im Suchen seines Heils begriffen ist, daß auch er mit einem unverschlossenen Ohr die Stimme Gottes vernommen hat, daß auch er das große Werk der Erlösung genießen und fördern will nach seinen Kräften; ist die Liebe noch nicht so erkaltet, daß wir um an das Gute in andern zu glauben es in seiner vollen siegreichen Kraft müssen erst nach außen hervortreten sehen; vermögen wir vielmehr noch es zu ahnen, wenn es sich auch nur in den besten Augenblicken des Lebens aus der verborgenen Stille des Herzens kaum hervorwagt, und uns auch an seinen leisen Aeußerungen zu freuen: so lange kann sich auch keine Gleichgültigkeit unserer bemächtigen, viel weniger ein Widerwille sich festsetzen. Hielten sich also alle in diesem Zustande, daß noch für jeden das geistige Wohl des andern einen Werth hätte: so wäre es nicht möglich, daß diejenigen, die so viel Gelegenheit haben einander zu beobachten, so genau wissen können, wo der andere am meisten eines Wortes der Ermahnung bedarf und auf welche Weise er am leichtesten dahin zu bringen ist ein Wort der Warnung nicht übermüthig von sich zu weisen, nicht sollten einander so förderlich sein können zur Seligkeit, daß sie mit einander angenommen würden am Tage des Gerichts. Also freilich die Liebe muß schon gelitten haben. Wie kann es aber geschehen, daß sie so weit erkaltet, so weit, daß auch die beseligende Gabe des göttlichen Geistes, daß auch das himmlische Licht der Wahrheit durch sie nicht mehr übertragen werden kann von einem auf den andern, auch nicht zwischen solchen, welche im Leben einander am nächsten stehn und an einander auch im geistigen gewiesen sind? Wenn die Ungerechtigkeit überhand nimmt, dann erkaltet in vielen die Liebe; und beides verhält sich gegenseitig zu einander wie Ursach und Wirkung, und beides ist daher auch in gewisser Beziehung nur eins und dasselbe. Ohne das Erkalten der Liebe kann die Ungerechtigkeit nicht überhand nehmen, denn die Liebe läßt sie nicht gewähren; hat aber die Ungerechtigkeit überhand genommen, dann muß auch wiederum die Liebe immer mehr erkalten, und aller belebende Geist, alle heilsame Wärme aus einem solchen menschlichen Kreise entfliehen. Was für eine Ungerechtigkeit aber meint Christus hier? Gewiß hat er das Wort in demselben allgemeinen und weitschichtigen Sinn genommen, in welchem der Apostel sagt*), daß die Wahrheit durch Ungerechtigkeit aufgehalten wird. Denn wo in dem Gemüth auch nur Gleichgültigkeit eingekehrt ist, wir wollen nichts von Widerwillen sagen: da muß die Selbstsucht schon ihren Wohnsitz haben, und alle Selbstsucht ist Ungerechtigkeit, eben deshalb weil sie nicht in der Wahrheit besteht. Denn die Wahrheit unsers Daseins ist die, daß kein einzelner etwas für sich allein sein oder thun kann. Wir haben gar nicht nöthig dem Apostel in jener Auseinandersetzung zu allem Wahnsinn und allen Gräueln des Heidenthums zu folgen; wir dürfen nur bei dem stehen bleiben, was sich unter uns oft genug als reinen Eifer für das Rechte und Gute, ja auch für die göttliche Wahrheit geltend machen will. Ist es nicht die Ungerechtigkeit eines ungetreuen Haushalters, der sein Pfund vergräbt, wenn so manche sich gleich kalt und stolz von jedem zurückziehen, aus dessen Aeußerungen sie zu merken glauben, daß er die tiefen Gründe ihrer eigenen Weisheit nicht noch würde auffassen können, wenn es sich doch um gemeinsame Angelegenheiten handelt, oder um dasjenige besonders, worüber alle Menschen ihre Erkenntniß nur aus derselben Quelle schöpfen können? Ist es nicht die Ungerechtigkeit eines Richters in eigener Sache, wenn wir andern ihre Abweichungen von unserer Handlungsweise und unsern Vorstellungen von vorn herein auf das Uebelste auslegen, oft ohne daß ihr Leben oder ihre übrigen Verhältnisse die geringste Veranlassung dazu geben, da wir vielmehr das Gute und Wahre, wovon sie ausgegangen sind, nicht nur anerkennen, sondern, wenn sie selbst es nicht zur Darstellung zu bringen vermögen, es lieber unsrerseits geflissentlich aufsuchen sollten, um uns desto besser mit ihnen zu verständigen, nicht aber uns erlauben sollten, schon den Irrthum oder die einseitige Uebertreibung — und wer wäre dem nicht ausgesetzt im Streit der Meinungen — ihnen ungehört zur Sünde anzurechnen. Gewiß wenn sich niemand unter uns, sei es durch gereizte Persönlichkeit oder durch geistlichen Hochmuth, zur Ungerechtigkeit verleiten ließe: so würde bei aller Verschiedenheit der Standpunkte und der Betrachtungsweisen doch das gemeinschaftliche alles verbindende und erleuchtende Suchen nach Wahrheit in Liebe nie=

---

*) Röm. 1, 18.

mals unter uns aufhören können; dann würde die Mannigfaltigkeit, welche der Herr so weislich geordnet hat, und welche ganz besonders geeignet ist die Liebe, weil sie ihr immer neue Gegenstände und neue Veranlassung darbietet, am kräftigsten aufzuregen, nicht so häufig dahin führen sie erkalten zu machen! — So erkennen wir denn freilich in diesem Zustand der Zertrennung der Gemüther, wie ihn uns der Erlöser schildert, ein tiefes Verderben, welches, wenn es einmal entstanden ist, auch immer weiter um sich zu greifen droht unter den Menschen. Denn ist einmal eine Trennung der Gemüther da: so ist in demselben Maß der Wirkungskreis eines jeden verringert, und das Gute kann sich nicht verbreiten. Aber in demselben Maß ist auch der Kreis beschränkt, woher ein jeder Hülfe empfangen kann, mithin auch jeder allem Feindseligen ohne Schutz preisgegeben. Und je weniger einer dem andern leisten kann, desto mehr werden sie auch einander gleichgültig und entfremdet; und um desto weniger ist jeder dann im Stande, oft selbst diejenigen, die ihm am nächsten im Leben stehen, vor dem Verworfenwerden am Tage des Gerichts zu bewahren und sie in dem schützenden Bunde des Glaubens und der Liebe zu fördern.

II. Und so wird es denn freilich uns ein leichtes Geschäft sein, uns zweitens davon zu überzeugen, wie ein solcher Zustand nothwendig ein Vorzeichen sein muß des göttlichen Gerichts. Denn worin besteht das göttliche Gericht? Bemerkt nur, meine geliebten Freunde, um den Sinn davon recht zu fassen, wie genau in dieser Rede unsers Erlösers, sowol wie wir sie hier lesen, als wie die andern Evangelisten sie mittheilen, die Beschreibung von allem, was sich auf den großen Tag des Herrn bezieht, mit demjenigen zusammenhängt, ja kaum davon zu unterscheiden ist, was an und für sich betrachtet doch nur von jenem besonderen Gericht handelt, welches eben wegen der Verwerfung des Herrn nicht lange nach seiner Entfernung von der Erde dem jüdischen Volk bevorstand. Dieses aber, worin bestand es? Unheil und Zerstörung tritt uns freilich, wenn wir daran denken, zunächst vor Augen; aber doch machen diese nicht das Gericht aus. Gott führt große Verwicklungen in den menschlichen Verhältnissen herbei, ein drohendes Zeichen folgt dem andern, eine Verwirrung thürmt sich auf die andere; aber alles geschieht nur, damit der verborgene Rath der Herzen offenbar werde, nicht wie im täglichen Leben einzeln zerstreut, den meisten verborgen oder unentschieden, sondern in großen Massen allen in die Augen leuchtend unverkennbar. Daß so das Verborgene ans Licht gezogen wird durch den unwiderstehlichen Arm des Herrn, und endlich an ihren Früchten jede bittere Wurzel des Verderbens für das erkannt wird, was sie ist, das ist das Gericht des Herrn. Denn eben diese Verwickelungen in den gemeinsamen menschlichen Dingen, diese Reibungen der Völker und der Stände, dieser Kampf der Meinungen, wenn sie dort theils ein inneres verzehrendes Feuer entzünden, theils die zerfallene Menge jedem äußeren Feinde zur Beute ausliefern; wie leicht zertheilen sich auf der andern Seite diese drohenden Ungewitter, wie bald löst sich alles auf in fruchtbaren Regen, dem heiterer Sonnenschein folgt, wie endet alles in neue und eblere Gestalten des Guten und gereicht zu einer schöneren Entwickelung des Reiches Gottes, wenn die Gemüther nicht getrennt sind, sondern die Herzen der Menschen in Liebe verbunden, wenn nicht die Erschütterung der Selbstsucht ihre natürlichen Kräfte lähmt, sondern die erhebende Kraft des Glaubens in ihnen waltet. Alles nun, wodurch der Unterschied zwischen beiden in ein so helles Licht tritt, daß jeder sehen muß, welches der Weg des Lebens sei, und welcher Weg zum Tode führe, das ist das göttliche Gericht. Aber das geschieht nur, indem die Folgen der Sünde im Großen hereinbrechen, und es so zur sinnlichen Gewißheit wird — wie dies das Wesen aller Bilder und Darstellungen des göttlichen Gerichtes ist, — daß die Sünde der Leute Verderben ist. Solcher Gerichte Vorzeichen, an denen man erkennt, die entscheidenden Momente könnten nicht mehr fern sein, sind offenbar die Zustände, welche der Erlöser hier beschreibt. Denn wenn auch die engeren Lebensverhältnisse die Menschen nicht mehr zusammenhalten; wenn auch die gleiche Geschäftsführung ihnen keine Veranlassung giebt sich einander zu nähern und sich freundlich zu verständigen; wenn dies nicht etwa einzeln als Ausnahme vorkommt, sondern es ist der herrschende Zustand: dann lauert auch schon ein feindseliges Geschick, indem entweder von innen die Zwietracht gewaltsam ausbricht, oder indem die Schwäche, welche sich hierdurch verkündigt, einen Widersacher von außen reizt und ihm Vorwand giebt. Denn wenn diejenigen, welche einander gegenseitig von Gott besonders anvertraut sind, anstatt daß sie diesem Beruf folgen und einander sollten zu erkennen suchen, damit sie auch wissen, wie einer dem andern zu helfen hat, vielmehr gleichgültig und entfremdet neben einander hingehen, und voreilig der eine über den andern urtheilt und den Stab bricht, so daß dann natürlich Mißtrauen und Argwohn an die Stelle der Liebe tritt: wie will dann eine Gemeinschaft den großen Unglücksfällen, den schwierigen Verwirrungen, die der Herr zur Prüfung und Läuterung der Welt sendet, einen ihr Dasein bewährenden Widerstand leisten? Denn es ist nicht genug, daß nur äußerlich noch eine Einheit vorhanden sei, sondern allem, was ihm mächtig entgegentritt, vermag der Mensch nur zu widerstehen durch eine wahre Vereinigung der Kräfte. Schwach fühlt und soll sich fühlen jeder vereinzelt. Offenbart sich da, wo Großes überstanden und Großes ausgerichtet werden soll, eine solche Trennung der Gemüther, dann rollt das Unglück mit leichter Mühe zerstörend über die Menschen her, und was groß und mächtig, was wohlthätig und sicher zu sein schien, zeigt sich in seiner ganzen Schwachheit, Nichtigkeit und Leere. Laßt uns daher denken an das bedeutungsvolle Wort, welches der Herr zu seinem Apostel sagte: Der Satan hat euer begehret, daß er sichte das gute und tüchtige Korn von der unnützen und leeren Spreu; und ich habe gebeten, daß euer Glaube nicht aufhöre! Ja, wenn die Zeit kommt, wo die Menschen gesichtet werden sollen durch das Gericht des Herrn, daß dann der Glaube und also auch die Liebe nicht aufhöre! sonst wird alles in der Sichtung als leichte flüchtige Spreu verweht werden.

Aber gesetzt auch, solche Gerichte des Herrn ständen nicht bevor, als von der göttlichen Vorsehung ausdrücklich veranstaltet, um die Menschen zu prüfen und zu läutern: ganz von selbst müßte doch ein solcher Zustand die Gerichte des Herrn herbeiführen. Denn, meine andächtigen Freunde, wenn in den Verbindungen der Menschen die Ungerechtigkeit immer mehr überhand nimmt durch das Erkalten der Liebe, und die Liebe immer mehr erkaltet, weil die Ungerechtigkeit überhand nimmt, so kann Gott der Herr unter solchen Verhältnissen seine großen und heiligen Absichten durch die Menschen nicht mehr erreichen, und ihre Verbindungen müssen sich ihrer Natur nach von selbst auflösen, sie sterben den Tod der Schwäche und der Nichtigkeit auch ohne alle äußere Veranlassung. Denn überlegt nur, wozu uns der Herr überhaupt auf Erden geordnet, und wozu er uns in seinem Sohn sein Heil offenbart hat, und bedenkt dabei, wie jedesmal aufs Neue der menschliche Geist diesen irdischen Schauplatz betritt, und wie verschieden er auch in der Reife des Lebens in den verschiedenen Theilen der Erde erscheint. Wie kann es geschehen, daß das Wort des Herrn den neuen Geschlechtern immer wieder eingepflanzt wird, daß es allmälig zu den Entfernten hindurchdringt, daß es in den Zurückbleibenden immer mehr alle Sorgen und allen Wahn in heiteres Gottesbewußtsein und klares Gottvertrauen auflöst, wenn nicht durch die einträchtige Stimme der Liebe den Menschen die Wahrheit empfohlen wird? Und die dem Menschen bestimmte Herrschaft über die Erde, wie will sie unter so viel Hindernissen nicht nur bestehen, sondern auch gefördert werden, wenn nicht helfend und mittragend einer den andern unterstützt, wenn nicht, was jedem für sich zu groß wäre durch die lebendige frohe und sich frei immer weiter ausdehnende Vereinigung menschlicher Kräfte bezwungen oder erreicht wird? Und der Streit, der noch immer wieder entsteht, sei es nun aus eingewurzelten Irrthümern oder aus Mißverstand der göttlichen und menschlichen Ordnungen, wie will er geschlichtet werden, wenn nicht solcher noch genug vorhanden sind, welche selbst erleuchtet durch die göttliche Gnade sich auch von einer Liebe beseelt fühlen, der die entbrannten Leidenschaften nicht widerstehen können, und wenn diese nicht auch immer bereit sind, den Streit gegen verwirrende Irrthümer mit aller Kraft des Geistes zu führen? Hat aber die Ungerechtigkeit zu sehr überhand genommen, und ist die Liebe bei zu vielen erkaltet: dann freilich sind alle Bestrebungen der wenigen, die von diesem Verderben frei geblieben sind, vergeblich, und in dem Gefühl ihrer Vergeblichkeit lassen dann auch diese die Hände sinken und verlieren den Muth. Und wie natürlich! denn giebt es nicht mehr dieses gegenseitige Anfassen und Tragen, besteht nicht mehr diese natürliche Verbindung der Stärkern und Schwächern, nicht mehr diese innige Gemeinschaft auf die heiligsten göttlichen Wohlthaten gegründet: was kann weiter geschehen in einer solchen Verbindung der Menschen? wird da nicht das ganze Werk der Erlösung vergeblich? ist da nicht Christus umsonst gestorben? ist da nicht sein Geist umsonst gesendet und ausgegossen? Was bleibt also übrig, als daß das, was schon todt ist, auch wirklich sterbe, was schon in sich ganz leer ist und unkräftig auch äußerlich verwese und nicht mehr da sei? wie der Herr warnend sagt am Ende seiner Rede: Wo das Aas ist, da sammeln sich die Adler.

Aber, meine geliebten Freunde, daß nur keiner unter uns, indem wir dieses traurigen Zustandes gedenken und die Spuren desselben nicht selten, wiewol nur zerstreut auch in unserm gemeinsamen Leben finden, daß nur keiner denke, sollte es ja geschehen, wenn ich mit einem andern, wenn auch nur äußerlich, verbunden bin zu gleichem Dienst und Geschäft, daß von uns zweien der eine angenommen würde und der andere verworfen: so werde ich doch wenigstens — Dank sei es Gott und seiner Gnade — der angenommene sein und auch gewiß nichts versäumt haben, sondern meine Hände in Unschuld waschen können über den, der verloren geht. Daß nur keiner so denke! denn wie sollte der nichts versäumt haben, der an einem ihm so nahe Stehenden gar nichts gewonnen hätte mit dem anvertrauten Pfunde! Kann einer so sich selbst beschwichtigen, so sucht er schon nicht mehr mit einem reinen Sinn die Tiefe der Wahrheit in seinem Inneren auf. Und wer sich den Fall, daß von zweien nur er angenommen würde, so ruhig denken kann: wie sollte in dem nicht die Liebe schon im Erkalten begriffen sein! Nein, alle müssen wir uns das Wort der Warnung gesagt sein lassen, und alle müssen wir Buße thun, wenn wir finden, daß zu einem so trüben und wehmüthigen Bilde, wie es uns der Erlöser hier aufstellt, sich auch in unserm Leben die Züge wiederfinden. Denn das ist nicht der Sinn dieses Tages, daß er uns so vorbereiten soll für die Zeit, wenn etwa die Gerichte des Herrn herannahen und wir sie erkennen, daß wir dann uns selbst rechtfertigen wollten, so viele wir uns für besonders erleuchtet halten und erwärmt, um die Schuld auf diejenigen abzuwerfen, mit denen wir uns nicht hatten verständigen können, wie nahe sie uns auch standen! Vielmehr, indem dieser Tag allen gemeinsame Buße zumuthet, mahnt er uns auch an gemeinsame Schuld, und nur indem wir diese anerkennen ehren wir ihn, wie es sich gebührt; wer sich hingegen diese ableugnen will, der gehört selbst unter diejenigen, in welchen die Liebe erkaltet und die Ungerechtigkeit überhand nimmt. Darum gebührt uns, Treue zu beweisen in der Strenge, womit wir alle Spuren dieses Verderbens in unserer Mitte aufsuchen und die ganze Kraft unseres Gemeingeistes dagegen richten. Dann nur kann uns ziemen, uns auch zu dem zweiten Hauptstücke dieses Tages zu wenden und das Anliegen betend vor Gott zu bringen, daß die erkannten Verirrungen, von denen wir uns gänzlich zurückgezogen, nun auch, nachdem sie uns zur Warnung und zur Züchtigung in der Gottseligkeit gereicht, im Uebrigen ins Meer der Vergessenheit versenkt werden mögen. Wenn nun zugleich wir insgesammt uns desto tiefer versenken in den Glauben, von dem geschrieben steht: Wer da glaubt, der kommt nicht ins Gericht, und uns aus diesem Glauben die ungefärbte Bruderliebe hervorgeht, die es wohl weiß, daß unter der Zucht des heiligen Geistes keiner des andern und seiner Hülfe entbehren kann, wenn anders reine Selbsterkenntniß, wenn ungeheuchelte Wahrheit sein Leben erleuchten sollen, und wir dadurch in den Stand gesetzt werden, die Stimme des göttlichen Wortes reiner fortzupflanzen und das Band der Einigkeit des Geistes fester zu knüpfen: dann ist gewiß uns allen dieser Tag der Buße und des Gebetes zum Segen gewesen. Amen.

XXXIV.

Zwei Beispiele davon, wie wenn die Gerechtigkeit ein Volk nicht erhöht, die Sünde das Verderben desselben wird.

Am Bußtage.

Text: Spr. Salom. 14, 34.

Gerechtigkeit erhöhet ein Volk, aber die Sünde ist der Leute Verderben.

Diejenigen unter euch, meine christlichen Zuhörer, die sich öfter hier mit mir zu versammeln pflegen, wissen es wol, daß ich selten etwas anderes als Worte aus unseren im engeren Sinne christlichen heiligen Büchern, Worte aus den Schriften des neuen Bundes unseren Betrachtungen zum Grunde lege; aber es hat in dieser Hinsicht eine besondere Bewandniß mit einem Tage wie der heutige. Er ist ein festlicher Tag nicht aus der inneren Geschichte der christlichen Kirche, nicht aus einem besonderen Bedürfniß des christlichen Glaubens, welches sich an eine bestimmte Zeit knüpfte, hervorgegangen, sondern ein festlicher Tag, eingesetzt von christlicher Obrigkeit für ein christliches Volk; und eben diese Richtung desselben auf den Verein, welchen wir unter einander als ein Volk bilden, macht, daß die Bücher des alten Bundes für einen solchen Tag reicheren Stoff enthalten und angemessener sind, weil jene älteren heiligen Schriften sich ganz und gar auf das gemeinsame Leben desjenigen Volkes, welches Gott zu einer besonderen Bestimmung auserwählt hatte, beziehen.

Finden wir nun solche Tage vornehmlich eingesetzt unter den christlichen Völkern, welche durch das Licht des Evangeliums vermittelst der Kirchenverbesserung noch mehr sind erleuchtet worden; rühmen wir uns alle solche zu sein, die einen freien Besitz an dem göttlichen Worte haben, jeder Einzelne für sich: so ziemt uns auch an einem solchen Tage nicht nur nicht bei unsern äußeren Handlungen für sich stehen zu bleiben, vielmehr sie im Zusammenhang mit unsern Gesinnungen zu betrachten, sondern wir dürfen auch den Werth unserer Gesinnungen nicht schätzen lassen nach irgend einer menschlichen Willkür, vielmehr sollen wir unser Gewissen nur schärfen und unser Leben nur richten nach dem göttlichen Wort. Wenn wir nun diesen Tag einen Tag der Buße und des Gebetes nennen, so führet das Erstere uns mehr in die Vergangenheit zurück, das Andere mehr in die Zukunft hinaus. Das Eine richtet mehr unsern Blick nach innen, das andere lenkt ihn mehr nach außen; aber beides in beiderlei Beziehung steht mit einander in der genauesten Verbindung. Wir sollen an diesem Tage auf die Vergangenheit zurücksehen, wie uns unser gegenwärtiger Zustand aus derselben als das Ergebniß unserer eigenen Handlungen entstanden ist. Wenn wir dabei unsern Blick nach innen richten, dann wird uns dieses Zurücksehen zur heilsamen Erkenntniß der Sünde; dann sehen wir, aus welchem inneren Grunde, was irgend mangelhaft ist in unserem Leben und Wirken, was wir als Gott mißfällig verdammen müssen, hervorgegangen sein möge, und der Tag wird uns ein Tag der Buße. Wenn wir aber unsern Blick nach außen richten, so wendet er sich zugleich in die Zukunft, so ahnen wir, was aus der bitteren Wurzel des Verderbens, welche sich schon in der Gegenwart zu Tage gelegt hat, noch für verderbliche Früchte hervorgehen werden, und dann wird uns natürlich der Tag der Buße ein Tag des Gebets. Von dieser Empfindung sind die Worte unseres Textes der natürliche Ausdruck; sie stellen uns in der Kürze die Verbindung dar, auf welche ich eben hingewiesen habe. Gelangen wir zu der Erkenntniß der Sünde, so ahnen wir auch, daß sie das Verderben der Völker sein werde, und werden fester in dem Glauben, daß nur die Gerechtigkeit ein Volk erhöhen kann. Aber dieses letzte Wort, meine andächtigen Freunde, scheint freilich mehr der ganzen Art und Weise des alten Bundes anzugehören. Gerechtigkeit und Gesetz, das steht beides in einem genauen Verhältniß zu einander. Das Gesetz steht vor dem Menschen als ein äußerer Buchstabe, der ihm gegeben ist; und wie er sich auch danach abschätzen möge, weil eben dieser Werth weniger eine Sache des Herzens und des Gemüthes ist, so läßt ihn auch ein solches Urtheil über sich selbst und über andere kalt. Wir unter den Segnungen des neuen Bundes lebend wissen, daß die, welche der Geist Gottes regiert, in Beziehung auf alles, was mit ihrem inneren Leben zusammenhängt, nicht unter dem Gesetze stehen*); wir wissen, daß wir nur Christen sind, insofern der Wille Gottes in unser Herz geschrieben und in demselben wirksam ist. Und wie wir in diesem Bewußtsein leben und an diesen warmen Ton der Liebe, welche eben der uns in das Herz geschriebene Wille Gottes ist, in allen unseren Gedanken und allen unseren Aeußerungen gewöhnt sind, scheint uns jenes Wort Gerechtigkeit nicht zu be-

---

*) Gal. 5, 8.

friebigen. Aber laßt uns nur bedenken, daß die Liebe recht verstanden auch der innerste und letzte Grund alles Rechtes ist. Es gäbe keine solche äußere Verbindung der Menschen, wie diese auf das Recht gegründete und dasselbe auch wieder bewahrende und erläuternde, wenn ihr nicht die Liebe voranginge; und somit gehört für uns auch die bürgerliche Gerechtigkeit mit zu der vollen Erweisung derselben Liebe in diesem Gebiet unserer Lebensverhältnisse. In diesem Sinne also lasset uns in gegenwärtiger Stunde der Andacht uns mit dem Satz beschäftigen, daß, wenn solche Gerechtigkeit nicht ein Volk erhöht, dann gewiß die Sünde das Verderben desselben wird.

Aber wie vermöchten wir wol in einer kurzen Rede einen Satz wie diesen zu erschöpfen! Das kann daher auch gar nicht meine Meinung sein. Aber jedem Volke jeder Zeit jedem besonderen Zustande eines Volkes sind auch besondere Mängel und Gebrechen aufgedrückt; es ist jetzt dieser jetzt ein anderer Zweig der Gerechtigkeit, welcher kränkelt, es ist jetzt diese jetzt eine andere Sünde, welche am meisten Verderben bringt. Darum will ich mich darauf beschränken unseren Satz nur zu erläutern an einem Paar Beispielen, welche in dieser Zeit unserem Zustande und unseren Verhältnissen ganz besonders Gefahr zu drohen scheinen.

I. Das erste, meine andächtigen Freunde, was ich euch in dieser Beziehung warnend vor Augen stellen und ans Herz legen möchte, ist der Argwohn. Die Neigung bei dem, was außerhalb unserer Weise, mithin auch anders als in dem Sinn und Geist unseres nächsten Lebenskreises geschieht, immer Schlimmeres vorauszusetzen als wirklich zu Tage liegt, diese vielfach unter uns verbreitete Neigung, sage ich, ist in unserm gemeinsamen Leben eine solche Sünde, die uns gewiß Verderben droht, wenn wir uns nicht zurückwenden zu der Gerechtigkeit, welche das Rechtliche das Gesetzmäßige bei jedem im voraus annimmt, bis das Gegentheil offenbar wird. Zwar scheint die angedeutete Neigung, in so üblem Ruf sie auch überall steht, doch auf der andern Seite genau zusammenzuhangen mit einer Lehre, zu welcher wir uns ja alle in unserem christlichen Glauben bekennen, nämlich der Lehre von dem natürlichen Verderben des menschlichen Herzens. Wir fühlen es tief, wenn wir das ganze Gebiet der Sünde in ihren verschiedenen Gestaltungen überschauen, daß der Keim zu einer jeden in dem Inneren eines jeden Gemüthes mithin auch des unsrigen verborgen liegt. Sind wir nun so wachsam auf uns selbst, so meinen wir auch vorsichtig sein zu dürfen ja zu müssen in Beziehung auf andere; und je mehr jeder wacht über denjenigen Kreis des menschlichen Lebens, welcher besonders seiner Sorgfalt anvertraut ist, um desto mehr glaubt er sich rechtfertigen zu können, wenn er das Schlimmste erwartet und vermuthet von allem, was auf irgend eine seinem Einfluß entgegengesetzte Weise auf diesen Kreis einzuwirken droht. Aber dem ungeachtet ist doch gewiß diese Neigung des menschlichen Herzens Sünde, vorzüglich Sünde unter einem christlichen Volke, weil sie einen Unglauben in sich schließt an die Wirkungen der göttlichen Gnade, auf welche wir ja alle vertrauen. Traget ihr euch umher in eurem Sinn mit einem

Bilde des menschlichen Herzens, wie man es ja auch nicht selten in den Händen unserer Christen sieht, die scheußlichen Gestalten aller jener Thiere, die ihr eigentliches Wesen haben das eine in dieser das andere in jener von den ausschweifenden sinnlichen Neigungen, die auch in der menschlichen Seele keimen, diese insgesammt Besitz ergriffen habend von dem Herzen des Menschen und sich darin wohlgefällig umherbewegend, geleitet aufgeregt zusammengeführt von dem bösen Geiste, in dessen Gewalt sie stehen: wie viel Wahres auch in dieser Schilderung sei, lasset uns nie vergessen, daß sie immer nur einseitig ist! Ist in keiner Seele kein Verderben schon jemals vollkommen ertödtet, so daß sie jeder Befürchtung gänzlich enthoben wäre: so kann es auf der andern Seite doch eben so wenig eine menschliche Seele unter uns geben, in welche nicht der göttliche Sämann auch den Samen des göttlichen Wortes gestreut hätte! Woher also sollten wir das Recht haben von einem der Unsrigen zu glauben, sein Herz sei so ganz verhärtet wie der Weg in der Gleichnißrede des Herrn, so daß der göttliche Same gar nicht hineingestreut werden könnte mit irgend einer Hoffnung, daß er da Leben gewinnen werde. Wie wahr es auch sei, daß dem Menschen in diesem Leben noch überall entgegentreten die Verlockungen der Lust: doch kann auch wieder keine menschliche Seele unter uns leben, die niemals wäre angeweht worden von dem Frieden Gottes, welcher ja überall in dem Reiche des Herrn wohnt! keinen kann es unter uns geben, welcher niemals des Unterschieds sollte inne geworden sein und ihn tief in sein Bewußtsein aufgenommen haben zwischen dem Gehorsam gegen den göttlichen Willen und den wilden aufrührerischen Wogen einer Herrschaft der sinnlichen Lust. Und haben wir zu so allgemeinen nachtheiligen Voraussetzungen kein Recht: dann dürfen wir auch nicht irgend etwas einzelnes Bestimmtes voraussetzen, ohne daß wir es wahrnehmen und eher als es sich wirklich zeigt. Und achten wir dennoch überwiegend auf die nachtheilige Seite anderer, so lasset uns auch die gute nicht übersehen! zeigt uns das Auge des Glaubens überall das Verderben, um dessentwillen wir alle des Erlösers bedürfen: das Auge der Liebe wird uns sicher überall auch die Wirkungen der Erlösung zeigen, die uns in dem guten Glauben an die Kraft der göttlichen Gnade befestigen.

Und ist diese argwöhnische Neigung eben deswegen eine Sünde, weil sie so sehr den Unglauben an die göttliche Gnade und ihren heilsamen Einfluß unter christlichen Völkern im christlichen Leben und Wandel ausspricht und nährt: wie sollten wir uns dagegen verwahren können, daß eben diese Neigung auch eine Ungerechtigkeit wird? Laßt uns nur die Art und Weise unseres Zusammenlebens in diesem Verein zu bürgerlichem Recht und Ordnung mit der Art vergleichen, wie der Apostel Paulus uns das höhere Urbild dieses Vereins, nämlich die christliche Kirche darstellt. Da hält er uns vor die Verschiedenheit der Gaben und der Geschäfte, wie sie doch alle wesentlich zusammengehören; und gewiß kann das nicht in höherem Grade wahr sein in dem Gebiete des geistigen Lebens, als es gelten muß von diesem mehr äußerlichen Verein, durch welchen allein die große Bestimmung allmälig erreicht werden kann, die uns Gott für dieses Leben angewiesen hat, nämlich die Herrschaft des Menschen über die Erde und ihre Güter sicherzustellen und zu erhöhen. Da ist kein Geschäft, das entbehrt werden könnte, keine Gabe, die überflüssig wäre; alles, was Gott gegeben hat, muß zusammenwirken zu dem gemeinsamen Zweck. Was aber der Apostel in jenem Bilde als das Verderben darstellt, welches er von der Gemeinde Gottes entfernen möchte, das ist nur der Wahn, wenn etwa ein Glied glaubt des anderen entbehren zu können, wenn eines sich einbildet, es könne selbst und allein das Leben des Ganzen erhalten und schützen; aber daran hat er wol nicht gedacht, daß ein Glied glauben könnte, irgend ein anderes sei ihm feindselig und verderblich. So läßt er nicht die Hand zu dem Auge reden oder den Mund zu dem Ohr; sondern schon jene Gleichgültigkeit und Geringschätzung des einen gegen das andere Glied stellt er uns als das Verderben dar. Aber worauf anders beruht jene verkehrte Neigung, als auf einer solchen Voraussetzung? Wenn einem unter uns irgend etwas unserem gemeinsamen Leben Angehöriges anvertraut ist, daß er es schütze versorge fördere, dem ist es anvertraut als Theil des Ganzen, in dessen Sinn und Geist es soll behandelt werden. Glauben wir aber in blindem Eifer für dieses Anvertraute, daß andere, die von ihrem Standpunkte aus nach ihrer Weise handeln, aber nicht so handeln konnten wie wir, eben weil der ihnen anvertraute Theil ein anderer ist, in einer Feindschaft gegen das Unsrige begriffen wären: so handeln wir nicht nur nicht mehr im Geist des Ganzen, sondern auch von der gemeinen Gerechtigkeit haben wir uns losgesagt. Aber eben darum, meine theuren Freunde, ist auch, wo der Argwohn einwurzelt, das Verderben nicht fern. Wie kann ein Hauswesen bestehen, wenn Argwohn einreißt zwischen dem einen Gatten und dem andern, als ob jeder Theil nur seinen besonderen Vortheil suche auf Kosten des andern? oder Argwohn zwischen Eltern und Kindern, Argwohn zwischen denen, die da gebieten, und denen, die da dienen, als hätten jene am stärksten Druck die größte Freunde, oder als wäre alle Sorgfalt und Treue bei diesen nur heuchlerischer Eigennutz? Sehen wir aber auf das Größere, wenn Argwohn einreißt unter einem Volke, die Herrscher von den Unterthanen glauben, diese schuten sich immer danach die Bande der Ordnung zu lösen, die Unterthanen fürchten, daß die Führer uneingedenk der künftigen Zeit nur für sich die Bequemlichkeit des Alten liebten; Argwohn der Jugend, als ob das Alter ihr mißgönnte besser zu werden, als es selbst sein konnte, und es besser zu haben, als ihm seine Zeit darbot; Argwohn des Alters, als sei die Jugend nur voll Dünkels und voll verzehrenden Feuers; Argwohn der Armen gegen die, welche die Güter dieser Welt besitzen, als ob sie sie immer nur durch steigende Unterbrückung vermehren wollten; Argwohn der Reichen gegen die Dürstigen, als ob sie immer im Begriff ständen ihre Mehrzahl geltend zu machen als das Recht des Stärkeren und alle anderen noch so heiligen und wohlerworbenen Rechte zu ihrem Vortheil mit Füßen zu treten; wenn so jeder

Stand von dem andern nicht nur glaubt, er sei überflüssig oder weniger werth, sondern auch er sei der eigentliche Sitz des unmittelbar drohenden Verderbens: dieses ätzende Gift kann sich verbergen in Zeiten der äußeren Ruhe und des Friedens; aber wie viel es im Verborgenen schon zerstört hat, das wird sich zeigen am Tage der Gefahr.

Die älteren unter uns, meine theuren Freunde, bewahren die Erinnerung einer Zeit, wo weniger aus diesem Grunde als vielleicht aus einem Mangel an gehöriger und gesunder Gemeinschaft, oder vermöge einer durch eine lange Zeit der Ruhe und des Wohllebens herbeigeführten Erschlaffung unser ganzes öffentliches Leben auseinander zu fallen im Begriff war und daher das gemeine Wesen leicht überwältigt ward von einer fremden Uebermacht. Wie gelangten wir aber da zu der Erkenntniß dessen, was allein uns wieder erheben konnte! wie erwuchsen aus dieser Erkenntniß alle die herrlichen Tugenden der Selbstverleugnung, des Muthes, der Hingebung! welche Kraft gegenseitiger Unterstützung, durch welche das Uebel überwunden wurde! Lasset uns daher nicht dem gegenwärtigen Verderben zusehen, daß es ruhig Wurzel fasse, bis eine Zeit der Gefahr über uns kommt; denn in einer solchen Stimmung würde auch die gleiche Gefahr nicht mehr dieselbe Wirkung hervorzubringen vermögen. Dazu diene uns denn jetzt die Einkehr in uns selbst, die uns geboten wird an einem Tage wie der heutige!

Möchten deshalb nur alle bei sich feststellen, das sei die heiligste Pflicht eines jeden gegen alle anderen, daß er keinem Vorurtheil der Art Raum gebe, als könne das wahre Wohl eines Einzelnen oder eines bestimmten Theils der Gesellschaft im Streit sein mit dem Wohl des Ganzen, als könne ein Theil das Verderben eines anderen suchen müssen um sich selbst aufrecht zu halten! Je freudiger wir uns in das Bewußtsein versenken, daß unser gemeinsames Leben ein Ganzes bildet; je mehr wir suchen alle die verschiedenen Theilungen, die unter uns stattfinden, in ihrer Nothwendigkeit ins Auge zu fassen: um desto sicherer werden wir jeden verderblichen Argwohn aus unsern Herzen entfernen. Und lasset uns nicht vergessen, welches Beispiel auch in dieser Beziehung uns unser Herr und Heiland gegeben hat. Auf wem ruhte so sehr das Wohl und Heil aller Völker und aller Geschlechter? wer hätte mehr Recht gehabt als er, diejenigen, die ihm feindselig gegenüber traten in seinem Leben und Wirken, für Feinde Gottes zu achten und für Feinde der Menschen? aber nachdem er sich ihnen wiederholt wiewol immer vergeblich mit Liebe genähert; nachdem er ihnen wiederholt die Schätze seiner Weisheit geöffnet hatte, auf daß sie erkennen möchten was ihnen noth that: wie jammerte er immer nur darüber, daß sie doch nicht hätten bedenken wollen, was zu ihrem Frieden dient! und wie weiß er auch, nachdem sie ihn dazu bestimmt hatten zu sterben, damit das Volk vornehmlich aber sie selbst im alten Zustande blieben, doch nichts Schlimmeres bei ihnen vorauszusetzen als eine Verblendung ihres geistigen Auges, daß sie nicht wüßten, was sie thaten! Diesem Bei=

spiele lasset uns nachfolgen, überall nicht an bösen Willen im voraus glauben, sondern mehr auf wohlmeinenden Irrthum rechnen, überall auch dem, was uns als selbstsüchtige Verwirrung erscheint, mit Liebe und Wahrheit entgegentreten, damit die Liebe überall den Sieg gewinne. Dann werden wir so fest und in solchem Geiste vereint bleiben, daß wir mit Zuversicht erwarten können, unter allen Umständen, die Gott uns zusendet, werde die Gerechtigkeit uns erhöhen.

II. Das Zweite, meine anbächtigen Freunde, was ich noch als ein Beispiel hinzufügen will, wie die Sünde das Verderben eines Volkes wird, mag vielen unter euch vielleicht als etwas Geringes und Unbedeutendes erscheinen; aber ich wollte, ich könnte in dieser Kürze der Rede und mit wenigen Zügen euch den gänzlichen Widerwillen meines Gemüths dagegen, so wie die ängstliche Furcht, die mich dabei befällt, vor Augen bringen und mittheilen. Was ich meine, ist jener recht= haberische Eigensinn, den wir bei allen finden, welche sich in dem Streite der Meinungen verhärten. Wie reichlich sehen wir nicht diesen überall unter uns, sowol wenn wir denken an die Angelegenheiten der christlichen Kirche als an die unseres bürgerlichen Gemeinwesens! Zu häufig zeigt er sich an beiden Orten, als daß man ihn genauer be= trachtet für unbedeutend halten könnte. Viele aber, fürchte ich, werden sagen: ist denn das Bestehen auf seiner Meinung etwas anderes als die Liebe zur Wahrheit und die Festigkeit der Ueberzeugung? wer sich bewußt ist die Wahrheit zu besitzen, kann der wol anders handeln? und was aus einem solchen Grunde hervorgeht, kann das unter die Sünde gerechnet werden und als solche die Erhöhung des Volkes durch die Gerechtigkeit hindern, oder wol gar unmittelbar Verderben bringen? Es ist eine große Sache um die Wahrheit in dem ganzen vollen Sinne des Worts; die ungetheilte reine Wahrheit aber ist das unzugängliche Licht, in welchem der Ewige wohnt; es bricht sich in dem menschlichen Geist in mancherlei Strahlen. Jeder hat etwas von ihr — ja, das müssen wir wol behaupten, seitdem der, welcher die Wahrheit und das Leben war, unter uns gewohnt hat, — aber keiner hat sie ganz. Wie sollte es nun nicht Sünde sein, wenn wir uns, sobald unserer Ueber= zeugung eine andere entgegentritt, um so leichter, je wichtiger der Gegenstand ist, überreden, die unsrige sei lauter Wahrheit, die des an= deren sei nichts als Irrthum? Und wer sich erst durch eine solche Voraussetzung an seinem Bruder versündigt, wie nahe liegt dem auch das, ja wie fast unvermeiblich wird er dahin geführt, daß er seinen eigenen Irrthum auch da für Wahrheit hält, wo das Wesentliche seiner Ueberzeugung irrig ist? Ist aber das nicht der sträflichste Hochmuth, und muß der nicht Sünde sein? Bedenket den Apostel, der so vieles gethan hat zur Erbauung der christlichen Kirche; in welchem sich auf eine so kräftige Weise alle Gaben des Geistes bekundeten; der von sich selbst sagen mußte der Wahrheit gemäß, er habe mehr gethan oder vielmehr Gott durch ihn als die andern, der sagt von sich: Ich glaube doch auch den Geist Gottes zu haben*). Aber wer sich in seiner Meinung einer entgegengesetzten gegenüber so rechthaberisch und eigensinnig verhärtet, glaubt der nicht den Geist Gottes, den Geist der Wahrheit allein zu haben? muß nicht solcher Hochmuth, ja kann er wol irgend anders als vor dem Falle kommen? giebt es ein stärkeres Betrüben des göttlichen Geistes, wovor uns die heilige Schrift so ernstlich warnt, als wenn wir ihn selbst, der sich verbreiten soll über den ganzen Umfang des menschlichen Geschlechts, als unser Eigenthum und unsern Besitz in die engen Kammern unseres eigenen Herzens und Gehirns ausschließlich mit Abweisung der anderen gleichsam festbannen wollen? wenn wir diesen Geist, der sich von Anfang an in so vielerlei Sprachen zeigte, gleichsam ausschließend nur unsere Sprache wollen reden hören? Und wie sollte nicht dieser gefährliche Hochmuth auch ungerecht sein! Wenn wir an unser gemeinsames Leben denken, so kann es doch nur bestehen durch das Zusammenwirken aller geistigen Kräfte; keiner darf sich allein vertrauen, keiner sich selbst allein genügen wollen. Aber eben deswegen ist auch das die erste Pflicht eines jeden, daß er sich den andern dazu hingebe, daß sie versuchen können, nach Vermögen ihren Antheil an der Wahrheit auch in seinem Gemüthe geltend zu machen; und die andere Verpflichtung ist der gleich, die nämlich, daß jeder sich gegen alle, von denen er umgeben ist, in einem solchen Verhältniß erhalte, daß er auch wieder seinerseits im Stande bleibt, der Wahrheit Dienste zu leisten bei den anderen. So wir aber jeder in seiner eigenen Ueberzeugung uns verhärten, uns abwenden von den entgegengesetzten Meinungen, weil wir im Voraus schon geurtheilt haben, sie seien falsch; wie schließt das nicht die größte Ungerechtigkeit in sich! wie unüberlegt und hartherzig sprechen wir nicht dadurch den anderen ab, was wir schuldig sind einem jeden zuzutrauen! Nämlich dieses sind wir schuldig jedem zuzutrauen, mit welchem wir in einer Gemeinschaft des Lebens stehen, daß auch er der Wahrheit nachstrebe und also den Keim derselben in sich trage; daß auch er im Stande sei, mitzuwirken zu der gemeinsamen Erleuchtung aller. Wenn wir das im Voraus absprechen, mit dem könnten wir auch unmöglich in irgend einer Gemeinschaft des Wirkens bleiben wollen; denn er müßte uns ja ein Hinderniß unseres Wirkens sein! Ruht nun darauf alle Gemeinschaft: o wie versündigen wir uns nicht gegen alle diejenigen, mit denen wir nicht wollen in eine friedliche freundliche Auseinandersetzung der Meinungen eingehen! wie versündigen wir uns nicht gegen das gemeinsame Wesen, indem wir auf diese Weise die Erleuchtung, mit der der eine auf den anderen wirken soll, aufheben und hemmen! Wer aber so den Gang des Lichtes aufhält, der ist zugleich Schuld an der Verbreitung der Finsterniß und gehört auch unter diejenigen, welche die Wahrheit aufhalten in Ungerechtigkeit. Und so lehrt es auch die Erfahrung, daß diejenigen, welche sich solchergestalt gegen die Ueberzeugung anderer verschließen und sich

---

*) 1. Kor. 7, 40.

nur in ihrem eigenen Gedankenkreise verhärten, selbst immer mehr dem anheim fallen, was in ihrer eigenen Ueberzeugung nicht von der Wahrheit ist, sondern aus dem Irrthum. Denn wie die Wahrheit wesentlich ein Gemeingut ist, so kann sie auch nur durch die Gemeinschaft fortbestehen; der Irrthum ist nothwendig das Kind der Selbstsucht, und wer sich aus der Gemeinschaft ausschließt, der nährt ihn geflissentlich und räumt ihm immer größere Herrschaft über sein Inneres ein.

Solches kann uns indeß immer noch als ein Geringes und Unbedeutendes erscheinen, wenn wir an den großen Abstand zwischen Wort und That denken. So lange nur dies beides von einander entfernt bleibt, könnten wir uns wol über jene Unvollkommenheit trösten. Mag es doch immer sein, wollten wir sagen, daß auch in den heiligsten Angelegenheiten des Glaubens die Christen so weit mit ihren Vorstellungen auseinandergehen, sich so sehr gegenseitig abstoßen, daß sie nicht mehr eingehen können in irgend einen bedeutenden Austausch ihrer Gedanken! wenn nun auch jeder in der Rede und Zunge seines eigenen Kreises bleibt, die ursprüngliche Gabe des Geistes aber, daß alle Zungen geredet und verstanden werden in der Gemeinschaft der Gläubigen, für uns verloren gegangen ist: sind wir nur sicher, daß sich auch die verschieden Denkenden vereinigen können, wo es auf thätige Liebe und auf Beförderung des Evangeliums in welcher Weise es auch sei ankommt; bleibt das nur ungefährdet, daß dann wenigstens jeder in seinem Kreise treu und fröhlich mitwirkt, mag es auch der eine so der andere anders thun: so können wir uns bei allen diesen Verschiedenheiten ja Gegensätzen leicht beruhigen; die Uebereinstimmung liegt in dem, der alles leitet. Dasselbe könnte man auch sagen in Beziehung auf unser bürgerliches Gemeinwesen. Mag doch immer der eine diese, der andere eine entgegengesetzte Meinung darüber haben, wie das gemeinsame Ziel soll gefördert werden; ja wenn sie sich auch in ihren Ueberzeugungen so weit von einander trennen, daß zuletzt gar keine Gemeinschaft der Rede statt findet, weil jeder denkt, es sei besser darüber nicht erst zu sprechen, worüber man sich ja doch nicht einigen kann: wenn sie nur alle dem Gesetze gehorchen, das über sie alle waltet; wenn nur keiner dem Winke der schützenden und leitenden Hand seinen Gehorsam versagt: so kann jenes ohne allen Schaden vorübergehen. Aber die Entfernung zwischen Wort und That ist eine sehr ungleiche in verschiedenen Zeiten des Lebens. Liegt nicht darin schon immer der Keim zu entgegengesetzten Thaten, wenn der eine für gut hält was der andere für verderblich? Ja ist nicht fast immer, wenn wir es genau betrachten, das Wort selbst schon That und oft sehr folgenreiche gewichtige That? Sind nicht die Gesetze des bürgerlichen Lebens Worte, und schließen sie nicht Thaten in sich und rufen sie hervor? Wenn es darauf ankommt Gesetze zu berathen und zu Stande zu bringen, und die liebevolle Mittheilung der Ansichten ist dann aufgehoben: wo kann die Vereinigung herkommen, aus der das Bessere hervorgehen soll? Sind nicht schon zu sehr die einen gegen die andern erbittert, als daß ein herzliches Zusammenwirken zu erwarten wäre? Darum auch von da droht unheilbares Verderben, wenn wir nicht dieser Verunreinigung Grenzen setzen; wenn wir uns nicht auch den Ansichten von der Einrichtung des Lebens und der Schätzung seiner Güter liebend öffnen, welche den unsrigen am meisten entgegengesetzt zu sein scheinen; wenn wir nicht der Pflicht treulich nachkommen, auch in alle dem, was sich uns als verderblicher Irrthum darstellt, doch den Keim der Wahrheit aufzusuchen.

Ach wissen wir es denn nicht, meine guten Freunde, daß in uns selbst doch auch immer noch viel Irrthum wohnt? und muß nicht jeder gestehen, daß der Streit, wenn sich einmal die Leidenschaft eingemischt hat, uns unfähiger macht selbst in unseren schon befestigten Ueberzeugungen, noch mehr aber in den noch einzeln stehenden flüchtigen Gedanken Wahrheit und Irrthum bestimmt zu unterscheiden? Desto mehr Ursache haben wir ja aber, wenn uns in einem andern Gemüth etwas anderes mit eben so kühner Sicherheit entgegentritt, vorauszusetzen, darin sei einerseits gewiß auch Wahrheit, die uns über einen von unseren eigenen Irrthümern erleuchten kann, andererseits vielleicht auch Mißverständniß, welches wir zu beseitigen vermögen. Und ebenso in Beziehung auf das vorige. Wenn in anderen Gemüthern Argwohn entsteht gegen unsere Bestrebungen und unsere Handlungsweise, so laßt uns gewiß sein, wir haben eine Veranlassung dazu gegeben; und gehen wir nur in unser Inneres ein, so werden wir auch das auffinden, was ihn veranlaßt hat, und werden es abthun können. Werden wir hingegen selbst angesteckt von dieser verderblichen Neigung und hegen Argwohn gegen andere: ach dann laßt uns nur gleich bei uns feststellen, daß das nicht von reinem Eifer für das gemeinsame Wohl herrührt; es hat unfehlbar seinen Keim in irgend einer verborgenen Selbstsucht, und die müssen wir aufsuchen und entfernen.

Doch lasset uns nicht vergessen, meine christlichen Freunde, daß ich dieses nur angeführt habe als ein paar Beispiele, als einzelne Fälle, deren Berichtigung zu dem großen Geschäfte eines solchen Tages wie der heutige gehört. Wo unter unseren Glaubensgenossen ein solcher Tag öffentlich nicht gefeiert wird, da müssen christliche und den Willen Gottes suchende und liebende Gemüther sich ihn selbst machen. Aber eben so müssen wir unsererseits diesen Tag mit seiner Aufgabe in unser ganzes Leben hinüberführen; denn Ein Tag genügt derselben nicht. Ueberall lasset uns fleißig forschen in jeder Stunde der Betrachtung, an jedem Abend wann wieder das Werk eines Tages vor uns liegt, lasset uns forschen, wo die Sünde sich geregt hat, wo wir uns einen Mangel an der höheren Gerechtigkeit vorzuwerfen haben, die in der Vollständigkeit der Erweisungen der Liebe besteht, welche in dem Glauben ihren Grund hat; denn das allein ist die Gerechtigkeit, die vor Gott gilt. Möge doch kein Tag vorübergehen, an dem wir nicht auch an das Verderben dächten, welches die Sünde nothwendig mit sich bringt! denn gewiß vergeht doch keiner, wo uns nicht die Sünde vor

Augen träte. Dann wird auch wol keiner vergehen, an dem wir nicht ebenso wie wir heute dazu aufgefordert werden unsere gemeinsamen und die Angelegenheiten des Reiches Gottes dem ans Herz legten mit Gebet und Flehen, der allein die menschlichen Dinge regiert, und von dem alle Förderung des Guten unter uns ausgeht. Nur in dieser ununterbrochenen Fortsetzung hat ein solcher Tag der Buße und des Gebets seinen Werth; aber so muß er uns auch Gewinn bringen. Denn nehmen die Glieder eines Gemeinwesens in rechter Erkenntniß desselben zu: so werden sie sich auch kräftiger anfassen in Liebe und werden immer aufs Neue erbaut werden zu der wahren christlichen Demuth, ohne welche kein Heil ist; so werden wir uns immer enger zusammenschließen zu einer Gott wohlgefälligen Vereinigung der Kräfte, um mit einander sein Reich zu bauen. Amen.

Heiliger barmherziger Gott, Vater des Lichts, du Urquell der Wahrheit, du gnädiger Vater auch deiner sündigen und gefallenen Kinder! Wir erkennen mit einander in Demuth die menschliche Gebrechlichkeit, welche sich auch unter uns offenbart, und wissen, daß wir nicht würdig gewandelt sind des Namens, der uns gegeben ist, indem wir uns nennen dürfen nach deinem Sohne! Wir bekennen, daß uns noth ist die Zucht deines Geistes, der uns strafe, warne, reinige. O daß wir uns alle ihm immer mehr hingeben möchten! o daß wir den Geist der Wahrheit nicht überhören möchten und nicht betrüben, auf daß dein himmlisches Licht uns immer mehr erleuchte, auf daß das Leben deines Sohnes in uns immer mehr Gestalt gewinne, auf daß alle unsere irdischen Verbindungen würdig seien und immer würdiger werden zugleich Bestandtheile zu sein deines ewigen geistigen Reiches! Dazu lasse du denn gesegnet sein die Verkündigung deines Wortes in der Gemeinde der Christen. O die Predigt desselben werde doch unter uns immer mehr eine Predigt des Friedens, auf daß sich alle vereinigen in dem Gehorsam gegen das heilbringende Wort, auf daß wir immer mehr unsere eigenen besonderen Meinungen gering achten lernen und nur das reine Licht, welches von oben kommt, aufzufassen streben*). Und was sollten wir nun in Demuth noch bitten als die Gnade, daß keiner unter uns sein möge, den du nicht würdigest dazu beizutragen, daß wir unter allen Schwächen und Verirrungen unseres Lebens nie das Bewußtsein unseres großen Berufs Kinder Gottes zu sein verlieren mögen. Ja dazu laß deine Gnade mächtig sein unter uns. Und wenn es kaum der Mühe werth ist, indem wir um das Geistige bitten, auch des Leiblichen zu gedenken: so sind wir doch uns unserer Schwäche bewußt und bitten dich um Trost und Beistand für die, welche sich unter den wenngleich vergänglichen Trübsalen ihres Lebens zu dir wenden, damit deine Gnade sich in uns mächtig zeige, und wir in wahrer fröhlicher Buße, in treuem Ringen immer näher kommen dem Ziele, welches du uns allen gesteckt hast. Amen.

---

*) Hier schlossen sich die Hauptpunkte aus dem Kirchengebet an.

XXXV.
Was Christus nach seiner Erhöhung für uns ist.

Am Himmelfahrtstage.

Text: Ebräer 8, 1 u. 2.

Wir haben einen solchen Hohenpriester, der da sitzet zu der Rechten auf dem Stuhl der Majestät im Himmel und ist ein Pfleger der heiligen Güter und der wahrhaftigen Hütte, welche Gott aufgerichtet hat, und kein Mensch.

Meine andächtigen Freunde! Was wir vorher in unserer apostolischen Lection vernommen haben, daß die Jünger, als der Herr vor ihren Augen aufgenommen wurde, ihm nachsahen wie er gen Himmel fuhr, das war ein vergebliches Unternehmen; weswegen sie auch davon abgemahnt und hinweggelenkt wurden. Für menschliche Sinne war da nichts mehr wahrzunehmen, ja was geschah war auch nicht mehr in unsere sinnliche Vorstellungsweise als etwas Bestimmtes aufzufassen. Der Himmel, dies Wort bezeichnet keinen bestimmten Ort, es ist das Unendliche, überall ausgebreitet, überall eins und dasselbe. Die Rechte Gottes, zu welcher er sitzt, bezeichnet keinen Ort; denn wie Gott überall ist, so ist auch da überall seine Rechte, wo seine Macht ist, und wo seine Liebe waltet. Aber auch das, worauf die Jünger damals hingelenkt wurden von jenem ab, nämlich fest zu vertrauen, daß dieser Jesus wiederkommen werde, wie sie ihn gesehen hätten gen Himmel fahren, auch das war eben so wenig für die sinnliche Vorstellungsart, die uns eigen ist, etwas Befriedigendes. Denn indem diese Wiederkunft an das Ende der Tage, an die Grenze der Zeit gestellt wird: so zeigt sich ebenfalls der Wunsch und das Verlangen uns ein sinnliches Bild davon zu vergegenwärtigen bei jedem Versuch als nichtig. Darum thun wir besser, wenn wir uns mit unserer Festbetrachtung an solche Worte halten, wie wir sie eben aus einem andern Buche der Schrift vernommen haben; denn diese lenken unsere ganze Aufmerksamkeit von allem Sinnlichen hinweg ausschließend auf das Geistige. Was unser Erlöser, nachdem er von der Erde erhoben worden ist, noch immer für uns ist und uns leistet, darauf wird hier unser geistiges Auge gerichtet, wie es selbst denn auch nur Geistiges ist und sein kann; und so laßt uns denn diese Beziehung, welche hier zwischen Christo dem zum Himmel erhöhten und uns gesetzt wird, mit einander näher erwägen. Zuvor aber bedenkt, meine theuren Freunde, wie der Verfasser dieses Briefes die Christen, an welche er ihn gerichtet hat, schildert. Er sagt von ihnen, sie wären noch nicht so weit zur Vollkommenheit der Erkenntniß durchgedrungen, als sie es der Zeit nach wol sein konnten, sie hätten immer noch das Bedürfniß, daß ihnen die Milch des Evangeliums gereicht würde; aber, fährt er fort, wir wollen nun einmal versuchen von jenen ersten Anfangsgründen des Glaubens absehend mit einander zur Vollkommenheit zu fahren*), und eben das ist die Einleitung zu dieser ganzen Darstellung des Erlösers, daß er nämlich, nachdem er mit seinem eigenen Blute eingegangen in das Heiligthum, das nicht mit Händen gemacht ist, sondern in den Himmel selbst, nun unser ewiger Hoherpriester sei. Gehört nun dieses so sehr zur christlichen Vollkommenheit: so ist wol möglich, daß auch wir um es richtig zu fassen vielen unserer gewohnten Vorstellungen wenigstens für jetzt und in dieser Beziehung den Abschied werden geben müssen und uns ganz an das Geistige halten, um uns zu dem hinzuwenden, was dieser heilige Schriftsteller im Auge hat. Laßt uns daher zuerst die Frage beantworten, was es denn sei, dessen Pfleger unser Hoherpriester zur Rechten des Stuhls der Majestät genannt wird, und zweitens, wie er nun eben zu Folge dieser Beziehung der Pfleger dieser heiligen Güter und dieser wahrhaftigen Hütte ist.

I. Zweierlei also ist es, wovon unser Text sagt, daß der Erlöser als unser Hoherpriester zur Rechten Gottes der Pfleger davon sei, **heilige Güter und eine wahrhaftige Hütte.** Was aber von ihm selbst in Beziehung auf diese geheimnißvollen Ausdrücke gesagt wird, das hat ein gar bescheidenes Ansehn, daß er der Pfleger, der Verwalter dieser heiligen Güter ist, daß er den Dienst verrichte in dieser wahrhaftigen Hütte, und doch ist eben dieses das Höchste und das Vollkommenste, was der heilige Schriftsteller von ihm zu sagen wußte. So ist es denn zuerst nothwendig, daß wir das recht ins Auge fassen, welches da seien die heiligen Güter, und welches da sei die wahrhaftige Hütte.

Dieser ganze neu=testamentische Brief, und noch ganz vorzüglich dieser Theil desselben, der die Darstellung des Erlösers als unseres Hohenpriesters enthält, geht aus von einer Vergleichung des alten Bundes mit dem neuen, und eben darin finden wir auch allein den Schlüssel zu den Ausdrücken, deren sich der Verfasser in den Worten unseres Textes bedient. Er sagt an einer anderen Stelle, der alte Bund habe nur gehabt den Schatten der Güter, welche verordnet waren, daß wir sie besitzen sollten, und nicht das Wesen selbst. Der alte Bund bestand in einer Menge von heiligen Rechten und Gebräuchen; das Hauptsächlichste derselben waren die mannigfaltigen Opfer, die dem Höchsten in verschiedenen Fällen mußten dargebracht werden, und was dadurch erreicht werden sollte war die Vergebung der Sünden. Aber eben hiervon hatte der alte Bund, wie unser heiliger Schriftsteller sagt, nur den Schatten, indem durch alle jene Opfer und Gebräuche und Sühnungen nie etwas anderes bewirkt werden konnte, als daß das Gedächtniß der Sünde beständig und noch auf eine vorzügliche Weise

---

*) Kap. 6, 1.

jährlich erneuert wurde; aber das Wesen, daß nämlich das Bewußtsein der Sünde selbst hinweggenommen würde, das fehlte ihm. Jetzt aber heißt es: Ihr seid mit Christo lebendig gemacht und in das himmlische Wesen versetzt*), und damit verträgt sich kein unseliges Bewußtsein der Sünde; wir sind geschaffen in Christo zu guten Werken, zu welchen Gott uns zuvor bereitet hat, daß wir darin wandeln sollen**), und damit verträgt sich keine neue Gewalt der Sünde. In beider Hinsicht ist der alte Mensch begraben, und wer in Christo ist eine neue Kreatur; und das ist das Wesen zu jenem Schatten. Das Volk des alten Bundes hielt sich vermöge der Rechte und Gesetze, die es von Gott, von dem Jehovah seinem Herrn und Beschützer, empfangen hatte, für ein auserwähltes Volk Gottes; aber diese göttliche Wahl wurde doch von dem größten Theil desselben vorzüglich nur so aufgefaßt, daß Gott es selbst übernommen habe das Volk durch dieses irdische Leben zu leiten, es auf beschwerlichen Wegen und Wanderungen zu dem Ziele zu führen, das er ihm auf Erden bereitet hatte, es da zu schützen und aufrecht zu halten gegen alle Völker, welche als Feinde des Jehovah seinen Auserwählten drohten, und diese zu bewahren, bis die Verheißungen, die er ihrem Stammvater gegeben hatte, in Erfüllung gehen könnten, daß in ihm sollten gesegnet sein alle Geschlechter der Erde. Das war, weil nur etwas Irdisches, darum nur ein Schatten der ewigen Güter. Aber was ein Apostel des Herrn sagt: Ihr seid das auserwählte Geschlecht, das königliche Priesterthum***), und ein anderer auf ähnliche Weise: Wir sind nun wahrhaftig Hausgenossen Gottes und Bürger seines Reiches†): diese lebendige Gemeinschaft mit Gott, dieses beständige Bewußtsein des innigsten Verhältnisses, in dem wir mit ihm stehen, und die Theilnahme an ewiger selbstständiger Seligkeit, welche davon die nothwendige Folge ist, das ist das Wesen zu jenem Schatten, das ist das heilige Gut. So, meine theuren Freunde, ist es gemeint, was der Verfasser unseres Textes sagt, daß unser Hoherpriester der Pfleger wäre der ewigen Güter. Ja noch mehr, indem er den alten Bund, welcher nur den Schatten derselben hatte, mit dem neuen vergleicht: so erinnert er uns daran, daß jener nicht nur etwas Unvollkommenes gewesen sei, sondern er sagt noch ausdrücklich: Gott selbst habe ihn getadelt††) und eben deshalb verheißen und errichtet ein neues Testament. Er habe ihn getadelt, weil er doch nicht habe bestehen können, und verheißen, er wolle thun nicht wie ehedem, nicht nach dem früheren Bunde, denn sie wären in demselben nicht geblieben, und so habe auch er ihrer nicht achten wollen eben vermöge dieses Bundes; aber ein neues Testament, habe er gesagt, will ich errichten, ich will meinen Willen und mein Gesetz in ihren Sinn und ihr Herz schreiben, auf daß er in ihnen lebendig herrsche und walte. Es war nur ein Schatten, als sie ein Gesetz empfingen selbst durch den Dienst der

---

*) Ephes. 2, 5. 6. — **) Ephes. 2. 10. — ***) 1. Petr. 2. 9. — †) Ephes. 2. 19. ††) Hebr. 8. 7—10.

Engel vom Himmel herab; denn es war ihnen nur äußerlich gegeben als ein feststehender Buchstabe, und sie zu der Haltung desselben äußerlich verpflichtet, indem ihnen Belohnung und Segen vorgehalten wurde auf der einen Seite, Fluch und Strafe auf der andern; das war nur der Schatten des beseligenden göttlichen Willens. Das heilige Gut ist nun dieses, daß wir jetzt den Willen Gottes geschrieben tragen mit unauslöschlichen Buchstaben in unserem innersten Sinn und Gemüth und in der Tiefe unseres Herzens, und daß, da eben dieser Wille Gottes unser eigener Wille, dieses Gesetz das Gesetz unseres eigenen Lebens ist. Das ist die Summa der heiligen Güter, über die unser Verfasser redet, und von denen er sagt, daß unser Hoherpriester der Pfleger derselben sein soll zur Rechten der Majestät Gottes..

Und was ist nun das andere, nämlich die ewige Hütte? Der Ausdruck erinnert uns an jenes erste bewegliche Heiligthum des Jehovah, wie es Moses auf göttlichen Befehl für die Zeit errichten mußte*), während der das Volk hin und her wandern sollte durch die Wüste. Späterhin aber, nachdem das Volk zum ruhigeren Besitz gelangt und in festere Ordnung gebracht war, wollte sich dieses einem so viel besseren Zustand nicht mehr angemessen zeigen; und an dessen Stelle trat hernach jener vielbewunderte Tempel, an dessen Fortbauer auch der Bestand aller eigenthümlichen Einrichtungen des Volkes gebunden war. Das war die Hütte, aber nicht die wahrhafte Hütte, sondern nur gemacht, wie unser Verfasser sagt, nach dem Bilde, das dem Gesetzgeber des Volkes droben auf dem Berge gezeigt worden war. Also nicht als die wahrhaftige Hütte selbst, sondern nur nach dem Bilde der wahrhaftigen Hütte war dieser Tempel, nicht von Gott selbst, welcher nur das Bild gezeigt hatte, erbaut, sondern von Moses aufgerichtet. Also auch nur Schatten; worin besteht nun aber das Wesen dazu, in Beziehung worauf unser Verfasser doch sagen konnte, daß sie nach dem Bilde, was droben ist, gemacht war?

Erinnert euch an die Mannigfaltigkeit von unterschiedenen und unter sich abgeschlossenen Räumen, aber auch an die noch strengere Abgeschlossenheit des Ganzen von allem, was zu dem gewöhnlichen alltäglichen irdischen Treiben und Geschäft der Menschen gehört; eine Mannigfaltigkeit von Räumen, allein dem Dienst, welchen das Volk dem Jehovah darbringen sollte, gewidmet, aber nicht für alle gleichmäßig, sondern nach verschiedenen Abstufungen; die einen für die Gesammtheit des ganzen Volkes, die andern für den Stamm, welche sich der Herr auserstehen, um den großen Dienst in seinem Heiligthum zu verrichten; der allerinnerste aber war der, wohin nur einer, der Hohepriester, und auch der nur einmal des Jahres einging, um das Volk mit Gott zu versöhnen, in dem aber zugleich die heiligen Zeugnisse von dem Bund, der zwischen Gott und dem Volke bestand, niedergelegt waren, so lange jene erste Hütte und jener erste Tempel stand. So der Schatten und

---

*) 2. Mos. 25 1 folgd.

das Bild. Welches nun ist die wahrhaftige Hütte? Die ist, wie ein anderer Apostel sagt, das geistige Haus, zu welchem wir Menschen uns als lebendige Steine erbauen*), zu dem wir alle, die wir Christo angehören, in einander gefügt sind und wachsen zu einem heiligen Tempel in dem Herrn**), der sich immer höher und herrlicher erheben soll, ohne jemals zerstört zu werden, wie es jener ersten Hütte begegnete, ja auch ohne jemals von frevelnder Hand entweiht werden zu können, wie es dem späteren Tempel so oft unter den schweren Bedrängnissen des Volkes ergangen ist, ohne jemals ein Raub der Zeit werden zu können, so daß dadurch zugleich auch der Bund, der zwischen Gott und den Menschen bestehen soll, aufgehoben würde. Sehet da den wahren geistigen Tempel Gottes, allen solchen äußerlichen Schickungen, wie sie immer mit dem menschlichen Verderben zusammenhangen und der irdischen Vergänglichkeit angehören, unzugänglich und davon abgeschlossen, diesen geistigen Tempel Gottes, in welchem Gott auch ein Dienst dargebracht wird, aber nicht mehr ein Dienst der Lippen und Hände, nicht mehr ein Dienst der Opfer und Gaben, nicht mehr ein Dienst äußerlicher Gebräuche, sondern geistliche Opfer, die Gott angenehm sind in Christo***), ein Dienst der Anbetung im Geist und in der Wahrheit†). Ja auch abgeschlossen von allem, was dem irdischen Leben angehört, erscheint uns dieser geistige Tempel Gottes; denn wir können und dürfen nichts dazu rechnen, als nur das allein, was zu jener Anbetung Gottes im Geist und in der Wahrheit gehört; aber wie er selbst Geist ist, so sind auch seine Schranken nur geistig, und nichts ist aus seinem Umfang ausgeschlossen aus irgend äußerlichen Gründen. Und wie die Anbetung Gottes im Geist und in der Wahrheit nichts anderes ist, als der Glaube, welcher sich durch die Liebe thätig erweist: so gehört auch wieder zu diesem geistigen Tempel jede Dienstleistung der Gläubigen zur Verherrlichung Gottes und zur Erweiterung seines Reiches; so nimmt er auch wieder das ganze menschliche Leben, wie es ja diesem Dienst geweiht ist, in seine heiligen Räume auf; und was in ihn gar nicht Eingang finden könnte, wofür dieser Tempel fester verschlossen wäre und strenger abgesondert, als jene heiligen Mauern durch ihre köstlichen Thüren und unverletzlichen Vorhänge, das soll auch gar nicht und nirgend sein in dem Leben der Menschen.

Das, meine theuren Freunde, ist die wahrhaftige Hütte, welche Gott selbst erbaut hat und kein Mensch! Kein Mensch hätte vermocht den Gedanken dazu zu fassen, keine menschliche Kraft hätte ein solches geistiges Gebäude errichten können, noch könnte sie es erhalten. Es besteht aber dieser geistige Tempel, diese wahrhafte Hütte, weil der Geist Gottes darin wohnt, weil unser ewiger Hoherpriester im Himmel der Pfleger davon ist. Aber war auch das nach dem Bilde dieser wahrhaften Hütte, daß jene vergängliche in so viel verschiedene Räume abgetheilt war? so daß, wie einer, der überhaupt nicht zu dem auser-

---

*) 1. Petr. 2. 5. — **) Ephes. 2. 21. — ***) 1. Petr. 2. 5. — †) Joh. 4. 24.

wählten Volk des Herrn gehörte, auch in die äußersten Ringmauern keinen Eingang fand, so auch, alle, die nicht zu dem auserwählten priesterlichen Stamme gehörten, ausgeschlossen waren aus dem Innern, und in das Allerinnerste nur der eine, der Hohepriester, hineinkam, war auch diese Einrichtung nach dem Bilde der wahrhaften Hütte? Giebt es hier auch solche Abstufungen der Rechte und solche den andern verschlossene Heiligthümer, wohin nicht jeder von uns, die wir zu diesem auserwählten Volk, zu diesem königlichen Priesterthum gehören, dringen könnte? Nein, jeder Vorhang ist zerrissen, jede Scheidewand ist niedergestürzt, und darum nennt der Apostel die gesammten Gemeinden des Herrn das königliche Priesterthum, weil kein Unterschied mehr sein soll zwischen Volk und Priester, weil alle ohne Ausnahme Zugang haben sollen zu dem Heiligthum. Aber wo bliebe die Aehnlichkeit, wenn es in dieser wahrhaftigen Hütte nicht wenigstens ein innerstes Heiligthum gäbe, wohin nur der Hohepriester und nur einmal eingeht, um das große Werk der Versöhnung zu vollbringen? Ja, als unser Erlöser Mensch ward und auf der Erde erschien, da konnte man sagen, und so singen wir ja auch oft an unserem weihnachtlichen Fest: So ist denn nun die Hütte aufgebauet, die rein des Höchsten Ebenbild uns zeigt! und sie ist keine andere, als eben die Menschheit Christi selbst und allein. Das ist ein Raum von allen andern abgeschlossen, das ist das wahre und einzige Heiligthum, in dem alle Geheimnisse verschlossen sind, alle Siegel und Zeugnisse des ewigen göttlichen Bundes mit dem menschlichen Geschlechte niedergelegt. Aber auch diese Hütte ist, wir könnten sagen, abgebrochen, seitdem der Erlöser nicht mehr als Mensch auf der Erde lebt; aber warum sollen wir nicht lieber sagen, nur der Vorhang ist auch zerrissen, der diesen Raum von allen übrigen gesondert hielt. Denn wenn gleich Christus allein die Fülle der Gottheit in sich trug: so wissen wir doch, daß er jetzt in uns allen lebt und wirkt, und daß wir durch die Gemeinschaft mit ihm auch dieses die Gottheit in uns Tragens theilhaft werden. Und so soll denn freilich und kann in der wahrhaften Hütte, deren Pfleger unser ewiger Hoherpriester ist, keine Sonderung stattfinden. Verschiedenheiten sind darin; mehr oder weniger erweiset sich die Herrlichkeit, welche dieser wahrhaften Hütte eigen ist, hier oder dort; nicht gleich kostbar sind alle die lebendigen Steine, welche hier zusammengefügt sind zu diesem ewigen Bau; aber gesondert ist nichts. Alle sind zusammengefügt und sollen es sein und bleiben durch das Band der Liebe in der Einigkeit des Geistes. O, welche große, herrliche Güter, allein werth heilig genannt zu werden! o welcher Bau, welcher Tempel der Gemeinschaft des menschlichen Geistes mit Gott, welche nun nie wieder unterbrochen werden soll und nie aufhört! welche wahrhaftige Hütte, die Gott allein erbauen konnte und kein Mensch!

II. Wolan, so lasset uns nun sehen, wie ist der Erlöser als unser Hoherpriester, als der, der da eingegangen ist in das Heiligthum, das nicht mit Händen gemacht ist, wie ist er nun der Pfleger dieser heiligen

Güter und dieser wahrhaftigen Hütte? Als derjenige ist er es, der da sitzet zur Rechten des Stuhls der Majestät im Himmel. In diesen Worten meine andächtigen Zuhörer wird uns, wie ich auch schon vorher gesagt habe, kein Ort bezeichnet, sondern vielmehr alle Bestimmtheit und aller Unterschied des Orts hinweggenommen. Und wenn der Verfasser unseres Textes sagt, daß der Erlöser als unser Hoherpriester zur Rechten des Stuhls der Majestät im Himmel der Pfleger der heiligen Güter und der wahrhaftigen Hütte sei, so kann er damit nur sagen wollen, er sei es nicht anders als auf eine ewige Weise.

Allein wie weniges, meine theuren Freunde, steht uns zu Gebot, um uns den unerforschlichen geheimnißvollen Sinn dieses Ausdrucks zu vergegenwärtigen und an menschlichen Dingen auf menschliche Weise klar und deutlich zu machen! Zweierlei indeß können wir wol sagen, der Hohepriester zur Rechten des Stuhls der Majestät im Himmel ist auf dieselbe Weise der Pfleger der heiligen Güter und der wahrhaftigen Hütte, wie auf dem Stuhl der Majestät Gott selbst der Ordner und Lenker der ganzen Welt ist. Das ist das eine; das andere aber dieses. Wenn der Erlöser als der Hohepriester, der da eingegangen ist in das Heiligthum, das nicht mit Händen gemacht ist, der Pfleger dieser Güter und dieser Hütte ist: so kann er das nicht mehr auf dieselbe Weise sein, wie er es war, ehe er in das Heiligthum eingegangen war, als er auf Erden lebte und wandelte, sondern nach der Aehnlichkeit mit dem, wie er es schon von Ewigkeit her konnte gewesen sein vermöge der Herrlichkeit, die er, wie er selbst sagt*), bei Gott hatte, ehe denn der Welt Grund gelegt war. Nun dieses beides weiß ich zu sagen, um den Sinn des Ausdrucks in unserem Texte deutlich zu machen.

Wenn wir sagen zuerst, meine theuren Freunde, daß Gott das ewige allmächtige Wesen noch jetzt alles in der Welt lenkt und ordnet; daß alles nur geschieht nach seinem Willen, dem nichts widerstreben kann, und der immer und ganz in Erfüllung geht; und wir bedienen uns dabei solcher menschlichen Ausdrücke, denen nothwendig das Zeitliche anhaftet, und die sich eben deshalb auch auf das Zeitliche beziehen; wenn wir z. B. sagen: der Herr werde dieses nicht zulassen, oder er werde jenes wol thun: so denken wir dabei doch immer in unserem tiefsten Herzen, daß das nur menschliche Rede ist, daß die Wahrheit dadurch nicht erreicht wird. Denn Gott ist außer allem Mittel und Gelegenheit der Zeit; er beschließt nichts und thut nichts erst in diesem und jenem Augenblick, und er wird also auch niemals etwas thun; aber alles zeitliche geschieht nur so und in dem Zusammenhang, wie er es auf ewige Weise gewollt und geordnet hat. So kommt alles von ihm her; so fließt alles aus derselben Quelle und Fülle seiner ewigen Allmacht und Liebe; so ist alles nur aus seinem Willen und durch seinen Willen begreiflich, und der ist die ewige Kraft, welche alle Dinge

---
*) Joh. 17, 5.

trägt und alles leitet. Aber es ist bei ihm, wie kein Wechsel von Finsterniß und Licht, so kein Wechsel von Thätigkeit und Ruhe, kein Wechsel der Zeiten und Verhältnisse; alles ist in ihm, und alles ist nur in ihm ewig. Als nun der Herr auf dieser Erde wandelte, und weil das Licht der Welt erschienen war die Finsternisse anfingen sich zu verlieren, und statt der bisherigen Schatten nun endlich das Wesen der heiligen Güter zu erscheinen begann: da war der Erlöser wirksam als Mensch, den Gesetzen der Natur getreu und unterworfen auf zeitliche Weise. So wirkte er auf die einzelnen Menschen, mit denen er lebte; so förderte er überall in menschlicher Liebe und Freundlichkeit das Gedeihen der ersten Aussaat seiner himmlischen Wahrheit, das Gedeihen der schwachen Anfänge des Glaubens in den Gemüthern; und so wurde auf zeitliche Weise zeitlich der Grund gelegt zu der wahrhaften Hütte, und eben so gingen auf zeitliche Weise zeitlich auf die ersten Keime der heiligen Güter. O wie sollte es da nicht ein großer und herrlicher Vorzug gewesen sein in der Nähe dessen zu leben und zu wirken, der allein solches hervorbringen konnte, weil er ein solcher war! was für einen größeren Unterschied könnte es gegeben haben, als den zwischen den Menschen, welchen vergönnt war in seiner Nähe zu leben, und welche also auch die Möglichkeit hatten, in ihm die Herrlichkeit des eingebornen Sohnes vom Vater zu erkennen, und zwischen denen, welchen diese himmlische Erscheinung fremd blieb, welche des Jesu von Nazareth nicht ansichtig wurden, zu denen der Ruf von seinem Dasein nie drang! Aber eben deswegen, damit die heiligen Güter nicht wiederum, indem sie zeitlich blieben, sich in Schatten verwandelten und dem Wechsel des Lichts und der Finsterniß unterworfen würden, damit die wahrhafte Hütte nicht auch auf zeitlichem Grunde beruhte: darum mußte auch diese zeitliche Erscheinung des Herrn aufhören. Und nun in das Heiligthum eingegangen, nachdem er durch seinen blutigen Tod sein Werk auf Erden vollendet hatte, nun ist er dort der Pfleger der heiligen Güter und der Pfleger der wahrhaftigen Hütte. Er verrichtet den Dienst in ihr, aber nur auf jene ewige Weise. Einzeln zeitlich in den unmittelbaren Verhältnissen des irdischen Lebens haben wir nichts mehr von ihm zu erwarten; er ist für immer den menschlichen Dingen auf Erden entzogen, und er kommt nicht wieder, so lange dieses menschliche Leben als dasselbe fortwährt, was es gewesen ist. Einzeln ist er nun nirgends mehr, und einzeln ist in keinem Augenblick irgend eine Wirksamkeit von ihm zu erlangen; einzeln theilt er sich keinem Menschen mit, aber daher auch keinem vor dem andern. Einzeln und besonders auf zeitliche Weise kann keiner etwas von ihm haben und sich seiner rühmen. Aber er sagte: Es ist euch gut, daß ich hingehe, und daß dieses zeitliche Verhältniß aufhöre; denn so ich nicht hinginge, so käme der Geist der Wahrheit, welcher euch in alle Wahrheit leiten wird, der Tröster der Geist der Selbstständigkeit und der eigenen freien Thätigkeit des Glaubens durch die Liebe, dieser käme nicht zu euch. Indem er aber kommt, um euer geistiges Leben in dieser Zeit zu leiten, zeitlich die Mannigfaltigkeit der Gaben zu entwickeln, in allen Räumen die Schaaren der Gläubigen mit einander zu verbinden, und indem er so alle eure wesentlichen zeitlichen Verhältnisse ordnet, bin und bleibe ich auf ewige Weise euer Hoherpriester, so wie der Pfleger eurer heiligen Güter, und verrichte eben so den Dienst in der heiligen Hütte. Das will aber soviel sagen, alle jene heiligen Güter, in deren Besitz wir uns wohl befinden, wie wir sie uns vorher in den wesentlichsten Umrissen entworfen haben, wie sie insgesammt nur von ihm herstammen ursprünglich, so wird auch alles, was wir zu unserem geistigen Leben rechnen, immer wieder aufs neue von ihm abgeleitet; wie alles, was Friede, alles, was Seligkeit, alles, was lebendige gottgefällige Thätigkeit heißt, nur aus seiner Fülle in unser Leben übergegangen ist, so besteht auch alles dieses immer nur durch seine Kraft, und es ist ein ewiges Verhältniß zwischen ihm und uns, daß er der Grund und der Urheber, die Quelle und die Fülle unseres Heils ist. Keiner hat eine wahre und lebendige Gemeinschaft mit Gott, seinem und unserm Vater, als nur durch ihn; durch seine Art die Gottheit und Menschheit auf ewige Weise zu vereinen sind wir alle aufgenommen in die ewige und lebendige Gemeinschaft Gottes: aber auf zeitliche Weise, durch die Rede seines Mundes, durch besondere Offenbarungen, wie in jenen herrlichen Tagen seines Lebens, wirkt er nicht mehr; so sind wir seiner nicht mehr theilhaftig, die zeitliche Pflege der heiligen Güter und der wahrhaftigen Hütte überläßt er jetzt seinem Wort und Geist. Aber der Geist nimmt es nur aus seiner Fülle, und darum bleibt er der ewige Pfleger der heiligen Güter und der wahrhaftigen Hütte; denn beides hat seinen Grund nur in ihm, und beider Vollendung ist sein eigenes Wesen. Ja wie alles in der Welt von Gott geordnet ist, alles an seinem Willen hängt und nach seinem Willen verläuft: so in der geistigen Welt erfolgt alles nur nach der Ordnung, welche durch die Art und Weise dieses ewigen Hohenpriesters, der zur Rechten der Majestät im Himmel sitzt, bedingt ist. Wie wir unter einander unser Heil schaffen und uns darin fördern, es geschieht nur in Gemäßheit des einigen Gebotes, welches er den seinigen gegeben hat, daß wir uns einander lieben sollen mit der Liebe, mit welcher er uns geliebt hat. Wird in seinem Namen gepredigt: so sendet er freilich nicht mehr zeitlich jetzt den einen und dann den andern; aber es ist alles noch die ununterbrochene Fortwirkung des ersten Anstoßes, den er seinen Jüngern gab, und es geschieht fort, wie er es bedacht hat. Finden wir bei ihm Ruhe und Friede unter allem Leid und Hader: so spricht er freilich nicht mehr einzeln und zeitlich diesem und jenem zu; aber es ist doch alles die Wirkung desselben ungetheilten Daseins, derselben in ihrer Kraft unvergänglichen Lebenseinheit: und eben deswegen kommt ihm der Name zu, der über alle Namen ist.

Aber wir können auch zweitens sagen, auf dieselbe Weise, wie er schon vor seiner Erscheinung auf Erden der Pfleger der heiligen Güter und der wahrhaftigen Hütte war, so ist er es auch jetzt wieder. Als die Welt geschaffen war, und das Entstehen dieser unserer Erde vollenbet dadurch, daß Gott den Menschen geschaffen hatte nach seinem Bilde: da sprach der Ewige, wie er ansah alles, was er gemacht: Es ist alles gut. War damals etwa vor den Augen des Ewigen verschlossen und verborgen der Fall und das Elend der Menschen, das Entstehen und die Gewalt der Sünde? Gewiß nicht! und doch sprach er: Es ist alles gut. Ja er sprach es eben wegen der Herrlichkeit, die der Erlöser bei ihm hatte, ehe der Welt Grund gelegt war, in Beziehung auf ihn, der schon damals der einige Gegenstand des göttlichen Wohlgefallens war und das wahre Ebenbild, zu dem die Menschen geschaffen waren, in welchem schon damals die Sünde so aufgehoben war für das höchste Wesen, daß Gott ungeachtet derselben und alles Elendes, das sie herbei führen sollte, dennoch sagen konnte: Es ist alles gut. Wenn also der Hohepriester einmal des Jahres in jenem Heiligthum den Dienst so verrichtete, daß er vor Gott erschien um das Volk zu vertreten, die Vergebung der Sünden auch der unbekannten und ungebüßten von ihm zu erbitten und seine Segnungen auf das Volk herabzuflehen: so hat auch der Herr denselben Dienst einmal auf zeitliche Weise geleistet, so lange er während seines irdischen Lebens in der sündigen Gemeinschaft der Menschen vor Gott gestanden hat, wie unser Verfasser sagt an einer anderen Stelle, mit heißem Flehen und lautem Geschrei; ja alles, was er that, um die Sünden der Welt hinwegzunehmen, ging aus von diesem Mitgefühl der Sünde, vermöge dessen er sein konnte ein mitleidiger Hoherpriester. Eben diesen Dienst verrichtet er auch jetzt in der wahrhaften Hütte und vertritt uns bei Gott; aber nicht auf zeitliche Weise, noch durch einzelnes Gebet, wie er denn sagt: Ich bitte den Vater nicht für euch, denn der Vater hat euch selbst lieb, darum daß ihr mich liebt und glaubt, daß ich von Gott ausgegangen bin*). Wohl aber vertritt er uns durch das Sein und Wohnen der ewigen Liebe in ihm, durch die Beziehung, welche in alle Ewigkeit von Gott gegründet war zwischen ihm und dem Geschlecht der Menschen. Denn in ihm sind wir von Anbeginn an Gott angenehm gewesen; und nur in ihm dem Unsündlichen dem Vollkommenen konnte der sündige Mensch Gott angenehm sein; ja nur in ihm hat Gott uns geliebt, und so vertritt er uns immerdar, und immerdar bleiben die, welche ihm angehören, Gott lieb und angenehm durch seinen Sohn. Durch ihn und unsere Verwandtschaft mit ihm sind wir Kinder Gottes, wie er der Sohn Gottes ist, und haben Theil an allen den Gütern, welche von seiner Herrlichkeit ausströmen.

Aber freilich, wäre er nicht erschienen auf der Erde, hätte er nicht gewandelt unter den Menschen: was wüßten wir davon, daß wir Gott angenehm sind durch ihn! wie könnte es daher je solch ein Verhältniß zwischen Gott und den Menschen geben; wie hätte jemals die Scheidewand, welche die Sünde zwischen Gott und den sündigen Menschen gezogen hat, fallen können; wie würden die Menschen je haben weiter

---

*) Joh. 16, 26. 27.

kommen können als nur zu dem Schatten der heiligen Güter und immer wieder nur zu einer vergänglichen Hütte, worin sein Dienst sollte verrichtet werden! Erscheinen mußte er, nicht um Gottes willen, denn der liebte die Welt ewig in ihm, aber um unsretwillen, damit auch in uns die Liebe Gottes ausgegossen würde. Sobald aber durch sein Dasein die heiligen Güter auf Erden gepflanzt waren und der Grund gelegt zu der wahrhaftigen Hütte: so konnte auch sein zeitliches Leben wieder aufhören; aber ewig bleibt er der Pfleger dieser geistigen Güter und dieser wahrhaftigen Hütte. In ihm wird uns alle Wahrheit gewiß und deutlich, indem der Geist Gottes uns an alles das erinnert und es uns verklärt, was sich in in seinem zeitlichen Leben göttliches offenbart hat. So verrichtet er die Fürbitte und den Dienst der Vertretung in der wahrhaftigen Hütte, indem er die Gemeinschaft der Menschen mit Gott auf ewige Weise darstellt und erhält; aber zeitlich mußte er uns erscheinen und durch sein Blut eingehn in das Heiligthum, damit das Bewußtsein der Sünde ganz weggenommen würde, indem wir der Sünde gekreuzigt werden in Christo, und alles uns gekreuzigt wird, was uns von Gott und Christo scheiden kann.

So lasset denn uns an unserm Theil, meine theuren Freunde, zeitliche Pfleger sein derselben heiligen Güter und derselben wahrhaftigen Hütte; lasset uns in der Gemeinschaft des Geistes, der in uns alle ausgegossen ist, seitdem er unser ewiger Hoherpriester ist zur Rechten Gottes, alle heiligen Güter pflegen und bewahren; lasset uns in der lebendigen Gemeinschaft mit dem Erlöser mit vereinter Kraft die wahrhaftige Hütte unversehrt und rein erhalten, daß alles was Fleisch ist aus ihr entfernt werde, und nur die Anbetung Gottes im Geist und in der Wahrheit in ihr walte. So allein werden wir auch geschickt sein, frei von dem tödtenden Dienst des Buchstaben und von jeder Ueberschätzung des Zeitlichen und Veränderlichen, in der ewigen Gemeinschaft mit dem ewigen Hohenpriester zu stehn und werden uns dieses geheiligten Verhältnisses als der Quelle der Seligkeit bewußt werden, damit wir so hinanreifen jeder für sich und alle in Gemeinschaft zu der Gleichheit des vollkommenen Mannesalters Christi. So werden die heiligen Güter auch den künftigen Geschlechtern unversehrt übergeben werden, und die wahrhaftige Hütte wird nicht wieder in die Aehnlichkeit mit dem irdischen Bilde zurückfallen, sondern wir werden, alles was nur ein Aeußerliches ist der Veränderlichkeit aller menschlichen Dinge ruhig überlassend, in der gemeinsamen Kraft des Glaubens und der Liebe im Geist und in der Wahrheit den anbeten, der uns seinen Sohn gesandt hat, um die lebendige Gemeinschaft mit ihm zeitlich zu begründen, wie sie ewig bestimmt war; welcher nun, indem er uns auf ewige Weise bei dem Vater vertritt, den Geist über uns ausgegossen hat, in dem wir Gott dienen auf zeitliche Weise, damit die wahrhaftige Hütte sich auch zeitlich erhalte als der unvergängliche Bau, und so für uns der Unterschied des Zeitlichen und Ewigen schwinde, und es unsere tägliche Erfahrung werde, daß wir durch den Glauben aus dem Tod hindurchgedrungen sind und das ewige Leben schon jetzt haben mit ihm, unserem ewigen Hohenpriester. Amen.

Ja barmherziger gnädiger Gott und Vater! dein ewiger gnädiger Rathschluß war es, daß du uns diese menschliche Natur dieses vergängliche Geschlecht begnadigen wolltest in deinem Sohn! Darum hat uns nicht schaden können das Gift der Sünde, wie tief auch eingewurzelt in der menschlichen Seele; denn groß genug ist die Kraft dieser ewigen Erlösung, um auch das Bewußtsein der Sünde hinwegzunehmen. Dein gnädiger Rathschluß war es, dich uns zu offenbaren in deinem Sohn, auf daß uns in ihm erschiene die Herrlichkeit deines Eingebornen als das fleischgewordene Wort. Dein gnädiger Rathschluß war es, daß nur durch Leiden und Tod der durfte und konnte vollendet werden, der viele hinführen sollte zur Seligkeit. O gieb, daß nun, nachdem er vollendet ist, und wie er ewig bei dir das Geschlecht der Menschen vertritt, nicht nur viele, sondern alle beseligt werden durch ihn, gieb, daß wir nicht müde werden die heiligen Güter weiter zu verbreiten und sie fortzupflanzen von einem Geschlecht zum andern, daß wir nicht müde werden deine wahrhaftige Hütte immer fester zu erbauen, immer mehr zu erweitern, alle Völker der Erde in sie einzuladen, damit alle den erkennen, der uns ewig bei dir vertritt, und so in seinem Namen selig werden. Ja er walte ewig in dem Geschlecht, das er dir gleichsam aufs Neue erworben hat durch sein Blut zu einem königlichen Priesterthum. O daß wir immer vollkommner würden in dieser hohen Würde, uns immer mehr von allem losmachten, wodurch wir dessen unwürdig sind, welchem ähnlich zu sein unser höchster Preis ist, weil, wenn es auch noch nicht erschienen ist, was wir sein werden, wir doch wissen, wenn es erscheint, daß wir ihm gleich sein werden, weil wir ihn dann ganz erkennen, wie er ist. Amen.

XXXVI.
Die Verheißungen des Erlösers bei seinem Scheiden.

Am Himmelfahrtstage.

Text: Apostelgesch. 1, 6—11.

Die aber, so zusammengekommen waren, fragten ihn und sprachen: Herr wirst du auf diese Zeit wieder aufrichten das Reich Israel? Er sprach aber zu ihnen: Es gebühret euch nicht zu wissen Zeit oder Stunde, welche der Vater seiner Macht vorbehalten hat. Sondern ihr werdet die Kraft des heiligen Geistes empfangen, welcher auf euch kommen wird, und werdet meine Zeugen sein zu Jerusalem und in ganz Judäa und Samaria und bis an das Ende der Erde. Und da er solches gesagt, ward er aufgehoben zusehends, und eine Wolke nahm ihn auf vor ihren Augen weg. Und als sie ihm nachsahen gen Himmel fahrend, siehe da standen bei ihnen zween Männer in weißen Kleidern, welche auch sagten: Ihr Männer von Galiläa, was stehet ihr und sehet gen Himmel? Dieser Jesus, welcher von euch ist aufgenommen gen Himmel, wird kommen, wie ihr ihn gesehen habt gen Himmel fahren.

Die große Begebenheit, meine andächtigen Freunde, deren Gedächtniß wir heute feiern, war freilich für die damaligen Jünger des Erlösers etwas ganz anderes, als sie für uns ist. Bei seinem Tode hatten sie den Zustand der ersten Betäubung noch kaum überwunden, waren noch kaum zum ruhigen Bewußtsein des Schmerzes über seine Trennung von ihnen gekommen, gewiß wenigstens hatten sie diese noch nicht richtig ansehn gelernt, weil sie sie zugleich für die Zerstörung seines ganzen Werkes auf Erden hielten, als schon seine freudige Auferstehung sie tröstend und belehrend überraschte. Jetzt aber, nachdem er vor ihren Augen gen Himmel erhoben denselben entrückt wurde, sahen sie ruhig und besonnen und gewiß mit einem sehr gereinigten Schmerz, wie man das Ende eines völlig vollendeten Lebens betrachtet, das Ende ihres bisherigen Verhältnisses zu ihrem theuren Herrn und Meister vor sich. Für uns hingegen steht diese Begebenheit nur da als der Anfang desjenigen Verhältnisses Christi zu den seinigen, welches seitdem immer bestanden hat, des einzigen, welches wir aus der unmittelbaren Erfahrung kennen. Wir können daher den Schmerz der Jünger zwar mitfühlen, aber nicht unmittelbar als unsern eignen; und widernatürlich wäre es, wenn wir uns zu einer Empfindung hinaufspannen wollten, als vernüßten wir etwas dadurch, daß uns der persönliche Umgang mit dem Erlöser nicht vergönnt ist. Darnach aber fragen wir billig heute besonders, ob wir wol alles Gute und Schöne dieses Verhältnisses, wie es zwischen dem Erlöser und den seinigen nun seit seiner Erhöhung von der Erde besteht, recht im Herzen tragen und es in seiner ganzen Fülle, wie er es uns zugedacht hat, genießen. Gewiß hat der Erlöser dieses Gute recht herausgehoben in den tröstlichen Verheißungen, die er seinen Jüngern gab, so oft er sich schon im Geiste zur Rechten seines Vaters erhöht erblickte. Wenn es überhaupt wenig oder nichts giebt selbst von dem, was Christus im vertrautesten Umgange mit den Jüngern geredet, das nicht auch auf uns seine Anwendung fände; wenn wir fast alle Rechte, die er ihnen gegeben, wie alle Pflichten, die er ihnen auferlegt, mit ihnen theilen: wie vielmehr werden wir das auf uns anzuwenden haben, was er zu ihnen geredet, um sie auf den Zustand vorzubereiten, welchen wir mit ihnen gemein haben. Wenn wir die bedeutungsvollen, sich immer verständlicher entwickelnden Aeußerungen über den Geist und die Art seines Reiches, die innigen Ergießungen seiner herrlichen Liebe im Vorgefühl seines Scheidens, die ernsten Ermahnungen und Warnungen an ihr unbefestigtes Herz gerichtet, wenn wir dieses alles auch uns gesagt sein lassen, die er mit gleicher Liebe umfaßt, und für die eben wie für jene, durch deren Wort wir glauben, gebeten hat: wie viel mehr noch dürfen wir unsern Theil hinnehmen von den erhebenden Verheißungen, durch welche er die Jünger über ihren Verlust beruhigen und ihnen ihren neuen Zustand werth machen wollte.

Diese Verheißungen des Erlösers an seine Jünger in Bezug auf sein gänzliches Scheiden von ihnen finden sich zerstreut in seinen Reden, und aus vielen Stellen derselben müßten wir sie zusammensuchen, wenn wir sie einzeln und vollständig übersehen wollten. Aber wie die Gewohnheit unserer öffentlichen Vorträge erheischt Eine zusammenhängende Stelle der Schrift zum Leitfaden derselben zu nehmen: so befriedigt die verlesene Erzählung von der Himmelfahrt eben in so fern unser Bedürfniß, als sie uns bestimmt an diejenigen Verheißungen erinnert, auf welche ich vornehmlich eure Aufmerksamkeit hinlenken möchte, und welche wir uns am unmittelbarsten zueignen können. Denn freilich, wenn der Erlöser den Aposteln sagt, sie sollten warten, bis sie angethan würden mit Kraft aus der Höhe, und dann seine Zeugen sein: so können wir uns das Besondere und Eigenthümliche der Pfingstgabe, worauf Christus hier unstreitig zielt, nicht aneignen. Aber jene Kraft aus der Höhe war ja auch nicht der Geist Gottes überhaupt, mit welchem Jesus die Apostel schon in den ersten Tagen seiner Auferstehung angehaucht hatte, ja welchen er ihnen schon früher zuschreibt, wenn er sagt, daß sie ihn für Christum anerkennen, habe Fleisch und Blut ihnen nicht offenbart, sondern der Vater im Himmel; denn wenn dieser einem etwas offenbart, so geschieht dies eben durch den heiligen Geist, wie auch anderwärts gesagt wird: Niemand kann Jesum einen Herrn heißen, denn nur durch den heiligen Geist. Bedenken wir nun noch, wie hernach viele seine Zeugen geworden sind, die an jener außerordentlichen Pfingstgabe keinen Theil hatten, wie auch wir es sind jeder nach seiner Art: wie soll uns eben diese Aufforderung seine Zeugen zu sein nicht an die herrliche Verheißung erinnern, ohne welche niemand diesen Auftrag zu erfüllen vermöchte, an die Verheißung, die ein anderes Mal der Erlöser demselben Auftrage: Gehet hin und lehret alle Völker, hinzufügte, indem er sprach: Und ich will bei euch sein alle Tage bis an der Welt Ende. Die Worte derer aber, welche, nachdem der Herr hinweggenommen war, zu den Aposteln traten, worauf anders konnten sie sich beziehen, als auf die Verheißung, welche der Herr in den letzten Tagen öfter und unter verschiedenen Gestalten ausgesprochen hatte, daß des Menschen Sohn wiederkommen werde in aller Herrlichkeit des Vaters, ein Herr und König, ein Richter über alles, was da lebet. Wenn wir nun in dieser Stunde gemeinschaftlich der Verheißungen des scheidenden Erlösers gedenken wollen, so sind es eben diese beiden, die wir ins

Auge zu fassen haben, erstlich, daß er bei uns sein will bis an das Ende der Tage, und zweitens, daß er wieder kommen wird zum Gericht. Aber, meine andächtigen Freunde, laßt uns mit diesen Verheißungen auch gleich umgehn, mit einer wie mit der andern! Wenn keine Zeit zu spät ist für die eine: so laßt uns auch glauben, daß keine zu früh sei für die andere. Wenn wir uns der einen als eines unmittelbaren lieben Besitzes erfreuen: so laßt uns auch die andere nicht nur ansehn wie eine kaum kenntliche Gestalt, die aus dunkler Ferne sich wenig sichtbar nähert; sondern auf gleiche Weise wollen wir beide uns zueignen, nicht als etwas fremdes und fernes, sondern als etwas, was da ist, worin das Wesen seines lebendigen Verhältnisses zu seiner Kirche, seines wirklich schon aufgerichteten Reiches besteht, wovon er auch deshalb sagen konnte: Es gebührt euch nicht Zeit und Stunde zu wissen, weil es gar nicht an Zeit und Stunde hängt, sondern immer da ist von jener Zeit an, von einer Zeit zur andern aber immer mehr zur Vollendung kommen muß. Auf diese Weise also laßt uns über beide mit einander reden.

I. Zuerst laßt uns gedenken der Verheißung des Erlösers: Ich bin bei euch alle Tage bis ans Ende der Welt. Ja meine Freunde, das muß unser eigenes Bewußtsein, das muß unsere christliche Erfahrung uns sagen, er ist bei uns immerdar und auf mancherlei Weise, er ist bei uns in der Schrift, er ist bei uns in den heiligsten und erhebendsten Aufregungen des Gemüthes, er ist endlich bei uns in Gestalt derer, die sein Ebenbild tragen und mit Recht und Ehren seinen Namen führen.

Er ist bei uns in der Schrift. Was er selbst schon von den Büchern des alten Bundes sagt: Ihr forschet in der Schrift, weil ihr meinet, ihr habt das ewige Leben darin, und sie ist es, die von mir zeuget: wie viel herrlicher und in wie viel größerem Sinne ist dies wahr geworden, seitdem die Schrift des neuen Bundes vorhanden ist; seitdem die Erzählungen von seinen Thaten und Leiden von den Seinigen sind aufgezeichnet; seitdem die in dem Umgange mit ihm gesammelten Lehren und Vorschriften von den Aposteln in seinem Geist dargestellt und angewendet der Christenheit sind hinterlassen worden. Wo wir auch suchen in diesen Büchern, wenn es mit reinem Herzen geschieht, überall kommt er uns daraus entgegen, überall ist er vorgebildet, überall finden wir ein heiliges Vermächtniß, daß er uns zurückgelassen. Ja wie es Gemälde giebt, in denen alles Licht, durch welches die übrigen Gegenstände sichtbar werden, von Christo ausgeht: so ist die Schrift ein solches Gemälde, in welchem sein Bild alles andere, was sonst dunkel sein würde, mit einem himmlischen Glanze bestrahlt. Denn wie vieles in der Schrift findet man nicht unverständlich, bedenklich in seinen Folgen, oder übertrieben und unnatürlich, wenn man es aus dem gewöhnlichen Standpunkt der Menschen als allgemeinen Sittenspruch oder Lehre betrachtet, was ganz deutlich wird, wenn man es nur in Beziehung auf ihn, auf sein Werk und sein Reich setzen will, wie das vom Vertrauen auf Gott, vom Entschlagen aller Sorgen, von der Kraft des Gebetes, vom ruhigen Erdulden. Und manches, was uns zu hoch sein würde ohne ihn, vom Versöhnen Gottes, von dem erbarmenden Reichthum der Gnade, von der innigen Gemeinschaft der Menschen mit Gott und dem Wohnen Gottes unter uns: wie nahe tritt uns alles dieses, wie lebendig ergreift uns, was hiervon sich jedesmal mit den heiligen Zügen seiner Gestalt verbindet, so daß sein Thun es uns anschaulich macht, und es gleichsam aus seinem Munde in unser Gemüth hineinströmt. Und viel mag es noch zu erforschen geben in diesen Büchern für redliche Schriftgelehrte; was sie aber auch entdecken mögen, das Bild Christi kann dadurch immer nur heller werden; nie wird es sich verdunkeln oder verändern. Das Bedürfniß Christum auf diese Weise nahe und gegenwärtig zu haben wurde gefühlt, man kann sagen von dem Tage an, wo er hinweggenommen war. Nun sie ihn selbst nicht mehr sehen und hören konnten, wurden die Gläubigen begierig aus den Erzählungen anderer auch das zu erfahren, was sie nicht selbst gesehen und gehört hatten, und jeder wollte festhalten und mittheilen, was er besaß; und so entstanden auch bald die christlichen Aufsätze, aus denen die Lebensgeschichten Jesu in unsern heiligen Büchern erwachsen sind. Wer fühlt es nicht, wie wichtig für unser lebendiges Verhältniß zu ihm dies heilige Besitzthum ist, wie unentbehrlich allen folgenden Geschlechtern dieser Ersatz war! wer fühlt es nicht, welchen Halt Glauben und Liebe gewinnen an diesen vielseitigen Offenbarungen des Herrn! Und darum wird dieser Schatz uns auch bleiben, wie er es verheißen hat; er bleibt bei uns in der Schrift bis ans Ende der Tage. Wie sehr auch der dem Christenthum feindselige Geist diese Bücher hat zu verunstalten und herabzuwürdigen gesucht: sie werden wie bisher so auch künftig alles überstehen. „Das Wort sie sollen lassen stahn, und keinen Dank dazu hab'n."

Er ist ferner bei uns in den heiligsten und erhebendsten Aufregungen unseres Gemüthes. — Viele freilich sagen bedenklich, es sei nur eine Schwärmerei, wenn man in diesem Sinne von einer besonderen Nähe und Gegenwart des Erlösers redete, und wir hätten mit jener in der Schrift vollkommen genug. Es mag auch sein, daß einige schwärmen; aber wir wollen doch wünschen, daß auch jenen bedenklichen das nicht fehle, was an diesem Ausdruck wahr ist; wir wollen nicht vergessen, daß ohne solche Augenblicke auch die Schrift selbst, und also auch unsere Art Jesum in der Schrift nahe zu haben nicht da sein würde. Wir kennen ja den Wechsel des menschlichen Lebens, daß auch ohne unmittelbaren Einfluß äußerer Umstände eine Stunde nicht gleich ist der andern, in mancher das Leben stumpfer gehaltloser, andere mit reicherem Segen begabt von Gott. Und gewiß nicht in den gleichgültigeren dürftigeren Stunden haben die Jünger des Herrn sich getraut etwas niederzuschreiben über sein Leben oder seine Lehre; sondern wenn er ihnen in irgend einer Beziehung besonders lebhaft vor Augen stand, und die göttliche Gestalt immer mehr in Licht und Glanz verklärt in

ihrem Gemüth hervortrat: den Inhalt solcher reichen Augenblicke such=
ten sie durch die Kraft des Wortes aufzubewahren. Eben darum ist
die Schrift ein solcher Schatz, weil der Segen der ausgezeichneten
Augenblicke der Gläubigen in ihr zusammengedrängt ist. Und einen sol=
chen Unterschied sollte es für uns nicht mehr geben? nur deshalb viel=
leicht nicht, weil ein leibliches Bild des Erlösers, da wir ihn nie mit
leiblichen Augen gesehen haben, auch nicht unserm innern Sinne sich
darstellen kann? Wir sehen an den ersten Zeiten der Kirche, wie natür=
lich und gleichsam unmerklich das eine in das andere überging, und also
auch beides im Wesen eins und dasselbe sein muß. So erschien Christus
lange nach seiner Himmelfahrt dem Paulus, den er aussenden wollte
zu erleuchten die Heiden, der ihn im Leben des Leibes vielleicht nie ge=
wiß nur flüchtig und ferne gesehn hatte, der aber selbst diese Erschei=
nung als die letzte an die Erscheinungen Jesu in den Tagen seiner Auf=
erstehung anreiht. So sah ihn Stephanus und nach ihm gewiß noch
mancher andere, ungewiß ob mit leiblichem oder geistigem Auge in der
Begeisterung des Märtyrerthums zur Rechten des Vaters sitzen. So
erscheint er auch uns gewiß nur im geistigen Glanz seines friedebrin=
genden Daseins oft in vorzüglicher Nähe und lebendiger Gegenwart,
entweder ersehnt und erbetet bei besonderen Bedürfnissen des Herzens,
oder auch gleichsam von selbst und unerwartet, wenn das Leben uns
unbemerkt wieder emporgestiegen und herangereift ist zu einem höheren
Genuß. Und wie diese sichere Gegenwart Christi bei jenen mit den
wichtigsten Augenblicken des Lebens zusammenhing; wie sie den Paulus
aus einem obgleich wohlmeinenden Verfolger Christi und der seinigen
in seinen eifrigsten Verkündiger verwandelte, der hernach mit Recht von
sich sagen konnte, er habe mehr gearbeitet, denn die andern alle; wie
Stephanus entzückt den Herrn in seiner Herrlichkeit schaute, eben als
ihm die Krone des Märtyrerthums dargereicht ward: eben so wird diese
unmittelbare Nähe des Erlösers auch bei uns bald die bedeutendsten
Augenblicke hervorbringen, bald sie verherrlichend begleiten. Wenn wir
redlich forschend lange gezweifelt haben, was hier oder da recht sei und
wahr: dann wird in demselben Augenblick der Zweifel sich lösen, und
Christus wird uns besonders nahe sein zur Gewährleistung, daß das
Herz fest geworden ist in ihm und durch ihn, daß, was wir gefunden
oder beschlossen haben, seinem Geist und Sinn gemäß ist. Wenn wir
irgend einer Versuchung glücklich widerstanden haben in der Kraft des
Glaubens und des Gebetes, dann wird uns auch Christus besonders
klar sein und uns zurufen: Gehe hin in Frieden, dein Glaube hat dir
geholfen; oder auch noch im harten Kampf wird sein plötzlich hervor=
tretendes Bild uns mahnen, daß er gestorben ist um uns von der
Sünde zu befreien, und das wird den Ausschlag geben für den guten
Geist in uns. Wenn wir in uns fühlen eine allen irdischen Schmerz
besänftigende Ruhe, wenn wir mit einer höheren Gewalt der Liebe hin=
gezogen werden zum Ganzen oder zu Einzelnen: dann ist uns auch
Christus besonders nahe, der das Band aller Liebe ist, und der uns

über alles irdische erhebt und zu sich zieht. Oder auch wenn wir uns seufzend befangen fühlen im Irdischen, wird es ein sehnsuchtsvoller Blick auf ihn sein, der uns zuerst wieder zu jener reineren heiligen Stimmung emporhebt. Wie könnten wir sonst sagen, daß ein lebendiges Verhältniß zwischen ihm und uns besteht? wie könnten wir sagen, daß wir Theil haben an dem Segen, den er doch auch uns besonders erbeten hat, daß wir in ihm leben sollen und er in uns? Diese seligen Augenblicke sind die Würze des Lebens, sie sind es, die Glauben und Liebe in uns fortleiten, und an denen sich das übrige Leben hält und stärkt; ja sie sind die zusammenhaltende Kraft der ganzen christlichen Gemeinschaft, denn nur durch sie vermag irgend jemand auch andere zu stärken und zu beleben.

Daher ist Christus uns eben so auch nahe in der Gestalt derer, die sein Ebenbild tragen und mit Ehre und Würde seinen Namen führen. Je mehr nämlich jeder von uns solcher höheren Lebensaugenblicke sich erfreut, als wir hier beschrieben haben: um desto mehr wird er denen, die mit ihm leben, Christum zurückrufen. Denn diese Augenblicke sind es, durch welche das geistige Leben fortschreitet; jede reine Gesinnung wird durch sie gestärkt, jede Tugend belebt; jedes Gute aber in uns, es trägt, je mehr wir Christen sind, je mehr es auf solche Weise durch die Gemeinschaft mit Christo entstanden ist, auch Christi Bild und Ueberschrift; freilich in Vergleich mit ihm selbst nur schwach und in getrübtem Glanze, aber doch hilft es uns die wahren unverfälschten Züge seiner Gestalt festzuhalten. Jeder einzelne freilich zeigt uns nur einzelne Züge des Urbildes, in welchem sich alle Vollkommenheit spiegelt; denn jeder von uns ist nur nach der einen oder der andern Seite hin frei ausgebildet zur Aehnlichkeit mit ihm, von andern Seiten ist wieder diese Ausbildung gehemmt durch die Kraft der mitgebornen Sündlichkeit oder durch Blindheit und Trägheit. Aber eben darum ist so Christus, wie er auch selbst verheißen, am vollkommensten unter uns, wo zwei oder drei oder mehrere versammelt sind in seinem Namen; wo wir uns, getrieben von dem Eifer ihm die Ehre zu geben, dankbar für alles, was wir durch ihn haben, gegen einander aussprechen; wo die brüderliche Liebe gern alles andere vergißt und den Blick nur auf dasjenige richtet, worin er sich verherrlicht hat. O gewiß, diese Offenbarung Christi in seinen Ebenbildern ist ganz wesentlich für unser Verhältniß mit ihm. So ist es uns augenscheinlich gegeben, daß er fortlebt und fortwirkt unter den seinigen; so befestigt sich in uns — was auch die Welt sage, was sie auch mit höhnischem Frohlocken von der Ausartung des Christenthums, von dem allmähligen Absterben seiner Kraft entgegne — dennoch die tröstliche Ueberzeugung, daß seine Gemeinde unerschütterlich steht, und sein Bund derselbe bleibt, wie viel sich auch vielleicht in den äußeren Formen desselben ändern mag. Und das ist der Glaube, der die Welt überwindet, und der uns zu keiner Angst kommen läßt, ungeachtet wir leiblich ganz von unserm schützenden Herrn und Meister getrennt sind.

So meine Freunde ist Christus auch nach seiner Entfernung von der Erde und ohne leibliche Gestalt den Seinigen nahe. Jeder Christ fühlt dies, und es wird eben so erfahren werden auch bis ans Ende der Tage.

II. Wenn wir aber nun auch noch zweitens der Verheißung gedenken, daß er wiederkommt zum Gericht: so habe ich es freilich schon bevorwortet, daß ihr sie jener gleich stellen und sie eben so als schon unmittelbar gegenwärtig und in der Erfüllung begriffen ansehn möget; aber die wenigsten werden dazu so leicht geneigt sein. Es gemahnt uns immer, als habe der Herr seinen Stuhl noch nicht aufgeschlagen zum Gericht; und wenn wir auch endlich wissen, daß das Reich Gottes nicht kommt mit äußerlichen Geberden, so sind wir doch gewohnt von dem Gericht Gottes zu erwarten, daß es so kommen werde. Aber welches Recht haben wir eigentlich diesen Unterschied zu machen? Wie das Reich Gottes noch nicht vollendet ist, sondern immer herrlicheres bevorsteht, und noch nicht erschienen ist was wir sein werden: so freilich ist auch das Gericht Gottes noch nicht vollendet. Dürfen wir es aber deshalb als etwas ganz fernes und nur als ein künftiges ansehen? Die Schrift verbindet immer beides, das Reich Gottes und sein Gericht; wie es um das eine steht, so auch um das andere. Der Erlöser selbst stellt es uns als etwas Gegenwärtiges dar, indem er sagt: Wer an mich glaubt, der hat das ewige Leben und kommt nicht in das Gericht; wer aber nicht glaubt, der ist schon gerichtet. Denn ich bin nicht kommen die Welt zu richten, sondern selig zu machen. Was wollen wir also warten auf künftiges? Wer unter dem Gericht steht, der ist auch schon gerichtet. Seitdem dies Wort gilt, ist er auch da zum Gericht, wenn er auch nicht selbst richtet, und seitdem werden gerichtet die Geschlechter der Menschen. Dies Gericht besteht darin, daß zuerst kenntlich gemacht werden die Guten und Bösen, dann daß sie ihren Lohn davon tragen, und endlich daß sie hingehen jeder an seinen Ort.

Der Herr also kommt auch jetzt schon wieder zum Gericht, in wiefern es zuerst darin besteht, daß die Guten und Bösen kenntlich gemacht werden. — Es wird freilich viel geredet von der Kunst, mit welcher die Bösen sich zu verschleiern wissen, dem was sie thun überall einen guten Schein umzuhängen und in ihren Reden sich als eifrige kräftige Verehrer alles Guten und als Hasser des Bösen darzustellen. Allein ich glaube nicht zu viel zu wagen, wenn ich behaupte, diese Kunst kann nur diejenigen täuschen, welche selbst das Gute nicht fest und lebendig in sich haben. Das Wahre und Gute erkennet überall sich selbst, und so unterscheidet es auch sein Gegentheil. Der Herr wußte, was in einem Menschen war, so daß, wenn auch viele an ihn zu glauben schienen, er ihnen doch nicht traute; und auch wir, je näher wir ihm sind, und je mehr wir schon von ihm empfangen haben, sollen und können das ebenfalls wissen. Freilich nicht im Augenblick und in der Ferne schon; und wer sich herausnimmt voreilig zu urtheilen, oder gar über Menschen, die ihm nicht nahe genug stehn und nicht so viel Einfluß auf sein eigenes Leben haben, daß er nöthig hat über sie zu urtheilen: der trägt seine eigene Schuld, wenn er bethört wird und selbst durch Verbreitung eines falschen Scheines dazu beiträgt, den Bösen ihren Wirkungskreis zu vergrößern und ihr Ansehn zu erhöhen. Aber von Menschen, die uns nahe genug stehn, deren Leben wir beachten können, so daß ein falsches Urtheil über sie uns nothwendig Schaden bringen müßte: von denen sollten wir nicht wissen können, ob sie gut sind oder böse, ob für den Herrn, dem wir folgen, oder wider ihn? Das einwohnende Böse sollte sich nicht, wenn auch Lüge und Verstellung sich alles Großen bemeistert hätten, doch desto sicherer im Kleinen verrathen? nicht in einer Menge von unbewachten Aeußerungen, die ihnen vielleicht selbst ganz inhaltlos und unbedeutend erscheinen, die aber die sicherste Kunde geben von dem Inneren des Herzens? Gewiß, wandeln wir in solcher Dunkelheit: so thun wir es nicht schuldlos; jeder Tag muß uns hierin weiser machen, wenn anders das Wort des Herrn immer in uns wirkt, und wir uns ihn immer mehr aneignen. Was wäre es sonst, daß sein Licht uns erleuchtet, wenn es uns nicht kenntlich machte, wo im Menschen Licht ist und wo Finsterniß? was wäre es, daß wir seine Stimme hören und ihr folgen, wenn wir nicht auch wahrnehmen könnten, wer ihr nicht mit uns folgt? Und wenn so jeder selbst in seinem Kreise zu unterscheiden weiß die Guten und die Bösen, und wir uns zugleich auf das wohlabgewogene Urtheil, auf das sichere Gefühl unserer Brüder verlassen, wo es noth und wie es recht ist: sind dann nicht überall, wo der Herr seinen Stuhl aufgerichtet hat, auch schon jetzt kenntlich gemacht die Guten und die Bösen?

Und eben so kommt er auch schon jetzt wieder zum Gericht, in sofern es darin besteht, daß die Guten und Bösen geschieden werden. Freilich sind dem Raume nach beide unter einander gemischt; wir finden uns, und noch öfter scheint es uns so als es wirklich ist, auf allen Seiten umgeben von den Kindern der Welt und der Finsterniß, wir fühlen uns von ihnen gedrängt; ihr Anblick betrübt uns, ihre Nähe ist uns nicht selten gefährlich, ihre entgegengesetzte Thätigkeit hemmt die unsrige. Und diejenigen dagegen, die eigentlich zu uns gehörten, wie ferne stehen sie uns oft, daß es kaum möglich scheint einem von ihnen die Hand zu reichen! wie oft fehlt uns ihre Unterstützung, wie scheint vorzüglich deswegen, weil sie ihre Kräfte nicht genug vereinigen können, das Werk Gottes auf Erden so langsam zu gedeihen! Das alles ist freilich wahr. Aber auf der andern Seite erfahren wir nicht immer, daß jeder, der wie wir dem Herrn angehört, uns nahe steht wie kein anderer? Haben wir einmal einen recht erkannt und ins Herz geschlossen: so trennt kein Raum mehr die Geister, keine Zeit verlischt das liebe Bild oder schwemmt den Segen hinweg, den seine Nähe unserm Leben gebracht. Die unsichtbare Kirche Christi ist wahrhaft überall Eine; eine lebendige Gemeinschaft ist unter allen ihren Gliedern gestiftet, in welche nichts Frembartiges sich hineindrängen kann. Denn was vermögen die Bösen noch weiter, als daß sie unsere äußere

Wirksamkeit anders bestimmen, als sie sich ohne sie und ohne ihr Zuthun würde bestimmt haben? Oder könnten sie wirklich unser inneres Leben stören, den geistigen Genuß, den Christus und der Bund der Seinigen uns gewährt und verbürgt, den Frieden Gottes, das stille Vertrauen, die innige Liebe uns verkümmern? Gewiß wenigstens nur in so fern, als noch etwas ihnen gleichartiges in uns ist: sind wir aber ganz Christi, so hat auch nichts was ihm entgegengesetzt und feindselig ist eine Gewalt über uns so wenig als ein Recht an uns; denn hat er gesiegt, so muß er gewiß dem Bösen diese Macht genommen haben. Was aber nicht auf mich wirkt, das ist von mir geschieden. Und wie gänzlich sind wir es auch in allem! Wie nahe uns auch einer von den doch nur wenigen ganz undankbaren Verläugnern oder Feinden Christi stehe: giebt es wol etwas, worüber wir uns mit ihm verständigen könnten, irgend ein wenn nur nicht ganz geringfügiges und äußerliches Unternehmen, was wir mit ihm theilen möchten, oder worüber wir, wenn wir eine Gemeinschaft versucht hätten, nicht gleich wieder zerfielen? kann er uns, uns ganz wie wir sind, zu irgend etwas gebrauchen, oder wir ihn? versteht er sich in uns, in unsere Freuden und Leiden, in unsere Ansichten und Gedanken, oder wir in die seinigen? Nein, Gemeinschaft ist uns nicht verliehen, eine Kluft ist zwischen uns befestigt, welche eigentlich durch keine räumliche Scheidung größer werden kann! kein Wort kommt in der That von jenen zu uns herüber, noch von uns zu ihnen; wir können nicht von ihnen, sie nicht von uns irgend etwas einzelnes annehmen, bis sie wirklich zu uns herüber kommen, bis sie das eine Große von uns angenommen haben, was wir sie immer bitten an Christi Statt, daß sie sich sollen versöhnen lassen mit Gott.

Aber endlich, was zu diesem Gerichte gehört, ja als die Hauptsache angesehen wird, daß nämlich die Gerechten eingehen in ihres Vaters Reich, und die Bösen gleichfalls an den Ort, der ihnen beschieden ist, auch das laßt uns nicht lediglich als eine Verheißung ansehen, die erst auf jenen Tag wartet. Greife vielmehr jeder in seinen Busen und schaue um sich her, daß und wie der Herr auch jetzt schon richtet. Manche freilich meinen, dies liege sehr nahe und sei sehr leicht zu finden. Die Tugend, sagen sie, sei ihr eigener Lohn, der Fromme allein sei in sich selig, er fühle sich sicher unter Gottes Schutz, ihm fehle nicht auch in den Stürmen der Welt der Friede des Höchsten; der Böse hingegen werde auch seines Glückes nicht froh, ihm sei bange vor der Vergänglichkeit seiner Genüsse, seine Erinnerungen seien zernagt von dem Stachel des Gewissens, kurz überall sei inwendig der Wurm, der nicht stirbt. Aber wenn wir dann näher zusehn, so finden wir oft, daß die Kinder der Finsterniß, wie sie denn klug sind in ihrer Art, sich vor allem Schaden wohl zu hüten wissen; daß sie in natürlichem oder angelerntem Leichtsinn der Furcht vor der Zukunft entgehen; daß sie in der Gewohnheit des Ungehorsams verstockt bald im Innersten des Gemüthes keine Stimme mehr hören, die sie verdammt: so daß sie in ungetrübter Fröhlichkeit aus dem Becher ihrer unwillkürigen Lüste schlürfen.

Und eben so sehen wir, wie freilich der Fromme den Frieden Gottes in sich hat, aber wie dieser oft höher ist als die menschliche Natur, und das Herz sich sehnt nach einem Tage der Offenbarung des Herrn, an dem es auch sein Recht erhalte. Und sehen wir, wie viele Thränen der Fromme weint um mißlungene Versuche das Gute auszubreiten und zu fördern; wie er sich verzehrt unter dem Hohn und Spott der Widersacher in oft vergeblichem Widerstand gegen sie: dann können wir doch nicht leugnen, daß noch nicht erschienen ist was wir sein werden, und daß der Herr seinen Stuhl noch nicht aufgerichtet hat zum Gericht. Darum laßt uns noch einen anderen Standpunkt nehmen als diesen gewöhnlichen, einen solchen, den uns der Erlöser selbst anweiset, wenn er sagt: Ei du getreuer Knecht gehe ein in deines Herrn Freude, du bist über weniges treu gewesen, ich will dich über viel setzen; und wenn er sagt: Dem faulen Knecht aber nehmet was er hat und werfet ihn hinaus in die äußerste Finsterniß, da wird sein Heulen und Zähnklappen. Was ist die Verdammniß des Gottlosen, in die er schon jetzt eingeht? Daß er immer mehr verliert von dem, was ihm ursprünglich gegeben war, von dem allen Menschen angebornen göttlichen Ebenbilde; daß der göttliche Funke in ihm immer mehr verlischt, und er aus dem Reiche der geistigen Freiheit unter die Botmäßigkeit der Naturgewalt hinausgestoßen wird. Wollen wir noch eine ärgere Verdammniß für ihn begehren? Was hingegen ist das Reich, das uns beschieden ist, auf daß wir es ererben sollen, und in welches der getreue Knecht schon jetzt eingeführt wird von seinem Herrn? Es ist eben das geschäftige wirksame Leben, in dem wir schon immer begriffen sind; in dem geht diese Verheißung Jesu in Erfüllung. Unter jenen Thränen und Seufzern verdienen wir doch immer etwas für unsern Herrn, und er setzt uns über mehr. Unter dem Widerstand und im Streit wächst uns die geistige Kraft, gestaltet sich herrlicher in uns sein Bild, sehen wir ihn immer mehr wie er ist und werden immer mehr ihm gleich. Wollen wir, denen es um keinen der Sache selbst fremden äußerlichen Ruhm zu thun ist, sondern nur um das Wohlgefallen unseres Herrn und die frohe Gemeinschaft mit ihm, wollen wir noch mehr?

So waltet der siegreiche Herr, der sich gesetzt hat zur Rechten Gottes! so segnet beglückt und leitet er nicht ferne, sondern nahe und gegenwärtig alle, die seine Stimme hören und ihr folgen; und so läßt er die Ungläubigen sich selbst richten jetzt und immerdar! Laßt uns daher die Ermahnung zu Herzen nehmen, die jene Männer den Jüngern ertheilen, nicht in ungeduldiger Sehnsucht gen Himmel zu schauen; sondern mit den Jüngern laßt uns umkehren von der Betrachtung seiner Himmelfahrt zur lebendigen Anbetung im Geist und in der Wahrheit und einmüthig bei einander sein wie sie: so wird er auch uns begegnen in seiner Liebe und seiner Macht, so wird auch an uns in Erfüllung gehen, was er seinen Jüngern verheißen hat; wir werden schmecken und sehen, wie freundlich er uns gegenwärtig ist, und wir werden mit ihm sitzen und nach seinem Sinn und Gesetz richten die Geschlechter der Menschen. Amen.

XXXVII.

Das Ende der wunderbaren Aeußerungen des göttlichen Geistes in der christlichen Kirche.

Am Pfingstfest.

Text: 1 Korinther 12, 31.

Strebet aber nach den besten Gaben; und ich will euch noch einen köstlicheren Weg zeigen.

Meine andächtigen Freunde. Diese Worte sind das Ende eines Unterrichts, welchen der Apostel Paulus dieser Gemeinde gab über den richtigen Gebrauch aller der Gaben, welche als Wirkung und Ausströmung des göttlichen Geistes in der christlichen Kirche zu betrachten sind. Sie führen uns in jene Zeit zurück, wo auf den Aposteln des Herrn, wie wir aus vielen Erzählungen in der Geschichte der Apostel ersehen, die nämliche Wunderkraft ruhte, mit welcher der Erlöser selbst ausgerüstet gewesen war, um Krankheiten zu heilen und menschliche Leiden aller Art zu lindern. Aber auch auf andere Weise scheinen in der neuen christlichen Gemeinschaft damals die Grenzen der Natur gleichsam verrückt und erweitert gewesen sein. Außerordentliche, auch das seltnere Maß ausgezeichneter Menschen überschreitende Erweisungen geistiger Kräfte, Macht über das Gemüth und den Willen, ja auch über die leibliche Natur anderer Menschen, welche, wenn wir auch nicht geradezu behaupten können, daß sie als Wunder in dem höchsten Sinne des Wortes angesehen werden müßten, doch dem Wunderbaren so nahe liegen, daß sie sich jeder bestimmten Erklärung entziehen: von dem allen war damals eine Fülle in der christlichen Kirche verbreitet. Das begann mit dem Tage, dessen Andenken wir jetzt wieder mit einander feiern, als zuerst der Geist des Herrn ausgegossen wurde über die versammelten Jünger. Jetzt aber, meine geliebten Freunde, ist auch der Geist Gottes mit seinen Wirkungen in der menschlichen Seele mehr in die Schranken der Natur und in die gewöhnliche Ordnung des Lebens zurückgetreten; nichts was ein Wunder oder etwas übernatürliches in diesem äußerlichen Sinne des Wortes wäre, kommt uns mehr in der christlichen Kirche entgegen; ja was vielen so erscheint, das schreiben wir doch nicht dem göttlichen Geiste zu, sondern natürlichen Kräften, die nur noch nicht erkannt und erforscht sind. Zwar freilich giebt es eine Sage, in einem großen Theil der Kirche geglaubt, als ob noch lange nach den Zeiten der Apostel ähnliche übernatürliche Erscheinungen auf eine besondre Weise das fortwährende Walten des Geistes bewiesen hätten; als ob noch bisweilen im einzelnen die wunderbaren Kräfte wiederkehren zur Ehre und zur Verherrlichung der christlichen Kirche. Uns aber, meine geliebten Freunde, sind diese Sagen zu ungewiß und zu schwankend, zu verdächtig die menschlichen Zeugnisse, die darüber zusammengesucht werden, zu finster größtentheils die Jahrhunderte, aus welchen uns diese Zeugnisse herüberkommen; und was noch in neueren uns näher liegenden Zeiten geschehen sein soll, ist zu sehr aus allem Zusammenhange herausgerissen mit dem, was wir als den eigentlichen innersten Geist und als die göttliche Kraft des christlichen Lebens zu betrachten haben, als daß unser Glaube daran mit Zuversicht haften könnte. Wenn nun aber denjenigen Christen, welche glauben, daß ihre kirchliche Gemeinschaft sich noch in dem Besitz solcher Kräfte befinde, dies als ein großer Schatz und als ein eigenthümliches Geschenk des Höchsten erscheint; so könnte doch sehr leicht auch in uns der Gedanke entstehen, als ob wir durch den Mangel derselben vernachlässigt wären und zurückgesetzt, ja als ob überhaupt der jüngere Theil der Kirche des Herrn nicht mehr auf dieselbe Weise ausgestattet wäre als die frühere, und als ob der göttliche Geist, wenn auch nicht ganz von ihr gewichen, doch nicht mehr in der alten Fülle in ihr vorhanden wäre. Zu solchen Klagen könnte die Erinnerung an jenen außerordentlichen Tag göttlicher Gnadenbezeugungen, den wir jetzt mit einander feiern, manchen unter uns verleiten. Darum habe ich uns allen in den verlesenen Worten den Trost des Apostels vorhalten wollen, den er schon während dieser Zeit der wunderbaren Gaben, indem er diese selbst recht zu würdigen gebietet und auch seine Zeitgenossen auf etwas höheres hinwies, uns und allen künftigen Christen für diese Zeit, wo jene Wundergaben gänzlich fehlen würden, aufgestellt und als ein schönes Vermächtniß zurückgelassen hat. So laßt uns denn aus seinen Worten lernen, **wie wir uns darüber zu beruhigen haben, daß die wunderbaren Aeußerungen des göttlichen Geistes in der christlichen Kirche ihr Ende erreicht haben.** Laßt uns **zuerst** mit einander auf die Ursachen dieser Veränderung Achtung geben, ob nicht auch in ihnen schon etwas beruhigendes liegt; dann aber **zweitens** vorzüglich aus den Worten des Apostels lernen, daß das Köstlichere uns geblieben ist und auch seiner Gemeinde immer bleiben wird bis an das Ende der Tage.

I. Diese erste Frage aber, meine geliebten Freunde, die ich uns vorgelegt habe, nämlich welches denn wol die Ursachen sein mögen, warum diese Wundergaben in der Gemeinde des Herrn aufgehört haben, besorge ich, könnte wol manchem als eine überflüssige und vorwitzige erscheinen. Denn wer giebt uns ein Recht nach den Ursachen zu fragen, wenn der Höchste etwas giebt, und wenn er etwas entzieht? wer leistet der Wißbegier, oder dürfen wir nicht in solchem Falle füglich sagen der Neugierde unsers Verstandes, wenn sie auch aus guter Meinung und aus einem gläubigen Gemüth hervorgeht, wer leistet ihr dafür Gewähr, daß sie werde Befriedigung finden bei dieser so allgemein anerkannten Schwachheit und Kurzsichtigkeit unsers Urtheils? Allein, wie richtig dieses auch sei, und wie wol angebracht die Warnung in vielen andern Fällen: wenn das Herz beunruhigt ist und bekümmert, dann sucht es eben nach Ruhe und Trost auf allen Seiten; und überall finden wir, daß es eine Erleichterung ist, wenn wir in den wahren Zusammenhang dessen was uns trifft hineinschauen, eine Erleichterung wenigstens für jeden, dem es um Licht und Klarheit auf dem Wege dieses Lebens zu thun ist. Darum wollen wir die Frage nicht scheuen. Soll aber die Antwort gegeben werden, nun wol, so stellt der Erlöser selbst, meine guten Freunde, uns oft in seinen herrlichen Reden das Reich der Natur neben das Reich der Gnade, nicht nur als das herrliche Gebiet, woraus er seine kräftigen Gleichnißreden hernimmt, sondern auch unmittelbar, wo er uns irgend aufmerksam macht auf die Erweisungen des göttlichen Wesens und auf die Gesetze des göttlichen Willens, als welche dieselben sind in dem einen wie in dem andern. So laßt uns denn sehen, wie es wol in dieser Beziehung in dem Reiche der Natur steht? Wollen wir da das Wunder suchen in seiner ganzen Fülle: so werden wir zurückgeführt in ferne Zeiten, von denen wir theils nur noch dunkle Spuren erblicken in den Ueberbleibseln von dem, was früher entstanden ist als die jetzige Oberfläche der Erde, theils auch nur Kenntniß haben aus überlieferten Sagen ausgestorbener Völker und aus den uns von oben gewordenen Offenbarungen. Kurz und mit einem Wort, die Zeit der Schöpfung, das ist genau genommen die Zeit der Wunder. Daß der Herr alles, was wir sehen, aus nichts hervorgerufen hat, damit es sei, das ist im Grunde genommen der Inbegriff alles wunderbaren. Daß in uns ganz fremden Gestaltungen in scheinbarer Verwirrung die ursprünglichen Kräfte der Natur unter einander gegohren haben und gestürmt, bis das bleibende Werk hervorging, in welchem sich die göttliche Allmacht und die göttliche Weisheit kund giebt durch regelmäßige Ordnung und durch wiederkehrende gesetzmäßige Bewegungen: das ist das Wunder, in welchem sich alle übrigen verlieren. Und erscheint uns noch etwas wunderbar, so denken wir entweder, es hat schon immer zur Natur der Dinge gehört und ist uns nur verborgen geblieben; oder wir betrachten es als eine neue Entwicklung, als einen gleichsam verspäteten Theil der Schöpfung. Die Zeit der Erhaltung hingegen ist auf dieselbe Weise die Zeit, wo das Wunder sich stillt und verliert, und wo die regelmäßige Ordnung, der gesetzmäßige Gang der Natur eintritt. Das Wunder schafft; was aber erhalten wird, was besteht, ist die Natur, ist das Reich der Gesetze, welche wir, wenn auch noch weit davon entfernt sie erforscht zu haben, doch nothgedrungen überall voraussetzen, und welche allein uns Gewähr leisten für einen bestehenden festen Zusammenhang, den wir, reicht nur dereinst das Auge unsers Geistes weit und tief genug, auch überall verstehen werden. Was indeß noch immer jeden Nachdenkenden, der seine Freude hat am Leben, am wunderbarsten ergreift in diesem großen Gebiet der Natur, der Anfang eines jeden Lebens, welcher Art es auch sei, ja auch nur die Wiederbelebung des scheinbar erstorbenen, wie sie uns auch jetzt wieder vorzüglich entzückt in dem, was sich frisch um uns her regt und zu neuer Schönheit entfaltet: wie deutlich erkennen wir nicht darin die eine

27*

hervorbringende Kraft, wie viel Aehnlichkeit von einer neuen Schöpfung trägt es nicht in sich)! Wolan, meine geliebten Freunde, wenn wir hiervon die Anwendung machen wollen auf unser eignes Gebiet, was ist denn das große Werk, um deswillen zuerst der Fürst des Lebens erschien, und dann der Geist Gottes ausgegossen ward über alles Fleisch? Es ist kein geringeres als eine neue Schöpfung. Da sollte werden, was noch nicht gewesen war, das ewige Leben sollte an die Stelle treten des Vergänglichen und alles der Sinnlichkeit unterordnenden; eine Lebensgemeinschaft mit Gott sollte entstehen, die sich doch aus der bisherigen Furcht und dem Zittern des Menschen vor einem unbekannten Wesen nicht entwickeln konnte. Die Sicherheit des Heils in einem festen prophetischen Wort konnte nicht natürlicherweise entstehen aus dem mannigfaltigen Umherirren in verkehrtem Wahn und dem fruchtlosen Umhersuchen in den eigenen Tiefen des menschlichen Geistes. Diese Zeit war also mit Recht die Zeit des Wunders; damals regte sich die schaffende Kraft des Geistes. Darum war der Herr als derjenige, durch welchen und zu welchem alles gemacht ist in dieser geistigen Welt, mit so wunderbaren Kräften ausgestattet, die seine höhere schaffende Macht beurkundeten; darum regte sich der Geist in seinen ersten Aeußerungen überhaupt als die eine höhere Natur und ein höheres gemeinsames Leben hervorbringende Kraft. Wenn wir also auch in der ersten Gestaltung der christlichen Kirche, als der geistige Leib des Herrn erst in seiner Erscheinung an das helle Licht treten sollte, ähnliche geheimnißvolle Kräfte sehen: so geschah das mit Recht, und wir dürfen uns wenig darüber wundern. Wenn uns da Aeußerungen des neuen Lebens entgegentreten, welche alle menschliche Fassung übersteigen, so darf uns das kein Erstaunen erregen. Aber als der neue Mensch Gottes an das Licht geboren war; sein Athem in der Gemeinschaft mit Gott, daß ich mich so ausdrücke, in eine feste Ordnung gebracht, und der Umlauf seiner Säfte, damit er sich nähren und nach allen Seiten hin kräftigen könne, wohl geregelt: so war eine Kreatur fertig und eine höhere Natur geworden; so stand die neue Welt da zu ihrer weiteren Entwicklung bereit, wie Gott der Herr sie gedacht hatte in seinem ewigen Rath; und nun begann das Werk seiner gnädigen Behütung, seiner segensreichen Erhaltung über dieses neue Leben, und immer mehr nahm dasselbe die Gestaltung einer in Ordnung fortschreitenden gesetzmäßig zu geschichtlichem Gedeihen sich entwickelnden und wachsenden geistigen Natur an. Sollen wir also glauben, daß wir etwas verloren haben, indem unser Dasein in diese Zeit fällt, wo von jenen wunderbaren Aeußerungen des Geistes keine Spur mehr übrig ist? Nein, meine geliebten Freunde! Aus dem Anfang sind wir weiter vorgerückt in die regelmäßige Fortsetzung des göttlichen Werkes; und das ist kein Uebel. Wir gehören derselben Welt an, welche damals auf jene wunderbare Weise entstanden ist und, wie wir glauben müssen, auch nicht anders als so entstehen konnte. Wir athmen dieselbe Luft, wir werden von denselben Kräften bewegt, aber nachdem sie nun in diese regelmäßige Ordnung gebracht sind. Wir genießen die Früchte jener wunderbaren Zeit; und so ist es unser Theil und Recht, daß wir uns ohne Neid und Klagen an jenen Erscheinungen erquicken. Wir können mit Zuversicht sagen, die Kirche des Herrn, welche jetzt unter den Segnungen des göttlichen Wortes und im Gebrauch der heiligen Ordnungen, die in derselben gestiftet sind, ihren heilbringenden Gang geht, so daß die Kraft des göttlichen Lebens sich immer segensreicher in derselben entwickelt, jeder Schwächere von dem Stärkeren gehalten und geleitet wird, der Schall des göttlichen Wortes sich fortpflanzt von einem Ort und von einem Geschlecht zum andern und immer weiter sich verbreitet über die ganze Erde: diese naturgemäß fortschreitende Kirche des Herrn, in welcher nichts mehr wunderbar erscheint, ist dieselbe und keine andre, in welcher früher jene wunderbaren Kräfte gewaltet haben. Jenes war ihre Geburt und Kindheit; dieses ist ihr kräftiges, selbstbewußtes und selbstständiges Leben.

Aber doch, meine geliebten Freunde, können wir uns nicht enthalten von einer andern Seite her einen besonderen Werth zu legen auf jene Zeit der Wunder, deshalb nämlich, weil sie Zeichen waren, leuchtende Zeichen, welche unwiderstehlich das geistige Auge der Menschen trafen, um sie aufzuschütteln aus dem verderblichen Schlummer, in welchem sie lagen; Zeichen, die ihnen helfen sollten in jener Verwirrung des Streites zwischen den Verkündigern und den Feinden des göttlichen Wortes das Wahre und Heilsame zu erkennen. Und die menschliche Seele, ist sie nicht noch immer eben so schwach? bedürfte sie nicht auch noch in der gegenwärtigen Zeit und unter andern Verwirrungen derselben Zeichen um richtig geleitet zu werden? und sind nicht, wenn auch bei dieser Veränderung diejenigen nicht zu kurz kommen, welche schon eingeschritten sind in das Leben der christlichen Kirche, dafür doch diejenigen sogar noch übler daran, die noch ungewiß außerhalb derselben umherirren und zu dem Entschluß nicht gedeihen können, sich in ihren Schooß zu retten? Diese Frage ist freilich natürlich genug; aber laßt uns, damit ihr volles Recht ihr widerfahre, zweierlei unterscheiden, zuerst das Bedürfniß der einzelnen Seele, dann das gemeinsame Bedürfniß aller der Menschen, die noch außerhalb der christlichen Kirche sind.

Was sagt der Herr in Beziehung auf das Bedürfniß der einzelnen Seele, welche ungewiß schwankt, ob sie der Lehre vom Kreuze, der immer wieder aufs neue so vielfältig angefochtenen, vertrauen soll oder nicht; welche sich nicht entscheiden kann, ob diese Lehre von Gott gekommen ist, oder ein leerer menschlicher Wahn, welcher fruchtlos sein würde gegen einen andern einzutauschen? was sagt der Herr? Wer da versuchen wird diese Lehre zu thun, der wird erfahren, daß sie von Gott ist. An dieses Wort können wir mit Zuversicht eine jede bekümmerte Seele verweisen; und wohl ihr, wenn sie den Versuch wirklich macht und dann die Gewißheit sich selbst verdankt und mit jenen Samaritern sagen kann: ich glaube nun nicht mehr um deiner Rede willen, sondern aus der eigenen Erfahrung! Aber, möchte man vielleicht sagen, das hieße der menschlichen Schwachheit spotten. Können denn wir uns rühmen, daß wir die Lehre, die wir bekennen, thun, thun in ihrem ganzen Umfange? ruht nicht unsere Seligkeit darauf, daß unser Glaube unser kindliches Vertrauen der Erfüllung vorangeht, in der wir noch so sehr zurück= stehen? Ganz richtig wol! aber was heißt das, meine geliebten Freunde, die Lehre Christi thun? Das erste ist ja dies, der liebreichen Stimme des Herrn folgen, welche ruft; Kommt her zu mir, die ihr mühselig und beladen seid, ich will euch erquicken; und wie leicht folgt sonst jeder einer solchen Stimme! Dieser Stimme folgen aber, das heißt schon die Lehre des Herrn in so weit thun, daß dann jeder erfahren kann, sie sei in der That von Gott. Andrer Zeichen also bedarf es nicht als dieser. So verherrlicht sich der göttliche Geist noch immer an jeder Seele, so mächtig ist er noch immer in den Schwachen und wird nicht aufhören es zu sein: so daß, wenn der müde und beladene Mensch zu dem seine Zuflucht nimmt, der sich als Heiland den Verirrten und als Arzt den Kranken anbietet, er dann auch den Trost der göttlichen Gnade schon wirklich erfährt, und das Wunderbarste sich in dem Innern seiner Seele bereitet ohne irgend ein äußerliches Zeichen und Wunder.

Aber zweitens, der Gesammtheit derer, welche noch in der Ent= fernung von der christlichen Kirche leben; denen von einzelnen Zeugen das Wort der Wahrheit gebracht wird: warum dauert nicht wenigstens zum Besten dieser der Segen jener wunderbaren Zeichen fort, da sie sich in demselben Falle befinden wie die ersten Christen, die aus den Heiden gesammelt wurden, ja noch in einem höheren Grade als jene Neues und Unerhörtes vernehmen? Wie kommt es, daß Gott nicht wenigstens diese Boten des Friedens auch jetzt noch ausstattet mit der Kraft solcher sie begleitenden Zeichen, wie der Herr sie bei seinem Abschiede den ersten Verkündigern verhieß? Wol! allein auch jene haben ein Zeichen und bedürfen keines andern, nämlich daß das wirklich geschehen ist, was der Herr damals den Seinigen verhieß. Er verhieß den Boten seiner Lehre und seines Friedens, daß nichts, was sonst den Menschen Gefahr bringe, ihnen schaden werde in ihrem Beruf*), daß sie alle Hindernisse be= kämpfen und durch alle feindselige Bestrebungen sich hindurcharbeiten wür= den. Das verhieß er ihnen, und er hat Wort gehalten. Darum nun ist eben dieses, daß der Herr jenes Wort gelöst hat, indem in der That den Jüngern des Herrn nichts, auch Verfolgung und Tod nicht, schadet, denn sie haben ihren Zweck erreicht; daß das Zeichen des Kreuzes sieg= reich aufgerichtet ist unter so vielen Geschlechtern der Menschen: dieses ist das Zeichen für diejenigen, welche draußen sind. Daß alle Hinder= nisse bekämpft sind, die der Kirche des Herrn entgegentraten; daß ihr alles auch das Größte und Herrlichste zu Theil ward; daß die mannig= faltigsten geistigen Gaben, die sich freilich auch unter andern Menschen= geschlechtern entwickeln, doch in der größten Fülle ausschließlich in ihr versammelt sind; und daß in ihr immer reicher und schöner ein Gottes und seiner Gemeinschaft würdiges Leben sich gestaltet: o wie sehr wir

---

*) Mark. 16, 17. 18.

auch alle Unvollkommenheiten, die in der christlichen Kirche und in ihren einzelnen Gliedern zu finden sind, erkennen, und ungeachtet unserer noch nicht befriedigten, sondern immer weiter gehenden Hoffnungen und Erwartungen von den Wirkungen des göttlichen Geistes, deutlich genug ist dennoch dieses alles, so daß auch die noch fern seienden keines andern Zeichens bedürfen, als dieses Zeugnisses der Geschichte, welches immer heller vor ihnen sich entfaltet; und wir erfahren auch), es wirkt auf sie wie ein Wunder, und in nicht geringerem Maß als damals.

Wollen wir also, meine andächtigen Zuhörer, in eines zusammenfassen, was für eine Beruhigung unsere bisherige Betrachtung uns gewährt über den Verlust der Zeichen und Wunder, welche die ersten Anfänge der Kirche verherrlichten: so werden wir sagen können, der Grund, warum sie aufgehört haben, hängt genau damit zusammen, ja beides ist nur eins und dasselbe, daß jene Wunder aufgehört haben, und daß die Gemeinde zu ihrer vollen selbstständigen Kraft gelangt ist. Und auch das größere, das eigentlich durch die Sendung des Herrn und seines Geistes bezweckte Wunder, ich meine das, welches an jeder einzelnen Seele geschehen muß, wenn jener Zweck erreicht werden soll, nämlich des alten Menschen Kreuzigung mit Christo, und der neuen Auferstehung mit ihm, beide derselbe und doch jeder von beiden ein andrer: auch dieses größte Wunder, die Aufhebung der Entfernung des Menschen von Gott und sein Eintritt in eine friedfertige und die Seligkeit der Menschen begründende Gemeinschaft der Liebe mit Gott, wird seit eben der Zeit immer mehr bewirkt ohne alles äußere Zeichen und Wunder. Ja diese große Veränderung verliert sogar selbst je länger je mehr das äußerlich wunderbare, oder es wird wenigstens überflüssig. Denn jetzt, wenn auch keiner mehr anzugeben vermöchte, welches eigentlich die Stunde oder der Tag ja sogar das Jahr seines Lebens sei, wo der alte Mensch gestorben ist, und der neue sein Leben begonnen hat, weil sich nämlich die Kraft des göttlichen Wortes innerhalb der christlichen Kirche auf eine so sanfte, so allmälige, so milde und doch den ganzen Menschen durchdringende Weise zu ihm bewegt und ihre Wirkung hervorgebracht hat, daß er selbst nicht vermag Zeit und Stunde davon anzugeben; dennoch, folgt er nur dem Zuge des göttlichen Wortes, ist er zum Gehorsam des Glaubens gelangt, ist er sich der innigsten Gemeinschaft mit denen bewußt, die den Namen des Herrn bekennen: so kann er die gewisse Sicherheit haben, daß er Theil hat an den Gaben des göttlichen Geistes und mit eingewachsen ist in den geistigen Leib des Herrn. Und was könnten wir uns schöneres denken als ein immer weiteres Fortschreiten auf diesem Wege einer regelmäßigen und sich natürlich entwickelnden Ordnung in der Verbreitung und Fruchtbarkeit der göttlichen Gaben, so daß die Fülle der Gnade des Höchsten in der Sendung seines Sohnes, wie es denn sein soll, je länger je mehr offenbar darliegt vor den Augen der Menschen, damit jedes Zeitalter in seinem eignen Sinne sagen könne, bisher ist es verborgen gewesen, nun aber ist das Geheimniß geoffenbaret, und also immer mehr der Schein des Wunderbaren verschwinde, und die heilige Natur des höheren göttlichen Lebens in der Ordnung und Gesetzmäßigkeit desselben hervortrete als die wahre Tiefe des Reichthums und der Erkenntniß Gottes*).

II. Wiewol also diese Betrachtung uns genügen sollte, um doch, meine geliebten Freunde, alles zu beseitigen, was in dieser Beziehung unsre Pfingstfreude stören könnte: so laßt uns noch zweitens das Wort des Apostels seinem eigentlichen Inhalt nach näher betrachten und uns von der lebendigen Ueberzeugung durchdringen, die es uns gewährt, daß wir auch schon deswegen nicht Ursache haben jene Zeiten der Wunder mit Bedauern unsrer selbst zu betrachten oder ihrem Verlust nachzuklagen, weil, was der Apostel selbst für das weit köstlichere erklärt, uns wirklich geblieben ist. Der Apostel sagt: Strebet nach den besten Gaben. Welches sind nun diese? Wenn euch, meine andächtigen Zuhörer, die ganze Stelle seines Briefes einigermaßen gegenwärtig ist, von der ich nur den Schluß als am meisten mit unsrer Betrachtung zusammenhangend vorgelesen habe: so werdet ihr wissen, wie er da viele sehr verschiedene Aeußerungen und Gaben des Geistes aufzählt durch einander ohne bestimmte Ordnung, ohne merkliche Sonderung dessen, was uns als ganz natürlich erscheint, und dessen, was mehr oder weniger für wunderbar gelten kann. So wie in dem Gesetzbuch des alten Bundesvolkes diejenigen Ordnungen, welche sich auf das Innere eines gottgefälligen Lebens beziehen, und solche Satzungen, welche nur äußere Gebräuche bestimmen, und solche, die um verständlich zu sein, noch einer besonderen Erklärung bedurften, weshalb sie wol mit zu der Ordnung des Gottesdienstes gehörten, alles unter einander verzeichnet stehen, nirgend gesondert und keine unter oder über die andre gestellt: eben so finden wir dort in der Aufzählung des Apostels die verschiedenen Gaben des Geistes gleichsam unter einander geworfen. Fragen wir ihn aber, welchen er den Vorzug gegeben, und welche er auch in dem Sinn für die bedeutendsten erklärt, daß auch wir ihnen vorzüglich nachstreben sollen: so waren es die Gaben der Lehre und keine anderen; und auch unter diesen, wie sie sich damals nach dem Bedürfniß und den Zuständen mannigfaltig gestalteten, stellt er offenbar diejenigen, welche durch einen Schein des Wunderbaren zwar vorzüglich in die Augen fielen, aber doch eine minder bestimmte und gleichmäßige Wirkung hervorzubringen geeignet waren, denjenigen nach, welche es mit der ruhigeren und tieferen Betrachtung und der gemeinverständlichen Erörterung der heilsamen Lehre vom Glauben zu thun hatten. Diese Gaben der Lehre, meine geliebten Freunde, welche der Apostel über alle Wundergaben stellt, sie sind uns geblieben, ja wir haben uns diese köstliche Gabe des Geistes nicht nur erhalten, und fast jeder besitzt und übt sie auf seine Weise; sondern das prophetische Wort, dessen wir uns erfreuen, hat auch so feste Wohnung in unserer Gemeinschaft genommen, ist so hoch und sicher bei uns gestellt; und die Ordnungen in Bezug auf die Fortpflanzung

---
*) Röm. 11, 33.

desselben von einem Geschlecht auf das andere sind so begründet und geschützt und von dem göttlichen Geiste so geleitet und gesegnet; die Anstalten zu einem immer tieferen Forschen in diesen ursprünglichen Aeußerungen des Geistes, in deren Tiefen ja nur eben dieser Geist selbst eindringen kann, sind so weit verzweigt: daß wir fest vertrauen dürfen, sie werden unter uns fortbestehen, wenn wir nicht selbst dieses köstliche Werk einer regen begeisterten Zeit, dem Jahrhunderte lang vorgearbeitet worden war unter mancherlei Hindernissen, und welches sich durch blutige Verfolgungen, durch harte Bedrängnisse, durch wilde Zerstörungen glücklich hindurchgekämpft hat, muthwillig zertrümmern. Ja wir dürfen es getrost rühmen, wir Genossen der evangelischen Kirche, wir sind vorzüglich die Wächter dieser köstlichen Gabe der Lehre. Nicht als ob ich sagen wollte, in dem Schooße unsrer Gemeinschaft wäre dieselbe nothwendig und allgemein in einem höheren Maße, oder ausschließlich wären bei uns die Mittel vorhanden, durch welche wir vermögen immer tiefer in das segensreiche Geheimniß des göttlichen Wortes einzudringen. Mit nichten, und keinen leeren und unbegründeten Hochmuth will ich in euch als meinen Kirchgenossen erwecken. Der Geist waltet wie und wo er will, und Gott vertheilt seine Gaben nach dem Maße, das ihm gefällt, hier und dort; und so gewiß wir die für Christen anerkennen, welche, wenngleich nicht unsrer Gemeinschaft angehörig, doch den Namen des Erlösers mit uns bekennen: so freudig wollen wir ihnen zugestehen, daß dieser sie nicht leer ausgehen läßt, und daß auch sie mit allen diesen Gaben des Geistes gesegnet werden können in ihrer Gemeinschaft, weil sie alle nur Früchte sind der Liebe zu Christo. Wir aber sind vorzüglich deshalb die Wächter der heilsamen Lehre, weil wir durch die Ordnungen unsrer Kirche darauf gewiesen sind, durch das Wort unsern Glauben, durch den Glauben unsre Liebe, und durch die Liebe die Schätze aller christlichen Tugenden und aller wahrhaft guten Werke zu stärken und zu mehren. Wie könnten wir also versucht sein unsere Blicke sehnsuchtsvoll nach dem Geringeren zu richten, da das, was von dem Apostel selbst als das Größere anerkannt ist, uns nicht nur bleibt, sondern wir auch vor andern zu Hütern desselben bestellt sind. Darum, meine geliebten Freunde, laßt uns festhalten über dem herrlichen Kleinod, welches uns überliefert ist von unsern Vätern. Immer bleibe uns die Erbauung aus dem göttlichen Wort das wichtigste Geschäft unsers kirchlichen Gemeindelebens. Von nichts anderm laßt uns je Kräfte zur Heiligung und den Segen einer wirksamen Anbetung Gottes erwarten, als indem wir uns nähren, sei es nun von der Milch des Evangeliums oder von der festeren Speise desselben, jeder nachdem er geartet ist und nachdem er es bedarf und benutzen kann. Dann werden wir jedem, der fortwährende Wunder von der christlichen Kirchen verlangt, mit bestem Gewissen das Wort des Apostels vorhalten und ihm antworten, hier ist mehr denn Wunder, denn hier ist die göttliche Heilslehre in ihrer vollen Kraft und steten Entwicklung.

Aber könnte nicht doch mancher denken, wie viel Ruhe und Stille in den Angelegenheiten des Glaubens herrscht doch unter den Christen da, wo in der Ueberzeugung von den fortwährenden Wundergaben jeder sich dem höheren Ansehn, dem Wort der Kirche gläubig fügt! unter uns hingegen wie erregt nicht diese freie Beschäftigung mit dem göttlichen Wort immer wieder neuen Streit und Zwistigkeiten, so daß wir nicht absehen können, woher uns Schlichtung und Einigkeit kommen soll, da wenn eine Verschiedenheit beseitigt ist immer wieder eine neue entsteht. Ich glaube es nicht, daß einem unter uns die Sache so erscheint; aber doch, damit die Antwort, die wir einem solchen zu geben haben, daß nämlich der Streit, wenn er nur mit rechter Gesinnung geführt wird, kein Uebel sei, damit diese ihre gehörige Stütze erhalte, so laßt uns auch die letzten Worte unseres Textes noch besonders erwägen.

Nämlich nachdem der Apostel gesagt hat: Befleißiget euch der besten Gaben, so fügt er hinzu: Und ich will euch noch einen köstlicheren Weg zeigen. Welches ist der? Er fährt unmittelbar nach den Worten unseres Textes wie ihr wissen werdet fort: Wenn ich mit Menschen- und mit Engelzungen redete, also wenn ich auch diese Gabe des Wortes und der Lehre, diese größte unter allen, im höchsten Maße besäße, aber ich hätte der Liebe nicht: so wäre ich nur ein tönendes Erz und eine klingende Schelle. Das also ist der köstlichere Weg, den er den Christen zeigt. Und ja, das müssen wir gestehn, der Glaube soll durch die Liebe thätig sein, der Glaube soll aus der Predigt hervorgehen; die Liebe also zu erwecken ist das eigentliche Ziel alles Predigens; und in ihrem Reiche uns bewegen, so daß ihr Gesetz über uns waltet, und wir sie überall in unserm Leben darzustellen suchen: das ist der köstlichere Weg, das ist dasjenige, wozu alles andere sich vereinigen muß, um uns dahin zu führen und dabei zu erhalten. Manches freilich wird mit demselben Worte bezeichnet, was sehr weit entfernt ist von der Meinung des Apostels. Demungeachtet aber erwartet ihr nicht, meine geliebten Freunde, daß ich hinter dem Apostel eine Beschreibung eben dieser Liebe machen soll. Denn seine Worte lassen sich durch keine anderen überbieten, und sie sind so klar, sie gehen aus solcher Fülle eines Gemüthes hervor, welches alle Segnungen der Liebe eben so erfahren hat, als die belebenden Kräfte des Glaubens in ihm vereinigt waren, daß nichts sich hinzusetzen läßt. Gehet zu diesem Kapitel hin, wenn ihr lernen wollt was Liebe sei, und ihr bedürft keines anderen Lehrers. Haben wir nun diesen köstlicheren Weg auch betreten: so kann auch der Streit, gesetzt sogar er müßte sich immer wieder erneuern in der Kirche, doch kein Uebel sein. Denn nicht nur kann alles, was diese Liebe thut, nur Segen sein: sondern Liebe und Wahrheit stehen in so genauer Verbindung, daß die Wahrheit das höchste ist, was die Liebe dem anderen gönnt, und daß keiner kann die Wahrheit für sich allein suchen, sondern immer auch für die andern aus Liebe. Daher ist nun dieses die wichtigste Frage an einem Tage wie der heutige, und zumal in einem

Zusammenhange wie der unserer Rede. Aber freilich viel Klage ist seit dem Anfang der christlichen Kirche hierüber gehört worden. Von jenem heiligen heute gefeierten Tage an, wo zuerst die Liebe Christi die Schaar seiner Jünger drängte, daß sie vor einer fremden und ihnen größtentheils unbekannten Menge das Wort des Friedens verkündigten, von jenem Tage an habe die erste Liebe nur so lange gewährt, als die Christen den Weg der Verkündigung und des Bekenntnisses muthig gingen, wenn er auch in das Thal des Todes führte; seit der herrlichen Zeit des Märtyrerthums aber sei die Liebe lau geworden in der Gemeinde des Herrn. Aber wie? sollte die Kraft der Erlösung und der Geistesbegabung davon abhängen, daß das Häuflein der Gläubigen immer ein kleines bliebe und ein unterdrücktes? wie könnten wir das reimen mit den großen Verheißungen, die auf der Sendung Christi ruhen! Indeß jede warnende Stimme verdient besonders beherzigt zu werden, und darum laßt uns zusehen! Daß es nun unter uns überhaupt an Liebe fehlen sollte, wird wol niemand zu behaupten wagen; ob aber überall die Liebe walte, welche der Apostel im Sinne hat, die reine brüderliche Liebe des Christen, welche eines sein muß mit der Liebe zu dem himmlischen Vater selbst und zu dem Erlöser, den er gesandt hat! das freilich ist eine andere Frage, und die möchten wir uns vielleicht nicht zu bejahen getrauen. So viele Liebe ist das reine Werk der Natur und wäre auch mit Gewalt nicht zu unterdrücken; so viele entwickelt sich von selbst aus dem gemeinsamen irdischen Leben der Menschen; und wie viele entspringt nicht aus dem mannigfaltigen Verkehr der Geister: aber wer wollte behaupten, daß alle Treue, die in diesen Verhältnissen bewiesen wird, alle Dienste, welche wir mit Eifer ja bis zur Hingebung leisten, als Werke der wahren christlichen Liebe gelten können und gleichsam das Zeichen des Kreuzes als des Ursprungs derselben an sich tragen! Finden wir doch das alles auch bei solchen, welche nicht einmal äußerlich den Namen Christi bekennen. Aber auf der andern Seite, wenn wir deshalb alles dieses bei Seite stellen wollen als in ein anderes Gebiet gehörig, oder gar als von dem natürlichen Menschen her und nur aus seiner verfeinerten Eitelkeit, aus seiner wohlberechneten Selbstsucht abzuleiten: was würden wir dann übrig behalten, woran sich die christliche Liebe, und wenn sie auch in der größten Fülle vorhanden wäre, wirksam erweisen könnte! Immer nur in Gesprächen über das göttliche Wort und in gemeinsamen Erbauungen? immer nur im Aufmerken auf die geringsten Bewegungen des Gemüths und in vertrauten Mittheilungen darüber? Wie sollte das nicht viel zu wenig sein! Darum laßt uns freilich vorsichtig sein im Leben nicht nur des einzelnen, sondern auch der Gemeinschaft selbst; aber, meine geliebten Freunde, laßt uns auch dem Geiste Gottes, der unter uns waltet, nicht unrecht thun durch strenge Scheidung eines geistlichen und eines weltlichen Gebietes! Nein, das ganze Leben der christlichen Kirche ist eines, und ganz und in allen Beziehungen wird es beseelt von dem göttlichen Geiste! Nicht nur da waltet er, wo man die Worte vernimmt, welche das Wesen und die Geheimnisse des Glaubens aussprechen, sondern im ganzen Leben. Oder wie? giebt es unter uns eine Liebe zwischen Eltern und Kindern, oder in irgend einem häuslichen Verhältniß, welche gar kein Zeugniß gäbe von einem auf Gott und den Erlöser gerichteten Sinn? Wie? giebt es unter uns ein gesellschaftliches Verkehr, von welchem wir sagen müßten, es sei darin keine Spur von einem Trachten nach dem höheren Leben im Reiche Gottes? Dieser Unglaube sei fern von uns. Freilich, wie auch den Frommen in einzelnen Augenblicken noch die Sünde beschleicht, so kommt sie auch im ganzen noch zum Vorschein an einzelnen, welche aus der Art schlagen und nicht nach derselben Regel wandeln wollen. Betrachten wir aber im großen das Leben der christlichen Völker in seinen verschiedenen Richtungen und Verzweigungen, und vergleichen damit, wie es sich da gestaltet hat, wo der Name des Erlösers nicht genannt wird, — und ich meine nicht nur die rohen und wilden Stämme unseres Geschlechtes, sondern auch die, welche sich einer reicheren Ausstattung des Geistes und einer weit gediehenen Bildung erfreuen: wer könnte sich wol einen Augenblick bedenken zu gestehen, daß unter uns überall ein höheres Ziel angestrebt wird, von dem anderen noch keine Ahnung aufgegangen ist; so daß wir auch da, wo nicht jedes Lob und jede Tugend auf den ersten Anblick scheint mit dem Bilde des Erlösers gestempelt zu sein, überall die Geschäftigkeit des göttlichen Geistes in der Entwicklung alles dessen, was zur Gemeinschaft eines der wahren Weisheit nachtrachtenden und in der Kraft ächter inniger Liebe geführten Lebens gehört, dankbar anzuerkennen haben. Aber wir brauchen auch nicht bei dem Leben stehen zu bleiben, welches wir unter uns gleichsam abgeschlossen führen, noch auch bei dem Einfluß, den unsere Verbindung zu einer Gemeinde des Herrn auf unser bürgerliches und geselliges Leben ausübt, und bei der Art wie unser Urtheil über alle menschlichen Dinge durch die mittheilende Liebe der Besseren erleuchtet wird: erschallt nicht auch jetzt noch immer das Wort des Herrn in die weiteste Ferne hinaus, um unsre noch in der Finsterniß lebenden Brüder an den Segnungen des himmlischen Lichtes theilnehmen zu lassen? O dies alles sind ja Werke, denen niemand bestreiten kann, daß sie Früchte der christlichen Liebe sind, und die aus demselben Geist hervorgehn, der auch in den ersten Anfängen der christlichen Kirche alle jene Abstufungen von Gaben hervorgerufen hat, welche walteten und sich verbreiteten fern von allen seinen Berechnungen des Eigennutzes und eben so von aller kleinlichen Eitelkeit menschlicher Ruhmbegierde. Wie wollten wir leugnen, daß, wo dies alles geschieht, die Liebe unter uns mächtig ist! Ja, meine geliebten Freunde, so ist es, und wir dürfen es auch gewiß erkennen und bekennen, weil es ja nicht unser Werk ist, sondern Gottes, und weil wir darin keine Aufforderung finden auf den Lorbeeren zu ruhen, die wir uns etwa schon erworben haben. Denn wir bekennen uns ja dazu, daß es unser aller Beruf ist immer weiter zu streben, um dieses gemeinsame Leben immer mehr zu vervollkommnen und zu läutern, damit auch zu unserer Zeit überall in der Liebe, die unter uns waltet, der Geist Gottes erkannt und verherrlicht werde.

Aber auch in dieser Beziehung, meine geliebten Freunde, ruht mit einem besondern Segen auch eine besondere Aufgabe auf unserer evangelischen Kirche. Denn weil die Erkenntniß unter uns vorzüglich feststeht, daß alle menschlichen Werke von außen betrachtet immer zweideutig sind, wir aus dem, was sie leisten, nie, und aus der Art, wie sie verrichtet werden, nur selten mit Sicherheit auf den Geist schließen können, von welchem sie ausgehen: eben deshalb, weil wir wissen, daß sie nur einen Werth haben, wenn sie von dem Glauben ausgehen, der durch die Liebe thätig ist, und weil bei uns feststeht, daß eben so wenig durch äußerliche Werke, wie wohlthätig sie auch für andere seien, als durch Vollziehung äußerlicher gottesdienstlicher Gebräuche, in welchem Gesetz sie auch vorgeschrieben seien, irgend ein Mensch gerecht werden kann vor Gott: deshalb sind wir auch besonders zu Wächtern der Reinheit der christlichen Liebe in der großen Gemeinschaft der Christen gesetzt. Darum möge es nie unter uns Gebote geben, denen auch ohne Liebe genügt werden kann; sondern alles sei ein solches freies Walten des Geistes, woran sich andere auch unwillkürlich messen und schätzen müssen. Dabei laßt uns bleiben und darüber halten, daß es nur der Glaube ist, das lebendige Bewußtsein von der segensreichen Gemeinschaft des Herzens mit dem Erlöser und durch ihn mit Gott, wodurch der Mensch gerecht wird vor diesem, und daß alles Gute ein freies Werk des eigenen göttlichen Triebes sei und der eigenen Einsicht überlassen bleiben muß, wo und wie es zu schaffen ist, ohne daß wir dabei irgend ein menschliches Ansehen anerkennen oder einem menschlichen Buchstaben etwas einräumen. Darüber laßt uns halten, daß die Wirksamkeit der Liebe frei bleibe von gesetzlichem Wahn und blinder Nachahmung, und so gedeihe als die freie und lebendige, und je reifer desto gewürzreichere Frucht des Geistes. — Ruhen wir nun in diesen beiden, in der Kraft der Lehre und in dem Walten der Liebe: so besitzen wir die köstlichsten und herrlichsten unter allen Gaben des Geistes, und keiner darf sich Sorge machen, daß es nichts äußerlich Wunderbares mehr giebt in der Gemeinschaft der Christen. Keiner möge mit ängstlichem Gewissen auf Zeichen harren; denn deren bedarf niemand, der irgend an dem regelmäßigen Gang unsers geordneten geistigen Lebens Antheil hat. Keiner kann von hier aus Veranlassung haben zu wünschen, daß sich ihm irgend Uebernatürliches zeigen möge! Und wohl uns deshalb; denn solche Irrlichter machen nur abgleiten von dem ebenen Wege und verleiten in den Sumpf des Wahns, aus welchem schwer wieder herauszukommen ist! Ja wohl uns, daß der Geist Gottes unter uns sich kräftig beweiset zur Gestaltung eines wohlgeordneten christlichen Lebens, zur Förderung des richtigen christlichen Denkens durch gemeinsames Forschen, und daß er uns verbindet auf Wahrheit und Liebe! Dafür laßt uns Gott preisen, aber auch eifrig sorgen, wie wir diese Schätze den künftigen Geschlechtern erhalten, damit die christliche Kirche sich immer herrlicher und fleckenloser darstellen möge vor dem, der sie sich erworben hat. Amen.

Heiliger Gott und Vater, wir sagen dir Lob und Dank, daß du auch uns gegeben hast den Geist, der uns in alle Wahrheit leitet, den Geist, der in uns ruft Abba, lieber Vater. Beides ist eines und dasselbe. Denn das ist die ewige Wahrheit, daß du der Vater Aller bist in deinem Sohne; und das ist der kindliche Sinn des Glaubens, daß wir durch ihn zu dir kommen und als Glieder seines geistigen Leibes uns deiner Liebe und deines Schutzes zu freuen haben. Verleihe uns nur immer weiter fortzuschreiten auf dieser Bahn zur christlichen Vollkommenheit, daß der Sieg des Geistes über das Fleisch immer vollständiger werde, und immer wahrer das große Wort, daß der Glaube der Sieg ist, der die Welt und alle ihre Eitelkeit überwindet. Amen.

XXXVIII.
Wie der Geist der Wahrheit den Erlöser verklärt.

Am Pfingstfest.

Text: Joh. 16, 13. 14.

Wenn aber jener, der Geist der Wahrheit, kommen wird, der wird euch in alle Wahrheit leiten. Denn er wird nicht von ihm selbst reden; sondern was er hören wird, das wird er reden; und was zukünftig ist, wird er euch verkündigen. Derselbe wird mich verklären.

Meine andächtigen Freunde. Die unmittelbare Abzweckung dieser Worte des Erlösers ist freilich sehr klar und verständlich. Er wußte es und sagte es auch in diesen seinen letzten Reden selbst seinen Jüngern, daß sie noch nicht zu der vollen Erkenntniß alles dessen, was er ihnen mitzutheilen habe, hindurchgedrungen seien. Da aber doch der Grund dazu durch sein Leben mit ihnen gelegt war, und auf diesen weiter fortgebaut werden mußte: so verheißt er ihnen, wenn nach seinem Hingange aus dieser Welt der Geist der Wahrheit kommen werde, der werde sie des alles auf's Neue erinnern und ihnen das Zerstreute zusammentragen, so daß eines das andere erhelle, damit hierdurch er selbst, ihr Herr und Meister, ihnen immer heller und deutlicher werde. Aber nicht nur über sie sollte der Geist der Wahrheit kommen, vielmehr sollte er eine von diesem Augenblicke an für immer verliehene, allen Menschen zugängliche und über alle sich erstreckende Gabe von oben sein. Deshalb nun müssen wir diese Worte des Herrn nicht nur in ihrer nächsten Beziehung auf die kleine Schaar der Jünger, welche ihn damals umgaben, zu verstehen suchen; sondern sie sind von Anfang an dahin gemeint gewesen, daß sie uns das ganze fortwährende Werk des göttlichen Geistes unter allen verschiedenen Stämmen des menschlichen Geschlechtes auf Erden deutlich machen sollen. Und wenn wir uns nun diese lange Reihe von Jahrhunderten vor Augen stellen und denken dabei an die unmittelbar unserem Texte folgenden Worte des Herrn: Von dem Meinen wird er es nehmen und wird es euch verkündigen; so werden wir freilich nicht sagen, wie lange sollte eigentlich schon diese Fülle des Seinigen erschöpft sein! nein, für unerschöpflich wollen wir sie anerkennen! Aber wenn der Geist der Wahrheit immer wäre ununterbrochen wirksam gewesen, wie vollkommen müßte dann der Herr schon überall verklärt sein! wie müßte die hellste Einsicht in sein Wesen, in die Absicht Gottes mit ihm und eben dadurch in den ganzen Zusammenhang der göttlichen Rathschlüsse so lange schon ein gemeinsames Gut Aller geworden sein, so daß alle Zweifel verschwunden, alle Nebel zergangen wären und alle in dem vollen Glanze des himmlischen Lichtes wandelten! Und wie weit erscheint die ganze christliche Welt, wie weit jedes einzelne, auch das am meisten erleuchtete und beseligte Gemüth noch von diesem Ziele entfernt!

Das, meine theuren Freunde, das ist die wehmüthige Seite dieser Worte unseres Erlösers. Aber wie es gewiß wahr ist, was wir eben mit einander gesungen haben, daß der Geist der Wahrheit auch ein Geist der Freude ist: so laßt uns nur diese Wehmuth, welche uns ergreifen will, recht fest ins Auge fassen und uns zu unserem Trost und zu unserer Freude die Frage beantworten: **wie verklärt denn der Geist der Wahrheit den Menschen den Erlöser der Welt?** Dreierlei ist es, was ich als eine, wenngleich unzureichende, aber doch alles Wichtigste wenigstens berührende Antwort auf jene Frage eurem frommen Nachdenken in dieser Stunde empfehlen will. Zuerst, der Geist verklärt den Erlöser dadurch, daß er uns immer aufs Neue und immer heller mit dem Bewußtsein der göttlichen Würde desselben erfüllt; er verklärt ihn zweitens dadurch, daß er uns immer vertrauter macht mit seinem segensreichen Leben; er verklärt ihn endlich dadurch, daß er uns die geistigen Schätze, welche der Erlöser uns zurückgelassen hat, immer mehr aufschließt und uns in den rechten Gebrauch derselben immer tiefer einweiht.

I. Aber wenn wir nun unsere Betrachtung gleich mit dem zuerst genannten Stück unserer Antwort beginnen, wie wir denn nicht leugnen können, das muß von dem großen Werk des göttlichen Geistes, den Erlöser zu verklären, der erste Anfang sein, daß er uns immer heller mit dem Bewußtsein der Würde desselben erfüllt: wie weit scheint uns dieses Geschäft des göttlichen Geistes wol vorgeschritten zu sein! Wenn diejenigen, welche etwas vertrauter mit dem Gegenstande sind, sich die Geschichte der christlichen Kirche in dieser Hinsicht vergegenwärtigen, welch eine Reihe fast von Jahrhunderten stellt sich ihnen bar, wo eben diese höhere, diese göttliche Würde des Erlösers der Gegenstand eines fortwährenden Streites unter den Christen war, eines Streites, welcher nicht immer nur mit dem Schwerte des Geistes geführt wurde, wie es sich doch für die Angelegenheiten der Wahrheit allein geziemt; sondern welcher nur zu oft ausartete in fleischlichen, bitteren Haß, in wilde Verfolgung. Was aus einem solchen Streite zuletzt siegreich hervorging, haben wir wol den Muth uns selbst und andere zu überreden, daß dieses ein reines Werk des göttlichen Geistes sein könnte, der doch nicht ist in solch einem Sturm und Ungewitter eines leidenschaftlichen Eifers und einer herben Erbitterung der Gemüther! Aber wie ist es auch allen diesen Worten, Formeln und Bestimmungen über die Würde des Erlösers ergangen, die uns aus solchem Streite übrig geblieben sind? Sie stehen in unseren Bekenntnißschriften, sie sind verzeichnet in den Büchern, welche die Geschichte der christlichen Lehre enthalten; aber wenn wir uns fragen, wie tief sie denn in das Leben der Gläubigen eingreifen, wie stetig wir uns ihrer bewußt sind, oder wie hülfreich sie sich zeigen für unsere Erkenntniß des Erlösers: so müssen wir gestehen, sie sind schon lange ein todter Buchstabe für uns geworden. Und wenn wir den gegenwärtigen Zustand der Christen betrachten, wie sind sie getheilt unter sich in zwei heftig mit einander streitende Heere! Die einen auf das Eifrigste bemüht, die göttliche Würde des Erlösers hervorzuheben dadurch, daß sie jenen alten Ausdrücken und Formeln wieder aufs Neue eine Geltung zu verschaffen suchen in den Gedanken der Christen; die anderen darauf bedacht, ihn darzustellen rein als einen Menschen unter den Menschen wandelnd und nur als einen solchen zu dem allgemeinen Besten von Gott gesandt. Und wie spricht jede Partei sich selbst zu, sie allein sei im Besitze der Wahrheit, welche den Erlöser verklärt! Die eine beruft sich darauf, daß sie ihn über alles andere erhebe, die andere darauf, daß sie ihn so geltend mache, wie er selbst habe gelten wollen, und daß also erst sie seine Wahrheit recht an das Licht bringe. Und wie jeder Theil nur sich selbst die Wahrheit zuschreibt, so beschuldigt auch jeder den andern nicht etwa nur eines unwillkürlichen Irrthums, nicht einer unverschuldeten Verblendung; sondern dafür hält jeder den anderen, daß er sich von dem Geiste der Wahrheit losgesagt habe und nun hingegeben sei dem Geiste der Lüge, daß er das Auge dem Licht der Wahrheit verschlossen habe und in selbst gewählter Finsterniß wandle. Und das wäre nun, wenn wir doch jetzt in den letzten Zeiten leben, auch das letzte Werk des Geistes, der den Erlöser verklären soll! Das wäre nun alles, dessen wir uns von ihm rühmen können, daß wir am Schluß einer langen und oft durchlaufenen Bahn der Untersuchung über eben diese Würde zuletzt in einen solchen Zustand des Unfriedens und des Streites gerathen sind.

Wohl, meine theuren Freunde. Versuchen wir uns zu denken, daß einst dieser Streit ganz und gar vorüber sei, und kein Ton dieser Art mehr unter uns gehört werde; aber so wäre alles geschlichtet! daß diejenigen die Oberhand gewonnen hätten, welche auch jetzt mitten unter diesem Streite wandelnd nur immer bedauern, wie sehr sich so viele ihrer Brüder erhitzen und erbittern um etwas, das der Mühe nicht werth ist, welche die einen sowol als die anderen ihres Wahnes wegen beklagen, weil ja doch beide einer solchen Richtung folgen, die, indem sie den Menschen von der Erde abzieht, ihn auch von seiner wahren Bestimmung, von dem bescheidenen Theil, welches ihm hier für sein Leben auf Erden geworden ist, nur ablenken kann, und ihm nur den Genuß der Güter, welche ihm wirklich zugedacht sind, verkümmert, indem sie ihn mit einer Sehnsucht nach dem Unerreichbaren erfüllt. Wie sehr wir unser Ohr auch gegen diese Stimme verstopfen wollten, hören wir sie nicht dennoch, wenngleich einzeln und zerstreut, immer wieder, so oft sich jener Streit unter den Christen vernehmen läßt. Das ist die bittere Wurzel des Unglaubens, welche tief in der menschlichen Brust wohnt! Wem verdanken wir es, wenn wir alle göttlichen Rathschlüsse zusammennehmen, daß diese nicht schon längst unter uns aufgeschossen ist zu einem Baume, unter dessen vergiftendem Schatten wir nun alle säßen und dem Tode des Geistes entgegen siechten? Ja gesegnet sei uns jener Streit und willkommen als ein großes köstliches Gut, welches Gott uns mitgegeben hat auf unsern Lebensgang! Denn er hält uns rege und lebendig, daß wir immer aufs Neue inne werden müssen, wie tief in unsern Herzen die Sehnsucht nach Gemeinschaft mit dem Ewigen wohnt, daß wir uns dessen, was das höchste Ziel der menschlichen Bestrebungen ist, immer bewußt bleiben, und die sich immer erneuende Beschäftigung mit theuren Wahrheiten, wenn auch nur im Streit um sie, uns bewahrt, daß wir nicht einschlummern inmitten des betäubenden Wesens dieser Welt.

Aber noch mehr, wenn wir nun die Lage dieses Streites und dessen ganze Beschaffenheit in Bezug auf seinen Gegenstand betrachten: ei wie zeigt es sich da so deutlich, daß schon durch den Streit selbst der Erlöser verklärt wird. Denn welches von den beiden, worüber dieser Streit entbrennt, möchten wir wol missen? Wäre uns der Erlöser etwas, wenn er nicht unter den Menschen gewandelt wäre rein als Mensch? wäre er uns etwas, wenn wir nicht immer in ihm und immer aufs Neue sowol mit der tiefsten Bewunderung als mit der innigsten Liebe die Herrlichkeit des eingeborenen Sohnes vom Vater schauten, das heißt, wenn wir ihn nicht immer zugleich in dem Glanz seiner himmlischen Würde erblickten? Darum fragte jemand: Worin zeigt sich nun die in alle Wahrheit leitende Kraft des göttlichen Geistes, wenn wir auf diesen Theil der Verklärung des Herrn sehen: so antworte ich, wie der Apostel sagt: Ein Herr ist es, aber es sind viel Gaben; Ein Geist ist es, welcher das Ganze beseelt, aber es sind viele Glieder. Das ist es, was sich hier jedem zeigt, der nur nicht vergißt, daß dieser Streit ein Streit der Gläubigen ist, ein Streit zwischen denen, welche den Namen Christi bekennen, und welche — denn anders können sie es nicht, als in der Kraft des göttlichen Geistes — ihn einen Herrn nennen; und darum lasset uns nichts anderes darin sehen, als eine von den mancherlei Arten, wie der göttliche Geist, der Geist der Wahrheit sich vertheilt unter die Menschen. Dem einen erhellt er das eine, dem andern mehr das andere von dem, was nothwendig ist zur Erkenntniß des Heils; und indem so beides gegen einander gestellt wird, muß auch beides in das stärkste Licht treten. Aber wie dann, wenn sich leider die geistige Art und Weise, welche dieser Streit, sofern er in der That das Werk des göttlichen Geistes wäre, an sich tragen müßte, in die Aehnlichkeit eines Streites um irdische Dinge verkehrt! wenn, was heiliger Eifer sein sollte, sich geberdet wie eine thörichte und wilde Leidenschaft! Wolan, das ist das, was der Apostel sagt: Das Fleisch gelüstet wider den Geist! So gelüstet auch das Fleisch des einen wider den Geist in dem andern, weil jeder — und das kommt doch immer aus versteckter Selbstsucht her — dasjenige, was ihm vielleicht nothwendig oder wenigstens heilsam ist zum Verständniß, auch von andern eben so will anerkannt haben, als sei es ganz und ausschließend das Werk des Geistes selbst. Darum sollten wir in dieser Beziehung nur alle vornehmlich danach streben, wie wir den streitenden Christum verklären können als den, welcher sein Geschrei nicht hören ließ auf den Gassen, ob wir sie etwa dadurch retten aus diesen Verirrungen, und ihnen deutlich werde, daß die Leidenschaft, in der sie entbrennen, nichts anderes ist als das Werk des Fleisches in ihnen, der Geist aber in beiden nur dieselbe Richtung wirkt, die ihnen gemeinsame Sehnsucht nach vollkommener Erkenntniß, das Verlangen, sich in Liebe und Friede einander mitzutheilen und so einer den andern zu ergänzen.

Aber doch wollen wir es erkennen und Gott dankend dafür preisen, wie mitten in diesen scheinbaren Verirrungen der Geist der Wahrheit nie aufgehört hat, den Erlöser zu verklären; wie sich aus jedem Streit doch immer ein klares Bewußtsein von der himmlischen Würde unseres Herrn als eine friedsame Frucht der Gerechtigkeit und der Frömmigkeit in den Gemüthern aller derer gestaltet, welche aus diesem Streit ein immer mehr verklärtes, in ihnen eins gewordenes Bild des Erlösers davon tragen.

II. Wenn ihr nun zweitens hört, meine theuren Freunde, der Geist der Wahrheit verkläre den Erlöser, indem er uns immer vertrauter macht mit seinem segensreichen Leben: ach so fürchte ich, ihr werdet auch hier nur zu sehr geneigt sein, dieselbe Klage voranzuschicken. Wie wenig ist es doch, was uns von den großen Begebenheiten der Zeit, als das Wort Fleisch geworden war und auf Erden wandelte, überliefert worden ist! welch eine kleine Zahl einzelner größtentheils zerstreuter Züge, auch schöner zwar und herrlicher Reden! von denen uns aber nicht selten so manches entgeht, weil wir nicht immer den Zusammenhang und die Veranlassung wissen, bei welcher sie gesprochen sind. Wenn wir dagegen betrachten, wie viel oft menschliche Liebe und Verehrung in dieser Beziehung geleistet hat für das Andenken einzelner ausgezeichneter Menschen; wie unsäglich viel Fleiß und Mühe daran gewendet ist, einzelne Aussprüche derselben und einzelne Züge aus ihrem Leben nicht nur zu sammeln, sondern sie auch in ihrem ursprünglichen Zusammenhang darzustellen und alle Lücken zu ergänzen, so daß auch dasjenige, was für sich allein vieldeutig oder unverständlich sein würde, in sein rechtes Licht gestellt wird: wie träge und lässig, möchte ich sagen, erscheint uns dann hiermit verglichen der Geist der Wahrheit, welchem doch oblag, den Erlöser auch so zu verklären. Wie hätte er aller Jünger Erinnerung zu der Zeit, da es noch möglich war, vereinigen müssen, ja auch von andern, die aber doch den Erlöser selbst gesehen und gehört hatten, alles zusammenholen und zu einem Ganzen verbinden, was auch uns sein ganzes Leben in voller Klarheit zur Anschauung bringen könnte! Aber auch das Wenige, was wir noch haben, von welcher schwer zu behandelnden Beschaffenheit ist es! wie wird jeder nur irgend Sachkundige, je mehr er sich damit beschäftigt, immer mehr inne, wie gar vieles uns fehlt, wie nach verschiedenen Seiten schillernd dieses und jenes erscheint: so daß immer noch mehr Wissenschaft von ausgestorbenen Sprachen, noch mehr Kenntniß verflossener Zeiten dazu gehören wird, um auch nur mit irgend überwiegender Wahrscheinlichkeit sagen zu können, das war Christi Meinung, als er dieses sagte, das beabsichtigte er, als er jenes that! Ja statt sich der ganzen Christenheit immer mehr zu verklären, scheint vielmehr, als ob, was wir von dem Erlöser überliefert haben, immer dunkler und unzugänglicher werden wollte. Auch wenn wir nun die etwas späteren Zeiten betrachten: ach, während jener Streit am heftigsten geführt wurde über die göttliche Würde des Erlösers, wie ganz unfruchtbar und ungenossen blieb da sein irdisches Leben! wie ging das ganze Bestreben vieler Geschlechter nur in bergleichen Wortbestimmungen auf! wie wenige mögen in dieser allgemeinen Verwirrung auch nur zu dem Gedanken an eine fruchtbare Betrachtung seines Lebens gekommen sein! Und als in der Folge das Christenthum ausartete in eine Fülle von einzelnen Vorschriften und äußerlichen Gebräuchen: wie wurden da abermals die Bestrebungen der Gläubigen auf ganz andere Dinge abgelenkt von der Betrachtung seines Lebens, mit dem sie übrigens dem ihrigen auch gar keine Aehnlichkeit einzuprägen suchten. Ja, auch wo dieser Gegenstand nicht ganz vernachlässigt wurde, welche Einseitigkeit hat nicht auch hierbei unter einem großen Theil der Christen fast immer statt gefunden! wie ist nicht vielen sein ganzes übriges Leben, man darf wol sagen, in hohem Grade gleichgültig gewesen, weil sie mit ihrer Sehnsucht nach einer gänzlichen Befriedigung des Gemüthes sich ausschließlich nur in der Betrachtung seines Leidens und Todes verloren, aber auch diesen nicht so zu Herzen nehmend, wie er seine That war, wie sich darin seine kindliche Ergebung in den Willen des Vaters, seine Zuversicht, daß sein Werk vollbracht sei, offenbarte; sondern immer betrachteten sie seinen Tod als eine mehr oder minder willkürliche Anstalt Gottes zu dem Heile der Menschen. Ja freilich, wenn wir dieses alles zusammennehmen, so erscheint es uns, als ob der Geist Gottes zu allen Zeiten nur ein weniges gethan habe, um das Leben des Herrn zu verklären und uns mit der Kraft und dem Sinne desselben vertrauter zu machen.

Aber vergessen wir auch nicht, wie doch alles dieses zum großen Theile anders geworden ist, seitdem die unscheinbaren schlichten Bücher, welche die uns aufbewahrten Züge aus dem Leben des Erlösers enthalten, allen Christen in der jedem angeborenen und geläufigen Sprache sind zugänglich geworden. Wie viel leichter kann sich jedes einzelne Gemüth nun aus dem Getümmel jenes unfruchtbaren Streites retten, um sich in den stillen Genuß dessen zu vertiefen, was diese wenigen aber segensreichen Blätter enthalten von dem Leben des Herrn, und so den Segen empfangen, der in dem Dienst menschlicher Satzungen nothwendig verloren gehen mußte. Ja nehmen wir dazu, wie in den neuesten Zeiten auch in den rohesten Sprachen, in Zungen, von denen man nicht glaubte, es sei möglich, in ihnen von göttlichen Dingen zu reden, doch Jesus von Nazareth genannt wird, und sein Leben den Menschen vor Augen gestellt, so daß sie in diesen Zügen sich und ihn erkennen und den Fürsten des Friedens in ihm finden: o wunderbare und verschlungene Wege sind es, auf denen der Geist der Wahrheit sein Werk vollbringt; aber er vollbringt es!

Und über jenen scheinbaren Mangel werden wir uns noch leichter beruhigen können, wenn wir bedenken, daß doch auch das Einzelne in dem Leben des Erlösers uns nicht das Wesentliche ist. Denn freilich, je weiter die Verhältnisse des menschlichen Lebens sich von denen seiner Zeit entfernten, so daß nun kaum mehr eine Vergleichung stattfinden kann, um so geringeren Werth würde für uns ein großer Schatz von einzelnen Zügen haben, wenn wir sie eben nur in ihrer Besonderheit betrachten wollten. Jeder Augenblick in dem Leben eines Menschen ist an und für sich vergänglich und eigentlich sogleich im Verschwinden begriffen; wir können ihn vorher nicht mit Sicherheit zeichnen, und bald verlischt uns auch wieder das vollständige Bild desselben. Jeder ist nur in dem Maß etwas wahres, ein Zuwachs für unsere Kenntniß des Menschen, als er uns an dem Einzelnen den inneren Grund unseres Wesens zeigt, und wir dieses solchergestalt immer bestimmter kennen lernen. Haben wir aber erkannt, wie sich dieses in einem Einzelnen gestaltet hat: dann mögen wir getrost sagen, daß wir ihn ganz besitzen, und wenn wir auch fortan gänzlich ausgeschlossen davon wären, ihn irgend in einem einzelnen Augenblick wirken und handeln zu sehen. So ist es auch mit dem Leben des Erlösers! Die einzelnen Züge desselben sind nichts an und für sich; und darum ist es gleichgültig, ob uns deren viele oder wenige aufbehalten worden sind. Wie ja auch der Evangelist Johannes sagt, daß, wenn sie alle sollten aufgezeichnet werden, die Bücher nicht würden Raum finden in der Welt; aber es geschehe uns daran kein Schaden, ob wir deren mehr oder weniger besitzen, denn schon in dem, was er geschrieben, sei genug enthalten, um in jenem Jesu den Erlöser zu erkennen. Jeder einzelne Zug aus seinem Leben, in welchem wir ihn erkennen in seiner Vereinigung mit dem göttlichen Wesen als denjenigen, welcher den Vater in sich trug, giebt uns die zu unserem Heile genügende Erkenntniß und offenbart uns den ganzen Geist seines Lebens. Und so können wir denn auch hier sagen, der Geist hört nicht auf, den Herrn zu verklären; er zeigt uns, wenn wir von seiner Wahrheit erleuchtet sind, in einem jeden einzelnen Zuge ihn immer als denselben Herrn und Meister. Und um in ihm die göttliche Gesinnung zu finden, in welcher er der Abglanz des ewigen Vaters und das Ebenbild des Höchsten war, dazu sind auch diese wenigen Züge genügend. Wenn uns nur der Geist der Wahrheit und der Treue in der Liebe zu ihm festhält, so daß wir nichts anderes suchen, als ihn in uns zu gestalten; o dann werden wir auch immer, indem wir in das einfache Bild seines Lebens hineinschauen, mit Sicherheit erkennen, wie wir selbst gestaltet sind, sowol unserer besonderen Natur nach, als auch sofern wir als seine Jünger sein Leben in uns tragen; und so wird immer mehr Christus in uns Gestalt gewinnen, welches ja doch der wesentliche Segen ist, den wir durch die Betrachtung seines Lebens auf Erden erlangen können.

Aber erst, wenn die ganze Welt so erleuchtet wäre von der Erkenntniß Jesu, wie er der Christ, wie er der Sohn des lebendigen Gottes ist: wenn er so mit der Kraft seines Lebens uns offenbar wäre in dem ganzen vollen Umfange des Wortes, und also in dieser Beziehung der Geist der Wahrheit ihn ganz verklärt hätte: dieses erst wäre seine Herrschaft, die ihm werden soll; und er ist erhöhet zu dem Throne des Höchsten, bis sie ihm vollständig werde, und alle seine Feinde zu dem Schemel seiner Füße gelegt sind. Bis dahin aber bleibt das seine herrlichste Verklärung, wenn der göttliche Geist ihn uns so verklärt, wie er selbst von sich sagt: er sei nicht gekommen, um zu herrschen und um sich dienen zu lassen, sondern um zu dienen. So aber verklärt er ihn uns, wenn er uns fähig macht von ihm zu empfangen, von ihm die Gaben hinzunehmen, welche er von oben gebracht hat, und also, wenn er uns zu dem seligen Besitz und Genuß dieser geistigen Gaben immer vollständiger verhilft.

III. Welches sind aber diese und welches ist das Maß derselben, meine andächtigen Freunde? Wie könnten wir hierbei wol ein anderes Wort des Herrn zu Rathe ziehen wollen, da wir eines haben, in welchem er auf das Vollständigste sich allem anderen in der Welt gegenüberstellt, als er nämlich sagt: Nicht gebe ich euch, wie die Welt giebt, meinen Frieden gebe ich euch.*) Hieran also müssen wir uns halten. Dies ist die große, die alles andere in sich schließende Gabe, welche er gekommen ist den Menschen von oben her mitzutheilen. Er ist unser Friede geworden, indem er uns zurückgeführt hat zu Gott, von welchem wir entfernt waren in unserem eitlen und sündlichen Wandel; er ist unser Friede geworden, indem er uns aus der Finsterniß und dem Tode

---
*) Joh. 14, 27.

der Sünde auf den hellen Weg des geistigen Lebens geleitet hat. Daß eben hierdurch seine Gewißheit von der Liebe des Vaters auch die unsrige geworden ist, so wie auch wir uns beständig der in unsre Herzen ausgegossenen Liebe zu Gott bewußt sind: das ist der Friede, den die Welt mit allem, was sie uns darbietet, nicht geben kann. Aber dieser Friede soll er nicht nur sein für diesen oder jenen, nicht etwa nur für dieses oder jenes kleine Häuflein, welches sich in selbstgefälligem Wesen eines besonderen Verhältnisses zu ihm rühmt, sondern er soll es sein für alle. Denn Gott hat seinen Sohn in die Welt gesendet, um die Welt selig zu machen; und diesen Frieden muß er geben, nicht gleichsam launenhaft und verkümmert, wie die Welt giebt, sondern aus seiner ihm eigenthümlichen Fülle allen ohne Unterschied. Was war das schon für ein heller Blick, welchen der Apostel Paulus in diese allgemeine Bestimmung des Erlösers that, als er das Wort aussprach: In Christo Jesu gilt nicht dieses oder jenes, in ihm sind wir alle gleich, Knechte oder Freie, Juden oder Griechen! Und doch in welchem engen Kreise menschlicher Verhältnisse bewegte sich damals noch die göttliche Wahrheit! wie viel weiter ist sie jetzt verbreitet, so daß keinem Geschlecht der Menschen, wie tief es gesunken oder wie wenig es auch noch hinaufgestiegen sei auf der Stufenleiter der geistigen Entwickelung, dieser Friede unzugänglich ist, welchen er bringt. Wie viele Erfahrungen hiervon haben wir seit dem letzten Jahrhundert und namentlich in den neuesten Zeiten gemacht! wie viele von den unscheinbarsten, verachtetsten Geschlechtern der Menschen erfreuen sich mit uns derselben Liebe Gottes, so daß sie, wiewol aller anderen geistigen Gaben, welche wir erlangt haben, untheilhaftig und fern von aller Wissenschaft und Kunst, so wie von allem, was wir sonst noch als zu den höheren Gütern des Lebens gehörig preisen, und kaum über die niedrigsten Stufen des menschlichen Daseins emporgestiegen, dennoch zu dem Besitz dieses Friedens gelangt sind! Und wie wenig unter solchen auch das menschliche Verderben ausgebildet sein kann, vielmehr nur in ganz einfachen Zügen sich gestaltet: doch lernen sie an diesen die Sünde in sich erkennen, aber auch die Gnade in ihm, und werden also desselben Friedens auf demselben Wege theilhaftig wie wir. Und je mehr wir nun wissen, daß hierzu nichts anderes erfordert wird, als nur Hinwendung des Herzens zu Gott, Auffassen der Liebe des Vaters in seinem Sohne, Willigkeit, diesen aufzunehmen, auf daß er uns zu seinem Vater hinführe; je gewisser wir sind, daß nichts Aeußerliches dazu nöthig ist; je weniger wir deshalb an einem vergänglichen menschlichen Buchstaben hangen, sondern nur rein dieses innerste Wesen der Erlösung diese Fülle der göttlichen Liebe auffassen; o desto mehr hat ja der Geist uns den Erlöser verklärt.

Aber freilich, sagt man, wenn, obgleich die Liebe immer thätig sein muß, doch an den Handlungen der Menschen nicht immer wahrgenommen werden kann, ob sie in dieser Liebe ihren Ursprung haben, und der göttliche Friede selbst etwas so ganz innerliches ist: wer schaut in die innersten Tiefen des Gemüthes, wer weiß es, wie Viele oder wie Wenige sich in Wahrheit dieses göttlichen Friedens erfreuen, ungeachtet sie den Namen des Herrn bekennen? Freilich können wir zu einer Gewißheit hierüber nur bei den Wenigen gelangen, zu denen uns ein näherer Zugang vergönnt ist, deren Inneres sich uns selbst aufschließt; aber gebührt uns deshalb daran zu zweifeln, hochmüthiger Weise diesen Frieden nur da vorauszusetzen, wo wir ihn mit denselben Worten, mit denselben Redensarten rühmen hören, deren wir selbst uns auch bedienen, und wo die einzelnen Bezeugungen der Liebe zu dem Erlöser und zu seiner Gemeinschaft dieselben sind, welche unter uns obwalten? Vielmehr laßt uns voraussetzen, weil es ja der Geist der Wahrheit ist, den er gesendet, und weil er von diesem gesagt hat, er werde uns in alle Wahrheit leiten, daß dieser Geist auch in denen Wahrheit wirke, die sich in vielem von uns unterscheiden, aber doch den Herrn bekennen; und laßt uns glauben, auch wo wir nicht sehen. Das ist ja die zu diesem Frieden gehörige Seligkeit, wie der Erlöser sagt: Selig sind die doch glauben, obgleich sie nicht sehen. Aber wo es uns so nicht klar werden will, und wir doch einer größeren Gewißheit bedürfen, um zu wissen, wie wir uns zu verhalten haben gegen andere in Bezug auf dieses Geschäft des göttlichen Geistes, den Erlöser zu verklären? Dieser hat ein Wort geredet, welches uns hierüber aller Sorge überhebt. Er sagt*): Der Geist der Wahrheit wird zeugen von mir, und ihr werdet auch zeugen. Also laßt uns immer zeugen, ohne, wie auch der Apostel sagt**), zu fragen, ob es zur Zeit ist oder zur Unzeit. Haben diejenigen, welche uns hören, den Frieden des Herrn schon gefunden, so schließt sich ihnen eben durch dieses Zeugniß unser Inneres auf und sie erkennen uns. Auf der andern Seite aber, je weniger wir glauben, daß der Friede des Herrn schon verbreitet sei unter den Menschen, desto mehr ja gebührt uns von ihm zu zeugen. Nur freilich zeugt man von diesem Frieden weder in vielen zudringlichen Worten, noch in wildem Sturm und unbesonnenem Eifer; sondern unter Menschen, die einzeln des Zurufes: Laßt euch versöhnen mit Gott, nicht mehr bedürfen, zeugen wir von seinem Frieden nur, indem wir den Geist seiner Liebe bewähren in unserem ganzen Leben, und indem wir von allem Guten in der christlichen Welt ihm die Ehre geben. Damit uns aber nichts in diesem ruhigen Gange weiter störe: so lasset uns auch diesen letzten Gedanken, welcher uns freilich in dieser Beziehung sehr nahe liegt, noch genauer beleuchten.

Bedenken wir, was das Evangelium von Jesu Christo schon unter den Menschen gewirkt hat; wie vieles von dem schon abgefallen ist, was die Herrlichkeit des menschlichen Geistes sonst verdunkelte, wie viele Wahrheit seit langer Zeit ein gemeinsames Gut geworden ist: so seufzen wir leicht darüber, daß es so viele giebt, welche sich der Gabe zwar erfreuen, aber sie wollen den Geber nicht gehörig anerkennen; eben des-

---

*) Joh. 15, 26. 27. — **) Tim. 4, 2.

wegen gegen die durch den Geist bewirkte Verklärung der hohen Würde des Erlösers streiten, weil sie meinen behaupten zu können, wenn er auch nicht gesandt wäre, hätten wir doch dieselben Gaben gefunden in der Tiefe unserer Natur. Damit nun auch das uns nicht störe in unserem Frieden, noch uns in dem großen Geschäft hindere diesen Frieden als Werkzeuge des Geistes zu verkündigen und zu fördern, so erinnert euch, was der Erlöser that, als er zehn geheilt von dem Aussatze, und nachdem sie sich dem Priester gezeigt und ihrer Heilung gewiß geworden waren, einer nur umkehrte um ihm zu danken. Da sprach er: Ist keiner da, der Gott die Ehre geben will, als nur dieser eine? Aber so wenig er seinen Jüngern folgte, als sie wollten Feuer vom Himmel regnen lassen auf die, welche sich weigerten ihn aufzunehmen: eben so wenig nahm er auch hier seine Gabe zurück. Die ihm nicht als dem Geber danken wollten, geheilt waren auch diese und blieben es; ebenso bleiben auch in der christlichen Welt die Gaben des Erlösers, und werden sich immer mehr verbreiten unter den Menschen, wenn auch noch so viele ihn nicht als den Geber anerkennen. Wir aber, je mehr wir Dankbarkeit gegen ihn fühlen, je weniger wir dieses persönliche Verhältniß zu ihm wissen möchten: um so bereitwilliger laßt uns seine Zeugen sein, um wo möglich alle zu vereinigen auch in derselben Liebe und in derselben Dankbarkeit. So helfen denn auch wir dem Geist der Wahrheit sein Geschäft verrichten; er aber wird es hindurchführen immer herrlicher von einer Zeit zur andern, bis das Wort wahr geworden ist, daß alle Kniee sich beugen vor dem, der gesendet ist zu unserem Heil, und dessen Name über alle Namen ist und bleiben wird in Ewigkeit. Amen.

XXXIX.

Wie wir in der Ordnung des Heils die göttliche Weisheit bewundern müssen.

Am Trinitatisfest.

Text: Röm. 11, 32. 33.

Denn Gott hat alles beschlossen unter den Unglauben, auf daß er sich aller erbarme. O welch eine Tiefe des Reichthums beides der Weisheit und Erkenntniß Gottes!

Meine andächtigen Freunde. Diese Worte mit dem, was als unmittelbare Fortsetzung noch daran hängt, beschließen den ersten und reichhaltigsten Theil dieses so wichtigen neutestamentischen Briefes. Der Apostel hatte darin, um den göttlichen Rathschluß zum Heil der Menschen gehörig auseinanderzusetzen, zuerst von der Gewalt der Sünde gehandelt, wie sie vom ersten Adam ausgegangen sich über das ganze Geschlecht der Menschen so verbreitet hat, daß alle dem Tode verfallen waren; dann von der Kraft des Glaubens in der Wiederbelebung, welche von dem andern Adam ausgeströmt ist, und in der Herrlichkeit, welche für die Menschen wieder aufging durch die Sendung des Geistes, den Gott in ihre Herzen ausgießt, auf daß sie nicht mehr Knechte der Sünde sein dürften, sondern Knechte der Gerechtigkeit würden und Kinder Gottes. Zuletzt hatte er noch sein Herz ausgeschüttet über die Anordnung der Art und Weise, wie das Heil sich über das menschliche Geschlecht verbreiten sollte, und hatte gleichsam Thränen des Mitleids geweint vor den Augen seiner Leser über die Verblendung seines Volkes, welches den Herrn verwarf. Aber theils erkennt er auch hierin die Weisheit und Liebe Gottes, indem er zeigt, wie das Evangelium grade dadurch, daß es da nicht haftete, wo es zuerst gepredigt wurde, sich desto eher über andere Völker der Erde verbreiten konnte; theils stärkt ihn dies zu dem Vertrauen, daß auch jenes Volk, welchem ja der Herr selbst angehört hatte, wenn auch zuletzt unter allen, doch endlich ebenfalls werde versammelt werden zu ihm. Diese ganze Darstellung der göttlichen Ordnung des Heils war es, welche der Apostel mit den eben verlesenen Worten beschließt.

Wie nun diese Worte, meine andächtigen Zuhörer, sehr schicklich haben gewählt werden können zur Betrachtung der Christen für den heutigen Tag, das fühlt wohl ein jeder. Die festliche Hälfte unseres kirchlichen Jahres, beginnend mit der Vorbereitung auf die Erscheinung des Erlösers und mit der Feier seiner Geburt; nach nicht langer Zeit an diese anknüpfend die Betrachtung seines Leidens und Todes; dann die Freude an seiner Auferstehung und Verherrlichung hinzufügend; und zuletzt die Erfüllung des großen Wortes in festlicher Dankbarkeit begehend, daß der Geist des Sohnes solle ausgegossen werden in die Herzen der Gläubigen: diese Hälfte ist jetzt vorüber; und alle jene festlichen Gegenstände fassen wir noch einmal zusammen an diesem Fest der Dreieinigkeit, wie die kirchliche Sprache den heutigen Tag benennt. Das Wesentliche nun an diesem späteren und unsern heiligen Büchern selbst fremden Ausdruck kann nur das sein, daß Gott in der That in Christo war um die Welt mit sich zu versöhnen, und daß es kein anderer als der Geist Gottes ist, der in unsere Herzen ausgegossen ruft: Abba lieber Vater! Eben dieses aber ist ja der weise Rathschluß Gottes, in Beziehung auf welchen der Apostel sagt, daß Gott alles beschlossen hat unter den Unglauben, damit er sich aller erbarme. Indem uns also heute gebührt alles, was diesem göttlichen Rathschluß angehört, uns noch einmal vorzuhalten, wollen wir uns zugleich in die Gemüthsstimmung des Apostels versetzen und erwägen, wie die Betrachtung jener **Ordnung des Heiles auch uns nothwendig zur Bewunderung der göttlichen Weisheit wird**. Lasset uns zuerst näher ins Auge fassen, wie es zum Wesen dieser göttlichen Ordnung des Heils und der Erlösung durch Christum gehört, daß Gott alles beschlossen hat unter den Unglauben, und zweitens, wie hierin am allermeisten die göttliche Weisheit anzuerkennen und zu bewundern ist.

I. Was das erste anbetrifft, meine geliebten Freunde, so stellen uns die Worte des Apostels auf der einen Seite eine allgemeine Erniedrigung der menschlichen Natur in unserm ganzen Geschlecht vor Augen, auf der andern die erbarmende Hand Gottes, welche sich gegen die Gefallenen ausstreckt um sie wieder aufzuheben. In diesem Zusammengefaßtsein der Menschen unter den Unglauben und dieser Erbarmung Gottes in seinem Sohne ist die ganze Anstalt der Erlösung unsers Geschlechts beschlossen. Bleiben wir bei den gelesenen Worten stehen, so erinnern wir uns an das Wort des Apostels: Wie sollen sie anrufen, an den sie nicht glauben*)? Und anrufen sollen wir doch den Vater, wenn wir wollen selig sein. So muß freilich alles beschlossen werden unter den Glauben. Aber warum auch eben so allgemein vorher unter den Unglauben? Allein das Wort, dessen sich der Apostel bedient, und für welches wir in unserer Sprache kein genau entsprechendes haben, bedeutet nicht den Unglauben allein, sondern faßt beides Unglauben und Ungehorsam so unzertrennlich zusammen, daß wir dabei immer an Beides denken müssen. Und Beides verbindet sich ja auch in unsern Gedanken sehr genau, wenngleich die Sprache es bestimmter trennt. Denn die Sünde wäre kein Ungehorsam ohne die Gewißheit des göttlichen Willens; und auch der Unglaube ist nur sündlich und verwerflich als Unkräftigkeit der Ueberzeugung selbst oder des Bestrebens zur Ueberzeugung zu gelangen. An dieser Stelle nun führt uns der Zusammenhang mehr auf den Ungehorsam; und das schickt sich auch besonders für den Theil dieses apostolischen Briefes, auf welchen unsere Worte als der Schluß desselben zurücksehen. Das hatte der Apostel immer festgestellt, daß der Mensch nirgend ohne Gesetz sei, da die, welches keines von Gott empfangen, sich selbst zum Gesetz geworden wären: aber sie hätten alle des Ruhmes ermangelt, weil sie ungehorsam geworden. In dem Bewußtsein dieses Ungehorsams ist eine Stimme Gottes, welche den Menschen zum gottgefälligen Leben ruft, dieser Ungehorsam selbst aber ist das, worunter Gott alles beschlossen hat. Nirgend, so sagt der Apostel — denn um den Sinn unseres Textes zu ergründen brauchen wir uns nur an das Vorhergehende zu erinnern, — nirgend war der Mensch ohne Gesetz; aber neben diesem Gesetz, welches er als das Werk Gottes erkannte an und für sich, und woran er Wohlgefallen hatte nach dem inneren Menschen, fand er auch ein anderes Gesetz in seinen Gliedern, welches nicht litt, daß er jenem gehorchte. Diesen Kampf zwischen beiden Gesetzen stellt er auf die anschaulichste Weise dar; und indem er alle in solchem Kampf begriffen wußte, konnte er sagen: Gott habe alles beschlossen unter den Unglauben, auf daß er sich aller erbarme.

Damit wir aber nicht in Gefahr kommen zu viel in diese kurzen

---
*) Röm. 10, 14.

Worte des Apostels zusammenzuzwängen, dürfen wir auch nur das hineinlegen, worauf sein Gedankengang ihn führte. Er hat nämlich hier nur im Großen die Schicksale des gesammten menschlichen Geschlechts im Auge, nicht den einzelnen Menschen; und so wollen auch wir den Unglauben nur, wie er dem ganzen menschlichen Geschlecht im Großen anhaftet, betrachten, um zu sehen, wie Gott alles unter dey Unglauben beschlossen hat, damit er sich aller erbarme. Was der Apostel hierüber aus seiner Kenntniß der Menschen sagt, müssen wir, ungeachtet wir in so viel größerem Umfange des Lebens der Menschen übersehen können, doch noch immer unbedingt zugestehn. Denn wie viel Unglauben erblicken wir nicht auch in dem Theil des menschlichen Geschlechts, dessen Kenntniß der Apostel nicht haben konnte! Nirgend, wo wir auch hinsehen, finden wir menschliches Leben ohne Gesetz; es gestaltet sich kein gemeinsames Dasein auch nicht das Unvollkommenste ohne ein Gefühl von Recht, und was sich als solches in dem menschlichen Leben feststellt und forterbt, das wird zum Gesetz: überall aber, wo Gesetz ist, da zeigt sich auch die Uebertretung. Denn wo sich in menschlichem Bewußtsein Gutes und Böses scheidet, da ist auch gewiß in dem tiefsten Inneren ein Wohlgefallen an dem Guten: aber Lust zu dem Bösen findet auch jeder in seinen Gliedern, und Keiner vermag diesen Zwiespalt zu heben; solche Lust aber ist Widerstreben gegen das Gesetz. So stellet jedes Geschlecht seiner heranwachsenden Jugend das erkannte Gute als das Ziel vor, welches sie erreichen soll; aber überall entwickelt sich auch in allen wieder die Neigung nach mancherlei vergeblichen Versuchen sich für unfähig zu erklären zu dem, was sie thun sollen. Das stellt der Apostel in diesem Briefe dar, das Wohlgefallen des inwendigen Menschen an dem Gesetz, wie es immer vorhanden ist, aber, sobald es zur That werden soll, nur zu oft Uebertretung wird; denn da tritt das Gesetz der Glieder ein und überwältigt das Wohlgefallen des inwendigen Menschen. So hat Gott alles beschlossen unter diesen ungläubigen Ungehorsam; denn so finden wir es unter allen Völkern. Ist der Mensch noch wenig entwickelt; sind seine Kräfte noch nicht recht herausgetreten, so daß er sich des Unterschiedes von den niedrigeren Geschöpfen der Erde, der in der Erkenntniß des göttlichen Willens liegt, noch nicht recht bewußt geworden: so weiß er auch noch nicht viel von dem Gegensatz zwischen dem Wohlgefallen des inwendigen Menschen und der Gewalt des Gesetzes in den Gliedern. Da ist ihm noch wenig Sünde, weil ihm noch wenig Gesetz ist. Je höher ihr ihn hinaufstellt: um desto stärker findet ihr neben der Erkenntniß das zerstörende Treiben der Leidenschaft und den Kampf zwischen dem Guten und Rechten, was erkannt ist, und zwischem dem, wohin das Gesetz in den Gliedern des Menschen ihn drängt. Und wie richtig beschreibt der Apostel dieses als das Gesetz in den Gliedern! Nicht als ob der Leib, den uns Gott gegeben, der Sitz und die Quelle desselben wäre; sondern so wie der inwendige Mensch, in welchem das göttliche Gesetz seinen Sitz hat, die höchste Einheit unseres Wesens ist: so versteht der Apostel unter dem

Fleisch oder den Gliedern jene ganze Mannigfaltigkeit von Gewöhnungen und Neigungen, die sich aus dem durch das, was wir Sinnlichkeit nennen, vermittelten Zusammenhang unseres Wesens mit allem was außer uns ist bilden; und auf diesem Wege zwischen dem äußeren Eindruck und dem innersten Bewußtsein, zwischem dem ursprünglichen Gedanken und der äußeren That entwickelt sich der Widerstand gegen das Gesetz des inwendigen Menschen. Und so sehr stellt der Apostel dieses als das allgemeine Loos der Menschen dar, als die Ordnung, unter welche alle beschlossen sind, daß er ganz und gar den Vorzug aufhebt, welchen sich das Volk des Herrn anmaßte als Bewahrer des göttlichen Gesetzes, indem er sagt, daß die Juden das ihnen gegebene Gesetz eben so übertreten hätten, wie die Heiden das ihrige, welches sie sich selber geschaffen; und so sind denn alle Uebertreter geworden und ermangeln des Ruhms, den sie bei Gott haben sollen, und alle sind sie gleich geworden vor Gott in ihrer Verwerflichkeit nach dem Gesetz.

Aber, sagt er, Gott hat alles beschlossen unter den Unglauben, damit er sich aller erbarme; und da schwebt ihm vor, was wir als einen tröstlichen Ausspruch des Herrn betrachten und als einen heiligen Schatz bewahren, nämlich daß Ein Hirt werden soll und Eine Heerde, mithin alle Menschen gesammelt werden in den Lebenszusammenhang des Sohnes Gottes mit denen, die an ihn glauben, alle gesammelt werden in das Reich Gottes, welches eben wegen der Sünde nur das Reich des Erbarmens und der Gnade sein kann. Das haben die Jünger von Anfang an so aufgefaßt, und das hat sie gedrängt, auch unter den schwierigsten Verhältnissen das Licht des Evangeliums soviel an ihnen war an alle Orte hinzutragen; und dieses Verlangen finden wir noch überall bis auf den heutigen Tag. Der natürliche Trieb des Menschen die ganze Erde kennen zu lernen als das allen gemeinsam von Gott verliehene Gebiet ihrer Thätigkeit und überall seines gleichen aufzusuchen, um sich mit allem zu befreunden, was ein menschliches Antlitz trägt: dieser Trieb hat sich nirgend stärker entfaltet als unter christlichen Völkern; und wo durch diesen Zug der Natur menschlicher Geist sich mitgetheilt und menschliche Gemeinschaft sich verbreitet hat über die Erde, da ist auch das Evangelium von der erbarmenden Gnade Gottes mitgezogen; so daß, wie alle gleich waren darin Sünder zu sein vor Gott, so auch alle auf gleiche Weise Antheil bekommen haben an der göttlichen Gnade und dem göttlichen Erbarmen. Kein Volk ist zu gering gewesen, als daß ihm die Verkündigung des Heils hätte gebracht werden können. Darum war es fast das erste Geschäft des heiligen Geistes, das Vorurtheil in den Aposteln wegzuräumen, als ob nur die Juden berufen wären zu der Gemeinschaft mit dem Erlöser, wie Petrus sagt*), als er zuerst Heiden bekehrt hatte: Nun sehe ich, daß Gott nicht die Person ansieht, sondern unter allem Volk wer Recht thut und nicht aufgehört hat den Ewigen zu suchen, der sich kund gegeben in sei-

---

*) Apostelgesch. 10, 34. 35.

nen Werken, der ist ihm angenehm, so daß er dadurch, daß ihm die Botschaft des Heils gebracht wird, berufen werden soll zur Theilnahme an dem Reich Gottes. Und nicht vergeblich. Denn überall hat die Stimme des Evangeliums bald schneller bald langsamer Eingang gefunden; überall hat sich das Wort des Erlösers bewährt als für alle Zeiten des Menschengeschlechtes gültig. Ueberall aber, wo das Evangelium Wurzel gefaßt hat, steigert sich dann auch das Wirken des inwendigen Menschen, nimmt der Streit zwischen Fleisch und Geist eine andere Wendung; und bald giebt sich zu erkennen, daß nichts Verdammliches mehr ist an denen, welche in Christo Jesu sind*). Und indem immer weiter in dem Reich des Ungehorsams das Reich Gottes sich erhebt, offenbaret sich auch immer mehr die göttliche Erbarmung. Das, meine Freunde, ist der Rathschluß des Höchsten mit dem menschlichen Geschlecht; das ist der Geist der Geschichte, wie wir ihn erkennen, die wir von oben erleuchtet sind! und das ist das Geheimniß aller würdigen menschlichen Bestrebungen, welche alle dahin führen sollen, daß dieses Reich des Gehorsams und die Erlösung, die durch Christum Jesum den Menschen geworden ist, sich immer weiter verbreiten und in immer würdigerem der Auferstehung Christi ähnlichem Leben sich offenbaren.

II. Aber nun lasset uns, meine Freunde, zweitens dem Apostel auch darin nachgehen, daß wir mit ihm ausrufen: O welch eine Tiefe des Reichthums beides der Weisheit und Erkenntniß Gottes! Nicht ohne Schmerz für den natürlichen Menschen können wir das hören, daß der Unglaube, unter welchen alle beschlossen gewesen, auf keine andere Weise aufhören konnte als durch das göttliche Erbarmen; wir fühlen uns gedemüthigt, daß es nichts anderes sein soll als Erbarmen und Gnade, was der Gewalt der Sünde ein Ende macht: indessen darin erkennen wir bald nur wieder die Sünde und lernen immer mehr uns gern darin fügen, daß alles nur Gnade ist von oben. Allein wenn wir hören, daß Gott Erbarmen und Barmherzigkeit zugeschrieben wird: so wird das für unseren inneren Menschen selbst noch auf andere Weise ein Räthsel, weil es scheint, als würden Gott auf diese Weise gleichsam späterhin Empfindungen beigelegt, welche er früher nicht gehabt, und als sei er später gegen seine Geschöpfe anders gesinnt als vorher. Aber da der Apostel das Erbarmen als eine unergründliche Tiefe der Weisheit betrachtet, so kann das seine Meinung nicht gewesen sein; er will damit sagen, daß jener frühere Beschluß unter den Unglauben nicht etwas Bleibendes habe sein sollen, sondern der Unglaube und Ungehorsam habe nur vorangehen müssen in der Entwicklung der menschlichen Natur, damit das zweite erfolgen konnte, daß Gott sich aller annimmt in seinem Sohn und in allen bereit ist Wohnung zu machen als der Geist, welcher in ihre Herzen ausgegossen ist. Wenn aber der Apostel dieses als eine unergründliche Tiefe der göttlichen Weisheit ansieht, so können wir uns in seine Gedanken nur hineinversetzen, wenn wir das,

---

*) Röm. 8, 1.

was nach diesem göttlichen Rathschluß geworden ist, mit dem vergleichen, was ohne denselben hätte sein können. Wie oft hört nicht wol jeder unter uns solche Aeußerungen, Gott würde gnädiger und liebreicher das menschliche Geschlecht geführt haben, wenn er es bewahrt hätte vor der Sünde; dann wäre kein Erbarmen nöthig gewesen, da kein Fall vorangegangen wäre. Dieser Gedanke muß nicht in der Seele des Apostels gewesen sein, oder wenn er ihm auch gekommen ist, so hat er ihn gleich im Augenblick verworfen, um sich desto vertrauensvoller in die Arme Gottes zu werfen und desto freudiger auszurufen: O welch eine Tiefe des Reichthums beides der Weisheit und Erkenntniß Gottes! So wollen wir denn sehen, wie viel höher die Weisheit Gottes gewesen ist, indem er uns mit so umfassender Liebe durch die Sünde hindurch zu Christo geführet hat, als wenn wir so weit ohne Sünde geblieben wären, daß wir Christi nicht bedurft hätten. Denn ganz sündlos, meine theuren Freunde, können wir uns den Menschen gar nicht vorstellen. Sollen wir uns in dem Leben des ersten Menschen den Zeitraum vergegenwärtigen, ehe die Sünde eingetreten war: wir könnten ihn wenigstens nur als ein noch ganz unentwickeltes und dürftiges Leben vorstellen, in welchem das volle Bewußtsein noch kaum erwacht ist. Denn alsdann muß gedacht werden, ehe gehandelt wird; und sobald wir uns dieses als die Regel denken, daß die Erkenntniß der Ausführung voraneilt, so haben wir eben damit zugleich auch schon die Sünde gedacht. Denn jenes Vorauseilen der Erkenntniß ist eben das Gesetz, und wo das Gesetz ist als die Anerkennung eines Guten, da ist, so lange die That nicht dem Vorsatz, und der Vorsatz nicht dem anerkannten Guten entspricht, mit beidem zugleich in dem Menschen auch das Bewußtsein der Sünde. Ohne diese Ungleichheit aber in dem Menschen, ohne dieses treibende Voraneilen des Inneren und dieses träge oder widerstrebende Zurückbleiben des äußeren Menschen können wir uns keine menschliche Entwickelung denken. Mithin war es die ursprüngliche also auch gewiß weise Absicht Gottes, den Menschen so zu schaffen! als ein solcher Herr der Erde sollte er nicht nur die früheren Zeiten durchleben, sondern auch in der letzten sollte über ihn der Geist Gottes ausgegossen werden auch nicht anders als in demselben Wechsel von Fallen und Aufstehen, in derselben Ungleichheit seiner Kräfte, so daß er immer der Sünde unterworfen bleibt. Aber, sagt man, soll dieses das allgemeine Gesetz der menschlichen Natur sein: so könnte ja der Erlöser kein Mensch gewesen sein; er selbst aber giebt sich nicht anders, und wir vermögen auch nicht ihn anders aufzunehmen. Wenn es uns die theuerste Wahrheit ist, daß er uns Brüder nennt, weil er selbst und ganz die menschliche Natur angenommen hat: so kann er auch der Sünde in derselben nicht ganz fremd gewesen sein. So ist es auch: nur hat er sie nicht anders gekannt, als durch ein solches Mitgefühl mit derselben, dessen eine andere als menschliche Natur nicht wäre fähig gewesen. In diesem Sinne war auch sein Erscheinen bedingt durch die Sünde aller, und er erschien nicht eher, als die Zeit erfüllet war, nämlich bis das Maß der Sünde voll war, und die Sehnsucht der Menschen nach Erlösung den Gipfel erreicht hatte, so daß der Saame, welcher nun in die Herzen der Menschen gestreut wurde, tausendfältige Frucht bringen konnte. War nun sein einzelnes Leben unterschieden von dem aller anderen eben dadurch, daß Gott in ihm war um die Welt mit sich zu versöhnen: so haben wir auch unsererseits davon das Mitgefühl in unserem Glauben, welches wir freilich einerseits nicht haben könnten, wenn nicht in unserer Natur die Möglichkeit läge zu solcher Vereinigung, aber welches wir doch anderseits nie würden gehabt haben, wenn nicht die Erscheinung des eingebornen Sohnes nothwendig geworden wäre durch die Sünde. Darum nun giebt, indem wir diese Vereinigung in Christo anerkennen, der Geist Gottes auch unserem Geist das Zeugniß, daß wir Gottes Kinder sind. Um uns zu solchen zu bilden, konnte Ein solcher Sohn Gottes erscheinen auf Erden! So begreifen wir Ein solches Leben als den größten Beweis des göttlichen Erbarmens und als die höchste Blüthe der menschlichen Natur, als den, durch welchen alle können geboren werden zu einem neuen ihm ähnlichen Leben. Denken wir uns ihn hinweg: so bliebe es zwar dabei, daß Gott alles beschlossen hat unter den Unglauben; aber das Erbarmen Gottes ginge uns verloren. Wollten wir hingegen unser ganzes Geschlecht rein denken und ohne Sünde, daß wir seiner nicht bedurften, — mögen wir unsere eigene Einbildungskraft dazu anstrengen, oder den Erzählungen älterer Völker nachgehen, um uns von einer solchen Gestalt des geistigen Daseins ein Bild zu machen: so wären wir dann ungefähr das, was wir unter Engel verstehen, und es bliebe bei dem, was ein heiliger Schriftsteller sagt*): Die Natur der Engel hat der Sohn Gottes nicht angenommen, sondern die menschliche, und darum ist die menschliche Natur um so viel höher als die der Engel. — Hat nun also in der Verbindung mit dem Erlöser jeder von uns an dem Mitgefühl der reinen Vollkommenheit des Erlösers ein höchstes, welches der Menschheit immer fehlen müßte, wenn nicht Ein solcher an der Spitze des ganzen stände: so laßt uns auch noch fragen, ob nicht auch ein solches, wenn gleich die Sünde voraussetzendes gemeinsames Leben, wie es in Christo geführt wird, ebenfalls reicher und besser sei, als ein Leben ohne Sünde zwar, aber auch ohne Christum.

Denkt euch, jedes Geschlecht der Menschen habe sich auf die Schultern dessen gestellt, welches ihm voranging; der Boden für jedes sei gedüngt worden durch die Leiden der früheren, und jedes möge neue geistige Kräfte gesogen haben aus ihren Erfahrungen und ihrem Nachdenken: so habt ihr es freilich auf eine reiche Entwicklung der Menschen zu immer höheren Stufen angelegt, wenn diejenigen, welche fast nur aus der reinen Kraft des Guten handeln, unausgesetzt an allen andern arbeiten, und alle sich redlich abmühen mit den letzten, die uns überall fast nur die thierische Rohheit oder die ausgebildete Gewalt der Sünde

---

*) Hebr. 2, 16.

darstellen. Aber an jenem fast finden auch die angestrengtesten Bestrebungen ihre Grenze: das reine und vollkommen Gute kommt nicht zur Anerkennung, geschweige denn zur Ausführung. Denn weiter können die Schwächeren nicht gebracht werden als zur möglichsten Gleichheit mit den Stärksten, wenn diese sich auch durch besondere göttliche Begünstigung in jedem Geschlecht wieder fänden, oder die früheren ununterbrochen fortwirkten. Und je mehr dies der Fall wäre, um desto mehr würden auch um jeden solchen Mittelpunkt die Menschen sich zusammenthun und ihre Kräfte vereinigen, um Größeres in Gemeinschaft zu erreichen: aber daß Ein Hirt würde und Eine Heerde, dazu wäre alle Aussicht verschwunden. Denn jene Anführer auseinandergehalten durch den Raum und durch die Verschiedenheit der Sprachen würden entweder nicht um einander wissen, und so ginge jede Gemeinschaft ihres eigenen Weges einem andern Urbilde nach; oder sie wären als gleiche in einem Verhältniß des Wettstreites und der Eifersucht. So wäre uns denn nur eine beschränkte Liebe geworden, welche einen Geist der Spaltung nicht entbehren könnte; die Einheit des Menschengeschlechts wäre nicht, und kaum würden wenige einzelne in ihrem innersten Bewußtsein danach verlangen. In Christo allein ist diese Einheit; er allein war es, der alle in eins versammeln konnte, weil derjenige in ihm war, unter dem alle eins sind; und das war die erste Verherrlichung des Herrn, daß er für seinen Bund jede Scheidewand des Orts der Sprache der Abstammung im voraus niederriß, auf daß Ein Band der Einigkeit im Geist alle umschlänge in ihm. O welch eine Tiefe des Reichthums, mögen wir also wol rufen, beides der Weisheit und der Erkenntniß Gottes, die es also unter den Ungehorsam beschloß, um uns also zu erlösen.

Aber laßt uns noch eines erwägen! Alle diejenigen Geschlechter, welche der Apostel in seinem Briefe mit den kurzen Worten darstellt, daß sie die Wahrheit aufgehalten haben in Ungerechtigkeit, welche sich das höchste Wesen zerspalten hatten in eine Menge von mannichfaltigen Einzelheiten, führten alles, was bedeutend geworden war für die Begründung der erfolgreichen menschlichen Thaten, auf solche Urheber zurück, denen sie eine göttliche Abstammung beilegten. Wie unrichtig dies war, es war doch ihre erfrischendste Ahnung von dem höchsten Wesen, daß es sich so mit dem menschlichen vereinigte. Und das Volk des alten Bundes selbst seufzend unter der Last des Buchstaben, der kein inneres Leben bringen konnte: welche prophetische Stimmen hatten sich unter demselben erhalten und waren der schönste Trost aller guten von Einem, der da kommen sollte um alles wiederzubringen, und von seiner alles Menschliche übersteigenden Würde. Denken wir uns, dieser Ahnung hätte nichts entsprochen; die Zeit, auf welche alle Stimmen deuteten, wäre verstrichen, aber das Wort der Verheißung wäre nicht in Erfüllung gegangen und Wahrheit geworden in dem Einen: wie niedergedrückt durch getäuschte Hoffnung wäre das menschliche Geschlecht; wie entnervt würde es sein durch die ungestillte Sehnsucht, verurtheilt zum vergeblichen

Hinanklimmen, und immer wieder hinabgleitend ohne die Höhe zu er≈
reichen. Darum lasset uns mit dem Apostel ausrufen: O welch eine
Tiefe des Reichthums beides der Weisheit und Erkenntniß Gottes.
Weislich hat er alles beschlossen unter den Ungehorsam; dieser ist und
bleibt die Schule des menschlichen Geschlechts bis auf den heutigen
Tag; durch diese muß jeder hindurchgehen, um durch Reue und Ver≈
langen empfänglich zu werden für den Geist, der in ihm lebendig
werden und Lieber Vater rufen soll! Ja mit Recht können wir sagen:
welch eine Tiefe des Reichthums der Weisheit und der Erkenntniß.
Wohl hat der Herr es gemacht, daß er alles beschlossen unter den Un≈
glauben, damit er sich aller erbarme! Seine Liebe und seine Weisheit,
seine Macht und seine Herrlichkeit können sich uns nicht glänzender
offenbaren, als wenn wir aus der Nacht der Sünde an das Licht des
Erlösers kommen.

Denn das hatte der Apostel auch schon vorangeschickt und versehen,
daß nicht etwa jemand sagen dürfe: Wenn dem doch so ist, daß der
Herr alles unter die Sünde beschlossen hat, wenn seine Weisheit sich
erst durch Sünde enthüllt, so könnten wir ja in der Sünde bleiben,
damit die Gnade durch Christum desto größer sei. Und nur nachdem
er dies sicher gestellt, konnte er in den Ausruf unseres Textes aus≈
brechen. Erkennen wir den, in welchem die Sehnsucht des menschlichen
Geistes sich erfüllet hat, der die Scheidewand zwischen Himmel und
Erde niedergerissen hat und den Vater in die Herzen eingeführt: dann
können wir nicht in der Sünde bleiben wollen, um derentwillen er
dahingegeben ist, nicht mehr fleischlich gesinnt sein, welches eine Feind≈
schaft ist gegen Gott, nicht mehr unter dem Gesetz stehen wollen, dem
wir vielmehr absterben mit ihm. Wir suchen nichts, als was uns in
ihm gegeben ist! - Er lebt in uns, und wir trachten nur danach unver≈
rückt erfunden zu werden in der Gemeinschaft mit ihm. Das ist die
Gnade, an der wir uns mögen genügen lassen, und wer sie erfahren
hat weiß, daß es kein höheres Gut geben kann, als die Gemeinschaft
mit dem Sohne Gottes. An dieser Fülle der göttlichen Gnade uns er≈
freuend können wir voll des Lobes Gottes durch das Leben wandeln;
und was noch wider unsern Willen übrig ist von Spuren der Sünde
wird uns nur immer dahin führen, den Namen dessen zu verherrlichen,
welcher die Freiheit von der Herrschaft der Sünde und das Leben
wiedergebracht hat. Mögen wir alle ihn, wie es nur durch den Geist
geschehen kann, einen Herrn nennen, ihn, der allein die Feindschaft auf≈
heben und uns wieder einführen konnte in die selige Gemeinschaft mit
Gott, die da ist ohne Ende. Amen.

II.

XL.
Warnung vor Selbſtſucht und Eigennutz bei der Erntefreude.

Am Erntefeſt.

Text: Luk. 12, 16—21.

Und er ſagte ihnen ein Gleichniß und ſprach: Es war ein reicher Menſch, deß Feld hatte wohl getragen. Und er gedachte bei ihm ſelbſt und ſprach: Was ſoll ich thun? ich habe nicht, da ich meine Früchte hinſammle. Und ſprach: Das will ich thun; und ich will meine Scheunen abbrechen und größere bauen und ich will darein ſammeln alles, was mir gewachſen iſt, und meine Güter. Und will ſagen zu meiner Seele: Liebe Seele, du haſt einen großen Vorrath auf viele Jahre; habe nun Ruhe, iß, trink und habe guten Muth! Aber Gott ſprach zu ihm: Du Narr, dieſe Nacht wird man deine Seele von dir fordern; und weß wird ſein, das du bereitet haſt? Alſo gehet es, wer ihm Schätze ſammelt und iſt nicht reich in Gott.

Meine andächtigen Freunde. In unſerm ganzen Lande wird heute das Feſt der Ernte begangen, und billig iſt das ein großer und feierlicher Tag des Dankes für alle Bewohner deſſelben. Wenn gleich die in dieſer Stadt und eben ſo in den andern größern Städten des Landes zuſammengehäuften zahlreichen Menſchenmaſſen nur wenige unmittelbare Theilnehmer an dieſem großen Geſchäft des Ackerbaues unter ſich zählen: ſo wiſſen wir doch alle, daß dieſes der erſte Grund unſres gemeinſamen Wohlſtandes, ja auch die erſte Bedingung der Entwickelung unſerer geiſtigen Kräfte iſt. So ſehr wiſſen wir dies, daß, was auch immer jemand unter uns als ſeinen beſondern Beruf und Geſchäft betreibt, um dadurch das gemeinſame Wohl zu fördern und damit zugleich ſein eigenes zu ſchaffen, dieſes überall in der gemeinen Rede mit gutem Bedacht und großem Recht ſein Acker und Pflug genannt wird. Und ſo iſt es! alle menſchlichen Geſchäfte, die ſich auf unſer Daſein und Leben auf dieſer Erde beziehen, bilden ein großes unzertrennliches Ganzes; jedes iſt durch die anderen geſtützt, jedes Mißlingen in dem einen breitet weit umher ſeine Folgen aus, wie im Gegentheil über jedes Gelingen und noch mehr über jede Verbeſſerung Freude und Dankbarkeit laut wird unter allen Verſtändigen, auch unter denen, die keinen unmittelbaren Theil daran haben.

In den Worten unſeres Textes, meine andächtigen Freunde, finden wir nun auch eine Erntefreude, die Freude eines Menſchen über einen reichen und geſegneten Jahresertrag ſeines Grund und Bodens; aber es iſt eine ſolche Freude, die der Herr eine Thorheit ſchilt. Sollen wir glauben, er habe überhaupt die Freude getadelt und verdammt? er habe mithin auch den Dank für irgend eine göttliche Wohlthat und Segnung zurückdrängen wollen, der doch nur aus der Freude hervorgeht? Das können wir uns nicht denken! Aber die Art und Weise dieser Freude kann es wol sein, die er getadelt hat. Und dazu finden wir den Schlüssel in den letzten verlesenen Worten: Also gehet es denen, die sich Schätze sammeln, die sich über den irdischen Reichthum freuen, und sind nicht reich in Gott; wir finden ihn zugleich in den Worten, die unmittelbar vor den verlesenen vorhergehen, wo der Erlöser sagt: Hütet euch vor dem Geiz! Derjenige indeß, den uns die Worte unsers Textes in seiner Erndtefreude darstellen, wir können von ihm nicht sagen, daß er geizig gewesen sei in dem nächsten und unmittelbarsten Sinne des Worts; denn er wollte nicht nur sammeln, sondern er wollte das Gesammelte genießen. Aber daß er alles, was ihm Gott gegeben hatte, nur auf sich selbst bezog; daß seine ganze Freude eine eigennützige und selbstsüchtige war, das ist es, weshalb ihn der Erlöser der Thorheit zeiht. Lasset uns aber auch das nicht übersehen, daß der Herr diese Thorheit in der Seele jenes Menschen — wenn gleich er uns nicht darstellt, was weiter in ihm vorgegangen — dadurch recht ans Licht bringt, daß er erzählt, er sei durch eine göttliche Stimme an das erinnert worden, was auch uns allen jetzt so nahe liegt*), an die Unsicherheit und Vergänglichkeit des irdischen Lebens: Diese Nacht wird man deine Seele von dir fordern! Und so wollen wir denn sehen, wie der Erlöser gerade dieses, die Erinnerung an die Vergänglichkeit des irdischen Lebens gebraucht, um uns in der Freude und der Dankbarkeit über die irdischen göttlichen Segnungen zu warnen gegen die Selbstsucht und den Eigennutz und unserer Freude und unserm Dank eine andere und höhere Richtung zu geben.

I. Das Erste nun, meine geliebten Freunde, was wir in dieser Beziehung in den Worten unsers Textes zu merken haben, ist eben dies, daß jener bei sich selbst sagte: Liebe Seele, du hast einen großen Vorrath auf viele Jahre; habe nun Ruhe, iß, trink und habe guten Muth! Diese Worte erinnern uns, wenn wir es genau damit nehmen, unmittelbar an einen noch sehr kindischen und mit unserer Art und Weise verglichen rohen Zustand der menschlichen Dinge. Der, welcher eine so reiche Erndte gemacht hatte, wird uns dargestellt, als wenn er nur darauf dächte, wenngleich freilich in einer langen Reihe von Jahren, innerhalb seines eigenen Hausstandes selbst zu verbrauchen und zu verzehren, was er gewonnen hatte; er betrachtete es als seinen eigenen unmittelbar nur für ihn bestimmten Vorrath. Weit sind wir hierüber hinausgeschritten, seitdem die menschliche Gesellschaft sich größer und kräftiger entwickelt hat; was einer gewinnt, was einer hervorbringt, auf welche Weise und in welchem menschlichen Geschäft es auch sei, das bleibt nicht innerhalb seines Hauses, es geht in den allgemeinen

---

*) Berlin war von der Cholera heimgesucht, als diese Predigt gesprochen wurde; was auch bei andern Stellen derselben nicht aus den Augen zu lassen ist.

Verkehr. Aber deswegen giebt es etwas und muß etwas geben, was statt aller andern Vorräthe statt der Dinge selbst ist, die wir gebrauchen; und darauf geht nun unter uns das ganze Bestreben der Menschen, die eben so gesinnt sind, als jener. Was wird dir das bringen, fragt sich jeder derselben, was du gewonnen hast? wieviel nämlich von dem, wofür du alles andere haben kannst. Und ist es reichlich und viel: so sagt er ebenfalls: Liebe Seele, du hast großen Vorrath an dem vielgepriesenen Stellvertreter aller Dinge; nun bedenke, wozu du deine Schätze gebrauchen willst, gebrauche sie ganz nach der Lust deines Herzens, iß und trink und habe guten Muth! Das, meine geliebten Freunde, das sind die beiden großen Hebel des menschlichen Eigennutzes und der Selbstsucht, und das ist der Streit, in welchem sie in einem jeden selbst verflochten sind! Erwerben und genießen, sammeln und verzehren, wie jeder das gegen einander stellt, daran offenbart sich in dieser Beziehung sein Sinn! und lange sind die meisten unentschlossen und wissen nicht, wohin sie sich wenden sollen. Den größten Theil des Lebens immer sammeln, immer erwerben, aber doch in der Hoffnung, daß sie zuletzt werden in behaglicher Ruhe genießen können; für jetzt sich ihres wachsenden Erwerbes freuen und dann endlich, wenn sie genug haben, allen Trieben und Lüsten ihrer Seele Raum lassen und sie erfüllen: das ziehn die einen vor. Andere wieder — und es scheint, als seien das die, denen schon etwas mehr ahnet von dem Wort des Herrn, die schon in der Ferne wenigstens jene göttliche Stimme vernehmen: Diese Nacht noch wird man deine Seele von dir fordern! — diese anderen stellen Erwerb und Genuß näher zusammen, nach dem Maß der Natur in dem kurzen Raum eines Jahres sammelnd erwerbend, so viel sie können, um auch gleich zu genießen; das nächste Jahr, sagen sie, bringe dann neue Thätigkeit und nach derselben neuen Genuß. Aber die eine Entscheidung ist nicht besser als die andere; denn wenn man diesen sagte, es handelt sich nicht um den Lauf des Jahres, diese Nacht wird man deine Seele von dir fordern, dann wäre auch ihre Rechnung eben so falsch als die andere.

Weiter aber, wie auch jeder diesen Streit bei sich entscheiden möge, hat er einmal eine Regel angenommen, hat er sich wie auch immer sein Maß für Beides gesteckt: dann wird er harthörig gegen alle anderen Anforderungen, die seiner Rechnung zuwider sind. Gesammelt hat er und hat es sich sauer werden lassen, er hat gearbeitet und geschafft nach allen seinen Kräften für sich und für den Kreis, den er sich bestimmt hatte; soll er aber noch außerdem etwas anderwärts hinlenken, werden Anforderungen an ihn gemacht von dem seinigen auch hülfreich zu sein gegen solche, die zu diesem Kreise nicht gehören; soll er Abbruch leiden an seinem Genuß, den er sich vorgesetzt hat als das ganze Ziel seiner Thätigkeit: alles dieser Art sucht er sich so viel als möglich abzuwehren, damit er nicht gestört werde in dem Lebenslauf, den er sich eingerichtet hat. Aber hört er einmal die Stimme: Diese Nacht wird man deine Seele von dir fordern: wie wenig hat ihm dann die Hartigkeit seines

Herzens geholfen! wie falsch ist dann alles, was er sich für dieses Leben versprochen, wie vergeblich alles, was er für dasselbe gethan hat! So züchtigt der Erlöser den Menschen, der nicht nach dem Reiche Gottes trachtet, dessen ganzer Sinn nur auf heiteren Genuß dieser kurzen Spanne irdischen Lebens gerichtet ist! er züchtiget ihn, indem er ihn an das Ende desselben mahnt. Wer nichts anderes weiß und nichts anderes kennt als jenen Wechsel zwischen Erwerben und Genießen; wie ehrenvoll auch immer sein Erwerb sei, wie ausgesucht, wie veredelt auch immer sein Genuß: immer ist es er selbst, auf den sich alles bezieht, er selbst in diesem seinen irdischen Leben, mit dieser Fähigkeit das Zeitliche zu genießen, mit diesem Festhalten an dem vergänglichen Besitz! Und da er sich doch nicht verhehlen kann, daß es auch für ihn etwas besseres giebt: so schilt jeder Gedanke an das Ende dieses Lebens ihn wegen seiner Thorheit.

II. Doch, meine geliebten Freunde, das war immer nicht das einzige, was demjenigen im Sinne lag, den der Erlöser uns darstellt. Vorher schon sprach er zu sich selbst: Was willst du thun? du hast nicht, da du deine Früchte hinsammelst! Wolan, dachte er, ich will meine Scheunen abbrechen und größere bauen, und in die will ich dann sammeln alles, was ich gewonnen habe und alle meine Güter; und dann erst sollte es angehen mit jenem ruhigen Genuß. — Für eine einzelne reichliche Ernte wäre schon das eine Thorheit gewesen, die Scheunen abzubrechen und größere zu bauen; er muß also auf ähnliche folgende gerechnet haben. Er war also einer von denen, die das Gewerbe, mit dem sie es zu thun haben, wohl verstehen: er hatte seinen Grund und Boden verbessert, er hatte seine Kräfte an sein Geschäft gewendet, nun fingen diese Bemühungen an ihre Früchte zu tragen; nun konnte er mit Wahrscheinlichkeit erwarten, daß es so fortgehen werde, und wollte daher seine Anstalten treffen, um sein ganzes Dasein nach dem Maaß dieses erweiterten Besitzes einzurichten. Da nun aber nicht leicht jemand eher als in der Mitte des Lebens dahin gelangt, solche Früchte von lang angewandter Mühe zu schauen; und also, was einer dann baut, nach der natürlichen Ordnung der Dinge ihn auch überleben wird: so denkt er auch, wenn er baut, nicht mehr blos an sich selbst, sondern an die, welche nach ihm da wohnen werden, wo er gebaut hat, und nach ihm da ihre Ernten in die Scheuren sammeln werden, die er aufgerichtet hat; er denkt an die folgenden Geschlechter, die ihm entsprießen; er schließt das Leben seiner Nachkommen in das seinige mit ein. So betrachtet erinnern uns diese Worte an die große Geschichte des menschlichen Lebens, wie sie auch unter uns vorgegangen ist. Wie weit hat sich seit der Zeit der ältesten Vorfahren, von denen wir wissen, das Geschäft des Menschen an dem mütterlichen Boden, der ihn trägt, durch die sich immer erneuernde Arbeit auf einander folgender Geschlechter erweitert! bis zu welcher Höhe hat es sich gleichsam vor unsern Augen vervollkommnet! Aber wie vieles trat auch von Zeit zu Zeit dazwischen, wodurch diejenigen, die sich mit ihres Lebens Mühe und Arbeit ganz auf einen solchen Kreis beschränken, in ihrer Thorheit erscheinen mußten! Wir können in der Geschichte der Gegend, die wir selbst bewohnen, alles unberührt lassen, was jenseit jenes grausamen Krieges liegt, der vor zweihundert Jahren diese Länder verwüstet hat; aber nach dessen Beendigung mußten alle Bemühungen des Menschen mit der mütterlichen Erde gleichsam von neuem beginnen. Da entstanden von neuem Dörfer und Städte, andere hingegen blieben in der Verwüstung liegen, weil nicht Menschen genug vorhanden waren, um sie mit Nutzen wieder anzubauen. Und wie vieles ist, nachdem jene Schreckenszeit überwunden war, eben so guten Muthes, wie er in unserm Text erscheint, gebaut worden für die künftigen Geschlechter! wie deutlich verkündigt sich in den Denkmalen jener Zeit die Hoffnung, daß, wo der Erbauer wohnte und einsammelte, in unvermindertem Wohlstand auch seine spätesten Nachkommen wohnen und sammeln würden. Aber späterhin kamen wieder solche Zeiten des Krieges; Jahre lang durchzogen feindliche Schaaren das Land, und in solchen Stürmen mußte vieles wieder untergehen von den Mühen der älteren Geschlechter! Wie wenig hat uns die Geschichte aufbewahrt von denen, die zwischen jenen beiden verhängnißvollen Zeiten gelebt, gearbeitet, gesammelt und gebauet haben! Die Namen fast aller derer, die in der Zwischenzeit das Land getheilt, die Früchte desselben genossen hatten, sind verschollen; und wenn man auch hier und da weiß, von wem ein edler und stattlicher Sitz erbaut worden ist, die Nachkommen des Erbauers finden wir selten noch darin wohnen. Aber nach der Zerstörung der sieben Jahre begann auch wieder eine neue glänzende Zeit des Bauens; da wurden Gegenden, die vorher dem Menschen noch nicht zinsbar gemacht waren, von den Furchen des Pfluges gezähmt und begannen Früchte zu tragen; da wurden die alten Wälder umgehauen, damit der Boden seine jährige Ernte brächte; da wurden faule Gewässer abgeleitet, und Gegenden, die vorher noch ungesunde Dünste verbreitet hatten, wurden fruchtbar und blühend; Fremdlinge wurden herbeigelockt, die zu Hause nicht Raum hatten, und wir bewillkommneten sie, damit unser gemeinsamer Wohlstand durch ihre Hülfe sich vergrößere. Sehet da, so ist es mit dem Bauen, um zu sammeln; wie hat sich immer mehr die Herrschaft des Menschen über den mütterlichen Boden auch unter uns vervollkommnet! wieviel kunstmäßiger und segensvoller wird dies große Geschäft jetzt unter uns betrieben! Und wenn nun ungleich mehr Menschen auf demselben Raum leben und wandeln als sonst, so haben sich auch immer mehr geistige Kräfte entwickelt, und das ganze Leben hat seitdem eine vollere und eblere Gestalt gewonnen. Wohl nun denen, damals und jetzt, die an diesen Fortschritten irgend thätigen Theil genommen und sich dabei mehr der Verherrlichung des Menschen erfreut haben, als des steigenden Wohlstandes ihrer Nachkommen, mehr daran gedacht, daß in würdigeren äußeren Zuständen auch die Empfänglichkeit für das Reich Gottes sich erhöht, als an den äußeren Besitz! Aber, wenn es hiermit nur so steht, wie der Erlöser es in unserm Texte darstellt; wenn jeder nur baut für sich und seine Nachkommen, jeder alle Früchte seines Fleißes nur auf sich und sein Geschlecht beziehen will, ich habe schon genug darüber angedeutet, wie sich die Thorheit dieses Beginnens straft. Wie mancher in jenen Zeiten, als er baute für sich und seine Nachkommen, mag sich in die Zukunft vertieft und zu seiner Seele gesprochen haben, sie möge ruhig sein und gutes Muthes, der Name seines Geschlechts werde nicht vergehen; schon was er selbst gethan, werde hinreichen, um denselben bei Glanz und Ehren zu erhalten; wo er gebaut, da würden auch seine Enkel und die Enkel seiner Enkel wohnen, und immer steigend würde der Ruhm eines Geschlechtes, von solchem Ahn entsprossen, sich fortpflanzen; alle Rechte, die er überkommen und selbst erworben über andere, und die ihn so reichlich in Stand setzen, nicht nur seine eigenen, sondern noch weit mehr anderer Kräfte zu seinen Zwecken zu benutzen, werden auch ihnen dasselbe leisten; das alles sei heiliges Gebiet und werde bleiben, wie es gewesen ist! — Aber der Mensch ist wie ein fallend Laub, er blüht wie eine Blume auf dem Felde, der Wind wehet darüber, und sie ist nicht mehr da; und das gilt nicht nur von dem einzelnen Menschen, , es gilt auch von den Geschlechtern der Menschen, es gilt von allen menschlichen Einrichtungen. Die berühmtesten Namen vergehen, und die Stätte ihres Glanzes wird nicht mehr gefunden; die reichsten Geschlechter verarmen und oft in weiter Ferne von den Pallästen der Vorfahren; aller Auszeichnungen und Vorrechte, mit denen jene geschmückt waren, beraubt, müssen die dürftigen Nachkommen ihr kümmerliches Brod suchen in der Fremde!

III. Das, meine geliebten Freunde, führt uns erst recht auf den ganzen vollen Sinn der Frage, die der Erlöser von der himmlischen Stimme an jenen Menschen ergehen läßt. Weß wird es sein, daß du bereitet hast? Ja, weß wird es sein! das ist die Frage, die immer alle irdische Klugheit der Menschen in ihrer Nichtigkeit darstellt, weil keiner ist, der sie beantworten kann. Betrachten wir sie in dem Sinn, der jedem zunächst in die Augen springt, und in ihrer unmittelbaren Beziehung auf das strenge Wort: Diese Nacht wird man deine Seele von dir fordern; so mahnt sie uns daran, wie, ungeachtet jeder gar wohl weiß, daß es nur eine kurze und unsichere Spanne irdischen Lebens für ihn giebt, und daß der Einzelne nicht für sich allein gearbeitet haben soll, sondern auch für die, die nach ihm kommen, dennoch so viele, auch die Grund und Veranlassung genug dazu hätten, es unterlassen zu bestimmen, wessen das sein soll, was hinter ihnen zurückbleibt. In der thörichtsten Furcht des Todes verwünscht so mancher jeden Gedanken dieser Art; und wenn er sich überwinden soll, eine solche Ordnung aufzurichten, so meint er, er höre schon die Schläge derer, die an seinem Sarge hämmern und klopfen, er höre schon den Tod die Sense wetzen, die sein Leben abmähen soll. Thörichter Mensch! Da es doch nichts giebt, keine Bewegung der Sinne und keine Befriedigung derselben, keinen Hunger und Durst, sowie keine Sättigung und Erquickung, nichts, was uns nicht schon von selbst mahnte an die Vergänglichkeit des menschlichen Lebens! Dieses Gedankens also sollte doch jeder mächtig sein für sich selbst! — Aber das ist es nicht allein, sondern die Frage hat einen größeren und tieferen Sinn. Weß wird das sein, das du gesammelt hast? Diese Worte erinnern uns ferner an alle unser Eigenthum und unsern Besitz im weitesten Umfange des Wortes schützenden Verhältnisse menschlicher Ordnung und menschlichen Rechts. Auf diesen beruht zuletzt alles, was heute unsere Aufmerksamkeit auf sich zieht; sie sind die Angeln für alle menschliche Arbeit und Geschäftsführung auf der Erde. Im Vertrauen darauf, daß alles in dieser Beziehung so bleiben werde, wie es damals war, haben die meisten von denen gebaut, welche gebaut haben für ihre Nachkommen; haben die meisten gearbeitet und erworben, die auf einen fröhlichen Genuß des Lebens wollten rechnen können für die, von welchen sie hofften, als treue und sorgsame Vorfahren geehrt zu werden. Aber wie weit haben sie die Wahrheit verfehlt! wie überrascht uns auch auf diesem Gebiet die Vergänglichkeit aller irdischen Dinge, ja wie erscheint sie hier in ihrem größten Maßstab! Wir dürfen ja nur zurückgehen in einen kurzen Raum der Geschichte; denn wie wenig sind doch ein paar hundert Jahre nicht für das menschliche Geschlecht, sondern schon für ein einzelnes Volk! und welche große Veränderungen haben seit dieser Zeit fast alle Völker unseres Welttheils in ihren Rechtsverhältnissen erfahren! Freilich ist es nicht möglich, daß alles immer so bleiben kann, wie es gewesen ist. Haben sich doch jene Verhältnisse gegründet auf eine überwiegende Ungleichheit unter den Menschen und können daher nicht mehr dasselbe sein und leisten wie sonst, sobald diese nicht mehr da ist; und was Recht war, kann unter veränderten Umständen bitteres Unrecht werden. Wird nun eine solche Veränderung von dem einen behauptet, von dem andern bestritten: ach, welche traurige Entzweiung zusammengehöriger Kräfte entsteht da, welch gährender Streit zwischen denen, die doch nicht ohne einander bestehen können! Aber woher? Eben deswegen nur, weil jeder alles auf sich selbst bezieht und auf das Seinige. Der eine weiß, daß seine Vorfahren für ihn gebaut haben, und er wenigstens will auch gesammelt haben für seine Nachkommen. Will er nun das Werk seiner Vorfahren dankbar überliefern, soll seine eigene Mühe und Arbeit nicht vergeblich sein: wie verkehrt wäre doch alles angefangen, wie falsch berechnet, wenn die Nachkommen nicht dieselben Rechte behielten in Beziehung auf andere, deren er selbst sich erfreut hat! Die andern dagegen wissen, daß die ungünstigen Verhältnisse, unter denen ihre Vorfahren seufzten, nicht mehr sind, wie sie waren; sie finden in den menschlichen Dingen eine Neigung, sich zu ihren Gunsten zu ändern und darin eine Aufforderung, sich hinaufzuarbeiten zu einem besseren Zustande. Und so treten beide Theile gegen einander, und Streit entbrennt und Zwietracht. Die einen wollen bewahren, was sie gehabt haben, die andern wollen neues erringen; aber wenn die einen jenes nur wollen, weil sie sich berufen glauben, einen besonderen Stand in der Gesellschaft zu vertreten und dessen Gut zu bewahren; wenn die andern meinen, sie seien dazu gesetzt, um, jener Einseitigkeit entgegentretend, auch ein anderes Besonderes neu zu schaffen, was vorher nicht gewesen war: was ist das anders, als bitterer Streit, als thörichte Zwietracht! was anders, als die nämliche Selbstsucht, die der Herr verbannt, indem er sagt: So gehet es denen, die sich Schätze sammeln und sind nicht reich in Gott! Denn wo Streit ist und Zwietracht, ein anderer Streit, als der, durch welchen wir in der Kraft der Liebe das Wahre suchen: da ist auch Eigennutz und Selbstsucht, und da ist auch die Thorheit, von welcher der Herr sagt: Du Narr, diese Nacht wird man deine Seele von dir fordern, und weß wird, dann alles sein, was du bereitet hast? Vernehmt es wohl, es ist nur wie über Nacht, so treten große Aenderungen in den menschlichen Dingen vor euch, die aus einem alten Zustand einen neuen hervorrufen, ohne euch zu fragen; und jeder, der, statt sich in das ganze menschliche Leben eingetaucht zu haben und sich als einen Theil von diesem anzusehen, sich nur an einen bestimmten Kreis angeschlossen hat, welcher doch wieder irgend einem andern feindlich gegenüber tritt; jeder solche hat ja eine Seele, die mit aller ihrer Lust und Freude, mit ihren Schätzen und ihrer Habe über Nacht kann von ihm gefordert werden! Und je heftiger die Zwietracht entbrannt ist, desto weniger kann menschliche Weisheit irgend festen Boden gewinnen und den Ausgang sicher stellen; desto thörichter wäre es, wenn wir unternehmen wollten, die Frage zu beantworten: Weß wird es sein, das du bereitet hast, oder das du bereiten wolltest? Aber wo statt der Zwietracht und des Haders, statt der Selbstsucht und des Eigennutzes die Gesinnung herrscht, die die Menschen reich macht in Gott, in dem Gott, der seine Sonne scheinen läßt über Böse und Gute, und regnen läßt über Gerechte und Ungerechte; in dem Gott, vor dem alle gleich sind, wie er seine väterliche Liebe über alle erstreckt; dessen Weisheit und Rathschlüsse uns freilich im einzelnen so verborgen sind, daß wir niemals, auch nur auf einen kurzen Augenblick, den Schleier lüften können, der sie uns verbirgt; dessen Gesetz und Wille aber offenbar sind und uns, die wir den Namen seines Sohnes bekennen, ins Herz geschrieben sein sollen: da hat es mit jener Thorheit ein Ende; jeder ist willig, sich seine Seele abfordern zu lassen in jedem Augenblick und weiß, wessen das sein wird, was er bereitet hat.

Meine theuren Freunde. Mit diesem allem, mit dieser Arbeit und Geschäftigkeit, die einen Tag wie den anderen, ein Jahr wie das andere vor sich geht; mit jenem weiteren Umfassen menschlicher Dinge, welches sich von einem Geschlecht auf das andere erstreckt; mit der liebevollen Weisheit, welche die Frage: Weß wird es sein, das wir bereiten, ohne Eigennutz dem göttlichen Sinn gemäß zu beantworten und alle Verhältnisse des Rechts so, sei es zu bewahren oder aufs Neue festzustellen sucht, daß gemeinsame Liebe über alles waltet, und alle sich des gemeinsamen Zustandes erfreuen können ohne Hader und Zwietracht: mit allem dem sind wir nichts anders, als Haushalter der irdischen Gaben Gottes. Was sind wir als Christen? Haushalter seiner Ge=

heimnisse. Aber der Erlöser in den Worten unsers Textes lehrt uns, beides nicht von einander zu trennen. Als Haushalter der irdischen Gaben Gottes sammeln wir Schätze und sollen Schätze sammeln: aber jeder nicht für sich, nicht für seine Nachkommen, nicht für den Kreis der Gesellschaft, dem er zunächst angehört, sondern jeder für alle, jeder für das Ganze, jeder sich selbst ansehend als dem großen Geschlecht der Menschen angehörig, welches Eine Heerde werden soll unter Einem Hirten. Und nur so können wir treue Haushalter der irdischen Gaben Gottes sein, wie wir zugleich Haushalter seiner Geheimnisse sind, die, weil sie aus dem Tode zum Leben hindurchgebrungen sind durch den lebendigen Glauben, auch in der Mühe und Arbeit an dem Zeitlichen doch nur das Ewige suchen. Und so ist eine reine, durch keine Todesfurcht zu störende Freude an den irdischen Segnungen Gottes nur das Antheil derer, welche in der Liebe wandeln, die alle Menschen mit einander befreundet, und welche daher bereit sind, jeder das Seinige hintenanzusetzen, damit das Beste geschehe. So allein werden wir im Stande sein, Rechenschaft darüber zu geben, wie wir unseres Ortes die Entwickelung der menschlichen Kräfte gefördert, und wie jeder an dem Seinigen und durch dasselbe nur das gemeinsame Wohl gesucht habe. Aber wer kann es finden, als der, der über dieses irdische Leben hinaussieht und das ewige fest im Auge hält? So wird es sein und bleiben. Alles ist Thorheit außer der einfachen himmlischen Weisheit, die der uns gelehret hat, der der Weg und die Wahrheit und das Leben ist. Nicht lehrt er uns die irdischen Dinge verschmähen, nicht lehret er uns, daß wir uns zurückziehen sollen von den Geschäften der Welt; denn Gott hat uns in die Welt gesetzt, um ihn zu offenbaren. Tausende von Welten rollen um uns her, aber wir wissen es nicht, wir vermuthen es nur, daß da auch geistiges Leben waltet; auf diese Welt aber ist der Mensch gesetzt, um Gott immer herrlicher zu offenbaren; um den, zu welchem und durch welchen er erschaffen ist, in seinem Leben und seiner Liebe zu verherrlichen. Dazu soll alles dienen und führen, was wir auf dieser Erde thun; und wer es um deswillen thut, der thut es nicht für sich, der thut es nicht für diesen und jenen, der thut es aus dem ewigen Grund der Liebe auch für das Ewige. Möge denn jede Erneuerung der göttlichen Gaben, die wir aus der Hand der Natur empfangen, uns immer wieder darauf führen, daß das Irdische nur da ist um des Ewigen willen, damit das göttliche Wesen sich in den Menschen, die seines Geschlechtes sind, immer deutlicher offenbare, und die Herrlichkeit seines eingebornen Sohnes, das freudige Leben seines Geistes immer mehr aus jeder menschlichen Thätigkeit hervorleuchte. Brauchen wir dazu seine Gaben nicht, so haben wir sie gemißbraucht; haben wir ein anderes Ziel als dies im Auge, so sind wir mit aller menschlichen Weisheit nur Thoren, Thoren, die sich immer darüber ängstigen müssen, wessen das sein werde, was sie bereitet haben, die immer an dem hangen, als ob es kein Ende habe, dessen Ende doch so bald erscheint. Zu dieser Weisheit wolle er uns leiten; und alles, was uns in der Geschichte mahnt, alles, was zun uns her vor unsern Augen vorgeht, alles, was uns in der Nähe umgiebt, jede Gefahr des Todes, wie jedes frohe Gefühl des Lebens möge uns dazu immer kräftiger hindrängen, damit wir immer mehr auch diese göttliche Stimme verstehen, und sie nicht nöthig habe, uns Thoren zu schelten, sondern der Geist Gottes auch hierin Zeugniß geben könne unserm Geist, daß wir seine Kinder sind. Amen.

XLI.
Unser Verhältniß zu denen, welche aus dieser irdischen Gemeinde hinweggenommen worden sind.

Am Todtenfest.

Text: Philipper 3, 20. 21.

Unser Wandel aber ist im Himmel, von dannen wir auch warten des Heilandes Jesu Christi, des Herrn, welcher unsern nichtigen Leib verklären wird, daß er ähnlich werde seinem verklärten Leibe nach der Wirkung, damit er kann auch alle Dinge ihm unterthänig machen.

Meine andächtigen Freunde. Unsere Versammlungen an dem heutigen Tage haben in zwiefachem Sinn eine besondere Bedeutung. Zuerst beschließen wir wiederum unser kirchliches Jahr, indem wir nächstens mit der Vorbereitung auf die würdige Feier der Erscheinung dessen auf der Erde, welcher der Mittelpunkt unseres Glaubens, unserer Freude und unserer Liebe ist, den Kreislauf unserer Betrachtungen von neuem beginnen werden. Dann ist aber auch für unsere Gemeinden dieser Tag eben als das Ende eines Jahres besonders bestimmt zum Andenken an diejenigen, die uns in dem Laufe desselben vorangegangen und aus dieser Zeitlichkeit geschieden sind. Das erste ist etwas der gesammten christlichen Kirche in diesen Gegenden Gemeinsames; das letztere ist eine neue, unserm Lande noch eigenthümliche, aber gewiß uns allen schon sehr theuer gewordene Einrichtung. Nur jenes als das Aeltere und Allgemeinere soll nicht leiden unter diesem. Beides aber lenkt einerseits unsere Gedanken auf die Zeit, die nicht mehr ist. Ist unser Kirchenjahr abgelaufen, so rufen wir uns ja billig zurück, wie wir unsere kirchlichen Tage und unsere schönen Feste heilsam begangen haben. Und dann, zusammenleben im Glauben an den Herrn, zusammenwirken für sein Reich, das thaten wir, die wir noch übrig sind, mit denen welche uns vorangingen; aber getrennt worden zu sein von ihnen, das ist es nun, was der Himmel manchem unter uns verſagt, aufgelegt hat. Auf der andern Seite aber weiſet uns auch beides auf die Zukunft hinaus. Denn wofür immer wir Gott zu danken haben mögen in dem vergangenen Jahre, es hat ſeinen Werth nur dadurch, daß es nicht mit vergeht, ſondern bleibt; und indem wir derer gedenken, die nicht mehr unter uns ſind, ſo richtet ſich unſer Blick auf die Gemeinde der Vollendeten, der wir auch werden einverleibt werden, jeder zu der Zeit, die ihm der Herr beſtimmt hat. Beides aber zuſammenzufaſſen, dazu finden wir eine ſchöne und vortreffliche Anleitung in unſerm Texte. So laßt uns denn mit einander über dieſen jetzt vergangenen Theil unſres gemeinſamen chriſtlichen Lebens nachdenken in Beziehung auf unſer Verhältniß zu denen, welche die irdiſche Geſellſchaft der Gläubigen verlaſſen haben. Es ſind aber zwei hierher gehörige Fragen, worauf wir ganz beſonders die Antwort in unſerem Texte finden. Zuerſt: was iſt denn wol dasjenige geweſen in unſerem Leben, wodurch uns die Vereinigung mit denen geſichert iſt, die uns vorangegangen ſind? Und dann, was iſt dasjenige, wodurch wir nun auch denen immer näher kommen, welche aus dieſer irdiſchen Beſchränktheit ſchon hinweggenommen ſind? Dieſe beiden Fragen laßt uns zu unſerer Erbauung nach Anleitung unſeres Textes in dieſer feſtlichen Stunde mit einander betrachten.

I. Fragen wir alſo zuerſt, meine geliebten Freunde, was doch unter allem, was wir als den eigentlichen Gehalt dieſes vergangenen Jahres anſehen können, dasjenige iſt, wodurch und worin wir immer vereint bleiben mit denen, die vorher dieſes Leben mit uns theilten, jetzt aber nicht mehr unter uns ſind: ſo antwortet uns darauf der Apoſtel in unſerem Texte mit den Worten: Unſer Wandel iſt im Himmel. Ja, das ſagt er uns allen auf gleiche Weiſe! Selbſt diejenigen, welche der Herr dieſes Jahr über von uns genommen hat, können wir nur in ſofern als uns vorangegangen anſehen, als auch ihr Wandel ſchon hier im Himmel geweſen iſt; ſonſt wären ſie vielmehr auf eine betrübende Art hinter uns zurückgeblieben. Was uns alſo wirklich mit ihnen vereint hat, ſo lange ſie noch unter uns lebten, und wodurch wir mit ihnen vereint bleiben, auch nachdem ſie nicht mehr unter uns ſind, es iſt nur dieſes, daß auch unſer Wandel im Himmel iſt. Was heißt aber das? Wir wiſſen es recht wohl, wenn wir Himmel ſagen, daß wir darunter keinen irgendwo nachzuweiſenden beſtimmten Ort verſtehen. Der Himmel iſt uns nicht mehr das feſte über unſerm Weltkörper ausgeſpannte Gewölbe, an welchem die glänzenden Punkte, die die Nacht erleuchten, angeheftet ſind; er iſt uns auch nicht mehr der Ort, an welchem das ewige und höchſte Weſen einen beſonderen Sitz und Wohnplatz hätte. Die lichten Punkte haben ſich der Einſicht des Menſchen erweitert und vergrößert zu einer unendlichen Menge von Körpern wie der hier, den wir bewohnen; ob größer oder geringer, auch an Kraft und Herrlichkeit der Geſchöpfe, die auf ihnen leben: wir wiſſen es nicht. Mit dieser erweiterten Vorstellung von den Gestirnen ist uns nun auch das Gewölbe selbst, an dem sie uns erscheinen, aus einander gegangen zu einem unermeßlichen unbekannten Raum. Nur das wissen wir, daß das ewige und höchste Wesen eben so wenig diesen, als irgend einen anderen besonderen Ort haben kann, an welchem es wohne, weil es dann immer, wenn auch nicht auf irgend eine Weise in demselben eingeschlossen sein, doch wenigstens sich anders zu demselben verhalten müßte, als zu anderen Orten. Das können wir aber nicht mehr denken; sondern gleich allgegenwärtig ist uns Gott und seine Wohnung ist überall. Seitdem aber der Mensch zu dieser Einsicht sich erhoben hat, mußte er nothwendig eine andere geistige Haltung gewinnen, wenn er sich selbst und sein besseres Leben nicht verlieren sollte. Würde uns nicht unser ganzes Geschlecht als unendlich klein und unbedeutend in der Schöpfung erscheinen gegen die ganze unübersehbare Zahl der Welten, und noch viel mehr jeder Einzelne für sich? Wenn wir uns erheben zu dem Gedanken einer ungezählten Menge von Weltkörpern, alle beseelt und belebt von Geschöpfen Gottes: möchten wir nicht daran verzagen, daß wir, die wir vielleicht noch auf einer gar niedrigen Stufe stehen, vielleicht kaum besondere Gegenstände wären für seine väterliche Sorge und Obhut? Und seitdem wir nicht mehr zu jenem blauen Himmel emporsehen, wie zu einem besondern Wohnsitz Gottes, sondern diesen als allgegenwärtig erkennen: o dem Menschen, der sich doch über das Sinnliche niemals ganz erheben kann, wie viel leichter kann es ihm begegnen, daß er das überall verbreitete Wesen aus seinen Gedanken und seinen Empfindungen verliert, weil er überall von dem Irdischen umgeben ist und bleibt, aber nun nicht mehr glaubt, daß er sich von diesem erst abwenden müsse, um sich Gott zu nahen. Denn so wirkt das Wissen, welches aufbläht; und mit der erweiterten Erkenntniß der Welt hat sich viel Gleichgültigkeit gegen ihren Urheber eingeschlichen. Darum mußte in dem Fortschritte der Entwickelung des menschlichen Geistes nun der ewige heilsame Rathschluß Gottes von unserer Erlösung erfüllt, und diese mußte sicher gestellt werden unter den Menschen; derjenige mußte erscheinen, der uns einen neuen Himmel als Wohnsitz Gottes auf der Erde zeigen konnte; derjenige, in welchem, weil die Fülle der Gottheit in ihm wohnte, auch die Herrlichkeit des Vaters und sein göttliches Wesen zu schauen war. Er mußte erscheinen, damit wir wieder, wie die älteren kindlichen Geschlechter, eine Hütte Gottes, ein besonderes Heiligthum unter uns hätten, in welchem das ewige Wesen thront. So hat es denn gewohnt in dem, der Unsterblichkeit und ewiges Leben an das Licht gebracht hat, nicht in ihm eingeschlossen, sondern sich von ihm aus verbreitend in der Menge seiner Gläubigen als der ihnen einwohnende Geist, damit wir das höchste Wesen weder an einem bestimmten, weit von uns entfernten Orte zu suchen brauchten, noch auch es etwa überall zwar, aber doch immer nur außer uns hätten; sondern in uns selbst sollten wir es finden, haben und genießen können.

Dies nun, meine geliebten Freunde, dies ist der Himmel, von welchem der Apostel hier redet. Der von der Kraft Gottes erfüllte und bewohnte Erlöser, die geistige Nähe und Gegenwart des Erlösers in seiner Gemeinde durch den Geist, den er verheißen und von seinem Vater erbeten hat, das ist der Himmel, in welchem unser Wandel sein soll. Was aber der Apostel unter dem Wandel in diesem Himmel versteht, das ist nach dem Gebrauch jener Sprache ein zweifaches. Zuerst nämlich die öffentliche Verfassung, die gemeinsamen Gesetze, welche einer Gesellschaft von Menschen für ihr Leben und ihre Handlungen gestellt sind, heißen ihr Wandel; dann aber auch die ganze Summa dieser ihrer Lebensbewegungen, ihrer Gedanken, Empfindungen und Handlungen selbst, wie sie sich auch zu jenen Gesetzen verhalten mögen, heißt hier Wandel. Dies also ist das Zeugniß, welches der Apostel im Namen der ganzen Christenheit von ihr ablegt, wenn er sagt: Unser Wandel ist im Himmel. Die Gesetze unseres Lebens, Seins und Wirkens, die Verfassung dieser Gemeinschaft des Glaubens und der Liebe, worin wir mit einander stehen, das alles ist nirgends anders her, als aus dem Himmel, den Christus, der Sohn des Höchsten, uns hier dargestellt hat. Daß wir alles, was eine Ordnung unseres Lebens sein soll, auf den Höchsten und Ewigen beziehen, wie er sich uns in seinem Sohne offenbart hat; daß der Himmel, zu welchem wir unser ganzes Dasein hinlenken wollen, nichts anderes ist, als die ununterbrochene geistige Gemeinschaft mit Gott durch seinen Sohn und in ihm; und daß wir uns nach diesen heiligen Ordnungen und Gesetzen auch wirklich bewegen und allem irdischen Streben und Genießen, was sich nur auf das vergängliche Dasein in dieser Welt bezieht, entsagend nichts anderes wirklich thun, als als an dem Reiche Gottes auf Erden, an dem heiligen Tempel bauen, in welchem der Höchste wirklich wohnen will und leben, weil er kein irdisches, mit Händen gemachtes Haus ist, sondern der geistige Wohnsitz des ewigen Geistes in seinen geistigen Geschöpfen: dieses Leben und Wirken, Dichten und Trachten, das ist unser Wandel im Himmel.

Und, meine geliebten Freunde, wo in jenen unendlichen Räumen wir diejenigen suchen mögen, die uns vorangegangen sind aus diesem irdischen Leben, denken wir sie wieder in einer Welt, wie herrlich die auch ausgeschmückt sein möge, die ihnen zu bewohnen und zu beleben gegeben ist, und ihr Leben bezöge sich nur auf ihr äußeres Dasein in ihrer Welt, so wäre es immer wieder, wie viel edler und weniger vergänglich auch die dortige Luft sein möge im Vergleich mit der hiesigen, doch wäre ihr Leben nur ein Wandel nicht im Himmel, sondern auf Erden. Denn alles, was am Stoff hängt und am Raum, das ist vergänglich seiner Natur nach und irdisch, und alles von dieser Art, was die menschlichen Seelen an sich zieht, das hat auch die Möglichkeit in sich, sie wieder abzuziehen von dem ewigen, dem allein wahren und würdigen Gegenstand ihrer Freude und ihrer Liebe. Auch für sie also giebt es einen Wandel im Himmel, eben so wie der unsrige, der unterschieden ist von jedem zeitlichen und irdischen Leben; und diesen Wandel im Himmel können auch sie nicht anders führen, wie wir; auch ihr Höchstes kann nur sein, den Herrn zu erkennen wie er ist, und ihm dadurch und in sofern gleich zu sein, daß sie ihn wieder darstellen in ihrem Sein und Thun. Und so sind und bleiben wir vereint mit ihnen, wenn wir zu demselben Ziele wallen und nach denselben Gesetzen und Ordnungen leben. Denn eine andere oder eine höhere Erkenntniß Gottes kann es für den menschlichen Geist nicht geben, davon sind wir wol alle so gewiß überzeugt, als wir von Herzen den Glauben der Christen mit einander theilen, eine andere und höhere nicht als diejenige, welche dem Sohne Gottes einwohnte, der sich ja das Zeugniß geben konnte, als er seine irdische Laufbahn beschloß, daß er den Seinigen alles gesagt habe und mitgetheilt, was ihm der Vater gegeben, und was er von dem Vater gehört hatte. Also auch ihre Erkenntniß und unsere kann nur eine und dieselbe sein, und auch sie wie wir können nichts Höheres wissen von dem ewigen Schöpfer und Vater aller Wesen, als was der Jünger des Herrn uns gelehrt hat: Gott ist die Liebe. Und die Liebe Gottes, die überall und immer der Himmel in unserem Herzen sein soll, kann nicht dort eine andere sein als hier, sondern sie ist eine und dieselbe. Indem also sie die vorangegangenen und wir die Zurückgebliebenen in dieser Liebe Gottes leben, und das ist die Summe des einzigen wahren Wandels im Himmel, so sind sie mit uns und wir mit ihnen vereint; ein und derselbe Geist ist es, der in ihnen und in uns waltet, ein und dasselbe Reich der Liebe, dem sie angehören und wir, ein und derselbe Himmel, in dem sie wandeln und wir.

Aber, meine geliebten Freunde, wenn wir mit inniger Dankbarkeit einstimmen können in das Zeugniß des Apostels und es uns für unser Theil aneignen, daß auch wir durch die Gnade des Herrn zu dem Wandel im Himmel gelangt sind und unser Erbtheil dort gefunden haben mi den Heiligen: müssen wir nicht doch gestehen, daß wir hier in diesem irdischen Leben unter denen, die mit einander den Wandel im Himmel führen, ach eine nur zu große Verschiedenheit finden? Oder findet nicht jeder, wenn wir nun auf das vergangene Jahr zurücksehen, einen bedeutenden Unterschied zwischen diesen und jenen Zeiten und Stunden, einmal sich selbst rasch und munter im himmlischen Wandel und noch hülfreiche Hände habend für die, welche straucheln, dann wieder sich selbst träge und lässig und fremder Hülfe bedürftig? Und werden wir nicht eine eben so große Verschiedenheit wahrnehmen, wenn wir uns mit anderen und andere unter einander vergleichen? Wie der heitere Himmel, der uns jetzt wieder scheint, bei weitem erfreulicher ist, als wenn finstere, unbewegliche Wolken uns das schöne Blau verdunkeln, oder wenn zerstörende Stürme nur auf Augenblicke Sonne und Himmel sehen lassen und dann wieder auf lange Zeit ängstliche Nacht um uns her verbreiten: so ist der Unterschied zwischen den herrlichsten und den getrübten Stunden auch eines wahrhaft christlichen Lebens; und so verschieden von einander sind diejenigen, die den Wandel im Himmel als Anfänger führen, von denen, die zu einer gleichmäßigeren Vollkommen=

heit darin gelangt sind. Ach nur zu oft verdunkelt ist der Himmel, indem sich das Irdische lagert vor dasjenige, was der Wohnsitz Gottes in unserer Seele ist, so daß dieser Himmel unserem Bewußsein für den Augenblick entzogen ist und wir nicht in ihm wandeln können; nur zu oft unterbrochen ist dieser Wandel von leidenschaftlichen Stürmen, welche die nie ganz bezwungene Verwandtschaft unserer Sinnlichkeit mit dem vergänglichen Wesen dieser Welt erregt. Diesen Unterschied unter uns, die wir hier auf Erden sind, immer mehr zu verringern, wenn wir ihn doch nicht ganz aufheben können, damit, da wir ihn noch nicht sehen können, wie er ist, wir doch als von Gott Gelehrte alle von ihm und dem Bewußtsein seiner innern Nähe und Kraft durchdrungen seien, wie es der Herr als dem neuen Bunde, den Gott mit den Menschen schließen wollte, geziemend darstellt: dies muß das höchste und schönste Ziel unserer Bestrebungen sein. Wenn wir nun derer gedenken, die den Wandel im Himmel führend von uns geschieden sind, müssen wir uns nicht diese Veränderung wenigstens als eine große und bedeutende Stufe der Entwicklung vorstellen, durch welche sie der Herrlichkeit, die an den Kindern Gottes offenbart werden soll, so nahe gebracht sind, daß sie wol über allen Stürmen und Wolken in einem reinen Himmel wandeln? Ja, die Gemeinde der Christen hier auf dem Schauplatz des Kampfes zwischen Licht und Finsterniß, hier wo sie noch immerfort zu streiten hat mit den dunklen Mächten, nicht nur die sich von außen her gegen sie lagern, sondern die auch immer noch in den Herzen der Gläubigen selbst sich regen, diese hier und die Gemeinde der Vollendeten auf der andern Seite: wir können nicht anders als einen großen Unterschied denken zwischen dieser und jener, und eine Kluft befestigt zwischen beiden. Aber daß wir diese wollen auszufüllen suchen und ihnen immer näher kommen durch eine höhere Vollendung und Thätigkeit unsers Wandels im Himmel: darauf müssen wir uns auch das Wort geben, so oft wir ihrer in Glauben und Liebe gedenken. Wie geschieht das? Diese Frage laßt uns nun noch mit einander beantworten in dem zweiten Theile unserer Betrachtung.

II. Der Apostel sagt aber außer dem, was wir schon näher erwogen haben, in den Worten unseres Textes nur noch dieses: Von wannen wir auch warten des Erlösers Jesu Christi des Herrn, welcher unsern nichtigen Leib gleichförmig machen wird seinem verklärten Leibe nach seiner alles beherrschenden Kraft. Also auf das Warten verweiset uns der Apostel, und zwar scheint es ein Warten auf etwas, wozu wir selbst nichts beitragen können, daß nämlich der nichtige irdische Leib gleichförmig gemacht werde dem verklärten Leibe des Herrn. Das können wir doch wol ganz so nicht denken. Nämlich wir hören gar oft von einem zwiefachen Warten; das eine wird uns beschrieben, daß es aus der Thorheit und dem Wahn der Menschen entsteht und sie immer mehr zu Thoren macht, indem sie sich dadurch nur zu oft um die köstliche Zeit des Lebens betrügen; das andere aber rühmt man uns als ein Hoffen, welches nicht zu Schanden werden läßt. Vor dem ersten wollen wir uns allewege hüten, das letzte hingegen kann freilich oft sehr heilsam sein. Worin besteht aber dieses rühmliche Warten, dieses ausharrende Hoffen, welches nicht zu Schanden werden läßt? Wenn wir uns diese Frage auch jetzt nicht im Allgemeinen zu beantworten im Stande sind: so wissen wir doch, daß hier nicht die Rede sein kann von einem Hoffen und Harren des Fleisches in uns, sondern nur des Geistes; der Geist aber ist nichts anderes als Kraft und Leben und also Thätigkeit. Nicht unthätig also, sondern thätig soll auch unser Warten und Harren sein auf den Erlöser, den Herrn, der den nichtigen Leib verklären soll zur Gleichförmigkeit mit ihm. Wenn ihr mich nun fragt, was wir denn hierbei können zu thun haben: so frage ich euch zuerst wieder, was könnte es uns an und für sich wol helfen, wenn unser nichtiger Leib zu einem noch so schönen und herrlichen verklärt würde? O laßt uns doch die Sache nehmen, wie sie uns hier im irdischen Leben täglich vor Augen liegt. Auch hier schon giebt es ja eine verschiedene Schönheit und Herrlichkeit der Gestalt auch in jener edleren Beziehung, in welcher alles leibliche nur der Ausdruck und Abdruck des Geistes ist. Was aber könnte es irgend einem unter uns helfen, wenn seine äußere Gestalt plötzlich verwandelt würde in die eines Menschen, viel vollkommner und edler als er selbst, in dessen Gesicht wir überall den herrlichen Ausdruck der reinen Liebe erkennen, in dessen Bewegungen überall die Festigkeit des Herzens und der Muth des lebendigen Glaubens sich ausdrückt: was würde das dem helfen, in dessen Innern diese Reinheit der Liebe und diese Kraft des Glaubens doch nicht wäre? Alle Verklärung des Leiblichen wäre nur ein leerer Schein und könnte nur als ein Trug wirken, also der Wahrheit entgegen, wenn nicht der Geist zugleich veredelt wäre und würdig geworden der neuen Bekleidung. Das aber geschieht durch unthätiges Harren eben so wenig als durch zauberische Einwirkungen; sondern er ist für alle, die eine neue Kreatur geworden sind, nur das Werk der Treue in dem Werke des Herrn und beständiger unausgesetzter Uebungen in allen guten Werken, wozu der Mensch Gottes soll geschickt sein. Aber der Apostel redet auch wol nicht, wenn wir seine Worte recht vernehmen, von dem Leibe eines jeden einzelnen unter uns, der da jedem besonders angehört; er sagt nicht: Wir warten des Herrn, der unsere nichtigen Leiber gleichförmig machen wird; sondern unsern nichtigen Leib sagt er und redet also von nur Einem also gemeinschaftlichen Leibe. Das ist aber nicht ein Leib, den wir haben, denn wir haben nicht zusammen Einen; sondern es ist der Leib, der wir zusammen genommen sind; es ist, wie derselbe Apostel uns so oft und schön darüber belehrt, der Leib Christi des Herrn, sein geistiger Leib, die Kirche, an welcher wir Glieder sind. Dieses also, daß der Herr diesen unsern gemeinschaftlichen Leib, wie er noch nichtig ist hier auf der Erde, wo er mit allen Uebrigen das irdische Loos theilt, immer mehr reinigen und verklären werde zur Schönheit der Vollendeten und so ihn gleichförmig machen werde jenem seinem verklärten Leibe, nämlich der Gemeinde der Vollendeten, zu welcher wir in Glauben und

Liebe emporblicken: dies ist es, worauf der Apostel uns vertröstet, und dessen wir auf die beschriebene Weise warten sollen, nämlich mit jener ausharrenden thätigen Hoffnung, welche, weil sie als ein lebendiges Trachten der Seele auch ein eifriges und wahrhaftes Verlangen derselben nach der Vollendung voraussetzt, die nur durch von dem göttlichen Geist geleitete Thätigkeit gefördert werden kann, eben deswegen auch nicht zu Schanden werden läßt.

In jenen Tagen nun hatte der Apostel wol Ursache den Leib des Herrn, wie er damals sich auf der Erde gestaltete, noch einen dürftigen, niedrigen und unscheinbaren zu nennen. Nicht allein weil es nur ein so kleines Häuflein war, welches sich zu dem Wege des Lebens bekannte; sondern auch weil unter diesen die meisten noch an dürftigen Anfängen hingen und sich nicht losmachen konnten von dem Dienste des Buchstaben und der äußern Gebräuche, in welchen sie bisher gewandelt hatten, so daß die Freiheit der Kinder Gottes und die Anbetung Gottes im Geist und in der Wahrheit nur sehr unvollkommen hervortrat. So dürfen wir denn sagen, nicht vergebens hat der Apostel diese Worte ausgesprochen und sich und seine Zeitgenossen damit getröstet. Denn wie viel vollständiger hat sich schon seitdem der irdische Leib des Herrn ausgebildet, daß wir Glieder desselben bewillkommnen aus fernen Ländern und unter Völkern, von deren Dasein man damals noch nichts wußte! Wie viel schöner hat er sich nicht schon verklärt, indem durch die beständige Wirkung des göttlichen Geistes, durch das immer wieder erneute Tönen seiner ersten Ausbrüche in dem geschriebenen Worte des Herrn das ganze Geheimniß des geistigen Lebens so viel heller ins Licht getreten ist. Ja wol, nicht vergebens hat der treue Diener des Herrn gewartet auf den verklärenden Erlöser! Und wir besonders, wenn wir ein Jahr unseres kirchlichen Lebens beschließen, müssen ja mit inniger Dankbarkeit daran denken, daß wir derjenigen Gemeinde der Christen angehören, welche von dem Verdunkelnden und Verunstaltenden, was lange diesen irdischen Leib des Herrn verhüllt hatte, vieles schon von sich geworfen hat, und sich dessen rühmt und erfreut, daß in reinerem Lichte das Evangelium bei uns erkannt wird. Aber ist auch unser kirchlicher Zustand noch unvollkommen, weil ja noch so große Ungleichheiten unter uns sind; und müssen also auch wir noch mit dem Apostel warten: so müssen wir auch mit ihm sagen: Nicht daß ich es schon ergriffen hätte, vielmehr jage ich ihm nach, ob ich es ergreifen möchte; ich vergesse was da hinten liegt und strecke mich nach dem, was da vorne ist*). Denn nur wer so nachjagt und sich streckt nach dem, was vor ihm liegt, kann auch so warten wie der Apostel mit derselben Zuversicht und demselben Erfolg.

So sei denn dies das herrliche Ziel, dem wir nachjagen, daß die Gemeinde sich immer mehr möge tadellos darstellen können vor dem Herrn! Prüfe jeder immer gründlicher, welches da sei der wohlgefällige

---
*) Phil. 3, 12. 13.

Wille Gottes, und spüre nach, wo sich noch etwas unter uns findet von dem alten äußern Dienst todter Werke, oder von der menschlichen Fessel des Buchstaben, damit wir dahin gelangen Gott anzubeten nur im Geist und in der Wahrheit, rein in dem Geist, welcher, indem er in uns lieber Vater ruft, uns auch treibt unter einander unsere Schwachheiten zu tragen und uns aufzunehmen in Liebe, wie der Vater uns alle trägt und aufnimmt in seinem Sohne; ihn anzubeten rein in der Wahrheit, die der Sohn Gottes, indem er uns den von ihm allein recht gekannten Vater offenbarte, ans Licht gebracht und ihr dadurch ein Reich gestiftet hat, daß wir verbunden sind unter einander sie immer mehr zu suchen in Liebe.

Trachten und ringen wir nun danach zu wachsen in solcher Verehrung Gottes nicht nur mit Worten und unausgesprochenen Seufzern, mit denen der Geist uns vertritt, wenn wir selbst unsere gemeinsamen Bedürfnisse nicht deutlich zu fassen vermögen, sondern auch mit ununterbrochenen guten Werken eines wahrhaft christlichen Lebens; und beweiset jeder hierbei dieselbe Hingebung seiner Kräfte, mit welcher uns der Erlöser der Welt vorangegangen ist, und bei dergleichen Treue, die keinen Augenblick verloren gehen läßt, so lange es noch Tag ist und noch gewirkt werden kann, dieselbe demüthige Anheimstellung, wann und wie es Gott wohlgefällig sein werde, den Rath seiner Weisheit und Liebe an unserer Gemeinschaft in immer höherem Grade zu erfüllen: dann dürfen wir auch erwarten, daß der Herr unserm Streben nach Reinigung und Verherrlichung seiner Gemeinde wird Gedeihen geben; und dies ist das Warten auf den Erlöser den Herrn, welcher den nichtigen Leib gleich machen wird dem verklärten Leibe. Und wer wollte zweifeln, daß wir auf diese Weise dem herrlichen Glanze der Gemeinde der Vollendeten nicht immer näher kommen sollten, und daß nicht unser ganzes Leben und jede Darstellung unseres Glaubens in Wort und That immer freier werden sollte von dem, was dem Staube angehörend nach dem vergänglichen Wesen dieser Welt schmeckte, und immer reiner zugleich das höhere Licht glänzen sowol erleuchtend als erwärmend.

Aber meine geliebten Freunde, so möchte jemand sagen, haben wir hierüber nicht eine Verheißung des Erlösers selbst, die weit herrlicher ist als die Vertröstung des Apostels, wenn doch der Apostel nur sagt, daß wir zu diesem Ende des Herrn unseres Erlösers warten sollen; er selbst aber gesagt hat: Ich bin bei euch alle Tage bis an der Welt Ende? Ja, was ihn betrifft und so viel es an ihm liegt, brauchen wir auch nicht zu warten. Er ist da, und wie er das Ebenbild des göttlichen Wesens, der Abglanz seiner Herrlichkeit ist: so müßte auch seine Gegenwart immer und unausgesetzt die Reinheit und Herrlichkeit seines Leibes fördern. Dieses wird aber auch keinem unter uns fehlen, der seine Gegenwart auch immer wirklich genießt; ja wir dürfen wol sagen, jeder Augenblick, wo irgend einer ihn recht mit Glauben und Liebe umfaßt, trägt auch bei zur Verklärung der ganzen Gemeinde, und möchten wir alle recht viel schöner Erinnerungen dieser Art aus dem vergangenen Jahre aufbewahren! Nur weil so viele seine Gegenwart vernachlässigen und ihm, wenn er gleichsam anklopft, keinen Einlaß geben in das Innerste ihres Herzens und Lebens: so geht es langsam mit dem Ganzen; und wir sollen auch fühlen, daß es unserer Sehnsucht zu langsam geht, und daß wir warten. So stimmt demnach die Vertröstung des Jüngers zusammen mit der Verheißung des Meisters, und beide auf einander bezogen stellen uns am besten dar, was wir zu thun haben, um denen näher zu kommen, die uns dorthin vorangegangen sind. O daß wir immer mehr uns der lebendigen Gegenwart des Herrn erfreuten! o daß er immer kräftiger waltete und wirkte, das heißt, daß wir ihn nur ließen ungestört walten und wirken; daß wir nur immer lauschten auf sein Wort und unser sehnsüchtiges Auge seinem Blick entgegentragen und seine erfreuende und erquickende Liebe in uns aufnähmen! daß wir nur immer bereit wären mit allen Gliedmaßen unseres Geistes das leichte herrliche Joch zu tragen, welches er den Seinigen auflegt, und ohne außer ihm einen anderen zu suchen, ohne je der Menschen Knechte zu werden mit vereinter Kraft hindurchdrängen zur Freiheit der Kinder Gottes: dann würde auch hier schon der Leib des Herrn gleich werden seinem verklärten Leibe. Amen.

XLII.
Vorschriften für den Schmerz bei dem Verlust unserer Brüder.

Am Todtenfest.

Text: Evan. Joh. 11, 16.

Da sprach Thomas, der da genannt ist Zwilling, zu den Jüngern: Lasset uns mit ziehen, daß wir mit ihm sterben.

Meine andächtigen Zuhörer. An einem Tage wie der heutige findet unfehlbar gerade in Beziehung auf denselben eine sehr große Verschiedenheit statt unter denen, welche sich in den Häusern unserer christlichen Andacht versammeln. Gewiß sind immer so manche darunter, welche in dem kirchlichen Jahre, das wir heute beendigen, irgend ein herber und schwerer Verlust getroffen hat, denen irgend ein geliebtes Haupt geschieden ist, das sie vermissen, sei es nun in dem Kreise ihres häuslichen, oder sei es in den Geschäften ihres öffentlichen Lebens. Eben so fehlt es auch gewiß nirgend an solchen, welche in das nun beginnende Jahr mit banger Erwartung hinaussehen, weil es ihnen wahrscheinlich ist, sie werden am Ende desselben nicht alle mehr in ihrer Mitte haben, mit denen sie auf das Innigste verbunden gewesen sind. Und diejenigen, die sich in einem von beiden Fällen befinden, wie verschieden werden sie sich nicht zeigen, wenn wir auf die Abstufungen in den Bewegungen ihres Gemüthes sehen, sowol auf den verschiedenen Grad, als auf die mannigfaltigen Gründe und die oft so sehr verschiedenen Wirkungen solcher schmerzlichen Gefühle. Aber eben deswegen, weil diese so verschieden sind, so ist eine Feier wie die heutige auch wichtig und bedeutend für viele, welche in dem unmittelbar sich abschließenden Zeitraume verschont geblieben sind in ihrem nächsten Kreise von den Pfeilen des Todes. Wie viele giebt es nicht, die nur vor längerer Zeit ähnliches erfahren haben, aber — mögen sie auch jedesmal, wenn dieser Tag wiederkehrt, weiter zurück sehen müssen — doch noch in ihrem Herzen den Stachel tragen, den ihnen ein solcher Verlust verursacht, so daß sie, wenn gleich immer wieder verschont geblieben, doch diesen Tag nie begehen können, ohne daß die Wunde ihres Herzens aufs Neue aufreißt. Darum muß es uns allen etwas sehr wichtiges sein, diese Feier dafür zu benutzen, daß wir uns verständigen aus dem göttlichen Wort sowol über das rechte Maß, als über die rechte Art und Weise unserer Empfindungen bei dem Abscheiden unserer Brüder.

Dazu nun geben uns die verlesenen Worte der Schrift eine besondere Veranlassung. Der Schmerz, den der Tod des Lazarus verursachte, war wegen seiner Wiedererweckung zwar nur vorübergehend, aber deshalb in der Zwischenzeit nicht minder tief. Und es ist doch der einzige Todesfall, der uns erwähnt wird aus den Zeiten des Lebens unseres Erlösers in dem Kreise der seinigen. Diesen hatte der Erlöser seinen Jüngern angekündigt; und als er das unumwunden gethan hatte, sprach Thomas die Worte, welche wir mit einander vernommen haben. Wir können sie indeß nicht ganz und nicht sicher verstehen, wenn wir uns nicht etwas weiter zurück des ganzen Zusammenhanges erinnern. Als der Erlöser die Nachricht von der Krankheit des Lazarus erhielt, blieb er noch da, wo er eben war; aber nach wenigen Tagen sprach er zu seinen Jüngern: Lasset uns wieder nach Judäa ziehen. Und als sie ihn warnten und sprachen: Wie? als du zum letzten Mal da warest, wollten sie dich steinigen, und nun willst du doch wieder hinziehen? da gab er ihnen das Geschehene zuerst noch unumwunden und dunkel zu verstehen, Lazarus schliefe, und er müsse hin und ihn aufwecken. Aber als sie ihn auch da noch abhalten wollten, sagte er es ihnen endlich deutlich heraus; und so beziehen sich denn diese Worte seines Jüngers auch mit auf die Gefahren, denen sie alle entgegen zu gehen fürchten mußten, wenn ihr Meister nach Judäa in die Nähe von Jerusalem zurückkehren wollte. Auf jeden Fall aber war doch die Stimmung, die uns Johannes hier darstellt, zunächst durch diese Nachricht von dem Tode des Lazarus hervorgerufen, und so lasset uns denn die Worte jetzt nur in dieser Beziehung näher erwägen.

Freilich alle Lehre, die wir daraus schöpfen können, kann nicht alle verschiedenen Fälle auf gleiche Weise umfassen, die gewiß in diesen Tagen so manches Gemüth bewegen. Denn sie beschränkt sich doch unmittelbar nur auf das Hinscheiden derjenigen, welche schon unsere

Mitarbeiter sind an dem Werke des Herrn? nicht erstreckt sie sich auf die, welche wir selbst erst anleiten sollen, um wirklich in diesen heiligen Kreis zu treten, nicht auf die große Zahl derjenigen, welche jährlich aus diesem Leben scheiden, ohne noch zu der ersten Erkenntniß Gottes zu dem ersten kindlichen Bilde des Erlösers in ihrer Seele gelangt zu sein. Aber wenn jenes doch immer das Wichtigste und Bedeutendste ist, so mögen wir uns füglich für unsere heutige Betrachtung hierauf beschränken; und darum lasset uns sehen, was wir aus jenen Worten des Thomas in Beziehung auf den Grab und die Art und Weise unseres Schmerzes bei dem Verluste unserer Brüder lernen können.

I. Was zuerst darin unverkennbar ist, meine andächtigen Zuhörer, sie sind der Ausdruck eines gewissen Verlangens abzuscheiden aus diesem Leben, eines gewissen Ueberdrusses an demselben, welcher durch einen so schmerzlichen Todesfall verursacht wurde. Wenn wir uns eine solche Aeußerung als den augenblicklichen Ausbruch eines von einem großen Verluste tief bewegten Gemüthes denken, dem vielleicht durch ein einziges von denen, die ihm lieb und werth sind, doch viele Fäden seines Lebens abgeschnitten sind; dem sich nun kein Bild der nächsten Zukunft gestalten will, weil es in so vieler Hinsicht dem unmittelbar Vorangegangenen nicht mehr ähnlich sein kann: so mögen wir es wol verzeihen und entschuldigen; ja wir können wol auch das Stillschweigen sowol des Erlösers als der anderen Jünger zu diesem Ausruf des Thomas als eine solche Billigung oder wenigstens Entschuldigung ansehen. Aber was natürlich sein kann und eben deswegen auch vergönnt als eine augenblickliche Bewegung des Gemüthes, das bekommt doch einen ganz anderen Werth und eine ganz andere Bedeutung, sobald es sich in demselben festsetzt. Empfinden wir nun auf diese Weise bei dem Dahinscheiden der Unsrigen; wird uns so dadurch das ganze Bild des Lebens getrübt, daß wir den Zusammenhang mit demselben verlieren und glauben uns nicht mehr hineinfinden zu können: so lasset uns ja fragen, was wol die natürliche Folge davon sein muß, wenn sich eine solche Verwirrung in dem Innern unsers Gemüthes befestigt. Auf der einen Seite freilich werden wir alle eine große Wahrheit darin erkennen, daß, je mehrere von denen vor uns dahinscheiden, mit denen zusammenzuwirken und in den liebsten und theuersten Beziehungen alles zu theilen wir gewohnt gewesen sind, auf deren Thätigkeit sich überall in allem, was uns das wichtigste im Leben sein muß, die unsrige bezog: um desto weniger Wohlgefallen wir dann noch an unserem eigenen Leben haben können; so daß sich unser wol ganz mit Recht die Empfindung bemeistert, daß es auf der einen Seite je länger je mehr an seinem Werthe für das menschliche Wohl, für die gemeinsame Thätigkeit, in die wir mit verwebt sind, verliert; und daß auf der andern, je mehr uns diejenigen fremd sind, die nun in die menschlichen Dinge am meisten eingreifen, je weniger von denen nur noch übrig sind, welche lange Gewohnheit, genaue Uebereinstimmung auf eine innige Weise mit uns verband, um desto eher auch wir selbst uns gefallen lassen können, nun abgerufen zu werden aus diesem irdischen Schauplatz.

Dieses, meine andächtigen Freunde, ist gewiß ein sehr richtiges Gefühl eben deswegen, weil es der Abdruck ist von der göttlichen Ordnung in diesem menschlichen Leben. Denn so ist es ja der Wille Gottes, daß ein Geschlecht nach dem anderen aufgeht, erblüht, zu seinen vollen Kräften gelangt, nach Maßgabe der verschiedenen Witterung, die den menschlichen Dingen auf Erden begegnet, reichere oder sparsamere Früchte bringt und dann auch wieder verwelkt und abstirbt, während ohnedies schon wieder ein anderes zu der frischen Blüthe und in die Zeit der Fruchtbarkeit gelangt ist. Wenn mit dieser göttlichen Ordnung unsere eigene Empfindung nicht übereinstimmte, sondern in Widerspruch wäre, so könnte ja auch unser Wille nicht mit dem göttlichen Willen übereinstimmen; so würden wir uns ja auch sträuben, dieses Leben zu verlassen, um desto mehr, je mehr es in der natürlichen Ordnung der Dinge liegt, daß es nicht mehr lange währen kann. Und darum ist auch alles wahr und richtig, was uns auf diesen Punkt führt; darum ist auch jede Empfindung wahr, die wir, wenn einer aus dem Kreise unserer Wirksamkeit dahinscheidet, davon bekommen, daß von der Kraft unseres eigenen Lebens etwas verloren geht.

Das also ist Wahrheit, meine geliebten Freunde, in dem, was dieser Jünger aussprach, als die Nachricht gekommen war aus dem Munde des Herrn, daß ein so theures Glied, wenn auch nicht zu dem engeren apostolischen Kreise gehörend, aus ihrer Mitte geschieden war; es ist Wahrheit, ungeachtet Thomas mit den andern noch in der kräftigsten Zeit des Lebens stand.

Aber, meine geliebten Zuhörer, eine jede Empfindung, die wahr ist und übereinstimmend mit der göttlichen Ordnung, muß auch eben deswegen die Ruhe des Gemüthes, den Frieden des Herzens erhöhen und nicht stören. Wenn wir uns in den göttlichen Willen bei einer jeden solchen Veranlassung so fügen, daß wir ihn in seiner ganzen Wahrheit erkennen, daß wir dabei den Eindruck davon immer aufs Neue in unser Herz fassen, wie auch unsere ganze Wirksamkeit in dem Reiche Gottes auf Erden und in allen menschlichen Dingen an gewisse Bedingungen der Zeit gebunden ist und natürlich aufhören muß, wenn diese nicht mehr vorhanden sind: so darf sich doch dieses nie auf solche Weise festsetzen, daß es sich in ein sehnsüchtiges Zurückwünschen dessen, was nicht mehr da ist, verwandelt; so soll es nicht in ein niederdrückendes Gefühl übergehen, welches eine Klage gegen die göttliche Ordnung selbst in sich schließt, so daß wir auf die Vergangenheit als auf ein Gut zurücksehen, das wir nie hätten verlieren sollen, weil es unersetzlich ist. Denn wie dieses doch nichts anderes ist, als Mißmuth über die göttliche Ordnung und Unzufriedenheit mit Gottes Wegen: so muß es unsere Lebensfrische und Thätigkeit schwächen und alle Triebfedern zu gottgefälligen Handlungen lähmen und abspannen. Denn diese alle gehen nur hervor aus dem herzlichen Wohlgefallen an dieser Welt Gottes, wie er sie eingerichtet hat. Und was in seinem Grunde dem entgegen wirkt, das kann auch seiner Natur nach nicht recht sein. Bringt der Schmerz eine solche Verstimmung hervor, so ist er auch nicht rein gewesen, sondern von Selbstsucht getrübt. Wie tief ein reines Gefühl erlittenen Verlustes auch in das Herz schneide: nicht nur darf es unsern eigenen Lebensgehalt nicht schwächen; sondern es muß auch beitragen in anderer fromme Ergebung in den göttlichen Willen und heitere Thätigkeit unter den Bedingungen, unter die Gott uns gestellt hat, hervorzubringen oder zu erhalten.

II. Allein in den Worten dieses Jüngers Christi liegt, wenn wir auf den ganzen Zusammenhang derselben sehen, noch etwas anderes. Sie hatten vorher ihren Herrn und Meister gewarnt, er solle nicht nach Judäa gehen, weil man ihm da nach dem Leben stehe, und dieses wird uns dargestellt als ihre gemeinsame Stimme, als eine Empfindung, die sie alle theilten. Nun sagt ihnen der Herr, Lazarus sei gestorben, und fährt fort: Lasset uns zu ihm gehen, und darauf sagt Thomas: Ja lasset uns mit gehen, auf daß wir mit ihm sterben. Es kann sein, daß er bei diesen Worten mit ihm nur an den eben entschlafenen Freund gedacht hat, aber dann war doch unter seinem Zuruf der Erlöser mit begriffen; und wie hätte dieser und seine Jünger dazu kommen können, mit Lazarus zu sterben, wenn nicht durch eben die feindseligen Gesinnungen, deren Ausbrüche ihnen früher schon dort gedroht hatten, und so wie sie vorher den Erlöser gewarnt hatten, daß er sie und sich nicht solle in diese Gefahr geben. Also in diesem Ausdrucke lag zugleich, wenn auch nicht ein Entschluß, doch ein Wunsch wenigstens, daß alle nun möchten desselben Weges gehen. Das war also in der damaligen Gesinnung der Jünger und auf der Stufe der Einsicht, worauf sie standen, nichts anderes, als eben so Entschluß oder Wunsch, ihre bisherige Arbeit aufzugeben und die bisherigen Bestrebungen fahren zu lassen, also auch auf die Hoffnung Verzicht zu leisten, daß durch die Thätigkeit des Erlösers und durch ihre Theilnahme daran ein Reich Gottes auf Erden sich bauen werde. Denn freilich, wären damals sie alle mit ihm gestorben, wo wäre die Predigt des Evangeliums hergekommen? welcher Mund hätte sich dazu geöffnet und wie wäre eine richtige Darstellung von dem großen Werk Gottes durch Christum unter den Menschen entstanden? In dieser Aeußerung also zeigt sich eine Richtung und ein Uebermaß des Schmerzes, wovor wir uns nicht genug hüten können! Damit die Jünger nicht fürchten möchten, nun der Erlöser selbst gestorben war, sei ihre Hoffnung, daß er Israel erlösen sollte, vergeblich: dazu vornehmlich mußte er sichtbar wieder auferstehen von den Todten, zu ihnen reden und sie belehren über diesen ihnen noch unbekannten Zusammenhang der göttlichen Wege; dazu mußte die Kraft aus der Höhe über sie kommen, damit sie den Muth bekämen, auch des Gekreuzigten Zeugen zu werden und ihn zu predigen bis an das Ende der Tage. Wenn nun selbst der Tod des Erlösers kein Grund sein burfte, das gemeinsame Werk aufzugeben, die Hoffnungen, welche auf ihn sich begründet hatten, fahren zu lassen, wieviel weniger noch der Hintritt irgend eines andern! Wenn Johannes der Täufer zu seinen Zeitgenossen sagt, sie sollten nicht bei sich selbst denken, sie hätten den Abraham zum Vater, um darauf die Hoffnung zu gründen, es dürfe ihnen nicht fehlen, an den Segnungen des neuen Reiches Theil zu haben: Denn, sprach er, Gott kann dem Abraham aus diesen Steinen Kinder erwecken; wenn nun dies von jenen gilt, wie sollten jemals wir Christen, wie groß auch der Verlust sei, welchen die Gemeinde des Herrn erleiden kann an einem Einzelnen, wie sollten wir jemals die Hoffnung aufgeben, daß das Werk des Herrn fortgehen werde und herrlicher wachsen von einem Tage zum andern, da wir hier die lebendigen Steine sind, die sich immer mehr aufbauen durch den Geist zu einem immer wachsenden und herrlicher sich erhebenden Tempel Gottes.

Es ist wahr, meine andächtigen Freunde, auch das ist ebenfalls die göttliche Ordnung, daß unter den Menschenkindern ein großer, ja oft sehr großer Unterschied stattfindet, sowol was die geistigen Gaben betrifft, mit denen Gott sie ausgerüstet hat, als auch in Beziehung auf die Stelle, welche er ihnen angewiesen hat und auf die äußern Bedingungen der Wirksamkeit, durch die der eine vor dem andern begünstigt erscheint. Dieser Unterschied ist da, und wir dürfen ihn uns nicht leugnen, so daß, wenn wir die menschlichen Dinge im allgemeinen betrachten, wir auch nicht sagen können, ein menschliches Leben habe denselben Werth wie das andere. Und diese göttliche Ordnung, wo hätte sie sich wol heller gezeigt; welches wäre der stärkste Ausdruck derselben als der Unterschied zwischen dem Erlöser, dem eingeborenen Sohn, und allen anderen Menschenkindern! Das war der höchste Gipfel, auf welchen sich diese Verschiedenheit der Menschen steigern sollte, daß in dem sündigen Geschlecht der Menschen das Wort Fleisch werden und das Ebenbild Gottes unter ihnen wandeln sollte. Gegen diesen Unterschied verschwindet wol gewiß jeder andere: und dennoch sollte auch der so Ausgezeichnete in seiner persönlichen Wirksamkeit kaum die Blüthe des männlichen Alters erreichen und dann wieder von hinnen genommen werden! Und was sandte er an seine Stelle? wodurch sollte nun das Weitere geförbert werden, was er begonnen hatte? Den Geist der Wahrheit sandte er und goß ihn aus über die Seinigen, der es von dem Seinigen nahm und ihnen verklärte, der die Gaben vertheilte und sich nach seinem Wohlgefallen in einem größeren oder geringeren Maß nicht unbezeugt ließ an dem und jenem. Und ähnlich verhält es sich auch in allen menschlichen Dingen. O freilich, wenn wir uns das aus vielfältigen Verwickelungen bunt zusammengesetzte Gewebe unserer gemeinsamen Angelegenheiten vergegenwärtigen im Großen und im Einzelnen: wieviel scheint da nicht oft auf einem einzigen theuren Haupt zu ruhen! wie oft wiederholt sich die Erfahrung, daß von einem Entschluß eines Einzigen, ob er zur Reife kommt oder nicht, ein großer Theil von dem nächst bevorstehenden Verlauf der menschlichen Dinge abhängt, Krieg und Friede, Ordnung oder Zerstörung, Heil oder Verberben! So geht es in Beziehung auf die bürgerlichen Angelegenheiten der Menschen; dasselbe ist auch der Fall, wenn wir auf den Anbau ihrer verschiedenen geistigen Kräfte sehen, wo auch oft einer vorleuchtet mit einem großen Beispiel, Bahnen ebnet, die vorher verschlossen waren; aber er muß eine Zeit lang in seiner Wirksamkeit geschützt sein, soll nicht das neu geöffnete Feld wieder verschüttet werden und nichts anderes bleiben, als was vor ihm auch war. Jedoch laßt uns nicht vergessen, der Erlöser war auf der einen Seite die Spitze, der höchste Gipfel dieser göttlichen Ordnung: aber er war auch auf der anderen Seite der, durch welchen das in Erfüllung gehen soll, daß alle Thäler müssen gefüllt, und alle Höhen geebnet werden. Und je mehr die Gemeinschaft der Menschen sich entwickelt, je weiter sich die freundlichen Berührungen erstrecken, welche alle als ein gemeinsames Band umschlingen; je größer die Einwirkungen sind, die sich von jedem Ort aus überall hin verbreiten: desto mehr verringert sich der Einfluß einzelner Menschen. Am meisten soll ja das der Fall sein, und ist es auch, in der Gemeinde des Herrn in Bezug auf alles, was zu den Angelegenheiten des Heils gehört. Auch hier sehen wir freilich, wie zunächst an die Stelle des Erlösers der Geist, welchen er ausgegossen hatte, sich nur seine Apostel und wenige andere Einzelne gestaltete zu besonderen Rüstzeugen; und auch späterhin sehen wir von Zeit zu Zeit, daß auch die Kirche Christi in solche Verwickelungen nach außen oder in solche Verfinsterungen in sich selbst geräth, daß der Geist Gottes eine vorzügliche Kraft in Einzelne bewegen mußte, ein vorzüglich helles Licht in einer oder in wenigen Seelen anzünden, damit so von einzelnen Punkten aus ein neues Leben entstehe, welches sich immer weiter verbreite, die Finsterniß durchdringe und die da todt waren in dem Namen des Herrn wieder erwecke zu einem neuen und frischen Leben. Aber das ist ja unsere wahre Zuversicht zu dem Reiche Gottes und seinem Bestehen, daß dieser Störungen immer weniger werden, und deshalb auch immer seltener die Nothwendigkeit, daß einzelne hervorragen in dem Reiche des Herrn. Wenn der Geist Gottes sein Werk in dem menschlichen Geschlechte immer mehr vollbringen soll, so muß er immer mehr allseitig in demselben walten, so muß sein Dasein und Wirken erkannt werden können in jedem menschlichen Leben; und in demselben Maß muß die Ungleichheit abnehmen unter denen, die das Heil in dem Namen des Herrn gefunden haben und es nun auch weiter fortpflanzen wollen in der Welt. Darum, so oft wir von irgend einem Einzelnen aus seinem Leben und Wirken das Gefühl bekommen, er sei in einem größeren oder geringeren Maße immer doch ein besonderes Werkzeug Gottes und seines Geistes: so kann uns dann freilich wol, wenn wir denken, daß die Zeit seines Wirkens zu Ende geht, eine Bangigkeit aufsteigen in unserem Herzen; aber sie ist nicht das Werk des Glaubens. Dieser soll es wissen, daß der Herr, wenn er abruft, auch wieder beruft und einsetzt, daß es ihm nie fehlen wird an Werkzeugen, um das zu vollbringen, was in seinem Sohn und durch ihn ewig schon vollbracht ist und in dem Laufe der Zeit immer mehr vollbracht werden soll durch das immer gleichmäßigere Zusammenwirken menschlicher, von Gott erleuchteter und von Gott geleiteter Kräfte. Und sehen wir nun gar auf die kleineren Kreise innerhalb der christlichen Gesellschaft: was wäre denn diese Verbindung der Gemüther in einer Liebe, welche der Liebe Christi ähnlich ist, wenn nicht durch ihren Einfluß jeder einzelne Verlust sich bald ersetzen sollte? wenn das nicht wahr würde, was der Herr seinen Jüngern gesagt hat: Ihr mögt verlieren um meinetwillen oder durch mich — und wir mögen dann immer auch sagen durch die von Gott gesetzte Ordnung der Dinge — Vater, Mutter, Bruder und Schwester, ihr findet es alles hundertfältig wieder in dem Reiche Gottes*). Das lasset uns nur immer mehr wahr machen, und laßt uns weder Fleiß noch Treue sparen an diesem Werk des Herrn, daß durch die gemeinsame Liebe möglichst bald jede Thräne getrocknet werde und jeder Schmerz sich lindere, auf daß nichts die Freude an dem Herrn und die Dankbarkeit gegen ihn, nichts die Zufriedenheit mit allen seinen heiligen Ordnungen, auch mit denen, die uns schmerzlich betrüben, stören möge. Das ist das Werk der christlichen Liebe, welche nicht nur im Einzelnen durch besonderen Zuspruch, sondern weit mehr noch durch heilsame Ordnungen, durch öffentliche Anstalten, welche sowol in der Gemeinde des Herrn, als auch in dem bürgerlichen Leben getroffen werden müssen, immer mehr daran arbeitet, daß der Gang des menschlichen Lebens ruhiger werde und ungestörter; daß wir, ohne aus dem Gleichgewicht unseres Innern gerissen zu werden, alles aufnehmen können, was der Herr, der denen, die ihn lieben, alles zum besten lenken will, über uns verhängt.

III. Aber, meine andächtigen Freunde, wenn wir so auf der einen Seite freilich zugeben müssen, daß sich in diesen Worten des Jüngers unseres Herrn eine solche Bewegung des Gemüthes zu erkennen giebt, welche nicht von völliger Ruhe und Festigkeit seines Glaubens zeugt, sondern vielmehr von einer zu großen Weichheit seines Gemüthes: so müssen wir doch auf der andern Seite gestehen, die rechte Art, wie das menschliche Gemüth bewegt werden soll bei solchen Veranlassungen, die finden wir doch in ihm; und wenn sich die nicht auch in seinen Worten zeigte, so wäre er nicht ein solcher Jünger des Herrn. Denn was wir wissen von dem, dessen Tod ihn auf solche Weise bewegte, das ist doch nur dieses: Lazarus und die Seinigen standen in einer genauen Verbindung mit dem Erlöser, sie waren seine nächsten Gastfreunde in den unmittelbaren Umgebungen von Jerusalem, so daß er gewöhnlich bei ihnen wohnte, wenn er in jene Gegenden kam, und von ihrem Orte und ihrem Hause aus dann täglich den Tempel besuchte, um da zu lehren. Dieses Verhältniß war allerdings für den Erlöser und seine Jünger in ihrer Lage etwas wichtiges und großes; aber es war doch

---

*) Mark. 10, 29, 30.

immer nur etwas äußerliches, was leicht ersetzt werden konnte auf andere Weise; und so waren die Jünger nicht verwöhnt durch ihren Herrn und Meister, daß sie Anspruch darauf gemacht hätten, es solle ihnen gehen einen Tag wie den andern, und die Verhältnisse ihres äußern Lebens sich ununterbrochen gleich bleiben, so daß es ihnen als etwas unmögliches erschienen wäre, einen solchen Verlust zu ertragen oder zu ersetzen. Vielmehr hatte er sie so gewöhnt an die mannigfaltigsten Wechselfälle, bald hier zu sein, bald dort, bald Mangel zu haben, bald Ueberfluß, je nachdem es ihm heilsam schien oder die Verbreitung seines Wortes Veränderungen forderte, oder je nachdem es Gründe gab, die ihn ausschlossen von dieser oder jener Gegend seines Landes. Zu solcher Unabhängigkeit von allen äußern Dingen waren sie gebildet, daß aus diesem Grunde der Tod des Lazarus sie nicht so hätte bewegen können. Und so sollen auch wir in dieser Beziehung urtheilen und empfinden. Alles, was einem einzelnen Leben einen großen Werth geben kann über andere hinaus, in denen dasjenige, was doch allein den Werth des Menschen ausmacht, eben so wirksam ist, ja auch das, was den einen so vor anderen auszeichnet als Beförderer des Wohls der Gemeinde, kann doch auch nur immer wieder etwas äußerliches sein. Und in diesem Glauben sollen wir fest stehen, daß allem, was, wenn dieser oder jener nicht mehr da ist, auch nicht in derselben Gestalt fortdauern kann, der Herr eine andere Gestalt anweisen werde, und daß sich dafür immer ein Weg und ein Ort auf eine andere Weise finden müsse. So kann es denn nur der Werth gewesen sein, den dieser Jünger persönlich hatte in dem kleinen Kreise der Gläubigen als einer, der mit großer Liebe an dem Herrn hing, weswegen die Nachricht von seinem Tode einen solchen Eindruck auf das kleine Häuflein machte.

Und, meine theuren Freunde, ist es nicht so? Wenn alle unsere Empfindungen über das Hinscheiden einzelner Menschen rein sein sollen und gottgefällig, wenn sie nicht sollen uns selbst auf einen falschen Weg leiten und zur Störung unseres Friedens führen: so dürfen wir keinen andern als diesen Maßstab anlegen. Viele große und herrliche Eigenschaften giebt es, die wir mit Freuden wahrnehmen an einzelnen Menschen; und wie vieles wissen sich nicht manche anzueignen, was im Zusammenleben mit ihnen das Dasein erheitert und verschönert: aber alles dessen müssen wir uns in jedem Augenblick entschlagen können und dürfen keinen solchen Werth darauf legen, als ob, wenn uns solche hernach genommen werden, nun auch der Werth unseres eigenen Lebens verringert wäre. Das einzige, wonach wir den Menschen schätzen müssen, das einzige richtige Maß für unseren Schmerz, wenn einer aus dem Kreise unserer Wirksamkeit scheidet, kann immer nur der Antheil sein, den jeder hatte an dem göttlichen Geist, welchen Christus gesendet hat den Seinigen. Von allen noch so glänzenden Eigenschaften und Erwerbungen des menschlichen Geistes, fragen wir, was sie leisten in der Welt, so bleibt es, daß ich mich so menschlich und alltäglich darüber ausdrücke, oft nur zufällig, ob sie Gutes bewirken oder Uebles. Die

Quelle der Wahrheit ist nur der Geist der Wahrheit, die Quelle der Liebe nur der Geist der Liebe, den Christus über die Seinigen ausgegossen hat. Was jeder durch diesen und für diesen ist, das allein bestimmt seinen Werth; und wie sehr einer geglänzt habe durch Thaten von anderer Art, und wie viel Ruhm er anderwärts her bei den Menschen gewonnen habe, das alles wird an dem Lichte der Wahrheit erbleichen und unscheinbar werden, wenn wir es vergleichen mit dem, was ein Gemüth auch auf der bescheidensten Stelle in diesem menschlichen Leben wirkt, wenn es recht durchdrungen ist von jenem göttlichen Geist der Wahrheit und Liebe. Die Gaben, welche aus diesem kommen, vermögen allein etwas Wahres und Bleibendes in dem Leben der Menschen zu bewirken, was auf alle Weise verdient, als ein gemeinsames Gut geachtet zu werden. Anders wissen wir nichts von Lazarus, als daß er, weil er ein Freund des Herrn war, in diesem Geist der Liebe und Wahrheit wandelte; und nie ist ein tieferer Schmerz ausgesprochen worden, als hier der über seinen Verlust.

Doch, wie ich auch gleich anfangs gesagt habe, meine andächtigen Zuhörer, noch ein anderes ist es mit denen, die Gott in den unmittelbaren Kreis unseres Lebens gestellt hat. Denn diese sind uns nicht nur dazu gegeben, daß sie uns helfen und beistehen sollen, sondern eben so sehr auch dazu, daß wir auf sie wirken und ihnen helfen sollen; und wenn sie von uns genommen werden und scheiden, und es bleibt uns das Bewußtsein zurück, daß wir nicht an ihnen gewirkt haben, was wir gesollt und gekonnt hätten, daß wir nicht auch für sie und an ihnen Werkzeuge des göttlichen Geistes gewesen sind und ihnen nicht auf alle Weise beigestanden und sie unterstützt haben in dem Werke des Herrn, welches sie trieben, nach allen unseren Kräften: das ist dann freilich ein Schmerz anderer Art.

Mögen wir, meine andächtigen Freunde, so zunehmen in der wahren Weisheit, die allein von oben kommt, daß wir uns diesen Schmerz mit jedem Jahre unseres Lebens immer weniger bereiten und immer vollkommner die Stelle ausfüllen, auf die Gott uns gestellt hat; aber dann auch so, daß immer unbegrenzter werde unser Vertrauen auf die Weisheit dessen, der alles leitet, daß wir es ihm gern anheim geben, wann und wie er diesen und jenen hinwegrufen wird aus unserem Kreise. Und gewiß, hören wir nur auf sein Wort; merken wir nur auf die Stimme seines Geistes; ehren und lieben wir die Menschen nur recht von Herzen in dem Maße, als dieser in ihnen wirkt: o dann werden wir nicht murren, wenn nach der göttlichen Ordnung bald dieser, bald jener abgerufen wird; sondern werden fest vertrauen, daß jedes theure Haupt der gemeinen Sache und uns wieder ersetzt wird, wenn auch nicht immer durch ein einzelnes andere, so doch gewiß durch das Zusammenwirken der Kräfte, die nach demselben geistigen Ziele hinsteuern, durch die gemeinsamen Werke der Liebe, die aus derselben geistigen Quelle fließt. In diesem Sinne also lasset uns des Todes gedenken, auf daß wir weise werden; weise, um die Wirkungen desselben in unserem Leben mit vollkommener Ergebung in den göttlichen Willen zu schauen und zu empfinden, und weise, um nach seinem Willen auch selbst gern zu scheiden, wenn unsere Stunde schlägt, und er uns Ruhe geben will von der irdischen Arbeit. Amen.

XLIII.
Ueber die Unsterblichkeit der Seele!
Am Todtenfest*).

Text: 1. Petr. 1, 24—25.

Alles Fleisch ist wie Gras und alle Herrlichkeit der Menschen wie des Grases Blume. Das Gras ist verdorret, und die Blume abgefallen; aber des Herren Wort bleibt in Ewigkeit; das ist aber das Wort, welches unter Euch verkündiget ist.

Meine andächtigen Freunde! Es ist eine wunderbar genaue Beziehung zwischen diesen Worten der Schrift und dem heutigen Fest. Sehet da! Ueberall in der Mitte dieses großen Wohnplatzes der Menschen erblicket Ihr zerstreut diese Stätten, in denen das Wort verkündet wird, von welchem der Apostel redet; sie füllen sich besonders an dem Tage des Herrn, und dann schweigt das rege, frische Leben, welches sonst überall um diese Stätten sich vernehmen läßt. Wenn aber hier das Wort verkündet ist und die Thüren dieser Gebäude geschlossen sind, so geht auch draußen um sie her dieses rege Leben wieder an: es beschäftigt sich meist mit dem, was dieser Welt angehört, mit dem Nichtigen und Vergänglichen, doch aber ist es auch mehr oder weniger von dem, was hier verkündet wird, durchdrungen. Seht Ihr aber noch weiter hinaus, so findet Ihr diese Wohnstätten umgeben von den Stätten des Todes, welche immerfort sich anfüllen, und die Füße derer ruhen nicht, welche täglich die Reste des Fleisches hinaustragen. Aber in diesem immerfort sich erneuernden und wiederholenden Leben giebt es auch Abstufungen, und eine solche haben wir heute. Der Kreislauf der Zeit, die sich anschließt an die Offenbarung Gottes in seinem Sohne, ist wieder vollendet, uns nahen die Tage, wo wir wieder aller Welt

---

*) Die hier vorliegende Predigt ist, so viel uns bekannt, **niemals gedruckt worden.** Doch scheint sie uns des Abdrucks in besonderem Maße werth, weil sie mit größerer Bestimmtheit als sonst eine Frage berührt, über die Schleiermacher in früheren Zeiten wohl anders geurtheilt hat, als es hier geschieht, und weil sie daher als ein Beitrag zur genauern Kenntniß seiner Lebensansichten angesehen werden kann. Daß die Predigt bald nach dem Tode seines einzigen Sohnes gehalten wurde, wird man an dem Tone tief empfundenen Schmerzes, der sich durch den ersten Theil hindurch zieht, leicht erkennen.

verkünden die Freude, die ihr widerfahren ist. Aber ehe wir aufs Neue den Christen zurufen: Freuet Euch, das Wort ist zu Fleisch geworden, werden alle Blicke der Christen hingerichtet auf die Stätten des Todes, und wir sagen: Alles Fleisch ist wie Gras und alle Herrlichkeit der Menschen, wie des Grases Blume. — Doch der Apostel kann dieses nicht sagen, ohne hinzuzufügen: aber des Herrn Wort bleibet in Ewigkeit: das ist aber das Wort, welches unter euch verkündiget wird. Und so sind wir, meine Freunde, dazu heut besonders hergerufen, daß, in dem wir die traurigen Blicke, die thränenden Augen, die auf die Stätten des Todes gerichtet sind, wohin der eine oder andere der Seinigen einige getragen hat, zu erheitern suchen, das Herz erquickt werde durch den Trost, daß das Wort des Herrn ewig bleibt. So laßt uns denn sehen, wie der Apostel das Vergängliche und Ewige verbindet, indem wir beides, das Vergängliche wie das Ewige in seinem ganzen Umfange und in seiner eigenthümlichen Kraft betrachten; und darauf lasset uns jetzt unsre Aufmerksamkeit richten.

I. Wenn der Apostel sagt: Alles Fleisch ist wie Gras, so bringt er uns dadurch zuerst auf eine sinnliche Weise vor Augen diese große Menge des menschlichen Lebens, die überall auf dem Erdboden dicht zusammengedrängt, immer wieder sich erzeugt und aufs Neue vergeht. Wie die Grashalme der Wiese, die Aehren des Feldes keiner zählen kann, so legt er uns hier vor Augen die Menge und Mannichfaltigkeit des menschlichen Lebens. Denn von diesem sagt er: es ist wie Gras. Und dieses Gras — wie vergänglich ist es nicht! Bald ist es der Wind, der darüber fährt und es verdorret, so daß seine Stelle nicht mehr gefunden wird; bald ist es die Sonne, die es mit ihren brennenden Strahlen versengt; bald die Sichel des Schnitters, die alles zu gleicher Zeit hinwegnimmt, das Reife wie das Unreife, damit es dem Zwecke des Menschen diene. So sagt der Apostel: Alles Fleisch ist wie Gras! So wie dieses in Menge da ist, so muß es auch hinweggerafft werden mit einander und durch einander, das, was klein ist und unscheinbar, mit dem, was hoch emporgeschossen ist, und hervorragt vor dem Uebrigen, Eines ist wie das Andere. Aber wenn der Apostel sagt: alles Fleisch ist wie Gras, so meint er nicht etwa nur diesen irdischen Leib des Menschen, der von der Erde genommen ist und wieder zu Staube wird, sondern wie er in diesen Worten eine Stelle aus dem Buche der Psalmen (Psalm 103, 15 u. ff.) im Sinne hat, wo es ebenso heißt: Ein Mensch ist in seinem Leben wie Gras, er blühet wie eine Blume auf dem Felde; wenn der Wind darüber geht, so ist sie nimmer da, und ihre Stätte kennet sie nicht mehr, so versteht er auch unter diesen Worten das ganze menschliche Leben und nicht nur die leibliche Seite allein. Wie auch, meine Freunde, können wir beides trennen? wie können wir sagen, daß etwas verrichte die Seele durch sich selbst ohne des Leibes zu bedürfen? Oft zwar haben sich ehedem die Weisen dieser Welt mit diesem Gedanken getröstet, sie haben eine Scheidewand ziehen wollen zwischen dem, was die Seele durch ihren Leib vollbringt, und dem, was sie ganz aus sich schafft, aber das Letzte wird eigentlich gar nicht gefunden. Alles, was uns lebhaft bewegt, was wir allmählig erforschen, sei es von der Schöpfung der Welt oder von der umgebenden Natur oder von den menschlichen Dingen — woher anders als durch diese Thore des Leibes geht es in die Seele ein? und sind sie geschlossen, so ist es auch aus mit aller Betrachtung und keine Erkenntniß mehr geht für die Seele auf, die an diesen Leib gebunden ist. Und sehen wir auf das innere Getriebe des Geistes — ist der Mensch wol eines Gedankens mächtig, kann er eine Bewegung dieses geheimnißvollen Wesens festhalten, wenn er nicht zu Hülfe nimmt das Wort und die Sprache? und diese hoffet ja auch an den geheimen und künstlichen Werkzeugen des Leibes. Kann einer von uns sich rühmen, daß er irgend einen Gedanken erfassen könnte, wenn er die Sprache nicht hätte? Aber diese hat doch ihren Sitz in dem Leibe und ist an ihn gebunden, und wollen wir uns vorstellen, wie wir unserer Gedanken auch mächtig sein könnten ohne die Worte, so sehen wir bald, wie nichtig und eitel dieses Bemühen ist. So sagt denn der Apostel: Alles Fleisch ist wie Gras, der Mensch ist in seinem Leben wie Gras.

Aber noch mehr: Alle Herrlichkeit der Menschen ist wie des Grases Blume. Was hat er wohl verstanden unter dieser Herrlichkeit der Menschen? O doch gewiß nicht diese Spielereien für das Auge und für die Eitelkeit, die der Mensch aus der Erde hervorwühlt, nicht diese Schätze des Goldes und Silbers, die ihren Werth nur haben, wenn sie Niemand hat, sondern wenn sie umhergehen aus einer Hand in die andere; sondern die Herrlichkeit des Menschen sind eben die ausgezeichneten Eigenschaften des menschlichen Geistes. Darum vergleicht er sie auch mit einer lieblichen Blume, die aus dem Grase sich hervorhebt. Aber so wie diese mit dem Grase vergeht, so auch unsre menschliche Herrlichkeit. Sehet da unsere Wahrnehmungen, unsere Gedanken, wie sie sich gestalten zu den Worten der Kunst, die oft nach Jahrhunderten noch das Auge und Ohr der Menschen entzücken, und ihnen eine Ahnung von dem Himmlischen geben. Nicht nur vergehet das Auge und das Ohr, für welche sie unmittelbar geschlossen sind, sondern auch sie selbst werden der Vergänglichkeit Raub. Sind sie auch, wenn das Volk, unter dem sie entstanden, ausgestorben ist, noch übrig, so ist es doch nur ein Schattenleben, welches sie führen. Die Sicherheit ist gar gering, mit der wir wissen, was die, welche sie hervorgebracht, und welche im Anfang sich ihrer freuten, dabei empfunden haben. — Also vergeht Alles. Alle die geistigen Gaben und Talente des Menschen, eben weil sie auch an der Sprache hangen, die da lebt und nachher stirbt, vergehn mit dieser, und so ist auch diese Herrlichkeit nur wie des Grases Blume. Alles, was der Mensch durch die Kräfte des Verstandes, durch beharrlichen Willen ausübt — o es ist eine Herrlichkeit, je mehr der Mensch sich selbst dabei vergißt, und nur das Große und Ganze im Auge hat; aber auch diese Herrlichkeit vergeht, wie des Grases Blume.

Das, meine Freunde, ist die ganze Fülle der menschlichen Vergänglichkeit, der wir ins Auge zu schauen aufgefordert werden. Alles Fleisch ist wie Gras und alle Herrlichkeit der Menschen wie des Grases Blume. Das Gras ist verdorret und die Blume abgefallen. Je länger wir den Lauf des menschlichen Lebens verfolgen, je weiter wir auf die vergangenen Geschlechter zurücksehen können, um so mehr müssen wir die Wahrheit dieses Wortes rühmen, wenn wir auch davor schaudern. Je mehr wir auf einen engen Kreis, in dem wir uns bewegen, beschränkt sind, um desto tiefer, um desto inniger ergreift uns diese Wahrheit: auch das liebste menschliche Leben — es ist wie Gras, und die anmuthigste Seele wie des Grases Blume.

II. Wohlan denn, meine Freunde, lasset uns nun nach dem Zweiten fragen, von welchem der Apostel redet: „Aber des Herren Wort bleibet in Ewigkeit: das ist eben das Wort, welches unter Euch verkündigt wird. Die Stelle im Buche der Psalmen, die der Apostel hier im Sinne hat, sagt etwas Anderes, und wohlbedächtig ist er von jenem Wort abgewichen. Dort heißt es: Die Gnade aber des Herrn währet von Ewigkeit zu Ewigkeit über die, so ihn fürchten und seine Gerechtigkeit auf Kindeskind. Warum ist denn der Apostel wol abgewichen von jenen Worten? Ach, meine geliebten Freunde, weil der nichtige Sinn der Menschen sie gar zu leicht auf das Nichtige wendet. Wenn wir heut diesen Abschnitt in unserem kirchlichen Leben feiern, und dann nach einigen Wochen ein neuer Abschnitt im körperlichen Leben folgt, und viele ihre Blicke zum Himmel richten und Gott danken für das Gute, das er ihnen gethan, — ach, wie oft schätzen sie ihr Glück nur nach dem Ruhm und der Ehre, die sie bei Menschen erwerben? wo nach maßen sie es mehr, als nach den Schätzen, welche sie gehäuft umgeben, und Viele der Besseren wonach mehr, als nach den freudigen Tagen, die sie vollbracht in der Fülle der Gesundheit und Jugend. Aber das war doch nur das Gras. Darum hat der Apostel diese Worte nicht gebraucht, sondern er sagt: Das Wort des Herrn bleibt ewiglich.

Das erste Wort des Herrn, von dem wir wissen, ist das, wodurch Himmel und Erde geschaffen sind. Wolan, freilich wissen wir, daß dieses ewig bleibt. Alles Einzelne vergeht, alles Lebendige ist wie das Gras, und der Weltkörper selbst, den wir bewohnen, wenn wir ihn weiter durchstreichen, überall wandern wir auf den Trümmern unermeßlicher Vergänglichkeit; aber das schaffende Wort, die Kräfte, welche den göttlichen Gesetzen folgen, die dieses Wort ausgesprochen, die bleiben immerdar. Jedoch, meine Freunde, wenn wir nichts wüßten, als daß dieses Wort ewig bleibt, wäre das ein großer Trost für uns, wenn wir so durchdrungen sind von der Vergänglichkeit alles Endlichen? Es gehört eine starke Seele dazu zu sagen: ich weiß, daß Alles vergänglich ist, daß alles Fleisch ist wie Gras, alle Herrlichkeit des Menschen wie des Grases Blume; aber ich will doch, so lange mir zu wirken vergönnt ist, arbeiten an dem schaffenden Worte des Herrn, dessen Fülle sich entfalten wird in den Geschlechtern der nachfolgenden Menschen; — es ist dieses ein Trost, den der starke Geist sich gern aneignen möchte; doch das schwache Herz unterliegt dem Schmerz über seine Nichtigkeit.

Der Apostel meint aber auch dieses Wort nicht. Er sagt: Das Wort, welches unter Euch verkündigt wird. Er spricht ja zu den Christen, und unter denen ist verkündiget das Wort des ewigen Lebens, die Herrlichkeit des eingebornen Sohnes vom Vater. Und wir, meine Freunde, die wir auch der Verkündigung dieses Wortes theilhaftig geworden sind, die wir in ihm einen neuen Frieden gefunden haben, den die Welt nicht geben kann, wir haben diesen größern und stärkeren Trost, daß wir wissen, dieses Wort, das unter uns verkündigt ist, bleibet in Ewigkeit. Gern, müssen wir sagen, will ich scheiden aus diesem Leben, von dieser Welt, in der sich der göttliche Geist den Menschen offenbart, von diesem Schauplatze der ewigen Liebe Gottes, die den Blick des Menschen über diese Stätte des Todes erhebt; aber wenn nun auch Ich, dieses Einzelwesen, den Schauplatz dieses Lebens verlasse, wenn alle Thätigkeiten des Geistes schwach werden mit den Werkzeugen, an die sie gebunden sind, wenn das Herz, das wir so nennen, abhängig ist von dem Herzen, das in uns schlägt, wenn wir finden, daß selbst die schönen Empfindungen der Seele sich abstumpfen mit denen des Körpers; wenn ich mir nichts anders sagen kann als: hört dieses Ohr auf zu hören, schließt dieses Auge sich ganz der Welt, in der sich Gott offenbart, dann ist auch Alles vorbei für dieses einzelne Wesen — so soll doch der Trost sein für mich: das Wort, welches unter Euch verkündigt ist, bleibt ewiglich. Ist auch die einzelne Seele vergänglich, wird auch nichts mehr gefunden von allen frühern Geschlechtern, so bleibet doch das Wort der Liebe, und dessen will ich mich freuen.

Doch, meine theuren Freunde, wir werden hieran nicht genug haben. Wir sehen uns in den Worten des Apostels nach etwas anderen um. Je mehr wir durchdrungen sind von dem Bewußtsein der menschlichen Vergänglichkeit, um so weniger können wir uns entschließen, an nichts Anderes als an dieses zu glauben. Und wenn auch Alles wahr ist, — wie es denn wahr ist, — was wir uns eben vor Augen gehalten, — Eines ist doch, wovon wir sagen müssen, es ist nicht von dieser Welt, und dieses ist das Wort, welches von Anfang an also lautet: „Lasset uns Menschen machen ein Bild, das uns gleich sei," das Wort, das so lautet von Anfang an: „Und Gott der Herr blies dem Menschen seinen Athem ein, und da wurde er die lebendige, vernünftige Seele." Ja es ist wahr, von allem, was nur diese Welt zum Gegenstande hat, von allen auch den edelsten Bewegungen des Gemüthes, die es nur mit dem Menschlichen zu thun haben, von allem diesen können wir sagen: es ist von dieser Welt und gehört daher der Vergänglichkeit an. Aber daß der Mensch das Bewußtsein des ewigen Wesens in sich trägt, daß er nicht nur sich selbst lieben kann, sondern daß er fähig ist Gott zu lieben — deshalb, meine Freunde, ist ja der Same des unvergänglichen Wortes Gottes in seine Seele niedergelegt. Und dieses Wort

Gott, das unter uns verkündiget ist, bleibt ewiglich, aber es bleibt auch überall ewiglich, wo es ist, und es zieht mit sich empor aus der Vergänglichkeit den Geist, in welchem es seinen Sitz bekommt. Wenn das Wort des Lebens uns nur verkündet ist durch Christum den Herrn, wenn wir sagen müssen, das Ebenbild Gottes war in der menschlichen Seele so gesunken, die Liebe zu ihm so erstickt in einer knechtischen Furcht, daß das Wort erst verkündet ward, als der erschien, von welchem es heißt, daß in ihm das Wort Fleisch geworden ist, so wollen wir doch nicht sagen, daß nur die das Loos der Vergänglichkeit nicht trifft, die ihn schon auf bewußte Weise angenommen haben, sondern wie der Apostel sagt, daß von Anfang an alle Dinge zu ihm geschaffen sind, so ist auch von Anfang an alles Menschliche sein Eigenthum gewesen und wird es bleiben. Wäre es nicht möglich gewesen, daß das Wort Fleisch geworden, so hätte auch nicht können das Bewußtsein Gottes in der menschlichen Seele aufgehen: Eines ist der Anfang, Eines die Vollendung, aber Er ist das A und das O, der Anfang und die Vollendung. Das Wort aber, das unter uns verkündigt ist, hat selbst gesagt: „Wo ich bin, da sollen auch die sein, welche du mir gegeben hast," und der Glaube sagt, daß Gott ihm gegeben hat alle menschlichen Seelen, und er ist es, der alle der Vergänglichkeit entreißt und mit sich in die Ewigkeit zieht. Auf ihm ruht unser Vertrauen und die Ewigkeit des Lebens haben wir in ihm und durch ihn. Durch ihn und um seinetwillen war die menschliche Natur dazu erkoren und erwählt, und so wie er das Licht ist, so ist er auch die Ewigkeit, welche die Vergänglichkeit zu sich erhebt. So ist unsere Hoffnung auf ihn gegründet; denn er verschmäht nicht, si alle Brüder zu nennen. Aber freilich erfreuen können wir uns dieses Trostes in diesem vergänglichen Leben nur in dem Maße, als wir wirklich mit ihm verbunden sind, und in seiner lebendigen Gemeinschaft stehen. Darum, meine geliebten Freunde, müssen wir von den Worten unseres Textes auf die früheren Worte des Apostels gehen. Es sind dieses die Worte, die wir neulich betrachtet haben. Da ermahnte er seine Brüder in dem Herrn, daß sie sollten ihre Seelen keusch machen im Gehorsam der Wahrheit zu ungefärbter Bruderliebe, und dann fährt er fort: „auf daß ihr werdet, als die wiedergeboren sind nicht aus vergänglichem, sondern aus unvergänglichem Samen, nämlich aus dem lebendigen Worte Gottes, das da ewiglich bleibt," und dann sagt er weiter: „Denn alles Fleisch ist wie Gras und alle Herrlichkeit der Menschen wie des Grases Blume. Das Gras ist verdorret und die Blume abgefallen, aber des Herrn Wort bleibt in Ewigkeit." So bleibt er auch in jedem, der unvergängliche Same des ewigen Lebens, und so verherrlicht sich uns erst die Vergänglichkeit in das ewige Leben, wenn wir wiedergeboren sind. Da beginnt ein neues Leben, da ist etwas anderes, was wir fühlen in jedem lieblichen Pulsschlage unseres Herzens, etwas anderes, was unsern Geist bewegt, wenn er sich in die Tiefe der Betrachtung versenkt. Denn überall erkennen wir die göttliche Liebe, die sich unser erbarmt und sich aller erbarmen will, überall finden wir in dem Vergänglichen die Ruhe des Ewigen, mitten in dem Streite des Lebens den Frieden, welchen die Welt nicht kennt und unter den Zerstörungen des Lebens die Liebe des Vaters, das lebendige Wehen des göttlichen Geistes, der immer aufs Neue ruft: Abba, lieber Vater! Die herzliche Gemeinschaft mit dem, welcher freilich allein war der Abglanz des göttlichen Wesens, der aber allen, die ihn aufnehmen, die Macht giebt, Gottes Kinder zu heißen.

Wolan denn, meine Freunde, so sei sie uns denn willkommen, die Vergänglichkeit des menschlichen Lebens: ein Geschlecht muß dem andern Platz machen auf der Erde; denn sie ist der Ort, den Gott bestimmt hat, um den irdischen Geist zu verklären durch den himmlischen. Sei sie uns gesegnet, die menschliche Vergänglichkeit; denn je mehr wir sie fühlen, desto mehr tritt uns auch entgegen die Gnade Gottes, der in uns lebt und webt, von dem Seinigen nimmt und uns verklärt. Wie sollen wir anders als mitten in der Vergänglichkeit uns der Unvergänglichkeit freuen? wie sollte es nicht wahr sein, daß er, der Weg und die Wahrheit, dem Tode seinen Stachel genommen und die Mächte der Finsterniß überwunden hat? Mit ihm sind wir des Lebens theilhaftig, von dem wir wissen, obgleich es vergänglich ist, so bleibet es doch, und wir sind unserer Ewigkeit eben so sicher, wie wir die Seinigen sind.

Ist es so, so laßt uns Sorge tragen, daß in alles, was uns umgiebt, der Same dieser Betrachtung gepflanzt werde. Je mehr sich das Gemüth auf den Herrn richtet, je mehr wir sehen, wie das Ewige ringt mit dem Vergänglichen und je öfter der unvergängliche Same siegt über das Unkraut, um desto lebendiger muß unser eigner Glaube werden. So laßt uns bedenken, daß wir Haushalter sind in dem Hause Gottes, obgleich er der große Säemann ist. Die ewige Weisheit, die Sicherheit, die Festigkeit des Glaubens wird in allen unsern Seelen desto mehr zunehmen, je mehr wir es zu unserm Geschäft machen, diesen unvergänglichen Samen des göttlichen Wortes auszustreuen, auf daß erkannt werde, wie in dem Vergänglichen das Ewige lebt, und wie die, welche an den Sohn Gottes glauben, mit ihm durch den Tod hindurchgedrungen sind und mit ihm überwunden haben und überwinden werden. Amen.

www.ingramcontent.com/pod-product-compliance
Lightning Source LLC
Chambersburg PA
CBHW021423300426
44114CB00010B/623